Introduction to

Security Investment

证券投资圣经

何诚颖 等◎著

中国财经出版传媒集团
中国财政经济出版社

图书在版编目（CIP）数据

证券投资圣经／何诚颖等著．—北京：中国财政经济出版社，2016.9
ISBN 978－7－5095－6988－7

Ⅰ.①证…　Ⅱ.①何…　Ⅲ.①证券投资　Ⅳ.①F830.91

中国版本图书馆CIP数据核字（2016）第234406号

责任编辑：郁东敏　　　　责任校对：李　丽
封面设计：田　晗　　　　版式设计：董生平

中国财政经济出版社 出版

URL：http：//www.cfeph.cn

E－mail：cfeph＠cfeph.cn

社址：北京市海淀区阜成路甲28号　邮政编码：100142

发行处电话：88190406　财经书店电话：64033436

北京新华印刷有限公司印刷　各地新华书店经销

787×1092毫米　16开　44印张　775 000字

2017年1月第1版　2017年1月北京第1次印刷

定价：78.00元

ISBN 978－7－5095－6988－7/F·5595

（图书出现印装问题，本社负责调换）

本社质量投诉电话：010－88190744

打击盗版举报热线：010－88190492、QQ：634579818

中国资本市场需要什么样的分析师

——一位证券分析师的探索与思考

（代序）

（一）

中国的证券分析师起源于早期活跃在各类媒体上的股评家。他们大多数没有接受过专业的训练，而且热衷于对股票价格走势作出神乎其神的预测。股评家的出现迎合了大量散户投资者的需要，后者只关心短期价格的涨跌，而不在意严格的价值分析。随着证券市场的壮大，机构投资者逐渐成为市场的重要力量。那些不具备专业水准的“吆喝式”的股评显然无法适应资金规模巨大的机构投资者的需要，大部分股评家因失去了存在的理由而销声匿迹；另一些不甘寂寞的股评家则转移阵地，通过自媒体摇身一变成为“网红”，继续以一种娱乐化的方式活跃于散户之中。

如今，证券分析行业已经成为一个高学历、高收入而且十分严肃的行业，每年大量从国内外名校毕业的学生都希望进入证券业成为分析师。经常有人问我，分析师是干什么的？为什么有那么高薪水？成为证券分析师又有什么要求……其实，分析师只是一个笼统的说法。按照研究领域的不同，分析师包括宏观分析师、策略分析师以及行业分析师等。他们服务于不同的机构，其中证券公司研究所的分析师比例最大，还有一小部分分析师分布在基金公司、保险公司等机构。分析师们本来应该从事的是同质性的工作，但在行业链条上却形成上下游关系，上游成为卖方，下游成为买方。就工作的目的性而言也存在较大区别。券商研究员是为了做好研究，为基金公司服务，获得佣金和取得较高排名。基金公司研究员做好研究是为了服务基金的投资操作，获得投资经理的认可、基金净值增长以及基金在市场中的相对排名。概而言之，即券商的卖方研究员做研究主要是对外服务于佣金，而基金公司研究员做研究主要是对内服务于投资。

分析师对专业性有着很高的要求，只有受过严格训练的人并且经过几年的专业实践才有可能成为分析师。《新财富》发布的2015中国证券研究行业报告显示，78%的分析师最高学历为硕士，19%拥有博士学历，而本科学历的分析师只占3%。近80%的分析师毕业于国内知名大学，另有15.75%的分析师具有海外留学经历。在美国，如果你想成为一个真正的证券分析师，要获得注册金融分析师（CFA）资格，否则只能做最初级的分析员（Analyst）。具有注册金融分析师资格的分析师年平均收入可以达到17.8万美元，远超哈佛MBA的12.8万美元。《金融行业证券分析师收入趋势调查》2014年的数据显示，国内分析师月薪平均数为1.5万元，有4.6%的分析师月薪在7万元以上。

要想成为一个好的分析师，必须具备相应的行业背景、很强的数学功底以及正确分析财务数据的能力。证券分析涉及各行各业，包括医药、机械、生物、信息等。但除了专业水准外，一名合格的分析师应该具备独立的姿态和工匠精神。所谓工匠精神，用在分析师身上指的是一种精益求精、专注、精确、极致、卓越的精神。世界知名券商的分析师因为其分析的准确性和客观性，往往对全球市场具有举足轻重的影响力。比如，高盛分析师发布的报告能够对全球商品、股票价格等产生巨大影响，而其提出的某些概念如“金砖四国”等也为世界各国广泛接受，并产生了深远的政治影响。

严格地讲，分析师的研究报告是提供给机构客户而非散户的①，因为

① 除了写好自己的研究报告，在公司的投资银行部承销股票时，分析师也要给予支持，参加招股说明书和投资价值分析报告的撰写；还要为公司的经纪业务部门提供咨询、参加营业部的专题报告会等。公司的销售人员会把分析师的研究报告发送给各大投资机构，如果机构的负责人对报告的内容感兴趣或者认为观点很有参考价值，证券分析师可能会亲自登门拜访机构客户，二者就推荐公司的具体情况深入研究探讨，这被称为“路演”。根据报告的数量、质量以及证券公司提供的有用信息的多少，机构投资者会定期对每位分析师及其所属的券商进行服务评价。如果他们觉得对某个证券公司的服务较为满意，就会在那个券商名下开户，分配一定的交易额度，这被称为“基金分仓”。这种争取到的经纪业务的佣金，便是证券公司的服务收入。

很多散户并不像机构投资者那样较严格地依据基本面因素进行投资。也正因为分析师主要是服务于机构投资者，受利益所驱，他们常常陷于矛盾境地而难以提供独立、客观的建议。比如美国的安然公司在其财务造假被揭露之前，分析师仍然极力推荐其股票。《大空头》的作者迈克尔·刘易斯说：华尔街研究界的最大问题，是它不再服务于投资人，而变成服务于投资银行的业务人员。但无论服务于谁，分析师的研究都应该保持独立性和客观性，否则便谈不上价值。

（二）

2011 年，我远赴美国沃顿商学院学习金融与证券，希望能借此机会把美国的成熟投资理念和证券分析方法介绍给国内的分析师和投资者。美国资本市场既有着悠久的历史，又焕发着勃勃生机。在美国的所见、所闻、所学、所思，让我切身感受到，中国股市的市场结构、投资理念和投资行为与美国有着巨大差异，简单套用美国的投资理念或方法可能难以令人满意。投机大师科斯托拉尼说，股票价格与基本面价值的关系就像牵绳遛狗，不论狗跑了多远，不论其向前跑、向后跑，最后终究会回到主人的身旁。但跟美国相比，中国市场的这根遛狗绳显然太长了。

2014 年，A 股在万众期待的新一轮改革预期中进入牛市状态。中小板和创业板是这轮牛市的先知先觉，在经历过“三高泡沫”破灭之后，于 2012 年 12 月底率先开始走出了一个长达两年的震荡修复行情。此后，无论是上市公司的数量还是股票发行量均大幅度增加。2014 年 11 月 22 日，央行降息周期窗口打开，上证指数加速上行；2014 年 12 月突破 3000 点，券商两融业务持续攀升，并很快突破 1 万亿元，券商股成为最耀眼的明星。融资融券的活跃和股市上涨形成螺旋效应，不断降息、降准成为催化剂。股市的火热令投资者的热情空前高涨，一大批“涉市未深”的投资者通过融资、配资的方式进入股市。尽管市场走势一浪高过一浪，但接踵而来的政策收紧导致后续资金未能源源不断流入股市。大部分投资者对此却未足够警觉，反而继续加大杠杆购买股票。“最狂热的时候，恰恰也是最危险的时候。”2015 年 6 月中旬以后，股指从 5178 点一路狂泻到 8 月 26 日的 2850 点，再到 2016 年 1 月 27 日的 2638 点。短短一年多的时间，A 股市场以前所未有的速度上演了一幕幕跌宕起伏的“过山车”式行情，多少人的命运因此骤然改变。

经历 2015 年的暴涨暴跌之后，市场形势发生了巨大变化。然而，A 股的市场生态却一如既往：机构追随着热点高抛低吸，说好了每年只要 20% 的收益，结果连每一个日内波动都不想错过；少部分股评师依旧乐此不疲地在自媒体上“打卦占卜”，一副娱乐至死的态度；散户则把亏损的原因怪罪于分析师的蛊惑、监管的缺位以及媒体的无良，但很少有人把亏损归咎于自己的无知、贪婪，这注定了他们难逃被割韭菜的命运。理性分析和价值投资是证券市场长期获利的不二法门，这是一个人尽皆知的道理。浅显易懂的道理知道的人很多，但能够践行的人却太少，可能这也解释了为什么本杰明·格雷厄姆（Benjamin Graham）的《证券分析》出版了 80 多年，但在中国仍然曲高和寡。如今，一轮牛市已成过往，激情的冷却又让我们从对热点的追逐回到了理性投资这个我们既熟悉却又无视的领域。我感到，中国可能更加需要一本本地化版的《证券分析》。

（三）

格雷厄姆《证券分析》的问世有其时代背景。20 世纪 20 年代中后期，华尔街股市伴随着美国经济的繁荣进入牛市，投资者的热情空前高涨，继而开始期望一个持久繁荣的投资时代，逐渐失去了对股票价值的理性判断。然而，随之而来的 1929 年股市暴跌，投资者“谈股色变”。正是在这样的背景下，格雷厄姆于 1934 年出版了不朽的巨著《证券分析》，倡导理性分析与价值投资的观念。

格雷厄姆认为，对于一个被视为投资对象的证券来说，资金必须有某种程度的安全性和满意的报酬率。如果投资者准备选定一家公司的股票进行投资，那么以什么样的价格购进最合理呢？格雷厄姆提出两种选择：一种是在整个市场低迷时买入该公司股票；另一种是当该股票的市场价格低于其内在价值时买入。选择这两种方式购买股票主要是考虑股票的安全边际。

如果说格雷厄姆是知识分子中的投资家，那么沃伦·巴菲特（Warren Buffett）则是投资家中的知识分子。巴菲特吸取了格雷厄姆和埃尔文·费雪（Irving Fisher）两位投资大师的理论，并结合自己的投资实践形成了以安全边际为基础、结合企业成长性的价值投资思想，巴菲特把价值研究从对资产的研究转移到对企业的研究上，而其核心体现在他的"护城河"理论上。巴菲特认为股票是企业整体的代表，所以他抛弃了格雷厄姆清算价值和账面价值的方法，用企业长期竞争优势来研究企业。而竞争对手难以攻击的可持续竞争优势就是护城河，最典型的护城河就是高转换成本、品牌溢价、网络效应等。事实上，巴菲特的搭档查理·芒格（Charlie Thomas Munger）在很多场合说过这样的话："如果我们只是原封不动地照搬本杰明·格雷厄姆的经典做法，我们不可能拥有现在的业绩。"巴菲特要寻找的是被市场低估的股票，他并不在意股票市场上供给与需求错综复杂的关系。实际上，他根本不在乎股票市场的活动情况。这一点在他的一句名言中有所体现："在短期内，市场竞争的是人气；而在长期，市场考验的是实力。"因此，巴菲特所选择的公司，拥有整体性的潜力，他在意的是公司真正的盈利能力。

格雷厄姆、巴菲特以来的证券分析方法建立在传统的经济发展方式之上，而随着经济发展方式的不断变革、新技术的运用，证券分析方法也需要不断更新以适应于新形势。比如，在某些时期，某个证券或者整个证券市场会出现较大幅度的价值背离情况，如所谓"泡沫"，传统金融理论就难以合理解释和分析。正是由于新一代信息技术与制造业深度融合，引发影响深远的产业变革，形成新的生产方式、产业形态、商业模式和经济增长点，对价值的评估带来挑战。如今，各国都在加大科技创新力度，推动三维（3D）打印、移动互联网、云计算、大数据、生物工程、新能源、新材料等领域取得新突破。这些创新正在引领制造方式变革，正在重塑产业价值链体系。同时，对企业传统价值的研判也产生了深远的影响。

（四）

总的来说，完整的股票投资价值分析包括宏观分析、行业分析和公司分析。宏观分析，是股票投资价值分析的起点，是行业分析的背景和前提，着重于宏观经济环境、宏观经济政策、经济增长的分析。行业分析，在基于宏观分析的基础上，对行业产品的需求和供给状况及增长趋势、价格和获利能力的现状和变化进行分析。公司分析是股票投资价值分析的终点，是对行业内公司进行的分析和价值判断。

掌握了自上到下，即从宏观经济、中观行业到微观企业的证券分析一般方法后，我们还应根据不同的市场特征进行有的放矢的证券分析。比如，以市值较大、业绩优良、分红丰厚、估值合理、投资风险较低的以蓝筹股为主体的主板市场；定位为科技含量较高和成长速度较快的中小板市场；以高科技企业、新兴产业企业为主体的创业板市场；以及门槛很低、高成长性中小微企业挂牌的新三板市场。在分析中，我们应根据不同市场蓝筹股、成长股表现出来的典型特征，建立选股指标体系，并挖掘出未来仍然具有投资价值的主板公司、中小板公司、创业板公司以及新三板企业。

在资本市场中，互联网企业的价值判断无疑是最具有挑战性的工作，特别是如何从泡沫的背后寻找到真正具有成长价值的企业更加不易。以往单纯从财务价值估值角度给出的结论，由于维度单一，无法准确预估新兴技术爆发的节点位置、商业模式的成长趋势，往往不能准确预判互联网企业价值成长，因而需要重新构建科学的价值分析框架体系。科学评价互联网企业的投资价值，尤其需要对商业模式演化、技术成长周期、盈利空间来源逻辑等关键价值因素予以准确预估。

此外，固定收益类证券是我国资本市场上的重要品种，最早起源于国家发行的国债（国库券），经过30年的发展，品种日益丰富，形成了一个包括国债、地方政府债、央行票据、金融债、短期融资券、企业债、公司债、中期票据、资产支持债券、可转债、优先股等多种固定收益品种。与股票投资不同，在固定收益产品市场中，利率是首要考虑的因素，宏观经济基本面、宏观调控政策、资金的供求状况以及风险溢价四因素会决定利率水平的高低。对于投资者来说，如何选择合适的产品、如何控制风险是进行固定收益类产品的必修课。

从近年来的发展看，我国金融衍生品也呈现出品种不断丰富、交易量迅速增长、交易规模日益扩大的局面。由于金融衍生品的规模庞大并且交易分散，金融衍生品风险的发生具有突然性和复杂性。金融衍生品是以规避和锁定标的产品的风险为目的发展起来的，但其自身风险也十分巨大。因此，如何对我国期货、期权产品进行投资以发挥其避险功效，在控制风险的情况下构建相应的投资策略是我们需要关注和重视的。

随着我国经济不断发展和个人财富不断增长，个人参与境外投资的意愿日趋强烈，个人进行境外投资已成为一种现实需求。《2015中国私人财富报告》显示，截至2014年底，拥有境外投资的高净值人群占比已达37%，且这个比例有不断提升、从高净值人群向普通中产蔓延的趋势。在目前我国合法的个人境外证券投资的四种渠道中，合格境外机构投资者的准入门槛最低，成为个人境外投资最普遍的路径。个人投资者进行合格境外机构投资者基金投资前，应掌握对合格境外机构投资者基金业绩的评价指标、影响因素及投资风险。除合格境外机构投资者基金以外，2014年沪港通的正式落地和即将推出的深港通为我国境内机构和个人投资者增添了一条向境外投资的渠道。尽管目前看来这两条路径的可投资范围还非常有限，但沪港通和深港通机制顺应了资本市场国际化的发展趋势，既有利于巩固香港国际金融中心的地位，又有利于健全我国内地资本市场的机制。相信不久的将来，我们国内投资者会有更多的渠道进行“出海”投资。

2016.5.31

前　言

自诞生证券交易，证券分析便随之产生。但理性、科学的证券分析则是在本杰明·格雷厄姆（Benjamin Graham）和大卫·多德的《证券分析》一书出版后才形成的。《证券分析》一问世便被一大批追随者奉为投资者的“圣经”。80 多年过去了，全球投资环境已经发生了深刻变化，股票、债券以及各种纷繁复杂的衍生品令投资者眼花缭乱。面对越来越复杂的资本市场，如果没有一套系统的证券分析方法，只追随自己的直觉押注市场的波动，就难以逃脱个人财富随着市场潮汐而起伏的历史周期律。作为从业多年的分析师，我们希望投资者在面对不确定的资本市场时，能够采用正确的方法进行证券分析，化繁为简，在混沌中寻求秩序，从而做到在市场中持续获利。

不同的投资品种，其分析方法截然不同。就股票投资来说，完整的股票投资价值分析包括宏观分析、行业分析和公司分析，而不同市场、不同行业的股票表现特征的不同又造成投资方法、指标选择各有差异。与股票投资不同，固定收益产品投资对利率分析尤为重要，而金融衍生品投资注重策略。正是基于此，我们对资本市场上的投资产品进行分类，采用分门别类的方式向投资者展示不同投资产品的特征，传授不同投资产品的分析方法。

本书提供了关于宏观、行业和公司的分析框架，也涉及关于债券、衍生品及国际投资的分析方法，并结合中国的行业周期和热点板块，提出了自成一体的“本土化”分析思路。本书涵盖作者对资本市场各产品的投资分析框架、分析指标的认识和理解，也包括利用这些框架、思路以及指标的投资实践成果。无论你是致力于投资股市，投资债市，还是投资于金融衍生产品，或是进行境外投资，相信会在掌握本书介绍的不同投资产品分析方法的基础上，结合自身的心得体会，建立自己的投资分析框架，获得不菲的收益。

本书由何诚颖博士牵头策划，刘英组织提纲和统稿，陈东胜、刘英、陈锐、龚映清、杨洋、陈海荣、贺东伟、廖旦、陈伟、张立超、徐向阳等参加编写。参编人员或者是具有扎实理论功底的证券金融专家，或者是一线知名分析师。他们中的大部分具有10年以上证券从业和研究经验，经历多次牛市和熊市，且熟悉欧美等海外市场情况。在写作过程中，我们还得到了许多领导和专家的大力关怀和支持，在此谨向他们表达诚挚的感谢。

作　者

2017年1月

目　　录

第一篇　证券分析初论

第一章　导论 …… (3)

第一节　证券分析的有效性和不确定性 …… (3)

第二节　证券分析入手 …… (7)

第二篇　股票投资

第二章　宏观分析 …… (19)

第一节　宏观分析的框架与指标 …… (19)

第二节　股市与宏观因素的关系 …… (36)

第三节　我国股市宏观分析中的指标 …… (62)

第三章　行业分析 …… (78)

第一节　行业分析的作用与步骤 …… (78)

第二节　行业分析的再定义与新兴行业 …… (83)

第三节　行业特征与行业估值 …… (98)

第四节　典型行业估值与投资价值分析 …… (113)

第四章　公司分析 …… (136)

第一节　公司研究的脉络与关注点 …… (136)

第二节　公司财务分析 …………………………………………… (155)
第三节　股票价格与公司估值 ………………………………………… (174)
第五章　蓝筹股分析：主板市场 …………………………………………… (190)
第一节　主板市场的特征 ………………………………………………… (190)
第二节　主板市场的估值与国际比较 ………………………………… (197)
第三节　传统行业投资价值分析 ………………………………………… (213)
第六章　成长股分析之一：中小板市场 ……………………………………… (235)
第一节　透视中小板市场 ………………………………………………… (235)
第二节　中小板发展现状 ………………………………………………… (238)
第三节　中小板牛股特征与选股思路 ………………………………… (245)
第七章　成长股分析之二：创业板市场 ……………………………………… (256)
第一节　探析创业板市场 ………………………………………………… (256)
第二节　方法建立与应用：成长股四维模型分解 …………………… (261)
第三节　创业板高成长股选择 …………………………………………… (267)
第八章　成长股分析之三：新三板市场 ……………………………………… (274)
第一节　新三板市场发展现状和投资门槛 …………………………… (274)
第二节　新三板公司估值现状与难点 ………………………………… (289)
第三节　新三板估值体系 ………………………………………………… (296)
第四节　新三板估值案例分析 …………………………………………… (302)
第九章　成长股分析之四：互联网板块 ……………………………………… (328)
第一节　互联网企业的估值难点 ………………………………………… (329)
第二节　互联网企业的核心估值体系建立 …………………………… (345)
第三节　未来互联网行业中重点关注概念 …………………………… (384)

第三篇　固定收益产品投资

第十章　我国的固定收益产品 ……………………………………………… (417)
第一节　债券 ……………………………………………………………… (417)

第二节　优先股 …………………………………………………………………（434）
第三节　资产支持证券 ……………………………………………………………（437）
第十一章　固定收益产品投资的分析框架 ………………………………………（443）
第一节　利率分析 ………………………………………………………………（443）
第二节　策略分析 ………………………………………………………………（456）
第三节　风险分析 ………………………………………………………………（469）

第四篇　金融衍生产品投资

第十二章　期货产品投资 ………………………………………………………（491）
第一节　期货市场概述 …………………………………………………………（491）
第二节　股指期货的套期保值策略 ……………………………………………（496）
第三节　期货产品的风险控制策略 ……………………………………………（514）
第四节　国债期货的套期保值策略 ……………………………………………（538）
第十三章　期权产品投资 ………………………………………………………（549）
第一节　期权交易策略概述 ……………………………………………………（550）
第二节　价差期权价格的公式与计算比较 ……………………………………（565）
第三节　期权水平价差策略 ……………………………………………………（575）
第四节　期权中性价差策略 ……………………………………………………（582）
第五节　期权比率价差策略 ……………………………………………………（591）
第六节　期权垂直价差策略 ……………………………………………………（601）

第五篇　国际证券投资与实践

第十四章　国际证券投资 ………………………………………………………（621）
第一节　投资组合理论 …………………………………………………………（622）
第二节　国际证券投资动机和风险 ……………………………………………（623）
第三节　我国境外证券投资主体和渠道 ………………………………………（625）

第十五章　我国 QDII 基金境外投资 …………………………………………… (629)
第一节　QDII 概述 ……………………………………………………………… (630)
第二节　我国 QDII 基金业绩评价指标分析 …………………………………… (636)
第三节　我国 QDII 基金业绩影响因素分析 …………………………………… (646)
第四节　QDII 境外投资风险及其管理 ………………………………………… (651)
第五节　QDII2 的推出和潜在机会 …………………………………………… (653)
第十六章　沪港通和深港通 ………………………………………………………… (656)
第一节　沪港通 ………………………………………………………………… (656)
第二节　深港通 ………………………………………………………………… (666)

参考文献 ………………………………………………………………………………… (677)
后记 ……………………………………………………………………………………… (684)

第一篇

证券分析初论

对证券进行分析和价值评估的方法和流程，都属于证券分析的范畴。随着证券市场的发展，特别是多次大的震荡，人们对证券分析的方法不断总结和探索。总的来说，证券分析一般是从上到下的，即从宏观经济、中观行业到微观企业。这其中，企业价值的分析属于证券分析的核心，毕竟大家都知道，价格是围绕价值波动的。同时，人们又发现，投资者有时候并不理性的行为会造成市场价格的异常波动，由此产生了投资者行为的证券分析方法。

本篇为大家介绍证券分析的原理、一般方法和流程，以便大家对证券分析有个总体的了解。

第一章
导　论

第一节　证券分析的有效性和不确定性

（一）证券分析使投资更有效

证券分析（Security Analysis），是指对证券进行分析和价值评估，一般都是应用于投资领域。参考“中国证券业从业人员资格考试”参考用书中的定义，证券投资分析是指投资者（法人或自然人）购买股票、债券、基金等有价证券以及这些有价证券的衍生产品，以获取红利利息及资本利得的投资行为和投资过程。

证券分析从何而来已经无从考证，但自从诞生证券交易开始，出于对未来收益判断的考虑，证券分析自然产生。

本杰明·格雷厄姆和大卫·多德在其《证券分析》一书中指出：“分析，是指根据已确立的原则和合理的逻辑对可获得的事实进行仔细研究，并试图从中得出结论。这是科学研究方法的一部分。但是将分析应用于证券领域时，我们遇到了严重的障碍，因为投资在本质上并不是一门精确的科学。其实，法律和医学同样不是精确的科学，因为在这些领域中，个人技艺和机会都是决定成败的重要因素。然而，在法律和医学两个领域中，专业分析不仅非常有用，而且不可或缺。在投资甚至投机领域也是如此。”

我们知道，科学研究是严谨的，结论也相对唯一。但融入证券后，却发生了极大的变化，结论和实际往往不同。广大投资者和学者孜孜不倦地研究证券分析，推出了一个又一个的方法和模型，试图用证券分析推导出更准确的未来判断。

即便证券分析不是精确的科学，其在投资活动中的作用也是毋庸置疑的。格雷厄姆和多德亲历了市场盛极而衰的5年变化——1929年冲到顶峰，当年10月崩盘，大萧条随之到来。他们为投资者制定的投资策略，使得投资者能从成百上千的普通股、优先股和债券中找到最有价值的投资标的。值得一提地是，他们的方法与现代的价值投资者完全一样。

作为格雷厄姆和多德的徒弟，沃伦·巴菲特更是证券分析的忠实拥趸。他最珍视的四本藏书中，两本都是《证券分析》，并指出："我一直遵循着两位恩师阐述的投资路线图。对我而言，没有任何理由再去寻找其他的投资方法。"他也确实一直执行证券分析的基本方法，成为价值投资的领军人物。巴菲特的伯克希尔公司在1964～2013年这49年的投资中，总收益率6 937倍，同期标普500仅上涨98.74倍。

（二）证券分析的基础——价值与有效市场假说

1. 价值是证券分析的核心基础。我们知道，商品有价值和价格，它们并不总是一致的，价格总是围绕价值上下波动，发生差异时就是投资的时机。

证券都有其内在价值，可以通过相应的计算公式得出。一般来说，低于其内在价值的市场价格都有投资价值。比如，面值100元的一年期普通债券，年息8%，到期价值就是108元。到期时，任何低于108元的市场价格都属于低估了。而在到期前的一段时间里，可以通过市场利率贴现公式来计算内在价值。

证券分析多数从上述计算着手，通过这些计算得出的某个证券的内在价值，是投资与否的基本要素，这也是价值投资的根本所在。很多投资分析人员，包括巴菲特，都持续关注证券的内在价值，观察市场价格与内在价值的差异，以便把握投资机会。即便证券分析各种手段推陈出新，但对价值分析的本质一直都没有变。

2. 有效市场假说证明价值的体现。在一个简单的非远程交易里，价值的估算及价格的判断相对容易。但随着交易品种的增加、远程集合交易的出现，价值往往与价格发生偏离，那么，市场价格是否体现价值呢？

1964年，奥斯本提出了"随机漫步理论"，他认为股票价格的变化类似于化学中的分子"布朗运动"（悬浮在液体或气体中的微粒所做的永不休止的、无秩序的运动），具有"随机漫步"的特点，即它变动的路径是不可预期的。

这个结论不免使许多进行证券分析的人沮丧，他们全力研究各家公司的会计报表与未来前景以决定其价值，并试图在此基础上作出正确的金融决策。难道股价真是如此随机，金融市场就没有经济学的规律可循吗？

1965 年，尤金·法玛（Eugene Fama）在《Financial Analysts Journal》上发表了文章《Random Walks in Stock Market Prices》，第一次提到了“有效市场”（Efficient Market）的概念。有效市场是这样一个市场，在这个市场中，存在着大量理性的、追求利益最大化的投资者，他们积极参与竞争，每个人都试图预测单个股票未来的市场价格，每个人都能轻易获得当前的重要信息。在一个有效市场上，众多精明投资者之间的竞争导致这样一种状况：在任何时候，单个证券的市场价格都反映了已经发生的和尚未发生但市场预期会发生的事情，价格中包含了价值分析中所有必要的财务因素。

当然，“有效市场假说”只是一种理论假说。实际上，并非每个人都总是理性的，也并非在每一时点上都是信息有效的。总体来说，“有效市场”分为三种：弱势有效市场（Weak - Form Market Efficiency）——存在内幕信息；半强势有效市场（Semi - Strong - Form Market Efficiency）——不仅包括证券价格序列信息，还包括有关公司价值、宏观经济形势和政策方面的信息；强势有效市场（Strong - Form Market Efficiency）——证券价格能及时反映所有相关信息，包括所有的公开信息和内幕信息。

现实中，常态存在的往往是弱势有效市场和半强势有效市场，完全状态的强势有效市场很难出现。也正因为如此，才引起大家更努力地进行证券分析，试图达到比其他人更有效的价值判断。

随着证券分析工具和理论的发展，对证券价值、市场价格影响的因素也不断被挖掘，分析人员对一些新因素的判断很难保持一致，比如预期、投资者情绪等。

（三）证券分析的不确定性——期望预测与投资者行为

1. 对未来投资的预期总是在变动。证券投资和在超市购买货物最大的区别在于对未来的判断。证券的价值并不是一成不变的，而是随着其所承担实体的发展而不停改变。如上市公司股票受到上市公司盈利能力的变化，其价值的核心构成——每股收益、净资产收益率等指标将发生变化。因此，证券期望预测已经越来越受到重视，成为证券价格变动的主要因素之一。

期望预测涉及的范围很广，和证券相关的内容几乎都会体现在证券价格上。比如，在旅游旺季到来之时，旅游行业上市公司股票就会受到追捧；国家推动互联网行业发展，互联网上市公司股票市盈率就远远高过其他行业；某地天气发生异变，当地农林上市公司股票就会被抛售。这样的例子很多，也说明证券价格受到期望的不同变化而时时发生变动。

当然，期望预测是可以通过一定数学方法量化的。不过，未来就是未来，目前还没有公认的准确的方法能够预测未来。所以，各种预测的量化方式都是基于一些模型要素的预测推断，而这些推断都是包含主观的因素在内，也因此引发投资者投资的差异。

2. 投资者行为经常不理性。在证券投资中，人们发现即使同样的市场信息、同样的分析方法、同样的预测，投资者的市场行为却不相同，引起了对投资者行为（行为金融学）的研究。所谓行为金融学，是以心理学上的发现为基础，辅以社会学等其他社会科学的观点，研究投资者如何在决策时产生系统性偏差，并尝试解释金融市场中与传统金融理论相悖的异常现象的一种理论。

传统金融学建立在理性人假设和有效市场假说两大基石之上，投资的目标是收益最大化，投资者之间无差别，都对风险持厌恶态度，并且面对不同资产的风险态度始终是一致的。但是，随着金融学研究的不断深入，人们发现金融市场上存在着大量无法用传统金融理论解释的异常现象。实验经济学研究也表明，投资者在不确定条件下进行投资决策时并不总是理性的。随着 20 世纪 80 年代心理学在研究人的非理性行为方面的重大发现，金融学借鉴了心理学、社会学等研究成果，对证券投资者的认知偏差和有限理性行为及其深层次的原因进行了大量的研究，形成了创新的行为金融学。

就像市场并不总是完全有效一样，投资者也并不总是理性的。受个人情绪和性格的影响，投资者可能表现出过度自信、厌恶风险、激进、后悔、反复等不同的市场行为。如投资者在投资账面价值损失时，则更加厌恶风险；而在投资账面价值盈利时，随着收益的增加其满足程度速度减缓，导致投资行为更加激进。

下面介绍几种经常出现的投资者非理性行为。

（1）“羊群效应”。“羊群效应”是一种典型的投资者非理性行为，是从情感的角度来刻画群体的行为，是行为金融学的术语，在资本市场上是一种决策行为体现出来的心理偏差。“羊群效应”描述的是人都有一种从众心理。资本市场中的“羊群效应”是一种特殊的非理性行为，投资者在信息环境不确定的情况下，行为受到其他投资者的影响，模仿他人决策，或者过度依赖于舆论，而不考虑自己的信息。资本市场“羊群效应”的存在使得投资者个体和集体投资理性程度大大降低，对于某一个特定的事物作出同时买进或者卖出的决策。这种非理性投资行为会直接导致资本市场上买卖活动大规模的不规范和不规则，对资本市场的有效性和稳定性产生一定影响。①

（2）先入为主。先入为主在行为金融学中称为“代表性”②，指的是人们倾向于根据观察到的某种事物的模式与其经验中该类事物的典型模式的相似程度而进行判断。比如，在代表性作用下，一般的投资者会坚持认为，好股票是好公司的股票，不好的股票是差公司的股票。在投资者的思想中，好公司代表成功公司，成功公司产生高盈利，进而导致高收益；差公司则正好相反。然而事实并非如此。这说明投资者因其代表性预测，犯了先入为主的错误，出现了预测偏差。

（3）处置效应。处置效应是投资者愿意卖出当前盈利的股票并且继续持有亏损股票的一种心理倾向，是一种比较典型的投资者认知偏差。投资者往往对于亏损的股票存在较强的惜售心理，也就是继续持有亏损的股票，不愿意实现损失；投资者在盈利面前往往倾向于回避风险，愿意较早卖出股票以锁定利润。在大多数情况下，处置效应主要受投资者心理因素的影响，它会直接削弱投资者对投资风险和股票未来收益状况的客观判断。投资者往往是非理性地长期持有一些失去基本投资价值的股票，结果必然是赢少亏多。

第二节 证券分析入手

一、证券分析的要素、层级和信息获得

（一）证券分析要素及分类归纳

证券分析涉及的要素大致可以按照经济层面分为四种（见表1-1）。

一是宏观层面的要素：主要包括国民生产总值（GDP）、货币供应量（M0/M1/M2）、居民消费价格指数（Consumer Price Index，CPI）、财政收入及支出、房地产投资额、进出口总额等指标。

---

① 李冬霞：《资本市场投资者非理性行为研究》，人民论坛，2011年。

② 周战强、李德峰：“个人投资者的行为金融学分析”，《中央财经大学学报》，2006年。

二是中观层面的要素：主要包括发行证券的企业所在行业发展状况、发展前景，涵盖行业生产总值、销售总额、利润总额以及预期增长率等指标。

三是微观层面的要素：主要包括发行证券的企业营业收入、净利润、总资产、净资产、业务结构、每股收益、市盈率、市净率等财务指标，未来预期的各项指标以及重大事项的信息等。

四是技术分析层面的要素：主要包括K线图分析的各项指标，如平滑异同平均线（MACD）5日、10日、20日等均线，随机指标（KDJ）等，以及开盘价、收盘价、均价、成交量、主力资金流入和流出等等。

表1-1　证券分析的主要要素表

层面	要素领域	要素内容
宏观	国民经济指标	GDP、CPI、财政收支、进出口、固定资产投资等
中观	行业发展指标	行业生产、销售额、利润总额、预期增长等
微观	证券主体状况	财务指标：主营业务收入、净利润、净资产等 预期指标：预期增长率、新业务发展速度、发展规划等 重大事项：对主体的影响
技术	图表分析	K线图：MACD、KDJ等 量价分析：开收盘价、成交量、主力成交等

（二）信息的获得

受益于互联网的快速发展，现在证券分析的相关信息都可以通过网络获取，但也并不意味着可以随便从网络上摘录。一般来说，除了一些专业提供证券分析信息的资讯软件终端外（见图1-1），还可以从权威网站上获取信息。

宏观层面的信息，可以从国家统计局、财政部、中国人民银行、商务部等国家部委的官方网站上获取（见图1-2）。中观层面的信息，可以从主管部门的部委、行业协会等网站上获取。微观层面的信息，可以从上市公司各类公告（见图1-4）里获取。技术层面的要素，可以从沪、深证券交易所网站（见图1-3）、证券公司交易信息软件（见图1-5）中获取。

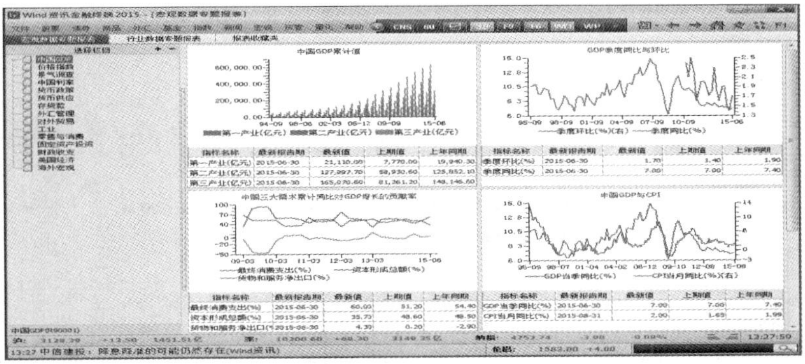

图 1－1 从专业资讯信息终端获取数据

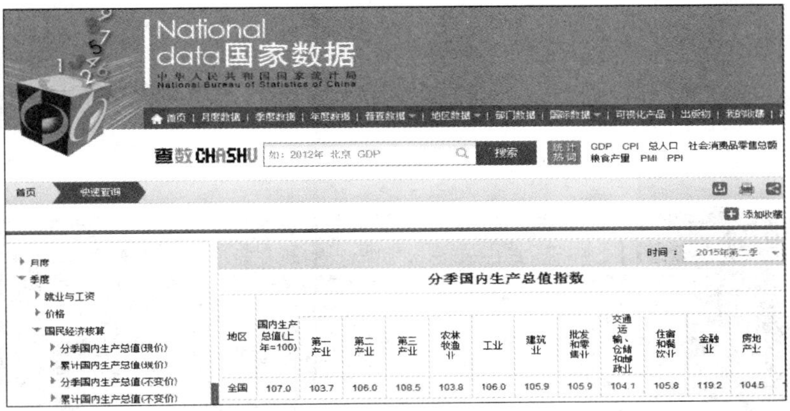

图 1－2 从国家部委官方网站获取数据

图 1－3 从交易所网站获取数据

股票简称：国信证券　　证券代码：002736　　编号：2015-099

国信证券股份有限公司

公　告

本公司及董事会全体成员保证信息披露的内容真实、准确、完整，没有虚假记载、误导性陈述或重大遗漏。

经公司第三届董事会第二十次会议审议通过，公司已于2015年7月6日将人民币658,548万元款项划转至中国证券金融股份有限公司指定账户，参与包括公司在内的21家证券公司的共同出资购买蓝筹股ETF的联合行动，详见7月6日刊登于深圳证券交易所网站（http://www.szse.cn）的公司《第三届董事会第二十次会议决议暨履行维护市场稳定社会责任的公告》。

鉴于当前股票市场形势，为进一步维护证券市场稳定，公司近日与中国证券金融股份有限公司再次签署《中国证券期货市场场外衍生品交易主协议》及《收益互换交易确认书》，出资人民币231,779万元（与前次7月6日出资合计为2015年7月末净资产的20%），继续与中国证券金融股份有限公司开展收益互换交易。

图 1－4　从上市公司公告获取数据

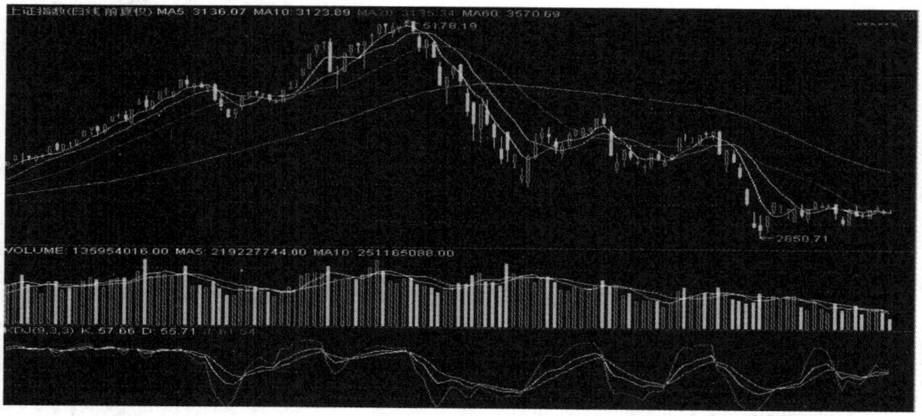

图 1－5　从证券公司交易系统获取数据

二、三种证券分析方法及相互关系

证券分析方法主要有如下三种：基本分析法、技术分析法、演化分析法。其中，基本分析主要应用于投资标的物的选择上；技术分析和演化分析则主要应用于具体投资操作的时间和空间判断上，是提高证券投资分析有效性和可靠性的有益补充。

它们之间的关系是：技术分析要有基本分析的支持，才可避免缘木求鱼；而技术分析和基本分析要纳入演化分析的框架，才能真正提高可持续生存能力。

（一）基本分析法

基本分析法是以传统经济学理论为基础，以企业价值作为主要研究对象，通过对决定企业内在价值和影响股票价格的宏观经济形势、行业发展前景、企业经营状况等进行详尽分析，以概算上市公司长期投资价值和安全边际，并与当前的股票价格进行比较形成相应的投资建议。基本分析认为股价波动不可能被准确预测，而只能在有足够安全边际的情况下买入股票并长期持有。

（二）技术分析法

技术分析法是以传统证券学理论为基础，以股票价格作为主要研究对象，以预测股价波动趋势为主要目的，从股价变化的历史图表入手，对股票市场波动规律进行分析的方法总和。技术分析认为市场行为包容消化一切，股价波动可以定量分析和预测，如道氏理论、波浪理论、江恩理论等。

（三）演化分析法

演化分析法是以演化证券学理论为基础，将股市波动的生命运动特性作为主要研究对象，从股市的代谢性、趋利性、适应性、可塑性、应激性、变异性和节律性等方面入手，对市场波动方向与空间进行动态跟踪研究，为股票交易决策提供机会和风险评估的方法总和。演化分析认为股价波动无法准确预测，因此它属于模糊分析范畴，并不试图为股价波动轨迹提供定量描述和预测，而是着重为投资人建立一种科学观察和理解股市波动逻辑的全新的分析框架。

三、进行证券分析的一般流程

（一）证券市场是国民经济的晴雨表

进行证券分析，首先要对经济环境进行观察，也就是一般常说的“大势”。要知道，证券市场是国民经济的晴雨表。在经济环境向好的情况下，证券市场才有持续上行的基础；反之，则可能长期向下。需要注意的是，经济大环境只能体现基础性的支撑、长期性的趋势，并不表明短期对市场的影响。

比如，在2006年，受之前几年熊市的影响，经济增长并没有体现在证券市场上，累计的经济增长效应再加上人口红利、汇率等因素，证券市场出现了大牛市，直到2008年受到次贷危机的影响才出现大的下滑。在2014年下半年，新一届政府继续深化改革，证券市场出现了一轮改革牛市（见图1-6）。

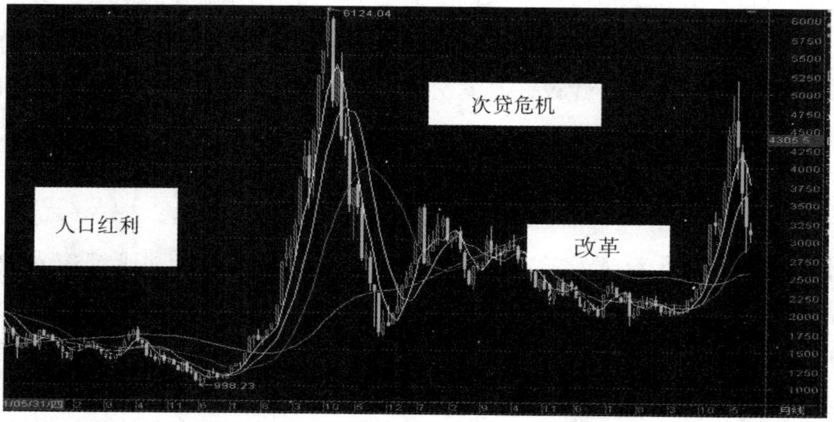

图1-6　宏观经济总体对证券市场的影响

（二）单个企业无法摆脱行业整体发展

在宏观分析之后，要进行中观层面的分析。要知道，即便再优秀的企业也无法摆脱行业而独立发展。中观层面的分析，主要是对行业发展状况、未来趋势进行了解，把握发行证券的企业所处行业的大方向。一般来说，企业在行业内的地位短时间是难以改变的，其销售、利润等主要经营指标的市场占有率也具有一定的连续性。因此，对中观层面的分析十分必要。

比如，2014年以来中小板持续快速上涨，就是因为“大众创业、万众创新”的提出。其中，受到国家支持“互联网+”战略的发展，互联网相关行业未来发展增速将会超过整体经济的平均增速，行业上市公司也受到市场追捧（见图1-7）。

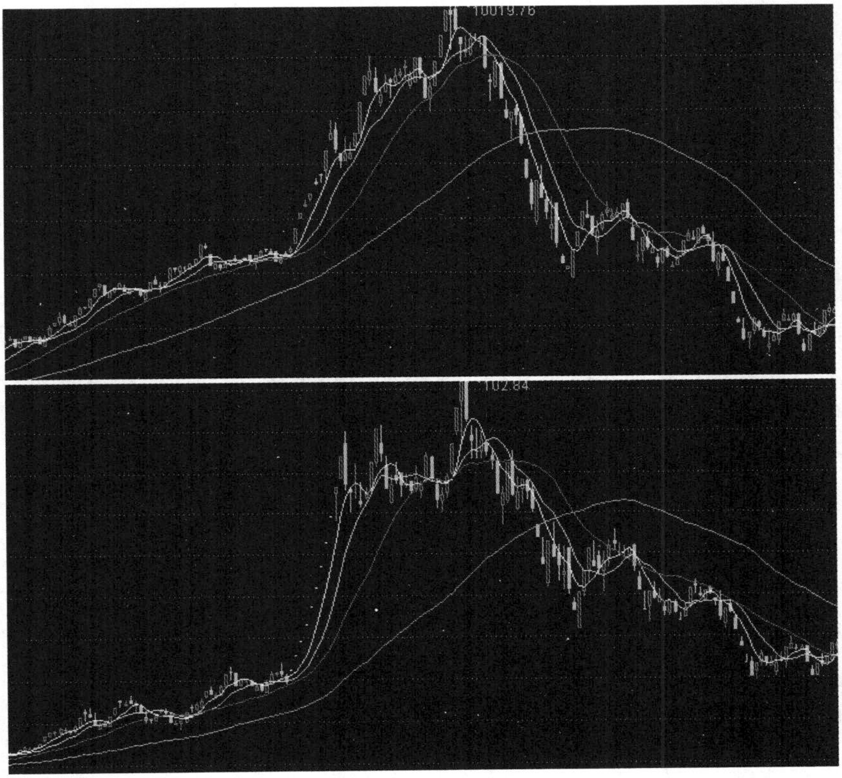

图 1－7 互联网行业及代表公司（东方财富）市场走势对比

（三）企业自身价值是证券分析的核心

宏观和中观层面的分析是发行证券的企业的重要环境分析，但企业自身价值才是证券分析的核心。对企业价值分析可以分为两大方面：一是企业静态价值，包括企业总资产、净资产、营业收入、净利润、现金流等等指标，代表企业现在价值多少；二是企业未来的动态价值，包括企业各项主要经营指标的预期增长率。

企业自身价值有时会突然发生变化，比如企业发生并购行为、主营业务出现新的突发改变等。

（四）技术分析是有效的补充

以上三个层面的分析都属于价值分析的范畴，但市场中往往出现同样价值却不同价格的情形，技术分析应运而生。所谓股价的技术分析是相对于基本分析而言的。

正如上一部分所述，基本分析法着重于对一般经济情况以及各个公司的经营管理状况、行业动态等因素进行分析，以此来研究股票的价值，衡量股价的高低。而技术分析则是通过图表或技术指标的记录，研究市场过去及现在的行为反应，以推测未来价格的变动趋势，其依据的技术指标的主要内容是由股价、成交量或涨跌指数等数据计算而得的。由此可知，技术分析只关心证券市场本身的变化，而不考虑会对其产生某种影响的经济、政治等外部因素。

总体而言，技术分析是结合市场价格和成交量的分析。纯技术分析流派常常会脱离企业基本面的分析，而纯粹分析量价关系。证券技术分析理论的主要的代表有道氏理论、波浪理论、江恩法则等。主要分析方法有 K 线理论、切线理论、形态理论、量价关系理论。主要的分析指标包括：趋势型指标、超买超卖型指标、人气型指标、大势型指标等内容。

证券技术分析区别于其他分析方法的关键在于，它更像一门艺术。技术分析是成千上万证券市场投资者经验的结晶。其一，在它的各种理论体系中，从定义到规则都带有明显的经验总结色彩，不具备严格的数学推理过程；其二，它包含的理论很多，每位技术分析家都有不同的见地，这些分支理论并不能形成一整套相互辉映的理论体系。因此，技术分析是经验的不断总结，有很浓的主观色彩。对于投资者来说，技术分析是证券分析手段的有益补充，能更好地指导短期交易。

四、证券分析的不断演变

随着证券市场的发展成熟，证券分析方法也在不断演变拓展，总体体现在三个方面：由内在价值向外部环境分析拓展、市场行为分析不断深入、经济发展方式的更替及新技术的运用。

（一）由内在价值向外部环境分析拓展

可以说，国际上第一个将证券分析方法总结归纳的巨著就是本杰明·格雷厄姆和大卫·多德的《证券分析》（1934 年），也是当时证券分析方法发展的里程碑。那时，证券分析还集中在证券的内在价值分析，着重于发行证券企业的财务分析。

之后，随着证券市场不断发展，参与者日渐增多，交易量不断扩大，证券价格的市场波动也日益激烈。在大量证券分析人员的协助下，证券内在价值被投资者持续深入挖掘，证券基本价值已经成为公开的信息，投资者对证券的关注逐渐扩展到证券的外部信息分析上，这些外部信息包括企业及其所在行业的突发事件和宏观、中观、微观信息等。至此，证券投资分析已经不只是简单分析财务报表，而是需要时刻关注任何可能对证券产生影响的信息。

（二）市场行为分析不断深入

证券投资已经成为理财的一个重要手段，参与者也扩展到多数的普通居民，市场行为日渐多元化。因此，对证券投资者行为的分析也不断深入。

20 世纪 80 年代以来，随着金融市场上各种异常现象的累积以及人们对金融异常现象研究的日益重视，传统金融理论受到了严峻的挑战，一批力图解释金融市场实际行为的全新金融理论逐渐兴起，行为金融理论就是其中之一。如，行为金融学用自己独特的分析方法，以马柯维茨投资组合理论和资本资产定价模型（CAPM）为基础，针对其缺陷提出了修正模型，即行为组合理论和行为资产定价模型（BAPM）。

传统金融理论难以合理解释。对行为金融来说，它研究的一个很重要的领域就是泡沫，即某些时期某个证券或者整个证券市场会出现较大幅度的价值背离情况。泡沫是一个非常有趣、非常重要也非常难以理解的一个领域。按照哈佛大学经济史学家金德尔伯格教授的说法，泡沫就是从基本面上来看不健全的商业事业，同时往往伴随着高度的投机性，价格上涨是因为投机者不断买入并相信价格不断上涨。

（三）经济发展方式的更替和新技术的运用

传统的证券分析方法建立在传统的经济发展方式之上，而随着经济发展方式的不断更新改革、新技术的运用，证券分析方法也需要不断更新以适用新形势，体现在经济增长新方式和新技术两个方面。

1. 经济增长方式：工业 4.0、中国制造 2025、智能工业。

“工业 4.0”是德国联邦教研部与联邦经济技术部在 2013 年汉诺威工业博览会上提出的概念。它描绘了制造业的未来愿景，提出继蒸汽机的应用、规模化生产和电子信息技术等三次工业革命后，人类将迎来以信息物理融合系统（CPS）为基础，以生产高度数字化、网络化、机器自组织为标志的第四次工业革命。

“中国制造 2025”是中国版的“工业 4.0”规划。规划已由国务院于 2015 年 5 月 8 日公布，提出了中国制造强国建设三个十年的“三步走”战略，是第一个十年的行动纲领。规划以促进制造业创新发展为主题，以提质增效为中心，以加快新一代信息技术与制造业深度融合为主线，以推进智能制造为主攻方向，以满足经济社会发展和国防建设对重大技术装备的需求为目标，强化工业基础能力，提高综合集成水平，完善多层次多类型人才培养体系，促进产业转型升级，培育有中国特色的制造文化，实现制造业由大变强的历史跨越。

智能工业是将具有环境感知能力的各类终端、基于泛在技术的计算模式、移动通信等不断融入工业生产的各个环节，大幅提高制造效率，改善产品质量，降低产品成本和资源消耗，将传统工业提升到智能化的新阶段。

新一代信息技术与制造业深度融合，正在引发影响深远的产业变革，形成新的生产方式、产业形态、商业模式和经济增长点。各国都在加大科技创新力度，推动三维（3D）打印、移动互联网、云计算、大数据、生物工程、新能源、新材料等领域的新突破。这些创新正在引领制造方式变革，正在重塑产业价值链体系。同时，对企业传统价值的研判也将产生深远影响。

2. 新技术：大数据、云计算。

大数据（Big Data），是指无法在可承受的时间范围内用常规软件工具进行捕捉、管理和处理的数据集合。大数据技术的战略意义不在于掌握庞大的数据信息，而在于对这些含有意义的数据进行专业化处理。换言之，如果把大数据比作一种产业，那么这种产业实现盈利的关键，在于提高对数据的“加工能力”，通过“加工”实现数据的“增值”。大数据并不在“大”，而在于“有用”。价值含量、挖掘成本比数量更为重要。

云计算（Cloud Computing）是基于互联网的相关服务的增加、使用和交付模式，通常涉及通过互联网来提供动态易扩展且经常是虚拟化的资源。云是网络、互联网的一种比喻说法。美国国家标准与技术研究院（NIST）定义：云计算是一种按使用量付费的模式，这种模式提供可用的、便捷的、按需的网络访问，进入可配置的计算资源共享池（资源包括网络、服务器、存储、应用软件、服务）。这些资源能够被快速提供，只需投入很少的管理工作，或与服务供应商进行很少的交互。云计算是继20世纪80年代大型计算机到客户端—服务器大转变之后的又一种巨变。

从技术上看，大数据与云计算的关系就像一枚硬币的正反面，密不可分。大数据必然无法用单台的计算机进行处理，必须采用分布式架构。它的特色在于对海量数据进行分布式数据挖掘，但它必须依托云计算的分布式处理、分布式数据库和云存储、虚拟化技术。从证券分析方法上看，大数据与云计算的运用将改变传统的证券分析手段。

第二篇

股票投资

完整的股票投资价值分析包括宏观分析、行业分析和公司分析。宏观分析，是股票投资价值分析的起点，是行业分析的背景和前提，着重于宏观经济环境、宏观经济政策、经济增长的分析。行业分析，在基于宏观分析的基础上，对行业产品的需求和供给状况及增长趋势、价格和获利能力的现状和变化进行分析。公司分析是股票投资价值分析的终点，是对行业内的公司进行分析和价值判断。不管是主板市场、中小板市场还是创业板市场，对其中的股票进行投资价值分析都离不开宏观分析、行业分析和公司分析。不过由于主板、中小板以及创业板的市场特征表现各不相同，其选择具有投资价值股票的方法、指标则各有差异。

随着互联网的爆发式增长，“互联网+”受到我国资本市场的关注和追捧，但针对传统行业而搭建的证券分析估值体系对于某些互联网热门企业似乎没有恰当的估值能力，从而使得重构互联网企业估值体系及构建投资策略变得非常重要并具有挑战。

第二章
宏观分析

证券市场是经济的“晴雨表”，证券市场的整体投资价值是国民经济增长速度与质量的反映。对宏观环境的研究在证券投资分析中处于首要位置，是证券投资分析的第一研究要务。通过宏观分析，可以把握宏观经济运行的大方向，密切关注宏观政策的变化，为判断整个证券市场是否具有投资价值提供决策依据。宏观分析包括宏观经济分析和宏观政策分析。宏观经济指标以及宏观政策的变化会影响证券市场走势，影响我国证券市场走势的宏观经济指标及宏观政策与美国表现出较大的差异。

第一节　宏观分析的框架与指标

一、宏观分析在证券投资分析中的定位

证券投资活动是整个经济运行系统中的一个子系统，一定程度上反映宏观经济运行情况。因此，证券投资分析应以宏观分析为起点（见图 2－1）。宏观分析是要把握宏观经济运行的大方向，并能密切关注宏观政策的变化，为掌握证券市场总体变动趋势以及抓住证券投资的市场时机提供决策依据。此外，通过宏观分析，能够判断整个证券市场是否具有投资价值。证券市场是经济的“晴雨表”，证券市场的整体投资价值是整个国民经济增长速度与质量的反映，而整个国民经济是由不同部

门、不同行业与成千上万的企业构成，它们相互影响、相互制约，共同影响着国民经济发展的速度和质量。

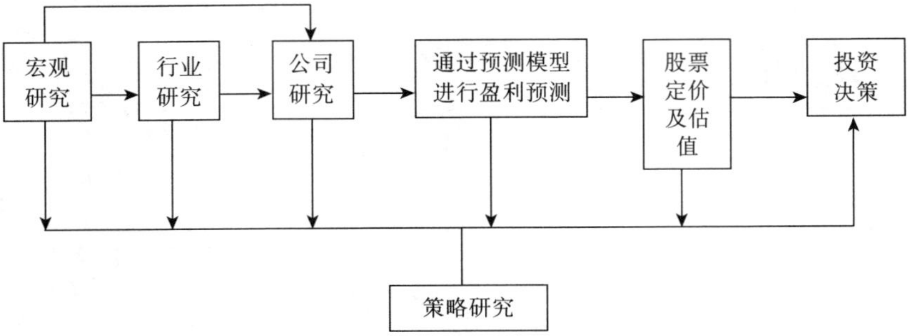

图 2－1　宏观分析的定位

宏观经济的运行除对整个证券市场产生重大影响外，还对证券市场中个股的价格形成有重大影响。宏观经济是个体经济的总和，企业的投资价值会在宏观经济总体表现中反映出来并体现在具体投资决策中，因而需要对企业投资价值进行判断。此外，宏观经济政策与证券市场是息息相关的，宏观经济政策的变动往往会一定程度影响证券市场的运行。因此，要研究和探讨证券投资，寻求合适的买卖时机，追求证券投资的收益，判断企业的投资价值，那么首先应该进行宏观分析，研究宏观经济的运行和宏观政策的变化，这是进行宏观分析也是判断企业投资价值的关键，是证券投资分析的起点。

从证券投资分析的流程来看，在进行投资决策前，先要进行股票估值，即对公司的内在价值进行评估，而内在价值的评估涉及公司盈利情况。要获得盈利情况，需要建立预测模型，并对公司的盈利进行预测。预测模型的假设是根据公司分析得出的，而公司分析得出的结论依据不仅是来自于公司本身的信息，还来自于公司所处的行业环境以及宏观环境的信息。因此，对宏观环境的研究在证券投资分析中处于首要位置，是证券投资分析的第一研究要务。

二、宏观经济分析的框架

（一）宏观经济分析的框架

宏观分析包括宏观经济分析和宏观政策分析。宏观经济分析的研究对象是总量指标，即经济总量。对于经济总量，要从总产出、总需求以及总收入等角度进行观察，实际上这三个角度是均衡下的同一对象。宏观经济运行中市场循环体现为需求决定产出，产出创造收入，收入变成需求。总供给与总需求是在宏观分析中常用的分析供给与需求关系的指标，而收入分配则决定产出创造收入的结构、方式和效果，收入通过再消费与储蓄之间配置影响需求，开放经济下储蓄进一步在投资和净出口之间进行分配。

在实际经济生活中，经济总量的各部分则是政府与市场的交织。市场经济作为一种制度的存在，其本身就需要政府保障才能有效运转。一般说来，在生产面，政府扮演提供公共品角色，例如进行公共设施建设、维护社会秩序、提供国防服务等；在需求面，政府通过财政支出变动调节总需求。此外，货币是市场经济不可或缺的部分，是经济循环的润滑剂（见图 2－2）。由于货币的存在，宏观经济变量有了名义量和实际量的区别，而名义量与实际量的差别被看作一般价格。在当今信用货币时代，货币并不直接由中央银行投向实体经济，而是通过调节与金融部门的债权债务甚至调控金融产品价格来控制货币总量。

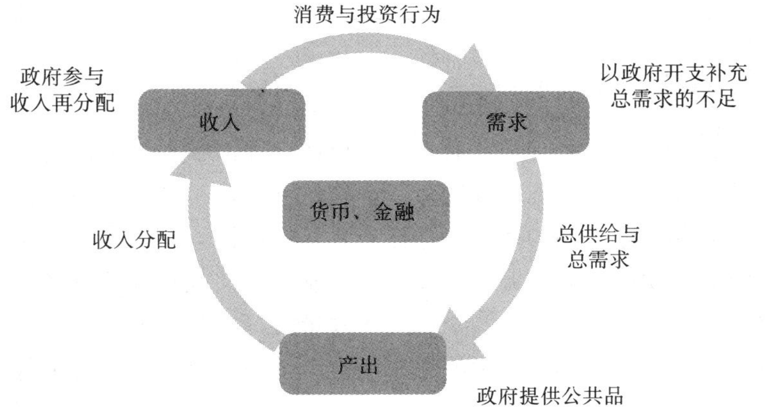

图 2－2　国民经济总量分析框架

除了从产出、收入、需求对经济总量进行考察外，我们还要对经济系统中各组成部分进行观察，对国民经济整体中各个方面、社会再生产各个环节之间的比例关系进行分析，即结构分析。结构分析主要是对经济总量构成进行分解，如对国民生产总值中三种产业的结构分析、消费与投资的结构分析、经济增长中各因素作用的结构分析等。在结构分析中，常用的方法有结构比、速度比及相关比三种（见表 2－1）。

表 2-1　国民经济结构分析框架

结构分析内容		结构分析方法	
内容	构成	方法	含义
生产力方面：由社会分工所形成的经济结构体系	包括产业结构、市场结构、地区结构、进出口结构、就业机构、资本存量结构、原材料和能源结构等	结构比	计算各种结构相对指标及结构比例指标，如产品构成比例、需求构成比例等
生产关系方面	分配结构、使用结构	速度比	指从动态的角度，计算二者的发展速度，以分析由于速度不同而导致比例关系的变化及其变化规律，考察其发展是否相互协调
产业结构是基础，决定了分配结构和使用结构		相关比	把经济结构中关联程度很高的两个构成充分用其产值指标或其他指标进行对比，反映其相互之间的比例关系及其适应程度

（二）宏观经济政策分析的框架

宏观经济政策是国家或一国政府为了实现社会经济福利增进而制定的要解决经济问题的指导原则和实行措施，政府为了达到经济目标对经济活动进行有意识的干预，较大程度利用市场机制的作用来进行宏观调控，较小程度运用行政命令手段①。政府会根据经济形势选择经济调控目标，通过制定和实施财政政策和货币政策、使用各自包含的手段，来实现既定的宏观经济政策目标。除了传统调节总需求的宏观经济政策手段外，还包括调节总供给的产业政策手段，以及与政府本身运行相关的制度改革。

一般来说，宏观经济政策分析也从两个角度进行分析，即总需求与总供给（见表 2-2）。只是这里的总需求与总供给不是经济变量，而是政策变量，即包括总需求政策与总供给政策两个方面。总需求政策包括货币政策与财政政策，而总供给政策包括产业政策与制度改革。总需求政策是为短期内刺激经济，抑制经济衰退而服务；而总供给政策视为经济创造长期增长动力而服务。

---

① 王岩，赵海东，钟霞：《宏观经济学》（第二版），内蒙古大学出版社 2012 年版。

表 2-2　　宏观政策分析基本框架

政策类别	政策类型	一般手段	效果
总需求政策	货币政策	降息	短期内刺激经济，抑制经济衰退
		降低存款准备金率	
		完善人民币汇率形成机制	
		完善金融监管结构，推动金融创新	
	财政政策	增加公用事业、基建投资等公共投资	
		增加转移支付，降低收入差距，提振消费	
		推动税费改革和减税，减轻居民和企业负担	
		支持科技创新和节能减排，推动产业结构升级	
总供给政策	产业政策	发展战略性新兴产业，推动经济结构转型	为经济创造长期增长动力
		放松服务业领域如金融、电讯、传媒等行业的管制	
	制度改革	推动兼并重组，完善低效企业淘汰机制	
		推动政治体制改革，完善政府功能，理顺市场机制	
		完善农村土地制度，推动城市化、城镇化建设	

宏观经济政策追寻的目标是社会总供给和总需求均衡的实现，而宏观经济政策通过其与资本形成机制的有机结合，构建资本形成机制运行的外部环境；资本形成机制的顺畅运行是宏观经济政策意图得以实现的保证。宏观经济政策与资本两者相互作用、相互影响，彼此有机结合，实现宏观经济调控意图，使国民收入进行良性循环。当然，宏观经济政策的制定者既可以作为资本形成机制中的要素参与资本形成，又是资本形成机制运行的外部环境的构建者、调控者。

三、衡量宏观分析的指标①

国内生产总值（GDP）是衡量经济总量最常用的经济指标，也是观测实体经济状况最为全面有效的指标。国内生产总值是“按市场价格计算的一个国家（或地区）所有常住单位在一定时期内生产的最终成果”。国内生产总值有三种表现形态，即价值形态、产品形态和收入形态，分别对应三种国内生产总值计算方法，即生产法、支出法和收入法，分别从不同的方面反映国内生产总值及其构成。由于各类不

① 徐高：《中国宏观经济数据分析入门》，光大证券，2015.05.07。

同的实体经济指标都可以归结为经济总量的某个子项，所以我们从 GDP 开始逐步分类介绍各项实体经济指标，包括生产面指标、需求面指标及收入面指标（见表 2-3）。除此之外，还应包含物价指标和货币金融指标。

表 2-3　　我国 GDP 统计方法

GDP 统计方法	衡量方面	表现形态	定义	计算方法	大类子项	频率
生产法	产出	价值形态	所有常住单位在一定时期内生产的全部货物和服务价值与同期投入的全部非固定资产货物和服务价值的差额，即所有常住单位的增加值之和	总产品 - 中间投入	三大产业以及各细分行业	季度
支出法	需求	产品形态	所有常住单位在一定时期内创造并分配给常住单位和非常住单位的初次收入之和	最终消费 + 资本形成总额 + 出口 - 进口	消费、投资、净出口	对 GDP 增长拉动为季度，其他为年度
收入法	收入	收入形态	所有常住单位在一定时期内最终使用的货物和服务价值与货物和服务净出口价值之和	劳动者报酬 + 生产税净额 + 固定资产折旧 + 企业盈余	劳动者报生产税净额、企业盈余、固定资产折旧	年度

资料来源：徐高.《中国宏观经济数据分析入门》，光大证券，2015.05.07。

（一）生产面指标

1. 工业增加值。工业增加值是工业企业全部生产活动总成果扣除生产过程中消耗或转移的物质产品和劳务价值后的余额，对应工业行业的生产法 GDP。不过统计局公布的月度工业增加值覆盖范围为规模以上企业（2011 年开始，规模以上工业企业为年主营业务收入 2 000 万元以上企业，2007～2010 年为 500 万元），并非全部企业。鉴于工业在经济中的重要地位，工业增加值对短期经济波动具有显著的先导意义，这也是长期以来通过观察月度工业增加值数据判断经济走势的主要原因。

2. 采购经理人指数（PMI）。采购经理人指数是根据被调查者（采购经理人）对不同方面经济前景的看法，综合计算的扩散指数。反映预期的 PMI 是生产面重要的先导指标，本身是基于对未来看法综合的扩散指数，其数值大于50显示经济处于扩张状态，小于50显示经济处于收缩状态。表现对经济前景看法的PMI是环比指标，在使用前应该进行季调处理。

中国制造业PMI共包括11个分项指标：新订单、就业、生产、供应商配送、存货、新出口订单、采购、产成品库存、购进价格、进口、积压订单。总体来看，新订单与出口订单指数反映需求面，原材料库存与产成品库存指数反映厂商对生产的信心，而购进价格反映物价。另外，周期关系不明显的就业指数，反映厂商用工意愿，是劳动力市场指标。此外，由汇丰与英国研究公司共同编制的汇丰中国制造业采购经理人指数（HSBC China Manufacturing Purchasing Managers Index）也是对中国总体制造业状况、就业及物价调查的一项衡量制造业状况的指标（见图2－3）。

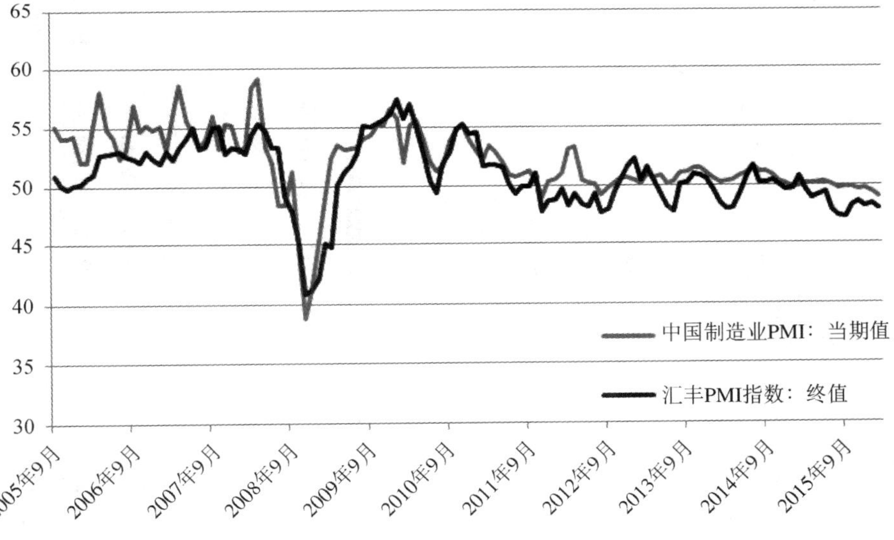

图2－3 我国采购经理人指数（PMI）走势图

资料来源：Wind资讯。

（二）需求面指标

1. 固定资产投资。固定资产投资是社会固定资产再生产的主要手段，通过建造和购置固定资产活动，反映固定资产投资规模、速度、比例关系和使用方向（见图2－4）。从行业分布看，固定资产投资主要包括制造业、房地产和基础设施建设三大行业，三类行业各具特性。其中，制造业投资属于生产性投资，投资需求取决于下游行业需求变化；基础设施和房地产投资属于消费性投资，是最终需求行业，投资需求由自身需求决定，基础设施投资多由政府主导，投资增速也呈现出明显的逆周期性，政府对基建投资拥有很强的控制力，基础设施投资经常作为政府稳增长的工具。

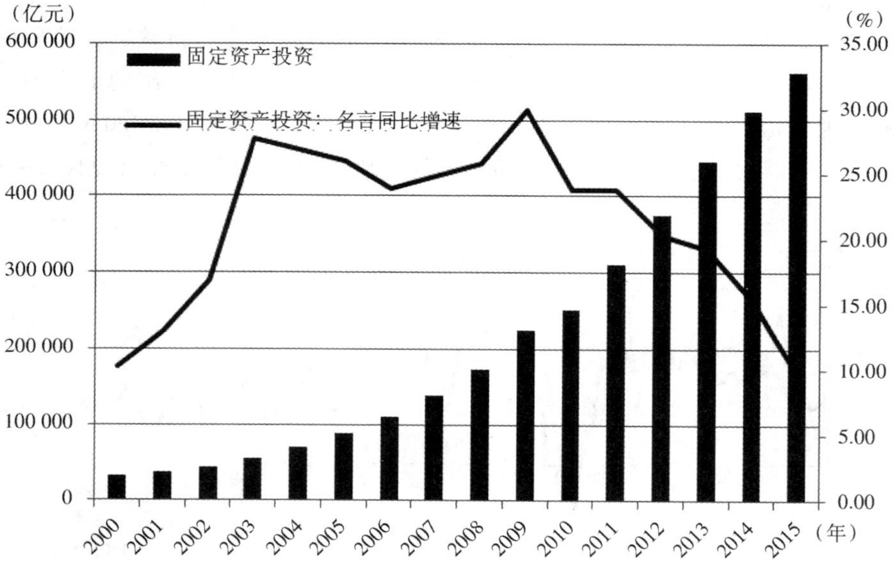

图 2－4　我国固定资产投资及增速

资料来源：Wind 资讯。

2. 进出口额。进出口总额用来观察一个国家在对外贸易方面的总规模，是判断外贸走势的主要指标，其中出口增速主要体现外需的走势，进口则主要由国内需求决定（见图 2－5）。我国规定出口货物按离岸价格统计，进口货物按到岸价格统计。汇率是国内外产品相对价格的总体表现，汇率变动同时影响进口与出口。我国对不同贸易伙伴出口呈现不同特性，对发达国家出口以最终消费品为主，而对新兴市场国家出口以中间加工品为主，新兴市场国家产生的最终需求有限。发达国家需求变化通过直接和间接两类渠道影响我国外需。出口总额与进口总额之差为净出口额，总体上反映外贸余额的规模。当出口总额大于进口总额时，差额是正数，也叫顺差；当出口总额小于进口总额时，差额是负数，也叫逆差。

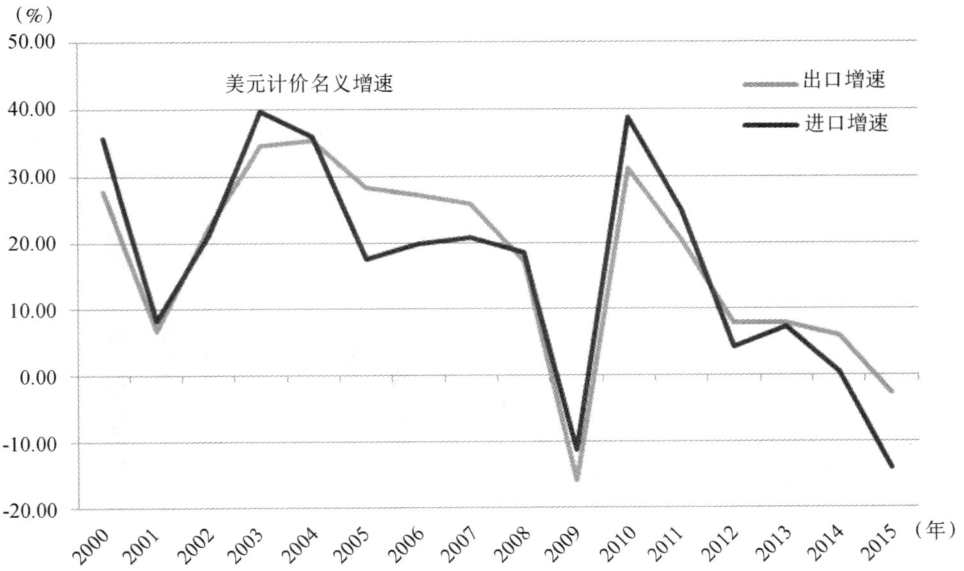

图 2－5　我国进出口增速

资料来源：Wind 资讯。

3. 社会消费品零售总额。社会消费品零售总额是批发和零售业、住宿和餐饮业以及其他行业直接售给城乡居民和社会集团的消费品零售额，反映各行业通过多种商品流通渠道向居民和社会集团供应的生活消费品总量，是表现国内消费需求最直接的数据。社会消费品零售总额反映的是国内零售市场变动情况和经济景气程度，与 GDP 中居民消费并不相同，是居民消费的相近指标，可以作为判断消费走势的参考（见图 2－6）。

（三）收入面指标

1. 工业企业经济指标：工业企业利润。工业企业主要经济指标数据是由统计局通过工业企业统计报表制度搜集，涵盖主营业务 2 000 万元以上的工业企业（从 2011 年起，规模以上工业企业起点标准由原来的年主营业务收入 500 万元提高到年主营业务收入 2 000 万元），具体包括主营业务收入、利润总额、资产总额、负债总额、利润率等指标。由于工业企业利润数据对上市工业企业利润具有先导作用，所以工业企业利润与证券投资关系密切，需要密切关注（见图 2－7）。

图 2－6 我国社会消费品零售总额及增速

资料来源：Wind 资讯。

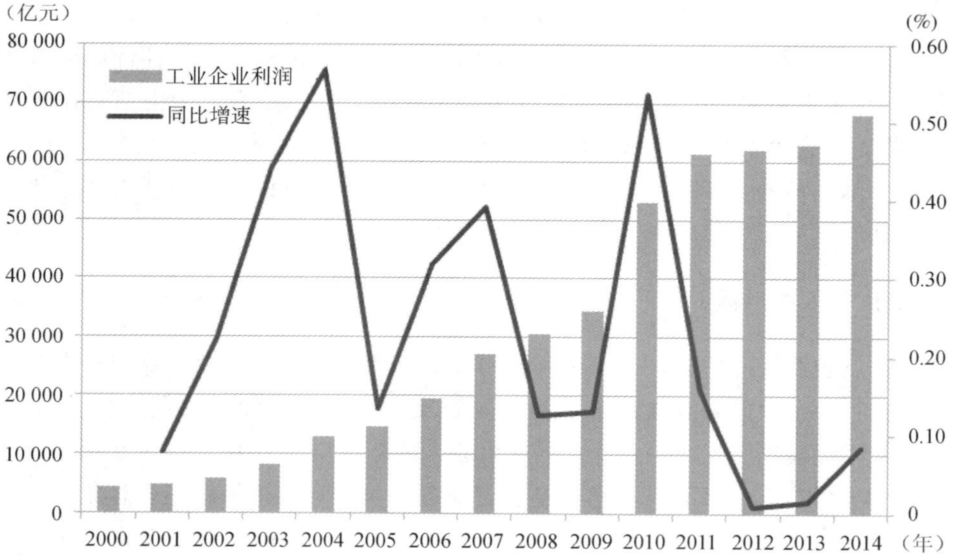

图 2－7 我国工业企业利润及增速

资料来源：Wind 资讯。

2. 劳动力市场指标：城镇单位就业人员工资。劳动力市场数据包括就业与工资，我国现有劳动力市场数据有统计局按季发布的城镇单位就业人员数量及工资数据，以及人社保部按季发布的城市劳动力市场供求比例数据（求人倍率数据）。工资作为劳动力的价格是最重要的劳动力市场指标之一，它既是劳动者收入的主要来源，也是企业生产成本的重要组成部分，因而工资数据历来受到高度关注（见图2－8）。

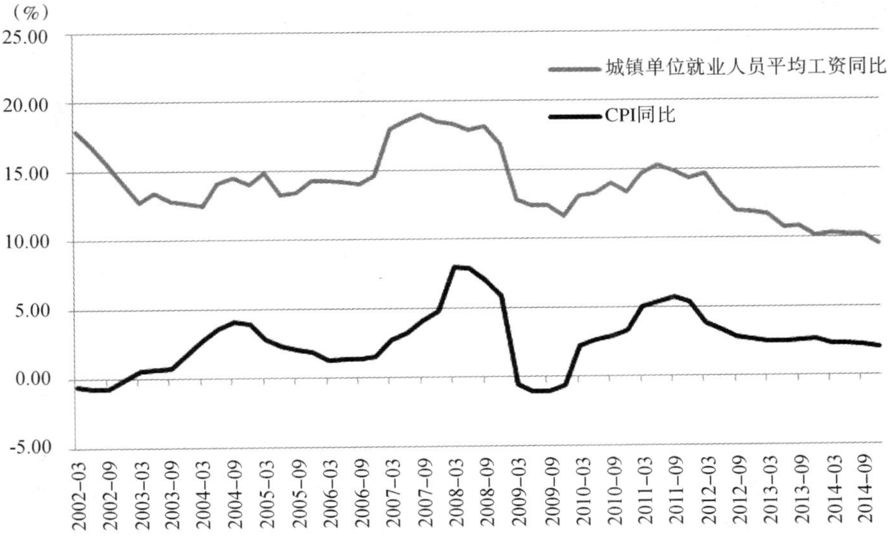

图2－8 我国城镇单位就业人员工资与CPI增速

资料来源：Wind资讯。

3. 财政指标：财政收入与支出。政府和市场是配置资源的两个缺一不可的因素。市场是配置资源的基础，政府主要通过一系列宏观经济政策调节经济活动，而财政收支数据可以观测政府采用何种财政政策（见图2－9）。财政盈余（赤字）的变化表现出财政政策立场，如果赤字扩大，则反映政府采取积极的财政政策；反之则是紧缩的政策。广义的财政应该包括政府基金收支，主要为土地出让金收支，土地出让收入对地方政府财力具有至关重要作用。

（四）物价指标

1. 居民消费价格指数（CPI）。居民消费价格指数（CPI）反映一定时期内居民家庭购买消费商品及服务的价格水平的变动趋势和程度，是衡量一般物价最为重要

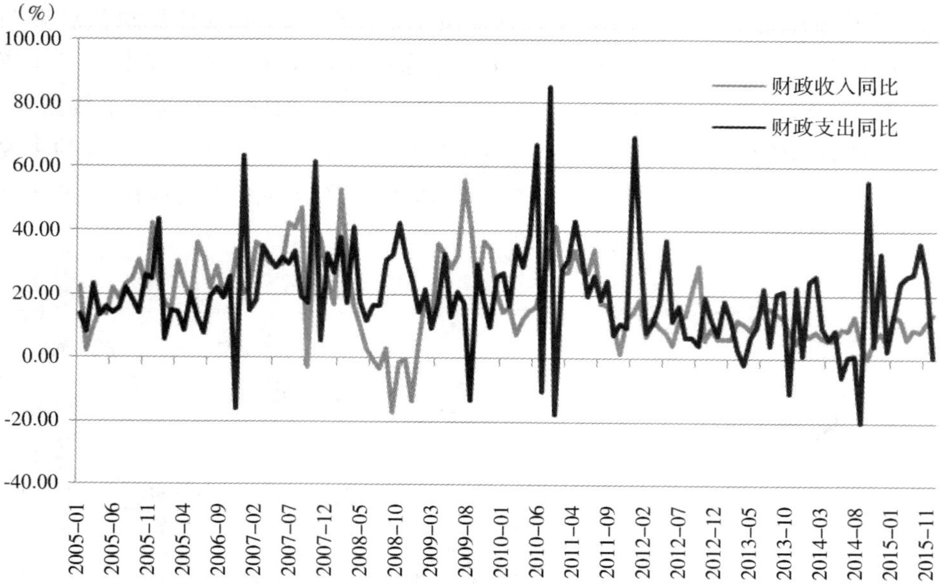

图 2－9　我国财政收入与支出增速

资料来源：Wind 资讯。

的指标。其变动率在一定程度上反映了通货膨胀或紧缩的程度（见图 2－10）。一般来讲，物价全面地、持续地上涨就被认为发生了通货膨胀。CPI 是全面覆盖当期最终消费品的价格指数。不同于受未来需求影响的资产价格，CPI 既同人民群众的生活密切相关，全面反映当期最终需求，同时也是进行经济分析和决策、价格总水平监测和调控及国民经济核算的重要指标。因此，在各类物价指数中，CPI 最受市场与决策者关注。在我国 CPI 一篮子构成中，食品占比最高，为 31%；其次为居住、文化，分别占比 18% 和 14%；医疗、交通通讯及衣着权重一样，都占比为 9%；占比低的为家庭设备和烟酒，分别为 6% 和 4%。

2. 工业生产者出厂价格指数（PPI）。工业生产者出厂价格指数（PPI）是从工业产品角度衡量物价水平，反映一定时期内全部工业产品出厂价格总水平的变动趋势和程度的相对数，包括工业企业出售给本企业以外所有单位的各种产品和直接售给居民用于生活消费的产品（见图2－11）。理论上来说，生产过程中所面临的物价波动将反映在最终产品的价格上，因此观察 PPI 的变动情形将有助于预测未来物价的变化状况。在我国 PPI 的一篮子构成中，加工工业、原材料工业占比最高，为

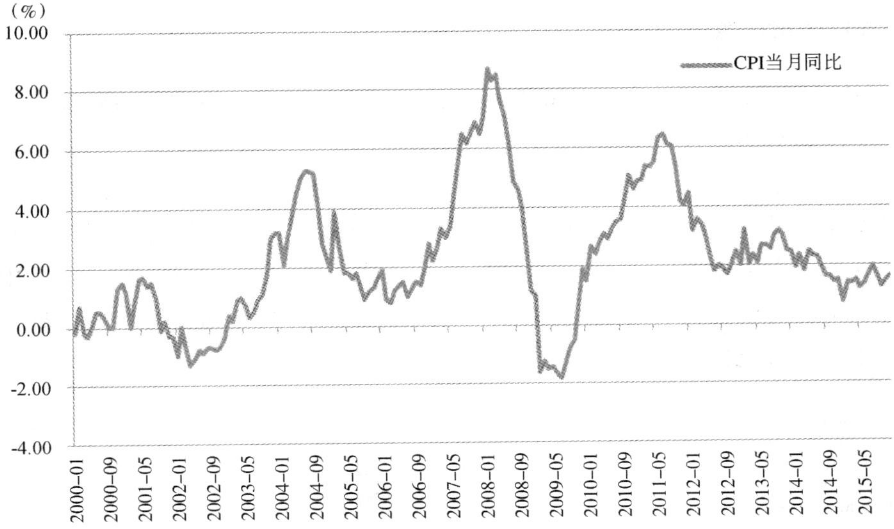

图 2-10 我国 CPI 同比走势

资料来源：Wind 资讯。

42%和26%，而采掘工业占比仅为7%。而像食品类（占比10%）、耐用消费品（占比7%）和衣着类（占比5%）及一般日用品（占比3%）的占比都不高。

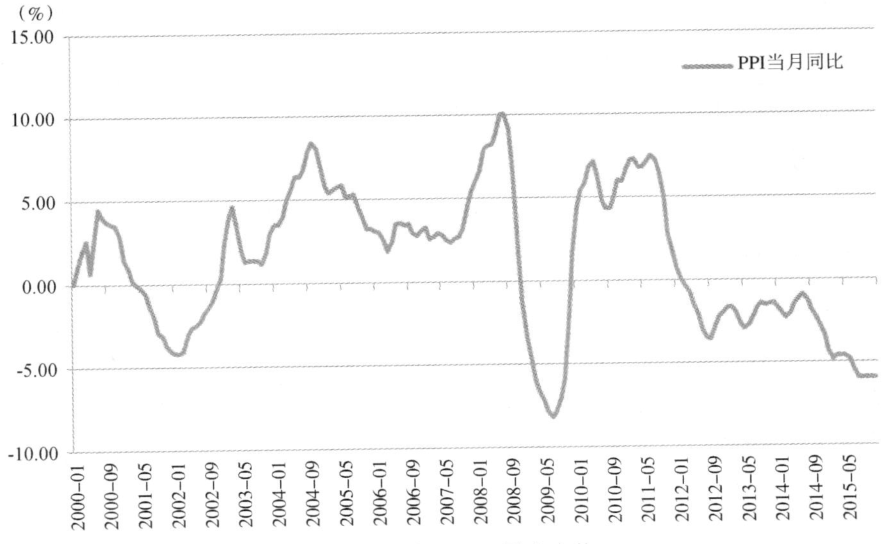

图 2-11 我国 PPI 同比走势

资料来源：Wind 资讯。

（五）货币金融指标

1. 基础货币：外汇占款。基础货币，因其具有使货币供应总量成倍放大或收缩的能力，又被称为高能货币，包括“货币发行 + 法定存款准备金 + 超额存款准备金”。如果从我国“中国人民银行资产负债表”来看，并忽略数量级较少的项目，可得到基础货币约等于五项之和：“储备货币（基础货币）≈国外净资产 + 对政府净债权 + 对其他存款性公司债权 + 对其他金融性公司债权 - 发行债券”。其中，国外资产项下的外汇资产（外汇占款①）高达95%以上，其变动对负债方基础货币的投放产生影响（见图2-12）。

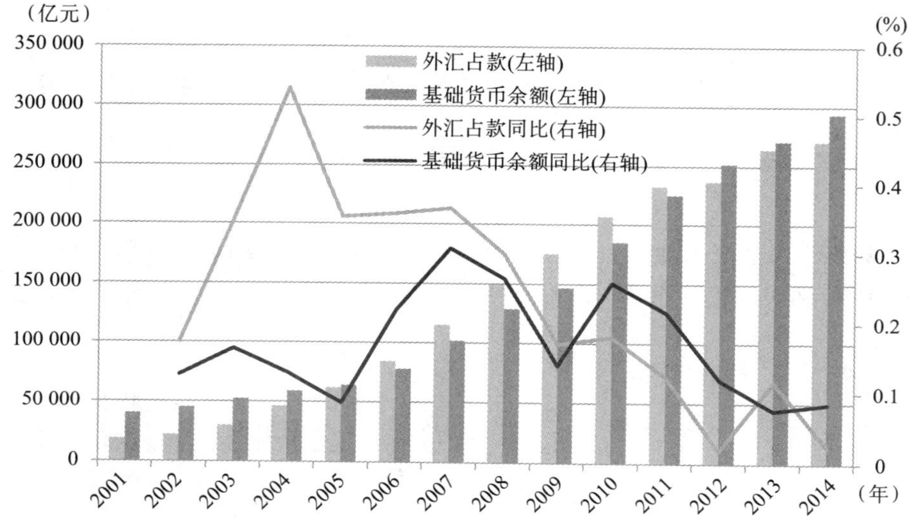

图2-12 我国储备货币增长分解

资料来源：Wind资讯及中国人民银行资产负债表。

2. 货币供应量：M1、M2。货币供应量是全社会在某一时点承担流通手段和支付手段的货币总额。货币供应的数量、流动性状况是社会总需求变化的货币表现。目前我国使用的货币供应量指标按流动性由强到弱，分为M0、M1、M2三个层次。M0为流通中的现金，即中央银行历年货币发行总额；M1为M0与企业活期存款之

① 外汇占款有两个统计口径，金融机构外汇占款和央行外汇占款。金融机构外汇占款统计在“金融机构人民币信贷收支表”中，计入资金运用方的外汇买卖项下。央行外汇占款统计在“货币当局资产负债表”中，国外资产项下的外汇资产。

和，亦称为“狭义货币供应量”；M2 为“M1 + 定期存款 + 货币市场共同账户 + 其他存款（财政存款除外）”①，亦称为“广义货币使应量”。M1 与 M2 的增速差曾被用来判断实体经济强弱，依据是如果实体经济活动变强，企业活期存款上升会推动 M1 增速超出 M2 增速，然而近年 M1 增速与 M2 增速差与实体经济指标相关性显著下降（见图 2－13）。

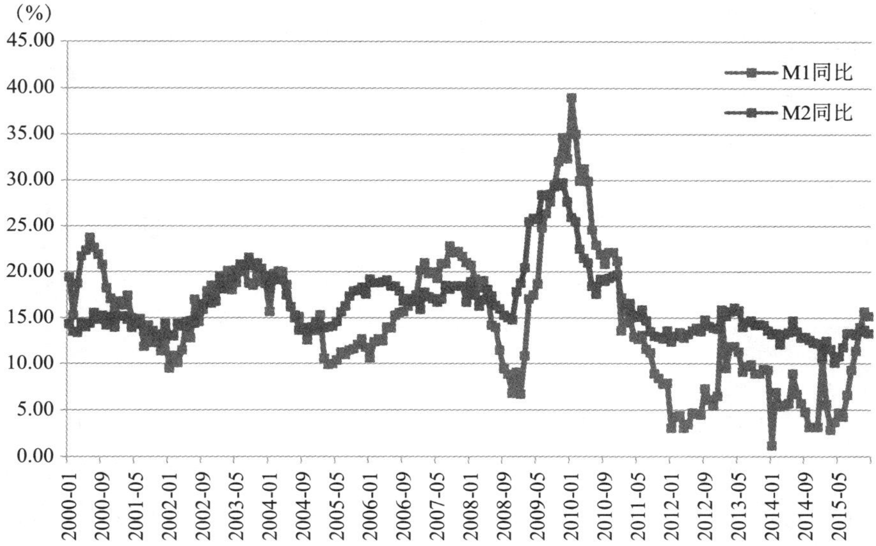

图 2－13　我国货币 M1、M2 同比增长

资料来源：Wind 资讯。

3. 利率：票据直贴利率。基准利率是金融市场上具有普遍参照作用的利率，其他利率水平或金融资产价格均可根据这一基准利率水平来确定。基准利率依然对实体经济利率有显著影响。在我国，一般普通民众把银行一年定期存款利率作为市场基准利率指标，银行则是把隔夜拆借利率作为市场基准利率。不过，能间接反映实体经济资金面松紧程度的利率指标则是管制少、市场化程度高的票据直贴利率（见图 2－14）。一般来讲，银行信贷额度如果充裕，票据直贴利率会往下走；如果信贷额度紧张，票据直贴利率会往上走。如果在短时间内票据直贴利率大幅下降，可在一定程度上认为银行信贷已经发力，进而推动实体经济资金面好转。

① 2011 年 10 月起，M2 包括住房公积金中心存款和非存款类金融机构在存款类金融机构的存款。

图 2-14　我国票据直贴利率走势

资料来源：Wind 资讯。票据直贴利率分为珠三角、长三角、中西部及环渤海，其中珠三角票据直贴利率最有代表性。

4. 汇率：人民币汇率。汇率是一种货币兑换另一种货币的比率。从短期来看，一国（或地区）的汇率由对该国（或地区）货币兑换外币的需求和供给所决定；从中长期来看，相对价格水平、关税和限额、对本国商品相对于外国商品的偏好以及生产率是影响汇率的主要因素。我国从 2005 年期中开始施行以市场供求为基础、参考一篮子货币进行调节的浮动汇率制度。然而事实上，人民币依然很大程度上以美元为锚。主要的人民币汇率包括中间价汇率与即期汇率。中间价汇率是由外汇交易中心于每日开盘前向所有银行间外汇市场做市商询价加权平均计算而得，中央银行授权交易中心在每天交易开市前的 9∶15 公布当日中间价；即期汇率是汇率实际交易价格，即期汇率被限制在以中间价为中心的一定波动区间内（见图 2-15）。

（六）小结

宏观分析可以把握宏观经济运行的大方向，并能密切关注宏观政策的变化。国内生产总值（GDP）是衡量宏观经济总量最常用的经济指标，也是观测实体经济状况最全面、最有效的指标。在对我国进行宏观分析中，包括的经济指标除了生产面指标、需求面指标及收入面指标外，还应包含 CPI、PPI 物价指标和外汇占款、M2、票据直贴利率、人民币汇率等货币金融指标（见表 2-4）。

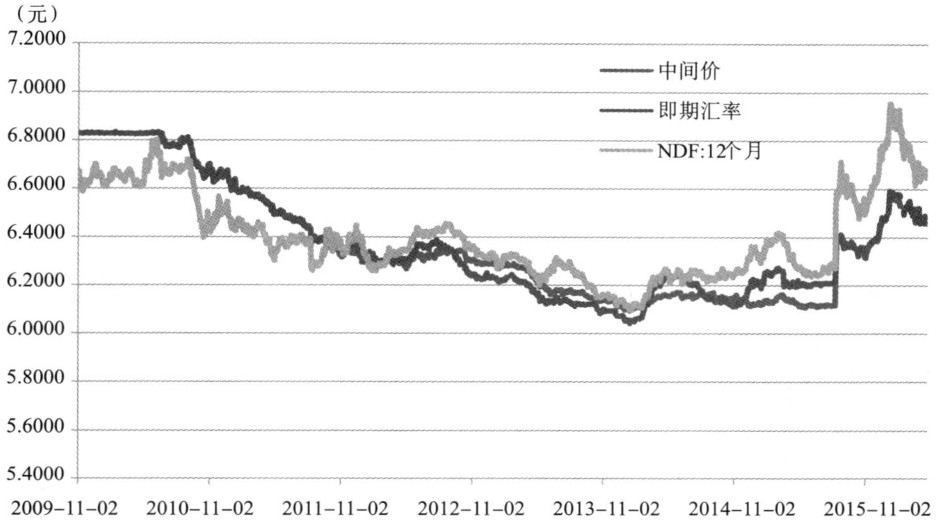

图 2－15　美元兑人民币中间价、即期汇率、NDF 远期价

资料来源：Wind 资讯。

表 2－4　　中国宏观分析的经济指标

序号	指标类型	经济指标
1	经济总量指标	GDP
2	生产面指标	工业增加值
		采购经理人指数（PMI）
3	需求面指标	固定资产投资
		进出口额
		社会消费品零售总额
4	收入面指标	工业企业经济指标：工业企业利润
		劳动力市场指标：城镇单位就业人员工资
		财政指标：财政收入与支出
5	物价指标	居民消费价格指数（CPI）
		工业生产者出厂价格指数（PPI）
6	货币金融指标	基础货币：外汇占款
		货币供应量：M1、M2
		利率：票据直贴利率
		汇率：人民币汇率

第二节　股市与宏观因素的关系

在较为规范的证券市场中，股市与实体经济更多呈现出一致性，宏观经济的发展指引着股票市场的变动，宏观经济趋势改变时，股票市场运行趋势也会随之而变，宏观经济指标以及宏观政策的变化都会影响股市走势。

一、股市与宏观经济变量的关系

一般来说，宏观经济主要通过以下四个方面来影响股市：一是经济周期变动。经济周期是一个连续不断的过程，表现为扩张和收缩交替出现。当经济形势逐渐被更多的投资者所认识，供求趋于平衡直至供大于求时，股价便开始下跌。二是居民收入水平变动。在宏观经济向好情况下，经济景气上升，就业面扩大，员工收入增加，对金融资产需求也会相应增加；投资者人数增多，股市人气兴旺，就会呈现强势特征。三是通货变动。通货变动包括通货膨胀和通货紧缩。通货膨胀对证券市场特别是个股的影响，没有一成不变的规律可循，完全可能产生反方向影响，所以应具体情况具体分析。通货紧缩带来的经济负增长，使股票、债券及房地产等资产价格大幅下降，银行资产状况严重恶化，而经济危机与金融萧条的出现反过来又大大影响了证券市场。四是利率变动。利率水平的变动对股市行情的影响最直接和迅速。一般来说，利率下降时，股票的价格就上涨；利率上升时，股票的价格就会下跌。但是股市与利率也不是绝对的相悖，有些相对特殊的情况，当形势看好，股票行情暴涨的时候，利率的调整对股价的控制作用不会很大；当股市处于暴跌时，即使出现利率下降的政策，也可能会使股价回升乏力。

不过，经济学家们对股市与宏观经济之间的关系在理论和实证上还存在着一定的分歧，但不可否认的是，股市长期趋势是由宏观经济发展状况决定的，其他因素可以暂时改变股市的中期和短期走势，但改变不了其长期走势，并且具有比较规范化股票市场的国家，宏观经济对股市的作用更为显著。

二、股市与宏观经济政策的关系

一般来说，宏观政策主要是指货币政策与财政政策，即宏观经济政策。货币政策是国家调控国民经济运行的重要手段，它的变化对国民经济发展速度、就业水平、居民收入、企业发展等都有直接影响，进而对股市产生较大影响。货币政策主要有利率政策、汇率政策、信贷政策等。财政政策也是国家调控宏观经济的手段。财政政策对股市的影响不如货币政策那样直接，但它可以通过影响国民经济的运行间接影响股市。财政政策主要包括公共支出政策、公债政策、税收政策等，这些政策的变化对股市有着直接或间接的影响。

与股市有关的宏观政策，则不仅仅指宏观经济政策，包括一切从宏观上实施的实际股票市场或可能影响股票市场运行的法律手段、经济手段和行政手段，如产业政策、监管政策等。在宏观政策下，股票市场“政策效应”往往会表现出多种复杂的情形。需要强调的是：

（1）政府实施宏观政策并非直接针对股市，只是间接涉及或与股市有关，如国家实施的提高利率或降低利率的货币政策，发行国债的财政政策等，其政策的目的显然是针对整个宏观经济运行的。

（2）并非所有宏观政策的目的都会影响股市走势，如有关股票市场建设中的相关法律法规、监管体制等。尽管它们都是直接针对股票市场的，但其目的在于建立股票市场的运行规则、监管职能，完善股票市场相关制度，确立股票市场的宏观调控主体及其调控职能。

（3）有些宏观政策看起来是影响股市，但其真实目的在于规范股票市场行为，如对交易制度的完善、创新制度的设计、股市的体制改革，以及对市场操纵行为、欺诈行为、内幕交易、散布虚假信息等行为的惩处等。

（4）在大多数的情况下，国家实施宏观政策的出发点是希望形成一种政策导向，使股市能够按照其政策意图运行，达到某种政策目的。比如我国股市中，常出现的“暂停新股发行和上市、严格控制上市公司配股规模、采取措施扩大入市资金范围”等“托市”、“救市”的行为，国有股减持、上调印花税等有意“打压市场”的行为，这些都是政府直接干预股市运行的典型体现。

但是，无论政府出自何种目的，出现上述何种情形，这些宏观政策的实施都可能影响股票市场的价格走势。

三、影响股市的宏观因素：美国经验

（一）从宏观经济层面看美国股市

1. 整体上来看宏观经济与股市走势。纵观美国过去60多年的股市表现，总体而言是一个涨多跌少的市场，是一个牛长熊短的市场，表现出牛长熊短的特质。从年涨跌幅来看（见图2－16），道琼斯工业指数在五个股市阶段共约61年中，有44年处于上涨中，其中最大年涨幅为43.96%（1954年）；有17年处于下跌，最大年跌幅为33.83%（2008年）。

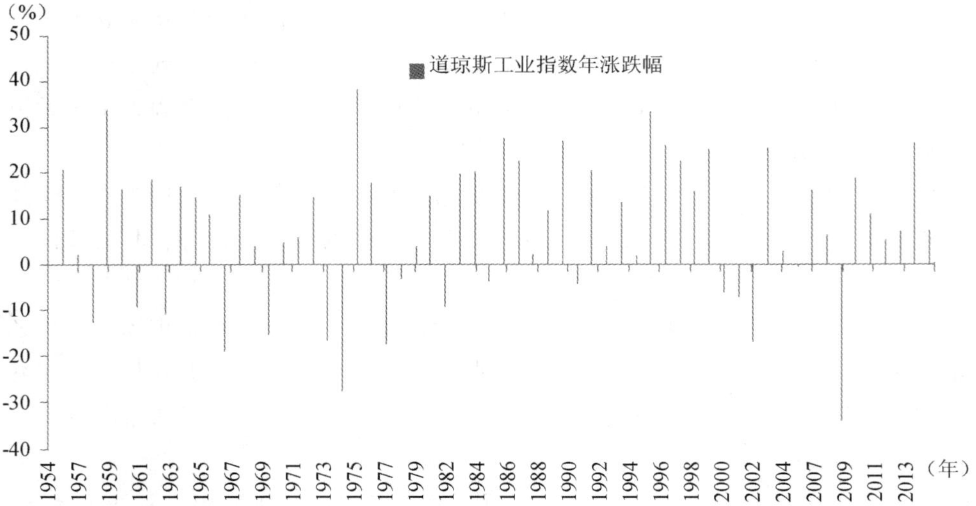

图2－16　道琼斯工业指数年涨跌幅（1954～2013年）

资料来源：Wind资讯，截止到2015年4月8日。

观察美国股市的发展之路可以发现，美国经济的持续发展正是美国股市不断增长的基础所在（见图2－17）。从长期看，美国股市几十年来的快速成长，离不开美国经济的支持。美国国内生产总值自1954年到2014年增长了近45倍，从3 911亿美元（名义GDP）增长到174 189亿美元，同期美国道琼斯工业股票平均指数也上涨了接近45倍，从1954年404点上涨到2014年的17823点。其间尽管经过几多波折，但是美国经济的强劲增长支撑了美国股市不屈的成长之路，而美国股市的迅猛发展也为宏观经济增长源源不断地提供了充足的资金来源。

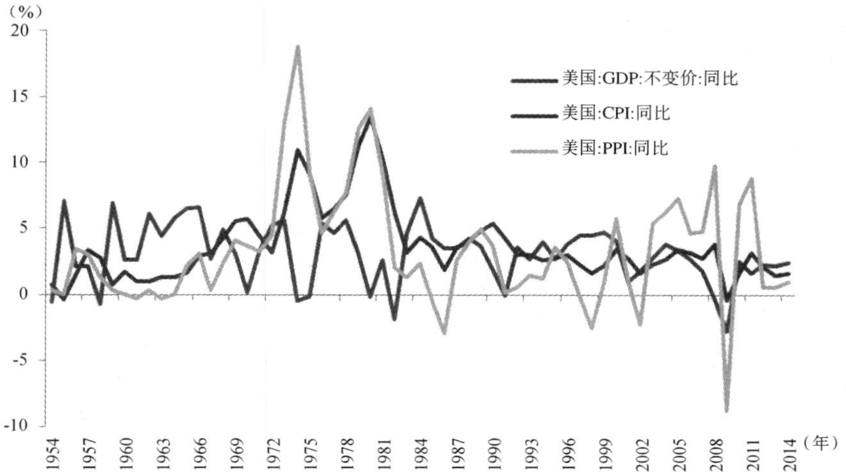

图 2－17　1954～2014 年以来美国经济状况

资料来源：Wind 资讯。

总体上来看，1954～2014 年，美国股市与 GDP 相关性较强。道琼斯工业指数和标普指数长期运行趋势与美国 GDP 长期趋势一致，股指运行低点可在长期经济增长线上找到支撑。美国股市股价波动与经济增长的关系表现出：波动大致同向，但不完全对应（见图 2－18）。

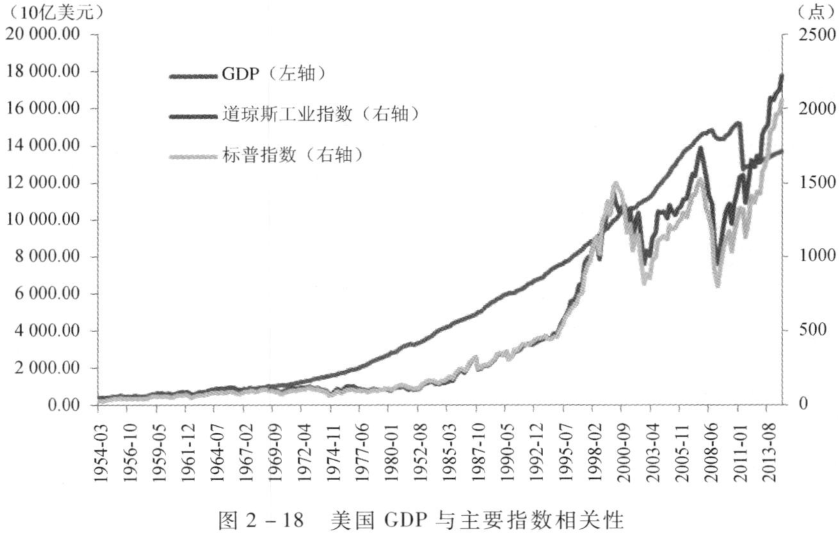

图 2－18　美国 GDP 与主要指数相关性

资料来源：Wind 资讯。

从道琼斯工业指数同比涨幅与美国国内生产总值同比增速的相关性可以看出：股市变化与经济走势波动大致同向，但不完全对应常有背离，并且提前于经济变化（见图2－19）。

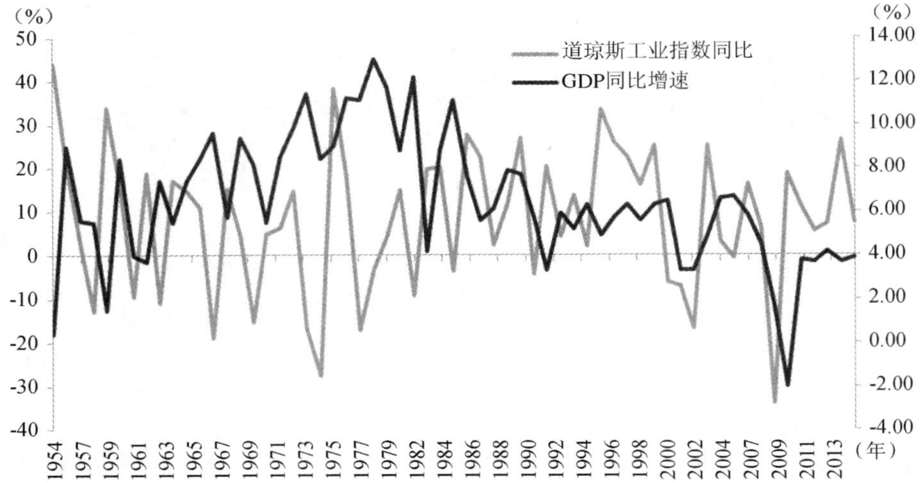

图2－19　美国GDP增速与道琼斯工业指数相关性

资料来源：Wind资讯。

对美国20世纪50年代以来的宏观数据进行分析，并结合股市运行的特点来看，第二次世界大战后美国经济发展经历的五个阶段与股市走势的五个阶段相对应（见表2－5）。

表2－5　　美国经济阶段与股市阶段划分对照

	经　济　阶　段	股市阶段
第一阶段	20世纪60年代的繁荣期	1954～1972年
第二阶段	20世纪70年代的滞胀期	1973～1981年
第三阶段	从20世纪80年代的剧烈波动到20世纪90年代的再次繁荣期	1982～1999年
第四阶段	从20世纪末的衰退到恢复再到金融危机的衰退	2000～2007年
第五阶段	金融危机后的复苏期	2008年至今

资料来源：作者整理。

（1）20世纪60年代的繁荣期。战争时期被严重压抑的民用需求迅速得到释放，在家电、食品、汽车、建筑等初级消费的拉动下，美国经济快速增长。该时期美国GDP快速增长的同时保持了较低的CPI，即保持了高增长低通胀的发展态势。

（2）20世纪70年代的滞胀期。进入70年代以后，供给严重超过需求、石油输出国组织大幅提高石油价格等因素引发的经济危机和石油危机使得美国经济进入滞涨阶段，社会矛盾凸现。该时期美国的失业率和通货膨胀高居不下、生产停滞，即属于低增长高通胀的滞胀时期。

（3）从20世纪80年代的剧烈波动到90年代的再次繁荣期。20世纪80年代，经济开始复苏，经济出现了低速持续的增长，但在石油价格高涨的背景下，GDP增长速度和CPI指数剧烈波动。

到20世纪90年代，美国再次进入繁荣时期。计算机、半导体、生物技术、网络等高科技产业相继涌现并迅速在全球确立了领先优势，特别是在一些附加值很高的尖端科技行业占有垄断地位。在低失业、低通货膨胀和低利率的环境下，美国经济实现了长达10年的持续增长，年均增长率达到3.5%，突破了此前20多年美国经济增长率2.2%~2.5%的速度极限。投资者从网景、亚马逊、美国在线等公司极为成功的上市中受到鼓舞，相信了“投资网络产业一年抵得上投资传统产业一百年”的神话，使网络概念股的股价在纳斯达克市场上一路攀升。1999年美国圣诞节前纳斯达克股指曾一举跨过了4000点大关并一路走高，2000年3月10日上升到有史以来的最高位5048点。

（4）从20世纪末的衰退到恢复再到金融危机的衰退。20世纪末世界范围互联网泡沫的破灭对美国虚拟经济造成负面冲击，2001年美国经济增速趋于0，美国经济陷入了衰退。美国股市进入了长达3年的调整期。2002年以后，美国经济逐渐开始恢复，在2003年3月股市开始反转，2003年当年的涨幅达到25.32%。直至2007年次贷危机的爆发，美国经济增长放慢，再次进入衰退迹象区间，股市再次进入调整。

（5）金融危机后的复苏期。始于房地产泡沫下的金融衍生设计缺陷、“大到不能倒”的金融机构淡薄的风险控制意识以及受流动性枯竭的拖累而导致的产业投资收缩，让美国经历了自20世纪30年代以来最严重的金融危机和经济衰退。美国经济出现负增长，与前一年同期相比，美国实际国内生产总值（GDP）在2008年第四季度下降6.3%，在2009年第一季度下降5.7%；失业率在2009年10月上升到10.2%，是1983年以来的最高失业率，是危机前失业率的两倍。与此同时，股市同样也经历了遭遇了断崖式的下跌，2007年9月至2009年3月，纽约交易所道琼斯指数从最高点的14279点跌至最低点6469点，跌幅达54%。但金融危机后，美联储和美国财政部都倾注了罕见的救市力量，通过一系列政策和措施，去杠杆化，挤泡沫，经济复苏势头不断涌现。经济复苏给美国股市上涨带来了坚实基础。美国股市一路高歌猛进，不但收复了金融危机期间的失地，而且不断创出历史新高。道琼斯指数从金融危机后的最低点6469点起步，于2014年年末超过17823点创出历史新高，2015年3月2日最高点已涨至18288.63点，为历史最高水平，累计涨幅达到283%。

如果根据经济周期“高峰——低谷——衰退——扩张期”的四个阶段来划分的话，自1954年以来，美国经济经历了10个经济小周期，并与股市五个阶段相对应（见表2-6）。

表2-6　美国经济周期表与股市阶段

高峰	低谷	衰退期（月）	扩张期（月）	股市阶段
1953年7月	1954年5月	10	45	第一阶段
1957年8月	1958年4月	8	39	
1960年4月	1961年2月	10	24	
1969年12月	1970年11月	11	106	
1973年11月	1975年3月	16	36	第二阶段
1980年1月	1980年7月	6	58	
1981年7月	1982年11月	16	12	第三阶段
1990年7月	1991年3月	8	92	
2001年3月	2001年11月	8	120	第四阶段
2007年12月	2009年6月	18	直到现在	第五阶段

从年涨跌幅来看，道琼斯工业指数在五个股市阶段共61年中，共有44年处于上涨中，其中最大年涨幅为43.96%（1954年），17年处于下跌，最大年跌幅为33.83%（2008年）。

2. 分阶段来看宏观经济与股市走势。如果分阶段来看，股市走势受宏观经济驱动因素较为明显。

（1）第一阶段：1954~1972年，成长年代——经济繁荣。20世纪50年代中期到20世纪70年代初期，道琼斯工业指数从400点上涨到超过1000点。该时期是第二次世界大战结束后美国经济发展的黄金时期，战争时期被抑制的民用消费需求得到迅速发展（见图2-20）。受凯恩斯宏观经济思想的影响，此时期美国经济的主要特征是高增长和低通货膨胀率。

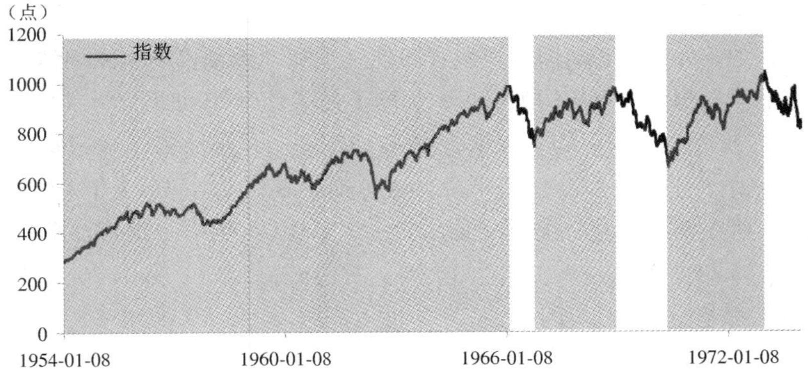

图 2－20　道琼斯指数走势图（1954～1973 年）

资料来源：Wind 资讯。

这段时期的上半段是美国经济发展的黄金时期。美国经济以社会需求为导向，政府采取凯恩斯的宏观经济管理思想，让经济保持低通胀高增长（见图 2－21）。此外，战后布雷顿森林体系的建立，确立了美元在国际经济的核心角色，稳定和强势的美元在促进国际贸易发展的同时，也帮助美国在国际经济建立了主导地位。从产业发展看，汽车、住宅、电视和新型家电产业发展迅猛，汽车、消费信贷和公路建设的高速发展，提高了人口的流动性和美国经济的运行效率。

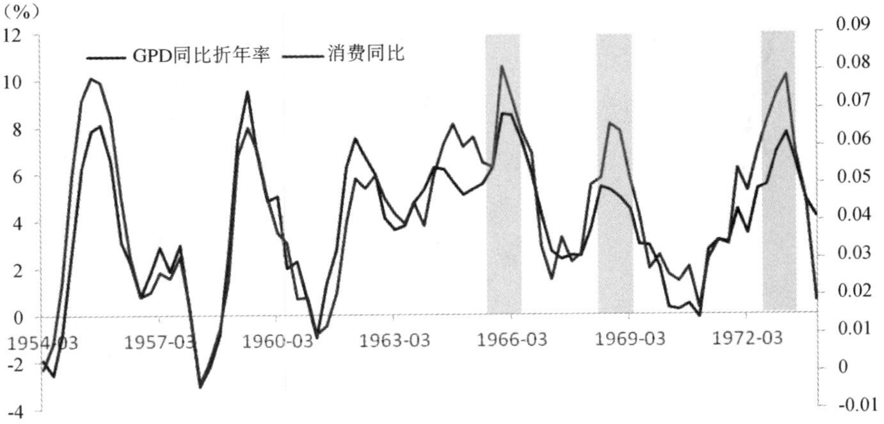

图 2－21　美国 GDP 同比折年率与消费同比序列（1954～1972 年）

资料来源：Wind 资讯。

这段时期的后半段，即从 20 世纪 60 年代后期开始，政府巨额财政赤字、通货膨胀、石油价格上涨、国际收支失衡成为美国经济的重要问题，最终导致 1971 年战后布雷顿森林体系崩溃、美元贬值和1973年的第一次石油危机。大量的石油美元、社会主义国家的美元储备和美国的利率管制催生了欧洲美元市场和欧洲债券市场，这一定程度削弱了美国资本市场的吸引力，加剧了美国股市20世纪70年代调整的深度。

（2）第二阶段：1972～1981年，整理和动荡——经济滞胀。这一阶段美国股市与美国经济一样处于动荡和盘整的阶段，道琼斯工业指数在1974年12月最低跌到580点后，长期在800点左右徘徊（见图2－22）。1973年第一次石油危机爆发，石油价格上升了3倍，美元进入了长达10年左右的贬值时期，整个70年代美国的消费价格指数上涨超过50%，美国经济开始进入滞胀阶段，1974～1975年的衰退成为第二次世界大战之后美国最严重的衰退，实际GDP下降了4.1%。

美国经济在这段时期的典型特征是经济停滞与通货膨胀并存。财政赤字、信用扩张的背景下是美元不断贬值，致使资本不断流出美国，对实体经济以及股市带来负面影响。这段时期的大部分时间，失业率保持在6%以上的水平。低迷的经济形势带来的是高失业率与持久萎靡不振的股市（见图2－22）。

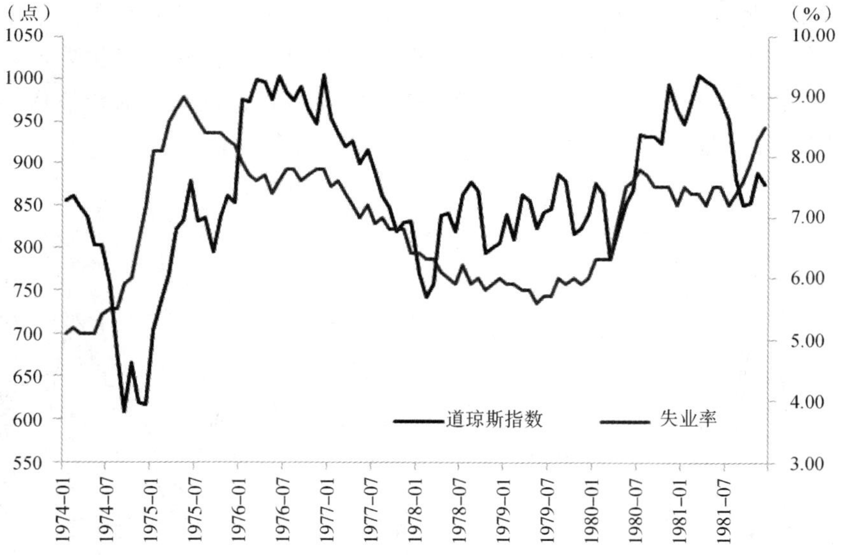

图2－22　美国道琼斯指数失业率（月度数据）

资料来源：Wind资讯。

这段时间，通胀一直处于高位运行。1975年9月至1978年8月，通胀水平较低，但也保持在6%以上的水平。在其他时段，通胀水平更高。特别是在1980年4月，达到了13%，两个月后达到13.6%的最高点（见图2－23）。

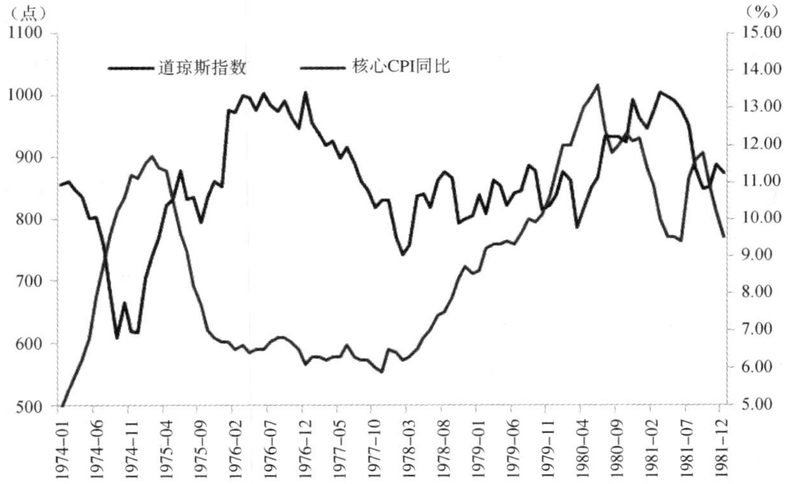

图 2-23 美国核心 CPI 同比走势（月度数据，1974-1～1981-12）

资料来源：Wind 资讯。

货币供应与股市的走势保持了较为紧密的联系。这段时期，货币供应量 M1 的波动性较小，维持在 5%～8% 的水平；M2 波动较为剧烈，在 6%～12% 之间。相较于 M2，M1 与股市波动的协同关系比较紧密（见图 2-24）。

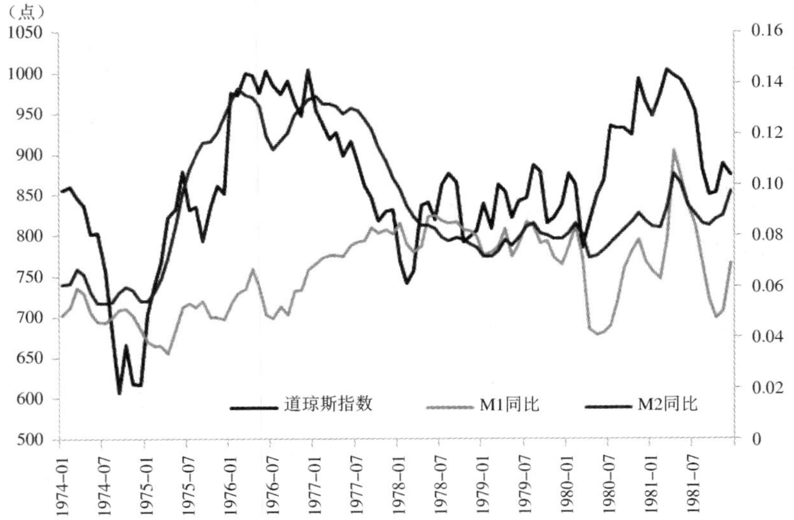

图 2-24 美国 M1 和 M2 同比增长数据（月度数据）

资料来源：Wind 资讯。

（3）第三阶段：1982～1999年，持续上涨——再次繁荣。美国宏观经济为股市持续上涨提供了基础。较低的通货膨胀率、持续的经济增长，伴随短促的经济衰退，为1982年以后的股票市场长期繁荣创造了条件。证券化、国际化、美国化成为这一时期金融发展的特征。股票市场上的机构投资者不断成熟扩大，政府对投资者的保护更加完善，金融创新工具不断涌现，大规模的收购兼并活跃，高科技股票脱颖而出，股票市场空前繁荣。

长期向好的经济形势让1987年的大股灾仅仅成为一个小插曲。美联储在股市崩盘后，迅速行动起来，宣布降低利率，增加货币供应，提供紧急准备金给任何需要帮助的银行，避免股市和经济重蹈1929年的覆辙。公众的信心得以维护，商品和资产价值的紧缩没有出现，美国股票市场在1989年即创出了历史新高，道琼斯工业指数稳稳地站在2400点之上。1991年道琼斯工业指数从2000多点起涨，1997年达到8000点。美联储主席格林斯潘告诫投资者不要“非理性地狂热”。然而股市仅稍做调整，就又向上狂奔，1998年道琼斯工业指数突破9000点，1999年突破10000点，2000年突破11000点（见图2-25）。

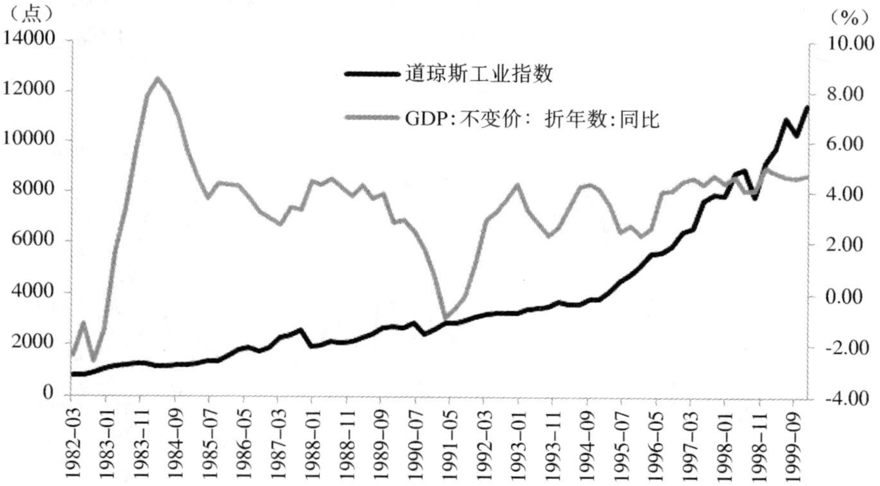

图2-25　美国道琼斯指数与GDP同比折年率（1982～1999年）

资料来源：Wind资讯。

在1982年至1999年间，除个别年份外美国的GDP同比增长率始终保持正增长，这得益于越来越灵活的宏观经济政策（见图2-26）。道琼斯指数也随着GDP的增长逐步拉升。20世纪90年代美国历史上最大牛市的基本背景包括强劲的经济、低失业率、低通货膨胀率、美元升值、外资流入、科技企业的不断发展以及收购兼并高潮等。20 世纪 90 年代的金融国际化一定程度上就是金融的美国化，资产证券化、证券业绩指数化、股东价值最大化导向、金融杠杆化、衍生交易化等成为世界金融市场的共同特征，而美国的金融资本影响力遍及世界。

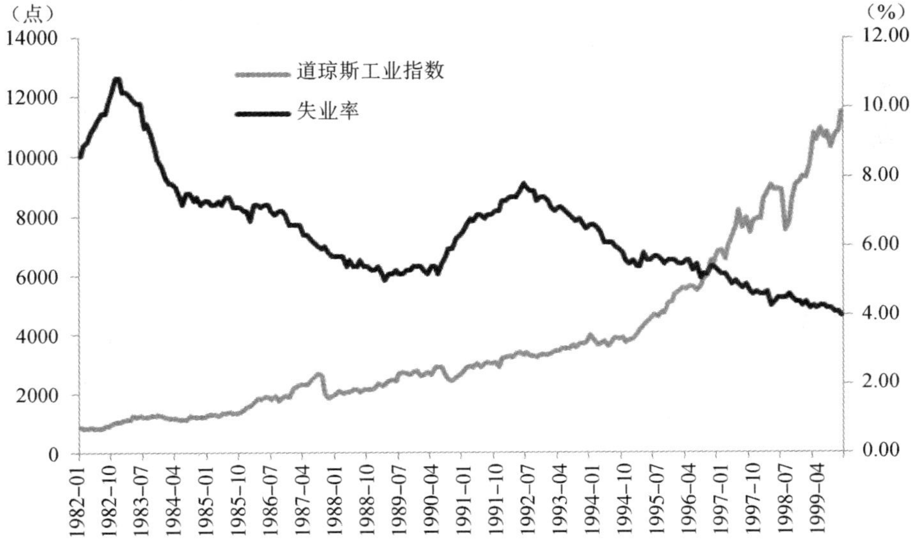

图 2-26　美国道琼斯指数与失业率（月度数据）

资料来源：Wind 资讯。

（4）第四阶段：2000～2007 年，震荡调整——衰退与恢复。网络经济泡沫破灭后，美国 GDP 同比增长率的重心已经下移，由之前 4% 左右的增涨幅度下降到 2% 左右。在这一增长因素的支撑下，道琼斯指数依旧保持上扬的态势，创下了新高。随着 2007 年次贷危机引发的金融危机，GDP 同比增长一路下滑，进行了深度调整。道琼斯指数也一路下滑后，逐步有所回升，但依然没有到达危机前的高点（见图 2-27）。

2001 年的“9·11”事件、2002 年秋安然公司破产与世通公司丑闻，都对美国经济形成了致命的打击。这些事件不仅加深了美国经济衰退的程度，也延长了衰退的时间。在 2002 年，纳斯达克指数一度下跌到 1300 点，与最高点相比跌幅 74%，标准普尔指数也下跌了 52%。

美国股市从三次打击中很快地恢复过来了。得益于 2001 年和 2003 年的两次减税，美国经济在 2003 年开始复苏，华尔街也迎来一个好年景。2003 年初，道琼斯指数只有 7500 点，但是年底却再次收于 10000 点之上。美国股市从这些危机中迅速恢复，充分反映了美国作为世界主要资本市场和全球金融体系中心的强大生命力。

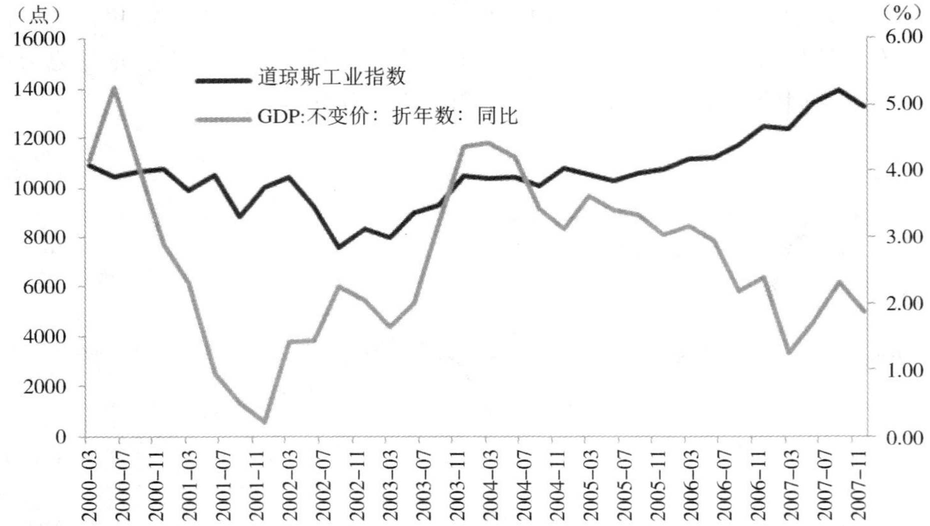

图 2－27　美国道琼斯指数与 GDP 同比折年率（1982～1999 年）

资料来源：Wind 资讯。

房地产泡沫的破灭、次贷危机的到来，结束了这波牛市。

（5）第五阶段：2008 年至今，连创新高——经济复苏。2008 年，美国经历了自 20 世纪 30 年代以来最严重的金融危机和经济衰退。美国经济出现负增长，股市也经历了遭遇了断崖式的下跌，道琼斯指数从 2007 年 9 月的最高点 14279 点跌至 2009 年 3 月的最低点 6469 点，跌幅达 54%。但经济危机之后，作为更加市场化的国家，美国经济调整充分，复苏进程加快，企业盈利水平提高，令股市节节攀升新高。

自金融危机以来，美联储先后三轮实行量化宽松政策，美国基础货币供给量从 2008 年 11 月第一轮 QE 宣布时的 14 423 亿美元（实际情况中美联储的快速货币扩张从 2008 年 8 月已经开始），剧烈增长到 2014 年 10 月末（量化宽松宣布结束）的 40 014 亿美元，共增长了 177%，增速超越了历史复合的年增长 6.7%（见图 2－28）。量化宽松政策有效缓解了当时枯竭的市场流动性，在政策推出后美国股市都经历了一波涨势。QE1 从 2009 年 3 月开始到 2010 年 3 月结束，道琼斯工业平均指数上涨了 42.68%；QE2 从 2010 年 8 月开始到 2012 年 6 月结束，道琼斯工业平均指数则上涨了 28.615%；而 QE3 从 2012 年 9 月开始到 2014 年 10 月结束，道琼斯工业平均指数上涨了 29.42%。

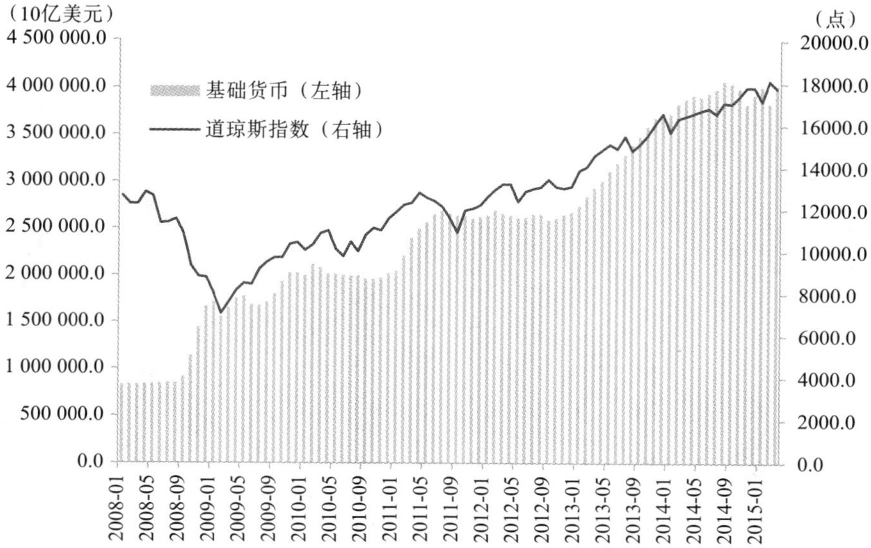

图 2－28　美国道琼斯指数与基础货币供应量（2008～2015 年）

资料来源：Wind 资讯，截止到 2015 年 1 月末。

另外，美国国有企业业通过金融危机，大量削减了本来就繁重的人力成本，使之能够在经济复苏时轻装上阵，获得了质量更高的盈利（见图 2－29）。数据显示，2013 年美国整体企业盈利水平比历史高位高出 26%。此外，页岩气开采技术的突破、移动互联的普及、传统互联网在新型行业中的应用等科技创新又为经济增长带来新的动力，令美国股市呈现典型的高科技和新兴产业驱动特点。代表高新技术产业的信息技术行业在美国的道琼斯指数、标普 500 指数和纳斯达克 100 指数中是权重最大的行业，全球知名的高科技和网络企业，如苹果、谷歌、微软、IBM、亚马逊、甲骨文和 Facebook 等均位于各指数最大权重股之列，如此高的权重占比使得美国股市主要指数随着高科技产业的迅速发展而不断挑战新高。

（二）从宏观政策层面看美国股市

1. 整体上来看宏观政策与股市走势。在 1929～1933 年的美国大萧条时期，当时的美国总统胡佛仍然坚持自由市场的调节作用。大萧条时期，工业制成品大量积压，失业空前增加，金融业极度萧条，大量的债券被拒付，约有 40% 的银行倒闭，整个社会陷入严重的经济危机之中。美国道琼斯工业指数从 1929 年 9 月的最高点 381 点，下跌到 1932 年 7 月的 41 点，跌幅接近 90%。面对这种形势，1933 年 3 月

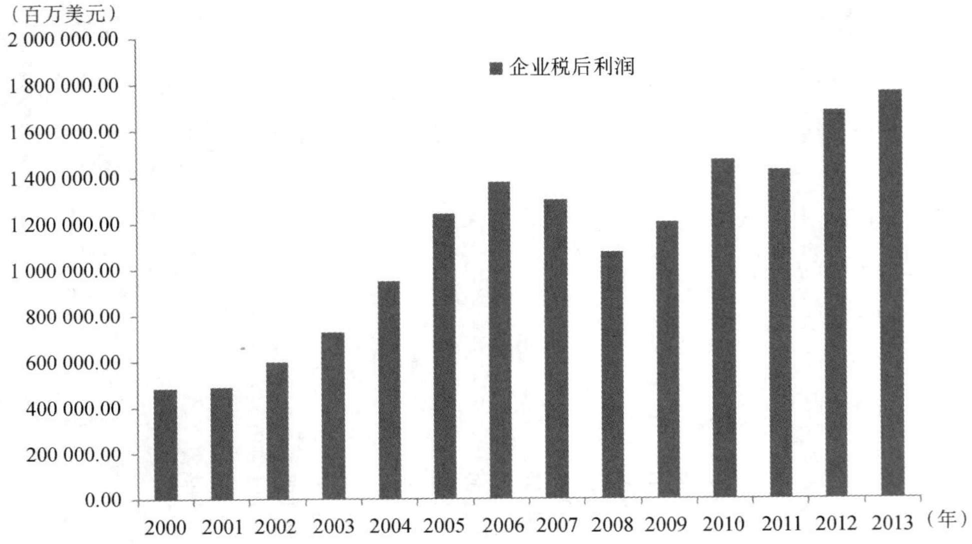

图 2－29　美国企业税后利润（2000～2013 年）

资料来源：Wind 资讯。

新入主白宫的罗斯福总统主张国家应对经济进行调节和干预，实行了以克服经济危机、减少失业为主要目标的“新政”。自此之后，直至 20 世纪 70 年代，凯恩斯主义经济理论取代传统的经济理论而处于统治地位。这一段时期，是运用财政和货币政策的盛行时期。根据美国政府对不同政策建议的运用、财政政策与货币政策的搭配情况，又分为三个时期：（1）膨胀性财政政策的运用和对货币政策的轻视；（2）补偿性的财政政策和货币政策；（3）增长性的财政货币政策。

凯恩斯主义者长期以来只重视财政支出和税收而忽略了货币政策对经济的调节作用。20 世纪 60 年代末 70 年代初“滞胀”现象出现，失业和通货膨胀都上升到两位数，凯恩斯主义经济理论不能解决这个问题。美国政府开始采用现代货币主义者的主张，用调节利率的办法来控制货币供应量的增长率。1978 年美国国会通过《充分就业和经济平衡增长法》，对《联邦储备法》作了重要修正，再一次明确规定了联储在调节美国经济中的重要作用。联储开始采用“单一规则”的货币政策。1981 年里根就任总统后，里根政府根据供给学派的理论和政策建议，向国会提出了“经济复兴计划”，强调压低通货膨胀、降低税率、减少政府开支。更一般地说，增加市场的作用，减少政府的作用。这一时期，美联储的独立性越来越强，其运用的货币政策对经济的调节作用也越来越显著。货币政策已经和财政政策具有了同等重要的地位和作用。

凯恩斯主义在受到新自由主义严重打击后，于20世纪90年代再次复兴。克林顿当选为总统后，向国会提交了《美国变革的前景》的经济报告，其中包含了新凯恩斯主义经济思想和政策主张，政府必须干预经济，尤其是财政干预，以实现充分就业和经济增长的目标。具体包括：短期内用财政赤字刺激经济，促使经济复苏，增加就业；长期内逐步减少财政赤字，增加政府公共投资，以维持就业持续稳定增长。

2000年，在布什竞选总统成功时，美国经济正处在经济发展降速时期，股市下挫，国内投资不振，失业率高居不下，贸易赤字高企。面对这种形势，布什政府采用降税赋、促投资、减开支、重市场、增就业等宏观经济政策。但“9·11”恐怖袭击后，在全世界范围内反恐变成头等大事，迫使布什政府对内外政策进行了大调整。恢复性增长直接导致布什总统的连任。总体而言，这一时期实施扩张性财政政策，一方面大规模减税，扩大政府财政支出；另一方面，为保经济长期稳定增长，货币政策由紧到宽松，收放自如。布什政府的宏观政策提倡自由竞争，减少政府干预，这种“小政府”的思想与里根总统类似，而与克林顿主张政府应加强政府干预的思想恰好相反。

遭遇金融海啸冲击后的美国经济一直无法摆脱不景气，就业领域进展缓慢，财政赤字也持续处于历史高位，标普下调美国主权信用评级。2009年，奥巴马赢得总统大选，对于深受金融危机影响的美国经济无疑是一剂强心针。在应对经济危机的过程中，奥巴马政府重拾国家大规模干预经济的手段，建立起一套比较系统的危机应对机制和政策框架，实施扩张性的财政政策和货币政策，推出7 870亿美元经济刺激计划、9 380亿美元医疗改革法案、240美元的减税和救济法案等一系列的财政政策和实施三轮量化宽松的货币政策。相关资料见表2－7。

表2－7　美国宏观政策演变

时期	在任总统	政策演变
1929～1933年	胡佛	坚持自由市场的调节作用
1933～1945年	罗斯福	膨胀性财政政策的运用和对货币政策的轻视
1945～1960年	杜鲁门、艾森豪威尔	补偿性的财政政策和货币政策
1960～1970年	肯尼迪、约翰逊	增长性的财政货币政策
1970～1980年	尼克松、福特、卡特	用调节利率的办法来控制货币供应量的增长率
1980～1990年	里根、布什	货币政策已经和财政政策具有了同等重要的地位和作用
1990～2000年	克林顿	政府必须干预经济，尤其是财政干预，以实现充分就业和经济增长的目标
2000～2008年	布什	扩张性财政政策，收放自如的货币政策
2009年至今	奥巴马	国家干预的扩张性经济政策，尤其是财政政策

如果把各时期的宏观政策与美国股市走势联系到一起来分析，采用增长性的财政货币政策（1960～1970年）、货币政策和财政政策同等重要（1980～1990年）、政府必须干预经济尤其是财政干预（1990～2000年）、国家干预的扩张性经济政策尤其是财政政策（2009年至今）的这些阶段，对应着股市阶段的上涨年份明显多于下跌年份，整体上宏观政策达到了推动股市上涨的效果（见图2－30及表2－8）。

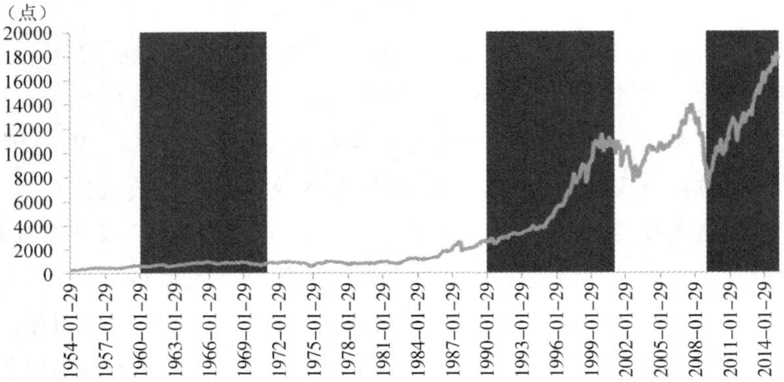

图2－30　道琼斯指数与宏观政策（1954～2015年）

资料来源：Wind资讯。

表2－8　美股股市上涨与下跌年份

	股市阶段	上涨年份	下跌年份
第一阶段	1954～1972年	1954年、1955年、1956年、1958年、1959年、1961年、1963年、1964年、1965年、1967年、1968年、1970年、1971年、1972年	1957年、1960年、1962年、1966年、1969年
第二阶段	1973～1981年	1975年、1976年、1979年、1980年	1973年、1974年、1977年、1978年、1981年
第三阶段	1982～1999年	1982年、1983年、1985年、1986年、1987年、1988年、1989年、1991年、1992年、1993年、1994年、1995年、1996年、1997年、1998年、1999年	1984年、1990年
第四阶段	2000～2007年	2003年、2004年、2006年、2007年	2000年、2001年、2002年、2005年
第五阶段	2008年至今	2009年、2010年、2011年、2012年、2013年、2014年	2008年

资料来源：Wind资讯。

在美国股市发展历程中，伴随着宏观政策的不断演变，具体的宏观政策措施千差万别、不计其数。为了考察与股市有关的宏观政策效果，以下分阶段考察宏观政策与股市关系，注重股市下跌年份出台的宏观政策。

2. 分阶段分析宏观政策与股市走势。

（1）第一阶段：1954 ~ 1972 年，成长年代——重财政政策轻货币政策。20 世纪 50 年代中期到 70 年代初期的美国股市增长主要受益于战后经济的快速发展，这一时期美联储一直推行建立在凯恩斯理论基础上的低利率政策，经济发展较为顺利，政府对经济干预政策及相关产业政策的出台进一步刺激了股市的发展。这些宏观政策的出台，使劳动力数量增长和质量提高、企业利润增长和投资能力提高、科技进步和劳动生产率提高、新兴工业部门发展，形成了 60 年代美国的经济繁荣（见表 2 –9）。

表 2 –9　　1954 ~ 1972 年宏观政策与政策效果

时间	政策	政策类型	政策效果
1957 年	扩大财政预算	财政政策	经济增速回调缓慢
	降低利率	货币政策	经济增速回调缓慢
1960 年	“扭曲利率”政策	货币政策	经济增速大幅回调
1960 年	第三次技术革命 登月计划	产业政策	促进市场对相关股票和概念的投资
	《证券交易法》修正案	监管政策	进一步规范市场运营
1966 年			
1969 年	联邦交易委员会、证监会和会计师组织对企业并购从严监管	监管政策	控制了“联合企业”投资热潮对股市的进一步打击

资料来源：史婧祎：《美国股票市场发展历程及政策效果分析》，上海证券交易所研究报告。

财政政策方面。美国艾森豪威尔政府在 50 年代采取了补偿性的财政政策和货币政策，肯尼迪政府在 1960 年后采取“增长性”财政赤字政策，以充分就业为前提制定预算。这些政策奠定了 20 世纪 50 年代到 70 年代初期的金融市场规范性和宏观经济稳定性，使美国经济正式走出大萧条，进入成长期。1964 年 2 月 26 日，约翰逊签署实施《1964 年税收法案》，降低个人所得税率约 20%。1964 年减税在许多方面史无前例，边际税率从《1954 年税收法案》规定的 20% ~91% 的范围降低到 14% ~70% 的范围。1957 年道指同比下跌 13%，主要是由 1957 年 7 月至 1958 年 4 月的经济危机导致，政府于 1959 年 2 月至 1960 年 1 月大规模提高军费和公共工程等方面的预算支出，推出放松银根、降低利率的政策。

货币政策方面。1960 年股市开始出现下跌趋势，美联储在 1960 年 10 月公开市场委员会议上，明确提出提高短期利率、压低长期利率的“扭曲利率”政策，以此来刺激经济，但最终效果不佳，GDP 同比增速回调后又快速回落。

监管政策方面。1964 年出台了《证券交易法》修正案，对场外交易的证券提出了注册要求，还加强了公司信息披露的监管，进一步规范和完善市场监管制度。1969 年，受“联合企业”投资热潮过度投机行为影响，“联合企业”股票开始出现下跌趋势。1968 年 7 月，联邦交易委员会对混合企业集团的收购行为进行深入调查，证券交易委员会和会计师组织开始统一并购行为中的信息披露规范。趋严的监管政策控制了“联合企业”投机行为对市场的进一步打击。

产业政策方面。1962 年股市开始出现下跌趋势，但第三次科技革命带来新机会，微电子技术、生物工程、新型材料、宇航工程、海洋工程、核能技术等尖端技术的产业受市场青睐，1961 ~ 1972 年登月计划更是刺激了太空概念和科技股的发展。

（2）第二阶段：1973 ~ 1981 年，整理和动荡——重货币政策轻财政政策。20 世纪 70 年代中期到 80 年代初期的美国股市和经济都处于动荡状态，宏观政策由财政政策转为以货币政策为主，重心转为抑制通货膨胀，由“低利率”政策转为“高利率”政策，刺激经济发展，并逐步减少政府干预。监管政策方面，《证券交易法》修正案推出，进一步加强了市场竞争，提高了市场运营效率，加强了上市公司信息披露和对投机行为的监管（见表 2 - 10）。

表 2 - 10　　1973 ~ 1981 年宏观政策与政策效果

时间	政策	政策类型	政策效果
1973 ~ 1974 年	减税	财政政策	副作用较大，经济仍未真正好转
	养老金入市	监管政策	引入长期资金，提升股市影响力
1977 ~ 1978 年	《证券交易法》修正案	监管政策	见效期较长，提高市场效率，加强投资者保护
	高利率政策 贸易拉动经济	货币政策	通货膨胀居高不下，经济震荡剧烈
1981 年	紧缩政策 提高再贴现率	货币政策	通货膨胀得到控制

资料来源：史婧祎：《美国股票市场发展历程及政策效果分析》，上海证券交易所研究报告。

财政政策方面。在1973～1974年的下跌中，尼克松政府通胀推动政策及1976～1978年卡特政府的减税政策让美国经济在70年代出现了一定起色，但由于副作用太大，效果也有限，因此难以持续。

监管政策方面。1974年国会通过雇员退休所得保障法案（ERISA），强化了对雇员退休金投资股票的保护。1981年，养老金更加快速进入股市，养老基金对股票市场影响增强。1975年国会通过了《证券交易法》修正案，取消交易所固定佣金制，促进市场竞争，提升市场效率，还对新国家市场系统（NMS）进行立法，建议形成一个大的、竞争的、集中管理的国家证券业系统。修正案还加大了对内幕投机交易的惩处措施，进一步规范市场运行。

货币政策方面。在1977～1978年的下跌中，为应对第二次石油危机带来的通胀压力，1979年美联储采取紧缩政策，大幅提高利率，并放弃控制利率改用货币供应量工具，为实行高利率政策创造条件，贴现率和市场利率急剧上升。由于货币量的增长长期超过实体经济发展的需要，引起物价持续上涨。贸易拉动经济方面，调整对外经济政策，推行新贸易法，消除美国贸易障碍，扩大出口，消除贸易逆差。在1981年的下跌中，受制于70年代严重“滞胀”导致的经济恢复乏力以及石油再次涨价等困境，美联储仍然采取了紧缩政策，将再贴现率指标大幅提高，通货膨胀率得到了很好的控制。

（3）第三阶段：1982～1999年，持续上涨——货币政策与财政政策交替。20世纪80年代初期的美国，生产长时间大幅下降，生产率增长缓慢；失业率居高不下的同时伴随着高通货膨胀；美国政府巨额财政预算赤字对经济更是雪上加霜（见表2-11）。

表2-11　　1982～1999年宏观政策与政策效果

时间	政策	政策类型	政策效果
1981年	《经济复兴计划》	财政政策	有效控制通胀，进入经济繁荣期
1985年、1988年、1989年	贸易保护政策	贸易政策	创造更多出口机会
1980～1985年	强势美元政策	货币政策	加快国际资本流入
1980～1997年	降低资本利得税	财政政策	有效刺激股市上涨
20世纪90年代	信息产业扶持政策	产业政策	互联网投资热潮
20世纪90年代	定额养老保险计划	监管政策	推动股票准货币化
1999年	允许金融混业经营	监管政策	提升行业运营效率

资料来源：史婧祎：《美国股票市场发展历程及政策效果分析》，上海证券交易所研究报告。

财政政策方面。1980 年上任的里根总统，在任期前两年集中精力控制通货膨胀，并于 1981 年提出《经济复兴计划》。在与美联储的共同努力下，1982 年美国经济逐渐走出“滞胀”的阴影，GDP 增速快速攀升。

货币政策方面。政府提出稳定货币供应量、减轻税负、缩减开支、减少政府干预四项措施，美国实体经济重新恢复增长，进而带动美元出现了 5 年的强势上涨周期，较高利率和强势美元吸引了国际资金进入美国资本市场。同时，资本利得税的大幅下调，进一步刺激了股市上涨。资本利得税下调方面，里根政府大幅降低资本利得税，到 1997 年，美国的资本收益税从 28% 下降至 20%，进一步刺激了股市上涨。

贸易政策方面。为刺激经济发展，美国贸易保护主义色彩不断加重，1985 年宣布的“贸易政策行动计划”、1988 年“综合贸易与竞争法案”以及 1989 年“国家贸易政策纲要”等举措保证了美国获得更多的出口机会。

产业政策方面。20 世纪 90 年代，为了提高国际竞争力，美国联邦政府制定了高科技产业政策，把建设“信息高速公路”放在突出地位，把信息产业作为 21 世纪的支柱产业。90 年代末期的互联网热潮对股市拉升效应显著。信息技术产业成为政府产业政策引导成功的典范，信息技术板块股票在 1993 ~ 2000 年始终处于领先或前位地位。

监管政策方面。1999 年，克林顿政府签署《金融服务现代化法案》，规定银行、证券和保险公司可以在一家金融控股公司下经营，废除了《格拉斯—史蒂格尔法》中有关禁止混业经营的条款。势力雄厚的全能银行和金融控股公司的出现，节约了交易成本，提高了整个金融体系的运行效率和配置效率，也起到支持美国股市繁荣的作用。在“401K 计划”定额养老保险计划等政策支持下，股票作为家庭储蓄工具的准货币性凸显，股市影响力提升。

（4）第四阶段：2000 ~ 2007 年，震荡整理——自由放任的紧缩性宏观政策。在各种理性和非理性、经济和非经济因素的推动下，2000 年 3 月美国股市创历史新高，道指突破 11000 点，纳斯达克指数冲高至 5132 点。2001 年美国经济进入衰退期，股市泡沫破裂，道指下跌，科技股更是遭受了股价大滑坡，而“9·11 恐怖袭击”使美国经济雪上加霜，造成股市又一次崩盘。2002 年开始的安然和世界通讯公司财务丑闻和信任危机、伊拉克战争等事件，使美国经济“软着陆”希望破灭，股市复苏缓慢。随后，美联储和美国证监会在一系列事件后，出台响应刺激经济和加强监管的政策，促使股票市场调整后有所回调，2003 年道指再次突破 10000 点，开始逆周期增长，并慢慢恢复至互联网泡沫破灭前的水平。这一阶段中，扩张的货币政策、财政政策和加强监管的政策对市场复苏起到了积极作用（见表 2 - 12）。

表 2-12　　2000~2007 年宏观政策与政策效果

时间	政策	政策类型	政策效果
2001~2002 年	连续降息	货币政策	促进经济复苏
	扩大军备支出	财政政策	刺激军工股大幅上涨
	加强监管立法 监管制度改革 自律监管组织改革	监管政策	标志“新监管时代”到来
2005 年	退出宽松政策	货币政策	抑制通货膨胀升温
	能源政策法案	产业政策	控制能源价格

资料来源：史婧祎：《美国股票市场发展历程及政策效果分析》，上海证券交易所研究报告。

货币政策方面。为刺激经济，2001 年 1 月~12 月，美联储连续 11 次减息，将联邦基金利率由 6% 下调至 1.75%，随后 2002~2003 年美联储连续进行降息行动，最终使美国联邦基金利率探到 1% 的低水平。与此同时，长期利率于 2003 年 6 月降低至 3.3%，达到 20 世纪 60 年代以来的历史最低水平。宽松的货币政策为美国经济复苏、提升股市发挥了重要作用。但为抑制石油价格上涨带来的通货膨胀升温，美联储在 2004 年 6 月开始连续 5 次加息的基础上，2005 年又以 25 个基点的小幅度连续 8 次提高了联邦基金利率，至年底达到 4.25%，为 2001 年 5 月以来的最高水平。利率的走高影响了美国高负债的房地产市场，使股市产生动荡。

财政政策方面。从 2001 年提交的美国 2002 年财政年度国防预算修正案来看，美国政府开始扩大军备支出，采取强力扩张的财政政策。由于经济下滑和恐怖袭击等因素，巨额军备开支不断上升，军火工业股票指数在停滞多年后大幅上涨，一定程度上带动了股市。2003 年 5 月美国参众两院通过了价值 3 500 亿美元的减税方案。其中，红利税税率从 20% 下调到 15%，使得分发红利的股票对于投资人而言显得更有价值。

监管政策方面。2002 年，国会正式通过《萨班斯—奥克斯利法案》，从立法角度加强对证券市场的监管。该法案是强化上市公司内部治理和增强资本市场信息披露的重要法律，被称为 20 世纪 30 年代以来美国最严厉的财务法则。另外，美国证监会对现有公司信息披露进行制度性改革，主要包括改善上市企业财务信息披露的质量和及时性，改革公司治理结构，建立新上市公司会计监督委员会应对企业财务作假问题，提高审计人员独立性，加强对分析师利益冲突的监管等。纽约证券交易所等自律监管组织也进行了公司内部控制和自律监管方面的改革。

产业政策方面。2005 年 8 月美国参众两院通过了美国能源政策法案。该法案是自1992年以来美国首部、全面的能源政策法规，包括大幅增加美国国家战略石油储备，制定税收鼓励政策，提倡提高能源使用率，呼吁重视使用清洁能源和再生能源等措施，希望控制能源价格上涨。

（5）第五阶段：2008年至今：连创新高——国家干预下的扩张性宏观政策。为应对2008年的金融危机，美国政府对金融业的干预程度达到了空前高的水平。除传统的货币政策和财政政策工具之外，还进行了操作工具创新，频繁对市场进行救助和干预（见表2－13）。

表2－13　　2008～2014年宏观政策与政策效果

时间	政策	政策类型	政策效果
金融危机期间	公开市场操作	货币政策	满足市场持续性流动性需求
	降低联邦基金基准利率	货币政策	快速提升市场流动性
	向商业银行准备金支付利息	货币政策	增加商业银行的可贷资金
	启动“国债和MBS”购买计划	货币政策	增加市场流动性
	与他国中央银行联合实施救助计划	货币政策	扩大货币互换规模
	创新流动性管理工具	货币政策	缓解市场资金紧张
	1 500亿美元的一揽子财政刺激计划	财政政策	消费、投资增加
	援助并接管“两房”	财政政策	遏制危机进一步恶化
	紧急经济稳定法案	财政政策	稳定经济
	财政刺激计划	财政政策	创造就业和增加投资
	抑制卖空新规则	监管政策	防止大量沽空
	紧急卖空禁令	监管政策	暂时禁止卖空
	高盛转为商业银行	监管政策	缓解金融危机带来的压力
金融危机后	重振美国制造业框架	产业政策	抓住未来制造业的机会
	国家出口倡议	贸易政策	促进出口
	美国制造业促进法案	产业政策	重振制造业竞争力
	“先进制造业伙伴关系”计划	产业政策	通过政府、高校及企业的合作来强化美国制造业
	材料基因组计划	产业政策	实现材料领域发展模式的转变
	美联储扭转操作	货币政策	压低长期利率刺激经济增长
	“财政悬崖”妥协议案	财政政策	防止掉进严重财政危机和陷入衰退的风险
	提高债务上限	财政政策	债务上限问题再次被推迟
	两年预算协议	财政政策	缓解自动减支的压力
	“美国乡村制造”倡议	产业政策	促进农业出口
	量化宽松	货币政策	释放流动性

货币政策方面。美联储采取非常规宽松货币政策，通过频繁使用公开市场操作，还连续降息，达到或接近零利率后增加基础货币量，向市场释放流动性。2007 年 8 月美联储通过公开市场操作向银行间市场投放大规模的流动性。2007 年 9 月 ~2008 年 12 月，美联储连续 9 次降息，将联邦基金目标利率从 5.25% 下调至 0.25%，共下调 500 个基点，目前维持在 0 ~ 0.25% 之间。除此之外，还启动"国债和 MBS"购买计划、向商业银行准备金支付利息以及与其他经济体进行联合救助计划等手段以增加市场流动性。截至 2010 年第一季度，美联储购买 1.25 万亿美元的抵押贷款支持证券（MBS）、2 000 亿美元的机构债券，购买债券金额总计高达 1.725 万亿美元，其中 2009 年 10 月已完成 3 000 亿美元的长期国债购买任务。2008 年 10 月，美联储开始向商业银行法定存款准备金和超额准备金支付利息。2007 ~2008 年，美联储先后与欧洲中央银行、英格兰银行和日本银行等进行了大规模的国际联合援助行动。

除了使用常用的三大传统政策工具（公开市场操作、再贴现和存款贮备金率）外，美联储还启动了"信贷与流动性计划"，并进行货币政策工具创新。2007 ~ 2008 年，针对存款机构，推出期限拍卖工具（TAF）、定期贴现措施（TDWP）和不良资产救助计划（TAPP）。2008 年，针对交易商，推出一级交易商信贷工具（PDCF）和定期证券借贷工具（TSLF）。另外，针对向借款人和投资者，推出投资者融资便利工具（MMIF）、定期证券借贷工具（TSLF）、商业票据融资工具（CPFF）、定期资产抵押证券贷款工具（TALF）等。

财政政策方面。美国国会连续出台经济救助计划，刺激经济发展。2008 年 1 月美国国会宣布实施 1 500 亿美元的一揽子财政刺激计划，包括美国家庭可以得到不同程度的税收返还，商业投资第一年可以享受 50% 折旧，而且中小企业还可以享受到额外税收优惠。2008 年 7 月，美国国会宣布财政部和美联储联手对深陷困境的"两房"提供援助，救助金额高达 3 000 亿美元。2008 年 10 月，推出有史以来最大规模的 7 000 亿美元的金融救援计划，并签署《2008 年紧急经济稳定法案》。2009 年 2 月，美国国会通过 7 870 亿美元的财政刺激计划，其中约有 40% 在 2009 年落实，约有 38% 在 2010 年落实。同时签署《2009 年美国复苏和再投资法案》。

金融监管政策方面。2008 年 9 月 17 日，美国证券交易委员会颁布了三项抑制卖空行为的新规则；9 月 19 日，美国证监会发布了一份紧急命令，暂时禁止对 799 家金融机构的股票做空。另外，美联储把高盛由投资银行转化为商业银行，这种做法彻底改变了市场经济规则。

当然，除了应对经济危机采取非常规的财政政策、货币政策以及监管政策外，为了刺激经济复苏，美国政府又相继出台了一系列宏观政策。

（三）小结：影响美国股市的宏观指标

一般来说，在考察宏观因素对股市的影响时，要进行三个方面的判断：一是经济周期所处阶段；二是宏观经济政策对所处经济周期的影响；三是经济形势和相关政策对市场资金量（流动性）的影响。具体到指标，可以从经济基本面指标、资金面指标和宏观政策指标三大指标进行分解（见表 2 – 14）。

1. 从经济基本面指标来看：（1）道琼斯工业指数和标普指数长期运行趋势与美国 GDP 长期趋势一致，股指运行低点可在长期经济增长线上找到支撑。道琼斯工业指数同比涨幅与美国国内生产总值同比增速的波动大致同向，但不完全对应，并且提前于经济变化。（2）美股走势与美国个人消费支出金额同向变动，美国个人消费支出越高，美股表现通常越好。（3）美国股市波动与失业率负相关。失业率波动和股票市场的波动具有比较明显的反向特征，失业率下降的过程往往是牛市，而失业率上升的过程往往伴随着熊市。（4）CPI 与股票指数呈现高度的正相关性。在 CPI 较平稳时，对股市涨跌没有太大的影响，但是当 CPI 增速过大时，就会对股市造成冲击，导致股市下跌。

2. 从资本面指标来看：货币供应与股市的走势保持了较为紧密的联系。M2 作为货币供应量指标，其对股市的影响程度呈现阶段性变化，金融危机后的货币量化宽松政策与股市的关联性特别明显。

3. 从宏观政策指标来看：（1）货币政策对股市的作用的效果不仅取决于政策本身的合理性，还取决于当期股市与宏观经济的相关性。在相关性较强的时期，货币政策的效果向股市传导的速度明显较强，在采用增长性的财政货币政策（1960 ~ 1970 年）、国家干预的扩张性经济政策尤其是货币政策（2009 年至今）的阶段，其对股市的正向作用表现尤为明显。（2）财政政策对股市有促进作用。相对货币政策来说，财政政策对股市的作用的效果没有那么显著，但在货币政策和财政政策同等重要（1980 ~ 1990 年）、政府必须干预经济尤其是财政干预（1990 ~ 2000 年）阶段，财政政策对股市发挥更重要的作用。（3）产业政策对产业结构的调整、对相关股票的影响较大，尤其美国信息技术产业政策为新兴产业的崛起带来了新的股票投资机会。（4）美国监管机构长期信奉金融市场的自我调节能力，监管机构对股市的干预较小，主要通过加强监管、严厉打击违法违规行为起到维持市场长期信心的作用，而在金融危机期间则采用非常规措施来提振金融市场。

表 2－14　　影响美国股市的宏观指标

指标		影　响
经济基本面指标	GDP	道琼斯工业指数和标普指数长期运行趋势与美国 GDP 长期趋势一致，股指运行低点可在长期经济增长线上找到支撑。道琼斯工业指数同比涨幅与美国国内生产总值同比增速的相波动大致同向，但不完全对应，并且提前于经济变化
	个人消费支出	美股走势与美国个人消费支出金额同向变动，美国个人消费支出越高，美股表现通常越好
	失业率	美国股市波动与失业率负相关。失业率波动和股票市场的波动具有比较明显的反向特征，失业率下降的过程往往是牛市，而失业率上升的过程往往伴随着熊市
	CPI	CPI 与股票指数呈现高度的正相关性。在 CPI 较平稳时，对股市涨跌没有太大的影响，但是当 CPI 增速过大时，就会对股市造成冲击，导致股市下跌
资金面指标	M2	货币供应与股市的走势保持了较为紧密的联系。M2 作为货币供应量指标，其对美国股市的影响程度呈现阶段性变化，金融危机后的货币量化宽松政策与股市的关联性特别明显
宏观政策指标	货币政策	货币政策对股市的作用的效果不仅取决于政策本身的合理性，还取决于当期股市与宏观经济的相关性。在相关性较强的时期，货币政策的效果向股市传导的速度明显较强，在采用增长性的财政货币政策（1960～1970 年）、国家干预的扩张性经济政策尤其是货币政策（2009 年至今）的阶段，其对美国股市的正向作用表现尤为明显
	财政政策	财政政策对股市有促进作用。但相对货币政策来说，财政政策对股市的作用的效果没有那么显著。在货币政策和财政政策同等重要（1980～1990 年）、政府必须干预经济尤其是财政干预（1990～2000 年）阶段，财政政策对美国股市的作用更重要
	产业政策	产业政策对产业结构的调整，对相关股票的影响较大，尤其美国信息技术产业政策为新兴产业的崛起带来了新的股票投资机会
	监管政策	美国监管机构长期信奉金融市场的自我调节能力，监管机构对股市的干预较小，主要通过加强监管、严厉打击违法违规行为起到维持市场长期信心的作用，而在金融危机期间则采用非常规措施来提振金融市场

第三节 我国股市宏观分析中的指标

纵观美国过去61年的股市表现，总体而言，美股是一个涨多跌少的市场，是一个牛长熊短的市场，表现出牛长熊短的特质。美国经济的强劲增长，支撑了美国股市不屈的成长之路。作为成熟的证券市场，美国股市基本上受基本面驱动，即受美国宏观经济周期影响具有非常明显的顺宏观周期特性，在宏观经济较好的情况下，指数会出现连续的上涨；同时，根据经济周期择时选择的宏观政策对股市也起到积极作用。

反观我国，股市表现常与宏观因素相背离。一方面，股市成交量屡创新高，股指不断急速攀高，一路狂奔直上5000点；另一方面，经济下行压力持续增大，2015年第一季度GDP同比增幅降至7%，创6年来新低，工业企业利润大幅度下降。但是，随着当前“改革”带来的经济转型发展，中国经济的发展历程也将会在中国股市中得到体现，而且随着我国证券市场的不断发展和完善，宏观因素尤其是宏观经济对股市的作用也会越来越明显。

一、货币供应量

在衡量货币供给量增速的M1、M2这两个指标中，M2由于外生冲击性因素占比较大而且也不敏感，因此预判经济增速的相关性和前瞻性不如M1。与实体经济投资活动更为密切相关的来源于M1的变化，与股市变化更为密切相关的也是来源于M1的变化，以及M1、M2剪刀差的变化。

（一）货币周期与股市周期

我国从1996年开始按月统计M1同比增速，纵观1996年1月到2016年10月间M1与上证综指走势间的关系，可以看出，M1同比增速与上证综指走势呈现明显的周期性波动，上涨、下跌趋势交替演变，而且M1同比增速与上证综指的走势在绝大部分时间里呈现惊人的同步性特点，货币供应量的高低点与上证综指的高低点具有较好的对应关系，货币供应量与上证综指的周期性波动具有较明显的相似特征，二者的波动幅度和周期的长短略有差异（见图 2－31）。

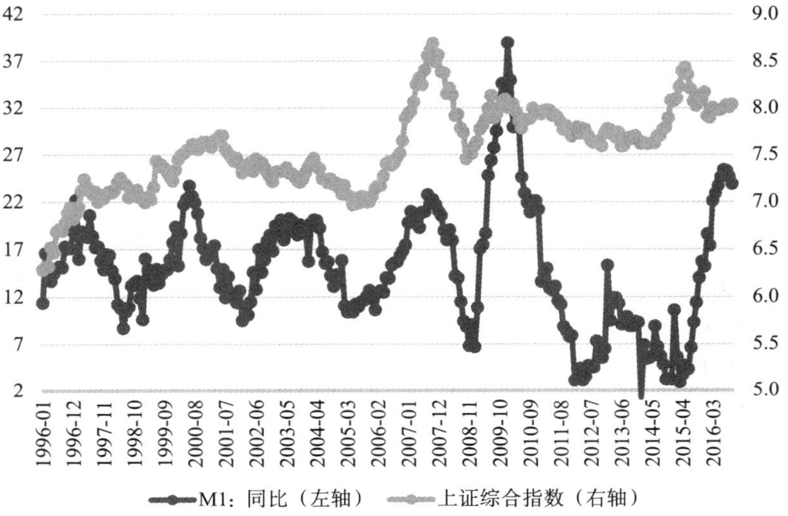

注：图中上证综指采用对数形式。

图 2－31　货币供应量波动与上证指数走势

可以看出，我国货币供应周期比上证综指的周期波动更加明显，货币扩张周期与货币紧缩周期能够非常明显地划分开来。因此，我们可以根据 M1 增速的 6 个阶段性低点和 7 个阶段性高点将中国货币周期划分为 13 个阶段，其中有 7 个货币扩张周期与 6 个货币紧缩周期。同样，根据上证综指 7 个阶段性高点和 5 个阶段性低点，大致可将上证综指变动分为 7 个上涨阶段与 5 个下跌阶段。由表 2－5 可以明显看出，货币扩张周期基本上对应上证综指的上涨阶段，而货币紧缩周期则对应上证综指的下跌阶段，而且货币扩张期与收缩期的时间跨度和股市上涨阶段与下跌阶段的时间跨度基本上一致；从货币扩张、紧缩周期与股市上涨、下跌阶段的起点来看，货币供应的周期波动基本上领先于股市的周期波动。

（二）货币周期转换与股市拐点判别

从上证综指历次牛熊转换的牛市高点与熊市低点来看，M1 是很好的领先指标，基本上 M1 同比增速到达高点并在高位盘整之后 1～3 个月内上证综指会到达牛市的峰值，或者 M1 同比增速到达低点并在低位盘整之后的 1～3 个月内上证综指会到达熊市低谷。M1 同比增速低于 10% 与高于 20% 的时间及上证综指随后的表现如表 2－16。

表 2-15　货币扩张与紧缩阶段划分和上证综指上涨阶段与下降阶段划分的对应

货币周期	时间区间	时间跨度	股市周期	时间区间	时间跨度	滞后月数
货币扩张期	1996.1~1997.1	12	上涨阶段	1996.1~1997.4	15	0
	1999.1~2000.6	17		1999.2~2001.6	28	1
	2002.1~2004.4	27		2002.12~2004.3	15	11
	2005.4~2007.8	28		2005.5~2007.10	29	1
	2008.11~2010.1	14		2008.10~2009.12	14	-1
	2012.4~2013.5	14		2012.11~2013.5	7	-7
	2015.3~2016.10	20		2014.6~2015.5	12	9
货币紧缩期	1997.1~1999.1	24	下跌阶段	1997.4~1999.2	22	3
	2000.6~2002.1	19		2001.6~2002.12	18	12
	2004.4~2005.4	12		2004.3~2005.5	14	-1
	2007.8~2008.11	15		2007.10~2008.10	12	2
	2010.1~2012.4	28		2009.12~2012.11	36	1
	2013.5~2015.3	23		2013.5~2014.6	14	0

可以看出，M1 增速仅仅在 1998 年 6 月、1999 年 1 月、2002 年 1 月、2005 年 3 月、2008 年 9 月出现增速低于 10% 的情况，随后 M1 增速开始探底回升并进入扩张阶段，而在这 5 个低点之后上证综指总会达到阶段性的低点或者熊市底部，上证综指的反应滞后期为 1~2 个月（2011 年 9 月的反应滞后期为 7 个月）。同样，从 M1 增速突破 20% 的时间点与随后大盘的阶段性高点情况来看，M1 增速有五次突破 20% 以上，分别为 1997 年 1 月、2000 年 4 月~9 月、2007 年 8 月~10 月、2009 年 6 月及 2016 年 3 月，而在这 5 个高点之后上证综指也会达到阶段性的高点或者牛市顶部，上证综指的反应滞后期为 1~3 个月。

表 2-16　M1 低于 10% 与高于 20% 的时间点与上证综指随后表现

时间	M1 增速	上证综指随后表现	领先时间
1997 年 1 月	1 月 M1 增速达到 22.2% 的高点，随后一路下滑	1997 年 4 月，上证综指收于阶段性高点 1393.75，随后股指也一路下跌	3 个月
1998 年 6 月	6 月 M1 增速下滑到 8.7% 的低点	1998 年 8 月 17 日，1070.41 点	1 个月多
1999 年 1 月	1 月 M1 增速下滑到 9.6%，随后一路上扬	1999 年 2 月，上证综指收于阶段性低点 1090.09 点，随后股指也一路上扬	1 个月

续表

时间	M1 增速	上证综指随后表现	领先时间
2000 年 4～9 月	4 月 M1 增速达到 21.7% 的高点，随后 5～9 月之间一直在高位运行	2000 年 7 月，上证综指收于阶段性高点 2023.54，随后一直在高位盘整	3 个月
2002 年 1 月	1 月 M1 增速达到 9.5% 的低点	2002 年 1 月 29 日跌至阶段性低点 1392.78 点，此后进入“震荡”	当月
2005 年 3～4 月	3 月、4 月 M1 增速到达 9.9% 和 10% 的低点，随后一路上扬	2005 年 6 月 4 日，上证综指跌破 1000 点大关，之后随着 M1 增速不断上扬，上证综指走出有史以来最壮观的牛市	2 个月
2007 年 8～10 月	8 月达到相对高位 22.8%，随后两个月高位运行后开始下滑	2007 年 10 月上证综指到达月度收盘的阶段性顶点 5954.77，随后一路下跌，一年内跌幅深达 70%	2 个月
2008 年 9～11 月	9 月 M1 增速下破 10%，到达 9.4% 的低点，随后一直下滑，在 11 月见底	2008 年 10 月 18 日上证综指盘中到达 1664.93 的低点，随后股指一路上涨，最大涨幅接近 100%	1 个月
2009 年 6 月之后	M1 增速达到相对高位 24.8%，随后一直在较高位运行	2009 年 7 月上证综指到达阶段性顶点 3412.06，随后股指处于震荡之中，一直没有突破 7 月的高点	1 个月
2011 年 8 月	M1 增速不断下滑，2011 年 8 月为 11.2%，9 月则下滑到 8.85%，随后一直下滑至 2012 年 4 月的最低 3.1%	2011 年 5 月、6 月、7 月、8 月，上证综指下跌连连，2011 年 8 月 9 日下探至 2437.68 点，到 2012 年 11 月下探到 1980.12 点	7 个月
2016 年 3 月	M1 增速达到相对高位 22.1%，随后一直在较高位运行	2016 年 2 月上证综指为 2687.98 点，之后上证综指随着 M1 增速的不断上扬到 2016 年 10 月的 3100.49 点	3 个月

（三）货币周期下的股市表现

根据历史上 7 次货币扩张期和 6 次收缩期的股市表现（见表 2－17），我们发现货币周期与股票市场走势表现出高度相关性，在 7 次货币扩张期间，上证综指收益率 5 次为正，而在 6 次货币收缩期间，4 次呈现下跌趋势。

从年化收益率为正的阶段来看，在货币扩张期间，除 2002 年 1 月至 2004 年 4 月之间的年化收益率仅为 3.04% 外，其余扩张期间的年化收益率一直保持在 45% 以上；而在货币收缩期间，在上证综指年化收益率为负的阶段，其平均年化收益率则

为 -26.70%。在货币扩张期与收缩期与股市表现不同步，并呈现相反的市场表现的另外4个阶段中，究其原因，一是股市时间区间与货币扩张、收缩时间不一致（滞后）；二是股市表现的上涨或下跌时间区间较短而与货币扩张、收缩时间不一致；三是货币扩张、收缩的长时间区间中，股市表现呈现出短区间的一致。

表 2-17　　货币扩张期与收缩期的股市表现

周期	时间区间	上证收益率（年化收益率）	周期	时间区间	上证收益率（年化收益率）
货币扩张期	1996.1~1997.1	79.54%（79.54%）	货币紧缩期	1997.1~1999.1	17.61%（8.45%）
	1999.1~2000.6	69.93%（45.39%）		2000.6~2002.1	-22.64%（-14.96%）
	2002.1~2004.4	6.97%（3.04%）		2004.4~2005.4	-27.35%（-27.35%）
	2005.4~2007.8	350.23%（90.56%）		2007.8~2008.11	-64.15%（-55.98%）
	2008.11~2010.1	59.76%（49.41%）		2010.1~2012.4	-19.84%（-8.50%）
	2012.4~2013.5	-3.99%（-3.42%）		2013.5~2015.3	62.91%（32.82%）
	2015.3~2016.10	-17.27%（-10.36%）			

注：表中收益率 R_t：$R_t=(P_t-P_{t-1})/P_{t-1}$，其中，$P_t$ 为 t 期期末指数的收盘价格，P_{t-1} 为 $t-1$ 期期末指数的收盘价格；年化收益率计算按照每年12个月来计算。

（四）M1-M2剪刀差与股市变化

除了M1周期变化直接与股市周期变化相关外，M1与M2剪刀差和股市变化也相关（见图2-32）。历史经验显示，M1、M2剪刀差与上证指数有明显的正相关关系。一般情况下，当M1增速上穿M2增速之时，即两者出现“金叉”，股市将延续趋势性的上涨行情，在两者增速之差达到最高点时，上证指数也达到阶段性的高点。反之，当M1增速下穿M2增速之时，出现“死叉”，行情往往会继续下跌趋势，直到在两者增速之差达到最低点前后，上证指数也开始触底反弹。M1、M2增速差的变化主要是由于货币供应、宏观经济、企业利润的变化导致货币在居民储蓄存款、企业定期存款和企业活期存款之间相互转化。有三种情况会带来M1增速大于M2增速的效果：一是信贷投放的扩张，即新增企业贷款增加，企业活期存款回升的速度要快于定期存款；二是宏观经济的改善，即居民消费意愿增强导致居民储蓄存款向企业存款转化，也就是储蓄大搬家；三是企业利润的回升，即企业经营活动改善，活期存款回升的速度大于定期存款，也就是存款活期化。

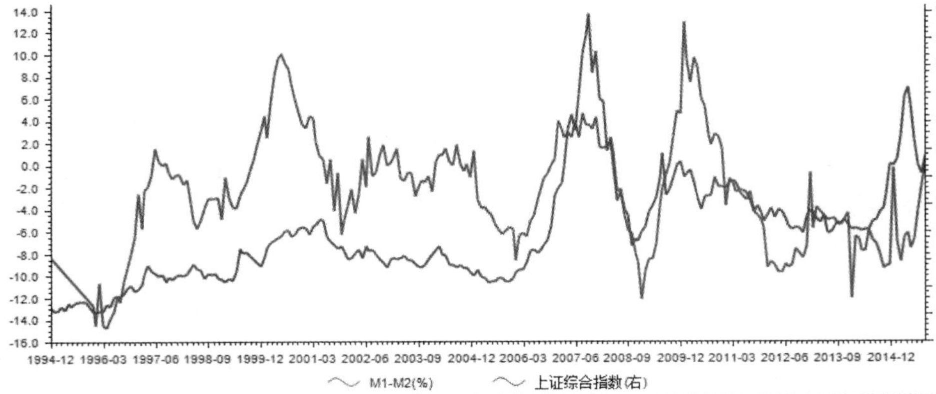

图 2－32　股市与 M1－M2 的关联

资料来源：Wind 资讯。

二、采购经理指数（PMI）

（一）PMI 作用

PMI 是通过对采购经理的月度调查汇总出来的指数，是一套月度发布的综合性的经济先行指标（见图 2－33）。当 PMI 大于 50% 时，说明经济在发展，PMI 越大于 50% 说明经济发展越强势；当 PMI 小于 50% 时，说明经济在衰退，越小于 50% 说明经济衰退越快。PMI 是所有宏观经济序列数据中滞后期最短的指标之一，它有所变化意味着经济发展有了改变。

（二）制造业 PMI 与股市关系

我国 PMI 包括制造业 PMI 和非制造业 PMI。由于产业层级和 GDP 比重等原因，非制造业 PMI 和股市相关性很低，所以下述 PMI 均指制造业 PMI。

1. PMI 指数与股市有时呈正相关关系。因为 PMI 有先导性，PMI 一般领先经济转折在 1～4 个月不等，股市会根据 PMI 指数的高低进行调整，是一种预期。如果 PMI 指数持续上升或高于 50%，说明经济向好，对股市产生正面影响；如持续走低或低于 50%，会引发人们对经济的担忧，从而影响大盘走势。

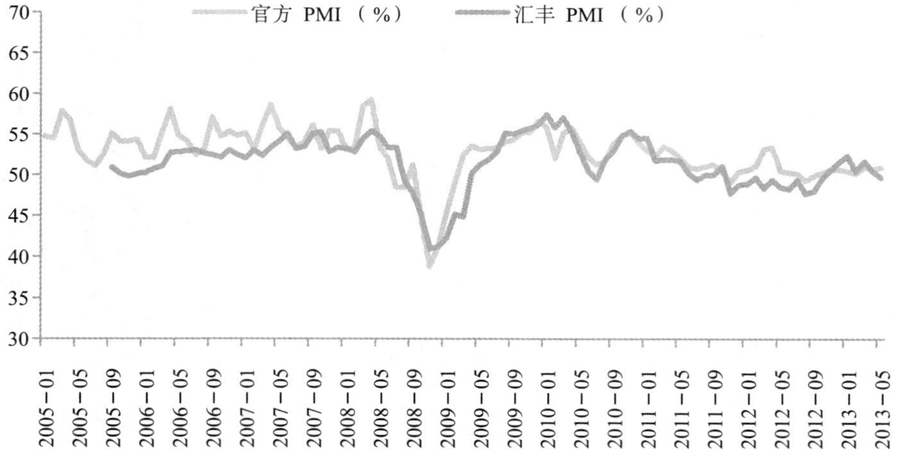

图 2-33　PMI 指数走势

资料来源：Wind 资讯。

2. PMI 与股市走势并非有着严格同步和正相关关系。如 2007 年 10 月，大盘走势达到峰值，而 PMI 并未出现大幅度波动。

3. PMI 与股市并没有直接关系。PMI 通过反映经济运行间接将相关信息传导到股市。由于中国股市处于不成熟发展阶段，政策与消息对股市的影响较大，资本推动股市的特点更为突出，经济晴雨表的功能偶尔会失灵。因此，PMI 要结合股指所处的阶段进行运用。当股市随 PMI 见底大幅调整后，若 PMI 见底回升，股指企稳反弹的可能性较大（见图 2-34）。

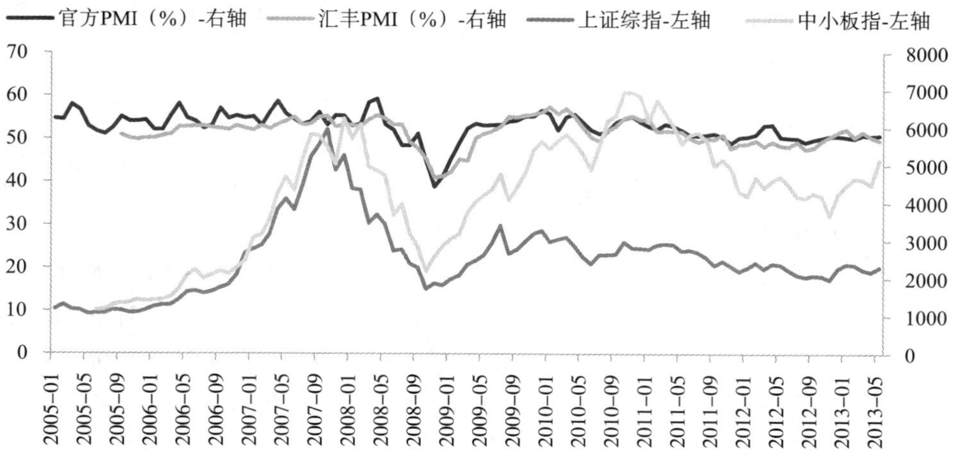

图 2-34　PMI 与上证综指、中小板指的关系

三、工业生产者出厂价格指数（PPI）

（一）PPI 与 CPI 关系

PPI 与 CPI 是衡量物价水平的两种不同的物价指数。所谓物价指数，一般是指两个不同时期的物价平均水平的比值。PPI 反映生产环节价格水平，衡量的是企业的生产成本；CPI 反映消费环节的价格水平，衡量的是消费者的生活成本。根据价格传导规律，整体价格水平的波动一般首先出现在生产领域，然后通过产业链向下游产业扩散，最后波及消费品。很显然，PPI 上涨是 CPI 上涨的先行指标，或者说，PPI 上涨最终会传导并加速 CPI 上涨。

PPI 与 CPI 作为最直接反映社会物价水平以及市场景气程度的经济指标，一直以来都是中央政府在制定宏观调控政策时的主要参考（见图 2－35）。保持 CPI 与 PPI 的相对稳定并把两者的增长控制在一个合理的区间范围内，也是中央银行实施货币政策的核心目标。当 CPI 与 PPI 同步变化时，如果物价水平上涨过快，则中央银行可以通过适度紧缩政策使 PPI 与 CPI 同步回落；如果物价水平出现下跌，则中央银行实行宽松的货币政策可以使 PPI 与 CPI 稳步回升①。

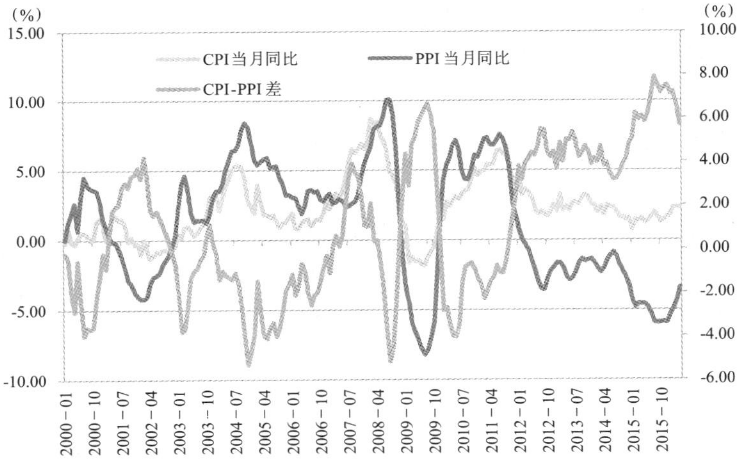

图 2－35 PPI 与 CPI 关系

资料来源：Wind 资讯。

① 吕捷、王高望：“CPI 与 PPI‘背离’的结构性解释”，《经济研究》，2015，（4）：136～149。

然而，自2000年以来，中国的CPI与PPI出现了三次“背离”式增长，即两者的变化是反向的，此时传统的货币政策调控不再有效，出现首尾难以兼顾的局面（见表2－18）。2012～2016年，CPI表现为持续上涨而PPI连续下跌。如果实行货币紧缩政策，CPI可能回落，PPI将加快下跌，工业部门进一步吃紧，经济增长率很有可能进一步下滑；如若实行宽松政策，PPI可以回升，而CPI则攀至更高，将进一步增加生活消费负担，加剧社会矛盾。因而，中央银行采取货币政策以稳定总价格水平的努力就会陷入两难境地。

表2－18　　2000年以来我国历次PPI与CPI背离情况

背离次数	开始时间	结束时间	持续时间	最大背离出现时间	最大背离幅度
第一次背离	2001年3月	2002年10月	20个月	2002年1月	5.2%
第二次背离	2008年11月	2009年12月	14个月	2009年8月	6.7%
第三背离	2011年10月	尚未结束	49个月	2015年8月	7.9%

资料来源：吕光明、金蛟：“我国PPI与CPI背离的特征表现与成因分析”，《债券》，2015，(12)：29～33。

（二）PPI如何影响上证指数

按照传统的理论，股票涨跌的根源来自投资者对上市企业未来的利润预期。当投资者预期企业的利润好转时，将会买入股票；反之，预期企业利润将亏损时，投资者将卖出股票。PPI代表了国有企业尤其是制造业企业的平均成本，揭示了大多数企业未来的盈利能力，影响了投资者对上市企业的利润预期，从而影响股市的涨跌。

市场资金对企业未来利润的预期是股市涨跌的根本原因。如果市场预期上市企业未来将会盈利，资金就会入场买入股票，使股市形成底部、开始上涨；反之亦然。观测自1996年以来PPI与上证指数的走势，发现PPI与上证指数密切相关，并且在一定程度上影响股市的涨跌（见图2－36）。PPI对上证指数的影响体现在表2－19所示的几个时间区间。

不过也有PPI持续低于105，股市并没有上涨而是表现出下跌。如自2015年6月，PPI值仍然处在105以下甚至低于100，而上证指数则一路下跌。PPI的持续下滑以及CPI的低迷是经济不景气的结果，主要受油价、铁矿石等大宗商品价格走低、进口通缩以及国内产能过剩和需求不足的影响。

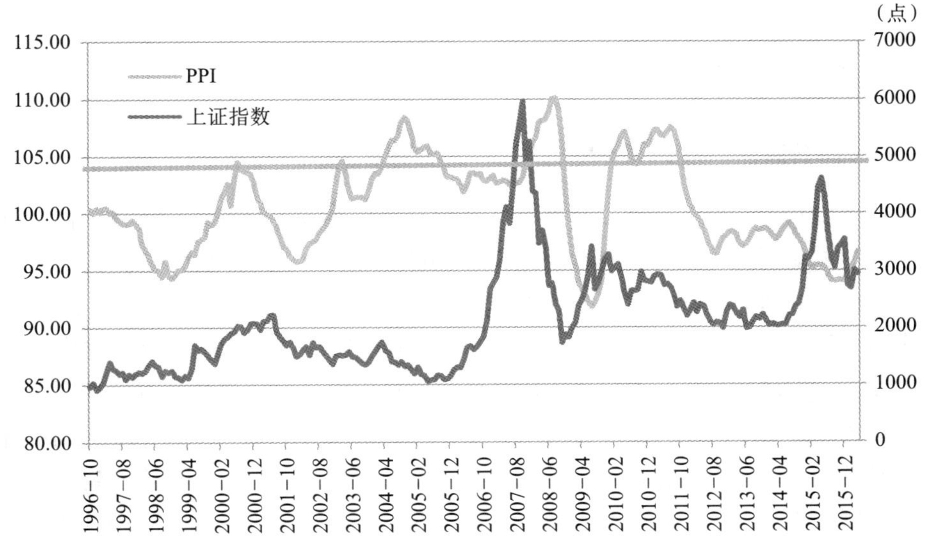

图 2－36　PPI 与上证指数

资料来源：Wind 资讯。

表 2－19　　不同 PPI 的股市表现

<table>
<tr><th>PPI</th><th>时间区间</th><th>上证指数收益率（年化收益率）</th><th>PPI</th><th>时间区间</th><th>上证指数收益率（年化收益率）</th></tr>
<tr><td rowspan="5">PPI 在 105 以下，股市上涨</td><td>1996 年 2 月～2001 年 6 月</td><td>301.13%（56.46%）</td><td rowspan="5">PPI 在 105 以上，股市下跌</td><td>2004 年 4 月～2005 年 9 月</td><td>－27.57%（－19.46%）</td></tr>
<tr><td>2005 年 9 月～2007 年 12 月</td><td>355.31%（147.02%）</td><td>2007 年 12 月～2008 年 11 月</td><td>－64.44%（－70.30%）</td></tr>
<tr><td>2008 年 11 月～2010 年 2 月</td><td>63.10%（50.48%）</td><td>2010 年 3 月～2010 年 7 月</td><td>－15.17%（－36.40%）</td></tr>
<tr><td>2010 年 7 月～2010 年 10 月</td><td>12.94%（38.83%）</td><td>2010 年 11 月～2011 年 9 月</td><td>－16.35%（－19.61%）</td></tr>
<tr><td>2013 年 6 月～2015 年 5 月</td><td>133.01%（69.40%）</td><td></td><td></td></tr>
</table>

注：表中收益率 $R_t = (P_t - P_{t-1}) / P_{t-1}$，其中，$P_t$ 为 t 期期末指数的收盘价格，P_{t-1} 为 $t-1$ 期期末指数的收盘价格；年化收益率计算按照每年 12 个月来计算。

四、居民消费价格指数（CPI）

（一）通货膨胀与股市关系

通货膨胀是一种货币现象，指货币发行量超过流通中实际所需要的货币量而引起的货币贬值现象。通货膨胀最直接的结果就是物价上涨。股票作为一种金融资产，其价格受多种因素的影响。其中，通货膨胀是影响股票市场以及股票价格的一个重要宏观经济因素。这一因素对股票市场的影响有双重效应。它既有刺激股票市场的作用，又有压抑股票市场的作用，即通货膨胀和股票市场周期协动效应具有双重性。一方面，通货膨胀和股票市场存在共变性。温和且适度通货膨胀能够提升股票市场保值增值功能，同期股票资产价格上涨，通过股票市场财富效应和个体消费行为传递到实体经济，刺激并拉动消费需求，提高消费品价格引发通货膨胀。适度的通胀对股市具有很强的助涨作用，体现在以下三个方面：第一，在通胀初期，温和的通胀刺激了经济增长和上市公司的业绩增长，从而推动了股市不断上涨；第二，通胀是流通中的货币增多，因此必然有一部分货币会流入股市，引起股市资金增加，需求扩大，从而推动了股市上涨；第三，通胀是全社会物价普遍上涨造成的，在物价全面上涨的情况下，上市公司的资产也会相应增值，而上市公司资产的增值必然会引起公司股票价格的上涨。另一方面，通货膨胀和股票市场周期波动共变性并不稳定，在特定经济形势、资源环境和经济政策作用下，也完全可能出现非一致特征。理论界也肯定通货膨胀与股票市场负向作用关系的普遍性，一些研究认为正是通货膨胀降低了股票投资收益率，通货膨胀不仅是股票投资收益率下降的诱因，更是直接原因。通货膨胀对股票价格的负面效应，可以从以下三个方面理解：其一，当通货膨胀上升到一定程度，就会推动利率上升，资金从股市中外流，从而使股价下跌。其二，通货膨胀也会推动企业成本的上升，实际最终会影响上市公司的盈利，并且会影响投资者对资本收益率的预期，从而影响其对股票内在价值的判断，股票需求减少。其三，恶性通胀如果出现会对股市具有较强的抑制作用。高通胀不仅会造成企业成本高企，使上市公司经营困难，公司股票下跌，而且会引起宏观调控政策发生逆转，从紧的货币政策必然会造成股市的资金面紧张，从而导致股市下跌。

（二）CPI 与上证综指收益率

图 2－37 显示，我国通货膨胀率主要表现为 3 个波峰和 2 个波谷，可以划分为三个扩张期和两个收缩期。三个扩张期分别为 1991 年 1 月到 1994 年 10 月、1999 年

6月到2008年2月以及2009年11月到2011年9月，而收缩期则为1994年11月到1999年5月和2008年3月到2009年10月以及2011年10月至今。相对于通货膨胀率的变化特征，股市收益率波动除1991年中期、1992年初和1993年中后期股票市场出现大幅涨跌外，在样本观测期内基本表现相对小幅波动，绝大部分时间里收益率在-20%~+20%之间波动。股票市场收益率的景气期和萧条期交替出现，交替间隔明显比通货膨胀率时间短，主要表现为1991年到1993年初景气期、1993年到1995年萧条期、2006年到2008年初景气期，而1997到2005年间周期特征不明显。

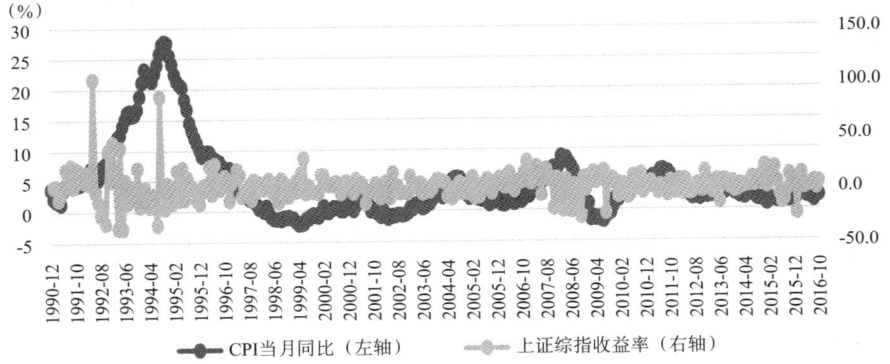

注：上证综合指数的收益率 R_t，$R_t=\ln P_t-\ln P_{t-1}$，其中，R_t 为 t 期期末指数的收益率，P_t 为 t 期期末指数的收盘价格，P_{t-1} 为 $t-1$ 期期末指数的收盘价格。

图2-37 1991年1月~2016年10月上证综指收益率与通货膨胀情况

从上证综指与CPI年度数据来看（见图2-38），上证综指与CPI都呈现出较典型的一个波峰，并且CPI与上证综指整体上呈现出反向关系。在CPI的上涨阶段，上证指数表现出下跌；在CPI下跌阶段，上证指数表现出上涨。

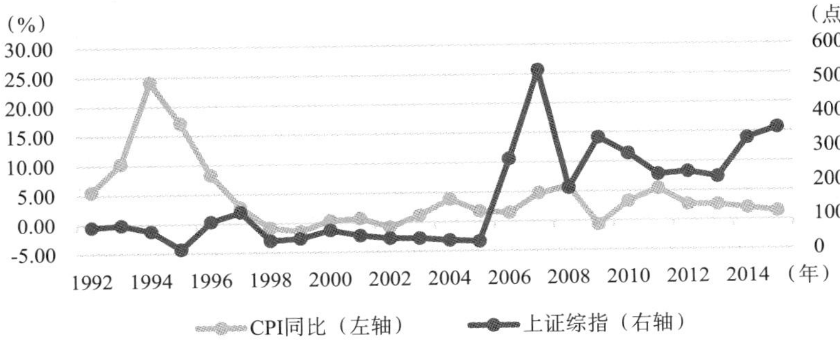

图2-38 1991年1月~2016年10月上证综指与CPI关系

资料来源：Wind资讯。

五、人民币汇率

（一）人民币汇率与沪深300相关性分析

人民币汇率和股市的关系在很长一段时间内并没有表现出明显的相关性。较强相关性只存在于某一段时间。例如从2005年开始，人民币汇率走出了十年几乎不变的对美元的盯住汇率，开始逐渐升值。人民币汇率升值的同时，股市开始上行。这其中的逻辑其实就是不论是人民币汇率也好，还是股票市场也好，都反映出对中国经济强劲增长的信心。当然，2008年的股市大跌是股市过度膨胀之后结合美国次贷危机等综合因素的结果。在2008年之后，汇率因素与股票市场的关联性并不强，人民币汇率持续走强的情况一直延续到2015年，直到“8·11”汇率改革。

从图2-39可以看出，“8·11”汇率改革之后人民币贬值伴随着股票市场的剧烈调整，2016年年初4个交易日外汇市场和股票市场也形成共振，人民币汇率和股票市场的关系再度密切起来，投资者对人民币汇率的关注度大为提高。

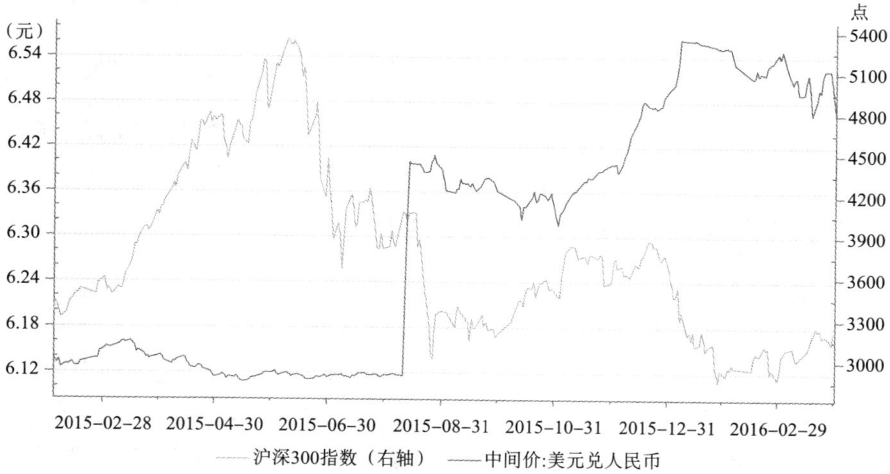

图2-39 沪深300指数和美元兑人民币汇率

资料来源：Wind资讯。

虽然股市大幅度波动的因素非常多，是众多因素共同作用的结果，但是2015年底到2016年初的股市下跌很大程度上是人民币汇率下跌引发的。这其中的逻辑就在于人民币汇率折射出了国际、国内对中国经济形势的判断和信心。人民币下跌反映出投资者对中国经济形势走弱和国际竞争力下降的担忧，这种担忧映射到股票市场引发股市的下跌。加上国际做空势力和投资的“羊群效应”，外汇市场和股票市场出现了两次“双杀”。

（二）人民币汇率对A股市场的影响计量分析

一般来说，当本币汇率存在升值压力时，国际资本将不断涌入国内市场，增加市场的流动性，从而推动国内资产价格上涨，国内资产价格的上涨又会促使国际资本进一步流入，使得汇率的升值压力进一步加大；而当本币汇率存在贬值压力时，国际资本将大规模撤离国内市场，导致资产价格大幅下降和金融市场频繁动荡。可见，在预期因素的影响下，市场流动性和国内资产价格会出现自我强化的循环。

汇率波动与股票价格联动的投资者异质性模型。我们认为，汇率波动、股价偏离基本面价值的程度和流动性是引起股价变动的因素；中央银行对外汇市场的干预对汇率的影响是直接的，但外汇干预对股价的影响是通过影响国内货币供应量而间接对股价产生作用。另外，汇率与股价变动间的关系具有动态性，其动态关系是由股票市场和外汇市场上不同类型交易者所占比重的动态变化引起的。

研究发现①，图2-40所反映出的人民币汇率对外汇储备的影响，其影响系数就有着明显的随时间波动的特征。在各个时期，人民币汇率对外汇储备的影响均为正，大约在1~1.2之间，表明人民币汇率变动对外汇储备有较大的正向影响，这也是为什么2015年的汇率贬值导致外汇储备大幅下降的主要原因②。

---

① 在实证分析中，考虑到央行长期以来对外汇市场的积极干预，外汇占款已成为我国基础货币投放的主要渠道，对市场流动性产生重大影响，因此我们以外汇储备作为国内市场和外汇市场的流动性代理变量。汇率和股价的代理变量则分别为人民币兑美元汇率和沪深300指数，样本区间为2005年6月至2015年11月。

② 以2015年8月汇率大幅贬值约4.35%来看，这一期汇率对外汇储备的影响系数约为1.08，按照模型预测，这一期汇率贬值将会带来4.35%×1.08=4.70%的下降，而当期实际外汇储备大约下降了2.61%，由于滞后期因素的变动对当期变量影响系数非常小，因此我们认为实际外汇储备下降的幅度远小于模型预测的原因在于中国的资本并非完全可自由兑换外汇政策。实际上从更长的时间上来看，实际外汇储备下降的幅度要大于模型的预测，2015年8月至11月的汇率总共贬值约4.46%，而外汇储备则总共下降了约6.01%，按照这段时期汇率对外汇储备的平均影响系数1.09来算，汇率波动可以解释4.46%×1.09/6.01%=81%的外汇储备的下降，其他不能解释的部分则更多的是由于中国对外汇市场的干预所致，为了维持汇率稳定，需要消耗更多的外汇储备。

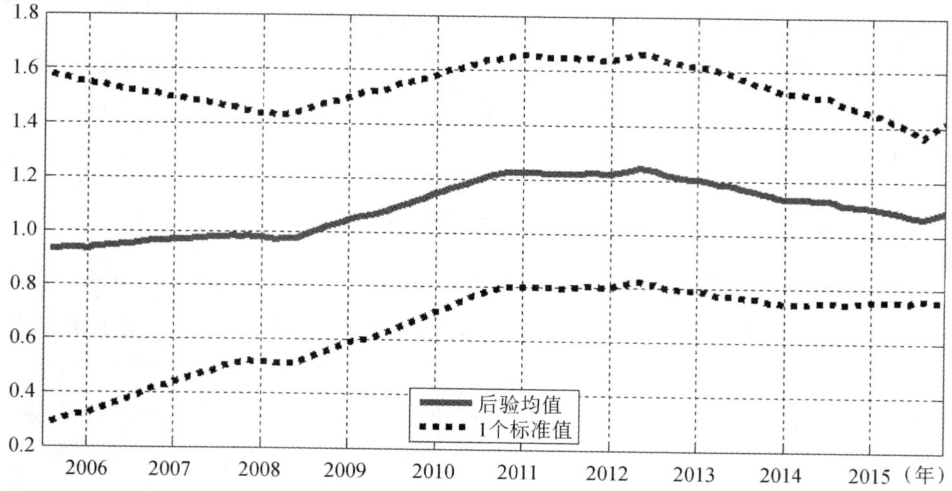

图 2－40　中国市场的汇率波动对外汇储备的同期影响

图 2－41 给出了中国市场汇率波动对股票价格影响的时变参数，影响系数在各个时期基本为零，表明汇率波动对股票价格并没有同期的直接影响，而主要是间接影响，即通过影响流动性来影响股票价格。

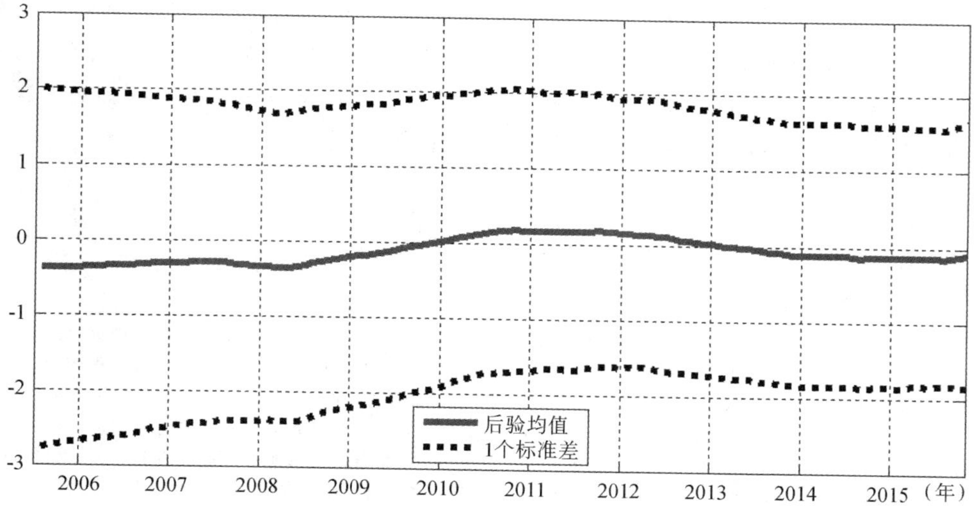

图 2－41　中国市场的汇率波动对股票价格的同期影响

对于外地投资者以及投资海外股票市场的本地投资者来说，汇率的波动必然会引起投资本地股票的基本面的相对变化，进而影响本地股票的需求，对价格产生直接影响。而中国市场的汇率波动对股票价格并不存在这种明显的直接影响，说明中国股票市场上的外地投资者非常少，中国投资者参与海外股票市场的投资比例非常低。

图 2－42 给出了中国市场外汇储备对股票价格影响的时变参数。该影响系数在各个时期均为正，在 2012 年之后有一定程度的变小。主要是金融危机后，许多发达国家采取“量化宽松”政策，同时中国政府出台政策刺激经济增长，吸引国际资本流入中国，使得市场流动性对中国股价的影响较大。随着发达国家“量化宽松”政策的逐渐退出，流动性对中国股价的影响有所下降。

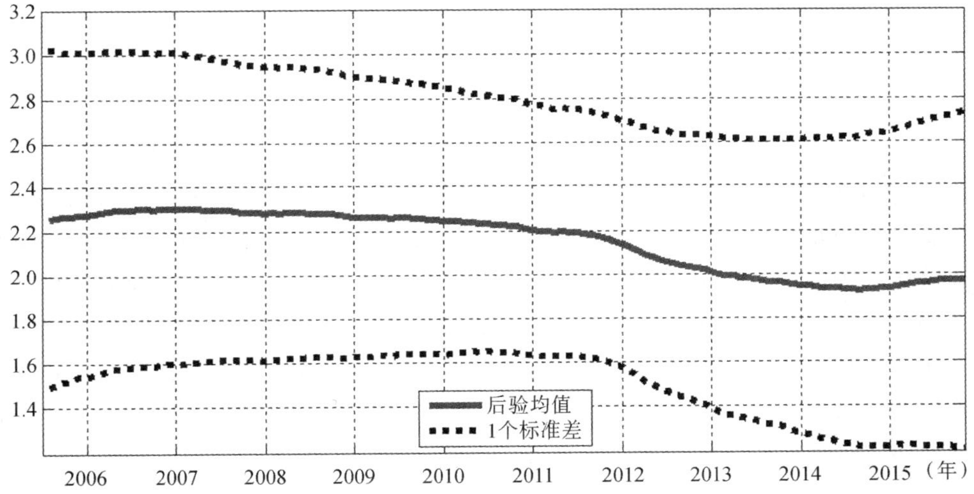

图 2－42 中国市场的流动性对股票价格的同期影响

中国股市的涨跌主要受流动性的影响，而对汇率波动所带来的基本面的变化并无明显反应，这说明中国股市的投资者以趋势交易为主，基本面的投资者相对较少。而美国股票市场则主要是以基本面投资的机构投资者为主体，导致汇率波动所带来的基本面的变化对美国股票市场有明显的直接影响。

仍以 2015 年 8 月的中国汇率大幅贬值来说明汇率波动对中国股票市场的同期影响①。汇率波动对股票价格的下降可解释 67%；而其他未能由同期汇率波动解释的部分，则主要由滞后期股票价格的变动来解释。2015 年 7 月股票市场下跌了 15.87%，在股市高波动的状态下，股票市场的自相关系数有所提高。

① 2015 年 8 月汇率波动对股票价格的直接影响系数仅为－0.23，而外汇储备对股票价格的影响系数为 2.00，汇率波动对外汇储备的影响系数为 1.08。2015 年 8 月的汇率大幅贬值 4.35%，对股票市场的同期影响约为 4.35%×（－0.23＋1.08×2.00）＝8.40%，当期股票价格下降为 12.55%。

第三章
行 业 分 析

行业经济构成宏观经济的一部分，行业经济活动的总和构成宏观经济活动。行业分析介于宏观分析和公司微观分析之间，是公司分析的前提，是证券投资分析最容易开始着手的地方，对理解宏观和公司至关重要。行业分析站在行业的高度去判断公司，发现投资价值和投资机会。不同的行业具有不同的特征，在经济周期和在行业生命周期视角下，行业估值水平也各不相同，相同行业的最优估值方法也可能大相径庭。采用设定行业市盈率的选择规则，可以构建具有投资价值的行业，通过对同一行业进行估值分析，可以筛选出具有投资价值的企业。

第一节　行业分析的作用与步骤

一、行业分析的作用

行业经济是构成宏观经济的重要组成部分，行业经济活动的总和构成宏观经济活动（见图 3－1）。通过宏观分析能够把握证券投资的宏观环境以及市场的整体走势，但宏观分析并不能提供具体的投资领域与投资对象的决策参考。通过行业分析，能够发现不同行业在一个国家不同经济发展阶段的不同表现，能够发现近期增长最快的行业中没有被高估的龙头公司，还能发现目前没被市场认识但未来相当长一段时间能够保持高速稳步增长的行业。这些发现可为未来进行投资的行业以及投资品种提供决策参考。

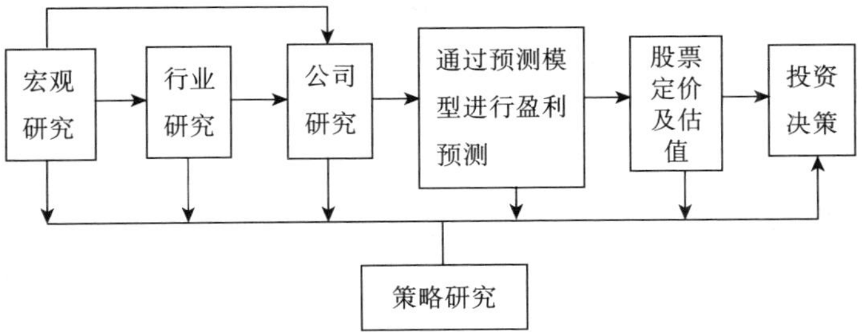

图 3－1　行业分析的定位

行业分析的主要任务是解释行业本身所处的发展阶段及其在国民经济中的地位，分析影响行业发展的各种因素以及判断对行业的影响力度，预测并引导行业的未来发展趋势，判断行业投资价值，揭示行业投资风险，为投资者提供决策依据或投资依据。

行业分析以行业的眼光去判断公司，去发现投资价值和投资机会。行业的现状和发展趋势在很大程度上决定了行业内企业现在和未来收益。行业的经营基本特征和规律是行业内企业经营所必须遵循的，也体现出行业内企业核心竞争力以及行业内企业的竞争优势比较。因此，行业分析作为宏观分析和公司分析的纽带，能够起到至少四方面的作用：（1）帮助形成合理宏观预期以及评价经济结构；（2）帮助对行业进行比较，并选择合理的行业配置策略；（3）帮助公司研究形成对未来的合理预期；（4）帮助公司研究寻找合理估值方法和参照系。

不管是宏观分析还是行业分析，都需要对未来做预测，并且这些预测为公司分析提供导向，即公司分析中很多假设来源于宏观分析和行业分析，因为公司业绩核心驱动因素来源于行业变量的变化，并与整个宏观环境变化息息相关。

二、行业分析的内容

行业分析的两个基本要素是把握行业的成长周期以及目前所处的阶段，找到行业内最有价值的企业并研究其投资价值，即研究投资介入的时机和寻找投资介入的切入点。围绕行业分析的两个基本要素，行业分析应该包括行业宏观政策、行业市场结构、市场发展情况、行业竞争状况等内容。这些基本内容为行业分析提供了一个标准化的参考，使行业分析在标准化的框架下进行（见图3-2）。

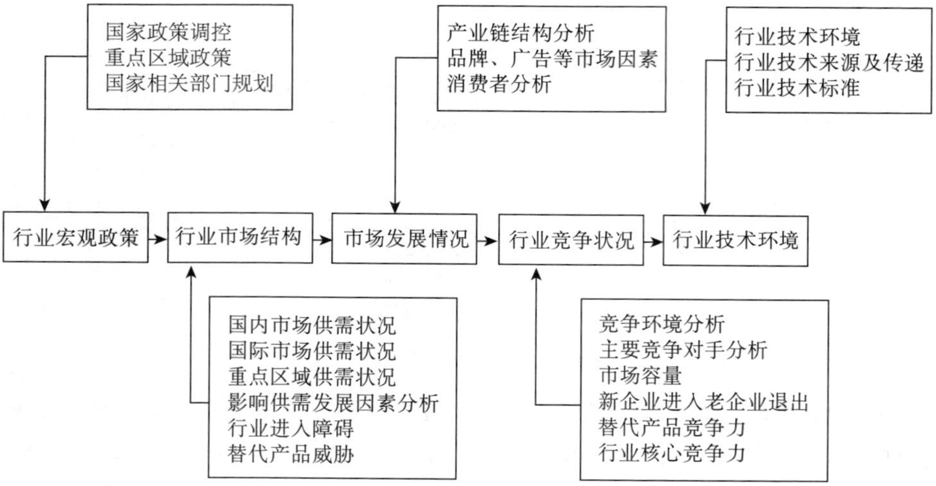

图3-2　行业分析的基本框架

简单来说，行业分析主要包括行业基本面分析、行业经营特征分析。

（一）行业基本面分析

通过行业环境和基本面分析，认识和了解行业内公司的经营环境和背景，是公司分析和价值判断的基础。行业基本面分析包括五个方面：行业类型分析、外部因素分析、需求分析、供给分析、获利能力分析（见表3-1）。

表3-1　行业基本面分析

行业基本面	主要分析内容
行业分类	行业生命周期阶段、行业经济周期
外部因素分析	技术因素、政府因素、社会因素、人口因素、国外因素
需求分析	客户分析、渠道和销售策略、实际需求与名义需求的预测、趋势与趋势的周期性变化
供给分析	行业集中程度、行业进入的难易程度、行业容量、替代品威胁
获利能力分析	供给/需求分析、盈利能力、周期变化、并购状况、发展前景、成本因素、定价、国际市场与竞争

在行业基本面分析中，行业的需求分析、供给分析是关键环节。在需求分析中，要对以下五个方面的需求问题进行具体分析：（1）需求的估计与预测（采用市场调查、权威资料、模型估测、经验估计等方法）；（2）影响需求变化的因素（如购买

力、消费倾向、替代产品、消费习惯及政策导向等因素)；(3) 不同行业的预测差异；(4) 行业内需求结构的差异；(5) 行业间需求结构变化（行业变迁，新兴行业)。同样，在对供给—产能分析中，要对以下七个方面的具体供给问题进行具体分析：(1) 产能利用率；(2) 在建产能；(3) 企业扩张冲动；(4) 使用周期和新建周期；(5) 产能与需求缺口；(6) 产能结构；(7) 长期和短期产能变化特征等。

此外，在供需分析中还需要关注其他因素：(1) 产销比率和产销量增长率的变化以及销售收入增长率的变化影响人们对未来消费量的预期；(2) 行业是有周期性波动的（特征、原因)。

(二) 行业经营特征分析

不同的行业存在着不同的经营特征。一个行业的经济特性和竞争环境以及其变化趋势往往决定了该行业未来的利润前景。行业经营特征是一个行业区别于其他行业的特别显著的征象、标志。行业不同，其产业链、价值链也不同。分析行业市场结构、行业特性、行业的产业链和价值链等，不仅能从整体上把握行业中最主要的经营特征，也能揭示出行业内企业的经营规律和竞争优势的具体体现（见表 3-2)。

表 3-2　　行业经营特征分析

行业经营特征	主要分析内容
市场结构分析	规模经济与不经济、市场集中度、竞争格局分析
行业特性分析	行业能力、潜在优势、制胜关键因素、波士顿矩阵、SWOT 分析及价值链分析
行业财务特征分析	变动成本与固定成本、融资环境、产业链关系
产业链结构分析	产业链上行业之间的关系、产业链上的利润分配（微笑曲线)

一个行业是由众多公司构成的，这些公司的产品有着众多相同的属性，但其具体战略选择、定价机制以及研究与开发又有着很大的不同。因此，在进行行业分析时，不能忽视市场行为分析。市场行为分析主要包含如下内容：(1) 企业战略选择（成本领先、差异化、聚焦策略)；(2) 定价机制（买方市场、卖方市场、政府定价)；(3) 研究与开发（新技术对行业的影响)；(4) 企业联合和重组（改变行业特性)；(5) 多元化（利与弊)；(6) 产业技术与进步（产业升级)。在行业分析中，我们还需要始终关注产业政策的变化趋势及对行业带来的影响，如对需求、供给、竞争格局和产业链关系的影响。

三、行业分析的步骤

行业分析的最终目的是发现有投资价值的上市公司，找出最有价值和潜力的上市公司。因此，行业分析应该从大行业、小行业及行业内重点个股，由远及近进行研究，即以行业宏观研究为切入点，以细分行业和企业研究为主要内容，以专项研究为重点（见图3－3）。具体步骤如下：

第一步，行业分析。产业总体分析，把握产业的运作规律和最新动态，寻找潜在的产业切入点。这里的行业分析是对大行业的基本面分析，从总体上对行业发展、现状、前景、地位、价值、竞争等方面的分析。

第二步，细分行业及系统性企业分析。通过对细分行业中的主要企业、有特征的企业进行系统性分析，全面搜寻有投资价值、闪光的目标企业。这里的行业分析是对细分行业的经营特征分析，从细分行业角度分析市场结构、行业特性、产业链和价值链等，并在此基础上找出细分行业中那些规模最大、盈利能力最强、最有核心竞争力、发展最快及最有潜力的企业，为下一步专项重点分析做准备。

第三步，专项重点分析。通过对已经发现的潜在目标企业的专题研究，分析投资可行性和具体的实施方案。对重点企业的分析主要从企业发展、企业现状、企业发展潜力、企业核心竞争力、行业内地位以及企业存在的问题六个方面进行分析。

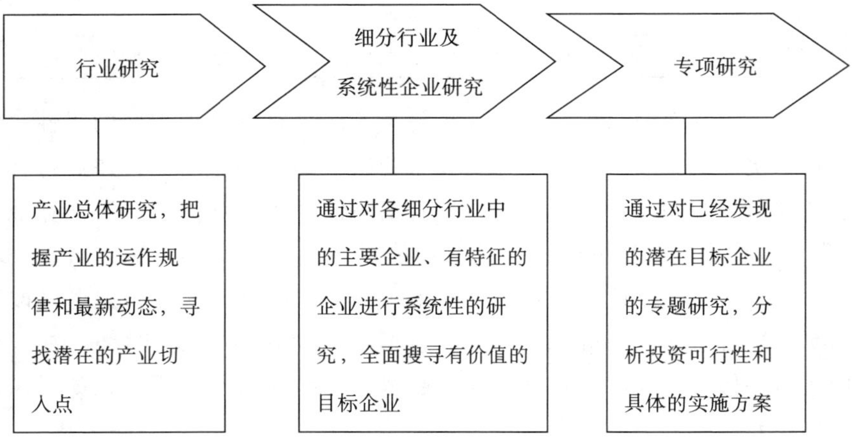

图3－3　行业分析的基本步骤

个别企业的命运总是和它所从事的行业命运息息相关，深入的行业研究是证券分析取得成功的先决条件，对行业状况的彻底了解有助于对目标公司的股票估值。大部分的行业研究都属于跟踪性的研究，通常也只考察影响某个特定公司未来业绩的行业趋势，因此不能用行业研究替代公司研究。

第二节　行业分析的再定义与新兴行业

一、行业分析再定义

行业分析是证券投资分析的起点也是证券投资收益最重要的一环。行业分析的关键在于把握行业的发展趋势，新兴产业的兴起为行业分析增加了很多新的领域的同时其本身的不确定性特征也增加了行业分析的难度。

（一）传统产业划分标准不再适用

传统产业生产和消费场景相对固定。随着新兴产业的兴起，以及新兴产业跨行业、跨载体等复合型行业的出现，行业分类日趋复杂，传统行业划分标准难以界定新兴企业的属性。

阿里不仅把传统线下门店消费场景搬到线上，形成一个新的零售行业，而且还依托强大的资金和客户优势，跨界进入金融、娱乐、体育、医疗等行业。2013 年年底，阿里巴巴以 11.8 亿元收购天鸿基金 51% 的股权，正式进入基金行业，一时间把互联网金融概念推向高潮。2014 年 3 月，阿里推出理财产品“娱乐宝”，开始涉足娱乐影视投资行业，一期仅 4 天时间就宣告售罄，募集总金额达到 7 300 万元。2014 年 5 月，阿里又依托支付宝，推出以“便捷支付”为核心、打造全流程数字化的“未来医院”计划，正式进入医疗行业，民众反响强烈。2014 年 6 月，阿里 12 亿元注资广州恒大足球俱乐部，拥有球队 50% 的股权，高调进军体育行业。时隔不久，阿里又斥巨资收购了移动浏览器老大 UC，组建阿里 UC 移动事业群，触动了整个移动互联网行业的神经。2014 年 6 月底，文化中国宣布阿里认购其近 60% 的股份，并更名为阿里巴巴影业（见表 3 - 3）。短短几个月时间，阿里巴巴高调现身，动作频频，让人不禁浮想联翩。从交易平台到支付平台再到金融平台，在不断取得成功之后，阿里已经把目光转向了更为传统的娱乐、医疗、体育等行业，并通过跨界合作和收购不断扩充庞大的阿里帝国版图。这些跨行业、复合型产业的出现需要一个比传统的按行业划分标准分类研究更具价值的分析方法。

表 3－3　　2014 年以来阿里巴巴并购交易情况

公司	交易数	交易额	参股	控股
阿里巴巴	12 笔	约 300 亿元	优酷土豆、中信 21 世纪、银泰商业集团、魅族、KABAM、上汽集团、21 世纪经济报道、文化中国	高德地图、UC、淘宝、天猫、支付宝、WiFi、阿里云

资料来源：私募通；作者整理。

（二）对传统行业的替代和颠覆

新兴产业的兴起对证券分析一个较大的挑战是其对传统行业的颠覆。以马云为代表的电商形成的新商业生态系统对传统商业生态系统就是一次革命性的颠覆。电商时代下消费者购买习惯已发生了改化，越来越多的人倾向于网络购物。网络购物不仅流行于青年消费者，且正在向高年龄层蔓延。传统百货业经过近十年的快速发展后遇到了巨大挑战：消费者购买习惯的改变。2012 年，淘宝天猫“双十一”的单日销售额达到了 191 亿元，创下历史最高额，而这个数字相当于王府井百货 2012 年全年的销售额。2014 年，这一数值更是上升到 571 亿元，其中移动交易额达到 243 亿元。2014 年阿里平台的交易额会接近 2.5 万亿元，占社会商品零售总额的近 10%（见图 3－4）。3 年后如果其交易额达到 6 万亿元，则有望达到社会商品零售综合的 20%。目前看来达到这个高度是完全可能的。届时，服装、3C、居家用品、图书等标准化产品的网络化进程可能已经超过 50%。

互联网冲击和颠覆已渗透各个领域。如新兴的特斯拉汽车，使得传统的汽车生产商面临着完全不同的市场格局。随着新兴产业对传统产业颠覆速度的加快，未来行业“此长彼消”比以往任何时候都要突出。在这个过程当中，死守传统产业的投资也只能带来投资收益的亏损，因而在从事传统行业研究的时候，必须同时细究新科技、互联网对这个行业可能带来的颠覆性变化。

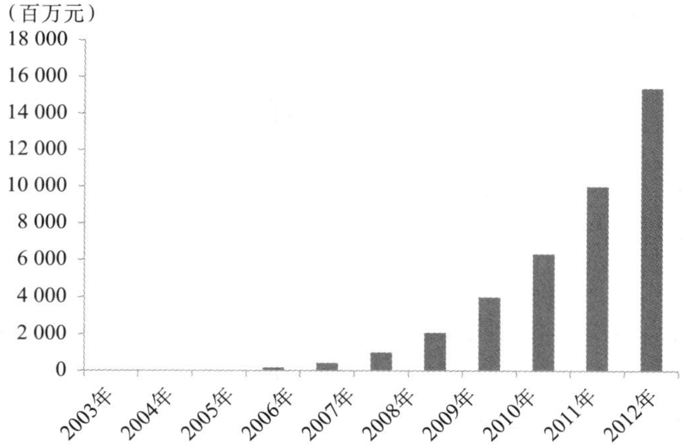

图 3－4　淘宝和天猫历年交易额

（三）产业未来发展趋势难以确定

新兴产业对传统产业的颠覆性影响极大地增加了产业发展趋势判断的难度。

首先，在这一轮产业升级和技术变革中，很多企业将受到极大的冲击，甚至被淘汰。苏宁在南京起步时曾被十大商场围剿，那时候，家电与 IT 行业还是分销，苏宁的创新做成了中国最大的连锁，“革”了分销的命。没想到只过了 5 年，就被京东、淘宝这种电商模式“革命”了，连锁模式被打破。

其次，新兴产业本身也存在很大不确定性。比如阿里巴巴，尽管其坐拥电商行业高速成长的龙头位置，但是其面临的市场总量是一定的。近年来中国社会商品零售总额增速已经大幅下降，这个大池子会遇到瓶颈。对于未来市场突破，即使阿里巴巴进行了一系列纷繁复杂的跨界布局，但跨界并不容易。确实，阿里也先后在菜鸟、阿里金融两大战役里占尽风头，各种收购层出不穷，但是也不得不承认，受企业 DNA 所限，BAT 也好、GAF（Google /Amazon/Facebook）也好，跨界鲜有取得重大成功的。所以，阿里虽然跨界很多，但是一旦远离了电商基因成功难度也骤增十倍百倍。

这还只是在电商领域，实际上，新技术创新层出不穷，纷繁复杂。Gartner2014 年公布的报告就囊括了 92 个领域超过 1 900 种的前沿技术，哪种技术代表未来发展方向很难确定。而且，除了技术创新，还有服务、管理、模式、工艺等创新，每一种都可能诞生一个全新的新兴产业。比如，沃尔玛商业模式的创新使其脱胎于传统零售产业成为用户价值重新定义的新兴产业代表，并成为横跨美国资本市场牛熊市的大牛股。

二、新兴产业对证券分析的影响：以阿里巴巴为例

2014 年 9 月 19 日，全球最大的电子商务企业阿里巴巴在美国上市，刷新了史上最大的 IPO 交易记录，引发了全球市场的强烈关注。截至收盘，阿里巴巴股价暴涨 25.89 美元，报收 93.89 美元，涨幅达 38.07%，市值达 2 314.39 亿美元，超越 Facebook 成为仅次于 Google 的全球第二大互联网公司，阿里巴巴的市值甚至超过了亚马逊和 eBay 的总和（见图 3 –5）。随着其 2014 年三季财报靓丽业绩预期，截至 2014 年 11 月 13 日，阿里巴巴集团上市不到两个月的时间里，股价上涨 70%，市值 2 850亿美元，超越宝洁、通用电气等标准普尔 500 指数成分股公司，也超越 Facebook、甲骨文、IBM、Verizon 通讯、辉瑞制药等新兴产业公司（见图 3 –5）。如果阿里是标准普尔 500 成分股公司，它将排在前十位，仅次于苹果、埃克森美孚、谷歌、微软、伯克希尔·哈撒韦和强生。

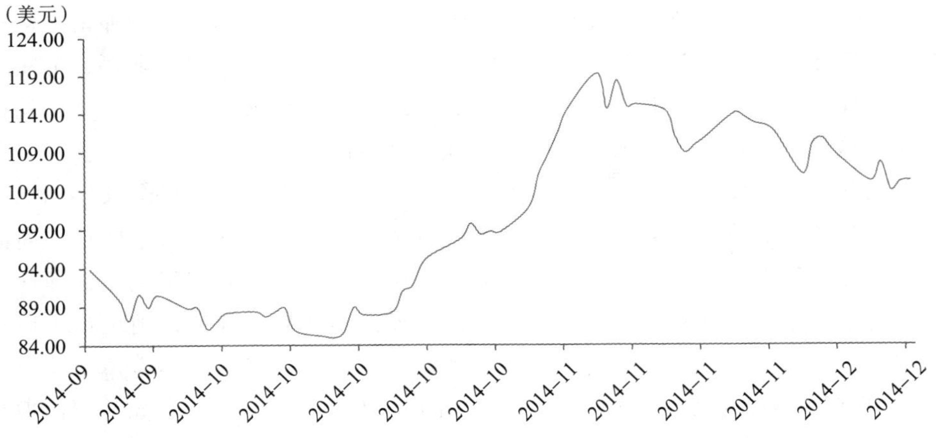

图 3 –5　阿里巴巴股价走势图

毋庸置疑，经过 10 多年的发展，阿里巴巴成为全球最大的在线及移动电子商务公司，阿里巴巴此次 IPO 在资本市场获得的超预期市值规模也是市场对其业绩及其前景的认可。与此同时，阿里巴巴的成功也引发证券分析界的反思：不同于传统产业，越来越多好的投资标的诞生于互联网、信息技术、生物科技等高技术类新兴产业；越来越常见好公司的标准不再是资源稀缺性情况下实现利润最大化；越来越多

高成长但并不盈利甚至亏损的公司往往获得市场更高估值溢价。换句话说，传统的分析产业、公司、估值的证券分析体系正在受到新产业、新公司挑战。

三、新兴产业生命周期

新兴产业的生命周期与一般产业有所不同，主要表现为以下两点：首先，一般产业通常将产业形成期看成产业生命周期的第一个阶段，但新兴产业生命周期的第一个阶段是新兴产业的萌芽期阶段。之所以在分析的过程中增加萌芽期，主要是因为新兴产业是以新技术为基础的产业，新技术对新兴产业的意义非常重大，新技术的发明、产生、扩散及商业化过程是新兴产业生命周期中很重要的阶段。其次，一般产业在产业形成期之后，通常经历成长期、成熟期、衰退期三个阶段，但新兴产业不再具有成熟期和衰退期。按照特定产业来分析，任何一个产业势必要经过“形成——成长——成熟——衰退”的过程，但按照新兴产业来分析，则不再关注其成熟期和衰退期，因为当一个产业发展到成熟期和衰退期时，不应再将其称为新兴产业，而通常应该将其分别称为传统产业和衰退产业。新兴产业的生命周期一般分为新兴产业萌芽期（a ~ b 段）、新兴产业形成期（b ~ c 段）、新兴产业成长期（c ~ d 段）三个阶段（见图 3 -6），与一般产业的生命周期具有较明显的差异。

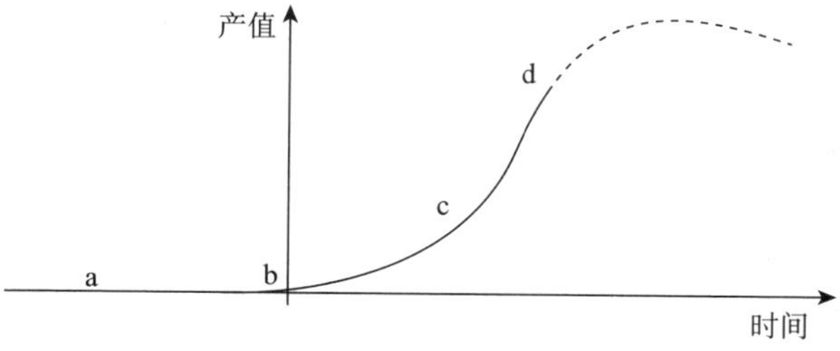

图 3 -6　新兴产业生命周期

（一）新兴产业萌芽期

新兴产业萌芽期主要指新兴产业具体形态出现之前的一段时期，是科学发明与发现集聚并且孵化为新技术的阶段。对于一个产业而言，科学知识转化为可以应用于产业的技术往往还需经过一段混沌及不可预知的阶段，这通常是一个关键而漫长的时期。虽然科学上的重大发现转化为现实生产力的时间越来越短，但这一阶段却不容忽视。也就是说，从长期和大范围来看，技术和产业的发展是一个自然演化的规律，虽然可以对其进行激励和引导，却不能跨越和省略其他发展阶段。

（二）新兴产业形成期

新兴产业形成期是指从新兴产业出现到形成主导设计的时期。这一时期是实验和多样化发展的时期，关键性的技术突破已经出现，但进一步的技术应用还处于多个方向相互竞争的状态，产业内频繁有新企业进入和退出。该阶段的产业增长率比较缓慢。新兴产业形成期始于新兴产业具体形态出现止于主导设计确立，该阶段的技术创新多属于突破性创新和产品创新，从整个产业的增长率来看，产业的增长较为缓慢。新兴产业的产生有两种方式：一是企业家采用新技术成立新企业；二是传统企业经过技术改造形成新企业。在新兴产业形成期，产业内的主导技术还未确立，技术和产品呈现多样化发展的状态，不确定性较大，进一步技术创新和生产的风险也较大，前期未参与新技术研发的大型传统企业一般不会贸然采用某种新技术进行技术改造。因此，该阶段的企业主要是新成立的企业和前期已经大量投入技术研发的科研型企业。无论是新成立的小企业还是科研型大型企业，该阶段的企业进入退出较为频繁，因为在主导技术未确立之前，每个竞争性的技术方案都只能占有一个较小的市场份额[①]，直至形成一个“主导设计”。正是不同技术的相互竞争和企业不断进入退出推动了新兴产业发展，在该阶段之后存活下来的企业竞争力较强，其所确立的生产和工艺标准将成为整个行业的主导设计，占领价值链的高端，成为新兴产业中真正的主导企业。

（三）新兴产业成长期

新兴产业成长期始于主导设计形成之后，产业中的主导技术已经确立，创新主要转向以工艺改进为主，产业内的新进入者逐渐减少，市场尚未饱和，产品处于供不应求的状态，每个在位企业的市场份额逐渐增多，利润率较高，因此有实力的大企业不断追加投资，促使整个产业的规模迅速膨胀，在量上呈现加速增长的趋势，表现为“S”形曲线的上升阶段。总体来讲，通过追加投资或并购所实现的规模扩张行为是新兴产业成长阶段企业的基本行为。金融资本则通过影响企业的规模扩张行为进而影响新兴产业成长期的发展。新兴产业成长阶段不确定性较少，外部性也较少，企业坚持利润最大化的原则就能使得新兴产业蓬勃发展，因此政府应该遵循

① Richard Nelson, “The Co - evolution of Technology, Industrial Structure, and Supporting Institutions”, Industrial and Corporate Change”, 1994, Vol. 3 (1): 47 - 63.

最少干预的原则，维护市场秩序，依靠市场来指导产业发展。

四、我国七大战略性新兴产业

2010 年 9 月 8 日，《国务院关于加快培育和发展战略性新兴产业的决定》确定了节能环保、新一代信息技术、生物产业、高端装备制造、新能源、新材料和新能源汽车七个产业作为我国战略性新兴产业（见表 3－4）。

表 3－4　　我国战略性新兴产业行业类别

行业	细分类别	
节能环保产业	技术装备及产品	高效节能技术装备及产品
		先进环保技术装备及产品
	关键技术	资源循环利用关键共性技术
	现有资源清洁、循环利用	煤炭清洁利用、海水综合利用
		先进技术支撑的废旧商品回收
新一代信息技术	基础设施	宽带、泛在、融合、安全的信息网络基础设施
		重要基础设施智能化
		集成电路、新型显示、高端软件、高端服务器等核心基础产业
	核心技术、设备	新一代移动通讯、下一代互联网等核心设备、智能终端
	信息服务	软件服务、网络增值服务等信息服务
	重要领域	三网融合、物联网、云计算、文化创意产业、数字虚拟等技术
生物产业	生物医药	重大疾病防治生物技术药物、新型疫苗和诊断试剂、化学药物、现代中医等创新药物大品种
	生物农业	生物育种产业、绿色农用生物产品、生物农业
	海洋生物	海洋生物技术及产品
	生物医学工程产品	先进医疗设备、医学材料等生物医学工程产品
	关键技术	各个领域的关键技术
高端装备制造产业	航空装备	以干支线飞机和通用飞机为主的航空装备
	空间技术设备	空间基础设施、卫星及其应用产业
	轨道交通装备	依托客运专线和城市轨道交通等重点工程建设
	海洋工程装备	面向海洋资源开发的海洋工程装备
	智能制造装备	数字化、柔性化及系统集成技术为核心的智能制造装备

续表

行业	细分类别	
新能源产业	核能	新一代核能技术和先进反应堆
	太阳能	太阳能热利用技术、太阳能光伏光热发电市场
	风电	风电技术装备、风电规模化发展
	智能电网	适应新能源发展的智能电网及其运行体系
	生物质能	
新材料产业	新型功能材料	稀土、高性能膜、特种玻璃、功能陶瓷、半导体照明材料
	先进结构材料	高品质特殊钢、新型合金材料、工程塑料等
	高性能纤维及其复合材料	碳纤维、芳纶、超高分子量聚乙烯纤维
	共性基础性材料	纳米、超导、智能
新能源汽车	上游关键核心技术	动力电池、驱动电机、电子控制
	下游推广应用和产业化	插电式混合动力汽车、纯电动汽车、燃料电池汽车：开展相关前沿技术研发

资料来源：根据《国务院关于加快培育和发展战略性新兴产业的决定》国发〔2010〕32号整理而来。

（一）节能环保产业

我国节能环保产业分为节能产业、环保产业和资源循环利用产业。随着政府对环境问题的日益重视和人们环保意识的日益增强，我国节能环保产业规模保持了较快增长速度。

在节能产业方面，流程制造业的高效节能是推进工业节能的重点。因为化工、冶金和建材工业的能源消耗占工业能源消耗的比重超过50%。我国流程制造业产业规模不断扩大，粗钢及有色金属产量连续9年位居世界第一，炼油能力、乙烯生产能力均排世界第二位。此外，我国流程制造业中部分行业已经初步形成了包括研发、设计、生产和应用等较为齐全的节能产业体系。

环保产业是节能环保产业三个子产业中最重要的组成部分。随着环境问题的日益严重，我国环保产业总体规模不断扩大，产业领域不断拓展，并形成了一定的产业体系。环保部相关数据显示：2000年，我国环保产品生产和环保服务从业单位约1.81万家，营业收入1 689.9亿元，环境保护产品和环境保护服务营业收入占同期GDP不足2%；而截至2014年，这一数字大增，全国环境保护相关产业的从业单位增加至2.57

万家，从业人员增加至328万人，年营业收入也增加至3.98万亿元（见表3－5）。

表3－5 我国环保产业发展概况

年份	从业单位（个）	从业人员数（万人）	营业收入（亿元）
2000	18 144	317.6	1 690
2004	11 623	159.5	4 572
2011	23 820	319.5	30 752
2013	25 000	325.0	35 000
2014	25 710	328.0	39 810

资料来源：环保部，中国产业信息网整理。

我国资源循环利用产业规模发展较快。截至2014年，其产值超过1万亿元，工业固体废弃物综合利用率达到72%，累计利用粉煤灰超过10亿吨、煤矸石超过11亿吨、冶炼渣5亿吨，回收利用废钢铁、废有色金属、废纸、废塑料等再生资源超过11亿吨，农作物秸秆年综合利用量超5亿吨。此外，2014年就业吸纳人数超过2 000万人，有较高的就业吸纳能力。

（二）新一代信息技术产业

新一代信息技术产业包括下一代通信网络、物联网、三网融合、新型平板显示、高性能集成电路、云计算六个子行业。

下一代通信网络产业也称为光通信产业。在“三网融合”“光进铜退”及中国战略性新兴产业相关政策推动下，我国光通信产业一直保持良好增长态势。2009年产业规模为542亿元，2010年达到882.9亿元，增长率为37.5%，2012年的产业规模超过1 100亿元。

我国物联网产业在近几年不仅有良好发展规模还带动了传感元器件、自动控制、机器智能等一系列相关产业发展。我国物联网产业规模从2010年的1 569亿元增长到2014年的9 332亿元（见图3－7）。在世界物联网领域，中国与德国、美国、韩国一起，成为国际标准制定的主导国。

三网融合产业近几年一直保持着较高的增长率，并已初具规模。2009～2014年，年均增长率超40%。此外，在2010年和2011年，国家分两批将国内经济发达的54个城市纳入试点地区范围，使三网融合试点实现全面覆盖之后，从2014年起结束试点，进入全面推广的阶段。

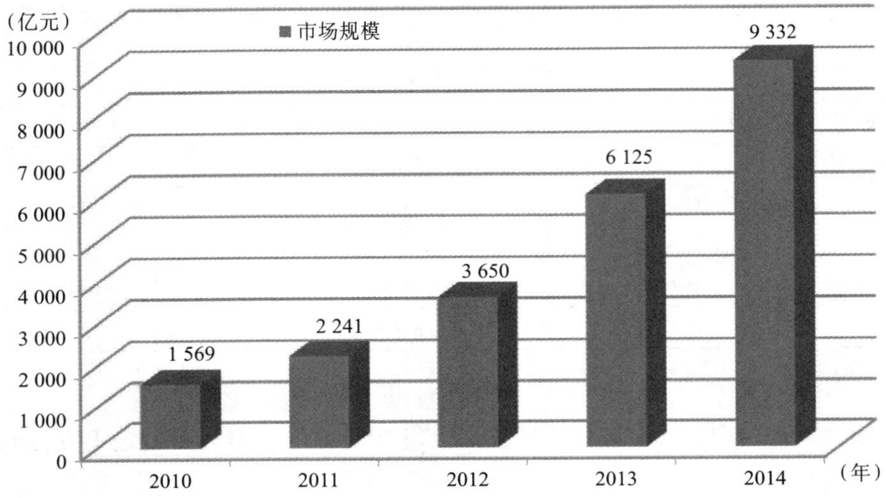

图 3－7　我国物联网市场规模（2010～2014 年）

资料来源：智研数据中心整理。

新型平板显示产业发展规模变动情况如表 3－6 所示。2009 年之前我国平板显示产业规模呈缩小趋势，出现了较为严重的负增长。原因是这一产业的高技术门槛形成的行业进入壁垒，加之行业内的厂商出现持续亏损，阻碍其规模扩张。2009 年之后新一代信息技术产业成为我国七大战略性新兴产业之一，各相关产业发展规划中也明确规定产业发展方向，平板显示产业才迎来它的春天，在国家相关政策扶持下实现了较快的增长率。2014 年中国平板显示产业发展进入了新阶段，产业规模达到 1 400亿元（超过 200 亿美元），全球市场占有率提高到 17%，进入全球前三行列。

表 3－6　　　　我国平板显示产业规模及增长率（2007～2013 年）

年份	2007	2008	2009	2010	2011	2012	2013
规模（亿元）	222.2	158.3	130.5	225.7	304.7	1 070.0	1 400.0
增长率（%）	39.5	－24.3	－22.5	73.0	35.0	44.6	30.8

资料来源：赛迪顾问和作者整理。

集成电路产业产量在 2009 年以后有了较快增长，2010 年的产量达到了 552.5 亿块，实现销售收入 1 440.2 亿元。销售收入增长率从 2008 年和 2009 年的负数，在 2010 年达到了 29.8%。2013 年集成电路产业销售额为 2 508.51 亿元，同比增长 16.2%。2014 年，集成电路产量进一步提高，从 2012 年的 830.31 亿块增加到超

900 亿块，同比增长近 5%。

2010 年我国云计算技术在一些高新企业已基本普及，但仍处于起步阶段，多种路线和标准共存，没有形成稳定的产业链，也没有形成大规模商业链。随着云计算业务逐渐成熟，商业模式逐渐清晰，用户信任和认知程度逐渐加强，我国云计算产业规模进一步扩大，进入了应用迅速普及阶段。2015 年，我国云计算产业规模约为 1 500 亿元，年复合增长率超过 30%。

（三）生物产业

中国生物产业起步于 20 世纪 80 年代初，经过 30 多年的发展，生物技术总体上在发展中国家处于领先水平，局部领域居于世界先进水平，形成了京津冀、"长三角""珠三角"为核心的生物产业聚集区。2014 年以来，在国内宏观经济增长放缓的大环境下，生物产业保持了相对较快增长速度，2014 年达到 3.16 万亿元，在 GDP 中的比重由 30 年前的 1.28% 上升到 2014 年的 4.63%。在生物产业中，生物医药比重最大，2014 年全球生物制药市场规模已达到 2 140 亿美元，中国的生物制药市场份额从 2010 年的 1.7% 增长至 2014 年的 2.8%（见图 3－8）。

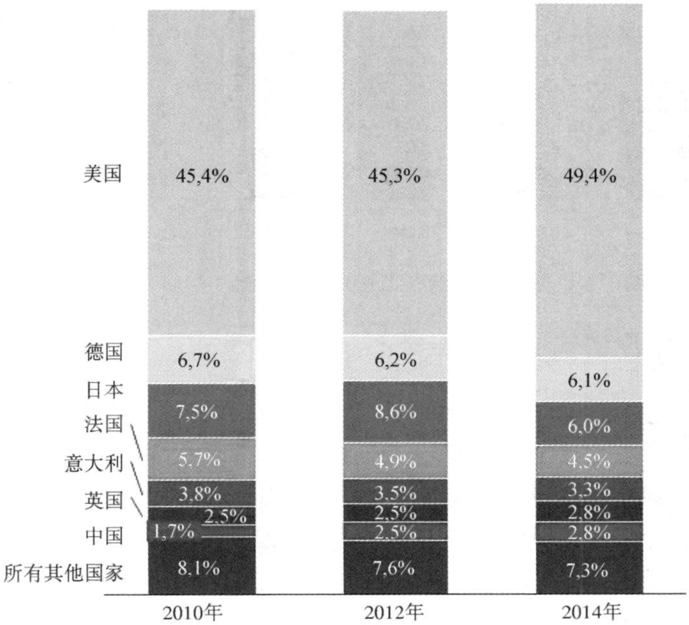

图 3－8 全球主要国家生物制药市场份额

资料来源：全球生物制药发展现状与未来趋势分析，中国制药网。

（四）高端装备制造产业

高端装备制造业是以高新技术为引领，处于价值链高端和产业链核心环节，决定着整个产业链综合竞争力的战略性新兴产业，是现代产业体系的脊梁，是推动工业转型升级的引擎。据统计，2014 年，中国高端装备制造业市场规模达到 4.85 万亿元（见图 3－9）。高端装备制造业代表中国制造金字塔的顶端，尤其是处在这个金字塔顶尖的重大成套装备领域，比如大型飞机项目、卫星产业、海洋工程和轨道交通等。随着“中国制造 2025”战略的提出，我国装备制造特别是高端装备制造业迎来了发展的春天。

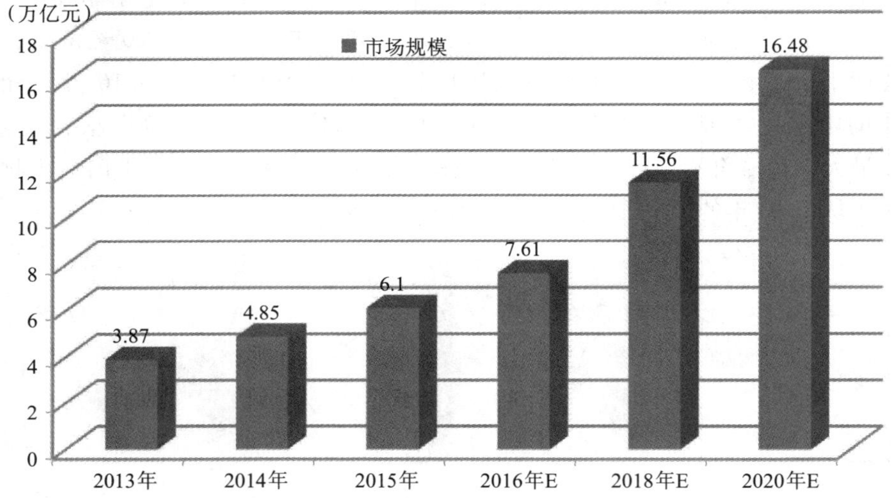

图 3－9　我国高端装备市场规模及预测（2013～2020 年）

资料来源：中商产业研究院。

（五）新能源产业

在国家产业政策的鼓励下，风电产业是我国新能源产业中发展最快的产业，并已成为全球最大的风电市场。据统计，2009～2014 年，我国每年新增风电装机容量连续 5 年居全球首位。2014 年，我国新增装机容量 23 351MW，同比增长 44.17%，占全球当年新增装机容量的 45.36%，全球排名第一。2014 年我国累计风电装机总容量 114 609MW，占全球累计风电装机容量的 31.01%，也居全球第一（见表 3－7）。

表 3-7　　2014 年全球风电累计及新增装机容量

国家	截至 2014 年累计装机容量（MW）	占全球累计风电装机容量比例（%）	国家	2014 年新增装机容量（MW）	占全球新增风电装机容量比例（%）
中国	114 609	31. 01	中国	23 351	45. 36
美国	65 879	17. 83	德国	5 279	10. 26
德国	39 165	10. 60	美国	4 854	9. 43
西班牙	22 987	6. 22	巴西	2 472	4. 80
印度	22 465	6. 08	印度	2 315	4. 50

资料来源：GWEC CWEA 及前瞻产业研究院。

在国际光伏市场蓬勃发展、特别是我国光伏市场强劲增长拉动下，我国光伏产业规模稳步增长，连续九年蝉联全球光伏产品制造第一大国。截至 2015 年底，中国累计光伏安装量共 43. 2GW，为全球最高；2015 全年新增安装量为 15. 1GW（见图 3-10）。在 43. 2GW 的累计安装量中，有 37. 1GW 为集中式光伏电站，6. 1GW 为分布式光伏系统；在 2015 年的 15. 1GW 装机量中，有 13. 7GW 为光伏电站，分布式系统仅有 1. 4GW。

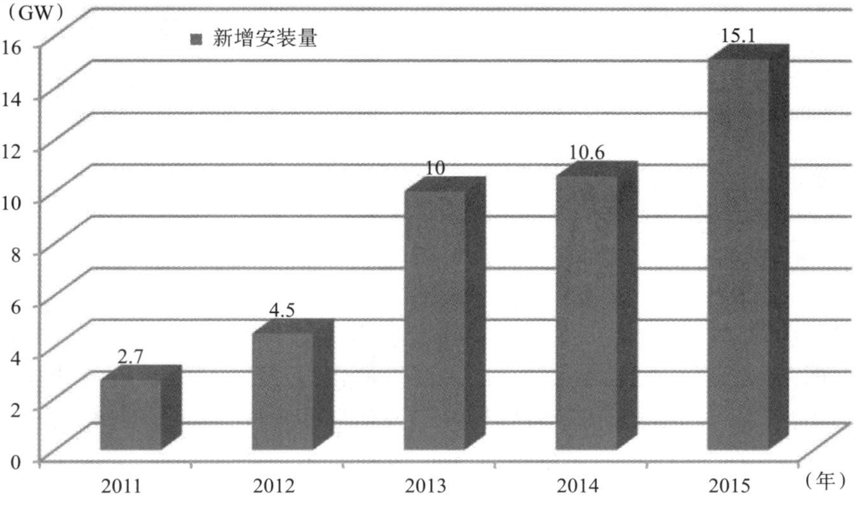

图 3-10　我国新增光伏装机量（2011～2015 年）

资料来源：中国光伏网整理。

在国家相关政策扶持下，近几年生物质能产品的生产规模和市场需求量都有所增加。2014 年，我国生物柴油产量约为 121 万吨（见图 3－11），分布于全国各地且在原料供应和技术应用方面形成优势特色，年产 5 000 吨以上的厂家超过 40 家，并向大规模化趋势发展；生物乙醇燃料方面实现了混配 1 020 万吨生物乙醇汽油的能力，成为仅次于巴西、美国的第三大燃料乙醇生产和消费国；生物质发电装机容量由 2006 年的 140 万千瓦增加至 2012 年的 800 万千瓦，年均复合增长率达 33.71%，全国各地均建立较大规模的垃圾焚烧厂；生物沼气产业规模不断壮大。

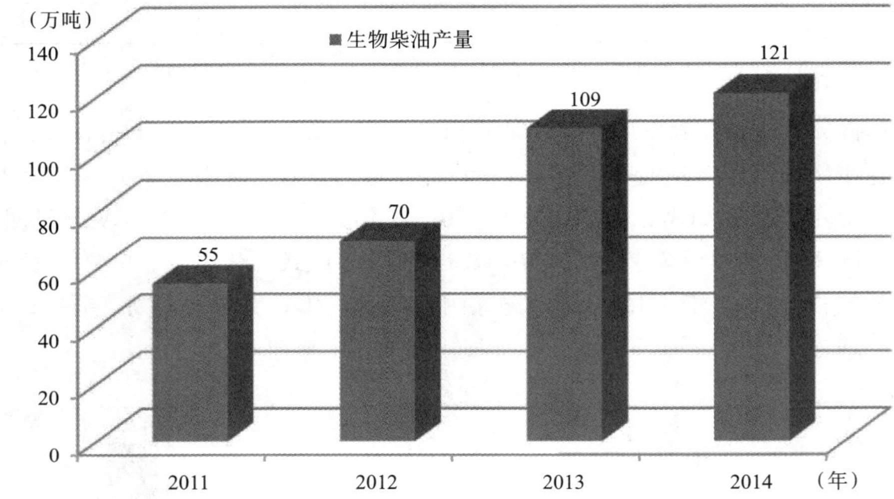

图 3－11　我国生物柴油行业产量（2011～2014 年）

资料来源：智研数据中心整理。

（六）新材料产业

新材料产业已经渗透国民经济、国防建设和社会生活的各个领域，是高新技术产业发展的基础，对国民经济发展有举足轻重的作用。随着我国经济和国内高新技术产业的迅猛发展，目前我国新材料正处于强劲发展阶段，2015 年我国新材料产业市场规模已突破 2 万亿元，年增长率 26%，约占国内生产总值的 3%（见图 3－12）。未来我国新材料发展空间广阔，在“十三五”期间迎来高速发展期，增长率将继续保持在 20% 以上。

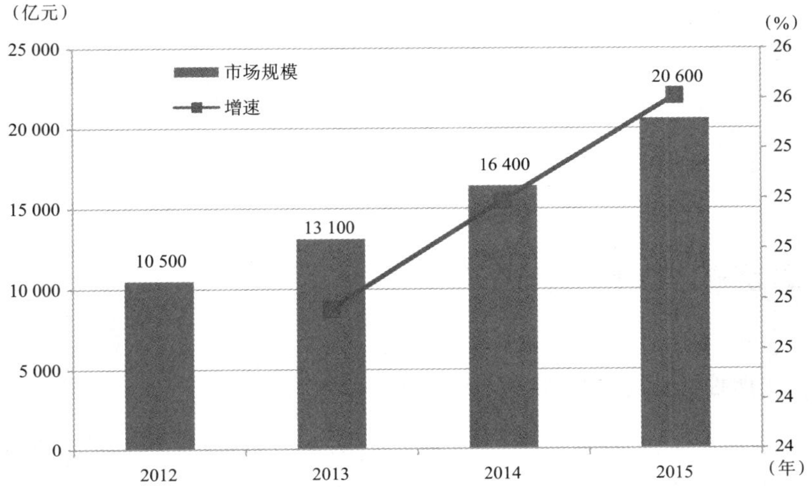

图 3－12　我国新材料市场规模（2012～2015 年）

资料来源：中国产业信息网整理。

（七）新能源汽车产业

我国对新能源汽车产业的研发及政策实施相对较晚。近几年随着国家对新能源汽车产业的重视，正形成一定的新能源汽车示范规模，有力促进了节能与新能源汽车市场（见表 3－8）。从生产环节来看，2015 年我国新能源汽车呈现爆发式增长，累计生产新能源汽车 37.90 万辆，同比增长 4 倍，成为全球最大的新能源汽车的增量市场。其中，纯电动乘用车生产 14.28 万辆，同比增长 3 倍；插电式混合动力乘用车生产 6.36 万辆，同比增长 3 倍；纯电动商用车生产 14.79 万辆，同比增长 8 倍，插电式混合动力商用车生产 2.46 万辆，同比增长 79%。从销售环节来看，自 2009 年以来，我国新能源汽车销量在全球市场中占比逐渐上升，2014 年占比达到 18.7%。

表 3－8　　全球新能源汽车销量（2009～2014 年）

年份	欧洲	美国	日本	中国	全球
2009	0.03	0	0.10	0.23	0.40
2010	0.06	0.04	0.24	0.74	1.10
2011	1.20	1.80	1.30	0.82	5.40
2012	2.70	5.30	2.30	1.28	12.00
2013	3.30	9.70	3.10	1.76	20.00
2014	8.00	15.00	6.00	7.48	40.00

资料来源：中国汽车工业协会及公开资料整理。

第三节 行业特征与行业估值

一、经济周期性下的行业估值

（一）周期性行业与非周期性行业

周期性行业是指行业景气度和宏观经济周期相关性较强的行业，在经济繁荣期比萧条期具有更好的经济表现。当经济趋于繁荣，这些行业往往也处于扩张期，体现出超高的盈利增长；当经济趋于衰退时，这些行业呈现出较高的失业率，各项经营指标同步下降。

与周期性行业对应的是非周期性行业，根据其与经济周期的关系，非周期性行业又可分为增长型行业、防御型行业。增长型行业具备较好的成长性，其销售和利润独立于经济周期而超常增长；而防御型行业具备较好的抗周期能力，在经济周期的上升和下降阶段经营状况都很稳定。

常见的周期性行业一般是与资源、工业原料或固定资产投资相关的行业，如钢铁有色、建筑、房地产、化学纤维、家具制造、机械设备等。这些行业大多同质性较强，行业增长率波动性较大，行业周期特性较为明显。那些生产必需品的行业，如食品饮料、交通运输、医药、商业等属于防御型行业，行业需求变动率不大，行业周期性不明显，其中饮料和医药行业同时兼具增长性和防御性（见表3－9）。

表3－9　　经济周期下的行业分类及一般特征

行业类型	行业特征
增长型	与经济活动总水平的周期及其振幅并不密切相关，它们主要依靠技术进步、新产品推出及更优质的服务，销售和利润独立于经济周期而超常增长。新技术和新产品是增长性行业的标志、如生物医药行业
防御型	产品需求相对稳定，需求弹性小，在经济周期的上升和下降阶段经营状况都很稳定。防御性行业通常是出于成熟期的行业，如公用事业、食品、烟草业等
周期型	收益随经济周期的变化而变化，当经济上升时，对这些行业相关产品的购买相应增加，通常会夸大经济的周期性，如钢铁有色、建筑、房地产、化学纤维、家具制造、机械设备等

需要明晰的是，周期性只是相对的概念。首先，从整体来说，我国经济增长一直处于高速阶段，1979～2013 年的 35 年间，经济增长率超出 10%（含 10%）的年份就有 16 个，年均增长率达到 9.8%。2010 年以来，我国经济增速开始进入新的下行区间，2014 年 GDP 同比增长 7.4%。在“新常态”下，我国经济也处于中高速增长区间，经济增长动力结构发生变化，但大部分行业从大方向来说还是表现出中高速增长的特征，经济周期更多体现在增速加快和较快。其次，周期性是每个行业都会存在的特征，大部分企业的经营状况都与宏观经济形势紧密相关，只是有的行业相对波动较大，有的波动较小而已。最后，行业周期性是针对这个行业比较典型或大多数公司表现出的共同特征，不排除行业内少部分公司会特立独行。

（二）A 股行业周期性分类

根据对周期性行业与非周期性行业的特征认识，我们对 A 股 27 个行业（根据申万行业分类，剔除综合类行业）2004～2014 年 10 年间的行业营业利润来研究行业的周期性。方法如下：计算行业在过去 10 年的营业利润年化增长率，并通过每年营业利润增长率的标准差度量这些行业的波动性，最后根据这两个指标，把 A 股市场上的主要行业划分为增长型（高增长率）、防御型（低波动率、高均值）和周期型（中一高波动率、低均值）。

在 A 股 27 个行业近十年的营业利润平均增长率（见图 3－13）中，电子行业增长率远远超出其他行业，其平均增长率高达 700%；而采掘行业的增长率表现为最低，仅为 2.22%，像非银金融、传媒、家用电器行业都表现出较高水平增长。值得一提的是，公用事业行业的营业利润年平均增长率也处于高水平，究其原因在于近十年在中央政府主导和支持下，相继出台公用事业改革的政策和法规，推动公用事业市场化改革，迎来了公用事业行业的快速发展。

从 A 股 27 个行业营业利润均值增长率标准差来看，采掘业、银行、休闲服务的营业利润均值增长率表现出较低的波动率，而化工、公用事业、电子行业营业利润均值增长率表现出较高的波动率（见图 3－14）。

根据行业营业利润均值增长率和其标准差指标，发现电子、传媒、非银金融、家用电器等增长型行业表现出高增长率；采掘、轻工制造等防御型行业表现出低波动率、低均值；有色金属、农林牧渔、国防军工等行业增长率波动性较大，行业周期特性较为明显（见图 3－15）。

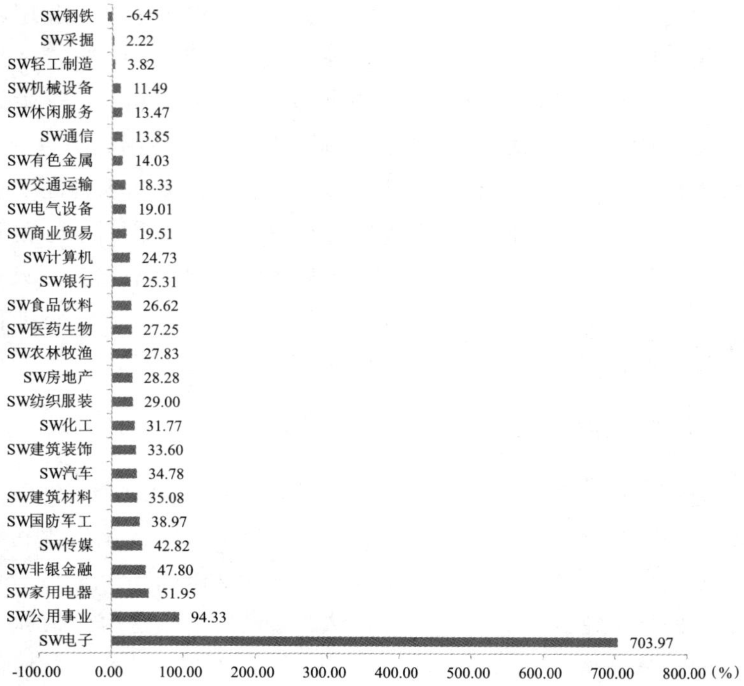

图 3－13 A 股行业营业利润平均增长率

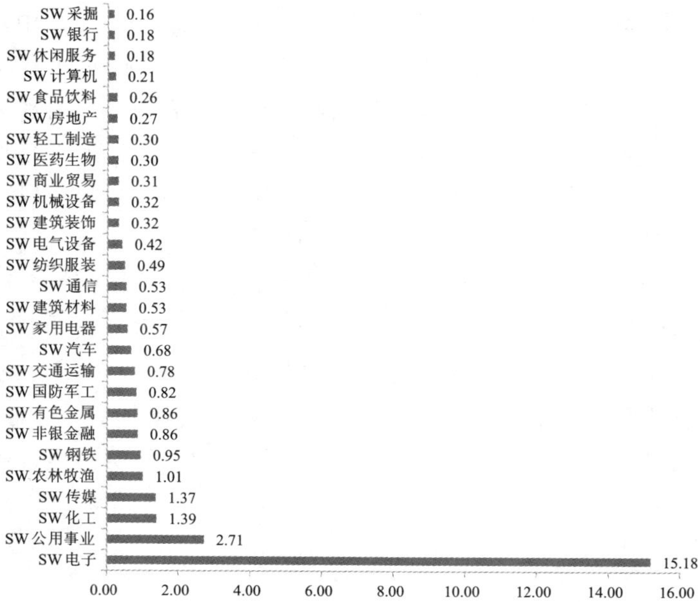

图 3－14 A 股行业营业利润均值增长率标准差

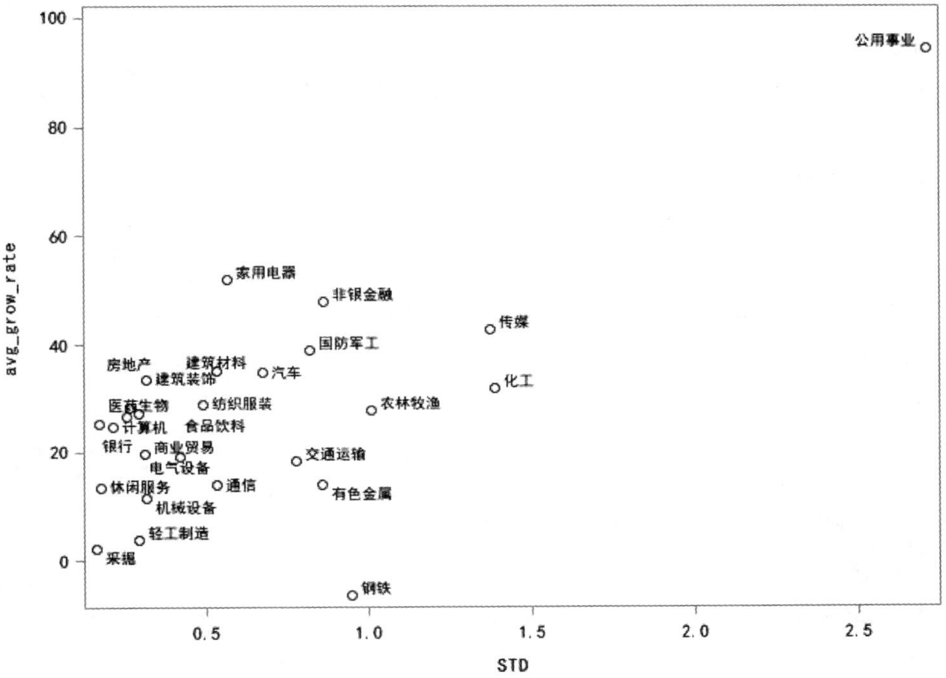

图 3-15 A 股行业周期性

（三）A 股行业估值与周期性

常见估值方法包括绝对估值法和相对估值法。绝对估值法是通过对上市公司历史及当前基本面的分析和对未来反映公司经营状况的财务数据预测获得上市公司股票的内在价值。主要是现金流折现定价模型和 B-S 期权定价模型（主要应用于期权定价、权证定价等）。现金流折现定价模型目前使用最多的是 DDM 和 DCF，而 DCF 估值模型中，最广泛应用的就是股权自由现金流模型（FCFE）。

相对估值法是将目标公司与具有相同或相似行业特征和财务特征的上市公司比较，通过上市公司的市场价值对目标公司市场价值进行估值的方法。在我国上市公司投资实践中，投资者通常选用的相对估值指标有市盈率（PE）、市净率（PB）、市销率（PS）、市盈增长比率（PEG）、市现率、EV/EBITDA 倍数、P/CF 等。

进行行业估值常用的估值指标包括行业的 PE、PB、PS、P/CF、PEG 等。对于单个股票来说，这些估值指标的计算方式是：

PE 即市盈率，是每股价格与每股收益（EPS）的比率，表示投资者为获得公司一元的收益所需支付的价格。

PB 即市净率，是每股价格与每股净资产的比率，用来衡量股票净值的大小。

PS 即市销率，是每股价格与每股销售收入的比率。

PCF 即市现率，是每股价格与每股现金流量的比率。

PEG 即市盈率与业绩增长率的比率。

我们将计算方法延展到行业，以行业市盈率为例。行业市盈率是行业内所有股票的市盈率之和除以行业内股票个数。行业估值指标不仅适用于不同行业间的比较，也适用于相同行业间不同股票的比较、与行业平均估值水平比较及同历史水平的比较。

为了对 A 股行业整体估值水平进行比较，我们选取 2010 年以来的 5 年行业年平均估值水平，每年的时点选择为每年的年报披露最后截止日（4 月 30 日）。通过统计发现，国防军工、电子、传媒、计算机等行业的平均市盈率较高，高达 50 倍以上，而像建筑装饰、采掘、银行等行业的平均市盈率较低。从平均市净率来看，食品饮料、计算机、传媒、医药生物的平均市净率较高，通信、银行、钢铁等平均市净率最低，平均市现率及平均市销率的行业表现见表 3－10 所示。

表 3－10　　A 股行业估值水平比较

板块名称	平均市盈率	平均市净率	平均市现率	平均市销率
SW 国防军工	62.20	3.48	31.26	2.88
SW 电子	56.01	3.71	21.85	3.96
SW 传媒	52.63	5.00	37.75	5.95
SW 计算机	52.24	5.11	35.09	3.40
SW 有色金属	47.36	3.49	38.77	1.72
SW 农林牧渔	46.18	3.77	29.97	2.13
SW 休闲服务	45.42	3.81	27.87	3.85
SW 通信	43.17	1.46	28.30	1.22
SW 电气设备	39.40	3.63	25.65	2.62
SW 医药生物	38.33	4.63	36.10	3.29
SW 轻工制造	37.75	2.76	26.18	2.01
SW 机械设备	35.51	3.22	29.17	2.30
SW 商业贸易	32.12	3.06	21.94	0.76

续表

板块名称	平均市盈率	平均市净率	平均市现率	平均市销率
SW 钢铁	30.79	1.20	21.10	0.46
SW 食品饮料	28.50	5.36	36.18	3.91
SW 纺织服装	27.31	2.82	26.10	2.36
SW 非银金融	25.79	2.71	17.56	2.17
SW 公用事业	23.74	1.94	29.41	1.95
SW 建筑材料	22.51	2.47	26.87	2.21
SW 交通运输	20.75	1.96	25.07	1.76
SW 化工	20.42	2.19	41.01	0.69
SW 家用电器	19.69	2.58	12.73	0.86
SW 房地产	18.30	2.07	13.64	2.70
SW 汽车	18.14	2.46	17.13	0.95
SW 建筑装饰	17.12	1.78	14.29	0.43
SW 采掘	16.97	1.93	55.04	1.43
SW 银行	8.02	1.45	6.39	3.43

通过 A 股行业估值水平比较，我们发现不同估值指标带来的行业估值排序有些差异。在市盈率、市净率、市现率及市销率四个估值指标中，只有传媒行业同时位居前四和建筑装饰同时位居后四位，不过像电子、计算机、银行等行业排名并不同时出现（见表 3－11）。

表 3－11　　　　A 股行业估值水平排名

	平均市盈率	平均市净率	平均市现率	平均市销率
行业排名前四位	SW 国防军工	SW 食品饮料	SW 采掘	SW 传媒
	SW 电子	SW 计算机	SW 化工	SW 电子
	SW 传媒	SW 传媒	SW 有色金属	SW 食品饮料
	SW 计算机	SW 医药生物	SW 传媒	SW 休闲服务
行业排名后四位	SW 汽车	SW 建筑装饰	SW 建筑装饰	SW 商业贸易
	SW 建筑装饰	SW 通信	SW 房地产	SW 化工
	SW 采掘	SW 银行	SW 家用电器	SW 钢铁
	SW 银行	SW 钢铁	SW 银行	SW 建筑装饰

采用不同的估值指标，A 股行业表现出不同的排序，主要在于不同行业有周期性和非周期性特点，不同的周期性适合不同估值方法。一般来说，相对估值法更适合周期性行业。在相对估值法中，PB 估值法更适合周期性较强行业，PE、PS 估值法更适合周期性较弱行业。总结行业周期性与相对估值方法适用性见表 3－12 所示。

表 3－12　　行业周期性与估值

估值方法	行业周期性		
	强（周期型行业）	一般	弱
市盈率 PE	适合但又有缺陷	适合	适合
市净率 PB	适合	适合	较适合
市销率 PS	不适合	较适合	较适合
市现率 PCF	不适合	较适合	适合
PEG	取决于行业的增长速度		

结合以上关于 A 股行业周期性与 A 股行业估值水平表现，发现不同行业的最优估值指标均不相同，对不同行业应使用不同的指标进行估值：

（1）对食品饮料、医药生物、商业贸易等行业，使用 PE 估值最佳；

（2）对有色金属、农林牧渔、国防军工等行业，使用 PB 估值最佳；

（3）对建筑材料、建筑装饰、房地产等行业，使用 PS 估值最佳；

（4）对纺织服装、公用事业、交通运输等行业，使用 PCF 估值最佳；

（5）对电子、传媒、非银金融、家用电器等行业，使用 PEG 估值最佳。

二、行业生命周期下的行业估值

（一）行业生命周期

通常，每个行业都要经历由成长到衰退的发展演变过程，这个过程称为行业的生命周期。一般地，行业的生命周期可分为幼稚期、成长期、成熟期和衰退期。我们可以通过产品品种、竞争者数量、市场增长率、进入壁垒及退出壁垒、技术变革等指标对行业生命周期各阶段进行划分（见表 3－13）。

1. 幼稚期。幼稚期是行业生命周期的第一个阶段，这一时期行业内的技术可能都还未完全成熟。由于行业的商业模式和未来前景很不明朗，行业中的企业数量并不多，这些行业的进入者大多致力于新用户的开拓，产品的市场接受度值得怀疑，

表 3-13　　行业生命周期各阶段的主要特征

特　征	幼稚期	成长期	成熟期	衰退期
消费者数量	少	增加	大众	减少
产量	低	增加	稳定	减少
市场增长率	较高	很高	不高，趋于稳定	降低，负值
利润	较低，甚至为负	增加	最高	降低
竞争	对手数量少，不激烈	对手数量增加，开始激烈	对手数量最多，竞争最激烈	对手数量减少，竞争激烈程度降低
企业规模	较小	扩大	最大	降低或增加
产品品种	单一	增加品种	较多	减少
技术	不稳定	趋于稳定	稳定	落后
行业进入壁垒	低	提高	最高	企业退出该行业

很多公司为了在行业初期的竞争中获得生存往往以利润换市场，产品种类较少，形态未定，大多数企业盈利情况不明显，存在高风险和许多破产事件。

在幼稚期后期，随着行业生产技术的成熟、生产成本的降低和市场需求的扩大，新行业便逐步由高风险、低收益的幼稚期迈入高风险、高收益的成长期。

2. 成长期。处于这一时期的行业依然保持着较高的增长率，同时技术渐趋成熟，行业的商业模式和产品形态已经相对成型，吸引较多的企业进入该行业，不少企业盈利开始呈现规模化。

这一时期企业利润虽然增长很快，但面临的竞争风险也非常大，破产率与被兼并率相当高。受市场竞争优胜劣汰的作用，生产厂商的数量会在一个阶段后出现大幅度减少，之后逐渐稳定。由于市场需求趋向饱和，产品的销售增长率减慢，迅速赚取利润的机会减少，整个行业开始进入成熟期。

3. 成熟期。处于这一时期的市场增长率稳中有降，技术上已经相当成熟，行业的商业模式和产品形态已经非常清楚和稳定，不少企业在竞争中脱颖而出但也有不少企业在竞争中被淘汰，致使行业集中度提高，进入行业的门槛提高。

行业的成熟期相对较长。但具体来看，各个行业成熟期长短往往有所区别。一般而言，技术含量高的行业成熟期历时相对较短，而公用事业行业成熟期持续的时间较长。在行业成熟期，行业增长速度降到一个适度水平。在某些情况下，整个行业的增长可能会完全停止，其产出甚至下降。行业的发展很难较好地保持与国民生产总值同步增长。当然，由于技术创新、产业政策、经济全球化等各种原因，某些行业可能会在进入成熟期之后迎来新的增长。

4. 衰退期。行业衰退是客观必然，是行业经济新陈代谢的表现。处于行业生命末期的市场增长率开始下降，新技术的出现可能使该行业退出历史舞台，行业中的企业数量不断减少，企业可能因市场萎缩而亏损。

行业衰退可以分为自然衰退和偶然衰退。自然衰退是自然状态下的衰退。偶然衰退是指在偶然的外部因素作用下，提前或者延后发生的衰退。行业衰退还可以分为绝对衰退和相对衰退。绝对衰退是指行业本身内在的衰退规律起作用而发生的规模萎缩、功能衰退、产品老化。相对衰退是指行业因结构性原因或者无形原因引起行业地位和功能发生衰减的状况，而并不一定是行业实体发生了绝对萎缩。例如，电视业的崛起导致电影业的相对衰退，公路业的发展也加速了铁路业的相对衰退等等。

衰退期在出现较长的稳定状态之后，在很多情况下，行业总的衰退期往往比行业生命周期其他三个阶段的总和还要长，大量的行业都是衰而不亡，甚至会与人类社会长期共存。例如，钢铁业、纺织业在衰退，但是人们却看不到它们的消亡；烟草业更是如此，难有终期。

（二）行业生命周期量化划分标准

学术界通常根据企业组织行为（组织结构、管理风格、控制行为等）和会计指标两个方面对企业生命周期进行划分。后者有定量指标，而且与企业价值密切相关，常用于投资分析。基于会计指标的生命周期划分方法包括：单指标划分法、综合指标划分法和现金流组合法等（见表 3－14）。

表 3－14　基于会计指标的企业生命周期划分法

方法	常用指标
单指标划分法	公司年龄、留存收益/净资产、企业规模、销售额（增长率）等。根据生命周期特征与指标的表现确定所处的生命周期
综合指标划分法	关键在于综合考虑各指标之间的关系，即赋予各指标的权重
现金流组合法	根据企业在生命周期不同阶段的经营现金流、投资现金流和融资现金流的变化规律确定企业所处的生命周期

同样，这些关于划分企业生命周期的方法，也适用于对行业生命周期的划分。具体来说，可以采用增长率法、现金流组合法来对行业生命周期进行划分。

1. 增长率法。根据主营业务收入增长率在生命周期中发展曲线呈倒“U”形的特点及经营现金流、投资现金流和筹资现金流在不同成长阶段呈规律性变化的客观发展规律，行业生命周期的资产规模、主营业务收入增长率和现金流量表现出不同的特点（见表3－15）。

表3－15　　增长率法划分行业生命周期

生命周期		主营业务收入增长率（连续3年）	经营现金流	投资现金流	现金流（连续3年）
幼稚期		－20%～50%	－	－	－
成长期	早期成长期	－20%～35%	+/－	－	+
	加速成长期	50%～85%	+	－	+
	稳定成长期	25%～50%	+	－	+/－
成熟期		－20%～25%	+	－	－
衰退期		小于0	－	+	－

2. 现金流组合法（见表3－16）。在行业生命周期的早期，产品推出需要垫付大量的资金；而随着成长阶段不断前进、经营活动的盈利状况不断改善，现金流逐渐回正。此时行业发展预期未来会有更多的销售收入，从而需要更多的资金来支持其应收账款和存货的增加，因此，净收益通常比经营现金流更早地由负变正。在幼稚期，经营现金流是负的，在成长期和成熟期是正的，在衰退期是负的，在淘汰期是不确定的。

在幼稚期和成长期，融资现金流是正的，因为通过盈余提供的融资在这个阶段是非常有限的，必须借助外部融资来维持行业发展；成熟期融资现金流是负的，因为可以从内部融资维持行业的发展，成熟期富裕的营业现金流也提供了行业整体归还借贷的能力；在衰退期可能是正的（体现清算的活动），可能是负的（体现借贷的继续）。

投资现金流反映了与行业未来的投资机会相关的信息。投资现金流在导入期和增长期为负值，在成熟期也为负值，反映行业具有潜在的有前景的投资机会；在衰退期为正值，反映行业投资不足，增长机会少。

表3－16　　现金流组合法划分行业生命周期

现金流类型	幼稚期	成长期	成熟期	衰退期	淘汰期
经营现金流	－	+	+	－	其他
投资现金流	－	－	－	+	其他
筹资现金流	+	+	－	+/－	其他

（三）A股行业生命周期与估值

从行业发展来看，我国各行业的成熟度、所处生命周期与世界各行业有一致的一面。例如，新能源、生物工程等行业我国与世界一样处于幼稚期。其次，我国从计划经济向市场经济转型期未完，很多行业的发展和成熟度与世界又有较大区别。如汽车产业在世界已经有100多年的历史，而我国的汽车产业真正取得较快发展却只有二三十年。

根据对行业生命周期特征的认识，结合增长率法和现金流组合法关于行业生命周期的划分标准，我们对A股27个行业（根据申万行业分类，剔除综合类行业）的主营业务收入近三年增长率以及现金净额近三年水平、经营活动产生的现金流量净额的情况进行统计。

从A股行业主营业务收入近三年增长率来看，在A股27个行业近三年的主营业务收入平均增长率中，传媒、电子、房地产行业增长率远远超出其他行业，其平均增长率高达90%；而钢铁、机械设备行业的增长率表现为负增长；采掘业的增长率也较低，在10%以下；像医药生物、银行、非银金融行业的主营业务收入也都表现出较高水平的增长（见图3－16）。

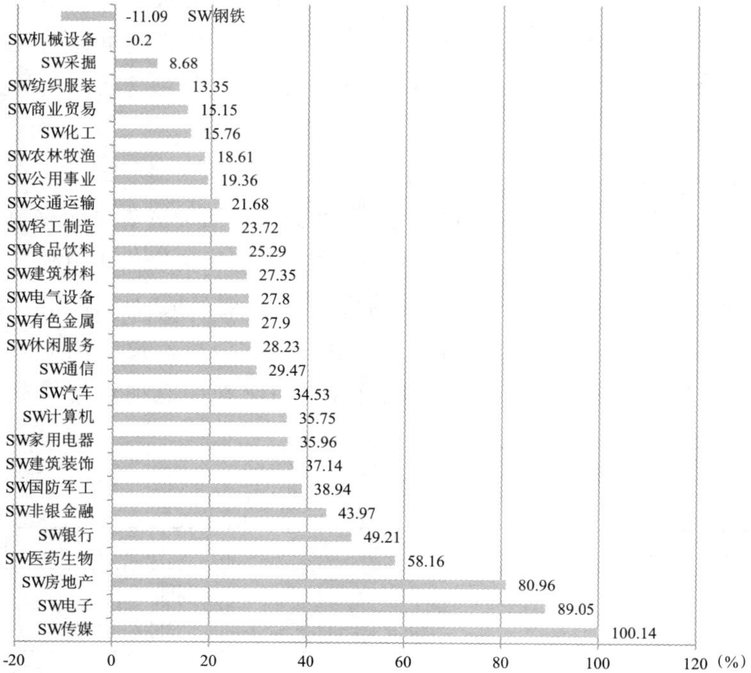

图3－16　A股行业主营业务收入近三年增长率

从 A 股行业现金流指标来看，除了农林牧渔、化工、采掘、机械设备行业外，其他行业的近三年现金流净额指标均为正数。在经营活动产生的现金流净额及投资活动产生的现金流净额方面，除了房地产经营活动产生的现金流净额为负数以外，其他行业的现金流净额表现均一致（见表 3－17）。

表 3－17　　A 股行业现金流指标

行业	现金流净额（近三年）	经营活动产生的现金流量净额（2014 年）	投资活动产生的现金流量净额（2014 年）
SW 传媒	+	+	−
SW 电子	+	+	−
SW 房地产	+	−	−
SW 医药生物	+	+	−
SW 银行	+	+	−
SW 非银金融	+	+	−
SW 国防军工	+	+	−
SW 建筑装饰	+	+	−
SW 家用电器	+	+	−
SW 计算机	+	+	−
SW 汽车	+	+	−
SW 通信	+	+	−
SW 休闲服务	+	+	−
SW 有色金属	+	+	−
SW 电气设备	+	+	−
SW 建筑材料	+	+	−
SW 食品饮料	+	+	−
SW 轻工制造	+	+	−
SW 交通运输	+	+	−
SW 公用事业	+	+	−
SW 农林牧渔	−	+	−
SW 化工	−	+	−
SW 商业贸易	+	+	−
SW 纺织服装	+	+	−
SW 采掘	−	+	−
SW 机械设备	−	+	−
SW 钢铁	+	+	−

结合A股行业主营业务增长率及现金流净额、经营现金流和投资现金流的表现，并根据增长率法和现金流组合法关于行业生命周期的划分标准，我们对A股行业生命周期进行分类和总结（见表3－18）。

表3－18　现金流组合法划分行业生命周期

幼稚期－早期成长期	加速－稳定成长期	稳定成长期－成熟期	成熟期－衰退期
传媒、电子、医药生物	房地产、银行、非银金融、通信、休闲服务、国防军工、建筑装饰、家用电器、计算机、汽车	有色金属、电气设备、建筑材料、食品饮料、轻工制造、交通运输、公用事业、农林牧渔、化工、商业贸易	纺织服装、采掘、机械设备、钢铁

根据A股行业相对估值的排序发现不同行业在不同估值指标下排序不同。估值排序的不同，除了与不同行业有周期性和非周期性特点有关外，还与行业生命周期有关。不同的行业生命周期适合不同的估值指标。一般来说，PE估值法是一种比较通用的估值方法，但对还处于导入期的行业使用受限（未盈利）；PEG更适用于处于成长期的行业；PB估值法较适用于成熟期或衰退期的行业，而PS估值法更适合处于行业生命中后期的行业（见表3－19）。

表3－19　行业生命周期与估值

	导入期	成长期	成熟期	衰退期
市盈率（PE）	不适合	适合	适合	适合
市净率（PB）	适合	不适合	适合	适合
市销率（PS）	适合	适合	适合	不常用
市现率（PCF）	不适合	较适合	适合	不适合
PEG	适合	适合	不适合	不适合

结合以上关于A股行业生命周期与A股行业估值水平表现，发现不同行业的最优估值指标均不相同。对不同行业应使用不同的指标进行估值：

（1）房地产、银行、非银金融、通信、休闲服务等行业，使用PE估值最佳；

（2）纺织服装、采掘、机械设备、钢铁等行业，使用PB估值最佳；

（3）电气设备、建筑材料、食品饮料、轻工制造等行业，使用PS估值最佳；

（4）交通运输、公用事业、农林牧渔、化工、商业贸易等行业，使用PCF估值最佳；

(5) 传媒、电子、医药生物等行业，使用 PEG 估值最佳。

三、行业市盈率下的投资策略

不同视角下，A 股行业估值方法具有相似性，即相同的行业在经济周期视角下和在行业生命周期视角下的最优估值方法相同。但也具有不同性，即相同的行业在经济周期视角下和在行业生命周期视角下的最优估值方法不相同。不过，不管从 A 股行业周期性的估值指标来看还是从 A 股生命周期的估值指标来看，所有 A 股行业都可以采用行业市盈率指标来衡量。一般认为，行业市盈率水平受行业结构、景气度、成长性等因素影响。如果行业有投资价值，行业中的公司一般也具有投资价值，投资平均回报较高的行业中的公司通常也能获得较高回报。反之，如果行业的投资价值较低，行业中公司的期望回报也会比较低。

在判断行业是否具有投资价值时，虽然行业市盈率横向比没有可比性，但纵向比就有可比性。因此，我们仍可以采用行业市盈率指标来判断行业是否具有投资价值。我们对 A 股各个行业自 2011 年以来的年末行业市盈率进行计算，并设定一个规则：如果 2013 年年底的行业市盈率（TTM，算术平均，剔除负值）低于近三年的平均行业市盈率水平，那么就认为该行业的估值风险比较低，可以作为 2014 年重点配置的行业；同样，如果 2014 年年底的行业市盈率低于近三年的平均行业市盈率水平，那么就认为该行业的估值风险比较低，可以作为 2015 年重点配置的行业，依次类推。

我们通过 2014 年、2015 年的数据检验此规则的合理性。从表 3－20 可以看出，2013 年行业市盈率低于三年平均市盈率的行业有 SW 银行、SW 钢铁、SW 食品饮料、SW 采掘、SW 汽车、SW 非银金融、SW 交通运输、SW 商业贸易、SW 建筑装饰、SW 通信、SW 农林牧渔、SW 有色金属，共 12 个行业；2014 年行业市盈率低于三年平均市盈率的行业有 SW 国防军工、SW 非银金融、SW 综合、SW 农林牧渔、SW 房地产，共 5 个行业。

根据选择策略原则发现：符合选择原则的所选行业 2014 年均实现正收益，只有银行、钢铁、非银金融、交通运输、建筑装饰则实现超额收益；在 2015 年，除符合选择原则的非银金融外，其他所选行业 2015 年均实现正收益，并也都实现超额收益（见表 3－21）。

表 3－20　　　　A 股近五年行业市盈率　　　　（单位：倍）

板块名称	市盈率 2011 年	市盈率 2012 年	市盈率 2013 年	市盈率 2014 年	市盈率 2015 年	2011～2013 年平均市盈率	2012～2014 年平均市盈率	2013～2015 年平均市盈率
SW 采掘	29.73	142.58	59.20	179.01	222.23	77.17	126.93	153.48
SW 化工	39.03	88.60	82.91	98.40	185.47	70.18	89.97	122.26
SW 钢铁	31.16	65.05	42.60	90.72	97.56	46.27	66.12	76.96
SW 有色金属	1495.46	161.02	81.50	1532.90	164.93	579.33	591.81	593.11
SW 建筑材料	33.52	68.04	51.54	75.47	589.99	51.03	65.02	239.00
SW 建筑装饰	175.65	70.38	47.52	57.72	84.13	97.85	58.54	63.12
SW 电气设备	59.49	54.43	89.02	97.70	259.95	67.65	80.38	148.89
SW 机械设备	51.92	82.44	68.83	134.24	216.02	67.73	95.17	139.70
SW 国防军工	85.42	114.25	278.29	194.60	1686.22	159.32	195.71	719.70
SW 汽车	82.99	108.90	68.32	186.85	161.61	86.74	121.36	138.93
SW 家用电器	57.71	30.72	48.53	63.40	130.43	45.65	47.55	80.79
SW 纺织服装	48.77	42.40	109.73	100.57	331.27	66.97	84.23	180.52
SW 轻工制造	45.68	101.12	112.34	136.91	155.19	86.38	116.79	134.81
SW 商业贸易	115.37	93.75	61.42	4289.54	107.14	90.18	1481.57	1486.03
SW 农林牧渔	98.16	1059.15	93.60	319.23	175.27	416.97	490.66	196.03
SW 食品饮料	88.62	53.90	64.31	85.91	120.92	68.94	68.04	90.38
SW 休闲服务	87.39	46.04	248.82	173.21	84.71	127.42	156.02	168.91
SW 医药生物	50.03	78.26	75.70	108.69	111.84	68.00	87.55	98.74
SW 公用事业	47.67	58.92	78.13	74.38	96.68	61.57	70.48	83.06
SW 交通运输	112.84	25.65	36.87	53.27	77.52	58.45	38.60	55.89
SW 房地产	32.68	42.71	1890.86	72.33	204.65	655.42	668.63	722.61
SW 电子	58.97	70.15	87.19	134.64	256.22	72.10	97.33	159.35
SW 计算机	43.87	44.74	76.88	146.69	918.80	55.16	89.44	380.79
SW 传媒	76.63	60.12	111.99	213.97	126.34	82.91	128.69	150.77
SW 通信	113.01	257.96	99.97	268.28	183.07	156.98	208.74	183.77
SW 银行	7.28	6.34	5.13	7.64	7.30	6.25	6.37	6.69
SW 非银金融	32.62	114.72	44.01	69.96	39.76	63.78	76.23	51.24
SW 综合	162.12	726.30	449.36	359.57	498.04	445.93	511.74	435.66

表 3－21　　A 股行业市盈率策略收益

2014 年			2015 年		
行业	收益	超额收益	行业	收益	超额收益
SW 银行	67.58	14.71	SW 建筑装饰	10.87	1.46
SW 钢铁	80.56	27.69	SW 国防军工	24.55	15.14
SW 食品饮料	19.97	－32.90	SW 非银金融	－12.42	－21.83
SW 采掘	39.00	－13.87	SW 综合	77.87	68.46
SW 汽车	35.26	－17.61	SW 农林牧渔	62.16	52.75
SW 非银金融	120.53	67.66	SW 房地产	45.91	36.50
SW 交通运输	69.88	17.01	行业平均超额收益		25.41
SW 商业贸易	31.03	－21.84			
SW 建筑装饰	118.51	65.64			
SW 通信	44.15	－8.72			
SW 农林牧渔	15.29	－37.58			
SW 有色金属	43.37	－9.50			
行业平均超额收益		4.22			

虽然部分行业收益为负，但对符合规则的行业将资本按等比例进行配置，同样获得行业正的、平均的超额收益，即 2014 年行业平均超额收益为 4.22，2015 年行业平均超额收益为 25.41。因此，采用行业市盈率进行行业投资在行业选择、规避行业风险等方面具有重要作用。根据行业市盈率选择原则，2015 年的通信、非银金融、农林牧渔、传媒、休闲服务、有色金属、房地产、商业贸易的行业市盈率低于三年行业市盈率平均水平。根据 2014 年、2015 年已有收益结果，那么这些行业在 2016 年有望获得正收益或者超额收益，若按照等比例资本进行配置则会获得行业平均超额收益。

第四节　典型行业估值与投资价值分析

一些行业赚钱容易些，一些行业更具安全性，还有一些行业则更具有创新性，更容易创造竞争优势。因此，不同股票所属行业不同，表现也不尽相同。投资者应该通过行业分析来了解行业属性以及安全度，从而为自己的投资建一道“防火墙”。

一、信息技术行业估值分析

（一）信息技术企业估值

绝对估值法考虑资金的时间价值。对于信息技术企业来说，由于大部分企业都处在成长阶段，其未来发展存在不确定性，如果项目经营失败，运用现金流量折现法就要选择放弃，这会带来很大的损失。现金流量折现法从项目开始时就需预测未来各年的现金流，并根据事先确定好的折现率对未来各年的现金流进行折现，而信息技术企业很难对未来的现金流进行准确预测，而且信息技术企业无形资产比重大，这些无形资产多半在账面上体现不出来，具有隐蔽性，按照折现现金流量法无法准确评估信息技术无形资产的价值，很容易造成项目价值被低估，导致投资者错过投资机会。

相对估值法具有简单且易于使用的优点，是目前在国内外证券市场上应用最广泛的一种公司估值法。然而对于信息技术企业来说，它却具有不少局限性。这是因为：一方面，信息技术企业多为具有高成长性的自主创新型公司，在经营模式、业绩增长、毛利率变化方面与传统公司都有很大不同，所以很难找到行业、技术、规模、环境及市场都相当类似的可比公司；另一方面，信息技术企业往往处于高速增长阶段，历史财务数据不稳定，未来发展弹性很大，无论是历史数据的可比性还是未来数据的预测的准确性都大打折扣。

对于信息技术企业来说，传统的绝对估值法和相对估值法都存在局限性。但对于已经成功上市的信息技术企业来说相对估值法更适合。其一，相对估值法是将目标公司与具有相同或相似行业特征和财务特征的上市公司比较，通过上市公司的市场价值对目标公司市场价值进行估值的方法。其二，通过比较研究中美信息技术上市公司的估值水平，发现有价值的公司。因此，以下主要是通过相对估值指标对中美信息技术上市公司进行比较研究。

（二）中美信息技术股估值比较

1. 当前行业估值比较。信息技术行业通常意味着较大增长空间和较快增长速度，容易产生快速创造价值的成长性公司。因此，资本市场通常都给予信息技术行业较高的预期。从全样本来看，A 股信息技术行业市盈率分布集中在［50，1 000］

的区间，而美股信息技术企业市盈率分布集中在［10，40］的区间。市盈率大于1 000的信息技术上市公司两者旗鼓相当（见图3－17）。

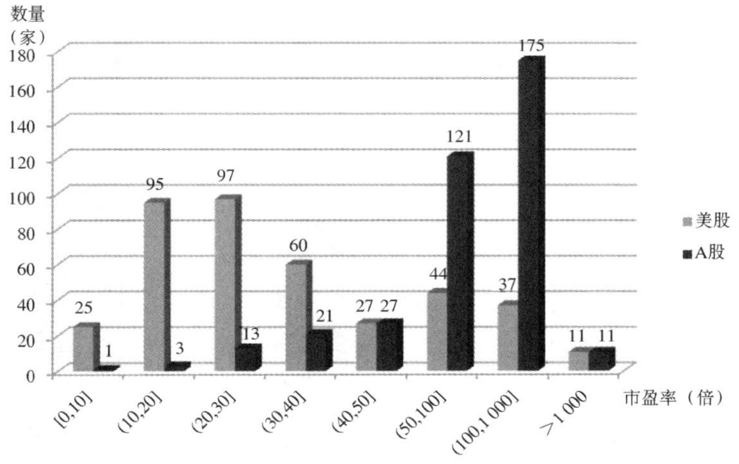

图3－17　中美信息技术上市公司市盈率分布（基于2015年10月23日收盘价）

资料来源：Wind资讯。

当前时点，尽管前期经历过股灾的大幅下调，但无论从市盈率的整体法、算术平均以及中值进行统计，A股信息技术上市公司估值仍明显高于美股，中资信息技术上市公司的估值低于全部美股信息技术上市公司（见图3－18）。

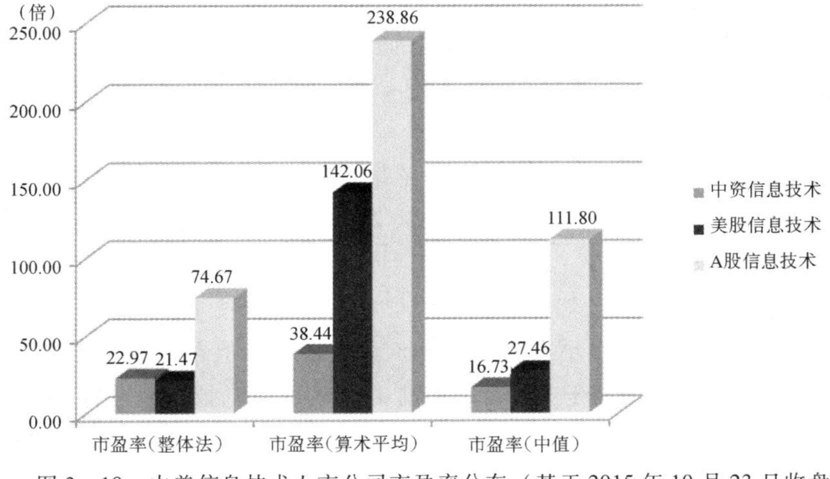

图3－18　中美信息技术上市公司市盈率分布（基于2015年10月23日收盘价）

资料来源：Wind资讯。

从市净率来看，A股信息技术上市公司溢价程度相对于用市盈率考察时要低，但估值依然高于美股及中资信息技术上市公司（见图3-19）。

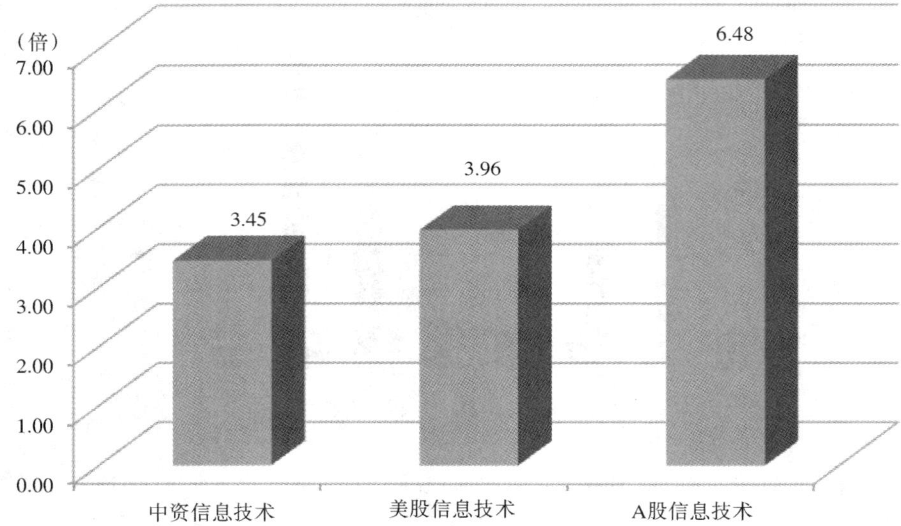

图3-19　中美信息技术上市公司市净率分布（基于2015年10月23日收盘价）

资料来源：Wind资讯。

2. 历史行业估值比较。从2007年10月到2015年10月这段时间的历史走势来看，中国A股市场信息技术上市公司估值长期高于美股、中资信息技术上市公司，并且市盈率波动较大。另外，通过取信息技术市值前50的上市公司，并剔除［0，1 000］以外的异常值，计算中位数市盈率，同样发现A股信息技术上市公司市盈率大幅溢价于美股信息技术上市公司，并出现阶段性地大幅上升和下调（见图3-20）。

通过观察美股信息技术龙头企业——苹果近年的市盈率状况，发现苹果平均市盈率整体估值不高，并呈现出下降趋势，从2010年以前的超过20的平均市盈率水平下降到15倍以下（见图3-21）。

3. 典型公司估值比较。就A股大市值与小市值信息技术上市公司比较而言，A股大市值股的溢价程度相对小市值股的溢价程度要低，但在行业整体溢价影响下，大市值股票估值仍然大幅高于美股，市值前十的A股信息技术企业算术平均市盈率为62.18倍、平均市净率为10.10倍，而美股平均市盈率、平均市净率则为30.29倍、5.20倍（见表3-22）。

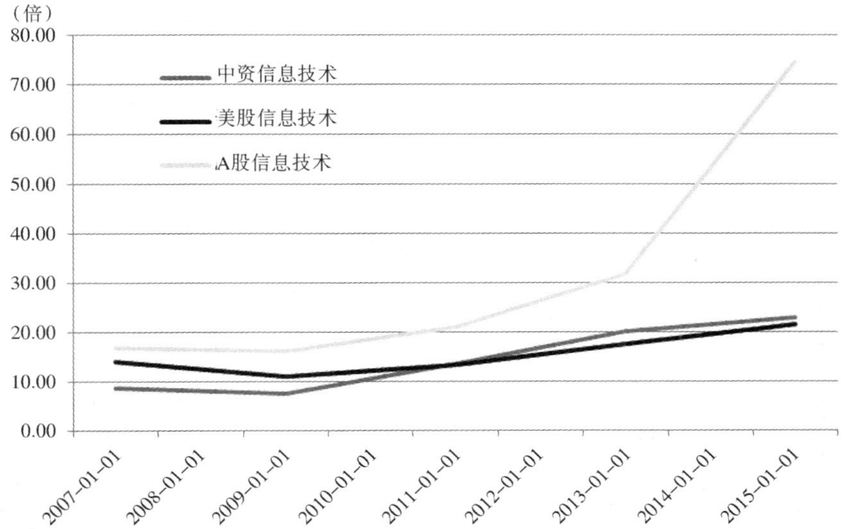

图3－20　中美信息技术上市公司市盈率历史走势（2007年10月23日～2015年10月23日）

资料来源：Wind资讯。

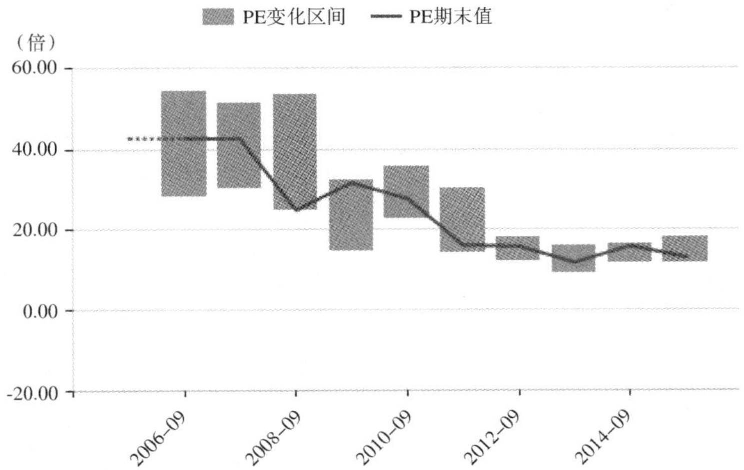

图3－21　中美信息技术上市公司市盈率历史走势

资料来源：Wind资讯。

在行业整体溢价影响下，A股信息技术上市公司小市值股相对于美股市场表现出溢价程度更高更明显的局面，而大市值股在行业整体溢价影响下估值较高。A股市值最小的10家信息技术上市公司的算术平均市盈率、市净率分别为443.04倍、5.45倍，而美股信息技术上市公司为69.08倍、4.48倍（见表3－23）。

表 3-22　中美信息技术市值 TOP10 估值比较

（基于 2015 年 10 月 23 日收盘价）

美股				A 股			
证券简称	市盈率（倍）	市净率（倍）	总市值（亿美元）	证券简称	市盈率（倍）	市净率（倍）	总市值（亿元）
苹果	13.38	5.40	6 790.80	京东方 A	31.39	1.40	1 089.75
ALPHABET INC-CL A	31.49	4.24	4931.26	乐视网	195.24	26.63	911.49
ALPHABET INC-CL C	30.73	4.14	4812.46	东方财富	77.33	31.38	908.39
微软	34.41	5.45	4 223.21	中兴通讯	22.03	2.79	727.25
Facebook	105.78	7.30	2 879.25	信威集团	32.59	6.58	700.82
VISA	29.00	5.97	1 707.96	三安光电	34.16	5.00	580.80
英特尔	14.47	2.86	1 659.15	航天信息	38.75	6.99	516.27
甲骨文	17.10	3.45	1 625.11	科大讯飞	124.61	12.42	505.57
思科	16.54	2.49	1 485.49	蓝思科技	36.77	5.17	496.40
IBM	9.97	10.66	1 417.18	同方股份	28.98	2.64	462.37
平均	30.29	5.20	3 153.19	平均	62.18	10.10	689.91

资料来源：Wind 资讯。

表 3-23　中美信息技术最小市值 10 家上市公司估值比较

（基于 2015 年 10 月 23 日收盘价）

美股				A 股			
证券简称	市盈率（倍）	市净率（倍）	总市值（亿美元）	证券简称	市盈率（倍）	市净率（倍）	总市值（亿元）
MIND CTI LTD	23.96	2.49	0.52	先锋电子	54.67	5.57	32.58
MOL GLOBAL INC	43.05	15.01	0.46	温州宏丰	195.81	5.88	32.10
比克电池	1.13	2.77	0.37	亿通科技	988.18	6.20	30.62
SMTP INC	21.76	14.77	0.28	瑞丰光电	122.42	4.65	30.04
SAJAN INC	146.52	3.98	0.22	新亚制程	538.69	5.25	29.65
富基融通	22.00	0.88	0.20	南华仪器	90.77	8.44	28.48
ISSUER DIRECT CORP	423.47	2.97	0.18	华虹计通	2 249.33	6.34	27.58
ELTEK LTD	3.13	0.90	0.12	台基股份	91.69	3.30	25.69
MER TELEMANAGEMENT SOLUTIONS	4.18	0.82	0.06	天龙光电	38.24	4.05	23.26
联合信息	1.56	0.22	0.05	赛摩电气	60.58	4.82	21.82
平均	69.08	4.48	0.25	平均	443.04	5.45	28.18

资料来源：Wind 资讯。

对比美国中概股中的信息技术上市公司板块，信息技术中概股的平均市盈率为39.55倍，市净率为2.65倍，平均市值为36.07亿元。中概股估值较低的上市公司有比克电池、联合信息、阿特斯太阳能等（见图3-22）。

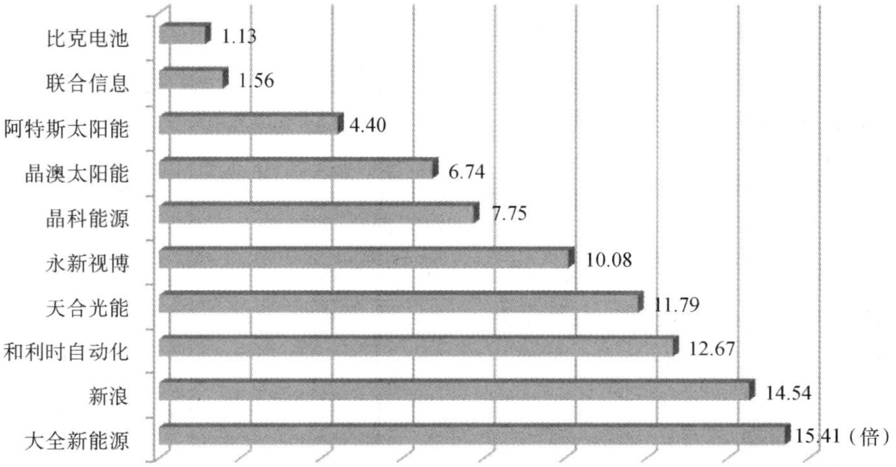

图3-22 中概股信息技术市盈率最低的10家公司（基于2015年10月23日收盘价）

资料来源：Wind资讯。

与A股市场相比，美国资本市场给中国信息技术公司的估值更低。中概股市值前10的信息技术企业算术平均市盈率为35.49倍、平均市净率为4.53倍。像百度、网易、奇虎360市值排名前三位的中概股信息技术企业，给予的市盈率估值均在30倍以下（见表3-24）。

表3-24　中概股信息技术市值TOP10估值

（基于2015年10月23日收盘价）

证券名称	证券简称	市盈率（倍）	市净率（倍）	市值（美元）
BIDU. O	百度	25.63	5.63	55 397 262 072.00
NTES. O	网易	22.11	4.40	18 510 059 616.00
QIHU. N	奇虎360	26.34	6.41	6 981 040 107.00
ATHM. N	汽车之家	27.73	5.87	4 041 403 036.00
SMI. N	中芯国际	19.11	1.14	3 977 557 514.00
YY. O	欢聚时代	16.11	7.14	3 099 867 960.00
SFUN. N	搜房网	17.76	4.98	2 944 186 217.00

续表

证券名称	证券简称	市盈率（倍）	市净率（倍）	市值（美元）
SINA. O	新浪	14. 54	1. 37	2 830 603 100. 00
CMCM. N	猎豹	133. 54	6. 78	2 763 793 541. 00
BITA. N	易车	52. 06	1. 62	2 284 904 600. 00
平均		35. 49	4. 53	10 283 067 776. 30

资料来源：Wind 资讯。

4. 企业年龄估值比较。在对中美信息技术上市公司根据企业年龄进行估值比较之前，简要回顾美股信息技术产业发展，这对理解美股信息技术企业的企业年龄远高于 A 股市场有帮助。第一阶段，20 世纪 50 年代至 80 年代前期。这一时期，数字化信息技术正处于创新阶段，其产业化规模还相当小，突出表现为信息产业缺乏具有广阔市场空间的产品群，如大型及小型计算机还主要是大公司、大机构才装备得起的昂贵投资类产品。第二阶段，1985～1990 年。这个时期，信息产业的主流产品由大型及小型计算机更新为个人电脑（PC）这种微型计算机。第三阶段，20 世纪 90 年代飞速发展时期。经过多年积聚力量，美国信息产业得到了飞速发展。进入 90 年代以来，美国信息产业一直以超过双倍总体经济增长率的强劲态势发展，在经济总量中占据日益显赫的地位。这个时期，信息产业的主流产品由个人电脑演进为网络产品，其中当然包括具有互联能力或作为网络终端的个人电脑。

美股信息技术企业超过一百年历史以上的企业有博思艾伦、IBM、施乐、爱立信、诺基亚等。当然这些上百年的优秀企业并非全都是本土企业，还有来自全球其他国家与地区的优秀信息技术企业（见表 3－25）。

表 3－25　企业年龄超过 100 年的美股信息技术企业

（基于 2015 年 10 月 23 日收盘价）

证券代码	证券简称	市盈率（倍）	市净率（倍）	总市值（亿美元）	成立时间（年）	企业年龄（年）
BAH. N	博思艾伦	18. 41	20. 02	41. 56	1914	101
IBM. N	IBM	9. 97	10. 66	1 417. 18	1911	104
XRX. N	施乐	17. 40	1. 06	110. 51	1906	109
BMI. N	BADGER METER INC	30. 34	3. 85	8. 60	1905	110
CTS. N	CTS CORP	16. 29	2. 16	6. 59	1896	119
CLGX. N	CoreLogic	32. 84	3. 48	34. 41	1894	121

续表

证券代码	证券简称	市盈率（倍）	市净率（倍）	总市值（亿美元）	成立时间（年）	企业年龄（年）
ERIC. O	爱立信	18.07	1.49	323.90	1876	139
NOK. N	诺基亚	6.05	2.43	255.04	1865	150
DBD. N	Diebold	29.05	5.14	23.95	1859	156
GLW. N	康宁	7.44	1.03	215.76	1851	164
ROG. N	ROGERS CORPORATION	17.95	1.63	9.80	1832	183

资料来源：Wind 资讯。

从 A 股信息技术上市公司企业年龄来看，超过 35 年的企业没有，最大年龄的是汇源通信为 35 年。因此，为了中美信息技术上市公司的直观比较，以 35 年为分界进行向上向下划分区间，共分为“（0，10]、(10，20]、(20，35]、(35，50]、(50，100]、(100，∞)”的 6 个企业年龄区间。

从美股企业年龄估值来看，年龄越长的企业给予低估值，大于 100 年的企业的平均市盈率为 18.53 倍，而年轻的企业则给予高估值，小于 10 年的企业的平均市盈率为 158.83 倍，企业年龄处于中间阶段（35，50］的估值也较低，为 26.81 倍（见表 3－26）。而 A 股信息技术企业，则表现出企业年龄越低，则估值越低，小于 10 年的企业平均市盈率为 155.42 倍，处于（20，35］年的企业估值最高。这种现象与美股恰恰相反，可能的原因在于在（20，35］年的企业处于高速成长阶段，市场给予高溢价，而 10 年以下的企业市场还没有给予那么明确的高预期。

表 3－26　　中美信息技术上市公司根据企业年龄估值情况

（基于 2015 年 10 月 23 日收盘价）

企业年龄（年）	美股			A 股		
	平均市盈率（倍）	平均市净率（倍）	平均总市值（亿美元）	平均市盈率（倍）	平均市净率（倍）	平均总市值（亿元）
(0，10]	158.83	6.02	109.28	155.42	11.52	131.63
(10，20]	481.99	4.90	151.30	188.72	19.14	135.70
(20，35]	188.99	4.25	82.31	592.07	24.73	138.68
(35，50]	26.81	3.21	352.02			
(50，100]	99.17	2.76	104.93			
(100，∞)	18.53	4.81	222.48			

资料来源：Wind 资讯。

（三）高估值下信息技术企业投资机会

1. 高估值的驱动因素。股市中投资者的市场情绪是波动的，市场情绪的提升会带来市场估值上涨，市场情绪下降会导致市场估值回归。因此，市场情绪的变化在股市趋势性上涨和趋势性下跌时对估值的影响最明显。以成交量表征的市场情绪在牛市中与市盈率走势同步高度相关，而市场情绪与估值的关系在国际市场同样生效。

对于A股市场而言，市场估值短期最大的驱动因素是市场情绪。市场情绪对A股作用的不同点在于：A股市场有政府作为最后的（隐形）支撑者，上市制度、退市制度、每日波动幅度限制等股市机制都促使A股市场投资者风险意识的下降和投机风气的盛行，如果把市场估值当作投资者对市场整体态度的话，A股市场估值对市场的“投资”情绪高度敏感。

另外，A股信息技术企业核心的溢价驱动因素是成长性预期。成长性预期又分为系统性成长溢价以及细分行业成长性溢价。系统性成长溢价是指整个国家经济高增长和发展潜力提高了投资者对A股市场的估值水平，当前A股市场仍然有充分的时间享受较高经济增速带来的整体成长性溢价，细分行业不同的发展阶段和成长预期造成行业不同的成长性溢价。

2. 具有投资价值的高估值信息技术上市公司。通过以上中美信息技术股估值对比可以发现，从当前行业估值、历史行业估值、典型公司估值来看，A股信息技术上市公司的估值都高于美股信息技术上市公司。从企业年龄对比中发现，A股信息技术企业表现出企业年龄越低，估值越低，而处于（20，35］年的企业估值水平最高。基于A股企业年龄估值特征，我们筛选出已经在高估值水平、具有投资价值的信息技术上市公司。在筛选过程中，采用2015年10月23日的数据，并运用企业年龄、成长性特征指标进行筛选，配合净资产收益率等指标，筛选结果如表3－27所示。

（四）结论与建议

无论是对传统工业的改造，还是对新兴产业的促进，信息技术和信息产业仍然扮演着非常重要的角色。随着“中国制造2025”概念的提出，新一代信息技术在未来制造业中的作用愈发重要，并成为我国中长期产业发展的重点领域，并有望在“十三五”期间迎来黄金发展期。与一般传统行业的企业不同，信息技术企业表现出不同的生命周期。如在初次创业阶段，投入的研发成本较高，研发时间较长；而

表 3 – 27　　具有投资价值的高估值信息技术上市公司

（基于 2015 年 10 月 23 日收盘价）

证券代码	证券简称	市盈率（倍）	预测 PEG	净利润复合年增长率（%）	营业总收入复合年增长率（%）	净资产收益率 ROE（倍）	企业成立时间（年）
600850. SH	华东电脑	59. 98	0. 68	134. 60	45. 79	12. 26	1994
300017. SZ	网宿科技	73. 64	0. 66	106. 76	52. 18	29. 16	2000
002180. SZ	艾派克	79. 06	0. 71	94. 51	44. 76	23. 14	1991
000977. SZ	浪潮信息	183. 12	0. 64	64. 90	80. 97	12. 44	1998
002236. SZ	大华股份	36. 57	0. 48	44. 59	49. 25	13. 76	2001
300296. SZ	利亚德	75. 30	0. 51	42. 16	32. 92	11. 97	1995
300032. SZ	金龙机电	61. 78	0. 09	41. 66	64. 46	16. 07	1993
002104. SZ	恒宝股份	50. 65	0. 76	36. 38	26. 02	16. 90	1996
300252. SZ	金信诺	127. 79	0. 43	36. 03	33. 14	12. 56	2002
300113. SZ	顺网科技	63. 66	0. 60	35. 04	55. 48	16. 02	2005
002475. SZ	立讯精密	48. 77	0. 55	34. 81	41. 86	13. 38	2004
300383. SZ	光环新网	205. 72	0. 91	31. 28	36. 15	10. 38	1999
300207. SZ	欣旺达	74. 15	0. 33	26. 66	60. 68	13. 57	2008
300115. SZ	长盈精密	47. 46	0. 49	22. 22	43. 63	12. 39	2001
300271. SZ	华宇软件	70. 53	0. 96	22. 00	24. 75	10. 76	2001
002179. SZ	中航光电	49. 32	0. 76	19. 69	23. 21	13. 84	2002
300300. SZ	汉鼎股份	140. 17	0. 76	17. 67	30. 80	10. 24	2002
600703. SH	三安光电	43. 65	0. 61	16. 03	37. 88	12. 39	1993
300059. SZ	东方财富	78. 03	0. 13	15. 87	29. 73	56. 50	2005
300232. SZ	洲明科技	68. 01	0. 38	10. 02	22. 30	13. 78	2004

资料来源：Wind 资讯。

在成长期发展较快、发展速度明显高于其他行业的企业，成熟期相对较短而衰退较快。同时，信息技术企业可能面临二次创业的情况，并且在不同的生命周期阶段表现出不同的财务特征。我国信息技术企业无论在技术方面、经营方面还是市场方面，与美国都相距较远，各方还多数处于旧应用的概念升级上，与真正信息技术产业的繁荣还存在很大差距。对比中美信息技术股估值，从当前行业估值、历史行业估值、典型公司估值来看，A 股信息技术上市公司的估值都高于美股信息技术上市公司。对比企业年龄，A 股信息技术企业表现出企业年龄越低、估值越低，而处于（20, 35］年的企业估值水平最高。受市场情绪推动和高成长预期的影响，一些不具有高成长的信息技术上市公司也表现出高估值，但高估值的持续性是要以成长性为后盾支持。因此，我们未来要关注满足成长性以及企业年龄特征的高估值信息技术上市公司。

二、证券行业投资价值分析

在A股市场大幅回暖下，带动市场交易活跃，加上降息、沪港通等多重利好，2014年以来，证券行业整体实力显著提升，盈利水平显著提升，业务范围不断扩大，以融资类业务为代表的资本中介业务快速成长，互联网证券布局明显提速，证券业务国际化步伐加快。伴随创新业务的快速成长及其与传统业务的融合发展，证券公司上市融资步伐也在加速。

（一）美国证券行业估值分析

1. 美国证券行业转变。自1975年佣金自由化之后，随着行业的转型和创新型买方业务的发展，美国证券行业的业务开展能力不断加强，行业收入与股票市值的比重不断增加，最高时达到3%，之后稳定在2%左右（见图3-23）。

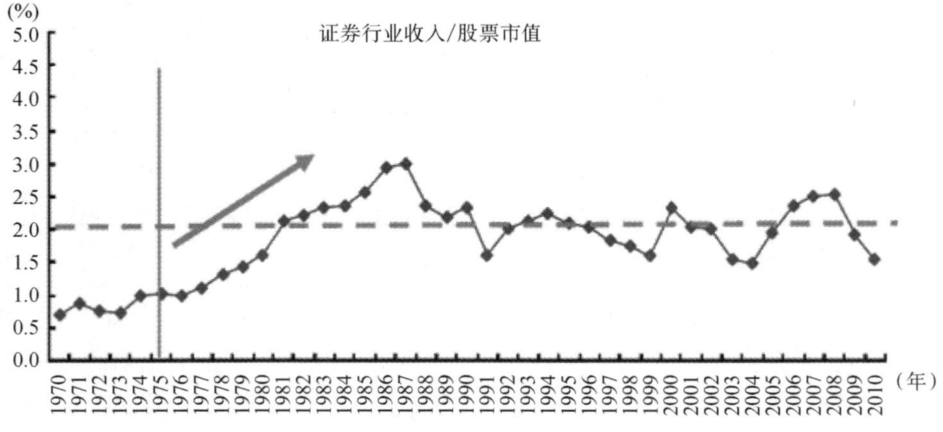

图3-23 美国证券行业收入占股票市值比重

资料来源：SIFMA。

行业的转型一改之前高度依赖佣金的盈利模式，创新业务发展为证券公司提供新的利润来源，以做市商为核心的交易损益收入、资产管理收入、其他与证券相关的收入增长幅度最大。1970~2010年，美国证券行业的ROE水平最高为30%，中枢水平为15% ~20% （见图3 -24）。

图3 -24 美国证券公司ROE

资料来源：Wind资讯。

2. 高盛估值分析。美国证券行业的龙头公司高盛除在上市之初ROE在30%以上，之后的15年ROE均在30%以内，ROE中枢在15% ~20%。2008年金融危机时，高盛ROE最低，为4.33%，之后除2009年外（ROE为19.82%），ROE水平基本维持在10%左右（见图3 -25）。

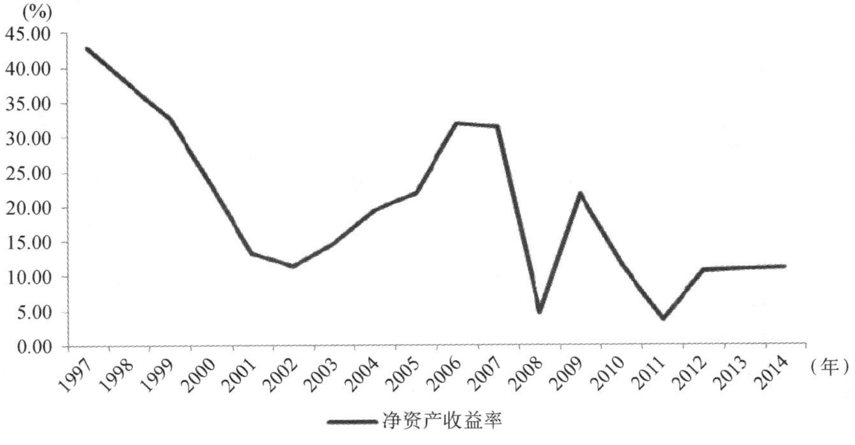

图3 -25 高盛上市以来ROE

资料来源：Wind资讯。

高盛的PB估值水平与其ROE水平高度相关，在上市之初ROE较高，PB最高达3.5倍，之后随着ROE不断下降而下降。金融危机之前PB集中在2～2.5倍，金融危机之后PB集中在1～1.5倍，当前PB在1倍左右（见图3－26）。

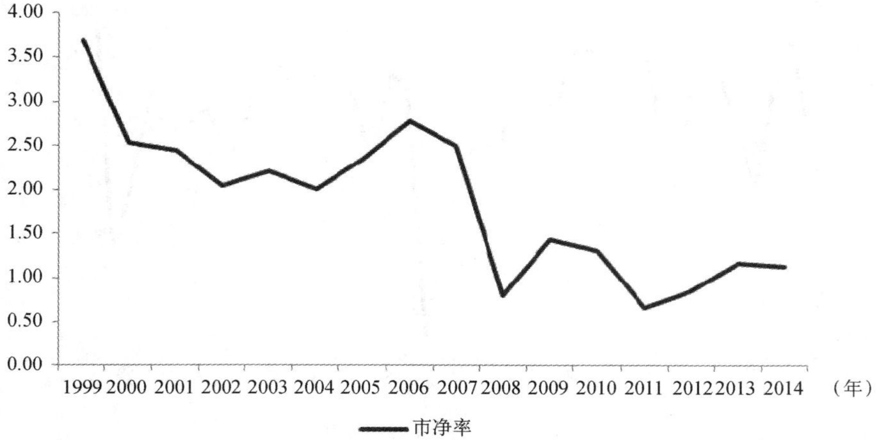

图3－26　高盛上市以来市净率

资料来源：Wind资讯。

高盛PE值（TTM）为10.1倍（2015年7月7日），从2006～2014年的PE变化区间可以看出，PE最高值出现在2009年，平均值为22.46倍，之后呈现下降趋势，2013～2014年的平均PE水平降到10倍以下（见图3－27）。

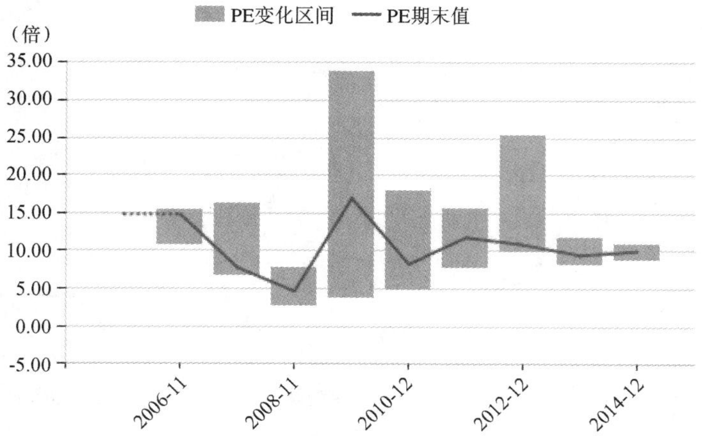

图3－27　高盛PE变化水平

资料来源：Wind资讯。

高盛的股价为208.21美元（2015年7月7日），于2015年6月23日达到

218.77 美元，创历史新高，并且近一年区间涨幅高于标普指数（见图 3－28）。

图 3－28 高盛近一年市场表现

资料来源：Wind 资讯，截止日期为 2015 年 7 月 7 日。

3. 摩根士丹利估值分析。摩根士丹利是美国证券行业的另一巨头，自 1995 年上市以来 ROE 也在 30% 以内，但自 2007 年以来，其 ROE 下降到 10% 以下，2012 年下降到不到 1% 的水平，2014 年 ROE 为 5.07%（见图 3－29）。

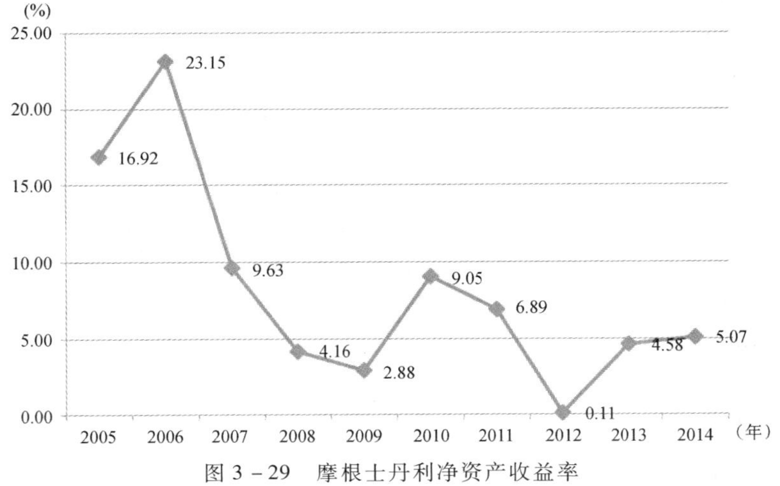

图 3－29 摩根士丹利净资产收益率

资料来源：Wind 资讯。

摩根士丹利的 PB 估值水平最高值为 4 倍，金融危机之前 PB 在 2～2.5 倍，金融危机之后为 1 倍左右（见图 3－30）。

图 3－30　摩根士丹利市净率

资料来源：Wind 资讯。

摩根士丹利的 PE 值（TTM）为 18.9 倍（2015 年 7 月 7 日），从 2006～2014 年的 PE 变化区间可以看出，2008 年 PE 波动最大，而平均 PE 的最高值出现在 2013 年，平均值为 36.91 倍（见图 3－31）。

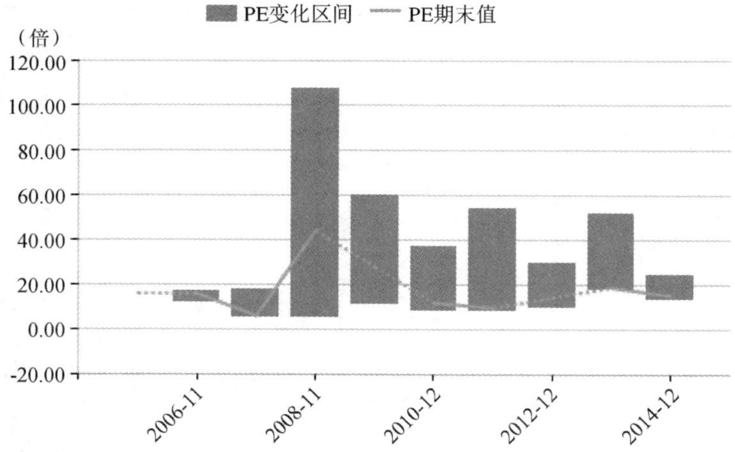

图 3－31　摩根士丹利 PE 变化水平

资料来源：Wind 资讯。

摩根士丹利的股价为 38.62 美元（2015 年 7 月 7 日），于 2015 年 6 月 24 日达到 40.26 美元，创历史新高，并且近三年区间涨幅高于标普指数（见图 3－32）。

图 3 - 32　摩根士丹利市场表现

资料来源：Wind 资讯，截止日期为 2015 年 7 月 7 日。

（二）上市券商估值分析

1. 与上市公司整体比较。

（1）净资产收益率高于整体。证券行业上市券商 ROE 在 2014 年以前，总体上都低于全部 A 股 ROE。但进入 2014 年以来，随着 A 股市场大幅回暖带动市场交易活跃，加上降息、沪港通等多重利好，证券行业整体实力显著提升，盈利水平显著提升，相关上市券商业务收入得到快速增长，上市券商 ROE 明显高于整体上市 A 股（见图 3 - 33）。

（2）市场估值水平较低。截至 2015 年 7 月 8 日，证券行业上市公司动态市盈率为 30.95 倍，远远低于上证 A 股、深圳 A 股以及全部 A 股的平均市盈率。除银行外，比申万的一级行业分类中的其他任何行业的市盈率水平都低（见表 3 - 28）。

（3）市场表现落后于大盘及其他行业。虽然 2015 年 7 月上证综指断崖式下跌，但从 2015 年年初至今，上证综指仍然上涨 22.54%；而证券行业在 2015 年上半年市场表现较差，行业跌幅为 9.38%（见图 3 - 34）。

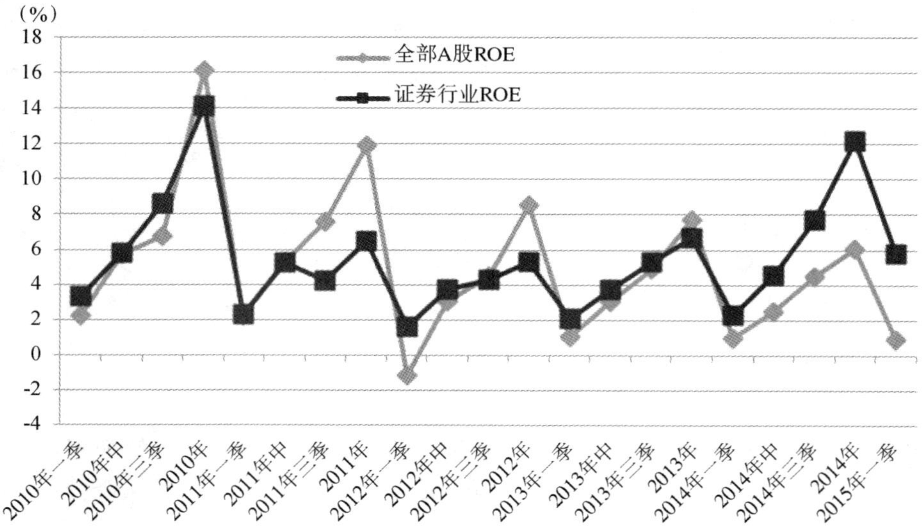

图 3－33　证券行业与全部 A 股 ROE 对比

资料来源：Wind 资讯。

表 3－28　证券行业 PE 及与部分行业比较（数据截至 2015 年 7 月 8 日）

板块名称	市盈率（TTM，算术平均法）剔除负值（倍）	流通 A 股市值（合计）（亿元）
SW 银行	8.65	65 248.93
SW 证券	30.95	15 566.82
SW 交通运输	69.36	17 300.13
SW 公用事业	75.34	15 765.11
SW 家用电器	90.30	6 510.22
SW 商业贸易	91.80	8 062.77
SW 建筑装饰	95.38	15 391.45
SW 医药生物	108.17	21 048.16
SW 通信	136.05	5 975.00
SW 汽车	154.29	13 331.45
SW 农林牧渔	154.83	5 347.51
SW 化工	158.14	21 898.87
上证 A 股	175.84	263 791.32
全部 A 股	187.78	398 642.31
深证 A 股	194.82	134 850.99

资料来源：Wind 资讯。

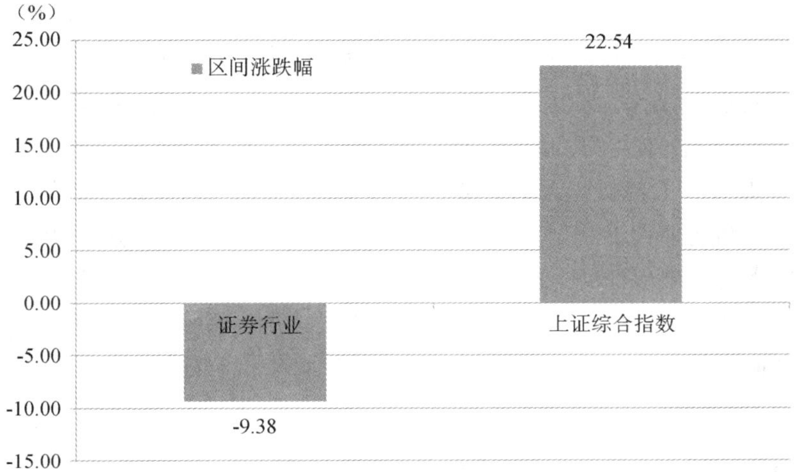

图 3-34　证券行业 2015 年至今上涨幅度（截至 2015 年 7 月 8 日）

资料来源：Wind 资讯。

与其他行业对比，只有证券行业区间涨跌幅为负数，采掘业排名倒数第二，传媒、计算机、轻工制造分别以 113.21%、83.85%及 79.06%的区间涨幅排名前三位（见表 3-29）。

表 3-29　2015 年上市公司行业涨幅前十名（数据截至 2015 年 7 月 8 日）

序号	板块名称	区间涨跌幅（算术平均）(%)
1	SW 传媒	113.21
2	SW 计算机	83.85
3	SW 轻工制造	79.06
4	SW 电子	55.94
5	SW 通信	54.54
6	SW 家用电器	46.78
7	SW 机械设备	46.44
8	SW 电气设备	44.61
9	SW 纺织服装	44.58
10	SW 汽车	41.55

资料来源：Wind 资讯。

2. 上市券商之间比较。根据中国证券业协会对 22 家上市证券公司未经审计财务报表统计，2015 年上半年上市证券公司普遍经营稳定，盈利继续保持较快增长，共实现营业收入 1 669.24 亿元，同比增长 265.21%；实现净利润 807.74 亿元，同比增长 336.85%。截至 2015 年 6 月 30 日，22 家 A 股上市证券公司净资产为 7 660.49亿元，同比增长 45.47%，约占全行业净资产的 65%。

（1）光大证券、西部证券的营业收入/利润增速排名均靠前。总体而言，证券行业的收入、利润增长十分显著，而且利润增速显著高于收入增速。从 2015 年上半年经营情况来看，中信证券、海通证券、国泰君安营业收入、净利润仍然处于行业前列，但营业收入增速排名前三的券商则是光大证券、西部证券和太平洋证券；利润增速排名前三的券商也是光大证券、西部证券及太平洋证券，分别为 1 330.85%、882.71% 和 568.99%（见表 3－30）。

表 3－30　　上市券商 2015 年上半年盈利情况

序号	证券名称	营业收入		净利润		净资产	
		金额（亿元）	同比增长（%）	金额（亿元）	同比增长（%）	金额（亿元）	同比增长（%）
1	中信证券	172.42	272.37	86.08	191.52	1044.99	32.84
2	广发证券	167.45	304.06	71.95	397.77	687.35	82.47
3	国信证券	162.81	329.97	83.87	549.30	439.03	38.56
4	海通证券	151.10	227.62	82.66	274.89	968.20	49.04
5	招商证券	145.36	324.82	66.84	364.92	458.84	13.63
6	华泰证券	125.22	256.88	57.86	324.56	713.42	93.61
7	光大证券	80.23	463.02	42.69	1 330.85	291.12	16.72
8	东方证券	20.67	23.56	11.21	53.97	326.02	80.92
9	兴业证券	54.86	239.83	24.82	314.67	162.27	16.18
10	国泰君安	176.23	307.23	81.23	446.59	845.87	129.18
11	方正证券	50.80	222.75	27.85	286.41	327.78	9.41
12	西南证券	50.96	248.19	21.63	271.33	178.45	9.71
13	长江证券	48.72	176.15	24.49	269.66	155.87	11.81
14	东北证券	40.24	271.64	18.29	451.48	101.18	16.60
15	东吴证券	35.51	243.49	16.56	403.92	151.89	9.93
16	国金证券	31.31	178.37	11.90	216.56	155.46	58.28
17	国元证券	36.19	160.02	18.92	211.63	183.86	5.30

续表

序号	证券名称	营业收入		净利润		净资产	
		金额（亿元）	同比增长（%）	金额（亿元）	同比增长（%）	金额（亿元）	同比增长（%）
18	西部证券	29.32	450.42	15.07	882.71	116.41	116.30
19	东兴证券	29.19	277.21	12.26	316.82	123.87	79.35
20	山西证券	19.13	222.03	11.12	385.07	83.65	13.95
21	国海证券	22.55	173.70	10.76	324.80	73.22	11.47
22	太平洋	18.95	370.71	9.68	568.99	71.74	12.09
合计		1 669.24	265.21	807.74	336.85	7 660.49	45.47

资料来源：中国证券业协会。

（2）海通证券、华泰证券 PB 仍比行业整体低。在市净率方面，海通证券、华泰证券、广发证券、国元证券四家券商的市净率在 2.5 倍以下，属于证券行业市盈率较低的公司（见图 3－35）。

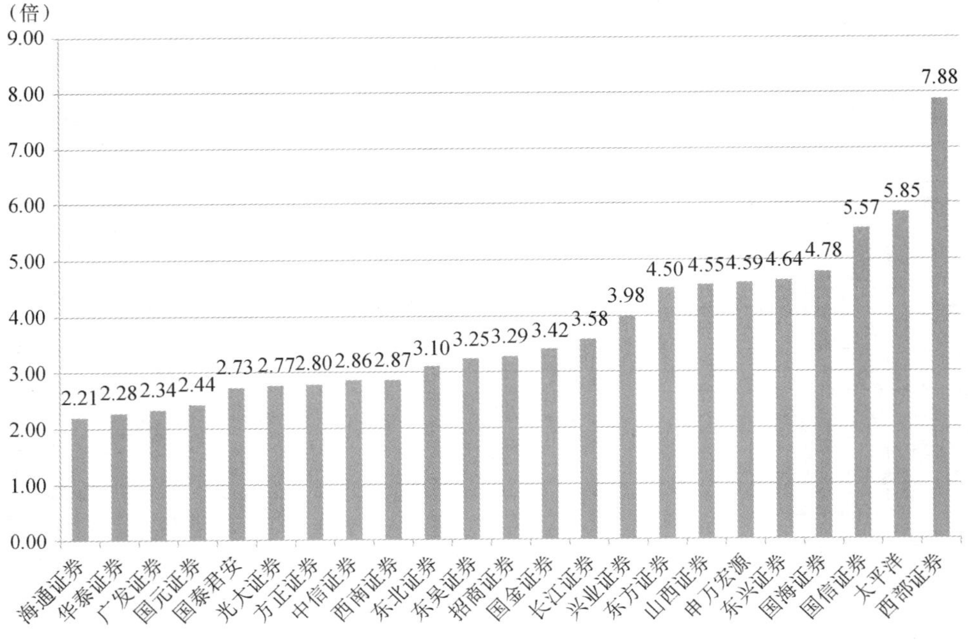

图 3－35　上市券商最新市盈率（数据截至 2015 年 7 月 8 日）

资料来源：Wind 资讯。

（3）国信证券、东方证券涨幅比行业整体高。在收益绝对值方面，国信证券、东方证券的每股收益为0.88元、0.77元，并没有进入上市券商每股收益前三名（中信证券、国泰君安及招商证券），但市场给予好的评价，其区间涨幅分别为111.42%及61.28%，位列靠前（见表3-31）。不过由于国信证券、东方证券为新上市公司，并且发行价较低，从而区间涨幅远远大于行业整体水平。

表3-31　　上市券商市场表现（数据截至2015年7月8日）

证券简称	市盈率（TTM）	区间涨跌幅（%）2015年至今	收盘价（元）	每股收益（TTM）（元）
国信证券	26.55	111.42	21.33	0.88
东方证券	33.14	61.28	23.18	0.77
东兴证券	38.00	55.90	20.52	0.59
西部证券	75.35	44.63	27.03	0.39
国泰君安	25.12	-8.81	25.88	1.13
华泰证券	28.28	-14.67	20.54	0.80
国金证券	50.02	-16.13	16.58	0.33
山西证券	37.98	-19.81	12.83	0.37
海通证券	22.44	-20.90	18.80	0.92
招商证券	24.30	-21.32	22.07	1.00
东北证券	12.68	-24.44	15.06	0.73
国海证券	33.18	-25.43	12.87	0.43
兴业证券	23.18	-28.28	10.81	0.51
西南证券	24.16	-28.57	15.81	0.72
东吴证券	30.13	-28.66	15.91	0.58
广发证券	22.82	-29.08	18.27	0.88
光大证券	22.53	-29.44	20.09	0.98
国元证券	17.53	-30.03	21.75	0.88
中信证券	22.56	-30.89	23.43	1.14
方正证券	37.68	-31.16	9.70	0.28
太平洋	49.02	-32.61	9.55	0.21
申万宏源	39.04	-34.05	12.96	0.37
长江证券	16.28	-34.63	10.90	0.46

资料来源：Wind资讯。

（三）投资建议

在沪指从 2 000 多点上涨到 2015 年 6 月 12 日的过去 7 年来的最高点 5 178 点、A 股市值一度冲高到 60 万亿元的情况下，6 月 15 日开始突然掉头急速回落，连续三周由 5 166.35 的高位暴跌至 3 686.92，跌幅高达 29%。虽然上证综指断崖式下跌，但从 2015 年年初至今（截至 2015 年 7 月 8 日），上证综指仍然上涨 22.54%，而证券行业在 2015 年上半年市场表现较差，行业跌幅为 9.38%，高盛、摩根士丹利市场表现则强于标普指数。与上市公司整体相比较，上市券商净资产收益率高于整体、市场估值水平较低、市场表现远落后于其他行业。从 2015 年上半年上市券商业绩来看，经营稳定，盈利继续保持较快增长，共实现营业收入 1 669.24 亿元，同比增长 265.21%；实现净利润 807.74 亿元，同比增长 336.85%。在管理层不断利好刺激下，国家救市于 2015 年 7 月 9 日成功，期货涨停，创业板涨停，个股也几乎全线涨停。因此，市场交易的活跃及各项创新业务的收入贡献度越来越大，上市券商的业绩急剧增长，而上市券商整体被市场低估，像光大证券、西部证券以及国信证券不管业绩增速还是市场表现均较好，加上海通证券、华泰证券估值低于行业水平，因此，未来这五家上市券商具有比较优势的投资价值。

第四章
公司分析

公司分析的最终目的是为投资决策服务，是在宏观分析、行业分析的基础上，根据上市公司的业务、财务状况建立预测模式，进行盈利预测，给予股票估值下的投资决策。在公司分析中，有财务派和模式派两大类。财务派，主要以财务报表、财务指标为分析起点，观察公司业务经营的结果。在信息披露规范的前提下，已公布的财务报表是上市公司投资价值预测与证券定价的重要信息来源，为投资者进行买卖操作提供重要依据。在投资市场中，股价取决于该公司的经营状况，通过分析该公司提供的财务报表，可以对所要参与股票的股价进行分析，判断该股是高估还是低估。

第一节　公司研究的脉络与关注点

一、公司研究是选股的基础

公司研究的对象主要是上市公司，是证券投资分析的最终落脚点（见图 4 - 1）。上市公司通过证券市场完成企业发展的资本积累，实现资源的有效配置，再通过市盈率、市净率等指标综合反映实体经济与虚拟经济的发展水平与发展能力，并以其自主创造性、内生积累性、市场竞争力和社会影响度，成为带动现代经济发展最富活力的微观主体。同时，上市公司作为股票交易对象，是投资者投资的标的，在实际投资活动中必须要进行了解，否则投资收益将面临很大风险。

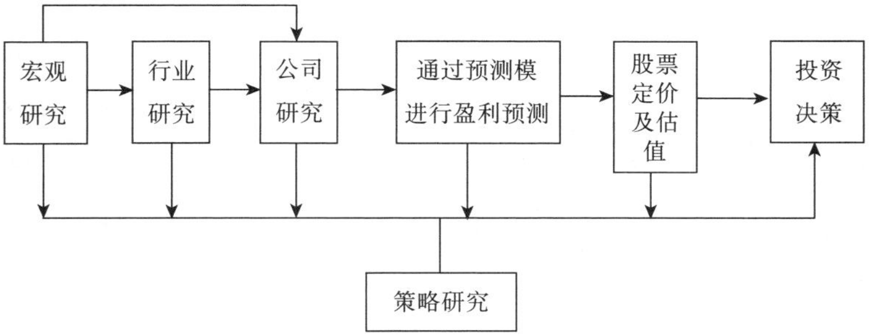

图 4-1 公司研究的定位

公司研究的最终目的是为投资决策服务，是在宏观分析、行业分析的基础上，根据上市公司的业务、财务状况，建立预测模式，进行盈利预测，给予股票估值情景下的投资决策。因此，无论是判断投资环境的宏观经济分析，还是选择投资领域的中观行业分析，都是为微观的上市公司分析服务。同时，无论投资线索来自于哪个层面，公司研究才是最终落脚点，即对具体投资对象的选择上才是投资决策的关键。

二、公司研究的脉络

在公司研究中，研究对象的选择是提供富有投资价值研究成果的关键，大多错误结论都是因为起点出错，更多研究信息只会强化错误观点。研究对象的选择可以从多个角度进行，但要做到“自上而下、自下而上、多重印证”（见图 4-2）。

上市公司有具体主营业务，并分属于某个行业，因此分析公司首先要把行业搞清楚，如行业的市场空间、生命周期、集中度、竞争状况、上下游状况、产品的技术含量、资产属性等等。其次，从公司过去开始进行一层层往下研究，理清公司的发展脉络，通过历史研究，判断公司的战略规划、执行情况、应对市场变化的情况、发展速度及管理层素质及文化特质。再次，分两个角度进行分析：一是从管理层、战略及竞争定位等战略管理方向进行；二是从经营状况、财务数据表现及核心竞争力等业务经营表现方向进行。最后，综合上述分析，给予公司估值水平。

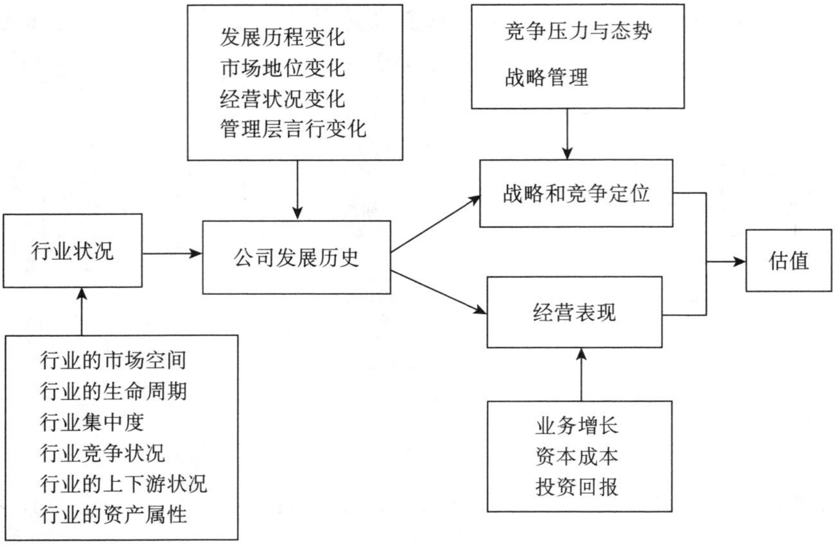

图 4－2　公司研究的分析框架

三、公司研究的信息来源及四大关注点

在对公司研究过程中，我们需要相关数据、信息等素材才能完成分析，并且公开资料搜集越详细越好。尽量多了解行业竞争对手情况，以便在调研和分析中做到客观、可靠。获取公司相关信息的途径有：（1）咨询公司报告、行业协会资料、会议资料；（2）招股说明书；（3）上市公告书；（4）年报、中报、季报；（5）重要公告；（6）媒体报告；（7）分析师研究报告；（8）实地调研及调研报告；（9）其他。

在公司研究中，有些信息与投资决策关系不大，而有些直接关系投资决策。因此，应去粗存精，抓住与投资决策有关的公司信息进行深入剖析，不要被信息迷惑或淹没，不要只获得 20% 的信息就决策，更不要因为追逐另外 20% 的信息不做决策。一般来说，在宏观研究、行业研究及证券市场比较分析的基础上，提炼投资线索，对以下六大点进行重复关注：公司治理、公司战略、营销策略、会计分析、报表分析、财务分析，然后对这些信息进行初步评估和公司调研，进行盈利预测，对公司估值后做出投资决策（见图 4－3）。

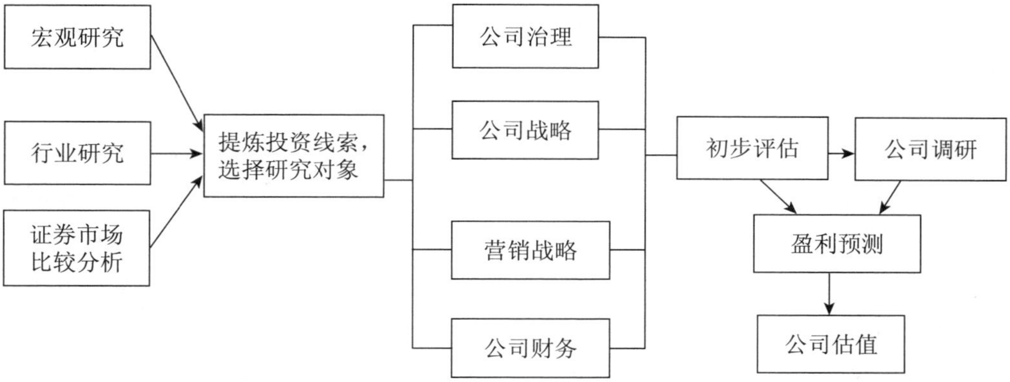

图 4-3　公司研究中的关注点

（一）关注公司治理

企业经营说到底是人的问题，缺少良好治理结构的公司很难给股东带来长期利益；好的公司治理可以在资本市场上给公司带来更高估值、更低的融资成本。一般从股东治理、董事会治理、监事会治理、经理层治理、信息披露、利益相关者治理六大维度对上市公司治理状况进行分析，需重点关注：（1）控股股东与少数股东的利益冲突；（2）管理层的价值取向与股东之间的利益冲突；（3）内部人控制及如何看待。

在关注、分析单个公司治理的同时，还应对上市公司治理指数及上市公司治理水平排名进行了解。作为国内最早发布并被誉为上市公司治理状况“晴雨表”的公司治理指数，每年都会由南开大学中国公司治理研究院（李维安教授）发布“中国上市公司治理指数”。如《2015 中国上市公司治理指数》显示：2003～2015 年中国上市公司治理水平不断提高，经历了 2009 年的回调后，趋于逐年上升态势，并在 2015 年达到新高 62.07。此外，中国社科院公司治理研究中心则会对中小板、创业板公司治理排行榜进行发布，在《2015 中国中小上市公司治理 50 强榜单》中，众生药业（002317）、新时达（002527）、鼎龙股份（300054）、华策影视（300133）、苏交科（300284）、史丹利（002588）等上市公司排名居前。

（二）关注公司战略

无论是一个国家、一个地区、一个行业，还是一个微观组织，都面临着发展战略管理的问题。作为现代公司，如果没有明确发展战略，就不可能在当今激烈的市场竞争和国际化浪潮冲击下求得长远发展。同时，企业如同人的成长一样，没有哪个战略会伴随企业一路走过，在不同的时期，运用何种战略对企业进行管理尤为重要。换句话讲，企业发展的成功率与企业战略选择的正确率成正比。因此，在公司研究中，对公司战略的关注是必不可少的，因为一个公司未来是否有发展潜力、是否具有投资价值，与公司高瞻远瞩的战略密不可分。在关注公司战略时，需要分析：（1）公司战略与内外环境的匹配度；（2）公司战略与公司治理的关系；（3）公司战略与营销战略和财务战略之间的关系；（4）公司的盈利模式与核心竞争力；（5）企业发展战略评估；（6）寻找企业价值的核心驱动因素。

在公司战略中，投资战略是用来规划企业长期财务活动的投资方向及其资源配置的去向，目的是在谋求协同作用效率的同时通过合理有效的配置资源，形成企业在资源配置上的竞争优势。然而产品不同生命周期对制定企业投资战略的要求不同。在企业产品的成熟阶段，企业的投资战略主要是实现企业价值的最大增值，通过并购扩张保持企业的稳步投资或将企业带入新的成长性行业，或通过专一化战略提升企业的核心竞争力，从而保持竞争优势。不同的投资战略会给公司带来不同的绩效反映，从而影响公司的股价变化。

（三）关注营销战略

“好酒也怕巷子深。”公司产品再好，如果没有实现销售而窝在手里，那么就是废品，甚至连废品也不如。营销战略是企业全部营销工作的基石，市场营销要制定企业的市场定位战略，发掘市场潜在需求，确立消费者品牌归属感，明确市场细分目标。制定营销战略的最终目的就是把产品推销出去，满足消费者需求。能否满足消费者需求直接关系到企业的市场份额和盈利，从而影响企业的生存与发展。因此，企业应该根据市场实际需求，站在战略的高度，以长远的角度，从全局出发来研究市场营销问题，策划新的整体市场营销活动。在关注营销战略中，应重点关注：（1）营销中的“4P”（产品、价格、渠道、促销）；（2）企业的营销组合优势；（3）竞争对手是否做得更好；（4）企业营销是否带来理想的财务效果。

现阶段，大多数企业的“天价促销”似乎更多地寄希望于通过促销引发轰动效应以便短期获利（如炒作、知名度），而忽略了营销活动最根本的使命——向消费者传递产品核心价值。随着互联网、大数据时代的到来，大数据精准营销概念在资本市场持续升温，上市公司通过参与投资或并购精准营销、数字营销企业实现向潜在消费者精准营销，如浙江富润（600070）收购泰一指尚100%股权，思美传媒

(002712) 2.9 亿元收购爱德康赛，华谊嘉信（300071）5.87 亿元全资收购好耶上海等大手笔布局数字营销领域。

（四）关注公司财务状况

公司财务状况是一定期间内经济活动过程及其结果的综合反映，体现为财务资金筹集与资金运用状况。但公司财务状况除了反映企业实际经营活动外，还与公司财务策略及会计政策的选择有关。因此，在关注公司财务时，主要从三个方面入手：(1) 公司财务策略，主要关注公司的投融资政策、资金投入需求、营运资本及长期资本管理、期限结构匹配及分红决策等；(2) 会计政策，主要关注公司采用的会计政策当中的风险点、与行业中其他公司会计政策比较（激进或保守）及公司会计政策变动的动机；(3) 财务报表，关注三大报表尤其是利润表中的营业业务收入、成本确认（构成分析，毛利率变化分析）、费用确认（三项期间费用变动原因、R&D、非经常性费用）、特殊损益项目及所得税等。

在投资决策时，除了对资产负债表、利润表、现金流量表和所有者权益变动表组成财务报告中的一手财务状况历史数据进行关注外，更应该关注公司的现状及未来发展。因此，需要对会计报表中的数据进行处理，得出一些有用的财务指标。这些指标可以反映企业现在的和未来的偿债能力、盈利能力、营运能力、现金流量能力和股东获利能力，帮助投资者更好地了解企业，预测企业的未来发展前景。

四、案例分析：公司战略——并购视角下腾讯控股投资价值分析

并购是企业所有权重组过程中最主要的形式，是企业成长的重要驱动力。成功的并购不仅可以促进有效的企业外部增长，也可以实现企业产业结构调整，让企业在更广阔的范围内和更科学的组织架构的基础上实现企业价值增长。互联网行业从来不缺并购，比如互联网龙头 GOOLE 自 2001 年以来共完成超过 125 起并购，阿里巴巴自 2005 年 4 月全资收购雅虎中国以来，把一个个互联网、电子、金融品牌招之麾下，腾讯控股自上市以来的并购投资活动也一直未停。这些互联网企业通过并购，不断获取优秀的技术、专业人才，用户资源和专利资源，促成公司逐渐壮大。以下分析腾讯公司战略之并购投资活动的变化趋势和特点以及并购推动下带来的投资价值。

（一）腾讯并购投资分析

深圳市腾讯计算机系统有限公司成立于1998年11月，是中国最大的互联网综合服务提供商之一，也是中国服务用户最多的互联网企业之一。2004年6月16日，腾讯公司在香港联交所主板公开上市（股票代号HK00700）。腾讯上市以来，对外并购投资支出呈现逐年增长之势，且累计超过648亿元之巨。

香港交易所对于一项资本交易是否需要即时披露，有一个"5%规则"，即：(1)交易的资产占总资产的5%；(2)交易资产的盈利能力占企业总利润的5%；(3)交易资产的创收能力占企业总收入的5%；(4)交易资产的对价占企业总市值的5%；(5)交易资产所涉及的股份数占企业总股份数的5%。以上5条只要满足任何一条即为必须强制披露的交易。

因此，虽说腾讯是上市公司，但其对外投资并购的全貌却并不为外界所知。在多数情况下，其并购行为并没有触及香港交易所强制披露的"上限"。腾讯超大的体量，让其收购标的显得相对"渺小"，因而鲜有触及"5%规则"。不过对于众多并未触及"5%规则"的交易，腾讯对少数金额较大的并购也进行了自愿披露，比如对华南城（01668. HK）、乐居（LEJU. NYSE）、58同城等上市公司的入股交易，以及对搜狗、大众点评、韩国CJ Game等非上市公司的入股交易。同时，在年报中，腾讯对于本年度的并购投资详情只是选择性地披露，并未逐一披露。正因如此，腾讯历年的投资并购详情对外界来说一直是个谜。因此，以下仅限于根据年报、已有资料以及相关公开信息，对腾讯上市以来的并购投资活动进行梳理和分析，旨在说明伟大的公司在成长过程中并购是其必须的经营手段，并且其成功并购带来的价值创造将会为股东带来丰厚的回报。

1. 并购历程表。根据资料整理，腾讯的并购投资活动主要分为三类：新收购的子公司（股权超过50%）、可供出售的金融资产以及于联营公司的投资。

(1)上市——2014年之前。腾讯上市之后，就开始布局子公司的收购（见表4-1）。2014年以前，腾讯共收购22家子公司，涉及金额4 944 754万元。除了北京永航科技有限公司、深圳市网域计算机网络有限公司、Riot Games、漫游谷、Level Up International等游戏公司外，其他如Joymax Development、南京网典科技有限公司、北京英克必成科技有限公司、北京市掌中量天下信息技术有限公司、广州云讯信息科技有限公司等主营电信增值服务的公司收购股权比例都是100%。

表 4－1　　腾讯上市后——2014 年以前新收购的子公司

年份	地点	并购标的	股权比例（%）	金额（千元）	主营业务
2005	中国广州	Foxmail	100.00	15 857	电子邮箱
2006	中国北京	Joymax Development（北京译码）	100.00	142 240	电信增值服务
	中国南京	南京网典科技有限公司	100.00	8 350	电信增值服务
2007	中国北京	北京英克必成科技有限公司	100.00	67 770	电信增值服务
	中国北京	北京市掌中量天下信息技术有限公司	100.00		电信增值服务
	中国北京	北京永航科技有限公司	63.90		网络游戏
	中国深圳	深圳市网域计算机网络有限公司	60.00	136 120	网络游戏
2008	中国广州	广州云讯信息科技有限公司	100.00	11 000	电信增值服务
	中国天津	天津手中万维网络科技有限公司	100.00		电信增值服务
2010	中国深圳	深圳市网域计算机网络有限公司	100.00	290 320	网络游戏
	中国北京	Comsenz Inc（康盛创想）	100.00	292 844	社区软件
2011	美国	Riot Games	92.78	244 2995	网络游戏
	中国北京	漫游谷	62.50	764 311	网络游戏
	中国	一家手机安全软件开发公司（可能是刷机大师）	100.00	102 800	手机软件
	中国	一家互联网服务公司（可能是 DNSPod）	100.00		互联网服务
	中国浙江杭州	一家手机同步软件公司（可能是魔乐软件）	100.00		手机软件
2012	新加坡	Level Up International	67.00	348 068	网络游戏
	欧洲	一家在线游戏信息服务公司（ZAM）	100.00	322 073	游戏信息服务
	中国	一家手机工具程序开发公司（可能是刷机精灵）	100.00		手机软件
	中国	一家书籍出版及在线阅读服务公司	51.00		电子图书
	中国	一家电商联营公司（可能是易迅）	58.00		电子商务
	中国	手机浏览器开发的联营公司（枫树浏览器）	100.00		手机软件

资料来源：公司年报及公开信息整理，新财富。

除了收购子公司外，腾讯还有不少可供出售的金融资产的股权投资（见表 4－2）。2014 年以前，腾讯共有 9 022 700 万元可供出售的金融资产，涉及公司超过 18 家。在年报中，可供出售的金融资产绝大多数并未详细披露公司的具体名称，但这些公司的主营业务主要是与互联网有关的网络游戏、社交网站及搜索引擎。从极少数公布的可供出售的金融资产名单中可以发现，腾讯采用“可供出售金融资产股权投资——收购公司”的路径进行并购投资活动，如深圳市网域计算机网络有限公司，在2005年，腾讯持有的股权比例为19.9%；而到2007年，腾讯则将其收购，持有的股权比例为60%。

表4-2　　腾讯上市后——2014年以前可供出售的金融资产

年份	地点	标的	股权比例（%）	金额（千元）	主营业务
2005	中国深圳	深圳市网域计算机网络有限公司	19.90	29 850	网络游戏
2006	韩国	GoPets Ltd	8.33	6 223	网络游戏
	不详	其他若干可供出售的金融资产		274 800	
2007	中国	1家中国网络游戏公司	15.00	38 650	网络游戏
	不详	1家中国境外游戏公司	5.25	6 282	网络游戏
	不详	其他若干可供出售的金融资产		3 534	
2008	中国	1家中国搜索引擎公司	10.70	20 477	搜索引擎
	不详	其他若干可供出售的金融资产		19 421	
2009	韩国	1家韩国网络游戏公司	13.99	37 017	网络游戏
	美国	1家美国网络游戏公司	7.50	20 496	网络游戏
	不详	其他若干可供出售的金融资产		9 769	
2010	俄罗斯	Mail. ru（上市公司）	7.56	2 047 904	社交网站
	韩国	1家韩国网络游戏公司	8.30	68 263	网络游戏
	印度	1家印度互联网公司	10.00	33 198	互联网信息
	韩国	1家韩国网络游戏公司	19.71	26 207	网络游戏
2011	中国北京	华谊兄弟（上市公司）	4.60	444 933	传媒影视
	中国香港	寰亚传媒（上市公司）	5.01	108 208	传媒影视
	中国香港	一家香港投资基金	5.00	321 709	金融投资
	不详	其他若干可供出售金融资产		612 795	
	中国浙江杭州	顺网科技（上市公司）	3.98	129 961	软件开发
	中国	1家中国投资基金	20.31	160 000	金融投资
	中国	1家中国电影公司	4.08	100 000	传媒影视
	开曼	1家开曼群岛投资基金	20.50	56 435	金融投资
2012	不详	包含若干认购或换股权		556 564	

续表

年份	地点	标的	股权比例（%）	金额（千元）	主营业务
2013	美国	美国一家电子商务公司（Fab）	不详	309 000	电子商务
	不详	1家合伙企业	不详	2 638 000	金融投资
	不详	其他可供出售金融资产		943 000	

资料来源：公司年报及公开信息整理，新财富。

腾讯的并购股权投资还体现在其他若干联营公司的投资上（见表4-3）。2014年以前，腾讯有超过25家联营公司投资，涉及金融超过1 149 150万元，包括elong旅行网、金山软件、文化中国传播等在线旅游、软件开发、传媒影视等上市公司。除此之外，还有少量共同控制实体的投资。如2010年对泰国一家互联网服务公司（Sanook）进行投资，持有股权比例为49.92%，涉及投资金额7 114万元。

表4-3　　腾讯上市后——2014年以前于联营公司的投资

年份	地点	投资标的	股权比例（%）	金额（千元）	主营业务
2008	越南	1家网络游戏公司（Vina Games）	20.02	303 059	网络游戏
	韩国	1家风险基金	25.00		风险投资
	不详	1家手机游戏开发商	30.00		手机游戏
2009	越南	1家网络游戏公司（Vina Games）	30.02	不详	网络游戏
2010	不详	7家联营公司	10.49	412 094	网络游戏
	不详	1家风险基金	27.25	不详	风险投资
2011	中国北京	elong旅行网（上市公司）	16.15	548 447	在线旅游
	中国北京	金山软件（上市公司）	15.28	741 817	软件开发
	中国上海	1家证券投资分析软件公司（益盟操盘手）	20.20	380 000	金融软件
	中国上海	1家电子商务公司（可能是易迅）	21.70	302 459	电子商务
	中国北京	1家电子商务公司（可能是高朋）	33.37	314 437	电子商务
	不详	其他若干联营公司		1 218 330	
	东南亚	1家东南亚网络游戏公司	31.25	不详	网络游戏
	中国北京	1家中国SNS公司（可能是开心网）	13.79	不详	社交网站

续表

年份	地点	投资标的	股权比例（%）	金额（千元）	主营业务
2012	中国北京	文化中国传播（上市公司）	8.00	201 578	传媒影视
	韩国	Kakao Corp	13.80	401 053	移动信息应用
	美国	Epic Games	48.40	2 087 217	网络游戏引擎
	不详	其他若干联营公司		280 010	
2013	中国北京	猎豹移动（原金山网络）	18.00	420 000	杀毒软件
	中国北京	搜狗	40.90	3 179 000	搜索引擎
	不详	其他若干联营公司及现有联营公司		702 000	

资料来源：公司年报及公开信息整理，新财富。

（2）2014年之后。2014年是腾讯并购投资大手笔的一年，并购投资总金额同比增长10倍。2014年年报显示，腾讯2014年先后入股包括京东、乐居、四维图新、58同城、华南城在内的多家公司，投入金额共计达到了406.28亿元（见表4-4）；而在2013年，腾讯在该项目上的投资合计45.3亿元，仅是2014年投入的1/10。为支持腾讯的内部发展措施，腾讯与京东进行战略交易，重新定位公司的电子商务业务，并透过向行业领袖（包括58同城、大众点评网、滴滴打车及口袋购物）进行战略投资及合作，持续丰富了公司的O2O生态系统。

表4-4　　腾讯2014年的股权投资（持股比例）

地点	标的	股权比例（%）	金额（千元）	主营业务
北京	科菱航睿	100.00	60 000	信息科技咨询
北京	京东（上市公司）	17.90	16 928 116	电子商务
北京	乐居（上市公司）	15.00	1 102 000	房产中介
北京	四维图新（上市公司）	11.28	1 173 000	在线地图
北京	58同城（上市公司）	19.90	4 568 000	分类信息
北京	猎豹移动（上市公司）	16.99	544 000	手机软件
香港	华彩控股（上市公司）	7.53	4 450 000	赌场与赌博
深圳	华南城（上市公司）	9.90	1 177 000	物流地产
中国	优酷土豆	20.00	18 600 000	在线视频
深圳	小米科技	20.00	4 000 000	智能手机

续表

地点	标的	股权比例（%）	金额（千元）	主营业务
韩国	CJ Games（上市公司）	28.00	3 231 000	网络游戏
韩国	PATI games	20.00	120 000	家庭娱乐软件
上海	大众点评	20.00	2 442 120	互联网软件
深圳	前海微众银行股份有限公司	30.00	900 000	私人商业银行
中国	中信资本控股有限公司	23.00	1 616 000	投资管理与顾问
不详	其他若干联营公司及现有联营公司	—	7 367 000	

资料来源：公司年报及公开信息整理。

除了年报披露的并购投资活动名单以外，腾讯还有诸多其他并购投资活动，可以称之为其是风险投资活动。腾讯的风险投资横扫上市公司和初创公司，包括国内国外的，超过 1 亿美元投资比比皆是，甚至 10 亿美元的额度也不在话下。从表4－5 中可以看出，腾讯除参与了如 e 袋洗、Scaled Interface 等的种子轮投资及人人贷、e 家洁、红点直播等的 A 轮投资，还有诸如刷机大师、我趣、Kamcord 等 B 轮投资以及挂号网、口袋购物其他公司的 C 轮投资和上市公司（华谊兄弟、万达）的投资。

表 4－5　　腾讯 2014 年的股权投资（未知持股比例）

投资标的	金额	主营业务
富途证券	千万元级别人民币	炒股平台
滴滴打车	C 轮投资 +7 亿美元	打车软件
人人贷	A 轮投资 1.3 亿美元（与挚信资本）	社交借贷网站
星创互联	14.4 亿元人民币	手机游戏
刷机大师	B 轮投资第一期数千万元人民币	手机软件
同程旅游网	C 轮投资 500 万元人民币	旅游预定网站
买卖宝	1 亿美元	电子商务
擎天柱	1.5 亿元人民币	游戏开发
Whisper（美国）	3 600 万美元	匿名社交应用
Picooc（有品）	B 轮投资 2 100 万美元（与京东）	智能硬件设备
e 袋洗	种子轮投资 320 万美元 +2 000 万美元	洗衣应用程序
Scaled Interface（美国）	种子轮投资 500 万美元	学习工具
跨考	B 轮投资 3 000 万元人民币	资格考试网站

续表

投资标的	金额	主营业务
万达	8.14 亿美元（与百度）	商业地产、高级酒店、文化旅游和连锁百货
e 家洁	A 轮投资 400 万美元	家政服务
AltspaceVR（美国）	种子轮投资 520 万美元	虚拟现实
丁香园	7 000 万美元	医疗保健网络社区
我趣	B 轮投资 7 000 万美元	在线旅行社
中石化	1 071 亿元人民币（与其他 24 个投资者）	石油石化
红点直播	A 轮投资 300 万美元	互联网广播网站
挂号网	C 轮投资约 1 亿美元	医疗网站
口袋购物	C 系列投资 3.5 亿美元（与老虎基金）	移动电子商务
Snapchat（美国）	A 轮投资 2 000 万美元（与红杉、H 资本 ZhenFund 和创新工场）	照片共享应用
华谊兄弟	36 亿元人民币（与另外二马）	电视、电影制作
人人快递	A 轮投资 1 500 万美元（与榕树基金）	快递
Creative Lab（韩国）	1.1 亿美元	游戏开发
Dots（美）	1 000 万美元（与 Greycroft Partners）	游戏开发
Aiming（日）	不详	游戏开发
迈外迪	C 系列融资 300 亿元人民币（与大众点评）	商用 WIFI 服务
Kamcord（美）	B 轮投资 1 500 万美元	移动游戏
面包旅行	C 轮融资 5 000 万美元（与宽带资本、富达亚洲）	旅行社交

资料来源：公开资料整理。

2. 并购投资数量变化趋势。统计数据显示，腾讯上市之后，就开始采用新收购子公司、可供出售金融资产及投资联营公司的方式进行并购投资。腾讯在 2014 年并购投资活动比上市以来的任何一年都表现更为活跃，并购投资了超过 46 家的公司，收购了北京科菱航睿 100% 的股权（见图 4－4）。

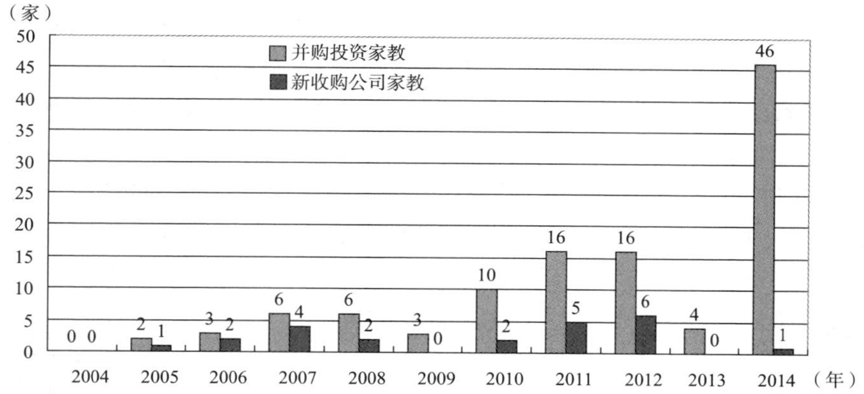

图 4－4　腾讯上市以来并购投资及新收购公司家数

注：资料显示不详、若干的以及通过公开资料未能搜索到的并购数量未包括在内，因此其实际并购投资数量至少超过图中所显示的数量。

资料来源：公司年报及公开信息整理。

3. 并购投资地域变化趋势。经过 10 余来年的深耕细作，腾讯的并购投资已走出国门，横跨亚欧美三洲。统计资料显示，韩国是腾讯的海外并购重点，美国是腾讯的另一个重要并购目标区域。除此之外，腾讯在东南亚的并购，除韩国外，主要分布于越南、泰国、印度、新加坡、中国香港等国家与地区（见表 4－6）。

表 4－6　　腾讯上市以来并购投资地域分布

地域分布	家数
韩国	14
美国	12
中国香港	4
欧洲	1
俄罗斯	1
印度	1
泰国	1
新加坡	1
越南	1
日本	1

注：资料显示不详、若干的以及通过公开资料未能搜索到的并购数量未包括在内，因此其实际并购投资的地域分布数量可能超过表中所显示的数量。

资料来源：公司年报及公开信息整理。

4. 并购投资金额变化趋势。统计数据显示，2010 年是腾讯对外并购投资的分水岭，2010 年以前的并购投资支出合计金额仅占 1.64%（10.63 亿元），而 2010 年之后的合计金额占比高达 98.36%（637.88 亿元）。2010 年之前，腾讯并购投资支出没有一年超过 4 亿元（腾讯上市的 2004 年的并购投资支出则为零），但 2010 年以后，腾讯并购投资支出一路飙升，数量级得到提升，从 2010 年的 32 亿元的并购投资支出，增加到 2014 年的 406.28 亿元，增长了 11.69 倍（见图 4－5）。

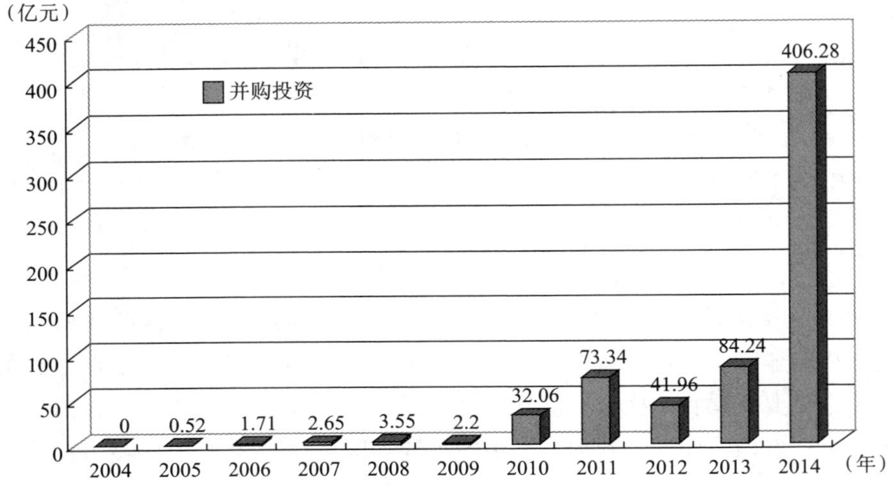

图 4－5　腾讯上市以来并购投资支出

注：资料显示不详、若干的以及通过公开资料未能搜索到的并购未包括在内，因此其实际并购投资的金额可能至少超过表中所显示的金额。

资料来源：公司年报及公开信息整理。

（二）并购推动下腾讯的投资价值

腾讯作为一个产业投资者，对于并购投资标的选择标准：一是以产业链战略协同的角度出发，重在谋求控制权；二是并不打算进行财务退出；三是对于某些关键并购投资标的，甚至可以承受收购之后短期内的巨亏。在这种并购投资标的选择标准下，其并购投资活动呈现出三大特征：（1）产业链投资，战略控制；（2）分阶段增持，鲜有退出；（3）重在培育，甚至接收亏损。

通过并购投资的外延式成长模式推动，腾讯上市以来，无论营业收入、净利润、ROE 还是股价表现，都为股东带来了丰厚的回报。

1. 经营指标：保持持续长期增长。营业收入、净利润的长期性增长才能反映人们对公司成长性的预期，短期增长则可能是偶然因素所致。从概率的角度上看，短期增长率并不能显著提高判断公司长期成长的机率。

从营业收入来看，2014 年腾讯实现营业收入 789.34 亿元，同比增长 30.60%，达到上市以来的营业收入最高水平（见图 4－6）。自上市以来，腾讯营业收入一直保持着较高水平的增长，平均年增长率为 54.49%，2006 年营业收入增长率高达 96.33%。

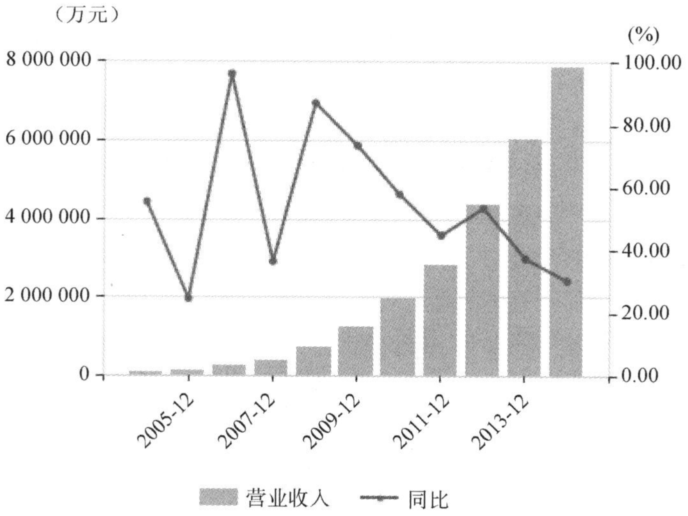

图 4－6 腾讯上市以来营业收入及增速

资料来源：Wind 资讯。

净利润同样也保持持续增长趋势（见图 4－7）。2014 年腾讯净利润为 238.10 亿元，同比增长 53.59%，达到上市以来净利润的最高水平。自上市以来，腾讯净利润一直保持着较高水平增长，平均年增长率为 50.88%，同样于 2006 年达到最高的净利润增速，为 119.18%。

2. 投资回报率：位居互联网公司市值前 10 的前列。作为直接衡量股东权益投入产出比的指标，净资产回报率（ROE）是观察公司成长性的重要指标之一。ROE 能够持续健康增长，表明该公司具有较大的潜力成为成长型公司。腾讯自上市以来，除 2004 年、2005 年外，净资产回报率都在 30% 以上，2009 年则高达 53.71%（见图 4－8）。

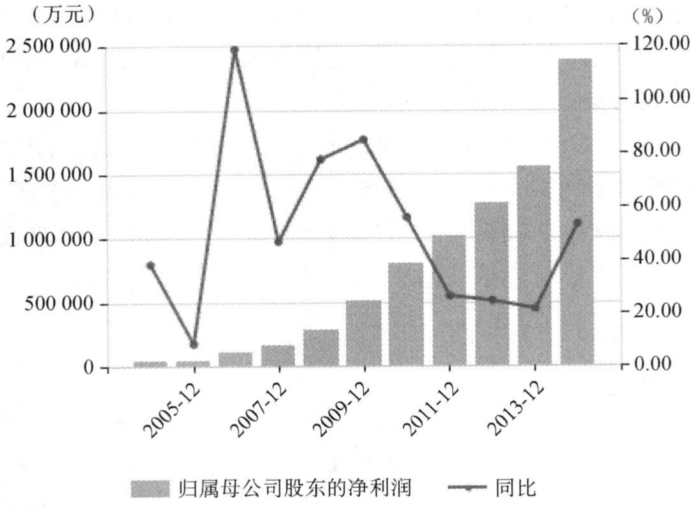

图 4-7 腾讯上市以来净利润及增速

资料来源：Wind 资讯。

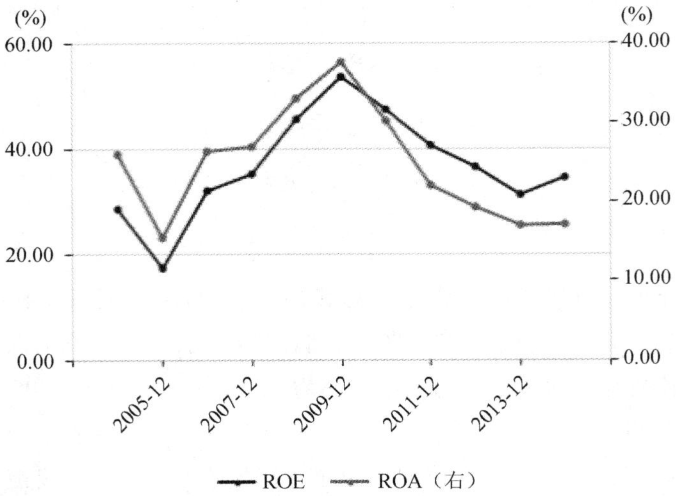

图 4-8 腾讯上市以来投资回报率

资料来源：Wind 资讯。

此外，2006 年以来，累计实现净利润 877.54 亿元，腾讯已实施现金分红 9 次，累计现金分红 95.78 亿元，分红率为 10.92%（见图 4－9）。

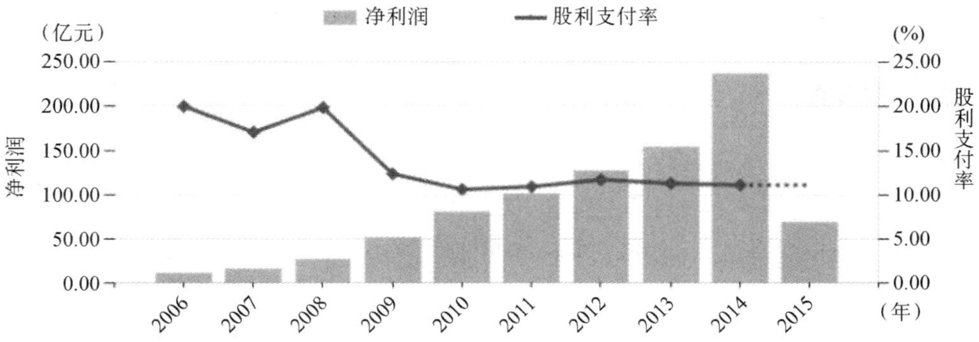

图 4－9　2006 年以来股利支付率

资料来源：Wind 资讯。

在互联网软件与服务行业最新市值前 10 中（见表 4－7），腾讯最近三年的净资产收益率排名都位居前列，远高于谷歌、雅虎、Facebook 的净资产收益率水平，其中腾讯 2014 年排名第一，2013 年及 2012 年排名第二。

表 4－7　　腾讯与同行业投资回报率比较　　（单位：%）

排名	代码	证券简称	ROE			ROA		
			2014	2013	2012	2014	2013	2012
1	0700. HK	腾讯控股	34.52	31.24	36.50	21.46	21.56	23.29
		最高值	34.52	32.63	50.58	29.55	22.71	36.95
		中位值	15.06	14.54	16.54	15.67	14.24	16.19
2	NTES. O	网易	21.80	24.74	25.25	19.88	22.71	24.64
3	BIDU. O	百度	29.32	32.63	50.58	17.70	21.66	34.99
4	GOOG. O	谷歌－CL C	15.06	16.25	16.54	14.34	14.24	16.19
5	GOOGL. O	谷歌－CL A	15.06	16.25	16.54	14.34	14.24	16.19
6	EBAY. O	EBAY	0.21	12.83	13.45	8.44	9.08	9.77
7	FB. O	Facebook	11.40	11.02	0.64	16.99	17.03	5.09
8	YHOO. O	雅虎	29.03	9.89	29.12	29.55	9.11	36.95
9	LNKD. N	LINKEDIN	－0.53	1.51	2.82	0.87	2.08	5.06
10	TWTR. N	推特	－17.57	－36.11	－12.63	－12.17	－30.51	－9.88

资料来源：Wind 资讯。

3. 市场表现：远强于同期恒生指数。上市以来，腾讯股价的走势就一直好于恒生指数（见图4－10）。从未复权股价走势来看，腾讯于2014年3月6日收盘价为630.5港元，达到历史最高值，是上市发行价3.7港元（2004年6月16日）的170倍。整整十年，腾讯在二级市场给投资者带来169倍的收益。2014年5月15日，腾讯实施股份分拆，1股拆成5股，经过复权计算，目前腾讯股价为142.4元。

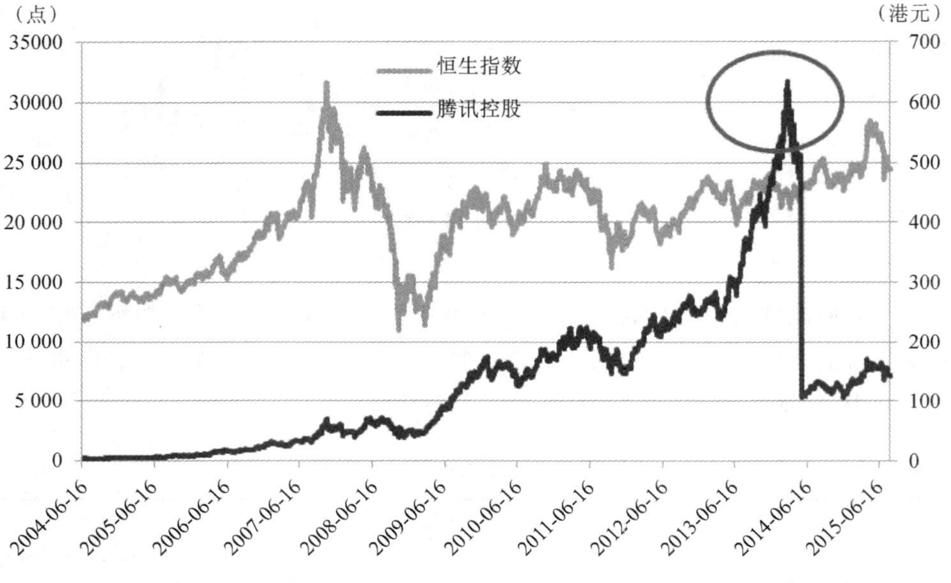

图4－10　腾讯上市以来股价走势（未复权）

资料来源：Wind资讯。数据截止到2015年8月5日。

除了实行股票拆分外，腾讯在上市期间，还进行过多次回购股票和现金分红。如果采用前复权计算，则自上市以来，腾讯股票涨幅最高为211.63倍（上市—2015年4月13日），远远超过同期恒生指数涨幅（1.30倍）（见图4－11）。

（三）投资建议

成功的并购，不仅可以促进企业有效的外部增长，也可以实现企业产业结构的调整，让企业在更广阔的范围内和更科学的组织架构基础上实现企业价值增长。腾讯作为一个产业投资者，自上市以来，就不断进行并购投资活动，在并购数量、金额以及并购地域分布上，呈现出上升趋势和地域分布越趋广泛，其并购投资活动呈现出三大特征：（1）产业链投资，战略控制；（2）分阶段增持，鲜有退出；（3）重在

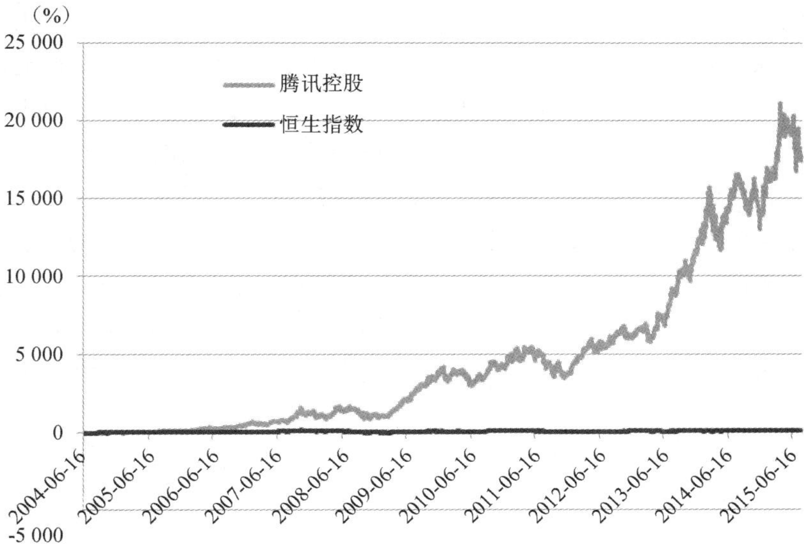

图 4－11 腾讯上市以来股价涨幅（前复权）

资料来源：Wind 资讯。数据截止到 2015 年 8 月 5 日。

培育，甚至接收亏损。通过并购投资的外延式成长模式推动，腾讯上市以来，无论营业收入、净利润、ROE 还是股价表现，都为股东带来了丰厚的回报。在 2014 年完成高达 40 多家并购投资活动后的 2015 年，腾讯的并购投资活动并未停止，重点投资 O2O、医疗健康、旅游、电商领域，上半年已完成并购投资活动超过 25 起。最近（2015 年 8 月 4 日），腾讯又向艺龙伸出橄榄枝，以每股 18 美元的价格收购除携程、铂涛和腾讯自己等艺龙股东外的全部艺龙流通股，实行非约束性私有化要约收购。虽然有些当期的并购投资活动对腾讯的贡献并不能很快兑现，并且有可能短期内还是处于亏损状态，但是随着并购带来优秀的技术、专业人才、用户资源和专利资源等的整合，将会为腾讯创造价值，为股东带来丰厚的回报。因此，从现在时点来看看，腾讯未来具有非常高的投资价值。

第二节　公司财务分析

在公司分析中，有财务派和模式派两大类。财务派，主要以财务报表、财务指标作为分析起点，观察公司业务经营的结果。模式派，主要从经营模式出发，分析竞争力和未来成长空间。在财务状况分析中，财务报表通常被认为是最能够获取有关公司信息的工具。在信息披露规范的前提下，已公布的财务报表是上市公司投资价值预测与证券定价的重要信息来源，为投资者进行买卖操作提供重要依据。

在投资市场中，股价取决于该公司的经营状况，而其经营状况主要是通过财务报表的方式呈现出来。对于所要参与股票的股价进行分析，判断该股是高估或者低估，都是通过分析该公司提供的财务报表来实现的。因此，不论是进行短线投资，抑或是中长线投资，投资者都必须要清楚损益表及公司资产负债表上所有数字的意义，而且还需要进一步对财务比率进行分析，清楚了解公司的经营状况、盈利状况及财务状况。

一、解读三大财务报表

（一）资产负债表：过去的财务记录

资产负债表是企业基本财务报表之一，它是一张平衡表，是以“资产 = 负债 + 所有者权益”这一会计恒等式为基础，反映企业某一时点（某一特定日期）资产状态、负债情况和所有者权益的报表。资产负债表分为“资产”和“负债 + 所有者权益”两部分。“资产”部分，反映企业的各类财产、物资、债权和权利，按照变现先后顺序表示，依强到弱的顺序排列为流动资产和非流动资产。“负债 + 所有者权益”部分，包括负债和所有者权益两项。其中，负债表示公司所应支付的所有债务，按照负债偿还的先后顺序排列为流动负债和非流动负债；所有者权益表示公司的净值，即在偿清各种债务之后，公司股东所拥有的资产价值，按照其永久性程度递减的顺利列示，先实收资本、后资本公积、盈余公积、未分配利润。资产负债表包括的主体部分见表 4 – 8 所示。

表 4 – 8　资产负债表主体部分

资　产	负债及所有者权益
流动资产	流动负债
非流动资产	非流动负债
	所有者权益

资产负债表的主要项目解释如下：

1. 资产方：控制的资源。资产，分为流动资产和非流动资产。

流动资产是指企业可以或准备在1年内或者超过1年的一个营业周期内转化为货币、或被销售或被耗用的资产。按照各流动资产变现能力的强弱，依次按货币资金、交易性金融资产、应收票据、应收账款等项目列示。货币资金是指企业生产经营过程中停留于货币形态的那部分资金，具有可立即作为支付手段并被普遍接受的特性。按照货币资金的存放地点及其用途的不同，货币资金可分为库存现金、银行存款及其他货币资金。交易性金融资产是指企业为了近期内出售而持有的金融资产。如通常情况下，以赚取差价为目的从二级市场购入的股票、债券和基金等。应收票据是指企业因赊销产品、提供劳务等在采用商业汇票结算方式下收到的商业汇票而形成的债权。应收账款是指企业因赊销商品、材料、提供劳务等业务而形成的商业债权。

非流动资产主要包括存货、可供出售的金融资产、投资性房产、长期应收款、无形资产。存货是指企业在日常活动中持有以备出售的产成品或商品、处在生产过程中的在产品、在生产过程或提供劳务过程中耗用的材料、物料等。可供出售的金融资产是指企业初始确认时即被指定为可供出售的非衍生金融资产，以及没有划分为以公允价值计量且其变动计入当期损益的金融资产、持有至到期投资、贷款和应收款项的金融资产。投资性房地产是指为赚取租金或资本增值，或两者兼有而持有的房地产。长期应收款是指企业融资租赁产生的应收款项和采用递延方式分期收款、实质上具有融资性质的销售商品和提供劳务的功能经营活动的应收款项。固定资产是指使用期限较长、单位价值较高、并在使用过程中保持其实物形态基本不变的资产项目。无形资产是指企业拥有或者控制的没有实物形态的资产，包括专利权、商标权、著作权、土地使用权、非专利技术、商誉等。

2. 负债方：现时的义务。负债，分为流动负债和非流动负债。

流动负债是指将在1年内或超过1年的一个营业周期内偿还的债务。流动负债主要包括短期借款、交易性金融负债、应付票据、应付账款、预收账款、应付职工薪酬。短期借款是指企业从银行或其他金融机构借入的期限在1年以内的各种借款。交易性金融负债是指企业采用短期获利模式进行融资所形成的负债。应付票据是指由出票人出票、委托付款人在指定日期无条件支付特定的金额给收款人或者持票人的票据。应付账款是指企业因赊购原材料等物资或接受劳务供应而应付给供应单位的款项。预收账款是指企业商品销售尚未发生或劳务尚未提供，而向购货方收取的贷款或定金。应付职工薪酬是指企业为获得职工提供的服务而应付给职工的各种形式的报酬以及其他相关支出。

非流动负债是指偿还期在1年或超过1年的一个营业周期以上的债务。非流动负债主要包括长期借款、应付债券、长期应付款、专项应付款、预计负债。长期借款是指企业向银行或其他金融机构借入的期限在1年以上的款项。应付债券是指企业为筹集长期资金而发行的偿还期在1年以上的债券。长期应付款是指企业除长期借款和应付债券以外的其他各种长期应付款。专项应付款是指企业取得的政府作为企业所有者投入的具有专项或特定用途的款项。预计负债是因或有事项而确认的负债。

3. 所有者权益方：享有的经济利益。所有者权益是指企业资产扣除负债后由所有者享有的剩余权益，包括实收资本、资本公积、盈余公积、未分配利润。实收资本是指企业实际收到的投资者投入的资本额，包括国家资本、法人资本、个人资本和外商资本。资本公积是指企业收到投资者的超出其在企业注册资本中所占份额的投资，以及直接计入所有者权益的利得和损失等。盈余公积是指从净利润中提取的、具有特定用途的资金，包括法定盈余公积、任意盈余公积和公益金。未分配利润是指企业净利润分配后的剩余部分，即净利润中尚未指定用途的、归所有者所有的部分。

资产、负债和所有者权益下设的所有会计科目构成企业的资产负债表。由于不同的企业包含的资产、负债和所有者权益的下设的会计科目有所不同，因而企业乃至同行业的企业资产负债表都大有不同。

（二）解读利润表：显示经营成果的“快照”

利润表是反映企业经营成果的报表，利润表中上下项目之间存在计算程序上的承接关系。阅读利润表应该按照从上至下的顺序进行。从利润表中，我们可直接获取营业利润、投资收益、利润总额、所得税、净利润。

1. 利润表的“恒等式”。在利润表中，从头到尾的加减运算中，体现出“利润 = 收入 - 费用”恒等式，称为第二恒等式（“资产 = 负债 + 所有者权益”称为第一恒等式）。

- 收入：企业在销售商品、提供劳务及让渡资产使用权等日常活动中形成的经济利益的总流入，包括销售商品收入、劳务收入、利息收入、使用费收入、租金收入、股利收入等，但不包括为第三方或者客户代收的款项。
- 费用：企业在销售商品、提供劳务等日常活动所发生的经济利益的流出，包括企业为生产产品、提供劳务而发生的各种耗费。
- 利润：企业在一定会计期间的经营成果，是企业在一定会计期间内实现的收入减去费用后的净额。

收入包括营业收入和营业外收入两大项，费用（成本）则包括营业成本和营业外支出两大项；通过加减运算，最后依次得出利润总额、净利润和每股收益。利润表的格式和运算过程见表4－9所示。

表4－9　　机器人利润表（2012）　　（单位：元）

	本期金额	上期金额
一、营业总收入	1 044 419 979.13	783 560 295.36
其中：营业收入	1 044 419 979.13	783 560 295.36
利息收入	—	—
已赚保费	—	—
手续费及佣金收入	—	—
二、营业总成本	894 352 629.27	660 155 154.87
其中：营业成本	752 589 769.50	546 098 394.87
利息支出	—	—
手续费及佣金支出	—	—
退保金	—	—
赔付支出净额	—	—
提取保险合同准备金净额	—	—
保单红利支出	—	—
分保费用	—	—
营业税金及附加	6 787 936.02	4 744 696.89
销售费用	13 553 489.00	11 807 525.34
管理费用	111 307 483.32	93 017 571.54
财务费用	－1 496 543.02	－3 207 752.88
资产减值损失	11 610 494.45	7 694 719.11
其他经营收益	－1 884 366.11	2 044 098.46
加：公允价值变动收益（损失以“－”填列）	—	—
投资收益（损失以“－”填列）	－1 884 366.11	2 044 098.46
其中：对联营企业和合营企业的投资收益	－1 884 366.11	2 044 098.46
汇兑净收益	—	—
三、营业利润	148 182 983.75	125 449 238.95
加：营业外收入	97 746 539.88	71 394 585.69
减：营业外支出	38 722.64	2 342 281.39
其中：非流动资产处置净损失	33 057.64	65 637.30
四、利润总额（亏损总额以“－”填列）	245 890 800.99	194 501 543.25
减：所得税费用	32 584 095.69	26 809 848.61
五、净利润（亏损总额以“－”填列）	213 306 705.30	167 691 694.64

续表

	本期金额	上期金额
其中：被合并方在合并前实现的净利润	5 290 643.51	8 025 498.79
归属于母公司所有者的净利润	208 016 061.79	159 666 195.85
少数股东权益	5 290 643.51	8 025 498.79
六、每股收益：	—	—
（一）基本每股收益	0.7000	0.5400
（二）稀释每股收益	0.7000	0.5400
七、其他综合收益	—	—
八、综合收益总额	—	—
归属于母公司所有者的综合收益总额	208 016 061.79	159 666 195.85
归属于少数股东的综合收益总额	5 290 643.51	8 025 498.79

资料来源：机器人2012年年报。

2. 利润表的“三大关键要素”。阅读与分析利润表，首先要看清利润表的三个主要构成部分。

（1）营业收入：“主业”收入情况。营业收入是企业通过销售产品或对外提供劳务而获得的新资产，其形式通常为现金或应收账款等项目。对一般公司来说，销售收入是公司最重要的营业收入来源。一般而言，公司的营业收入通常与它的营业活动有关，但也有一些公司营业收入的某些部分与其自身的业务并无关系，比如，机器人（300024）2012年营业收入为1.04亿元，主营业务收入为1.03亿元（见表4-10）。因此，区分营业收入（主营业务收入）和其他来源的收入有重要的意义。

表4-10　　机器人主营业务情况（2012）

产品名称	营业收入		营业成本	
	金额（元）	占比（%）	金额（元）	占比（%）
自动化装配与检测生产线及系统集成	354 244 594.98	33.92	248 359 566.28	33.00
物流与仓储自动化成套装备	317 466 239.35	30.40	238 471 094.70	31.69
工业机器人	300 334 025.88	28.76	219 232 923.87	29.13
交通自动化系统	57 891 943.54	5.54	42 730 924.33	5.68
合计	1 029 936 803.75	98.62	748 794 509.18	99.50

资料来源：Wind资讯。

（2）营业总成本：“主业”花钱情况。营业总成本是企业为获得营业收入而使用各种财物或服务所发生的耗费（见表4-11）。营业成本是一般公司最大的一笔费用，它包括原材料耗费、生产人员工资、生产设备设施折旧和一般费用。一般费用包括水电杂费、物料费和其他非直接加工费。营业成本以外的销售费用和管理费用包括广告费、运输费、行政管理费、行政管理人员薪水、一般办公费用。财务费用是指用以偿付债务的费用。

表 4－11　营业总成本构成

	项目	构　　成
营业总成本	营业成本	生产人员薪酬、原材料费、生产设备设施折旧、水电费
	营业税金	营业税、消费税、资源税
	管理费用	行政管理人员薪酬、办公费、无形资产摊销、房产税、土地使用税、印花税
	销售费用	广告费、运输费、销售人员薪酬、销售机构经费
	财务费用	利息支出

（3）营业利润：“主业”赚钱情况。营业收入减去营业成本就可计算出上市公司的营业利润。虽然该利润并非最终净利润，但其重要性比净利润大。从营业利润中投资者可以大致了解上市公司所从事的经营业务是不是赚钱以及赚钱的效率如何。

（三）解读现金流量表：检验“造血”的试金石

现金流量表，是反映企业会计期间内经营活动、投资活动和筹资活动等对现金及现金等价物产生影响的会计报表。现金流量表为投资者提供了上市公司在一定会计期间内现金流入与流出的有关信息。现金流量表把现金分为三类，即经营活动产生的现金流量、投资活动产生的现金流量、筹资活动产生的现金流量三个部分。

1. 经营活动产生的现金流量：“造血”的关键所在。经营活动是指企业投资活动和筹资活动以外的所有交易和事项。经营活动产生的现金流量，指的是所有能影响利润变化的营业活动，如产品销售、支付薪酬、购买原材料等。

在现金流量表的这三个类别中，经营活动产生的现金流量最重要；而在经营活动现金流量中，“经营活动产生的现金流量净额”尤其重要，这个数据可以视为现金版的净利润。把经营活动产生的现金流量净额与净利润做比较：一般来讲，当经营活动产生的现金流量净额小于净利润时，发出“报忧”信号；当经营活动产生的现金流量净额大于净利润时，发出“报喜”信号。不过还需结合应收账款、存货、预收账款，具体情况具体分析。

2. 投资活动产生的现金流量：具体情况具体分析。投资活动是指企业长期资产的购建和不包括在现金等价物范围内的投资及其处置活动。这里的长期资产是指固定资产、在建工程、无形资产、其他资产等持有期限在1年或一个营业周期以上的资产。投资活动主要包括取得和收回投资、购建和处置固定资产、无形资产等等。

3. 筹资活动产生的现金流量："输血"之路如何。筹资活动是指导致企业资本及债务规模和构成发生变化的活动。这里所说的资本，包括实收资本（股本）、资本溢价（股本溢价）、与资本有关的现金流入和流出项目，包括吸收投资、发行股票、分配利润等。这里"债务"是指企业对外举债所借入的款项，如发行债券、向金融企业借入款项以及偿还债务等。

值得注意的是，有时一笔现金流动会造成现金流量中多种类别数额的改变，如上市公司偿还银行贷款的本金及利息，本金部分是属于筹资活动的现金流出，而利息部分是属于经营活动的现金流出。

二、财务比率指标

财务报表分析的内容非常广泛，不同的人、不同的目的、不同的数据范围有不同的分析方法。一般来说，我们会从偿债能力、营运能力、成长能力及盈利能力四个方面对企业的财务报表进行分析，并对应不同的财务比率指标。

（一）偿债能力指标

偿债能力指标反映企业现有资产偿还债务（含本金和利息）的能力，并揭示出企业财务风险的大小。企业的偿债能力按时间的长短分为短期和长期，衡量短期偿债能力指标主要有流动比率、速动比率、现金比率，衡量长期偿债能力指标主要有产负债率、利息保障倍数、权益乘数（见表4-12）。

表4-12　　偿债能力指标

偿债能力指标	指标	公式
短期	流动比率	流动比率=流动资产/流动负债×100%
	速动比率	流动比率=速动资产/流动负债×100%
	现金比率	现金比率=（现金+现金等价物/流动负债）×100%
长期	资产负债率	资产负债率=负债总额/资产总额×100%
	利息保障倍数	利息保障倍数=息税前利润/利息费用
	权益乘数	权益乘数=资产总额/所有者权益总额

（二）营运能力指标

营运能力指标反映企业资产管理水平和资金周转状况，营运能力的强弱关键取决于周转速度（见表4－13）。一般来说，周转速度、资产的使用效率越高，则营运能力越强。所谓周转率即企业在一定时期内资产的周转额与平均余额的比率，反映企业资金在一定时期的周转次数。资产周转率指标分为总资产周转率以及各种分类单项的资产周转率。

表4－13　　营运能力指标

营运能力指标	指标	公　式
总项指标	总资产周转率	总资产周转率＝营业收入/平均资产总额
单项指标	应收账款周转率	应收账款周转率＝营业收入/平均应收账款
	存货周转率	存货周转率＝营业成本/平均存货
	流动资产周转率	流动资产周转率＝营业收入/平均流动资产
	固定资产周转率	固定资产周转率＝营业收入收入/平均固定资产净值

（三）盈利能力指标

盈利能力是指企业在一定时期内获取利润的能力，是一个利润相对于资源投入而获得的相对概念（见表4－14）。盈利能力不仅关系到企业所有者的利益，也是企业偿还债务的一个重要来源。利用盈利能力指标可以反映和衡量企业的经营业绩，也能够分析发现日常经营管理中存在的问题。企业的盈利能力指标变动通常被资本、资产、现金流量等多方面因素制约影响。

表4－14　　盈利能力指标

盈利能力指标	指标	公　式
与销售收入有关	销售毛利率	销售毛利率＝营业毛利额/营业收入 ＝（营业收入－营业成本）/营业收入
	销售净利率	销售净利率＝净利润/营业收入

续表

盈利能力指标	指标	公　　式
与总资产有关	总资产报酬率	总资产报酬率 = 息税前报酬总额/平均资产总额
	总资产利润率	总资产利润率 = 利润总额 / 资产平均总额
	总资产净利率	总资产净利率 = 净利润总额 / 资产平均总额
单项指标	净资产收益率	净资产收益率 = 净利润/平均净资产
与经营现金流有关	盈余现金保障倍数	盈余现金保障倍数 = 经营现金净流量/净利润

（四）成长能力指标

成长能力指标是通过企业有关增长率来反映企业的扩张能力和持续发展能力（见表4－15）。成长能力指标主要有总资产增长率、营业收入增长率、净利润增长率和资本增长率。通过这些指标能够分析企业的未来发展趋势，包括企业规模的增加、利润和所有者权益的增加。

表4－15　　　　成长能力指标

成长能力指标	指标	公　　式
与总资产有关	总资产增长率	总资产增长率 = 报告期总资产增长额/基期总资产 ×100%
与营业收入有关	营业收入增长率	营业收入增长率 = 报告期营业收入增长额/基期营业收入 ×100%
与净利润有关	净利润增长率	净利润增长率 = 报告期净利润增长额/基期净利润 ×100%
与资本有关	资本增长率	资本增长率 = 报告期所有者权益增长额/基期所有者权益 ×100%

三、杜邦分析

杜邦分析，是利用几种主要的财务比率之间的关系来综合分析企业的财务状况、经营能力的一种方法。杜邦分析最显著的特点是将各种不同的财务比率按其内在联系有机结合起来，最终通过权益率来反映其指标。杜邦分析将有关分析指标按内在联系加以排列，从而直观地反映出企业的财务状况和经营成果的总体面貌（见图4－12）。

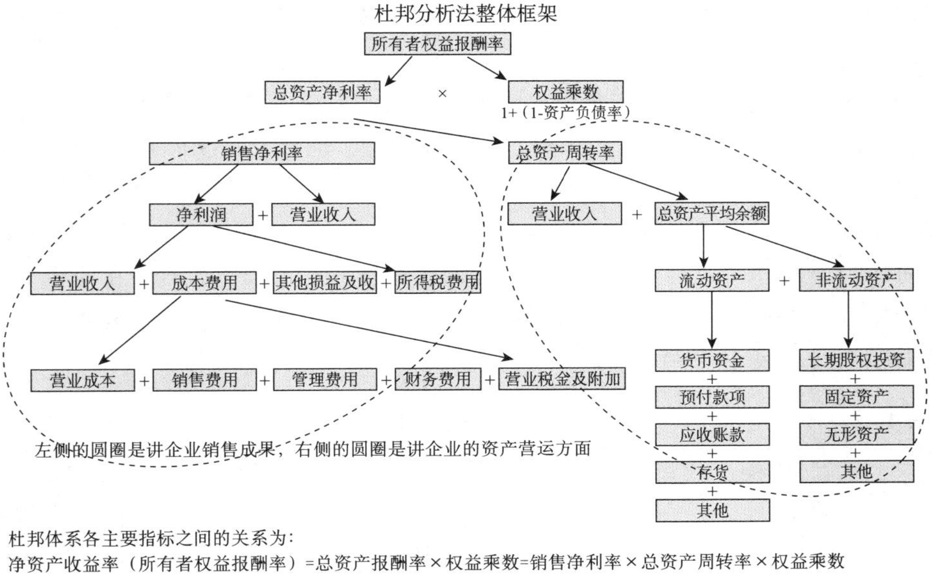

图 4－12　杜邦分析图

根据杜邦分析图，可以得出：

$$
\begin{aligned}
\text{净资产收益率} &= \text{总资产净利率} \times \text{权益乘数} \\
&= \text{销售净利率} \times \text{总资产周转率} \times \text{权益乘数} \\
&= \frac{\text{净利润}}{\text{销售收入}} \times \frac{\text{销售收入}}{\text{总资产}} \times \frac{\text{总资产}}{\text{股东权益}}
\end{aligned}
$$

其中，净资产收益率位于杜邦分析体系的核心，是综合性极强的财务指标，反映所有者投入资本的获利能力，反映企业筹资、投资、资产运营等活动的效率，它的高低取决于总资产利润率和权益总资产率的水平。净资产收益率的高低由总资产净利率和权益乘积决定，而总资产净利率受销售净利率和总资产周转率的影响。因此，决定净资产收益率高低因素是销售净利率、总资产周转率、权益乘数。

（1）销售净利率是指净利与销售收入的百分比，即净利（税后利润）除以销售收入。销售净利率反映的是企业每一元销售收入带来的净利润的多少，表示销售收入的收益水平。销售净利率的提高，能够提升企业的净资产收益率，也是最好的公司运营模式。

（2）总资产周转率是销售收入与总资产的百分比，即销售收入除以总资产。总资产周转率体现了企业经营期间全部资产从投入到产出的流转速度，反映了企业全部资产的管理质量和利用效率。提高总资产周转率，也能提高净资产收益率的整体水平。

（3）权益乘数主要受资产负债率影响。负债比率越大，权益乘数越高，说明企业有较高的负债程度，给企业带来较多地杠杆利益，也给企业带来了较多风险。

因此，企业净资产收益率的提高可以通过提高“销售净利率、总资产周转次数及权益乘数”三种途径实现，并对应着“高净利率、高周转、高杠杆”三种模式。以中海地产、万科A及泰禾集团三家典型的地产行业上市公司为例，在同样的卖房模式和保持着20%左右的净资产收益率下，三家公司净资产收益率构成要素各贡献比相差很大（见表4-16）。

表4-16 高净资产收益率模式

股票代码	名称	净资产收益率（%）	销售净利率（%）	总资产周转率（%）	权益乘数	高净资产收益率模式
00688.HK	中海地产	20.86	25.00	28	2.67	高净利率
000002.SZ	万科A	19.61	13.50	32	4.54	高周转
000732.SZ	泰禾集团	201.15	11.50	25	7.01	高杠杆

资料来源：Wind资讯。

四、基于投资视角的财务分析：春秋航空

在阐述完如何进行公司财务分析后，以春秋航空（601021）为例，从投资的角度分析其相关的财务数据和财务指标，旨在判断春秋航空的投资价值。春秋航空（Spring Airlines）是首个中国民营资本独资经营的低成本航空公司专线，也是首家由旅行社起家的廉价航空公司，是继中国国航、东方航空、南方航空、海南航空四大国有航空在国内A股市场上市后第一家成功登陆A股市场的民营资本航空公司（上市时间2015年1月21日）。

（一）春秋航空主要会计要素分析

根据春秋航空2011年至2014年财务报表，分类对总资产、净资产、净利润、每股收益等主要会计要素进行分析，比较春秋航空与同行业的民营航空公司（吉祥航空）以及航空业平均指标之间的关系，对春秋航空的行业地位以及综合表现作出判断。

1. 总资产。从图 4－13 可以看出，春秋航空和吉祥航空作为民营航空企业，其规模明显低于行业平均水平，却呈现出逐年增长的趋势。春秋航空的总资产在 2011 年是 48.42 亿元，低于吉祥航空的 50.43 亿元，但随后三年，春秋航空总资产远高于吉祥航空，并于 2014 年达到 112.61 亿元，是吉祥航空的 1.4 倍。虽然总资产的规模并不能完全与公司的盈利能力相当，但是总资产在很大程度上也决定着企业的实际竞争实力。

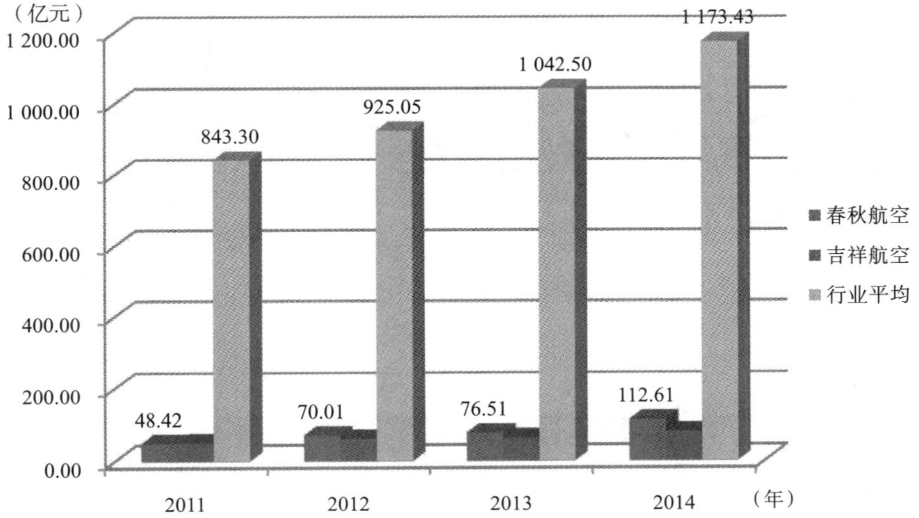

图 4－13 春秋航空总资产

资料来源：Wind 资讯。

2. 净资产。净资产代表了公司股东在企业的权益，那么公司股东自然希望公司的净资产越多越好。通过图 4－14 可以看出，春秋航空的净资产总额是在不断上升的，并且其总体数额毫无疑问是大于吉祥航空并以稳定的趋势增加，说明企业对股东所有的分配能力在不断上升，并且这一层面上的公司股票具有吸引力。

3. 净利润。对于企业来讲，净利润的多少说明了企业的盈利能力。2011 年，整个航空业的盈利状况都相当不错，春秋航空净利润为 4.83 亿元，低于吉祥航空（见图 4－15）。在之后的 2012～2014 年，伴随着整个航空业的收入疲软，净利润水平也出现了大幅度下滑，但春秋航空净利润呈现逐年上升的趋势，并且远高于吉祥航空的净利润水平。

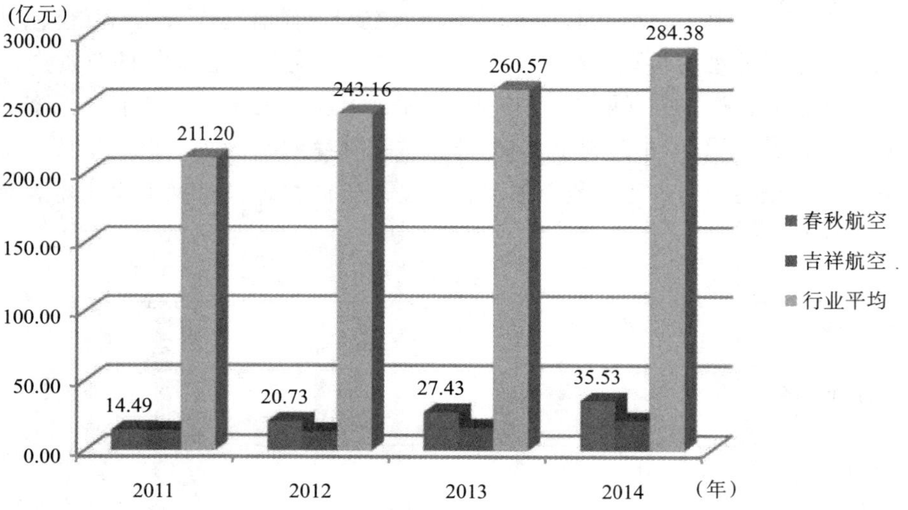

图 4－14　春秋航空净资产

资料来源：Wind 资讯。

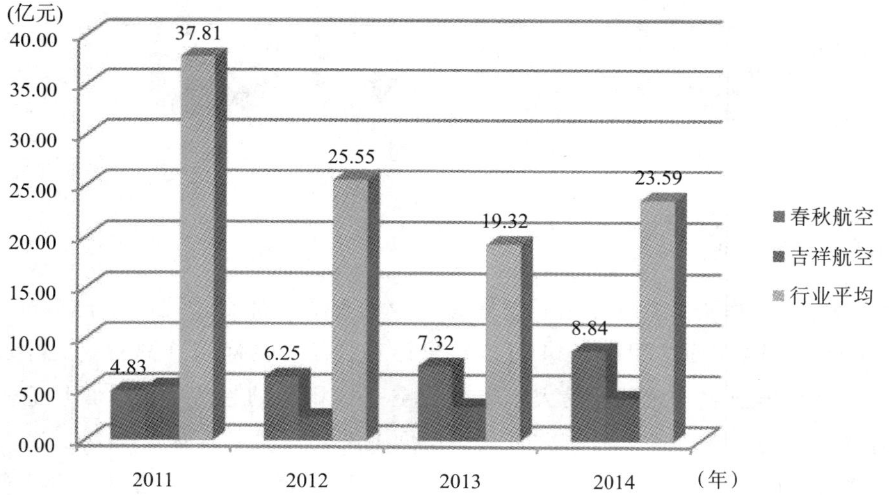

图 4－15　春秋航空净利润

资料来源：Wind 资讯。

对于股东以及市场投资者来说，每股收益是衡量公司投资价值的重要指标之一。通常情况下，每股收益当然是越大越好，但每股收益的数额并不代表股利分配的多少。根据图 4－16，春秋航空的每股收益处于上升状态，而行业平均水平和吉祥航空的每股收益则远远低于春秋航空。虽然春秋航空的净利润额低于国有航空公司，但相对于每个股东能够获得的收益则远高于国有航空公司。

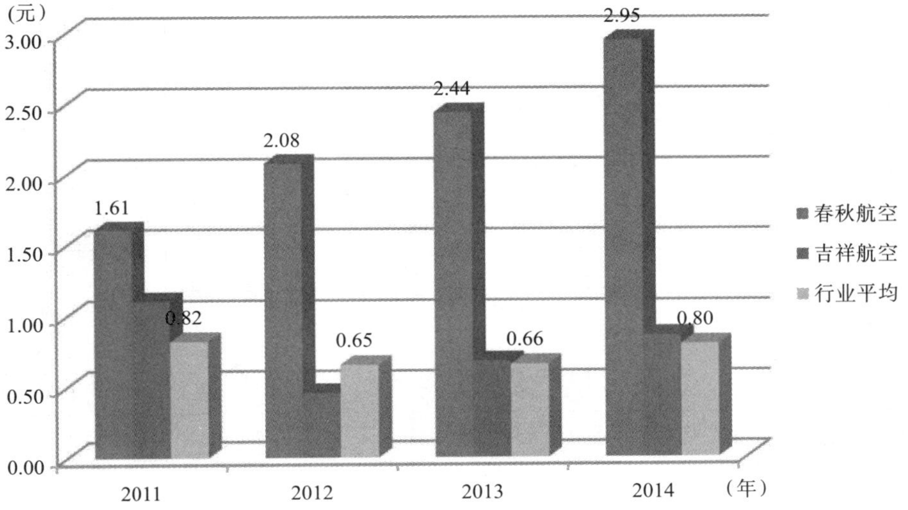

图 4－16　春秋航空每股收益

资料来源：Wind 资讯。

（二）春秋航空财务比率指标分析

根据春秋航空 2011～2014 年的财务报表，计算各类财务比率指标，并与同行业平均财务比率指标进行对比，以分析春秋航空在偿债能力、营运能力、成长能力以及盈利能力四方面的综合表现。

1. 偿债能力。从短期偿债能力指标来看（见表 4－17），春秋航空的流动比率、速动比率、现金比率总体相对高于同行业的吉祥航空，明显高于行业平均水平；从长期偿债能力指标来看，由于航空业属于高资产高负债行业，春秋航空的资产负债率远超过 50% 的水平，在 65% ～70% 左右，但仍低于吉祥航空和行业平均资产负债率。因此，吉祥航空总体上来说，偿债能力较强。

表 4-17 春秋航空偿债能力

项目	年份	春秋航空	吉祥航空	行业平均
流动比率（%）	2011	0.61	0.84	0.55
	2012	1.15	0.81	0.61
	2013	0.86	0.84	0.56
	2014	0.69	0.67	0.54
速动比率（%）	2011	0.59	0.83	0.53
	2012	1.13	0.79	0.59
	2013	0.84	0.82	0.53
	2014	0.68	0.65	0.52
现金比率（%）	2011	0.42	0.50	0.37
	2012	0.92	0.28	0.39
	2013	0.66	0.26	0.33
	2014	0.57	0.27	0.32
已获利息倍数	2011	7.90	17.34	7.47
	2012	7.28	3.16	3.70
	2013	8.68	3.95	3.60
	2014	9.44	5.54	3.95
资产负债率（%）	2011	70.06	71.99	75.49
	2012	70.41	78.35	74.75
	2013	64.16	74.09	74.36
	2014	68.45	73.26	75.12
权益乘数	2011	3.34	3.57	4.08
	2012	3.38	4.62	3.96
	2013	2.79	3.86	3.90
	2014	3.17	3.74	4.02

资料来源：WIND 资讯。

2. 营运能力。根据图 4-17，春秋航空和吉祥航空的总资产周转率相差并不大，但都高于行业平均总资产周转率水平。不过，2013 年之后，春秋航空的总资产周转率一直低于吉祥航空，说明如何更好地利用公司的总资产进行投资是春秋航空需要面对的问题。

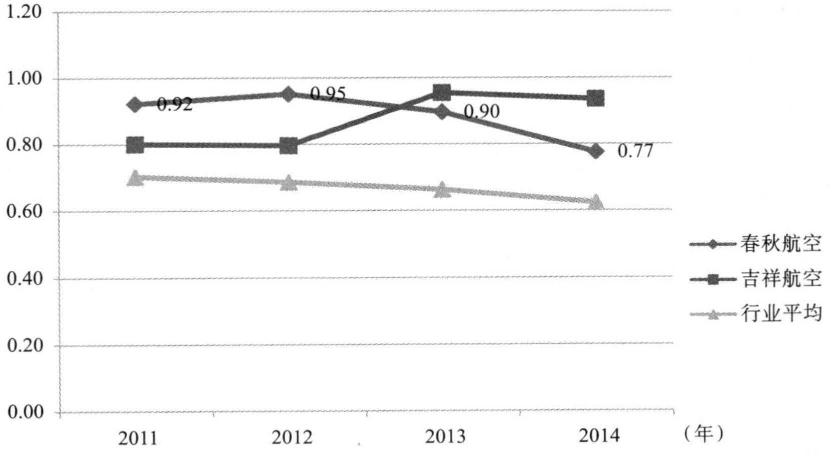

图 4－17　春秋航空总资产周转率

资料来源：Wind 资讯。

从固定资产、应收账款、存货的周转率指标来看，春秋航空的固定资产周转率很低（见图 4－18）。不过固定资产周转率低是航空行业的普遍现象，缘于航空企业的高成本。应收账款周转率、存货周转率近几年都保持在 100% 以上，说明春秋航空的应收账款收账较迅速，存货流动性较强，变现能力很强。

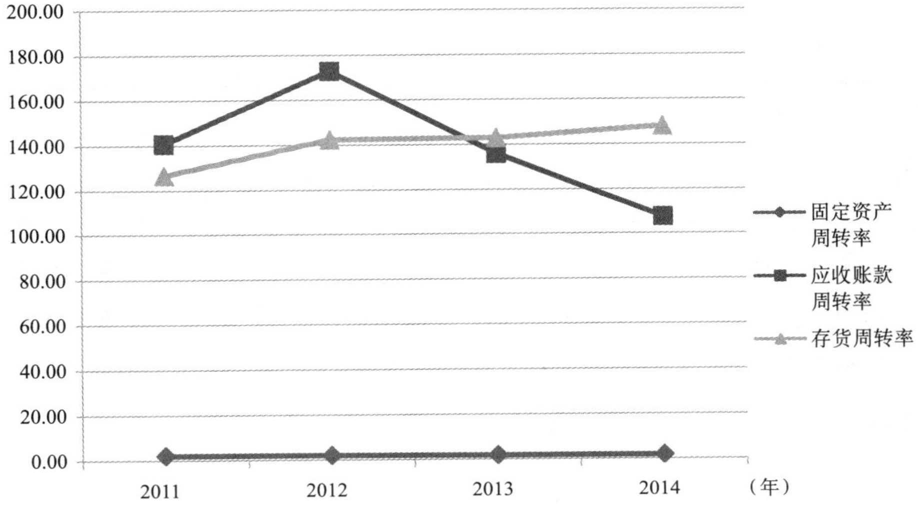

图 4－18　春秋航空固定资产、应收账款、存货周转率

资料来源：Wind 资讯。

3. 盈利能力。根据表4－18所示，无论从销售毛利率、销售净利率还是总资产报酬率来看，行业平均水平都处于下降状态，但春秋航空则处于上升趋势，这说明春秋航空在航空市场竞争中处于有利地位，具有较好的发展潜力与较高的获利水平（见表4－18）。不过，春秋航空的总资产净利率和净资产收益率也同样高于行业平均，但处于波动下降状态，这与国家近几年的宏观环境是分不开的。

表4－18　　春秋航空盈利能力

指标		2011年	2012年	2013年	2014年
销售毛利率（%）	春秋航空	12.61	12.68	12.97	14.78
	行业平均	20.29	17.48	14.51	16.04
销售净利率（%）	春秋航空	10.83	11.09	11.16	12.07
	行业平均	9.17	6.00	5.45	5.98
总资产报酬率ROA（%）	春秋航空	14.86	15.89	15.02	13.78
	行业平均	9.48	7.32	6.60	6.70
净资产收益率平均（%）	春秋航空	33.35	35.47	30.41	28.09
	行业平均	25.19	16.04	13.96	14.39
总资产净利率（%）	春秋航空	9.98	10.55	9.99	9.35
	行业平均	6.41	4.26	3.80	3.88
盈余现金保障倍数	春秋航空	1.44	1.42	2.10	1.22
	行业平均	2.47	3.25	4.29	3.73

资料来源：Wind资讯。

4. 成长能力。整个航空业在2012～2013年度的营业收入增长率、净利润增长率呈下降趋势，到2014年开始反弹，春秋航空与行业变化率水平保持一致，并在多期保持高于行业平均水平（见表4－19）。这说明春秋航空在整个航空业中具有较好的成长能力。不过，2014年，春秋航空净利润增长率比吉祥航空和行业平均的比率还低，从这一角度来看，春秋航空的发展能力需要进一步提高。

表4－19　　春秋航空成长能力

项目	年份	春秋航空	吉祥航空	行业平均
营业收入增长率（%）	2012	26.19	10.23	10.07
	2013	16.54	33.27	8.48
	2014	11.64	12.10	8.61

续表

项目	年份	春秋航空	吉祥航空	行业平均
净利润增长率（%）	2012	29.26	-56.03	-26.55
	2013	17.23	47.53	-3.31
	2014	20.75	22.55	23.75
总资产增长率（%）	2012	44.58	21.82	17.61
	2013	9.29	2.30	10.48
	2014	47.18	26.22	19.55

资料来源：Wind资讯。

（三）春秋航空杜邦分析

与往年相比，2014年春秋航空净资产收益率下降，公司的整体收益不如往年（见表4-20）。从净资产收益率的构成要素可知，销售净利率、总资产周转次数和权益乘数三者都对净资产收益率产生影响。2014年净资产收益率下降原因主要是总资产周转率下降，而销售净利率和权益乘数相对于2013年都有所上升。

表4-20　　春秋航空杜邦分析

年份	净资产收益率（%）	销售净利率（%）	总资产周转率（次）	权益乘数
2011	33.35	10.83	0.92	3.34
2012	35.47	11.09	0.95	3.38
2013	30.41	11.16	0.90	2.79
2014	28.09	12.07	0.77	3.17

资料来源：Wind资讯。

从整个航空业上市公司来看，同属民营航空公司的春秋航空和吉祥航空的净资产收益率模式并不相同。春秋航空是高净利率模式，而吉祥航空采用的是高周转模式；而像南方航空、东方航空这两家国营航空公司则采用的是高杠杆模式（见表4-21）。

表4-21　　春秋航空净资产收益率模式

证券代码	证券简称	净资产收益率（%）	销售净利率（%）	总资产周转率（次）	权益乘数	净资产收益率模式
600029.SH	南方航空	5.09	2.23	0.61	4.28	高杠杆
600115.SH	东方航空	13.06	3.95	0.60	5.55	高杠杆
600221.SH	海南航空	9.59	7.33	0.32	3.85	不明显

续表

证券代码	证券简称	净资产收益率（%）	销售净利率（%）	总资产周转率（次）	权益乘数	净资产收益率模式
601111.SH	中国国航	6.97	4.05	0.51	3.53	不明显
601021.SH	春秋航空	28.09	12.07	0.77	3.17	高净利率
603885.SH	吉祥航空	23.55	6.24	0.94	3.74	高周转

资料来源：Wind 资讯。

第三节　股票价格与公司估值

一、价值与股票价格

（一）价格与价值

在谈股票价值之前，不得不说说价格与价值的关系。在《资本论》中，马克思论述了价格和价值的偏离问题，商品的价格和价值之间存在着不一致的现象，价格反映价值并围绕价值上下波动（见图 4－19）。价格曲线是能够看到的，价值曲线是看不到的，但价值曲线通过价格曲线体现。价格与价值的关系犹如小狗与牵着它的主人一般。小狗前前后后地跑，尽管不会离主人太远，但方向未必一致。

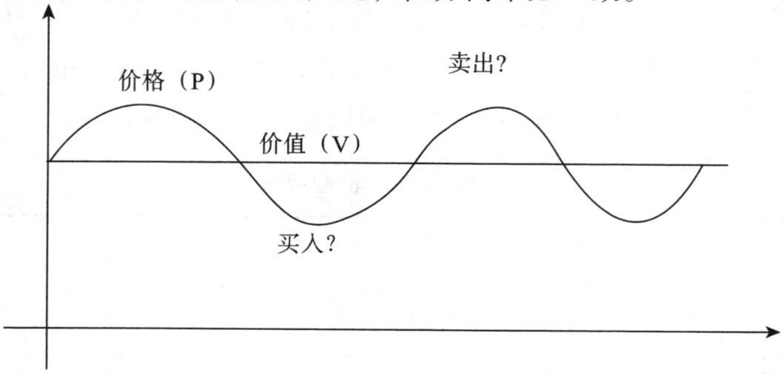

图 4－19　价格与价值关系

股票只是代表对财产的所有权凭证，本身并没有价值，仅仅是虚拟资本。不过由于股票可以在流通市场自由买卖，而且还能给股票持有者带来收益，因此，股票是有价格的，并处于不断变化中。虽然股票本身没有价值，但股票所对应、所代表的企业是有价值的，并且这种以货币形式表现出来的理论价值影响着股票价格的高低。投资者在投资决策中关心的是股票价格，如果股票预期收益看好或它现在的价格被低估，就是有投资价值的。

（二）企业价值与股票价格

谈到企业价值，基于其所指范围及价值来源等的不同，会有不同的认识和价值观，如基于历史成本为基础的账面价值观、基于市场交换角度的市场价值观、基于企业终止经营清算时的清算价值观以及基于企业未来整体盈利能力的内在价值观。不管基于何种价值观，企业价值存在着价值恒等式和各种价值之间的相互转化。

1. 价值恒等式。企业价值产生于投资的投入与价值分配，由债务价值、少数股东权益价值及权益价值构成。企业在经营过程中，从两个方面对价值进行增值：一是价值创造；二是投资的运用。价值即由现金、投资价值和企业价值构成。对于未上市的企业来说，其价值主要是指账面价值；对于上市的企业来说，其价值，不管是何种价值，所有价值均指市场价值（见图4－20）。

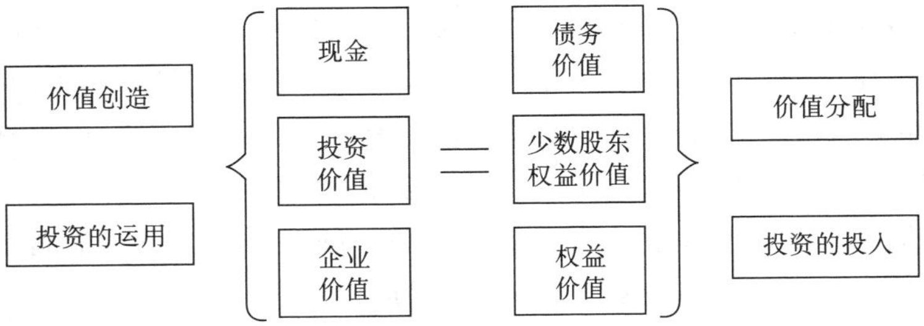

图4－20　价值恒等式

2. 企业价值与权益价值的转化。一般认为，企业的整体价值由其股权资本价值和债务价值两部分组成。由于在股权资本中，优先股所占比例很小，所以我们可将企业的股权资本价值简化为普通股价值；而对于债务来说，在利率风险和违约风险较小的情况下，其市场价格的波动也很小。所以，我们可以认为：在企业的资本结构不变的前提下，企业的整体价值越大，股权资本的价值就越大，股票价值也就越高。由此可见，股票价值是由企业价值决定的（见图4－21）。

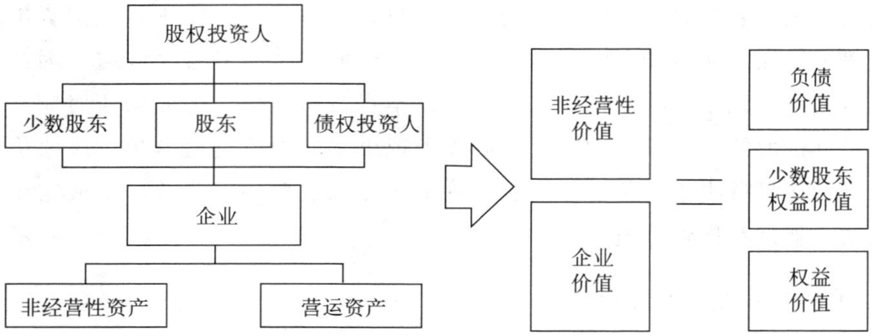

图 4 - 21　股权投资到企业价值转换

在证券市场上，股票价格是各方关注的焦点，因为股票价格体现股东财富。另外，股票价格实际上是投资者对企业未来收益的预期，是市场对企业股票价值的估计。根据市场有效性假设，在市场强势有效时，投资者掌握完全信息，其对企业未来收益的预期与企业的实际情况完全相符，他们会以与股票价值相等的价格买卖股票。此时，股票价格与其股票价值相等，并且股票价格由股票的价值决定。然而，在现实经济生活中，强势有效市场是一种理想状态，但是股票价格总是围绕其股票价值波动。当股票价格高于价值时，投资者就会卖掉股票，使其价格趋向于价值；同理，当股票价格低于价值时，投资者就会买进股票，使其价格趋向于价值。

企业价值决定股票价值，而股票价值决定股票价格。所以，企业价值决定了股票价格，即企业市场价值。企业市场价值反映的是企业在交易市场中的价格，但是在非有效的市场中该价格难以真实体现企业的价值。当然，企业市场价值还受很多因素的影响，如行业地位、市场占有率、盈利水平等。

权益价值 = 企业价值 + 非经营性价值 - 债务价值 - 少数股东权益价值

企业总价值 = 权益价值 + 债务价值 + 少数股东权益价值

二、公司估值方法

对于企业来说，上司公司的基本面分析决定企业价值，而企业价值决定股票价格。所以，对上市公司的投资价值评估首要的就是对企业的内部信息进行衡量，对上市公司相对应的股票进行价值估计（股票价值被低估还是被高估），即进行公司估值，为投资决策提供依据。在进行公司估值时，主要有两类方法：一类是绝对估值法；另一类是相对估值法。不管采用绝对估值还是相对估值，都是通过比较公司估值方法得出公司理论股价与市场价格的差异，指导投资者具体投资行为。

（一）绝对估值法

1. 绝对估值法的基本原理。绝对估值法是通过对上市公司历史及当前的基本面的分析和对未来反映公司经营状况财务数据的预测，获得上市公司股票的企业价值。绝对估值法的基本原理是任何资产的价值等于其预期未来收益的现值总和，即对估值时点之后的未来现金流以合适的贴现率进行折现，计算公式如下：

$$V = \sum_{t=1}^{n} \frac{CF_t}{(1 + r_t)^t}$$

其中，V 为总价值，t 为时期，CF_t 为第 t 期的现金流，r_t 为能够反映第 t 期现金流的贴现率。不过在实际应用中，我们通常用一个贴现率 r 代表所有时期的折现率。

绝对估值法是技术上最严密的估值方法，明确测算了收益和风险以及对估值结果的影响。在使用公式进行估值时，应注意三个关键点：（1）未来——资产的价值只取决于未来表现；（2）收益——投资的目标是获取收益；（3）贴现——时间成本的体现。

公司未来收益是来自于公司未来经营活动中产生的现金流。现金流从高到低分为四个层次：经营活动现金流、公司自由现金流、股权自由现金流、现金红利。经营活动现金流扣除营运资本支出（CAPEX）后就是公司自由现金流（FCFF），在偿还债务、支付利息之后则是股权自由现金流（FCFE），在扣除现金储备后，最后的现金流则是现金红利（DIV）。

2. 绝对估值法的步骤。在采用绝对估值法进行估值时，分为四大步骤：

第一步，确定预测期，计算预测期现金流。

第二步，计算贴现率。贴现率的意义在于：反映贴现现金流的风险，反映资本的预期收益水平，反映对应资本的机会成本。贴现率的选取取决于所选择的现金流量种类，不同的贴现率计算出的现值有较大差异。

第三步，计算终值。计算出预测期后的价值。

第四步，对预测期现金流及终值进行贴现，加总得到未来所有期间的现值。这也是绝对估值法的最后一步。

在采用现金流分析中，应把握几个比较关键的因素：（1）如何计量各期的现金流；（2）驱动现金流增长的关键因素；（3）如何选择合理的 r；（4）如何谨慎保守确定终值。

3. 绝对估值法常用模型。绝对估值法主要有现金流贴现定价模型、B - S 期权定价模型（主要应用于期权定价、权证定价等）、净资产价值（NAV）法、经济增加值（EVA）法等。现金流贴现定价模型目前使用最多的是 DDM（股利贴现）和 DCF（现金流贴现），而在 DCF 估值模型中，应用最广泛的就是 FCFE（股权自由现金流）模型和 FCFF（无杠杆自由现金流）模型。

（1）DDM 模型。DDM 模型是绝对估值中最基础的模型之一，因为它是基于公司给股东的分红来计算，分红代表了实际上公司付给股东的现金流。因此，使用 DDM 模型的前提是，该公司必须要有分红。股票的内在价值是其逐年期望股利的现值之和，公式如下：

$$V = \sum_{t=1}^{n} \frac{D_t}{(1+r)^t}$$

其中：V 为每股股票的内在价值，D_t 是第 t 年每股股票股利的期望值，r 是股票的期望收益率。根据股利发放的不同，DDM 模型又分为零增长模型、不变增长模型及二阶段增长模型、三阶段增长模型及多阶段增长模型（见表 4－22）。

表 4－22　　DDM 模型的常用形式

DDM 模型分类		条件	公式	
零增长模型		股利增长率为 0，未来各期股利按固定数额发放	$V=\frac{D_0}{r}$	V 为公司价值，D_0 为当期股利，r 为投资者要求的投资回报率，或资本成本
永续增长模型		股利按照固定的增长率 g 增长	$V=\frac{D_1}{r-g}$	D_1 为下一期的股利，而非当期股利
多阶段增长模型	二段增长模型	第一段时间股利按照 g 增长率增长，第二段时间股利按照 g_n 增长	$V=\frac{D_0(1+g)\left[1-\frac{(1+g)^n}{(1+r)^n}\right]}{r-g}+\frac{D_{n+1}}{(r-g_n)(1+r)^n}$	g 为前 n 年超常增长率，g_n 为 n 年后稳定增长率
	三段增长模型	多假设一个时间段，第一段时间股利按照 g 增长率增长，第二段为过渡阶段，第三段时间股利按照 g_n 增长	$V=D_0\sum_{t=1}^{n_1}\left(\frac{1+g_a}{1+r}\right)^t+\sum_{t=n_1+1}^{n_2}\frac{D_{t-1}(1+g_t)}{(1+r)^t}+\frac{D_{n_2}(1+g_n)}{(1+r)^{n_2}\cdot(r-g_n)}$	g_a 为前 n_1 年超常增长率，g_t 为（n_1+1）到 n_2 年的过渡增长率，g_n 为 n_2 年后的稳定增长率

（2）DCF 模型。

第一种：FCFE 模型。FCFE 模型（股权自由现金流贴现模型）是对股权自由现金流进行贴现以评估股权的价值，对股东未来年份预期收益的贴现。将股东未来的股权自由现金流分为预期现金流和终值期现金流，可以得到股权自由现金流贴现模型：

$$股权价值 = \sum_{t=1}^{n} \frac{FCFE_t}{(1+r)^t} + \frac{TV}{(1+r)^n}$$

其中，$FCFE_t$ 为第 t 年的股权自由现金流，r 为股权要求的回报率，TV 为股权自由现金流的终值。股权自由现金流的计算公式为：

$FCFE$ = 净利润 + 折旧 + 摊销 − 营运资金的增加 + 长期经营性负债的增加 − 长期经营性资产的增加 − 资本性支出 + 新增付息债务 − 债务本金的偿还

当公司的股权自由现金流按照稳定的增长率（g）永续增长时，股权自由现金流终值的计算公式为：

$$TV = \frac{FCFE_n(1+g)}{r-g}$$

另外，也可以采用终值倍数法计算股权自由现金流的终值。以市盈率为例，假设预测其最后一年公司的市盈率为 PE_n，预测期最后的净利润为 NI_n，则有股权自由现金流终值的计算公式为：

$$TV = PE_n \cdot NI_n$$

第二种：FCFF 模型。FCFF 模型（无杠杆自由现金流模型）是对无杠杆自由现金流的贴现，以估算企业价值。同样地，将无杠杆自由现金流分为预测期现金流和终值期现金流，可以得到无杠杆自由现金流贴现模型：

$$企业价值 = \sum_{t=1}^{n} \frac{FCFF_t}{(1+WACC)^t} + \frac{TV}{(1+WACC)^n}$$

其中：$FCFF_t$ 为第 t 年的无杠杆自由现金流；$WACC$ 为加权平均资本成本，即无杠杆自由现金流对应的贴现率；TV 为无杠杆自由现金流的终值。

无杠杆自由现金流的计算公式为：

$FCFF$ = 息税前利润（$EBIT$）− 调整的所得税 + 折旧 + 摊销 − 营运资金的增加 + 长期经营性负债的增加 − 长期经营性资产的增加 − 资本性支出

在只有股权和债务筹资方式的情况下，加权平均资本成本的计算公式为：

$$WACC = \frac{D}{D+E} \cdot k_d \cdot (1-t) + \frac{E}{D+E} \cdot k_e$$

其中：D 为付息债务的市场价值，E 为股权的市场价值，t 为税前债务成本、法定税率，k_e 为股权资本成本。

当无杠杆自由现金流按照稳定的增长率（g）永续增长时，无杠杆自由现金流终值的计算公式为：

$$TV = \frac{UFCF_n(1+g)}{WACC-g}$$

另外，也可以采用终值倍数法计算无杠杆自由现金流的终值。以 EV/EBITDA 倍数为例，假设 M 为最后一年公司的 EV/EBITDA 的退出倍数，$EBITDA_n$ 为最后一年公司的息税折旧摊销前利润，则无杠杆自由现金流终值的计算公式为：

$$TV = EBITDA_n \cdot M$$

（二）相对估值法

1. 相对估值法的基本原理。相对估值法是将目标公司与具有相同或相似行业特征和财务特征的上市公司比较，以可比公司在市场上的当前定价为基础对目标公司市场价值进行估值的方法。这里的目标公司市场价值可以是股权市场价值，也可以是企业市场价值，其基本假设是资产价格和特定指标之间存在线性关系。

2. 相对估值法的基本步骤。相对价值法包括以下四个步骤：

（1）寻找可比公司。选择可比公司并考察可比性。一般来说，可比公司与目标公司所处的行业、公司的主营业务相同或近似。除此之外，还应该具有类似的规模、预期近似的增长率、近似的股权结构、近似的资本结构、类似的地域特点和收入来源特点。

（2）选择估值方法。常用的相对估值方法主要有市盈率、市净率、PEG 等，在计算同类公司的相对估值指标时，若有异常值须考虑剔除，包括负值（比如利润为负造成市盈率为负）、非正常大值和非正常小值。

（3）确定适用于目标公司的指标参考值。通常，我们选取可比公司的可比指标的平均值或者中位数作为目标公司的指标参考值。

（4）应用乘数进行计算。将第三步计算得到的可比指标值（均值）乘以目标公司相应的价值指标，得到公司的企业价值或者股权价值（EV 或 P）。

3. 相对估值法的分类。根据计算基础不同，相对估值法分为两类：以收益为基础的相对估值法和以资产为基础的相对估值法。

（1）以收益为基础的相对估值法。包括 PE（市盈率）倍数法、EV/EBITDA 倍数法、PEG（市盈增长比率）倍数法、PS（市销率）倍数法、P/CF（市现率）倍数法。

- 市盈率倍数法。在使用市盈率倍数法估值时，一般先选择一组可比公司，计算这一组公司市盈率的平均值或中位数，以该市盈率作为目标公司估值的市盈率倍数（有时可根据目标公司与可比公司之间的差别对该市盈率进行调整），再计算目标公司股权价值。

股权价值 = 净利润 × 市盈率倍数

- EV/EBITDA 倍数法。在使用 EV/EBITDA 倍数法估值时，先计算行业可比公司的 EV/EBITDA 倍数（平均值或中位数），再乘以目标公司的 EBITDA 得到目标公司的企业价值。

EV = EBITDA·（EV/EBITDA 倍数）

- PEG 倍数法。在使用 PEG 倍数法估值时，先计算可比公司的 PEG 倍数，再乘以目标公司的 EBITDA 得到目标公司的企业价值。以此为目标公司的 PEG 倍数，计算目标公司股权价值。

股权价值 = 净利润 × PEG × 盈利增长率

或：每股价值 = 净利润 × PEG × 盈利增长率

其中，盈利增长率是去除百分号的增长率（增长率数值的 100 倍），通常采用未来 3 ~5 年预期的年复合增长率。PEG 的计算公式为：

$$PEG = \frac{股权价值}{净利润 \times 盈利增长率} = \frac{每股市价}{每股收益 \times 盈利增长率} = \frac{市盈率}{盈利增长率}$$

- 市销率倍数法和市现率倍数法也是通过计算可比公司的市销率或市现率（平均值或中位数），再以此为目标公司的市销率或市现率倍数，计算目标公司股权价值。

（2）以资产为基础的相对估值法。以资产为基础的相对估值法包括 PB（市净率）倍数法和 EV/IC，常用的是市净率倍数法。

在使用市净率倍数法估值时，也是先选择一组可比公司，计算这一组公司市净率的平均值或中位数，再以此为目标公司的市净率倍数，计算目标公司股权价值。

股权价值 = 净资产 × 市净率倍数

或：每股价值 = 每股净资产 × 市净率倍数

在采用相对估值法时，需要注意的问题：（1）预测未来指标的变化比静态的数据更重要；（2）数据本生说明不了问题，关键在于规律的寻找才是关键；（3）与可比较的公司比较（参照系的选择）；（4）PE 估值：关注非经常、周期性公司、多元化公司；（5）PB 估值：变化规律、ROE 和 PB 的关系；（6）PEG 估值：强调成长性但不能忽略 ROIC。

在投资实践中，通常的做法是横向和纵向对比。一是跟该公司历史数据进行对比；二是跟国内历史时期大盘的估值指标对比，确定它的位置；三是跟国内同行业企业的数据进行对比；四是和国际上的（特别是香港和美国）同行业重点企业数据进行对比。比较得出一个合理的估值指标数值，以研判当前的估值水平是低估还是高估。

三、不同估值方法评价及适应范围

内含价值法是一种分析信息、从信息中预测收益、最终从预测得到估值的分析方法，比较符合估值的科学性要求。相对价值法使用的信息非常少，这样做虽然简单，但是付出了忽略信息的代价。资产价值法不是一种便宜的方法，事实上，它是一种非常困难的方法。不同估值方法的比较见表 4－23。

表 4－23　　不同估值方法的比较

方法	模型	定义	优点	缺点	适用范围
绝对估值	DCF 模型	依据财务数据进行复杂计算的估值模型	比其他常用的建议评价模型涵盖更完整的评价模型，框架最严谨但相对较复杂的评价模型	需要耗费较长的时间，须对公司的营运情形与产业特性有深入的了解	适用周期性较强行业（拥有大量固定资产并且账面价值相对较为稳定）、银行、重组型公司。折现法的演进过程根本对提高预测的准确性和可靠性毫无帮助，只是折现模型自身的完善和发展。实际应用中并不普遍
	贴现股息模型（DDM）	根据发放股利的特点进行复杂计算的估值模型	DDM 模型的适用分红多且稳定的公司，非周期性行业	由于股息扣税，目前很多公司都不采用派股息的方式回馈股东	不适用分红很少或者不稳定公司，周期性行业
相对估值	PE	Price/EPS	简单实用	无法反映高成长股票的内资价值	对于高科技股、创业板块股票失效
	PEG	PE/Growth Ratio，市盈率/增长率	将市盈率和公司业绩成长性对比起来看	要对公司的业绩作出准确的预期	衡量成长性的估值指标

续表

方法	模型	定义	优点	缺点	适用范围
相对估值	市销率（P/S）	市值/营业额	市销率可以用来衡量一家经营亏损企业的价值	无法反映公司的成本控制能力，即使成本上升、利润下降，不影响销售收入，市销率依然不变	ST股票的重组兼并。市销率估值法可以和市盈率估值法形成良好的补充
	P/CF	股价/经营现金流	用来衡量非现金支出较高的公司的价值	P/CF则无法衡量企业的价值	如果公司有较大的折旧、摊销以及其他一些会计政策下的非现金支出，公司的实际盈利能力会被低估
	市净率（P/B）	股价/每股净资产	净资产账面价值比净利稳定，不像利润那样被人操纵	有些企业的净资产是负值，市净率没有意义，无法用于比较	净资产为正的周期性行业比较有效

另外，注意不同方法的相互印证。用FCFF方法计算出企业价值后，不妨计算EV/EBITDA、EV/NOPAT等企业价值倍数。用DDM、FCFE方法计算出股权价值后，不妨计算出PE、PB、P/S等股权价值倍数。估计合理PE、EV/EBITDA等指标时尽量考虑公司获利能力、成长性、风险等因素综合运用多种方法，检验结果的可信度。

四、基于投资价值评估的公司估值：春秋航空

关于公司估值的案例仍然以春秋航空为例，以便于更加完整、系统掌握对公司的分析。

（一）春秋航空的绝对价值估值

在对春秋航空进行绝对估值时，考虑到其上市时间较短（2015年1月21日），股利分配数据较少（1年），而且股利支付率不高，加上股利贴现模型要求公司的分红政策稳定，股利的分配不能衡量春秋航空在未来年度内的发展状况，无法采用股

利贴现模型（DDM）贴现至现在来评估股票价格，因此采用自由现金流贴现模型（FCFF）估算春秋航空的股权价值。

1. 计算资本成本（WACC）。在进行自由现金流流量贴现模型对春秋航空进行估值时，首先要对公司的资本成本（WACC）进行估计：

$$WACC = K_e W_e + K_d \cdot (1-t) \cdot W_d$$

$$K_e = R_f + \beta (R_m - R_f)$$

在模型中，无风险收益率（R_f）用十年长期国债利率来代替，$R_f = 2.82\%$；市场收益率 R_m 根据十年上证综合指数平均收益计算得出，$R_m = 26.44\%$；$\beta = 0.66$；因此，通过计算得出 $K_e = 18.41\%$。根据春秋航空2014年财务报表中计算可以得出，$W_e = 87.09\%$、$W_d = 12.91\%$、$K_d = 5.02\%$，同时根据企业财报可得公司所得税率 $t = 26.25\%$。通过计算可以得到：

$$\begin{aligned}\text{春秋航空 } WACC &= K_e \cdot W_e + K_d \cdot (1-t) \cdot W_d \\ &= 18.41\% \times 87.09\% + 5.02\% \times (1-26.25\%) \times 12.91\% \\ &= 16.68\%\end{aligned}$$

2. 预测关键指标占比（见表4-24）。在计算春秋航空的资本成本后，需要对春秋航空的未来现金流量进行预测。由于只能获得春秋航空2011~2014年的年度财务数据，因此以下假设都是基于这些财务数据。

表4-24　春秋航空利润表关键指标占比　（单位：%）

项目	2011年	2012年	2013年	2014年
营业收入增长率		26.19	16.54	11.64
营业成本占比	87.39	87.32	87.03	85.22
营业税金及附加占比	3.30	0.40	0.21	0.21
销售费用占比	1.79	2.11	2.33	2.52
管理费用占比	2.91	2.49	2.28	2.23
财务费用占比	1.33	2.01	1.23	1.34

资料来源：Wind资讯。

由春秋航空利润表中各项关键指标的占比，对春秋航空未来进行如下假设：

（1）营业收入增长率。由于行业环境的变化，航空业复苏发展，春秋航空2012年营业收入取得大幅度增长，而到2013~2014年增长则下降到20%。基于航空市场在未来的发展中趋于稳定，春秋航空的盈利模式还会带来营业收入的增长，因此增长率预测稳定在15%。

（2）营业成本占比。春秋航空的营业成本占营业收入的比率较稳定（维持在86%左右），并且春秋航空在未来的营业周期内主营业务不会有很大改变，因此预测南方航空公司的成本率维持在85%。

（3）营业税金及附加。根据春秋航空2011～2014年营业税金及附加占比发现，自2013年营业税金及附加占基本保持不变，因此假定春秋航空的营业税金及附加占比为0.21%。

（4）期间费用。根据春秋航空期间费用构成发现，销售费用的占比是逐年小幅度增加，管理费用占比在2.5%左右，而财务费用在2%以下波动。因此，预测销售费用占营业收入的比例为2.7%，之后每年上升0.2个百分点；管理费用占营业收入的比重为2.5%；财务费用占营业收入的比重为1.5%。

根据春秋航空资产负债表表中各项关键指标的占比（见表4－25），对春秋航空未来进行如下假设：

表4－25　　春秋航空资产负债表关键指标占比　　（单位:%）

项目	2011年	2012年	2013年	2014年
固定资产折旧	2.54	3.86	4.13	4.14
应收账款	0.71	0.59	0.96	1.00
预付账款	2.36	2.60	2.58	2.66
其他应收款	3.70	2.71	2.43	2.63
存货	0.69	0.68	0.63	0.58
固定资产	48.13	60.26	57.89	59.66
无形资产	0.09	0.94	0.78	0.74
在建工程	18.86	8.09	8.37	34.28

资料来源：Wind资讯。

（1）固定资产折旧。固定资产的折旧是自由现金流量折现模型中的一个重要指标，从春秋航空固定资产折旧数据发现，固定资产折旧与营业收入的比值平均数位为3.67%。同时，由于春秋航空采用除与发动机大修相关的部分组件按飞行小时以工作量法计提折旧，其他固定资产折旧均采用年限平均法，预测春秋航空固定资产折旧与营业收入的比值保持在4%。

（2）营运资本。企业的营运资金主要包括应收账款、预付款项、其他应收款和存货。春秋航空的应收账款、预付账款占比分别保持在1%以下和维持在2.5%左右，说明其应收账款、预付账款占比稳定，未来变化幅度也不大，因此预测应收账款、预付账款占营业收入的比重为0.82%、2.55%。其他应收款方面，虽然占比波动较应收账款、预付账款大，但仍稳定在4%以下水平，因此预测其他应收款占比为3%。存货方面，由于航空业是非制造行业，所以存货比重不会大。根据春秋航空存货占比，可以看出存货比例保持稳定，预测未来年度的存货占比保持在0.65%。

（3）资本性支出。可资本化的支出主要包括固定资产、无形资产等。在固定资产方面，由于航空企业的盈利所依赖的是飞机和机场这些固定资产，因而春秋航空固定资产占比相对较高并且会维持在一个相对高的水平，所以对固定资产占比值的预测为60%。在无形资产方面，数值稳定，上下浮动较小，所以取2012~2014年稳定比值的平均值0.82%。在建工程方面，数值波动较大，考虑到春秋航空在建工程占比较高（2011年），接下来两年又稳定在较低水平，然后又陡然上升（2014年为34.28%），并且春秋航空未来年间的经营政策会相对稳定，因此预测2015年先下降到25%，接着在建工程占比稳定在为平均值17.4%。

3. 计算自由现金流。公司自由现金流量的计算公式为：

FCFF =税后净利润+利息费用+非现金支出－营运资本追加－资本性支出

=（1－税率）×息税前利润+折旧－资本性支出－净营运资金的变化

根据第二步预测关键指标占比，分别计算出预测关键指标值（见表4－26），如营业收入、营业成本、固定资产折旧及与资本性支出和净营运资本有关的指标。

表4－26　春秋航空关键指标预测　（单位：%）

关键指标	增长率及占比（假设）2015~2018年	2014年	2015年	2016年	2017年	2018年
营业收入	15.00	73.28	84.27	96.91	111.44	128.16
营业成本	85.00	62.45	71.63	82.37	94.73	108.94
营业税金及附加	0.21	0.15	0.18	0.20	0.23	0.27
销售费用	2.70	1.84	2.28	2.81	3.45	4.23
管理费用	2.50	1.63	2.11	2.42	2.79	3.20
财务费用	1.50	0.98	1.26	1.45	1.67	1.92
固定资产折旧	4.00	3.04	3.37	3.88	4.46	5.13
应收账款	0.82	0.73	0.69	0.79	0.91	1.05
预付账款	2.55	1.95	2.15	2.47	2.84	3.27
其他应收款	3.00	1.93	2.53	2.91	3.34	3.84

续表

关键指标	增长率及占比（假设）2015～2018 年	2014 年	2015 年	2016 年	2017 年	2018 年
存货	0.65	0.43	0.55	0.63	0.72	0.83
固定资产	60.00	43.72	50.56	58.14	66.87	76.90
无形资产	0.82	0.54	0.69	0.79	0.91	1.05
在建工程	17.40	25.12	14.66	16.86	19.39	22.30

注：销售费用占比在 2015 年为 2.7%，之后每年上升 0. 2 个百分点，即 2016～2018 年分别为 2.9%、3.1% 及 3.3%。

根据表 4－27，先计算出与自由现金流有关的税后净利润、折旧、营运资本及资本性支出，最后计算预测自由现金流。

表 4－27　　春秋航空关键指标预测

关键指标	2015 年	2016 年	2017 年	2018 年
税后净利润	5.02	5.65	6.32	7.08
营运资本	0.88	0.88	1.01	1.18
折旧	3.37	3.88	4.46	5.13
资本性支出	0.19	9.88	11.38	13.08
自由现金流	9.46	20.29	23.17	26.47
自由现金流增长率（%）	—	114.44	14.20	14.24

4. 计算自由现金流。根据计算得到的春秋航空自由现金流量，发现增长率从 2016 年开始稳定在 14% 左右，所以，假定春秋航空在未来长期以内的现金流量增长率维持在 14%。

企业自由现金流贴现现值计算公式为：

$$企业价值 = \sum_{t=1}^{n} \frac{FCFF_t}{(1+WACC)^t} + \frac{TV}{(1+WACC)^n}$$

终值计算公式为：$TV = \frac{UFCF_n \times (1+g)}{WACC - g}$

得出春秋航空的现金流贴现现值为：

$$企业价值 = \frac{9.46}{1+26.25\%} + \frac{20.29}{(1+26.25\%)^2} + \frac{23.17}{(1+26.25\%)^3} + \frac{26.47}{(1+26.25\%)^4} + \frac{26.47 \times (1+14\%)}{26.25\% - 14\%} \times \frac{1}{(1+26.25\%)^4} = 139.12（亿元）$$

根据现金流量现值计算出春秋航空的企业价值为139.12亿元，但要计算每股理论价值，需要扣除自由现金流中有债务资本组成的现值，春秋航空的债务资本比率为12.91%，股本为8亿股，其中流通股本为2亿股。因此，扣除债务资本得到的权益资本为121.16亿元。计算得到南方航空公一的每股理论价值为15.14元（根据总股本计算）和60.58元（根据流通股本计算）。

（二）春秋航空的相对价值估值

春秋航空作为一家民营的大型航空企业，其资产结构以及盈利模式都相对稳定，其固定资产的规模等指标满足进行市净率分析的条件，因此采用市净率（P/B）的方法对其进行估值。

从春秋航空上市以来的市净率变化数据来看，其市净率主要在10~15倍之间波动，同属民营航空的吉祥航空市净率则在15~20倍（见图4-22）。由于只有两家民营航空公司，因而采用全部航空公司计算加权平均市净率。

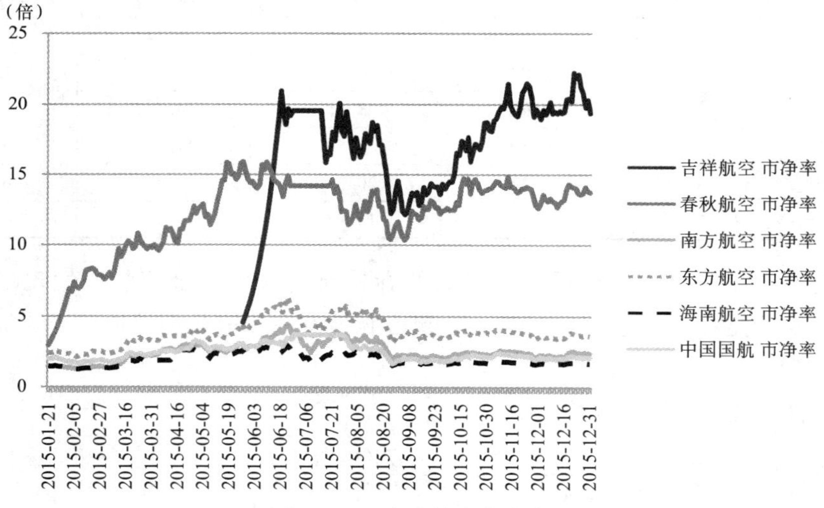

图4-22　春秋航空市净率

资料来源：Wind资讯。

计算6家航空公司的加权平均市净率为2.48倍，春秋航空的平均市净率是7.58倍。在估算春秋航空的投资价值时，采用6家航空与春秋航空的平均值作为理论市净率，所以春秋航空的理论市净率为5.03倍。

根据市净率公式：$P/B = P/BPS$

式中，*P/B* 为理论市净率，*P* 为投资估价，*BPS* 为每股净资产。其中，春秋航空 2014 年 12 月 31 日的每股净资产为 11.84 元。

因此投资估价为：$P = P/B \cdot BPS$

在全部航空公司参照下，春秋航空的投资估价 = 11.84 × 5.03 = 59.55（元）

若从 2015 年三季度每股净资产来看，则：

春秋航空的投资估价 = 16.04 × 5.03 = 80.68（元）

第五章

蓝筹股分析：主板市场

主板市场是资本市场的重要组成部分，很大程度上能够反映经济发展状况，有“晴雨表”之称。从世界范围来看，主板是绝大多数国家资本市场的主体，市场规模占据主导优势。以伦敦为例，伦敦市场虽然中小板和创业板的数量多于主板市场，但是主板市场的规模占整市场的98.04%。除了美国纳斯达克市场是在特定经济发展背景下由创业板市场发展成主板市场外，其他国家现有的主板市场都是基于原有的主板市场发展起来的。中国现有主板市场是资本市场的重要主体，是企业融资和再融资的主要平台，也是机构投资者最重要的投资场所。

第一节　主板市场的特征

一、市场规模

（一）上证综指跌宕起伏，制度改革任重道远

1990年12月19日，中国主板市场从100点起步，在仅仅一年半的时间中，上证综指就狂飙至1429点，暴涨1 329%。但随后便暴跌5个月，回落至400点下方。1992年底，上证综指从400点起航，3个月内最大涨幅达284%。之后，股指调头

持续阴跌长达 17 个月之久，1994 年 7 月 29 日跌至最低 333.92 点。1994 年 8 月 1 日，新一轮大起大落再次启动，仅一个多月上证综指就猛蹿至 1053 点，涨幅为 215%。之后便展开了一轮更加漫长的熊市，上证综指于 1996 年 1 月 19 日跌至 512.80 的最低点后，又在不到一年半的时间内暴涨 1000 点，于 1997 年 5 月 12 日创出了 1510 的高点后开始了长达两年的调整。1999 年“5·19”井喷行情中，在短短一个半月内，上证综指上涨将近 70%，随后经过大幅回调后，在 2001 年 6 月 14 日上冲至 2245 点。之后上证综指快速下跌，4 年间熊途漫漫，于 2005 年 6 月 6 日创下了历史最低 998.23 点。否极泰来，2005 年下半年上证综指启动了前所未有的大牛市，狂飙至 6124 点，但好景不长，之后便开始了史无前例的暴跌。

在 2014 年 6 月 20 日至 2015 年 6 月 12 日这一波牛市当中，上证综指从 2014 年 6 月 10 日收盘点位 2026.67 点起步，一路扶摇直上攻城拔寨突破 4000 点、5000 点，并于 2015 年 6 月 12 日站上 5178.19 点高位。自 2015 年 6 月下旬开始的股市大幅下跌，在 8 月 26 日下探至 2850.71 点之后，终于调头重新开始新一轮的缓慢爬坡过程，并于 8 月 27 日重新回到“3”时代，站上了 3000 点整数关口。2015 年 12 月 31 日上证综指收盘于 3539 点，全年累计涨幅 9.43%（见图 5-1）。

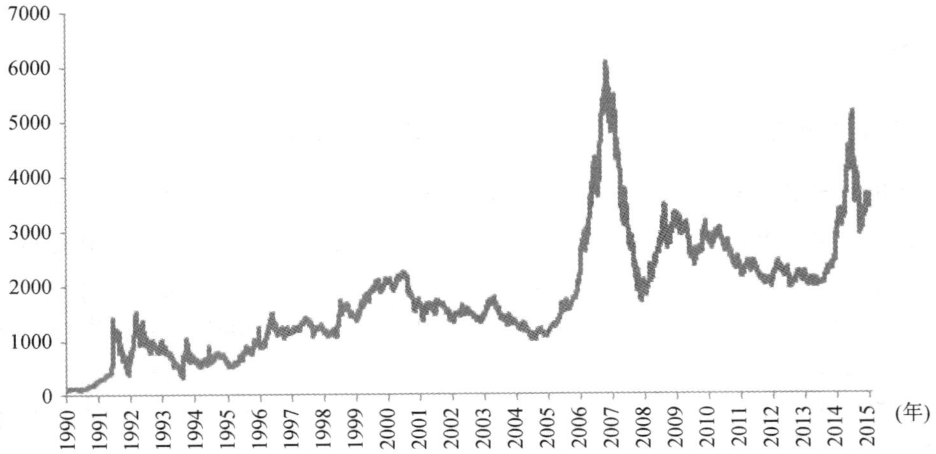

图 5-1 1990~2015 年中国上证综指走势图

资料来源：Wind 资讯。

中国的主板市场起始于 1990 年末，经过近十年的审批制阶段，于 2001 年 3 月开始推行“核准制”准入制度。2001 年 3 月到 2004 年 12 月为核准制下的“通道制”阶段，即中国证监会向综合类券商下达可以推荐拟 IPO 的企业家数。只要具有主承销商资格，就可获得2~9个通道。2004年2月起，中国开始实行核准制下的“保荐制”准入制度，一直延续至今。自1990年起，中国一共经历了8次IPO暂停和重启，重启持续时间也在逐渐拉长，分析历次IPO重启前三个月、重启首月和首半年的涨跌幅、区间涨跌幅可以看到，IPO并没有明显对股市产生一致性的涨跌影响（见图5-2）。

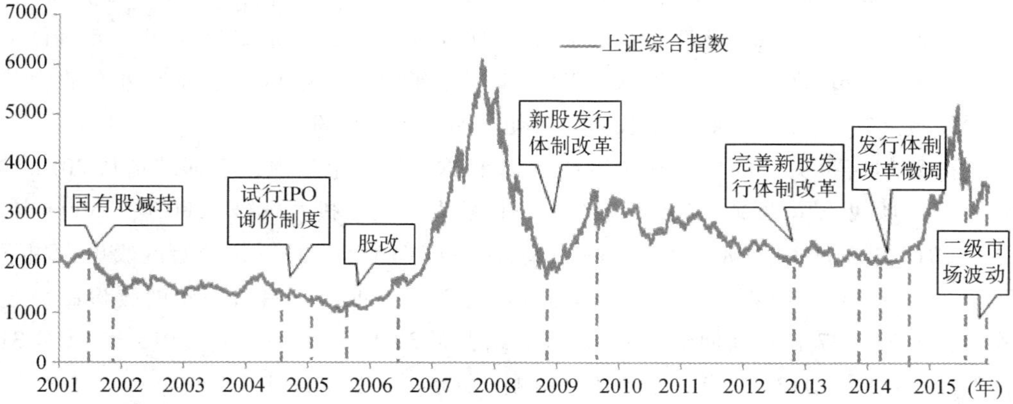

图5-2 核准制下IPO的暂停与重启

资料来源：Wind资讯。

（二）主板市场规模庞大，呈现稳定性好的基本格局

主板市场对于发行人的营业期限、股本大小、盈利水平、最低市值等具有较高要求，因此主板上市公司多为大型成熟企业，具有较大的资本规模以及稳定的盈利能力，也造就了主板市场庞大的市场规模、市场稳定性和流动性好的特征。截至2015年12月31日，主板上市公司数量达到1 641家，同2007年相比增加了1.17倍；总股本44 764.57亿股，当年累计总成交金额175.69万亿元，股票总市值达42.35万亿元，相比2007年，分别增加2倍、3.96倍和1.16倍。2015年股票融资规模达到12 045.25亿元，是2007年全年融资额的1.51倍（见表5-1）。

（三）丰富多样投资标的满足不同偏好的投资者，涌现出一批市场化蓝筹企业

主板市场的上市目标是尽可能让更多的蓝筹股主板上市，因为蓝筹股市场的规模大，企业能够获得合理定价，不虚高也不过分低估，估值比较理性。企业在不同成长阶段都能得到相对应的估值水平，包括溢价。国内外的实践经验表明，一个

表 5－1　　主板市场规模

年份	上市公司数量（家）	总股本（亿股）	流通股本（亿股）	总市值（亿元）	当年累计股票成交金额（亿元）	当年累计股票筹资额（亿元）
2007	1 398	22 354.77	9 931.17	365 558	431 731	7 950.67
2008	1 404	24 152.97	11 949.21	140 233	244 992	3 609.32
2009	1 412	25 847.82	19 157.36	269 406	476 456	5 110.87
2010	1 439	32 249.21	24 270.34	269 296	436 366	11 044.56
2011	1 478	34 405.32	27 328.68	215 054	328 121	5 495.03
2012	1 504	36 053.95	29 307.85	234 342	225 426	3 248.54
2013	1 506	37 817.05	33 968.15	227 772	311 170	2 802.76
2014	1 549	40 402.05	35 728.68	349 955	506 126	4 972.02
2015	1 641	44 764.57	39 325.93	423 539	1 756 911	12 045.25

资料来源：Wind 资讯。

国家的主板市场能够帮助企业实现短期的目标，也能够帮助其实现中长期战略。短期目标主要是融资的效率、融资的成本、融资额。这个市场的规模比较大，完全能够满足短期目标。此外，它还可以使企业具有持续的融资能力，就是再融资能力。因此，主板市场是上市公司做大做强的有力杠杆和助推器。

主板市场估值合理，投机性比较小，已经成为非常优秀的、多层次的投资市场，能够满足不同偏好投资者的需求。诸如保险公司、大型的基金，以获取稳健收益为目的的机构投资者可以选择大型或者超大型的股票，中小型机构可以选择中小型的股票，所以市场多元化的产品满足了投资者不同的风格。2014 年，主板净利润排名前 10 位的上市公司合计实现净利润 926.86 亿元，占主板公司总体净利润的 44.21%。这 10 家公司多处于银行、房地产等传统或支柱型行业以及食品饮料、家电等消费型行业，通过各种创新，在公司规模相对较大的基础上仍保持较快发展，2014 年平均净利润增速达 26.95%。在一些竞争性行业里，一批主板企业实现自我积累与外延扩张的紧密结合，继续做优做强，成为市场化蓝筹企业。2014 年主板中的万科、格力电器、美的集团、TCL 集团 4 家公司，在高度市场化竞争性行业中实现营业收入过千亿元，行业地位进一步巩固。主板 2/3 为国有企业，并购重组、再融资等多样化的资本市场制度支持成为国有企业改革的“助推器”。2014 年主板公司完成再融资 88 家次，融资总金额 1 988 亿元，较上年增长 21%；42 家公司披露重大重组方案，涉及金额 1 428 亿元，30 家公司完成重大重组，涉及金额 948.45 亿元。

二、上市公司现状

（一）行业结构

按照申万一级行业分类标准，主板行业分布仍以房地产、化工、机械设备、医药生物、公共事业、交通运输、汽车、商业贸易为主，占整个板块 50% 以上的比例，工业企业占比居前主要系国内宏观体系中制造业占比较大所致（见图 5－3）。整体来看，主板上市公司的行业结构比较完整，基本涵盖国民经济的全部支柱产业，不仅涵盖房地产、汽车、有色金属等大量的传统产业，而且包含电子、传媒、通信、生物医药等新兴产业，已经真正成为国民经济的"晴雨表"。

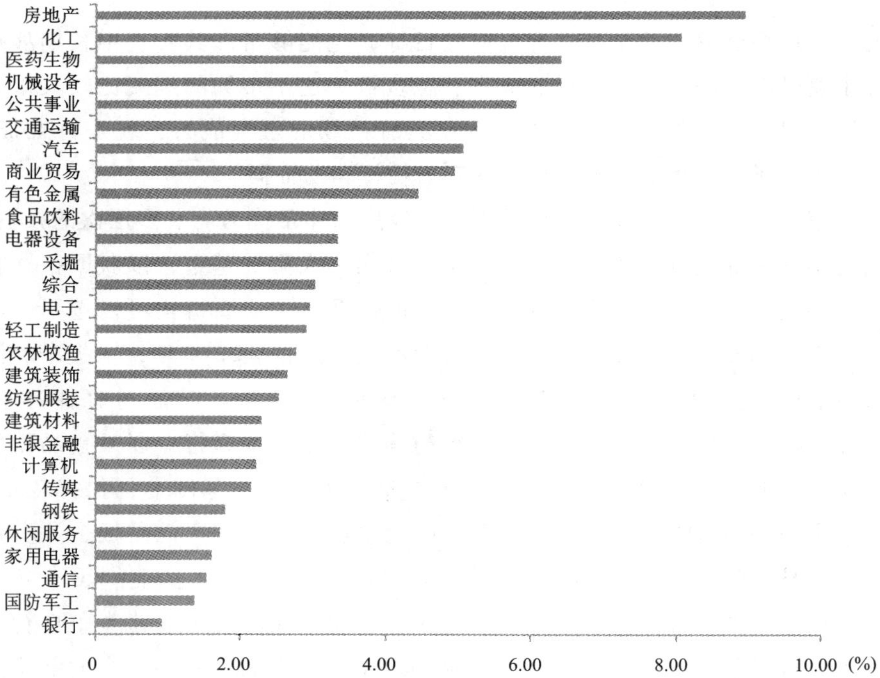

图 5－3　主板（剔除中小企业板）行业分布

资料来源：Wind 资讯。

（二）公司属性

主板市场的包容性强，能包容大中小不同规模的企业，总资产规模从10亿元到100亿元的上市公司在整个主板蓝筹股中所占的比重最多。从公司属性来看，Wind资讯2015年的统计数据显示，中国主板上市公司基本以中央和地方国有企业为主，合计占比56%，外资企业占比38%，公众企业占比5%，集体企业占比1%（见图5-4）。可见，国有企业是主板上市公司的主体。

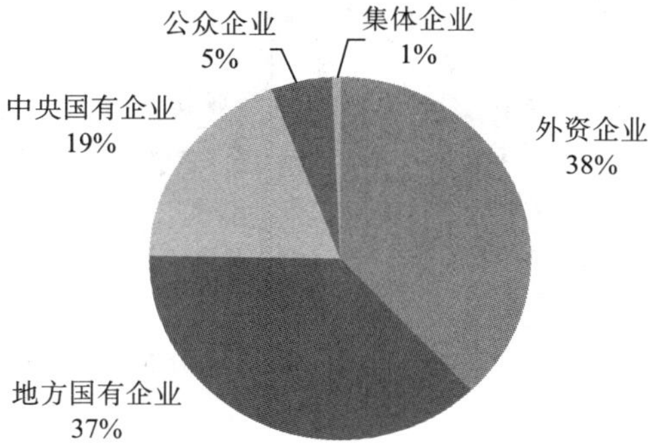

图5-4　主板企业公司属性

资料来源：Wind资讯。

（三）地区结构

目前，主板1 641家上市公司已覆盖全国31个省级行政区。从东南沿海经济发达地区的浙江、江苏、广东，到西部地区的西藏、新疆、四川、云南，都已登陆主板市场。从区域分布看，来自上海、广东、北京、江苏、浙江等经济发达地区的公司最多，这5个地区的上市公司数量总和达到了主板企业46%。这是因为广东、江浙一带外资企业发达，而上海、北京地区的国有企业居多。目前共有194家上海上市公司、173家广东上市公司、140家北京上市公司、125家江苏上市公司登陆主板市场，成为主板的最大群体，占比分别达到11.82%、10.54%、8.53%和7.62%。相关资料见图5-5。

（四）盈利能力

统计数据显示，2007~2014年，中国国内生产总值增长近2.4倍，同期主板上

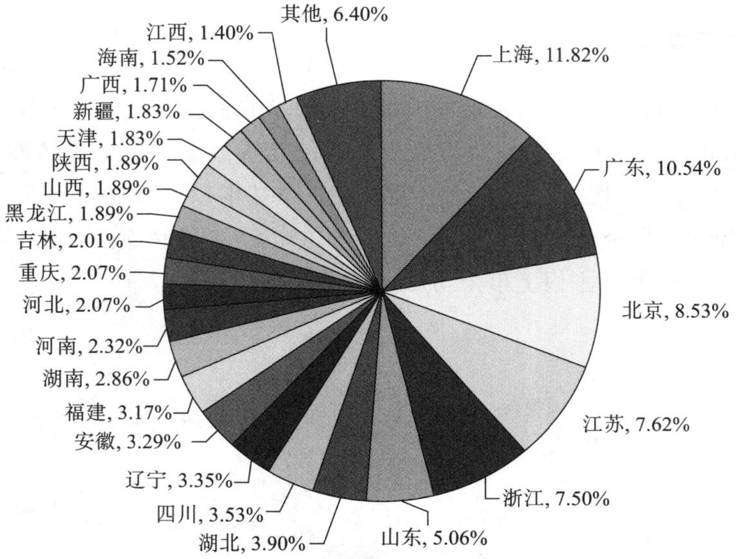

图 5-5　主板企业区域分布

资料来源：Wind 资讯。

市公司平均营业收入从 68.9 亿元增长到 163.8 亿元，增长 2.38 倍，年均复合增长率为 13.17%。净利润受金融危机、业务转型、成本上升等因素的影响，各年度间出现了一定程度的波动，但总体看来，经营业绩依然保持增长趋势，平均净利润从 11 亿元增长到 20.3 亿元，增长近 2 倍，年均复合增长率 9.15%。截至 2015 年第三季度，平均每年有 52% 的公司业绩同比增长。总体上看，主板上市公司业绩的高速发展与中国证券市场强有力的支持是密不可分的（见表 5-2）。

表 5-2　　主板上市公司业绩一览表

年份	平均营业总收入（亿元）	平均利润总额（亿元）	归属母公司股东净利润增长率（%）	平均每股收益（元）	平均净资产收益率（%）	业绩增长公司比例（%）
2007	68.9	11.0	47.26	0.32	28.87	77
2008	79.7	8.2	-13.32	0.20	5.87	43
2009	84.0	10.7	24.49	0.27	2.20	65
2010	113.4	14.9	40.92	0.38	12.28	72

续表

年份	平均营业总收入（亿元）	平均利润总额（亿元）	归属母公司股东净利润增长率（%）	平均每股收益（元）	平均净资产收益率（%）	业绩增长公司比例（%）
2011	132.2	16.3	17.07	0.39	9.32	56
2012	143.3	16.7	0.60	0.34	1.48	50
2013	156.6	19.1	18.48	0.37	3.42	62
2014	163.8	20.3	4.83	0.34	7.06	56
2015Q3	118.3	16.4	-4.52	0.23	6.32	52

资料来源：Wind 资讯。

第二节　主板市场的估值与国际比较

主板市场是一个国家或地区证券发行、上市及交易的主要场所，对发行人的营业期限、股本大小、盈利水平、最低市值等方面要求标准较高，上市企业多为大型成熟企业，具有较大的资本规模以及稳定的盈利能力。本文选取在纽约证券交易所上市的美国公司、在英国伦敦交易所和德国法兰克福交易所上市的欧洲公司、在东京交易所上市的日本公司和 A 股主板企业进行比较。

一、A 股主板估值明显溢价于欧、美、日主板市场

（一）A 股主板 PE 和 PB 比海外市场高

截至 2015 年第三季度，A 股主板市场、纽约证券交易所、伦敦 & 法兰克福交易所、东京交易所的总市值分别约为 36 万亿元、95 万亿元、29 万亿元、28 万亿元。A 股主板的 PE 平均值为 35 倍，高于其他三个主板市场 50%；A 股主板 PE 中位数为 42.3 倍，约为其他三个主板市场的 2.5 倍。A 股 PB 中位数明显高于其他三个市场。删除金融业后各主板的 PE、PB 均值和中位数都略有上升，但总体比较结果不变。相关资料见图 5-6～图 5-8。

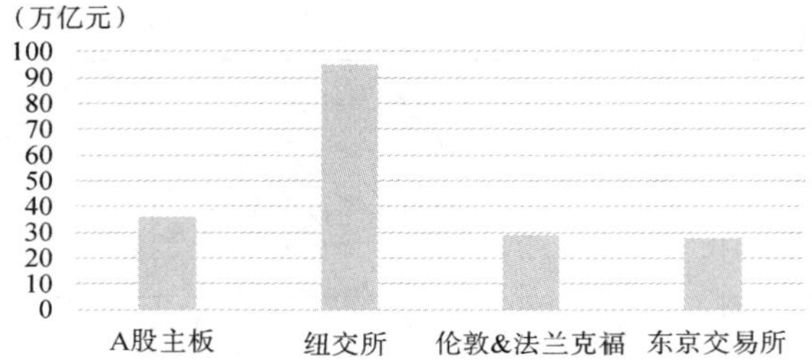

图 5-6　主板总市值的国际比较

资料来源：Bloomberg、Wind 资讯。

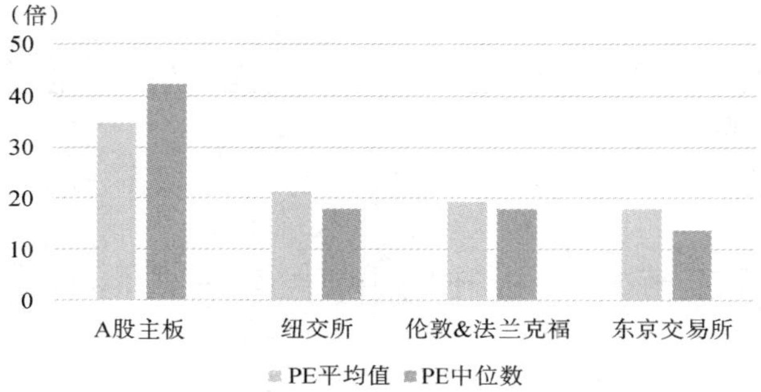

图 5-7　主板市盈率的国际比较

资料来源：Bloomberg、Wind 资讯。

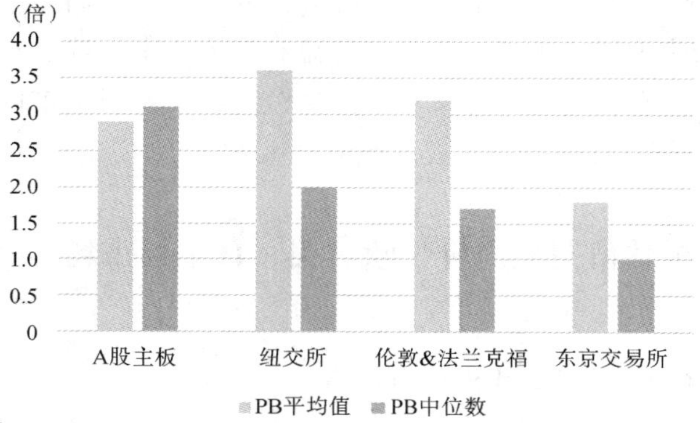

图 5-8　主板市净率的国际比较

资料来源：Bloomberg、Wind 资讯。

（二）A 股主板与其他三大板块的权重板块结构差别较大

A 股市值最大的五个行业分别为银行、非银金融、采掘、房地产和公用事业，占比分别为 20%、9%、7.2%、6% 和 5.7%。纽约证券交易所市值最大的五个行业分别为采掘、非银金融、医药生物、银行和计算机，占比分别为 11.7%、11.3%、9.8%、7.4% 和 7.3%。伦敦和法兰克福交易所市值最大的五个行业分别为非银金融、医药生物、银行、汽车和采掘，占比分别为 10.8%、9.6%、9.3%、7.9% 和 7.4%。东京交易所市值最大的五个行业分别为汽车、医药生物、计算机、银行和非银金融，占比分别为 12.5%、11.5%、7.8%、7.7% 和 6.9%。可以看出，银行和非银金融占比在四个市场中都位于市值前五，而市值在欧美日占比靠前的生物医药和计算机，在 A 股市场中排名为第 21 位和第 8 位。从主板市值前五的结构看，A 股主板行业房地产和公共事业与其他三个市场不同，结构差异较其他三个市场较大。相关资料见图 5-9 ~ 图 5-12。

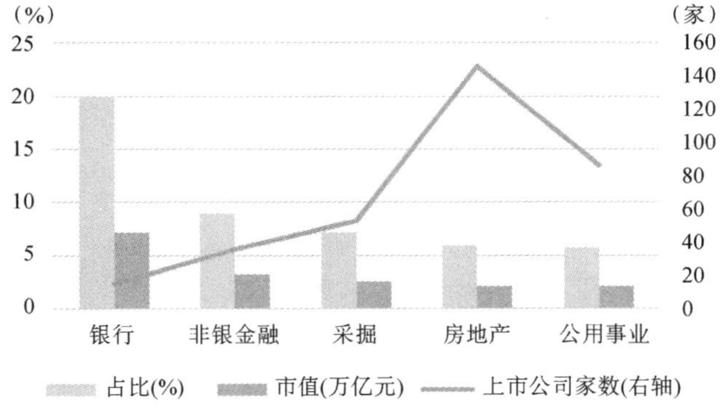

图 5-9　A 股主板市值前五大行业

资料来源：Bloomberg、Wind 资讯。

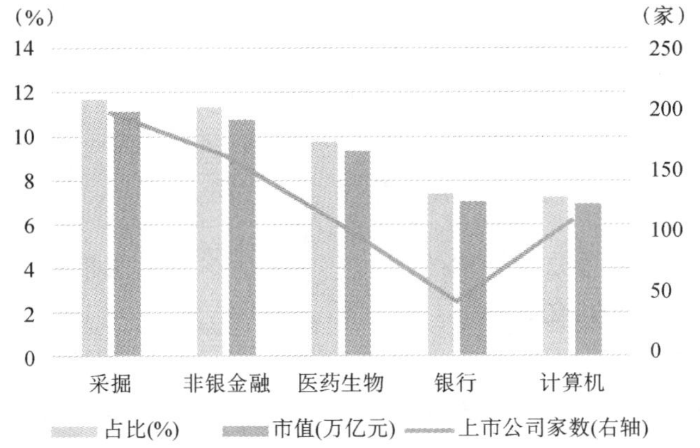

图 5-10　纽约证券交易所主板市值前五大行业

资料来源：Bloomberg、Wind 资讯。

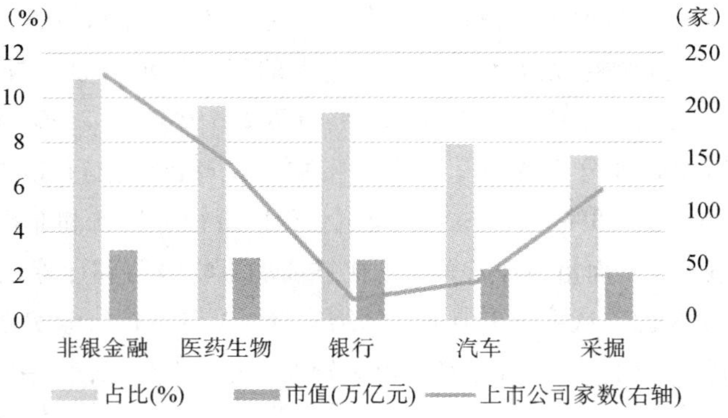

图 5－11　伦敦和法兰克福主板市值前五大行业

资料来源：Bloomberg、Wind 资讯。

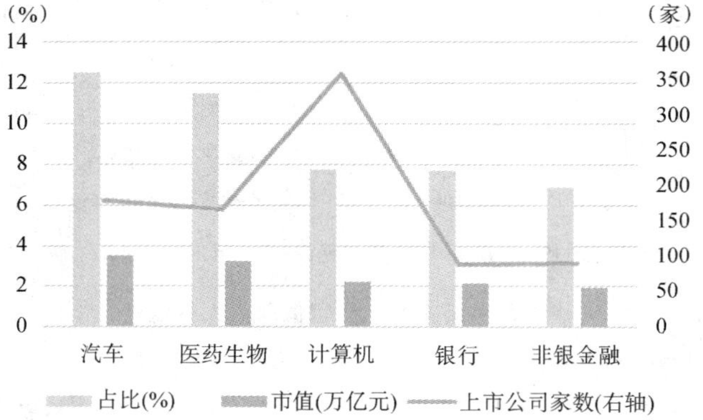

图 5－12　东京交易所主板市值前五大行业

资料来源：Bloomberg、Wind 资讯。

（三）A 股主板与海外主板估值差异

A 股主板大市值股票数量远比纽约证券交易所少。将主板股票按照市值划分 6 个区间，分别是［0，50 亿元］、（50 亿元，100 亿元］、（100 亿元，300 亿元］、（300 亿元，500 亿元］、(500 亿元，1 000 亿元］、1 000 亿元以上。从图 5－13 可以发现不同的市值结构对应的股票数量，A 股主板与纽约证券交易所主板较为相似，［0，300 亿元］市值区间为股票集中区，数目在 1 200 只左右。不同的是，纽约证券交易所 300 市值以上公司超过 500 只，1 000 亿元市值以上股票超过 2 000 只。A 股主板超过 300 亿元以上的股票仅 200 多只，超过 1 000 亿元市值的股票少于 60 只。

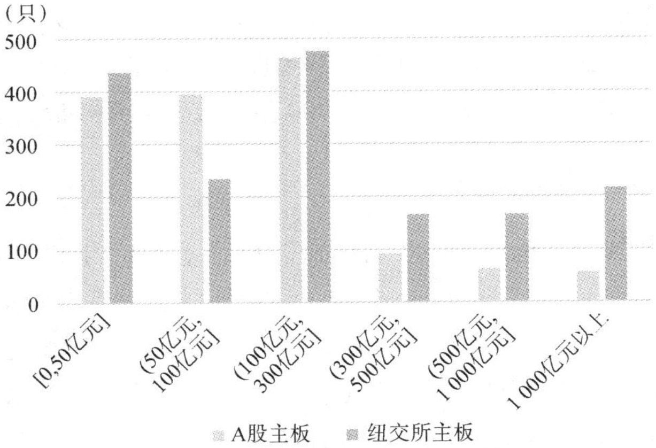

图 5－13　A 股与纽约证券交易所主板股票市值分布

资料来源：Bloomberg、Wind 资讯。

A 股主板股票的估值随着市值的增大而下降。从各主板的区间市盈率与市净率的分布看，A 股主板特立独行。A 股主板股票随着市值的增大，其股票市盈率趋于下降；A 股市净率随着市值小幅上涨，然后加速下降，整体是随着市值下降。其他三个市场主板市盈率是两边低中间高的，市净率则随着市值而上涨（见图 5－14）。

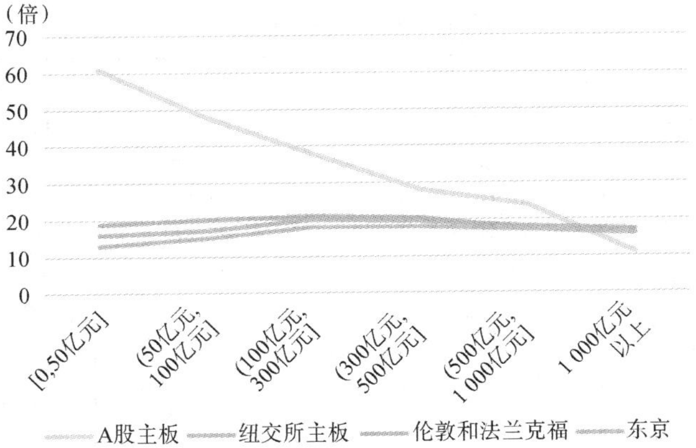

图 5－14　不同市值股票的市盈率分布

资料来源：Bloomberg、Wind 资讯。

二、蓝筹股投资价值分析

蓝筹股的界定并没有一个确定的标准，不过存在一些统一的认识，如蓝筹股必须是市值较大、业绩优良、分红丰厚、估值合理、投资风险较低的行业龙头公司。道琼斯工业指数成分股是世界公认的经典蓝筹股，英国富时100指数、香港恒生指数成分股也是公认的蓝筹股，在我国沪深300指数成分股是一般公认的蓝筹。

（一）蓝筹股的结构特征

1. 股价结构特征。分析沪深300成分股2014年、2015年和2016年1月平均股价的分布（见表5-3）可以看出，2014年度20元以下股票占股票总数的60%，5元及以下股占17%，(5元，10元] 占26%。2015年情况有所变化，2015年上半年股市行情较好，但下半年经历了股价的巨幅波动，全年看，5元及以下股票仅8家，占2.7%，说明上半年牛市征途中，消灭低价股的过程迅速且猛烈。2015年（20元，25元] 的股票数量首超10%，达到20家。2016年1月，沪深300成分股股价又有所变化，再经历了2015年下半年以及2016年年初的三次股市大幅下调后，5元以下股占比再度超过10%，达到13.7%。(5元，10元] 股依旧是分布主力（26%），并在三个时间段中排名第一。百元股在2015年有3家，其他时间段都只有1家。而在2015年50元以上股票共有20家，占比6.7%，说明15年牛市期间沪深300成分股价格有大幅上涨。

表5-3　　沪深300的总体股价分布

股价（年平均）	2014年		2015年		2016年1月	
	数量（家）	占比（%）	数量（家）	占比（%）	数量（家）	占比（%）
5元及以下	51	17.00	8	2.67	41	13.67
(5元10元]	77	25.67	56	18.67	78	26.00
(10元，15元]	45	15.00	51	17.00	50	16.67
(15元，20元]	44	14.67	44	14.67	43	14.33
(20元，25元]	20	6.67	41	13.67	22	7.33
(25元，30元]	23	7.67	28	9.33	28	9.33
(30元，35元]	16	5.33	19	6.33	12	4.00
(35元，40元]	7	2.33	16	5.33	7	2.33
(40元，45元]	6	2.00	6	2.00	4	1.33
(45元，50元]	3	1.00	11	3.67	4	1.33
(50元，100元]	7	2.33	17	5.67	9	3.00
100元以上	1	0.33	3	1.00	2	0.67

资料来源：Wind资讯。

2. 市值结构特征。沪深300总市值2009~2011年处于下降通道，2012年总市值有所回升，2013年又是下降，进入2014年沪深300总市值开始上升。沪深300占

A 股总市值的比例长期来看有明显下降，从 2009 年的 72% 下降到 2015 年 51%。下降最剧烈的年份是 2015 年，尽管沪深 300 市值相比 2014 年有所提高，但是 A 股市值增长更多，造成沪深 300 占 A 股比例下降了 14 个百分点，首次跌破 60%。

沪深 300 流通市值走势与总市值走势一致，占 A 股流通市值比例要更低一些，比重从 2009 年 54.7% 下降到 2015 年 42.9%（见图 5－15 和图 5－16）。

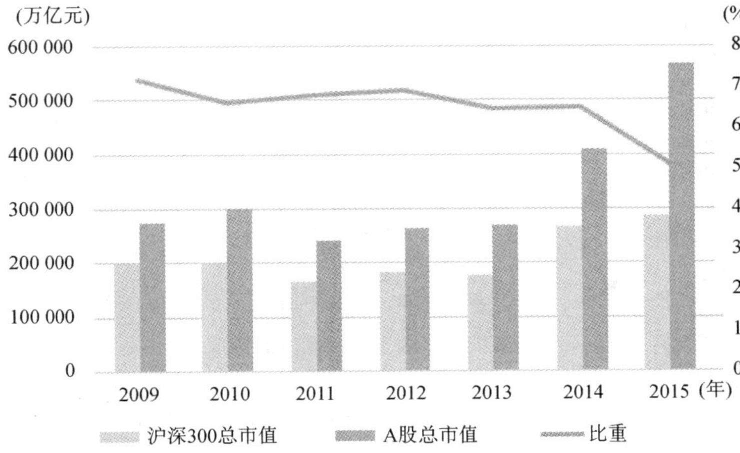

图 5－15 沪深 300 总市值变化趋势

资料来源：Wind 资讯。

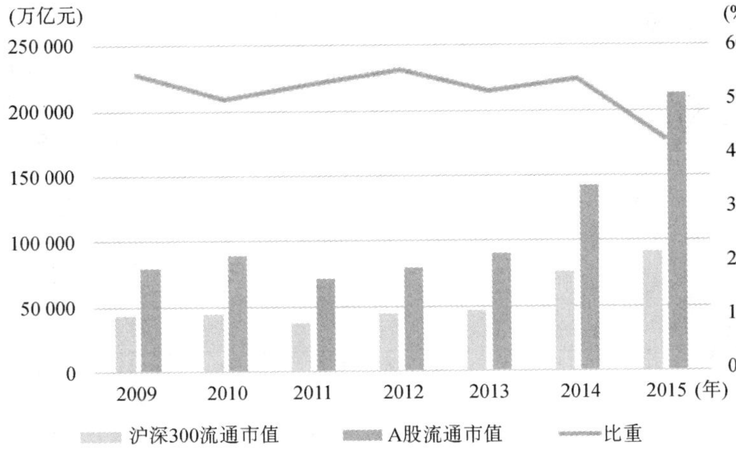

图 5－16 沪深 300 流通市值变化趋势

资料来源：Wind 资讯。

从沪深300行业市值构成来看（见图5－17），银行和非银占比高达41%；采掘和公用事业分别占7.4%和4.7%；房地产、交通运输和传媒业占比都是4.1%；医药生物占比达到了3.9%；占比1%以下的行业有建筑材料、农林牧渔、休闲服务和综合。

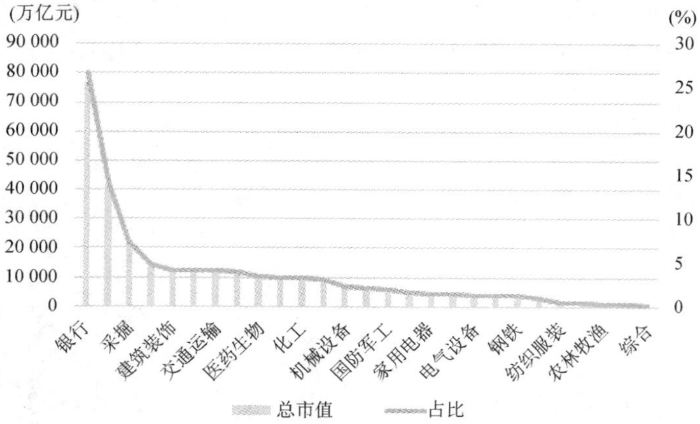

图5－17　沪深300行业市值构成

资料来源：Wind资讯。

3. 估值结构特征。2009～2013年沪深300行业市盈率有明显下降，其动态市盈率从28下降到9，凸现了投资价值。2013年以后，沪深300市盈率有所回升，经过2015年全年的先涨后跌之后，市盈率最终达到14，然而进入2016年之后，沪深300动态市盈率又开始下降，目前（2016年1月20日）处于12附近。从市净率来看，当前沪深300市净率为1.74，仍处于较低水平（见图5－18）。

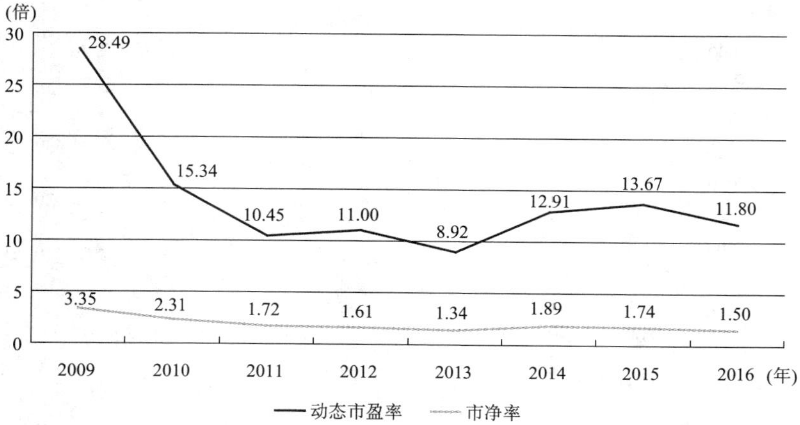

图5－18　沪深300行业市盈率和市净率

资料来源：Wind资讯。

（二）蓝筹股的投资价值分析

考虑到作为蓝筹股应具有较大的规模、较好的盈利水平、较好的成长性等特点，按照公司规模、盈利能力、成长性三类指标来筛选出沪深300中的典型蓝筹股120只，并通过考察它们的股价情况、市值结构、估值水平来判断其投资价值。

股价分析（见图5－4）。120只优质蓝筹股股价最集中区域是（5元，25元]，其中（5元，19元]有22只股票，占比18%；（10元，15元]、（15元，20元]及（20元，25元]股票占比都超过10%。高价股中（50元，100元]有13只股票，占比11%；100元以上股票有3只，占比2.5%。

表5－4　　　　优质蓝筹股的股价分布

股价（元）	2015.12.31	
	数量（家）	占比（%）
（0，5元]	3	2.50
（5元，10元]	22	18.33
（10元，15元]	13	10.83
（15元，20元]	16	13.33
（20元，25元]	16	13.33
（25元，30元]	11	9.17
（30元，35元]	9	7.50
（35元，40元]	10	8.33
（40元，45元]	2	1.67
（45元，50元]	2	1.67
（50元，100元]	13	10.83
100元以上	3	2.50

资料来源：Wind资讯。

优质蓝筹股行业分布上，非银金融数量最多，有20只；其次是医药生物行业，有13只；传媒、房地产和交通运输各有11只（见表5－5）。不同行业的股价分布上，高价股中医药生物和传媒最多，占比在10%左右。非银金融、交通运输和公用事业中低价股最多，占比达到5%以上。

表5-5　　优质蓝筹股的行业股价分布　　（单位：元）

行业	数量	股价（元）			股价10元及以下百分比	股价（10元，20元］百分比	股价20元以上百分比
		［0，10元］	（10元，20元］	20元以上			
非银金融	20	2	7	11	1.67	5.83	9.17
医药生物	13		1	12	0.00	0.83	10.00
传媒	11		1	10	0.00	0.83	8.33
房地产	11	2	3	6	1.67	2.50	5.00
交通运输	11	8		3	6.67	0.00	2.50
公用事业	10	6	3	1	5.00	2.50	0.83
食品饮料	7		1	6	0.00	0.83	5.00
汽车	6		3	3	0.00	2.50	2.50
计算机	5		1	4	0.00	0.83	3.33
通信	4		2	2	0.00	1.67	1.67
电气设备	3		1	2	0.00	0.83	1.67
采掘	2	1	1		0.83	0.83	0.00
电子	2	1		1	0.83	0.00	0.83
纺织服装	2		2		0.00	1.67	0.00
化工	2	1		1	0.83	0.00	0.83
机械设备	2		1	1	0.00	0.83	0.83
家用电器	2			2	0.00	0.00	1.67
建筑装饰	2	2			1.67	0.00	0.00
商业贸易	2	1	1		0.83	0.83	0.00
休闲服务	1			1	0.00	0.00	0.83
有色金属	1	1			0.83	0.00	0.00
综合	1		1		0.00	0.83	0.00

资料来源：Wind资讯。

估值分析。经历了2015年的行情之后，目前优质蓝筹股的估值仍然处于较高水平（见表5-6）。估值水平相对较低的优质蓝筹股主要集中在家用电器、纺织服装、非银金融和建筑装饰上，其平均市盈率水平在20倍以下。高估值的优质蓝筹股主要集中在传媒、计算机、机械设备行业，如传媒业平均市盈率为86倍，计算机为82倍。从行业内估值水平来看，采掘、传媒、交通运输等行业内优质蓝筹股之间估值差异较大，而家用电器、电气设备等行业内典型蓝筹股之间估值差异较小。

表 5－6　　　　优质蓝筹股的估值分布

行业	数量	市盈率			市净率			市销率		
		最小值	最大值	平均值	最小值	最大值	平均值	最小值	最大值	平均值
非银金融	20	11.2	46.7	19.7	1.8	8.1	3.3	1.1	649.1	45.4
医药生物	13	11.0	80.6	45.7	1.7	13.3	7.5	4.0	83.1	16.5
传媒	11	26.1	208.7	85.5	4.0	30.5	11.9	4.7	157.6	34.0
房地产	11	9.1	70.3	27.4	1.7	7.7	4.1	1.0	18.3	6.6
交通运输	11	9.0	76.5	26.6	1.5	11.8	3.7	0.8	14.4	4.6
公用事业	10	8.7	119.0	30.9	1.6	8.6	3.2	1.0	43.0	11.2
食品饮料	7	17.0	46.1	29.3	2.5	11.9	5.6	1.8	16.4	8.0
汽车	6	8.9	79.5	28.6	2.4	5.5	3.7	1.5	6.5	2.9
计算机	5	24.4	138.5	82.4	3.1	12.1	7.7	2.1	49.3	22.2
通信	4	22.7	72.9	44.7	2.2	19.1	8.5	0.9	24.8	15.0
电气设备	3	22.7	55.7	42.0	3.9	9.7	5.9	1.9	16.7	7.4
采掘	2	12.5	99.3	55.9	1.0	2.7	1.8	1.2	6.7	4.0
电子	2	32.7	33.3	33.0	2.3	4.0	3.2	13.5	16.2	14.9
纺织服装	2	8.1	20.6	14.3	1.9	8.2	5.1	2.3	5.1	3.7
化工	2	41.6	46.2	43.9	3.7	10.4	7.1	0.7	11.8	6.2
机械设备	2	37.7	132.7	85.2	3.8	9.6	6.7	2.9	31.9	17.4
家用电器	2	9.4	11.1	10.3	2.9	3.0	3.0	1.0	1.0	1.0
建筑装饰	2	7.7	24.9	16.3	1.3	2.1	1.7	0.2	0.5	0.4
商业贸易	2	50.6	106.6	78.6	3.4	5.6	4.5	0.9	13.0	7.0
休闲服务	1	70.4	70.4	70.4	7.4	7.4	7.4	44.0	44.0	44.0
有色金属	1	-6.3	-6.3	-6.3	2.1	2.1	2.1	0.5	0.5	0.5
综合	1	39.6	39.6	39.6	6.4	6.4	6.4	6.6	6.6	6.6

资料来源：Wind 资讯。

总体来看，优质蓝筹股的分红水平较高。从 2009～2014 年的每股红利来看，优质蓝筹股的每股红利水平高于沪深 300、A 股主板公司的每股红利（见表 5－7）。如 2014 年，优质蓝筹股的每股红利水平比沪深 300 的每股红利高 36%，比 A 股主板公司的每股红利高 222%。

表 5－7　　优质蓝筹股每股红利　　（单位：元）

年度	优质蓝筹股	沪深 300	A 股主板公司
2009	0.142	0.138	0.059
2010	0.186	0.172	0.068
2011	0.203	0.177	0.077
2012	0.239	0.200	0.088
2013	0.268	0.216	0.091
2014	0.322	0.237	0.100

资料来源：Wind 资讯。

盈利水平。从 2009～2014 年的平均盈利水平来看，优质蓝筹股的平均盈利水平略高于沪深 300、远高于 A 股主板公司的盈利水平。如 2014 年优质蓝筹股的净资产收益率为 16.76%，沪深 300 成分股平均为 13.52%，A 股主板公司平均为 5.46%（见表 5－8）。

表 5－8　　优质蓝筹股净资产收益率　　（单位：%）

年度	优质蓝筹股	沪深 300	A 股主板公司
2009	17.11	16.79	0.36
2010	17.95	17.14	11.78
2011	15.03	15.98	9.09
2012	13.84	13.76	6.43
2013	14.72	13.70	7.53
2014	16.76	13.52	5.46

资料来源：Wind 资讯。

蓝筹股公司具有阶段性和时效性。随着产业的转型和经济发展的变化，蓝筹股公司也会经历从成长到衰退的生命周期，其绩优只能是一段时期的绩优，不可能长期都是绩优，沪深 300 中那些钢铁等行业的曾经蓝筹股在现在看来已经时过境迁。因此，我们需要动态地看待蓝筹股，不仅要结合股价水平、估值水平的市场变化，还要结合产业变化和发展趋势给蓝筹股带来的变化。

从已有沪深 300 中选择未来优质蓝筹股的话，其未来的投资价值关键在于其股价、估值与成长性。优质蓝筹股首先要具备良好的业绩和盈利能力，且目前的股价低估了其真实价值。其次，作为优质蓝筹股，务必在国家的经济建设中处于至关重要的地位，与宏观经济周期同步。第三，选择投资蓝筹股的时机一般以成长期为最佳，且长期投资才能分享上市公司在成长期和成熟期的收益，股价的小幅波动对其实际价值影响不大。值得一提的是，投资蓝筹股实际上是投资于其市场估值与实际价值偏离的空间，尤其在熊市末期多数蓝筹股处于价值低估阶段，投资机会显现。另一方面，多数蓝筹股在行业中处于龙头地位，具有一定定价优势，经营收益与宏观经济周期有着密切的关系，经济周期复苏阶段时也处于上行初期，具有较大价值空间（见图5-9）。

表5-9 具有投资价值的优质蓝筹股

证券简称	所属行业	价格（元）	市盈率（倍）	市净率（倍）	市销率（倍）	每股红利（元）	ROE
东方财富	传媒	52.0	61.1	12.4	157.6	0.9	57.0
上海莱士	医药生物	39.8	80.6	10.6	83.1	0.4	12.3
信威集团	通信	26.8	26.3	6.8	24.8	0.4	10.7
中国核电	公用事业	9.5	35.8	4.0	7.9	0.3	12.5
泛海控股	房地产	12.6	24.0	5.6	9.4	0.3	12.1
恒瑞医药	医药生物	49.1	48.8	10.2	12.9	0.8	18.0
贵州茅台	食品饮料	218.2	17.0	4.6	8.7	9.1	19.7
海康威视	计算机	34.4	24.4	8.2	8.1	0.9	23.7
华谊兄弟	传媒	41.5	54.6	6.2	24.1	0.5	10.7
万达院线	传媒	120.0	126.4	28.4	25.2	0.9	21.2
陆家嘴	房地产	50.1	53.8	7.7	18.3	0.6	9.6
城投控股	房地产	23.2	17.1	3.5	14.0	1.1	17.0
奥飞动漫	传媒	51.7	125.8	22.5	26.9	0.3	14.0
中航资本	非银金融	15.5	32.7	3.3	24.7	0.5	12.4
洋河股份	食品饮料	68.5	20.7	4.7	7.0	3.0	21.3
三安光电	电子	24.3	33.3	4.0	13.5	0.6	12.0
宋城演艺	休闲服务	28.3	70.4	7.4	44.0	0.4	13.8
长江电力	公用事业	13.6	18.8	2.5	8.3	0.6	10.7
永泰能源	采掘	4.8	99.3	2.7	6.7	0.1	3.0
碧水源	公用事业	51.8	62.0	5.1	18.5	0.2	3.6
海澜之家	纺织服装	14.0	20.6	8.2	5.1	0.5	30.1

续表 1

证券简称	所属行业	价格（元）	市盈率（倍）	市净率(倍)	市销率(倍)	每股红利（元）	ROE
万科 A	房地产	24.4	16.7	3.0	1.8	0.6	7.7
二三四五	计算机	37.0	86.7	7.5	49.3	0.3	7.0
康得新	化工	38.1	46.2	10.4	11.8	0.7	19.3
比亚迪	汽车	64.4	79.5	5.5	2.7	0.8	7.2
张江高科	房地产	28.8	70.3	6.1	14.9	0.2	4.8
中兴通讯	通信	18.6	22.7	2.2	0.9	0.6	10.1
海天味业	食品饮料	35.4	39.9	11.9	9.7	0.7	24.0
华夏幸福	房地产	30.7	18.1	6.6	3.0	1.4	30.2
保利地产	房地产	10.6	9.1	1.7	1.0	0.6	10.2
华数传媒	传媒	32.8	86.1	5.2	19.5	0.3	6.7
金地集团	房地产	13.8	14.2	2.0	1.4	0.2	2.6
中国国航	交通运输	8.6	16.3	1.8	1.1	0.5	10.8
网宿科技	通信	60.0	57.0	19.1	22.0	0.8	29.5
五粮液	食品饮料	27.3	18.1	2.5	4.9	1.2	11.2
招商轮船	交通运输	7.1	24.8	2.7	14.4	0.3	14.5
上海石化	化工	6.5	41.6	3.7	0.7	0.2	12.7
复星医药	医药生物	23.5	22.4	3.1	4.5	0.8	11.1
同仁堂	医药生物	44.6	72.2	8.9	6.3	0.5	10.4
上海机场	交通运输	29.5	23.3	2.9	9.9	1.0	10.0
南方航空	交通运输	8.6	16.3	2.1	0.8	0.5	12.3
东方航空	交通运输	7.6	14.9	2.8	1.1	0.4	16.8
浙能电力	公用事业	7.5	13.9	1.9	2.3	0.4	11.6
国信证券	非银金融	19.8	12.2	3.5	13.7	1.4	28.5
锦龙股份	非银金融	29.1	31.5	8.1	649.1	0.8	26.0
湖北能源	公用事业	6.1	18.3	2.1	4.5	0.3	11.6
康美药业	医药生物	17.0	25.7	4.9	4.7	0.5	12.0
掌趣科技	传媒	14.0	93.2	5.7	48.0	0.1	6.6
华能国际	公用事业	8.7	9.6	1.7	1.1	0.9	18.4
通化东宝	医药生物	27.2	68.6	13.2	21.3	0.3	17.5
美的集团	家用电器	32.8	11.1	2.9	1.0	2.6	25.5

续表2

证券简称	所属行业	价格（元）	市盈率（倍）	市净率(倍)	市销率(倍)	每股红利（元）	ROE
金风科技	电气设备	22.8	22.7	3.9	3.5	0.8	13.3
国泰君安	非银金融	23.9	12.3	2.0	10.2	1.8	20.2
小商品城	商业贸易	9.2	106.6	5.6	13.0	0.1	4.2
华电国际	公用事业	6.8	8.7	1.6	1.0	0.7	18.5
广发证券	非银金融	19.5	12.0	2.0	11.1	1.5	18.0
苏宁云商	商业贸易	13.5	50.6	3.4	0.9	0.0	0.2
东方证券	非银金融	23.3	18.0	3.9	22.4	1.2	21.8
吉林敖东	医药生物	31.0	11.0	1.7	12.4	2.3	13.8
中信证券	非银金融	19.4	11.2	1.8	8.0	1.4	14.1
鹏博士	传媒	23.7	46.8	6.0	4.8	0.4	11.5
乐视网	传媒	58.8	208.7	30.5	16.0	0.2	11.2
申万宏源	非银金融	10.7	18.6	3.4	18.4	0.6	20.0
招商证券	非银金融	21.7	12.4	2.8	11.5	1.5	19.5
东方明珠	传媒	37.9	36.1	4.1	33.4	1.0	12.2
节能风电	公用事业	15.8	119.0	8.6	23.7	0.1	4.5
华泰证券	非银金融	19.7	13.5	1.8	11.7	1.4	16.0
上港集团	交通运输	6.5	22.7	2.6	5.2	0.2	8.1
科大讯飞	计算机	37.1	117.6	7.8	26.8	0.2	5.5
格力电器	家用电器	22.4	9.4	3.0	1.0	1.7	21.7
海通证券	非银金融	15.8	13.2	1.8	10.1	1.1	13.0
大秦铁路	交通运输	8.6	9.0	1.5	2.4	0.8	12.9
汇川技术	电气设备	47.2	47.6	9.7	16.7	0.8	16.3
伊利股份	食品饮料	16.4	23.6	5.4	1.8	0.6	18.7
中国神华	采掘	15.0	12.5	1.0	1.2	0.8	5.6
招商蛇口	房地产	20.9	45.5	1.7	3.4	0.0	0.0
中国平安	非银金融	36.0	11.8	2.0	1.4	2.6	15.3
中南传媒	传媒	23.9	26.1	4.0	4.7	0.6	10.5
光大证券	非银金融	22.9	12.5	2.4	13.6	1.7	20.2
西部证券	非银金融	32.9	46.7	7.8	47.5	0.6	18.4
川投能源	公用事业	10.8	12.5	2.7	43.0	0.7	18.8
春秋航空	交通运输	61.0	34.1	7.6	6.7	3.1	21.0

续表 3

证券简称	所属行业	价格（元）	市盈率（倍）	市净率(倍)	市销率(倍)	每股红利（元）	ROE
东阿阿胶	医药生物	52.3	21.8	5.3	8.5	1.7	18.2
国投电力	公用事业	8.4	10.3	2.2	1.7	0.7	18.4
吉祥航空	交通运输	34.2	40.3	11.8	5.8	1.8	35.1
中国远洋	交通运输	9.0	76.5	3.8	1.4	0.0	0.8
中国太保	非银金融	28.9	15.3	2.1	1.2	1.7	12.3
雅戈尔	纺织服装	16.3	8.1	1.9	2.3	1.5	18.3
中天城投	房地产	9.1	17.7	4.4	3.5	0.4	23.8
云南白药	医药生物	72.6	28.0	5.9	4.0	2.1	17.5
同方股份	计算机	18.1	44.7	3.1	2.1	0.2	3.6
乐普医疗	医药生物	38.6	60.2	9.1	18.8	0.5	12.6
机器人	机械设备	68.5	132.7	9.6	31.9	0.4	11.4
信立泰	医药生物	30.1	25.9	7.4	10.9	0.9	23.2
华侨城 A	房地产	8.8	14.5	2.1	2.1	0.3	8.6
渤海租赁	非银金融	9.0	27.0	2.9	4.7	0.3	9.3
中国中车	机械设备	12.9	37.7	3.8	2.9	0.3	8.6
海南航空	交通运输	3.9	14.8	1.6	1.3	0.2	8.5
爱尔眼科	医药生物	31.6	75.2	13.3	12.9	0.4	16.4
海格通信	通信	16.7	72.9	5.8	12.1	0.1	4.5
长城汽车	汽车	12.0	12.7	3.3	1.8	2.0	17.5
石基信息	计算机	151.0	138.5	12.1	24.6	0.8	11.8
中国中冶	建筑装饰	6.0	24.9	2.1	0.5	0.2	6.4
东旭光电	电子	9.1	32.7	2.3	16.2	0.3	11.9
福耀玻璃	汽车	15.2	15.3	2.4	2.9	0.8	14.3
上海电气	电气设备	11.5	55.7	4.0	1.9	0.1	5.1
江苏有线	传媒	20.6	75.2	5.3	14.0	0.3	6.3
方正证券	非银金融	9.6	18.1	2.3	16.1	0.5	12.1
长安汽车	汽车	17.0	8.9	2.5	1.5	1.5	23.8
宇通客车	汽车	22.5	14.9	4.4	1.9	0.8	16.8
中国人寿	非银金融	28.3	20.8	2.7	1.8	1.2	11.7
中国建筑	建筑装饰	6.3	7.7	1.3	0.2	0.6	11.8
东兴证券	非银金融	30.0	35.9	6.0	28.9	0.7	15.6

续表 1

证券简称	所属行业	价格（元）	市盈率（倍）	市净率（倍）	市销率（倍）	每股红利（元）	ROE
泸州老窖	食品饮料	27.1	39.8	3.8	7.1	0.9	13.2
海普瑞	医药生物	35.4	53.2	3.4	14.4	0.5	5.0
汤臣倍健	食品饮料	38.5	46.1	6.2	16.4	0.8	14.7
中国铝业	有色金属	5.0	-6.3	2.1	0.5	-0.1	-2.9
中国宝安	综合	18.0	39.6	6.4	6.6	0.4	17.6
新华保险	非银金融	52.2	18.7	3.0	1.1	2.8	16.8
广汽集团	汽车	22.6	40.2	3.9	6.5	0.4	7.4

资料来源：Wind 资讯。

第三节　传统行业投资价值分析

一、房地产行业投资价值分析

（一）房地产行业当前基本情况

2016 年我国经济继续转型，地产对经济贡献率下降。从宏观环境看，中国经济整体正呈现增速放缓趋势。从 2014 年起，以服务业为代表的第三产业在中国 GDP 累计同比的贡献率已超过以投资制造为代表的第二产业。2015 年第三产业对 GDP 累计同比的贡献达到 57.7%，而第二产业则只有 37.1%（见图 5－19）。尽管 2015 年货币政策及行业政策频繁松绑，但是以投资和生产为特点的传统房地产、工业制造类企业盈利环境迅速恶化，短期看地产行业正处于艰难复苏及去库存过程之中。

2016 年，房地产行业仍将拖累经济增长，主要体现在两个层面。第一个是房地产投资增速有进一步下行的压力，这主要与房地产行业的中长期拐点有关。2013 年以来，新开工面积远高于实际需求，同时全国范围户均实现 1 套房，需求与供应出现结构性变化。具体而言，房地产投资数据由 2013 年末的 19.8% 一路下降至 2015 年 1% 左右，2015 年 12 月房屋新开工面积累计同比下降 14%，土地成交价款同比下降 24%（见图 5－20）。由于新开工及土地购置下行，2016 年行业投资增速有进一步下行的压力。

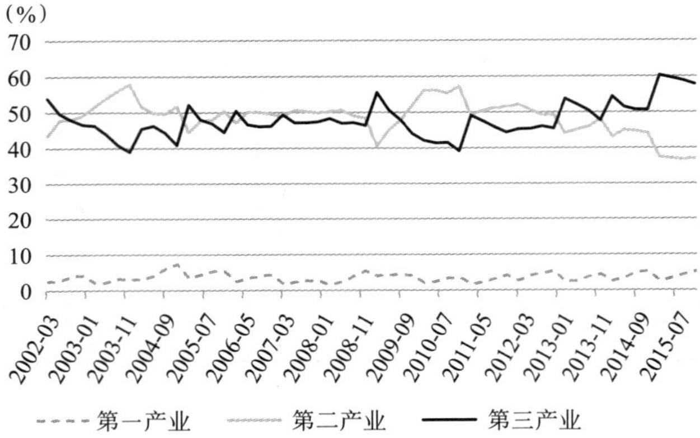

图 5－19　三大产业对 GDP 增长的贡献率

资料来源：国家统计局、Wind 资讯。

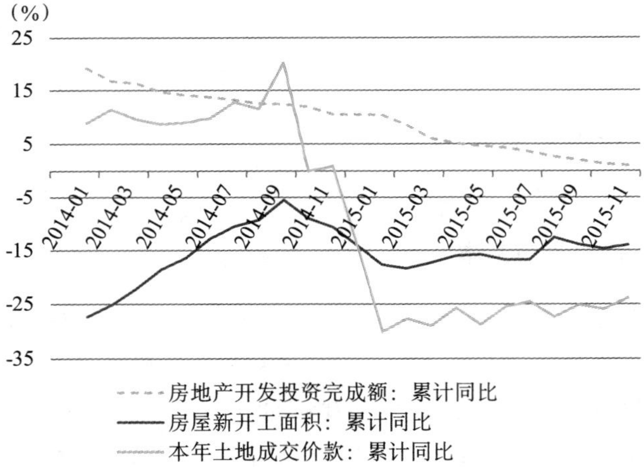

图 5－20　房地产开发投资继续下行

资料来源：国家统计局、Wind 资讯。

另一个层面是结构性矛盾，即一线城市与三四线城市市场供需结构的差别，这主要以人口流动及土地供应有关。城市人口的增长是驱动过去 20 年房地产行业发展的重要因素，其中约 40% 的新增城市人口来自于征用城市临近区的土地吸纳当地人口。未来随着城市扩张乏力及对征地的限制，城市扩张增速显著放缓。同时，当前我国城市化率已超过 50%，形成了 2 个（北京、上海）人口超过 2 000 万人级别的巨型城市。随着城市化进入中后期，巨型城市的形成是重大趋势，但土地供应的长期瓶颈使一线大城市的供需缺口压力客观存在。这种结构化差距具体表现在 2015 年

1～11 月，一线城市销售面积上升 38%，二线城市上升 22%，三四线城市上升 20%。房地产平均价格，一线城市同比上升 15%，二线城市同比持平，三四线城市同比下降 2%。

（二）房地产上市公司的估值逻辑

房地产上市公司 2016 年初市盈率 22 倍左右，是沪深 300 成分股 1.8 倍左右。对比标普 500 成分股中 23 家房地产公司当前估值，其 2015 年末市盈率 37 倍，可以明显看出我国房地产股估值水平较低。另外，尽管 2016 年房地产投资下行压力显现，但是政策面仍将维持宽松和扶持态度，将保障地产板块估值向上具备提升空间。具体原因有如下四点：

第一，国内地产股估值无论从横向对比（标普 500 地产股）还是纵向对比（历史比较）当前都处于较低水平。国内地产股估值水平在 2007 年达到高峰值，动态市盈率 71 倍，2008 年金融危机期间地产股估值大幅下挫，动态市盈率降到 39.6 倍，随后一直到 2014 年，地产股估值水平一直处于下降区间，于 2014 年达到最低点 12.4 倍。随后随着 A 股的上涨，房地产 PE 也大幅上扬，于 2015 年 6 月达到 30 倍（见图 5－21）。伴随着 2015 年下半年 A 股的大幅调整，房地产估值也有调整，当前位于 20～25 之间。房地产股的估值整体比沪深 300 要高，二者之间的差异当前达到 2012 年以来最高水平。沪深 300PE 当前与 2012 年年初基本持平，但房地产 PE 当前较 2012 年年初要高出许多。从市净率 PB 数据上，也可以看到类似趋势（见图 5－22）。

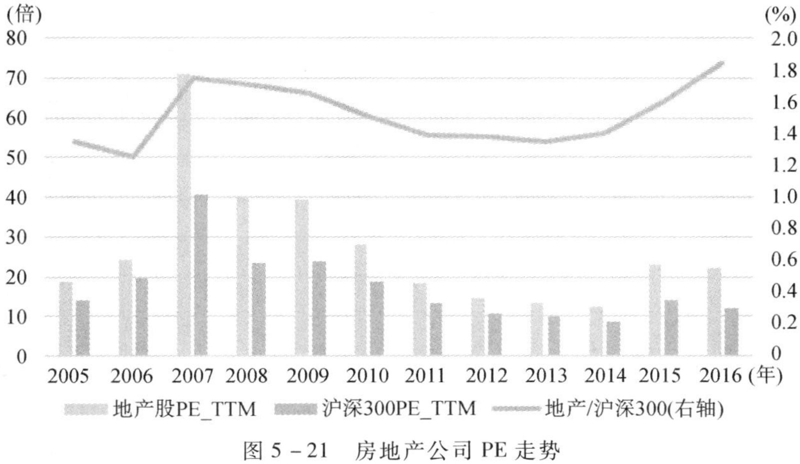

图 5－21 房地产公司 PE 走势

资料来源：Wind 资讯。

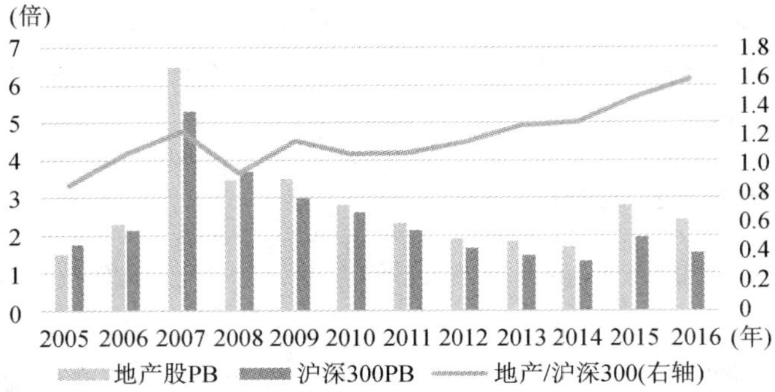

图 5-22　房地产公司 PB 走势

资料来源：Wind 资讯。

国内地产股估值明显要低于标普 500 地产股（见图 5-23）。国内地产股 2005~2015 年动态市盈率平均值为 27 倍，标普 500 地产股平均值为 47 倍，当前国内地产股动态市盈率为 22 倍，标普 500 地产股为 37 倍。国内地产股估值走势与美国标普 500 走势有很大差异。美国地产股估值在 2008 年大幅下降之后，随后迅速展开估值修复，并与 2013 年达到最高，动态市盈率有 77 倍之高。而国内地产股 2012 年 1 月到 2014 年 6 月之间 PE 呈整体下降趋势，从 15 倍下降到 10 倍，尽管当前估值有所回升，但是离 2007 年估值高点还有很大的差距。相关资料见表 5-10、表 5-11。

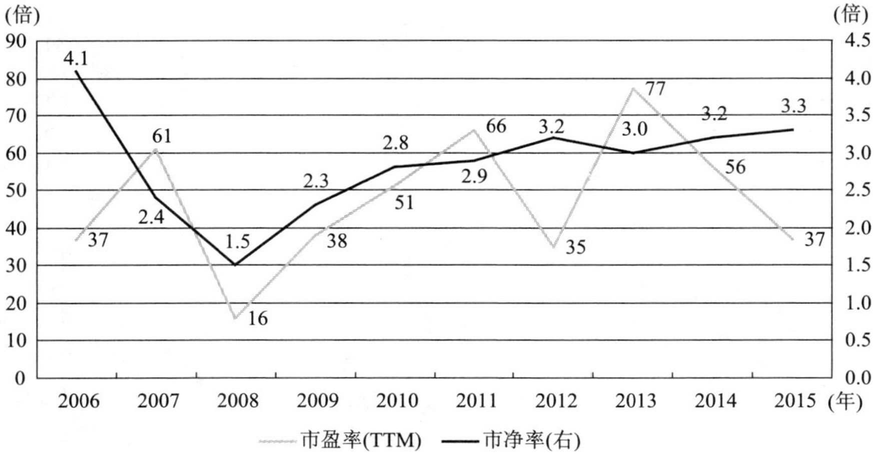

图 5-23　标普 500 指数中房地产公司估值走势

资料来源：Wind 资讯。

表 5 - 10　　沪深 300 成分股中房地产公司估值情况

年份	市盈率（倍）	市净率（倍）	市值（亿元）	股息率（倍）	每股收益（元）	ROE（%）
2006	47.22	5.10	208.59	0.69	0.54	15.55
2007	72.34	8.06	481.16	0.32	0.73	18.05
2008	19.35	2.31	201.99	0.80	0.49	14.89
2009	33.60	4.15	401.55	0.49	0.62	16.87
2010	25.29	3.16	278.13	0.92	0.58	15.21
2011	12.11	2.18	264.15	1.27	0.88	22.12
2012	21.72	2.58	354.13	1.07	0.81	18.10
2013	15.69	2.18	303.26	1.65	0.97	18.98
2014	26.44	3.19	550.67	1.31	1.02	17.66
2015	27.62	3.54	785.90	1.07	0.46	11.04

资料来源：Wind 资讯。

表 5 - 11　　标普 500 指数中房地产公司估值情况

年份	市盈率（倍）	市净率（倍）	市值（亿元）	股息率（%）	每股收益（元）	ROE（%）
2006	36.64	4.14	839.86	3.52	2.11	10.51
2007	61.00	2.45	591.10	3.67	1.82	9.08
2008	16.36	1.49	351.18	5.76	1.62	7.26
2009	38.35	2.28	536.96	3.18	1.36	5.86
2010	50.56	2.77	687.24	5.57	1.14	3.82
2011	66.47	2.87	749.60	2.70	1.41	6.35
2012	34.57	3.19	910.27	2.75	1.15	5.50
2013	77.31	3.05	919.44	3.25	1.45	6.91
2014	56.27	3.22	1 243.47	3.14	1.49	6.90
2015	36.66	3.33	1 327.65	3.56	1.62	7.65

资料来源：Wind 资讯。

第二，国家关于房地产政策方向有所改变，行政手段逐步退出。2013 年开始，行业调控政策开始转变，从限购逐步放开，到“930 新政”，再到 2015 年的“330 新政”降低首套房首付，营业税免征期 5 年改 2 年，到最近中央多次强调“房地产去库存”，行业政策环境不断向好的方向发展。相关资料见图 5 - 24。

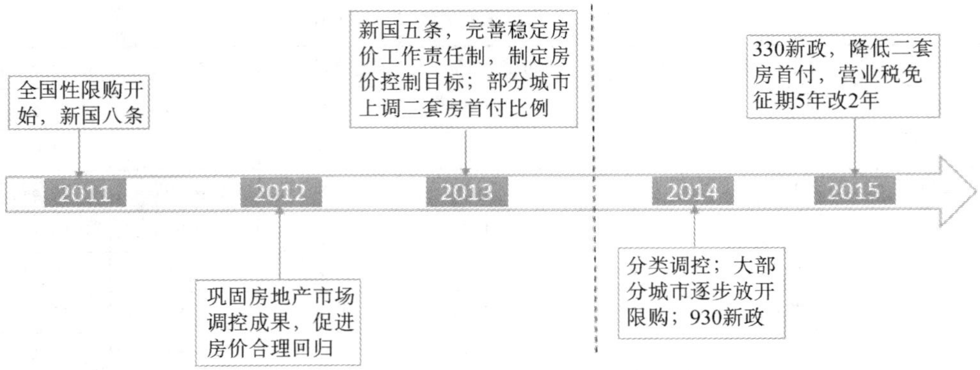

图 5－24 政策调控发生转变行业环境不断向好

第三，主要得益于降息降准后融资成本的降低，盈利能力有所回升。在中央银行 2014 年开启 5 次降准 6 次降息之后，整个货币信贷环境相对宽松，上市房地产企业不断通过新发行低息长期债务工具来替换资产负债表中现有的高息短期负债，发行规模增加明显，而融资成本下降显著。优化债务结构之后，未来的财务成本和利息支出也将随之缩小，在地产行业毛利率整体下移的背景下，融资成本下降则起到一定的对冲作用，主流房地产企业盈利边际改善存在弹性空间。对于信用评级较高的主流房地产企业而言，融资成本更为低廉。例如万科在 9 月公告的 50 亿元 5 年期公司债票面利率仅为 3.5%，甚至低于国债收益率（见表 5－12）。

表 5－12　部分房地产开发商 2015 年发行公司债情况

上市公司	利率（%）	额度（亿元）	上市公司	利率	额度（亿元）
万科	3.50	50	绿地集团	3.8%～3.90%	100
深振业	5.20	15	保利地产	3.4%～3.68%	50
中粮地产	4.40	20	华夏幸福	5.1%～5.99%	80
中洲控股	6.30	13	城投控股	4.59%～5.28%	30
金地集团	4.18	30	金融街	3.84%～4.24%	110
海航投资	5.99	16	荣盛发展	5.1%～6.00%	89

资料来源：Wind 资讯。

第四，房地产企业现金流和盈利能力恢复。在宽松货币和持续的去库存政策下，2015 年商品房销售回升迅速。在“330 新政”出台后，商品房销售面积和销售金额从 4 月开始显著回升，全年销售面积同比增长 6.5%，销售金额同比增长 14.4%，全年销售金额超过 8.7 万亿元，创历史新高（见图 5－25）。

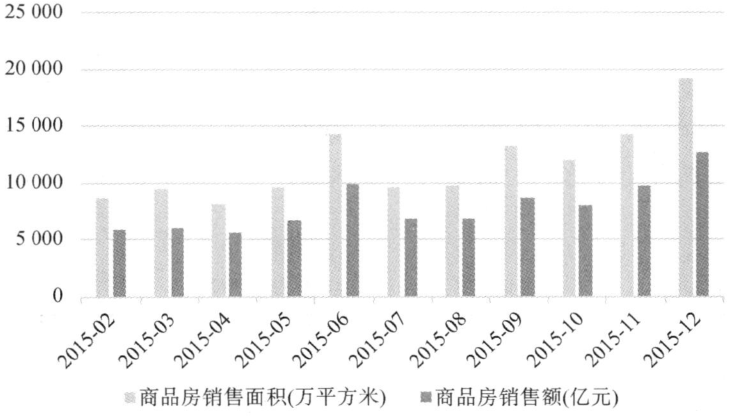

图 5－25　2015 年商品房销售面积和销售额有所改善

资料来源：Wind 资讯。

销售加速带动房地产企业现金流恢复。随着销售回暖，房地产企业现金流也得到明显恢复，A 股上市的房地产开发商在 2015 年销售回款明显加快，尤其是在“3·30 政策”出台后的二三季度，销售回款同比增速一度接近 80%（见图 5－26）。由于明年房地产去库存是经济工作五大任务之一，去库存的政策将持续，房地产开发商现金流改善的现象将会持续。

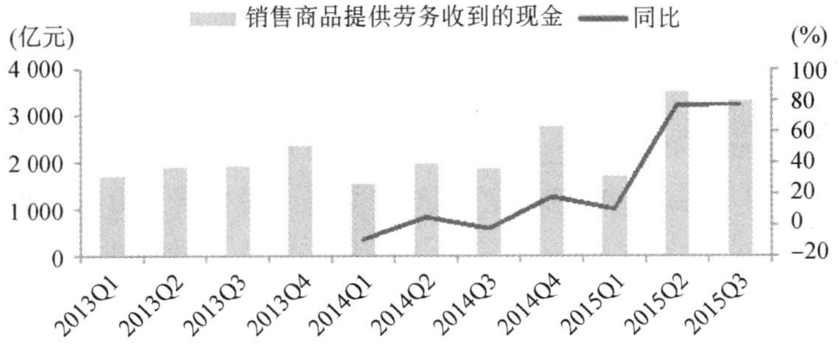

图 5－26　2015 年商品房销售回款增速

（三）投资建议

第一，低估值高股息龙头。在经济下行及利率下行的大环境下，从场外资金角度看，理财产品收益率持续下行，房产保值功能不及以前，资本市场股权投资的吸引力逐步增加。从场内资金的角度看，债权市场收益率持续下降，养老资金、银行理财资金配置需求增加，在资产配置稀缺度上升的大背景下，估值较低，基本面优异的龙头公司具有配置价值。近期保险公司举牌地产股，符合保监会鼓励险资增持蓝筹股的政策导向，体现对低估值、高股息率的地产龙头公司看好。地产行业龙头当前对应2015年PE为14倍，具有低估值优势，在风格切换和险资增持的催化下，具有配置价值个股如万科、保利、华侨城A、华夏幸福、金地集团（见表5-13）。

表5-13　　房地产龙头公司2015年估值情况

公司	PE（TTM）	PB	ROE（%）	EPS	每股股利（元）
招商蛇口	45.47	1.67	11.76	0.00	0.00
万科A	16.72	3.04	7.74	0.62	0.48
保利地产	9.09	1.74	10.18	0.60	0.21
绿地控股	41.31	3.80	18.27	0.41	0.00
华夏幸福	18.14	6.61	34.07	1.42	0.71
华侨城A	14.54	2.13	8.58	0.34	0.07
泛海控股	24.01	5.64	12.18	0.26	0.14
新湖中宝	35.28	1.68	2.97	0.07	0.05
金地集团	14.16	1.95	2.63	0.19	0.12
中天城投	17.73	4.40	23.63	0.45	0.17

资料来源：Wind资讯。

第二，国有企业改革标的——持续主题，值得期待。自十八届三中全会吹响国有企业改革的号角以来，中央及各地产政府相继出台了众多国有企业改革方案，部分国有企业亦先行试点改革方案。可见，国有企业改革是培育和释放市场活力、优化资源配置的重要举措，将继续贯穿“十三五”规划。

从国有上市房地产企业改革进展来看，仅少数房地产企业先行试点国有企业改革方案，大部分国有企业仍未有实质性方案出台（见表5-14）。预计未来更多国有房地产企业将受益资源整合、制度变革等带来的投资机遇，建议关注标的空港股份、中航地产、鲁商置业、深振业、天健集团等。

表 5－14　　房地产国有企业改革公司 2015 年估值情况

公司	PE（TTM）	PB	ROE（%）	EPS	每股股利（元）
深振业 A	28.50	3.65	6.60	0.21	0.11
中航地产	20.47	2.46	－5.00	－0.25	0.10
天健集团	26.77	2.35	6.70	0.47	0.22
鲁商置业	55.44	4.37	4.04	0.08	0.00
空港股份	171.76	5.93	2.54	0.08	0.10

资料来源：Wind 资讯。

第三，布局转型个股。在当前中小地产公司走向多元化的趋势下 2016 年更应注重新业务快速兑现的个股，如华业资本等；同时，建议布局符合政策驱动方向，布局大健康及大消费的公司，如广宇集团、宋都股份、中体产业、莱茵体育等（见表 5－15）。

表 5－15　　房地产转型公司 2015 年估值情况

公司	PE（TTM）	PB	ROE（%）	EPS	每股股利（元）
莱茵体育	－660.83	15.02	－2.77	－0.05	0.02
广宇集团	155.27	2.71	－1.26	－0.05	0.08
宋都股份	229.38	2.62	0.31	0.01	0.01
中体产业	252.62	14.43	3.30	0.06	0.04
世荣兆业	368.33	6.54	2.75	0.06	0.10

资料来源：Wind 资讯。

二、智能制造产业：站在 A 股的新风口，寻找最受益的成长领域

（一）智能制造产业的市场地位

当前，A 股市场的行业结构调整已经明显领先于经济结构的调整，主题板块走势却呈现较为明显的结构性差异，能源、原材料等传统周期性行业的市值和利润占比大幅降低，而先进制造业、新兴消费等更具成长性行业的市值和利润的占比显著上升（见图 5－27）。其中，改革与创新是行业表现的内在逻辑。就 2015 年行情来看，市场上涨多的还是由创新驱动以及体制改革所致，在创新的基础上不断给市场

注入新鲜血液与动力；同时，对传统产业进行改造，接轨“互联网+”与智能制造，突破传统发展瓶颈，寻找新的增长动力，获得价值重估。从估值角度来看，有9个行业目前估值已在80倍之上，国防军工以211倍位居榜首（见图5－28）。由于军工向来以改革预期（整合重组或资产注入）和发展空间笑傲两市，因此PE的高低已不能作为其关键的衡量指标。紧随其后的是计算机、有色金属、综合、电子、传媒、电气设备、通信、机械设备等板块的估值水平。估值指标的运用可能存在两点变化：一是行业特质差异带来的估值区间差异；二是市场进行到一定阶段后，估值作用的阶段性淡化，特别是市场对于成长类股票的估值。

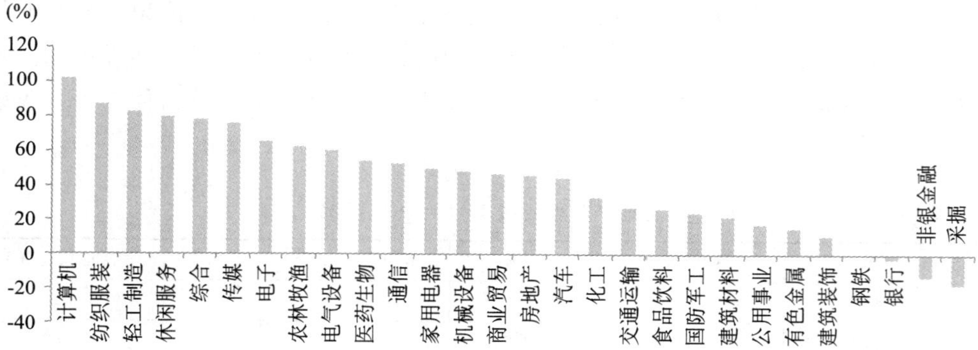

图5－27　2015年度行业指数涨幅（总市值加权平均）

资料来源：Wind资讯。

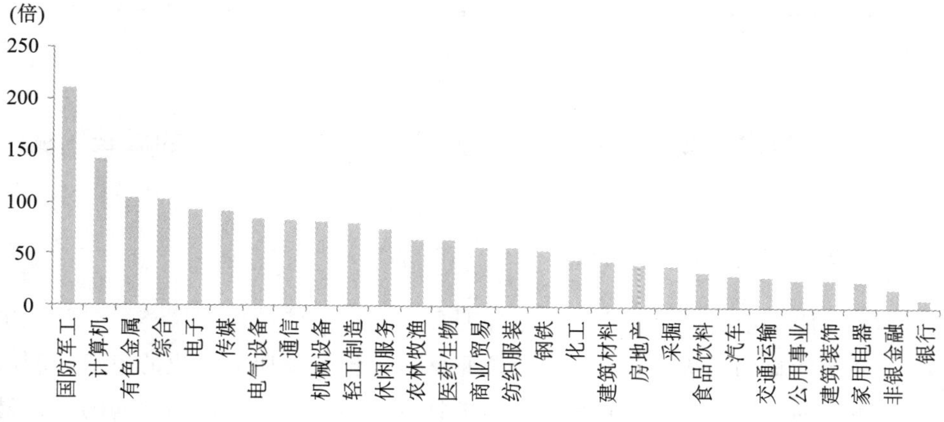

图5－28　2015年度行业PE（TTM，整体法）

资料来源：Wind资讯。

研究发现，在这些主题板块中，“互联网+”和“中国制造2025”得到前所未有的关注，互联网与制造业的整合发展上升至国家战略层面。2015年5月国务院正式发布“中国制造2025”规划，这是现阶段统筹考虑中国制造业发展的国内外环境和基础条件下所提出的战略性规划。在中国经济转型升级、创新驱动发展的背景下，以智能制造为代表的新兴产业具有广阔的成长前景。发展智能制造不仅是中国产业转型升级的突破口，也是重塑制造业竞争优势的新引擎，是制造业的未来方向。而二级市场上，符合创新驱动风口的“互联网+”与智能制造主题绽放异彩。截至2015年上半年，按总市值加权平均计算，智能汽车的年内涨幅已超过130%，其余如互联网营销、网络安全、互联网金融、在线教育、网络游戏等板块涨幅也在100%以上（见图5-29）。

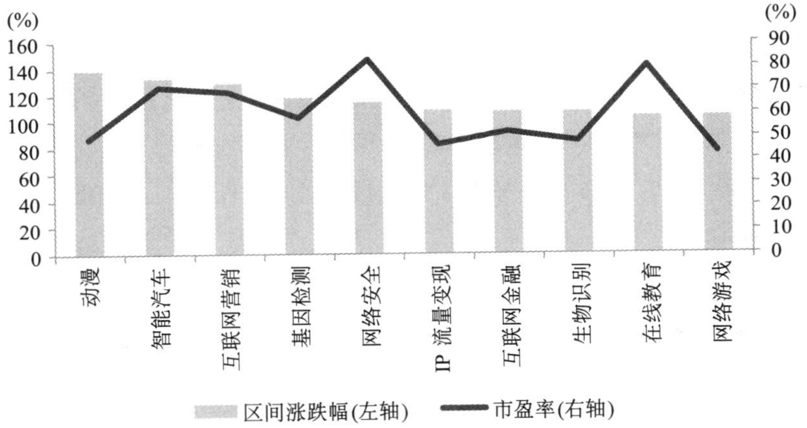

图5-29　2015年度涨幅排名前十的主题板块

资料来源：Wind资讯。

目前全球正掀起一轮新的工业技术革命浪潮，美国、德国、日本、巴西、印度等国已经先后制定了未来工业发展战略，制造业的格局正发生悄然改变。随着发达经济体重整制造业，中国在世界制造版图中的地位正在被重新估值。伴随“人口红利”高峰将过导致的劳动力成本优势下降、能源价格一再高企、工业用地价格攀升、工业技术水平相对低下、工业劳动率与国际先进水平差距较大、可持续发展能力不强等因素已经构成中国在全球范围内保持制造业竞争优势的掣肘。实现由制造大国向制造强国的转变，已经成为“新常态”时期中国经济发展面临的重大课题。以机器人主题为例，2013年以来，在A股二级市场上，机器人概念也表现得异常火爆，自 2013 年以来，机器人指数累计超越同期创业板指达到 150%，累计超越上证综指 250%（见图 5－30）。

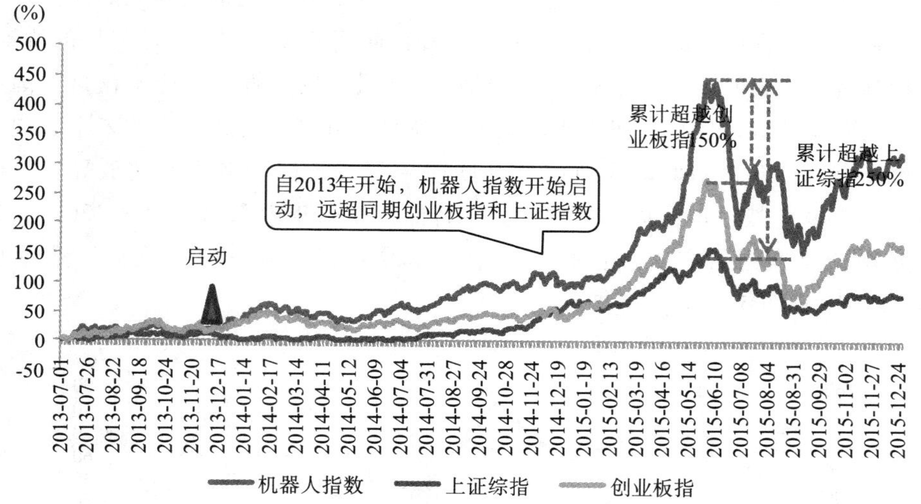

图 5－30　市场表现：机器人指数远超同期创业板指和上证综指

资料来源：Wind 资讯。

（二）智能制造产业价值剖析与选股方略：寻找“风口上的雄鹰”

“风口上的雄鹰”，即 A 股市场上对经济改变最大的成长性行业龙头。是鹰就要搏击长空，即使下来还会高飞。成长性溢出是永恒王道，成长性是投资智能制造产业的最核心标准。研究发现，智能制造上市公司股票价格要高于市场平均水平，成长基础较好，需要积极寻找其背后的原因。在此背景下，“好行业”“好企业”的内涵与外延都发生了明显的、甚至是根本性的变化。因此，应着重从公司业绩成长、估值、布局等方面，筛选出产业链中较为出色的公司作为推荐标的。投资标的的选择，重点在于内在价值发掘，确定其具有中长期上升潜力方可列为标的选择范围。以价值分析的手段，需积极关注布局进入发展快车道的成长性企业，确定其价格变动中枢及估值上下限，把握智能制造产业的主题性机会。

1. 基本趋势。2015 年 5 月，国务院印发“中国制造 2025”，部署全面推进实施制造强国战略。“中国制造 2025”规划总纲将智能制造作为中国制造业发展的主攻方向，明确发展目标、重大任务和重大布局，加快机器人等智能产品、智能工厂等制造过程智能化、互联网与制造业融合，促进工业互联网、云计算、大数据在工业上中下游全产业链的应用（见图5-31）。一方面，发展智能制造装备和产品（高档数控机床、工业机器人、3D打印设备等智能制造装备以及智能化生产线，传感器、智能测量仪表、工业控制系统、伺服电机、驱动器和减速器等智能核心装置，智能交通、智能工程机械、智能家电、智能照明电器、可穿戴设备等）；另一方面，推进制造过程智能化（智能工厂和数字化车间等）。不论是在智能制造产业链中的硬件、终端设备供应商、控制软件供应商，还是下游的应用商，"中国智造"将真正进入产业高速发展的黄金时期，将为相关企业带来巨大的利润改善和新商业模式。

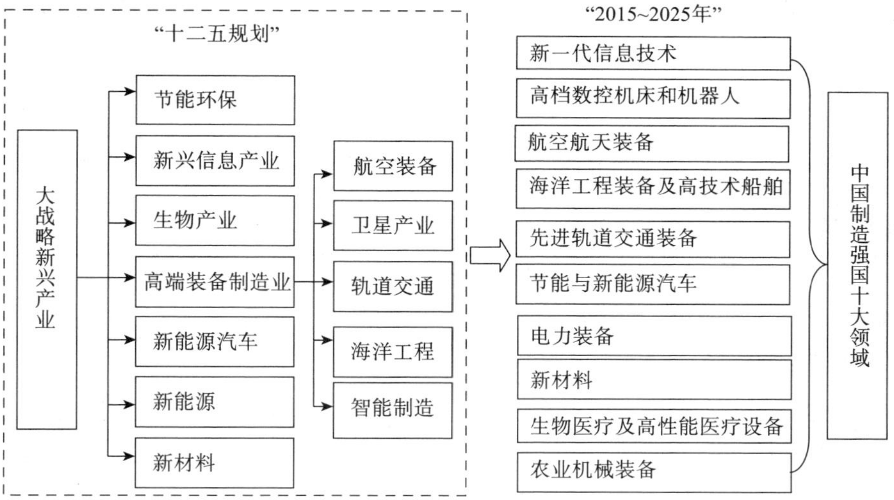

图5-31 "中国制造2025"规划十大重点领域与七大战略新兴产业、高端装备规划比较

根据"中国制造2025"、各行业中长期发展规划、"十三五"规划的信息，总结并推算新兴产业各行业未来5年的复合增速。其中，智能汽车、新能源汽车、智能制造核心信息设备、3D打印、民用飞机、节能环保、工业机器人等行业增速较快（见图5-32及表5-16）。由于增速指标并不统一，所以无法直接横向比较，比如市场规模需要经过国产化率换算并考虑出口额才能与产值比较，销量需要乘以价格才能与收入比较。等到各行业的"十三五"规划发布后，可以根据规划的数据计算未来5年中国各行业的产值增速。

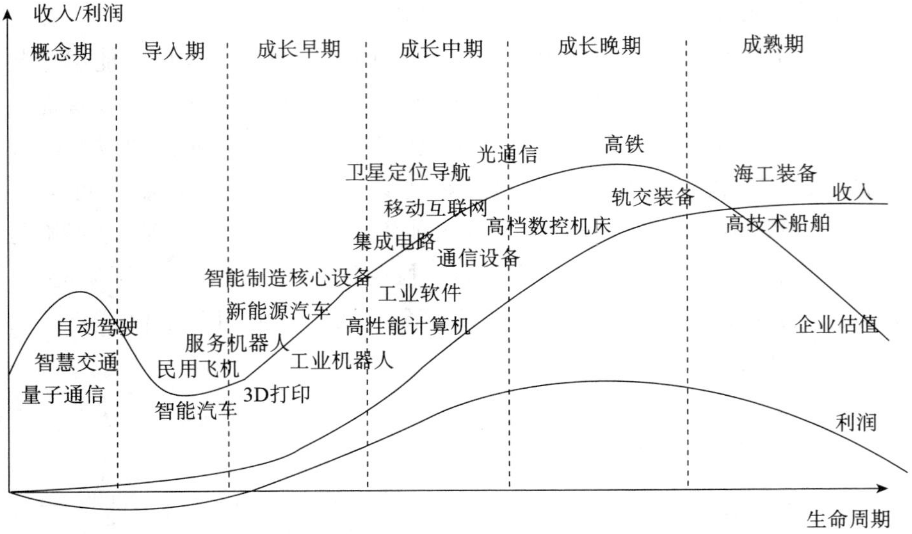

图 5－32　“智能制造”各主题板块所处的生命周期阶段

表 5－16　“智能制造”各主题板块未来五年增速预测

主题板块	指标	2015～2020 年均复合增速（%）
智能汽车	市场规模	70
智能制造核心信息设备	市场需求	30
3D 打印	产业规模	30
民用飞机	收入	30
节能环保	投入	30
工业机器人	销量	28
操作系统与工业软件	市场规模	20
集成电路	产值	12
信息通信设备	市场规模	10
农机装备	产值	7
海洋工程装备及高技术船舶	市场规模	5
先进轨道交通装备	市场需求	5

2. 估值水平。在分析智能制造各主题板块所处的生命周期阶段之后，还需要结合它们的估值水平等因素，综合评估是否值得投资。可采用 PE 衡量行业的估值水平，“中国制造 2025”十大重点领域的整体 PE 值如图 5－33 所示，可以看出各大重

点领域的 PE 水平都在 60 倍以上，尤其是航空航天装备和新材料领域分别高达 159 倍和 153 倍。与沪深 300 整体 10 倍左右的市盈率相比，这些产业的静态估值明显偏高。考虑到十大重点领域的成长性，以 PEG 来衡量，只有新能源汽车相对低估，其他领域出现不同程度的高估。需要说明的是，合理估值并非一个确定的值，而是一个区间，在区间内是比较合理的，超出区间范围则可能高估或低估。其中，对于诸多新兴产业没有完善的统计数据和典型的代表公司，只能以相关行业和公司作为替代。比如用数控机床代替高档数控机床、用船舶制造代替高技术船舶制造。另外，采用的基于上市公司的产业估值数据包含了其他业务，甚至标的产业业务只占很小的比例，如 3D 打印、新材料等。所以，应该选取处于成长期行业中的代表性公司（甚至其中标的业务）分析估值高低，结合公司成长性选取低估的投资标的。对于业务单一的公司，采用 PEG 法直接进行估值分析；对于包含多项业务的公司，采用分部估值法进行估值分析。

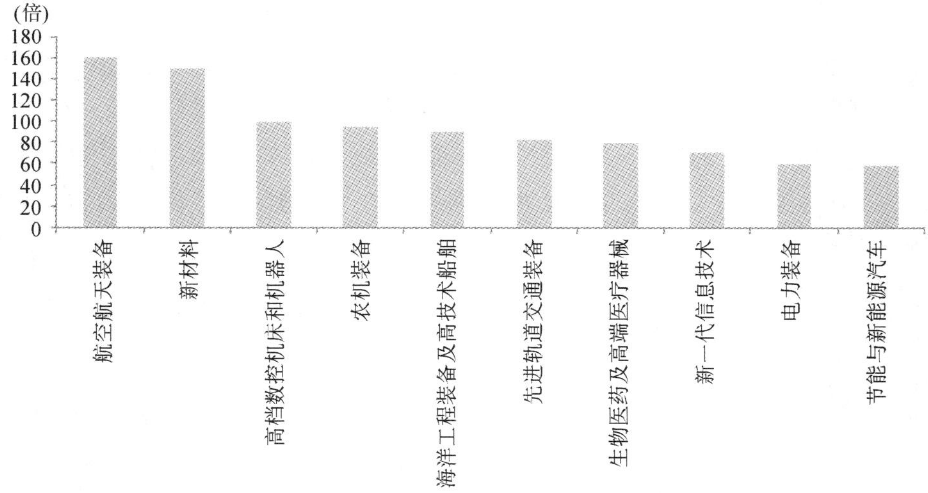

图 5-33 “中国制造 2025” 十大重点领域市盈率水平

资料来源：Wind 资讯。

由于各大重点领域中包含诸多子行业和板块，它们的增速各不相同，甚至相差悬殊，应该予以区分。各子行业和板块的 PE 如图 5-34 所示。其中，数控机床板块整体亏损，无法计算市盈率；航天装备、航空装备、金属结构材料、充电桩等子行业 PE 明显超过 100 倍；其他子行业多数也在 50 倍以上，静态估值普遍偏高。

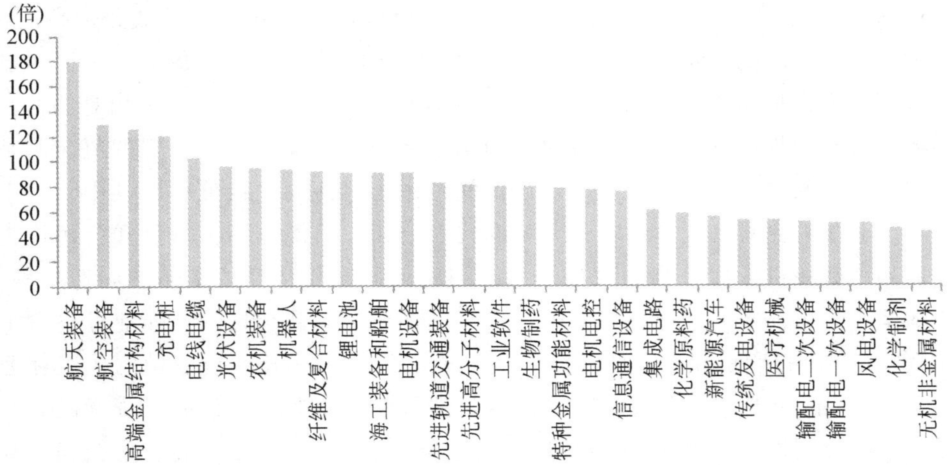

图 5－34　“中国制造 2025”重点领域中各子行业和板块静态估值（市盈率）

资料来源：Wind 资讯。

估值高低还需要结合成长性来看。成长性好的行业即使 PE 高也可能是低估的。我们采用 PEG 指标来衡量行业估值是高估还是低估，从而选出理想的投资标的。各子行业和板块的 PEG 如图 5－35 所示。从图中可以看出大部分行业的 PEG 都大于 2，航天装备甚至高达 17，大部分行业的动态估值普遍偏高，只有生物医药的 4 个子行业估值较为合理。

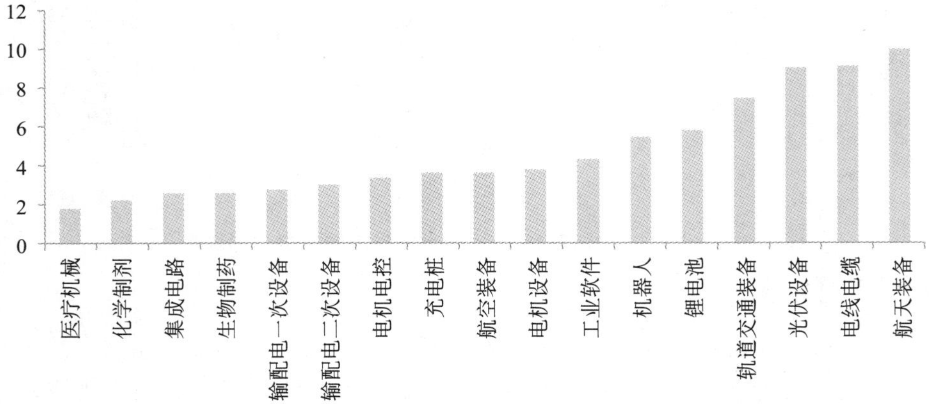

图 5－35　“中国制造 2025”成长性行业和板块的动态估值（PEG）

资料来源：Wind 资讯。

3. 选股思路。实行注册制、建立战略新兴板后，新兴产业成长股将迎来最好的投资时机。实行注册制后，众多新兴产业的公司将不再受制于发行审核，能够快速在新三板、战略新兴板、创业板上市。上市条件的放宽，使处于初创期和成长早期的企业也能够上市，投资者能够享受到企业快速成长的红利。上市融资不仅能助推企业快速发展，还能为广大投资者提供优质投资标的。大量优质的智能制造公司上市后，投资标的将不再稀缺，股票估值将不再居高不下，兼具安全性和成长性的智能制造公司将成为最佳的投资标的。

根据上述分析，选取处于智能制造领域成长期的行业和板块，结合估值水平，筛选出最优的投资标的。行业处于成长期意味着行业内的公司增速普遍较快，市场空间巨大。如果公司营业收入增速超过行业产值增速，意味着公司不仅享受行业发展带来的成果，而且市场份额不断扩大，说明公司具备较强的竞争力。“中国制造2025”，即包含了“互联网+”、物联网、大数据等成长性科技概念，也是新一届政府谋求制造大国向制造强国的三步走的顶层设计。成为“中国制造2025”标的，股价表现普遍好于相应指数。可将不同上市公司进入智能制造领域情况分为以下四类：

（1）内生：这部分上市公司主要为原有主业涉及工业自动化领域，或者通过对自有技术追加投资来发展，代表上市公司有机器人、博实股份、秦川机床、华中数控、巨轮股份等，从股价表现看自2014年以来平均涨幅229%，超过同期指数89个百分点，日均额外收益率0.26%。

（2）外延：这部分上市公司通过对现有业务的诞生，打造智能工厂或者全产业链自动化产品，希望通过协同效应打破原有业务发展瓶颈，预期实现业绩增长。报表上体现主要看收购规模大小，延伸协同效应仍需时间体现，短期影响有限。主要代表公司有东方精工、智云股份、长荣股份等，从计入智能制造概念算起，股价平均涨幅272%，显著超过同期指数121个百分点，日均额外收益率0.99%，在所有类型上市公司中排名第二。

（3）升级：这部分上市公司在保有现有业务的同时，通过打造另外业务实现多元化发展，但兼并收购对象一般体量较小，短期对业绩影响不大。这部分代表公司主要有广日股份、锐奇股份、上海机电、亚威股份、慈星股份、巨星科技等，从第一次提出打造“工业4.0”平台或者收购兼并算起，股价平均涨幅180%，显著超过同期指数62个百分点，日均额外收益率0.42%，在所有类型上市公司中排名第三。

（4）收购：这部分上市公司由于原先主业行业不景气或者自身发展遇到困难，

通过兼并收购方式转型发展收购标的的业务，通过合并报表，业绩表现靓丽，代表上市公司有智慧松德、华昌达、京山轻机等，从公告复牌之日算起，股价平均涨幅520%，显著超过同期指数390个百分点，日均额外收益率1.77%，在所有类型上市公司中排名第一。预计未来随着更多、更优质的资产注入上市公司，还有更多的上市公司跨国并购智能装备企业，这些事件也会对股价形成正反馈，提升上市公司估值。

智能制造领域概念股的演变路径见图5－36。

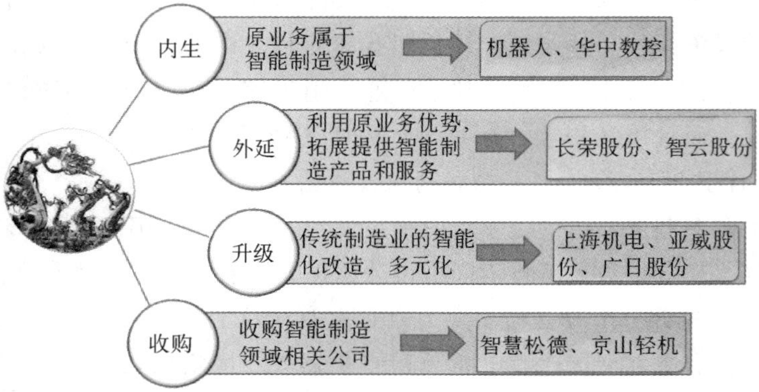

图5－36　智能制造领域概念股的演变路径

需积极关注布局进入发展快车道的成长性企业，确定其价格变动中枢及估值上下限，获取高增长带来的EPS和PE双重提升收益；同时，密切关注尚处在初创期的何时突破瓶颈。智能制造产业是中国产业转型升级的突破口，也是未来市场的重点投资方向。实行注册制、建立战略新兴板后，新兴产业成长股将迎来最好的投资时机。智能制造产业投资应该以未来业绩和估值作为行业配置的根本依据，同时把握驱动事件择时。对于EPS推动型的成长股来说，选股重于选时，适宜长期投资，每一次调整都是买入时机；对于PE推动型的成长股来说，建议积极关注其估值影响因素的变化，把握时机在安全边际较高时点介入（见图5－37）。

根据上述分析，选取处于成长期的行业和板块，结合估值水平，筛选出智能制造领域优质投资标的，如表5－17所示。其中，行业处于成长期意味着行业内的公司增速普遍较快，市场空间巨大。如果公司营收增速超过行业产值增速，意味着公司不仅享受行业发展带来的成果，而且市场份额不断扩大，说明公司具备较强的竞争力。

图 5－37　智能制造产业的主要选股策略

表 5－17　　　　智能制造各成长期的子行业板块和代表性公司

行业	子行业名称	产值增速（%）	板块名称	代表公司	公司营业收入收增速（%）
新一代信息技术	信息设备	17	光通信	烽火通信	17.69
			主设备	中兴通讯	8.29
	集成电路封测	20	封测	长电科技	25.99
	半导体	10	IDM	士兰微	14.17
	工业软件	17	数据监控类	国电南瑞	24.10
高档数控机床和机器人	3D 打印	32	3D 打印	奥瑞德	69.65
	数控机床	－8	高档数控机床	沈阳机床	5.91
	机器人	42	减速机	上海机电	4.38
			控制系统	弘讯科技	4.97
			系统集成	卧龙电气	20.34
航空航天装备	航空装备	40	飞机制造	洪都航空	20.63
			直升机制造	中直股份	13.36
海洋工程装备与高技术船舶	海洋工程装备	75	海工装备	中国重工	114.38
				中国船舶	98.73
先进轨道交通装备	铁路运输设备制造	11	信号系统	众合科技	25.20
			整车制造	中国中车	14.05
			轨交门	康尼机电	13.60
			铁路车轴	晋西轴承	6.14

续表

行业	子行业名称	产值增速（%）	板块名称	代表公司	公司营业收入收增速（%）
节能与新能源汽车	节能与新能源汽车	109	新能源整车	长安汽车	35.18
			电机电控	均胜电子	16.63
			充电设备	骆驼股份	19.20
电力装备	输配电一次设备	12	输配电一次设备	特变电工	23.65
	输配电二次设备	12	输配电二次设备	国电南瑞	24.10
农业装备	农林牧渔专用机械	11	柴油机	全柴动力	3.80
			农业机械制造	星光农机	8.38
新材料	半导体材料	47	硅材料	奥瑞德	69.65
	有机硅材料	15	有机硅	新安股份	31.08
	树脂	12	树脂	金发科技	11.65
	人工晶体	16	金刚石	黄河旋风	17.87
	半导体材料	47	新型半导体	京运通	12.83
	耐火材料	13	化纤	皖维高新	15.48
生物医药	中成药	18	中成药	云南白药	23.17
	生物制药	17	生物制药	中源协和	23.06
	医疗器械	17	医疗器械	复星医药	22.41

资料来源：Wind 资讯。

（三）智能制造案例分析：上海机电，聚焦机器人精密减速器，积极拥抱中国机器人市场

上海机电（600835. SH）成立于 1993 年，注册资本 10.2 亿元，是上海电气集团电气一体化资产的核心运作平台，拥有多项优质资产，主要产品市场地位位居前列。与美、日、法等多家著名跨国公司共同组建了 12 家合资企业，资产优质。公司主营机电装备制造，业务众多，涉及电梯制造、冷冻空调设备制造、印刷包装机械制造、焊接器材制造、人造板机械制造、人造板板材制造和工程机械制造七大领域。2011～2014 年，公司营业收入从 145 亿元增长到 207 亿元，年均复合增长率为 12.7%，公司营业收入保持稳定增长态势。目前，公司积极剥离亏损资产，电梯业务增长平稳，减速器项目进展顺利，有望受益于国有企业混改。

1. 多家控股/参股公司在各自领域内具备优势。上海机电的控股公司中上海电

气开利能源工程、上海电气通用冷冻空调设备在各自领域都有较好的技术优势或业务优势。参股公司中上海日用－友捷汽车生产的新型发动机冷却风扇具备国际一流水平，上海一冷开利空调设备是全球最大的暖通空调和冷冻设备供应商、也是提供能源管理和可持续楼宇服务的全球引领者，上海 ABB 电机有限公司的电机产品在国内也处于第一梯队。相关资料见图 5－38。

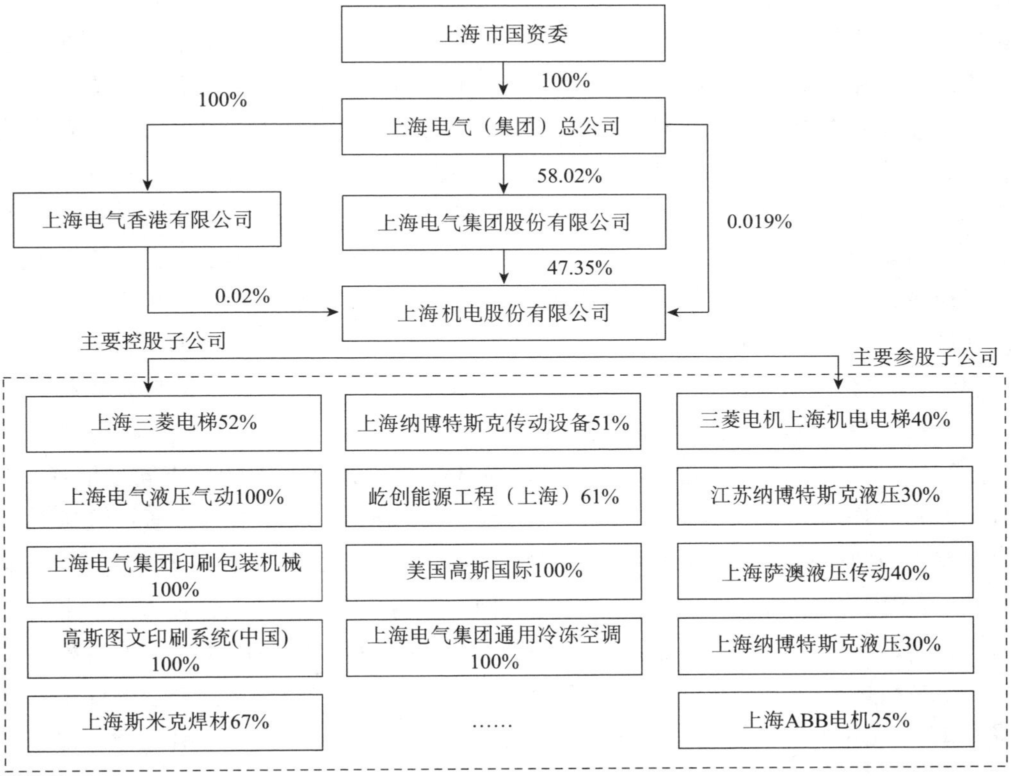

图 5－38　上海机电股权结构及主要控参子公司

2. 电梯主业稳步增长，品牌优势助力维保市场。电梯业务收入是公司营业收入的主要来源，2011～2014 年电梯业务为公司创收 572.7 亿元，占公司营业收入比例约为 80%。上海机电电梯业务与日本三菱合作久远，是国内电梯市场第一团队的领军者。1986 年成立的上海三菱电梯有限公司（上海机电持股 52%），拥有 40 多系列产品，企业连续 7 年位列全球电梯销量榜首。2002 年新成立的三菱电机上海机电电梯有限公司，2007 年起切入电梯整机业务，专注于高端电梯的制造与销售，中标项目包括上海中心、深圳京基 100 等。

在旧电梯更新领域，电梯超过规定使用年限仍违章运行，将带来电梯安全方面的重大隐患。截至 2015 年中期，公司维保电梯数量大约 19 万台。根据公司规划，短期内公司维保电梯数量将提升到 30 万台，未来进一步扩大至 50 万台甚至更多。出于行业集中度提升、恶性价格竞争减少以及行业龙头整合资源、提升维保团队素质等考虑，行业内的整合有利于企业规模优势发挥、增厚利润，也使通过正规军维护的电梯产品安全性可靠性提升，可谓双赢。预计市场秩序进一步优化、公司规模逐步扩大后，公司安装、维保收入的毛利率水平有望从 20% 左右提升至 30% 左右。

3. 联合纳博机器人，加码精密减速机，切入自动化机器人领域。作为工业机器人“伺服系统、减速机、控制系统”三大核心之一的减速机，目前全球精密减速机市场基本上被日本企业垄断，包括纳博特斯克、Harmonic Drive、住友等企业瓜分了大部分市场蛋糕，ABB 等四大家族为代表的主流机器人厂商基本上都由上述两家公司供应减速机，且部分合同具有排他性。2010 年，上海机电与纳博特斯克成立上海纳博特斯克传动设备（上海机电持股 51%）主要负责纳博相关产品的销售与售后服务 2013 年，公司单方增资上海博特斯克传动设备，股权比例上升至 51% 股权，负责中国地区范围内日本纳博精密减速机的销售。

2015 年 2 月，公司通过全资子公司增资 330 万美元（纳博特斯克同时增资 670 万美元），将原先与日本纳博特斯克株式会社合作成立的江苏纳博特斯克液压有限公司变更为纳博特斯克（中国）精密机械有限公司，注册资本由 4 000 万美元增至 5 000 万美元（上海机电仍占 33% 股份）；同时，纳博精机的主业将转为从事生产机器人精密减速机。根据目前规划，转型新生后的纳博精机将利用原先江苏纳博的厂房和生产线进行改造，形成年产 20 万台精密减速机的产能。全部达产后预计年销售将有 20 亿元左右（粗略估算匹配约 4 万台机器人）。长远来看，与纳博合作将有利于公司发展智能装备平台战略。

4. 国有企业改革混改加速，有望成为集团资产证券化平台。上海机电作为上海国资委下的高端制造业重要代表，且被上海电气集团控股，有望成为第一批国有企业改革政策红利的受益群体。电气集团旗下还有大量资产尚未证券化，未来不排除将优质资产注入，将上海机电打造成电气集团资产证券化的重要平台。考虑到电气集团还有大量资产尚未证券化，且公司目前账面资金充裕，有较大机会在集团层面选择优质资产注入，并在逐步推进过程中，上海机电极有可能成为集团实现资产证券化长期目标的重要平台。

第六章 成长股分析之一：中小板市场

中小板作为主板市场的补充和创业板市场的过渡，定位于为科技含量较高和成长速度较快的中小企业提供专业化的资本融资平台。相对主板市场，中小板块发展时间短，但是发展速度快。2005 年以来，随着经济的发展和大量中小企业的崛起，许多资质优良、极具成长性的公司抓住机遇，加快了上市融资的脚步，中小板上市企业的成长性也开始得到投资者的认可。中小板创立以来，95% 以上的时间跑赢上证综指，中小板总市值占全部 A 股总市值比率逐步增加，中小板对中国股市的影响越来越大，行业结构日益改善。本章从中小板的基本内容和现状出发，通过对中小板牛股特征的分析来尝试探索中小板的投资逻辑和投资机会，并结合目前深港通、中概股回归等热点问题可能为中小板投资带来的机会作延展性探讨。

第一节 透视中小板市场

一、什么是中小板

自 1990 年我国资本市场建立以来，随着经济体制的深化改革和企业制度的不断完善，中小企业迅速崛起，并纷纷登上市场经济大舞台；与此同时，其经营中资金短缺、管理混乱等一系列制约公司发展的问题也接踵而来，大量中小企业对外部融资和内部规范治理的要求极为迫切。为优化我国资本市场的整体结构，满足企业和投资者多层次的投融资需求，促进中小企业健康快速的发展，2004 年 5 月，经国务院批准，中国证监会批复同意深圳证券交易所在主板市场内设立中小企业板块。2004 年 6 月中小板正式成立，专为中小企业上市融资提供服务，是深圳多层资本市场的有机组成部分，市场代码以 002 开头（见图 6 – 1）。

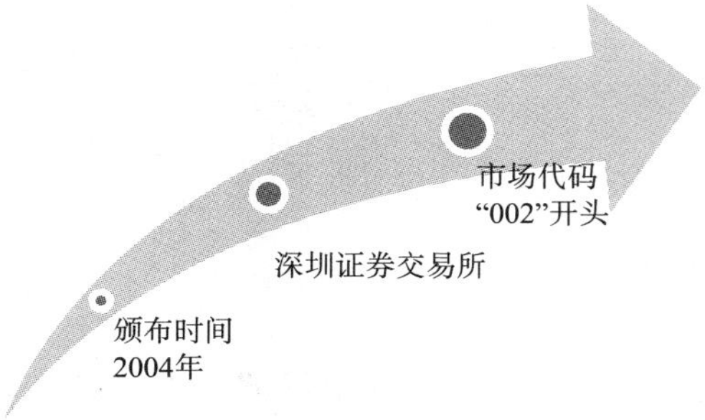

图 6 – 1　中小板设立背景

中小企业板块的运作采取非独立的附属市场模式，也称一所两板平行制，即中小企业板块附属于深圳证券交易所。中小企业板块作为深圳证券交易所的补充，与深圳证券交易所组合在一起共同运作，拥有共同的组织管理系统和交易系统，甚至采用相同的监管标准，所不同的主要是上市标准的差别。例如，新加坡证券交易所的 SecondBoard、吉隆坡和泰国证券交易所的二板市场与香港创业板等都是这样。

中小板是主板市场的补充。按照中国证监会的说法中小板是“两个不变，四个独立”，即在现行法律法规不变、发行上市标准不变的前提下，在深圳证券交易所主板市场设立一个运行独立、监察独立、代码独立、指数独立的板块。中小板是创业板的一种过渡，是建立多层次资本市场的重要举措。为了规范中小板块的交易市场，我国证券交易主管部门有针对性地发布了几项重要的行业规章制度，例如《深圳证券交易所中小企业板块保荐工作指引》、《中小企业板投资者权益保护指引》以及《中小企业板上市公司募集资金管理细则》等等，这些都是中小板上市公司上市交易过程中所必须遵守的。除此之外，在法律框架下我国主板市场和中小板市场都有着共同的法律法规，比如《公司法》以及《证券法》。中小企业板为创业板块的发展提供有意义的学习经验，是创业板的前奏，而不是简单地作为主板市场的一个补充。设立中小板块可以丰富我国资本市场的层次，促进我国资本市场的进一步完善。

相对主板市场，中小板块目前的发展时间短，但是发展速度快。中小企业板块能够为科技含量较高和成长速度较快的中小企业提供专业化的资本融资平台，能够有效推动中小企业实现快速发展，获得上市前难以达到的增长水平。很多中小企业的资产规模、盈利状况以及注册资本条件达不到在主板市场上市的门槛，却能够以相对较低的条件在中小板块实现上市，获得了上市融资的机会，这对我国中小企业的发展有着里程碑式的意义。

二、中小板与其他板块的区别

中小板即中小企业板，是指流通盘大约1亿元以下的创业板块，是相对于主板市场而言的，有些企业的条件达不到主板市场的要求，所以只能在中小板市场上市。中小板挂牌条件见表6－1。

表6－1　　主板、中小板、创业板挂牌上市条件比较

市场	创业板	主板、中小板
经营时间	* 持续经营3年以上	* 持续经营3年以上
财务要求	* 最近两年连续盈利，最近两年净利润累计超过1 000万元，且持续增长	* 最近3个会计年度净利润均为正数且累计超过3 000万元
	* 或者最近一年盈利，且净利润不少于500万元，最近一年营业收入不少于5 000万元，最近两年营业收入增长率均不低于30%	* 最近3个会计年度经营活动产生的现金流量净额累计超过5 000万元，或者最近3个会计年度营业收入累计超过3亿元
	* 最近一期末不存在未弥补亏损	* 最近一期末不存在未弥补亏损
	* 最近一期末净资产不少于2 000万元	* 最近一期末无形资产占净资产的比例不高于20%
		* 发行前股本总额不少于3 000万元
股本要求	* 发行后的股本总额不少于3 000万元	* 发行后的股本总额不少于5 000万元
业务经营	* 应当主要经营一种业务	* 完整的业务体系，直接面向市场独立经营的能力
公司管理	* 最近两年主营业务、董事和高级管理人员没有重大变动，实际控制人没有变更	* 最近3年主营业务、董事和高级管理人员无重大变动，实际控制人没有变更
	* 具有完善的公司治理结构，依法建立健全股东大会、董事会、监事会以及独立董事、董事会秘书、审计委员会制度，相关机构和人员能够依法履行职责	* 董事会下设战略、审计、薪酬委员会，各委员会至少指定一名独立董事会成员担任委员
		* 至少1/3的董事会成员为独立董事

（1）股本条件。发行前股本总额不少于人民币 3 000 万元；发行后股本总额不少于人民币 5 000 万元。

（2）财务条件：

- 最新 3 个会计年度净利润均为正，且累计超过人民币 3 000 万元；
- 最新 3 个会计年度经营活动产生的现金流量净额累计超过人民币 5 000 万元；或最新 3 个会计年度营业收入累计超过人民币 3 亿元；
- 近一期末无形资产占净资产的比例不高于 20%；
- 近一期末不存在未弥补亏损。

对比中小板与主板和创业板的上市条件，可知，中小企业在深市中小板挂牌上市的各项条件较为严格，除了有股本规模、财务条件以及符合相关法律法规之外，还有具体的交易规则、停牌制度和信息披露制度规范，并要求对资金募集和使用情况等详细说明，且受证监会和投资人的严格监管。这些上市条件几乎接近于主板市场，只是对标的上市公司的股本要求不同，中小板流通股要求较低，这主要是由其不同市场定位决定的。在我国多层次资本市场体系中，主板主要面向经营相对稳定、盈利能力较强的大型成熟企业；中小板主要面向进入成熟期但规模较主板小的中小企业；而创业板主要面向尚处于成长期的创业企业，重点支持自主创新企业。因此，在上市条件上主要反映为中小板市场对上市公司的指标要求比创业板多，以及同一指标下的定量标准也较高，除了创业板更加注重盈利的持续性和稳定性。

第二节　中小板发展现状

一、市场规模

中小板推出之时，社会各界对于民营企业的诚信、规范水平都存在较大质疑，中小板并没有得到投资者的青睐。截至 2004 年底，中小板上市的公司 38 家，融资规模为 91. 08 亿元，股票成交额为 822. 63 亿元，股票市值才 413. 43 亿元。上市公司不仅市值小，实际流通的股本数也很小。2010 年以前，中小板一年的成交额还不到 2 万亿元，这个数字还不到当时整个 A 股股市成交额的一成。

随着2008年金融危机的袭来，市场的投资风格急转。一方面，国家的4万亿元投资计划，让许多优质公司都登陆中小板；另一方面，大家发现大盘股往往都易受到经济周期影响，公司并没有很好的成长性。大公司的股票普遍下跌，当时投资者开始挖掘更具有成长性、盈利前景更好的新兴公司。而中小板上市企业的成长性开始得到投资者的认可。

（一）中小板成为投资者交易重点市场

发展至今，中小板综合指数从最初的1000点，最高时到达8017.67点，截至2015年12月23日为8556.14点，上涨486.04%，涨幅大大跑赢主板。从可比指数走势来看，2008年11月7日~2009年8月4日的上涨趋势当中，中小板上涨119%比主板86.6%多32.4个百分点；在2014年6月20日至2015年6月12日这一波牛市当中，中小板上涨159%，比主板155%多4个百分点（见图6-2）。

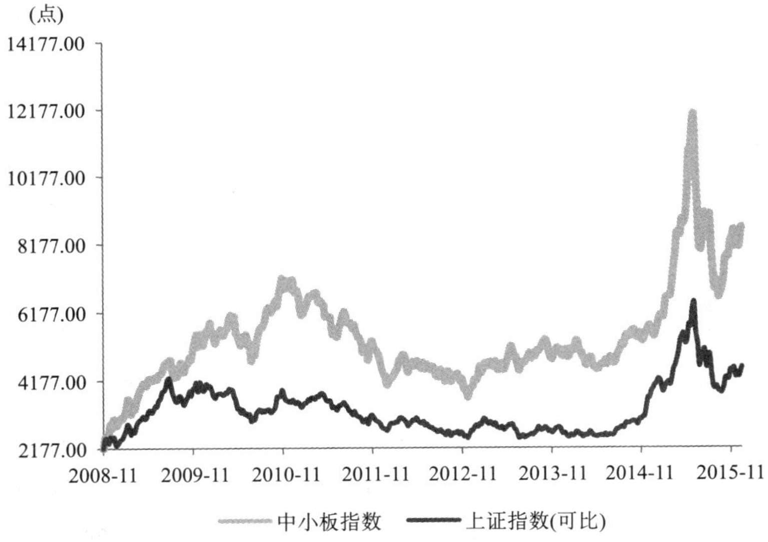

图6-2　2008年11月以来中小板与上证指数周走势对比

资料来源：Wind资讯。

（二）中小企业活力不断增强

自设立以来，中小板的资源配置功能得到发挥，解决了一大批中小企业的融资难题。中小板成为支持中国金融体系构建、促进国民经济快速发展和资本市场多层次建设不可或缺的重要生力军。截至 2015 年 12 月 31 日，中小板公司数量达到 776 家，同 2004 年相比增加了 19.42 倍；总股本 4 853.94 亿股，当年累计总成交金额 49.76 万亿元，股票总市值达 10.40 万亿元，相比 2004 年，分别增加 150 倍、604 倍和 250 倍。2015 年股票融资规模达到 3 228.36 亿元，是 2004 年全年融资额的 34 倍（见表 6－2）。

表 6－2　　小板市场规模

年份	上市公司数量（家）	总股本（亿股）	流通股本（亿股）	总市值（亿元）	当年累计股票成交金额（亿元）	当年累计股票筹资额（亿元）
2004	38	32.23	9.59	413.43	822.63	91.08
2005	50	56.14	481.55	481.55	1 203.92	29.09
2006	102	143.21	54.68	2 015.30	3 071.55	179.27
2007	202	339.64	126.66	1 646.84	16 173.66	448.58
2008	273	591.60	260.22	6 269.68	16 637.28	428.98
2009	327	794.13	380.49	16 872.55	48 273.52	577.12
2010	531	1 367.00	705.00	35 365.00	85 832.00	2 350.00
2011	646	1 943.50	1 124.65	27 429.32	69 026.46	1 482.15
2012	701	2 410.25	1 486.39	28 804.03	61 891.45	770.93
2013	701	2 818.48	2 052.99	37 163.74	100 224.40	536.63
2014	732	3 470.59	2 552.05	51 058.20	152 166.60	1 699.32
2015	776	4 853.94	3 500.65	103 950.50	497 556.20	3 228.36

资料来源：深圳证券交易所官网。

中小企业在实现上市后，企业规模迅速扩大，虽然中小板市场规模总体比主板要小，但中小板市场规模的增加速度快于主板。2015 年中小板总市值相对于 2011 年增长 261.1%，年均复合增长率 29.3%，大大高于主板 78.3% 的涨幅和 12.3% 的增速。成交金额也类似，2015 年成交金额相对于 2011 年增长 706.7%，年均复合增长率达 51.8%，高于同期主板 679.2% 的涨幅和 50.8% 的增速。

（三）中小板聚集了一大批行业细分龙头

经过 10 多年的发展，中小板已经成为培育隐形冠军的摇篮，并涌现出越来越多的行业巨头（见表 6－3）。据统计，截至 2015 年底，沪深两市 157 个细分行业中，超30个行业的龙头企业在中小板。不少中小板公司已经成长为行业的巨人，早已不再是中小企业，其中，比亚迪、海康威视、苏宁云商等市值都已经超过900亿元，位列深市A股总市值的前十名，成为中小板中的领跑者。有77家公司在深沪两市全行业综合排名靠前、成为行业领头羊，且属于市场化程度较高的充分竞争性行业。比亚迪、苏宁云商、北斗星通、科大讯飞等公司产品的市场占有率也排行业前列。

表6-3　部分中小板细分行业龙头股

公司名称	细分行业
新和成（002001）	国内最大维生素A和维生素E生产商
伟星股份（002003）	世界最大的纽扣生产企业之一
华邦制药（002004）	国内皮肤病领域龙头企业
华兰生物（002007）	国内血液制品行业龙头企业
大族激光（002008）	亚洲最大激光加工设备生产商
科华生物（002022）	国内外临床诊断行业龙头企业
答达安基因（002030）	国内核酸诊断试剂领域领先者
轴研科技（002046）	国内航天特种轴承行业龙头企业
横店东磁（002056）	全球最大的磁体生产企业之一
远光软件（002063）	国内电力财务软件龙头企业

二、挂牌公司现状

（一）行业结构

如图6-3所示，按照申万一级行业分类标准，中小板行业分布仍以工业、材料、可选消费为主，三者分别占比27.27%、20.52%和18.96%，占整个板块的66.75%。工业企业占比居前主要系国内宏观体系中制造业占比较大所致，这与主板行业分布类似。不过，中小企业板块作为支持中小企业发展的融资平台，也吸引了大量的高新技术企业上市，而且也有很多创新型企业在该平台实现了上市融资，有力推动了这些创新型中小企业实现快速发展，这与创业板行业结构较为类似。中小板的信息技术产业占比高于主板，占15.45%，比主板7.56%高出8个多点，但金融领域、公用事业这些占比不如主板，在中小板中占比比较低，分别为1.95%和0.26%，比主板的11.6%和5.86%相差甚远。中小板的信息技术、医疗保健这些新兴产业占比优于主板，但又弱于创业板，创业板信息技术占比高达37.0%，医疗保健也占了10.7%。

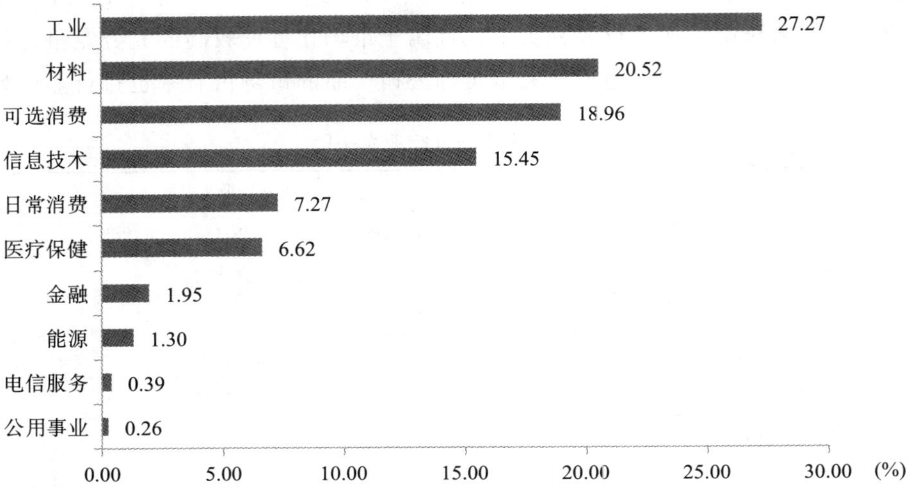

图6-3　中小板（含ST股）行业分布

资料来源：Wind资讯。

（二）公司属性

我国中小板上市公司基本以民营企业为主，其股权结构较为多元化。证券市场的逐步完善和大量的融资需求带来了中小上市公司股权的分散化和多元化，在股权流通性方面既存在上市流通股，也存在非自由流通股；在股权属性方面既有国家股、法人股，也有个人股、外资股等多种股权形式。Wind资讯2015年的统计数据显示，中小板上市公司中民营公司所占比例达到78%（见图6-4），中央和地方国有公司合计占比为14%，外资公司占比3%。可见，民营公司已成为中小板上市公司的主体。

（三）地区结构

目前，中小板776家上市公司已覆盖全国31个省级行政区。从东南沿海经济发达地区的浙江、江苏、广东，到西部地区的新疆、四川、云南，越来越多地区的公司登陆中小板。从区域分布看，来自广东、浙江、江苏等经济发达省份的公司最多，3个省份的公司数量总和超过了中小板企业总数的一半。这是因为广东、江浙一带

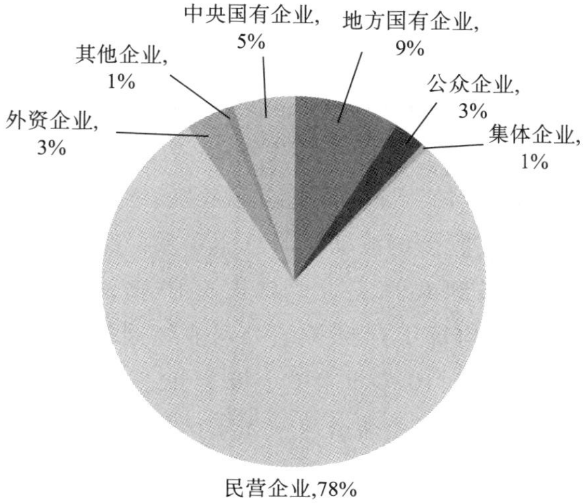

图 6-4 中小板企业公司属性

民营企业发达，尤以中小企业居多，这与中小板的特征刚好相符。目前共有 172 家广东上市公司、127 家浙江上市公司落户中小板，成为中小板的最大群体，占比分别达到 22% 和 16%（见图 6-5）。

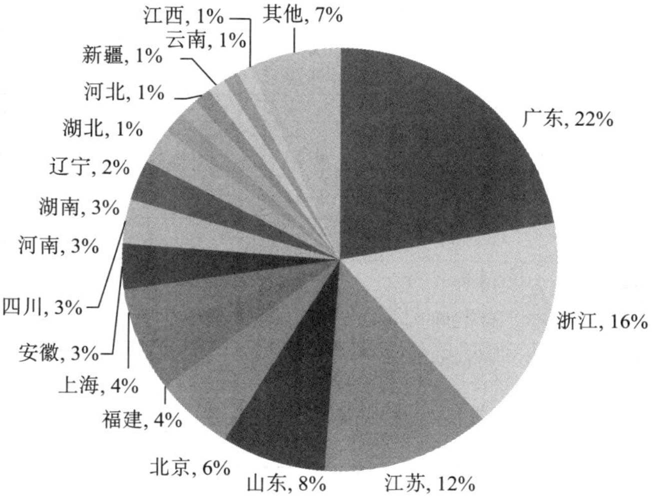

图 6-5 中小板企业区域分布

资料来源：Wind 资讯。

（四）盈利能力

统计数据显示，从2004年到2014年，我国国内生产总值增长近3倍，同期中小板上市公司平均营业收入从5.0亿元增长到26.9亿元，增长4.35倍，年均复合增长率为16.47%（见表6－4）。净利润受金融危机、业务转型、成本上升等因素的影响，各年度间出现了一定程度的波动，但总体看来，经营业绩依然保持增长趋势，平均净利润从0.5亿元增长到1.91亿元，增长3.10倍，年均复合增长率13.67%。截至2015年第三季度，平均每年有69%的公司业绩同比增长，30%的公司业绩同比增长30%以上。总体上看，10多年来中小板上市公司业绩持续快速增长反映了中国经济的增长轨迹，而且中小板业绩增速领先于国内生产总值也反映了中小板市场的高成长性和高收益性。

表6－4　　中小板上市工业业绩一览表

年份	平均营业总收入（亿元）	平均利润总额（万元）	归属母公司股东净利润增长率（%）	平均每股收益（元）	平均净资产收益率（%）	业绩增长公司比例（%）
2004	5.0	5 226	-0.51	0.53	18.95	76
2005	6.0	5 360	21.84	0.60	18.36	70
2006	7.4	7 469	24.25	0.62	21.73	77
2007	9.0	11 500	45.67	0.62	25.5	82
2008	10.4	10 076	0.56	0.53	17.94	52
2009	11.3	13 681	25.21	0.60	18.96	77
2010	15.3	17 960	37.34	0.66	16.1	81
2011	18.4	18 946	9.46	0.59	12.43	68
2012	20.5	17 229	-11.32	0.45	9.64	49
2013	23.9	18 062	2.05	0.39	8.91	57
2014	26.9	21 402	16.25	0.36	9.3	61
2015Q3	21.1	19 052	15.42	0.22	7.06	56

资料来源：Wind资讯。

（五）成长性

数据显示，除了2004年，由于上游能源、资源价格上升导致成本增加和国家宏观调控，中小板企业的发展受到一定影响，主营业务收入与沪市 A 股和深市 A 股基本持平外，在过去 3 年或良好或稳定的经济环境中，中小企业板块的业务成长远高于沪市 A 股和深市 A 股两个板块。如图 6－6 所示，2012 年和 2014 年，中小板企业的收入增长明显大幅高于主板板块。

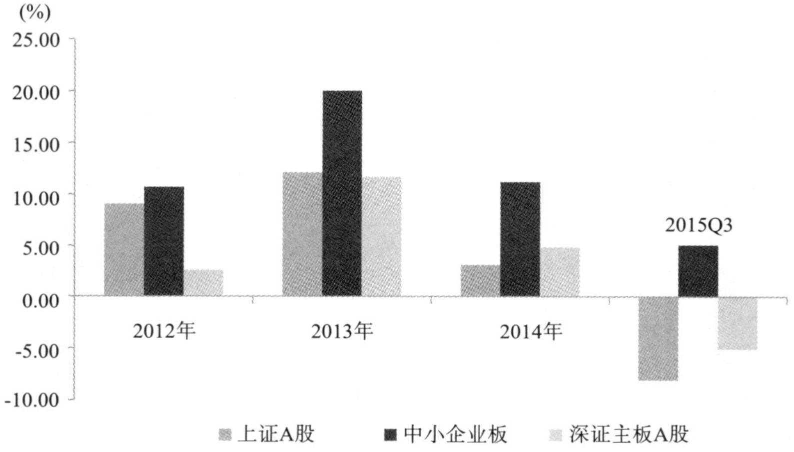

图 6－6 各板块主营业务收入增长率

资料来源：Wind 资讯。

第三节 中小板牛股特征与选股思路

一、中小板 Tenbagger 股票及其特征

十多年来，中小板从无到有，从小到大。在这一进程中，“高成长、高回报、高收益”的新三高特征愈发明显。无论是从指数看还是从个股的涨幅来看，中小板都呈现出显著的板块优势，而 Tenbagger 股票迭出正是中小板“三高”特征的集中体现，说中小板是 A 股市场牛股的摇篮一点都不为过。表 6－5 中统计的 2004 年 6 月 25 日至 2015 年 12 月 23 日的十倍股中，剔除了上市不满 3 年的股票。中小板总共 35 只十倍股，其中同方国芯以 37 倍涨幅高居榜首，苏宁云商涨 35 倍，双鹭药业

涨 22 倍。

表 6－5　　2004 年 6 月 25 日至 2015 年 12 月 23 日十倍股

排名	证券代码	证券简称	上市以来涨幅（倍）	排名	证券代码	证券简称	上市以来涨幅（倍）
1	002049. SZ	同方国芯	37	22	002004. SZ	华邦健康	12
2	002024. SZ	苏宁云商	35	23	002010. SZ	传化股份	12
3	002038. SZ	双鹭药业	34	24	002271. SZ	东方雨虹	12
4	002018. SZ	华信国际	32	25	002681. SZ	奋达科技	12
5	002030. SZ	达安基因	31	26	002241. SZ	歌尔声学	12
6	002252. SZ	上海莱士	25	27	002035. SZ	华帝股份	12
7	002022. SZ	科华生物	22	28	002023. SZ	海特高新	11
8	002007. SZ	华兰生物	20	29	002085. SZ	万丰奥威	11
9	002044. SZ	江苏三友	19	30	002268. SZ	卫士通	11
10	002081. SZ	金螳螂	16	31	002055. SZ	得润电子	11
11	002036. SZ	汉麻产业	16	32	002027. SZ	七喜控股	11
12	002048. SZ	宁波华翔	15	33	002025. SZ	航天电器	10
13	002751. SZ	易尚展示	15	34	002001. SZ	新和成	10
14	002223. SZ	鱼跃医疗	15	35	002089. SZ	新海宜	10
15	002065. SZ	东华软件	14	36	002104. SZ	恒宝股份	10
16	002019. SZ	亿帆鑫富	14	37	002230. SZ	科大讯飞	10
17	002236. SZ	大华股份	14	38	002021. SZ	中捷资源	10
18	002032. SZ	苏泊尔	14	39	002625. SZ	龙生股份	10
19	002013. SZ	中航机电	13	40	002043. SZ	兔宝宝	10
20	002450. SZ	康得新	13	41	002020. SZ	京新药业	10
21	002037. SZ	久联发展	12	42	002028. SZ	思源电气	10

资料来源：Wind 资讯。

注：数据截至 2015 年 12 月 23 日，起始于 2004 年 6 月 25 日。

历史上的中小板牛股通常具备四种“基因”：

第一，业绩成长性明显高于行业平均水平。众多国外市场统计数据显示，投资于中小盘股的收益在经济成长期与牛市中要高于整个市场的平均水平，而且长期平均收益要远远高于大盘股，例如美国 1927 年至 2001 年小市值股票年收益率平均约为 20%，而大市值股票年平均收益率仅为 11.7%。从市场角度看，我国不少中小板上市公司呈现出典型的“高成长、高回报、高收益”的特征。过去 11 年，中小板公司的平均净利润从 2004 年的 0.44 亿元增长到 2014 年的 1.82 亿元，年均增长率达 14%。截至 2014 年累计实现净利润 6 291.55 亿元，平均每年有 69% 的公司业绩同比增长，其中有 30% 的公司业绩同比增长 30% 以上；平均应收从 2004 年的 5.06 亿元增加到 2014 年的 27.12 亿元，年均复合增长率 16.99%，体现出较高的成长性。而这其中的十倍股成长性更是高于行业平均水平，如生物医药的达安基因、计算机行业的大华股份、东华软件等。以大华股份为例（见图 6-7），除了 2007 年受安防行业增速下降影响低于行业平均水平之外，在 2006 年至 2014 年 9 年间有 8 年大华股份的营业收入同比增长率均高于中小板计算机行业平均水平，尤其在 2010 年，大华股份营业收入同比增长率高达 81.39%，比行业平均水平的 29.27% 高出 52 个百分点。

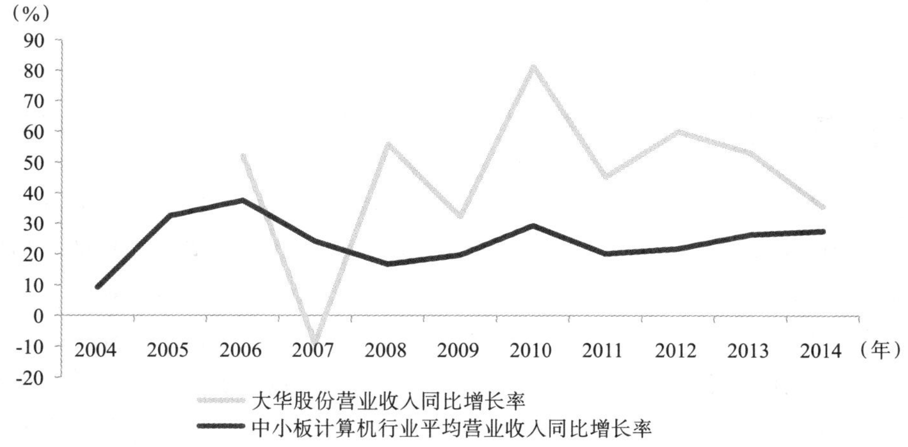

图 6-7 大华股份与行业平均营业收入同比增长率

资料来源：Wind 资讯。

第二，有稳定且可观的利润分配。投资者对中小板的认可与公司较高的分红比例密切相关。深圳证券交易所关于中小板十周年运行情况的总结资料显示，从 2004 年至 2013 年的 10 年间，中小板公司合计分红 1 546.98 亿元，占累计实现净利润合计额的 32%。相关资料见表 6-6。高分红也催生了十倍股的诞生，如双鹭药业、新和成等。尤其是新和成，在上市之后借助资本市场完成了市值增长逾 10 倍、净利润增幅逾9倍的跨越。上市前的2003年，公司营业收入为9.51亿元，利润总额1.1亿元。而2013年，公司营业收入为42.38亿元，利润总额10.59亿元。新和成上市十年来累计现金分红20.56亿元，甚至超过 公司IPO和再融资的募集资金之和。

表6-6　　中小板10年累计现金分红排名

排名	公司名称	证券代码	累计现金分红（亿元）
1	洋河股份	002304.SZ	43.20
2	宁波银行	002142.SZ	33.74
3	美邦服饰	002269.SZ	30.37
4	苏宁云商	002024.SZ	28.88
5	露天煤业	002128.SZ	26.91
6	金风科技	002202.SZ	24.53
7	新和成	002001.SZ	24.18
8	九阳股份	002242.SZ	23.42
9	森马股份	002563.SZ	20.10
10	海普瑞	002399.SZ	20.01

资料来源：Wind资讯。

第三，公司处于行业链的前端，具备较强的横向和纵向并购能力。从行业分布来看，符合国家经济转型的新兴行业，行业规模巨大，处于高成长周期的起始阶段更容易产生十倍股。按申万一级行业划分，医药生物、计算机、电子这类新兴行业出现十倍股概率最高，35家十倍股中有8家属于医药生物，占比22.9%；其次为计算机，5家十倍股属于计算机行业，占比14.3%（化工也排名第二，但考虑到化工行业基数大，其十倍股出现概率不到6%，远低于计算机12.2%的出现概率）；而电子也有4家，占比11.4%（见图6-8）。这三类行业加起来占比48.6%，近一半的高倍股在这些行业当中。这些股所处的行业都是几千亿元、万亿元的行业，且股价上涨十倍期间都对应行业的高成长周期。不仅如此，这些高成长行业里的十倍股还处于行业龙头地位。沪深两市共有157个细分行业，其中29个行业的龙头企业在中小板。这次统计的十倍股都在其所在行业居于龙头地位，比如集成电路龙头同方国芯、电商龙头苏宁云商、基因工程药物领域龙头双鹭药业等等。

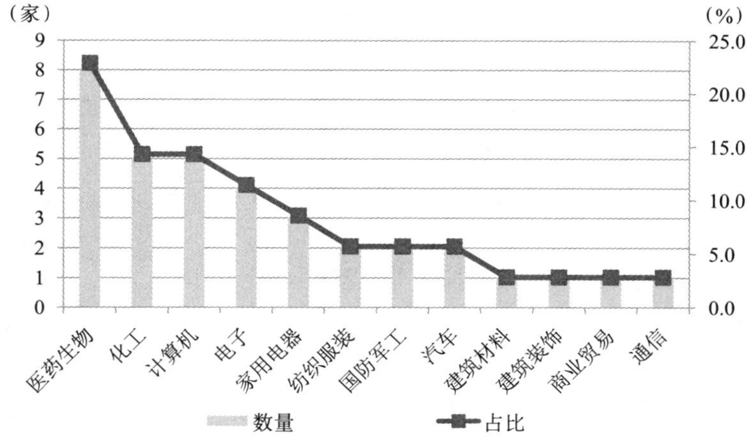

图 6－8 中小板 35 家十倍股行业分布

资料来源：Wind 资讯。

第四，公司股本较小，但公司质地优良，每股净资产、每股收益等财务指标出类拔萃。低市值是十倍股的沃土，从数据可以看出，十倍股上涨伊始，公司股本小，市值小，绝大多数市值都小于 50 亿元。35 只十倍股全部在 40 亿元市值以内，其中 10 家公司初始值不到 10 亿元，16 家公司期初市值规模在（10 亿元，20 亿元］之间（见图6－9）。其中，初始市值最小的是同方国芯（5. 29 亿元），最大为歌尔声学（37. 27 亿元）。

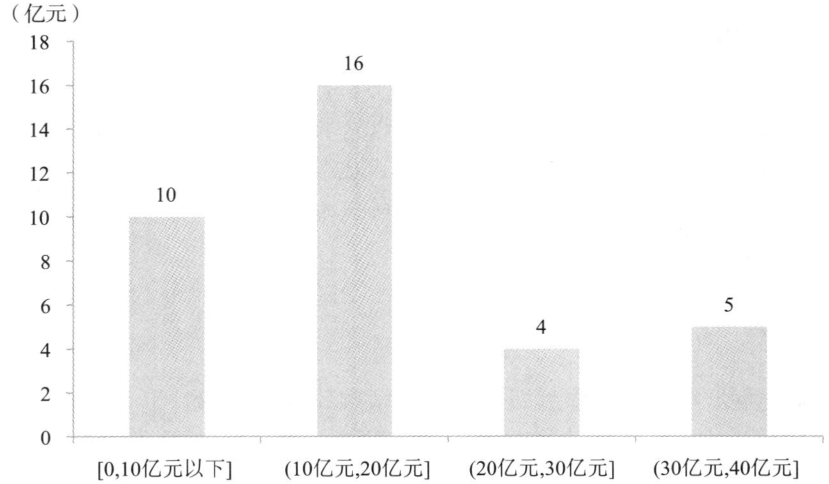

图 6－9 35 只十倍股上市首日市值分布

资料来源：Wind 资讯。

第五，多数公司具备较强的创新能力，轻资产，高毛利，通过知识产权构造较强护城河。那些所谓有创新因素的个股，就是常说的“新概念”，这些创新因素最终会反映在企业的产品上，比如技术创新、管理创新、市场创新和组织制度创新等。创新不但是企业家的基本职能和特有工具，而且同样是企业盈利的精髓。比如东华软件一直注重技术、服务以及业务模式等的创新，形成目前行业信息化整体解决方案几乎覆盖国民经济所有领域的唯一国内企业。比如歌尔声学在微型麦克风领域的占有率在国际同行业第一；在微型扬声器/受话器领域居国内第二、国际第三；蓝牙耳机 ODM 业务和 3D 眼镜业务量均保持世界第一位置。可见，其技术领先的水平。截至 2014 年上半年报，显示其公司共有专利 2 520 项，其中发明专利 1 000 项，境外专利 192 项，从数据来看，这几年申请的发明专利有加快的现象。又比如达安基因领先的基因诊断技术等。

第六，内生增长的同时不断进行外延并购。同方国芯收购西安华芯、展讯、台湾历成科技公司等；苏宁云商收购中超、红孩子、股吧、江苏舜天等；双鹭药业收购普仁鸿销售公司、蒙博润生物、中关科城等；上海莱士收购同路生物；江苏三友收购慈铭体检；东华软件收购至高通信，万兴新锐等……这些股票过去的战略行为中，绝大多数不断通过外延并购进行产业扩张，产业链垂直整合是多数十倍股的明显特征。

二、中小板牛股选股思路

综合上述中小板个股的成功经验，建议投资者重点从符合经济转型导向、市场容量“天花板”较高的行业中选取总股本在 4 亿股以下、2015 年一季度以来净利润呈现环比加速增长、限售股已解禁完毕、在所属细分行业中具备龙头优势、估值低于行业平均水平的中小板个股。

（一）思路一：新兴产业高成长龙头股

从行业分布来看，中小板与创业板行业结构较类似，以计算机、医药生物等高成长性行业为主。随着国家政策大力支持、技术的进步，以及供求关系明显改善，新兴产业类股票将脱颖而出。新兴产业行业趋势可以结合全球技术发展趋势与国家产业政策导向来寻找。比如全球领先的信息技术研究和顾问公司 Gartner 就发布了关于 2016 年的战略性技术趋势预测，指出设备间互相通信、现实积累、3D 打印的新材料、数据变得有序、机器学习和深度学习、应用程序对话、自适应安全系统、先进的系统架构、微服务和灵活的容器架构、物联网核心。物联网平台这十大技术将深刻影响着2020年前我们的生活。我们可以沿着这些技术趋势在中小板里细分行业下的高成长龙头，尤其是其中的高内生增长的成长股龙头。从业绩增速上看，中小板200亿元市值以上部分，2014年业绩同比增速为37.62%，是所有子版块中业绩增速最快的。因此，我们说中小板，特别是其中200亿元以上市值部分，具备高内生增长的成长股龙头。2014年主板、创业板和中小板盈利增速的结构性特征见表6-7。

表6-7　2014年主板、创业板与中小板盈利增速的结构性特征　（单位:%）

利润增速	创业板	中小板	主板
(500亿元，∞)	—	18.79	3.38
(200亿元，500亿元]	19.34	37.62	4.92
(100亿元，200亿元]	31.99	6.43	19.25
(50亿元，100亿元]	22.39	6.63	-2.68
[0，50亿元]	17.23	10.14	-17.21

资料来源：Wind、齐鲁证券研究所。

（二）思路二："小而多金"公司组合

"小而多金"组合定义：市值50亿元以下、主业想象空间大、最重要的是"现金/市值"高的公司。公司现金流充裕同时总市值相对不高的公司，最有资源和动力通过外延并购迅速做大市值，分享这场"错过等十年"的牛市财富盛宴。用"现金/市值"这一指标来表征上述思想，对中小板公司进行了筛选，其中比值最高的前20家公司和"小而多金"的部分公司汇总在了表6-8中，以供投资者参考。

表6-8　中小板"小而多金"公司汇总：中小板现金/市值前20位

证券代码	证券简称	年初至今涨跌幅（%）	货币资金（亿元）	最新总市值（亿元）	现金/市值（%）
002386.SZ	天原集团	40.72	30.63	63.33	48.36
002608.SZ	*ST舜船	11.68	12.95	43.37	29.86
002321.SZ	华英农业	57.71	14.19	50.97	27.84

续表

证券代码	证券简称	年初至今涨跌幅（%）	货币资金（亿元）	最新总市值（亿元）	现金/市值（%）
002021. SZ	中捷资源	0	12. 26	48. 22	25. 42
002187. SZ	广百股份	68. 39	18. 10	72. 42	24. 99
002110. SZ	三钢闽光	56. 17	11. 05	51. 44	21. 48
002628. SZ	成都路桥	18. 06	10. 47	50. 14	20. 87
002336. SZ	人人乐	61. 11	13. 95	69. 92	19. 96
002062. SZ	宏润建设	63. 68	14. 82	77. 73	19. 06
002033. SZ	丽江旅游	55. 57	12. 52	67. 29	18. 60
002604. SZ	龙力生物	60. 41	12. 56	68. 67	18. 29
002574. SZ	明牌珠宝	46. 39	14. 38	79. 15	18. 17
002379. SZ	鲁丰环保	57. 66	10. 81	61. 05	17. 71
002133. SZ	广宇集团	77. 25	11. 58	66. 95	17. 30
002541. SZ	鸿路钢构	58. 57	9. 78	57. 03	17. 14
002638. SZ	勤上光电	106. 54	15. 60	92. 32	16. 9
002060. SZ	粤水电	44. 61	10. 46	64. 50	16. 22
002607. SZ	亚夏汽车	39. 03	4. 81	31. 49	15. 27
002627. SZ	宜昌交运	73. 96	4. 65	33. 09	14. 05
002695. SZ	煌上煌	46. 85	7. 38	52. 06	14. 04

资料来源：Wind 资讯、齐鲁证券研究所。

（三）思路三：外延并购成长提升空间巨大的“类创业板”

创业板估值之所以能够不断创出新高，其背后最重要的原因之一就是创业板 2014 年以来通过不断外延并购场外资产，维持了较快的业绩增速，从而支撑了其高估值。与创业板相比，中小板外延并购的提升空间还很大。齐鲁证券研究所的数据显示，用商誉平均增加值增速侧面衡量并购活动的旺盛程度，可以发现 2014 年创业板整体商誉增速达到 156. 58%，而中小板整体商誉增速只有 118. 67%，相对创业板仍有一定的提升空间（见图 6 - 10）。这其中，中小板中 50 亿元以下市值部分，从市值上说，同创业板大部分股票类似，市值小、想象空间大。同时，其 2014 年商誉平均增速只有 124. 44%，与创业板公司 235. 14% 的增速相比，其外延并购成长至少还有 1 倍以上的提升空间。因此，随着创业板外延并购助推估值不断创出各种“神话”及其所造就的财富效应，可以重点沿着中小板，特别是市值 50 亿元以下和 200 亿元以上的“类创业板”公司来寻找那些通过“学习效应”复制这种“外延并购助推估值提升”路径的个股（见表 6 -9）。

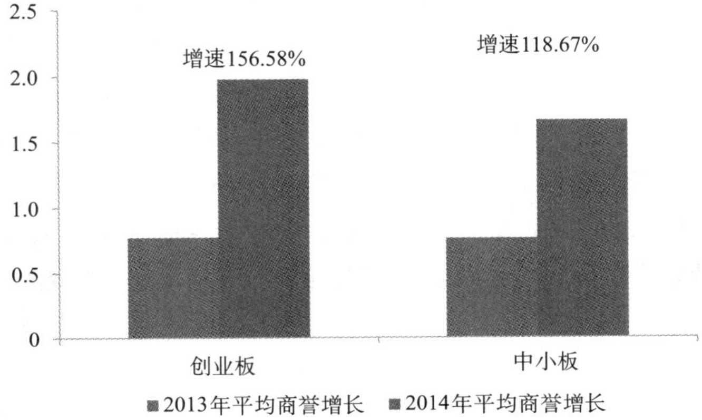

图 6 -10　中小板相对创业板的商誉增速

资料来源：齐鲁证券研究所。

表 6 -9　　2014 年中小板与创业板商誉增速结构　　（单位：%）

市值	创业板	中小板
(500 亿元，∞)	7 849.26	10.00
(200 亿元，500 亿元]	390.69	48.29
(100 亿元，200 亿元]	102.36	170.78
(50 亿元，100 亿元]	93.88	156.25
[0，50 亿元]	235.14	124.44

资料来源：Wind、齐鲁证券研究所。

三、中概股回归与中小板投资

在经历了 2013 年大幅上涨后，中概股市场从 2014 年下半年以来一蹶不振，其表现不仅弱于 Nasdaq 指数，在中国 A 股开启本轮牛市周期后，更是成为“被遗忘的角落”，中美两地股市估值出现巨大差距。在此背景下，2015 年中国科技企业赴美国 IPO 步伐明显放缓，赴美国上市的中国科技企业数量仅为 2014 年的一半左右。另一方面，在美国上市的中概股出现大量回归势头（见表 6 -10），截至 2015 年 11

月底，总共有34家在美国上市的中概股企业宣布私有化进程，这一数据比过去4年的总和还多，规模逾400亿美元。

2015年通过借壳回归A股的中概股就有3家，分别是学大教育借壳银润投资（000526.SZ）、巨人网络借壳世纪游轮（002558.SZ）、分众传媒借壳七喜控股（002027.SZ）。世纪游轮被借壳后连续20个涨停，七喜控股自披露重组计划以来的股价也水涨船高，截至2015年12月29日，公司股价为45.61元/股。如果按此收盘价计算，交易完成后，公司总股本41.16亿的市值高达人民币1 861亿元。这与2年前分众传媒从纳斯达克退市时相比，已然暴涨约13倍。

分众传媒等回归后暴利起到了很大的示范作用，未来两年内壳资源还是有很高的利用价值，特别是中小板的公司。继巨人网络、分众传媒等知名中概股回归A股后，下一家备受关注的中概股回归则非奇虎360莫属。有消息称，奇虎360拟于2015年底确定私有化资金，2016年3月中旬资金全部到位，并完成360私有化下市。并预计在2016年12月末通过A股审批，并在2017年3月完成360的股权交割交易。另外其他进行中的30来家也可积极关注。

表6-10　　2015年以来开启回归A股的30多家中概股公司

（截至2015年11月底）

名称	股票代码	私有化发出时间	完成时间	状态	回归A股对象
搜房网	SFUN	2015年11月13日	—	（分拆）进行中	万里股份（600847）
搜狐	SOHU	2015年12月17日	—	进行中	—
天合光能	TSL	2015年12月12日	—	进行中	—
爱康国宾	KANG	2015年9月2日	—	进行中	—
艺龙	LONG	2015年8月4日	—	进行中	—
当当	DANG	2015年7月9日	—	进行中	—
欢聚时代（YY）	YY	2015年7月9日	—	进行中	—
麦考林	MCOX	2015年7月21日	—	进行中	—
海王星辰	NPD	2015年7月6日	—	进行中	—
空中网	KZ	2015年6月29日	—	进行中	—
陌陌	MOMO	2015年6月23日	—	进行中	—
中星微电子	VIMC	2015年6月22日	2015年12月18日	完成	—

续表

名称	股票代码	私有化发出时间	完成时间	状态	回归A股对象
中国信息技术有限公司	CNIT	2015年6月22日	—	进行中	—
航美传媒	AMCN	2015年6月19日	—	进行中	—
奇虎360	QIHU	2015年6月17日	一年或一年半	进行中	—
创梦天地	DSKY	2015年6月13日	—	进行中	—
博纳影业	BONA	2015年6月12日	预计明年二月份完成	进行中	—
如家	HMIN	2015年6月11日	—	进行中	首旅酒店（600258）
世纪互联	VNET	2015年6月10日	—	进行中	—
人人公司	RENN	2015年6月10日	—	进行中	—
易居中国	EJ	2015年6月9日	—	进行中	—
晶澳太阳能	JASO	2015年6月5日	—	进行中	—
迈瑞	MR	2015年6月4日	预计2016年一季度完成	进行中	—
淘米	TAOM	2015年6月1日	2015年12月11日	完成	—
中国手游	CMGE	2015年5月18日	2015年8月10日	完成	—
药明康德	WX	2015年4月29日	2015年12月10日	完成	—
中国脐带血库	CO	2015年4月27日	—	进行中	—
学大教育	XUE	2015年4月21日	预计于2016年一季度完成	进行中	银润投资（000526）
久邦数码	GOMO	2015年4月13日	2015年11月17日	完成	—
世纪佳缘	DATE	2015年3月17日	—	进行中	—
盛大游戏	GAME	2015年4月3日	预计于2015年12月完成	进行中	中银绒业（000982）
完美世界	PWRD	2014年12月31日	2015年9月9日	完成	—
巨人网络	GA	2013年12月19日	2014年7月18日	退市	世纪游轮（002558）
弘成教育	CEDU	2013年6月21日	2014年1月1日	退市	—
分众传媒	FMCN	2012年8月13日	2013年5月24日	退市	七喜控股（002027）

资料来源：纳斯达克、纽约证券交易所官网。

第七章
成长股分析之二：创业板市场

创业板专为暂时无法在主板上市的创业型企业、中小企业和高科技产业企业等需要进行融资和发展的企业提供融资途径，是对主板市场的重要补充，在资本市场有着重要的位置。自 2009 年成立以来，创业板市场快速发展，并随着新上市公司数量逐年增加，市场规模稳步扩大。创业板投资也给予了投资者不少惊喜，每一次大大小小的牛市行情，绝对少不了创业板公司的炒作身影，创业板公司如今已经成为机构投资者和中小投资者最为青睐的投资品种。创业板的价值主要体现在其成分股大都属于新兴产业且具有高成长性，这与当前我国经济产业升级、转型的大时代背景相吻合。毫无疑问，新兴产业成长股未来仍然具有较高投资价值。本章拟建立一套成长股的投资分析方法来寻找创业板中的高成长股投资机会。

第一节　探析创业板市场

一、什么是创业板市场

创业板又称二板市场，即第二股票交易市场。在我国，主板是指沪、深股票市场。创业板是指专为暂时无法在主板上市的中小企业和新兴公司提供融资途径和成长空间的证券交易市场，是对主板市场的重要补充，在资本市场有着重要的位置。

在证券发展的历史长河中，创业板是对应于具有大型成熟公司的主板市场、以中小型公司为主要对象的市场形象出现的。一般而言，创业板市场有以下特点：一是与主板市场平行的市场，具有与主板市场不同的上市标准和交易规则；二是上市标准比较低，对盈利能力、规模要求要远远低于主板市场；三是创业板上市公司为高成长性的科技类公司，风险比较大。

从2000年准备筹备到2009年10月正式上市交易，我国创业板上市经历了漫长的阶段。2009年9月25日，10家将在创业板挂牌交易的企业首次公开发行股票（IPO），标志着中国酝酿10年之久的创业板终于从纸上谈兵阶段走进了现实生活。

二、创业板与主板的区别

（一）在发行方面

在公司连续盈利要求方面，主板的要求是：（1）公司在最近三年内连续盈利，并有能力向股东支付股利；（2）公司预期利润率达到同期银行利率；（3）净资产收益率三年平均增长10%，任何一年不得低于6%。创业板就没有公司连续盈利的要求，《创业企业股票发行上市条例》第四条规定：在同一管理层下，持续经营两年以上，并且原企业整体改制设立或有限责任公司依法变更的，经营时间可以连续计算。特殊的企业，亏损也能上创业板。

（二）在股本总额方面

主板市场规定，上市公司股本总额不少于人民币5 000万元，这是《公司法》第152条明文规定的。创业板规定，公司股本总额不少于人民币2 000万元。这里就看出创业板的条件宽松，门槛低。

（三）在财务方面

主板上要求，公司在最近三年内财务会计文件无虚假记载；创业板则规定，公司在最近的二年内无重大违法违规行为，财务会计文件无虚假记载。就是说，要上创业板，就要企业在提出申请前24个月内财务文件有无虚假记载，如果有就不能受理。

（四）最低股东人数和最低公开发行比例的要求方面

《公司法》第 152 条对主板的规定是：持有股票面值达人民币 1 000 元以上的股东人数不少于 1 000 人，向社会公开发行的股份达公司股份总额的 25% 以上，公司股本总额超过 4 亿元人民币的，比例为 15% 以上。创业板的要求是，持人民币 1 000 元以上的股东不少于 200 人，首次公开发行新股后，公开发行股份要达到 25% 以上。

三、创业板市场特点

创业板的特点是“两高六新”。“两高”是指高科技、高成长；“六新”即新经济、新服务、新农业、新材料、新能源和新商业模式。

（一）高科技：企业拥有自主知识产权

创业板是针对中小型公司、新兴企业尤其是高新技术企业上市的证券市场。我国开设创业板上市公司，其目的是“促进自主创新企业及其他成长型创业企业的发展”。数据显示（见图 7－1），截至 2015 年 11 月底的 484 家创业板公司中，458 家拥有高新技术企业资格；417 家拥有核心专利技术；204 家拥有国家火炬计划项目，62 家拥有国家 863 计划项目；47 家为国家创新试点企业。2009～2014 年，创业板公司研发支出占营业收入比例一直保持在 5% 以上。此外，创业板还促进了全社会支持创新创业局面的形成，推动了国家创新体系建设，提升了企业核心竞争力。

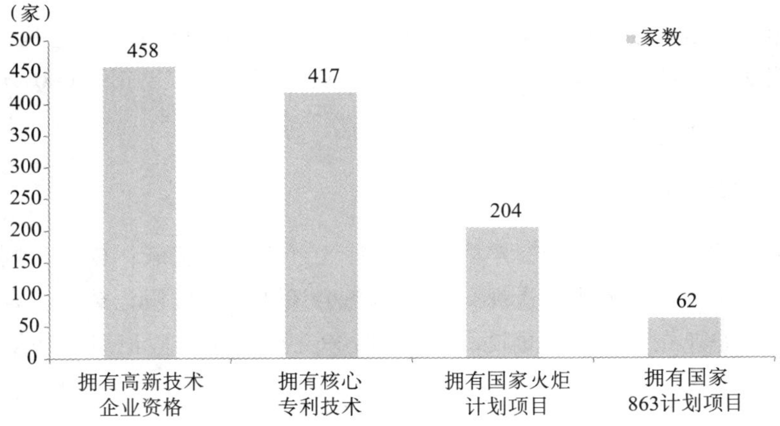

图 7－1　创业板高新技术情况

（二）高成长：企业增长高于国家经济增长，高于行业经济增长

秉承着高科技的血脉，在创业板市场上市的公司大多具有较高的成长性，拥有很大的成长空间。经过国家多年来对战略新兴产业以及高科技产业的扶持，创业板上市公司也逐渐体现出超越主板公司的优越成长性。《证券日报》市场研究中心数据显示，截至 2015 年 9 月，除 85 家 2014 年以来首发上市公司无 2009 年、2010 年净利润数据外，其余 399 家公司中有 282 家创业板上市公司较 2009 年净利润实现增长，占比超过七成，而其中更有 144 家公司 2009 年以来年均复合增长率超过 20%，显示出极强的成长性。

具体来看，掌趣科技（91.17%）、泰格医药（78.14%）、地尔汉宇（74.26%）、飞天诚信（72.00%）、聚龙股份（71.29%）、蓝色光标（71.05%）、易华录（70.48%）、和佳股份（67.61%）、天壕环境（66.38%）、尔康制药（66.07%）、华谊兄弟（65.24%）、新文化（64.46%）12 家公司不仅净利润年均复合增长率超过 60%，并连续 5 年实现净利润同比增长，展现出快速成长的持续性（见表 7－1）。

表 7－1　　部分业绩连续增长创业股

证券代码	证券名称	首发上市日	净利润复合增长率（%）	营业总收入符合增长率（%）
300315. SZ	掌趣科技	2012 年 5 月 1 日	91. 17	67. 42
300347. SZ	赛格医药	2012 年 8 月 17 日	78. 14	58. 32
300403. SZ	地尔汉字	2014 年 10 月 30 日	74. 26	34. 23
300386. SZ	飞天诚信	2014 年 6 月 26 日	72. 00	51. 22
300202. SZ	聚龙股份	2011 年 4 月 15 日	71. 29	64. 88
300058. SZ	蓝色光标	2010 年 2 月 26 日	71. 05	74. 68
300212. SZ	易 华 录	2011 年 5 月 5 日	70. 48	57. 02
300273. SZ	和佳股份	2011 年 10 月 26 日	67. 61	30. 74
300332. SZ	天壕环境	2012 年 6 月 23 日	66. 38	55. 42
300017. SZ	网宿科技	2009 年 10 月 30 日	65. 59	46. 10

资料来源：Wind 资讯。

（三）新经济：电子信息、新材料、新能源等战略新兴产业

创业板公司集中分布于电子信息技术、环保、新材料、新能源、高端制造、生

物医药等战略性新兴产业，已经成为新经济的晴雨表。截至2015年9月30日，创业板已有354家战略新兴产业公司上市，占创业板上市公司总数的73.14%，广泛覆盖新一代信息技术（134家）、节能环保（54家）、新材料（44家）、生物医药（51家）、高端装备制造（46家）、新能源及新能源汽车（25家）等领域，形成了鲜明的板块特色。2014年和2015年上半年，创业板战略新兴产业公司分别贡献了创业板71%的营业收入、73%的净利润和75%的营业收入、83%的净利润，已成为创业板的中流砥柱。借助资本市场平台，354家公司通过IPO融资累计超过1 884亿元，上市前到2014年营业收入的复合增长率达到26%，体现出新兴产业良好的成长性。

（四）新服务：新的经营模式，典型如“互联网+”等

随着经济转型与新技术不断推出，企业经营管理模式创新既有现实的迫切性，也有条件的可行性，越来越多的企业不断尝试运用新领域新技术，从经营模式的角度进行创新，形成一批新服务类型企业，成为创业板的重要构成部分。比如近年来，在新兴产业领域还出现了许多原产业规划难以覆盖的新服务行业，如创意产业等，创业板也成了些新兴行业的集中营。部分文化创意公司登陆创业板后迅速成为行业龙头，业绩与市值均大幅增长。创业板市值前十名的公司当中，文化创意类公司占据了半壁江山。

（五）新农业：具有农业产业化；提高农民就业、收入

创业板也吸引了传统农业领域那些拥有创新技术和创新经营模式的企业，也即被称作为“新农业”的这一批上市公司，它们代表着农业产业化，亦可称为现代农业。所谓现代农业，是相对于传统农业提出的，广泛应用现代科学技术、现代工业提供的生产资料和科学管理方法的社会化农业，相对于分户小规模生产形式的传统农业，它是一种高投入、高产出的农业形态。在创业板的新农业公司包括种子、新型肥料、先进的灌溉、种植技术等等，如荃银高科。

（六）新材料：提高资源利用效率的材料，节约资源的材料

在新材料领域创业板上市公司同样活跃。比如，当升科技（300073）是国内领先的锂离子电池正极材料专业供应商。新宙邦（300037）国内领先的电子化学品生产企业，铝电解电容器化学品国内市场占有率30%。钢研高纳（300034）高端和新

型高温合金制品生产规模最大企业之一等等。

（七）新能源：可再生能源的开发利用，资源的综合利用

在新能源领域，创业板目前吸引了一批具较强有自主创新能力的新能源公司，成为创业板最重要的新兴行业板块之一。在2014年上半年的时候，创业板新能源公司就有16家，有15家公司拥有高新技术企业资格；16家公司均拥有与主营产品有关的核心专利技术；4家公司拥有国家火炬计划项目，2家公司拥有国家863计划。以阳光电源为例，上市以来研发费用一直维持在高位，研发支出占营业收入的比重一度达到9%，研发人员占比超过30%。在强大的研发投入下，公司的产品在转换效率、最大功率点跟踪等关键指标上已经达到国际先进水平，可靠性和稳定性也位列前茅，大大提高了光伏能源的利用效率。

创业板在节能环保领域也已经是建设“美丽中国”重要力量。截至2014年8月31日，创业板有42家主营业务为节能环保产品或服务的节能环保公司，占比42%；创业板节能环保类公司A股市值（含限售股）共计2 200亿元，占比34.96%。

（八）新商业模式

商业模式是企业市场价值的实现模式。随着全球化、信息化、市场化不断深入，传统商业模式受到了前所未有的挑战，创新商业模式势在必行。涌现了一批A股市场此前没有的商业模式和新业态。创业板中有层出不穷的新业态，这些公司都在进化，不断扩充延展出新商业模式。如神州太岳、立思辰、爱尔眼科、新宁物流、探路者、梅泰诺等，这类企业大约占创业板上市公司的10%。

第二节　方法建立与应用：成长股四维模型分解

一、创业板上市公司与成长股

相比主板市场的走势，创业板发展比较短暂，但也经历了不平凡的6年（见图7－2）。2010年6月1日至2015年12月31日，创业板指数从986点上涨到现在的

2714点，上涨175.25%，期间一度上涨到4037点，创历史新高，其收益率远远高于同期主板33.48%的水平。过去6年以来涨幅超过5倍以上股票达37只，占比7.5%，还有乐视网甚至超过20倍。

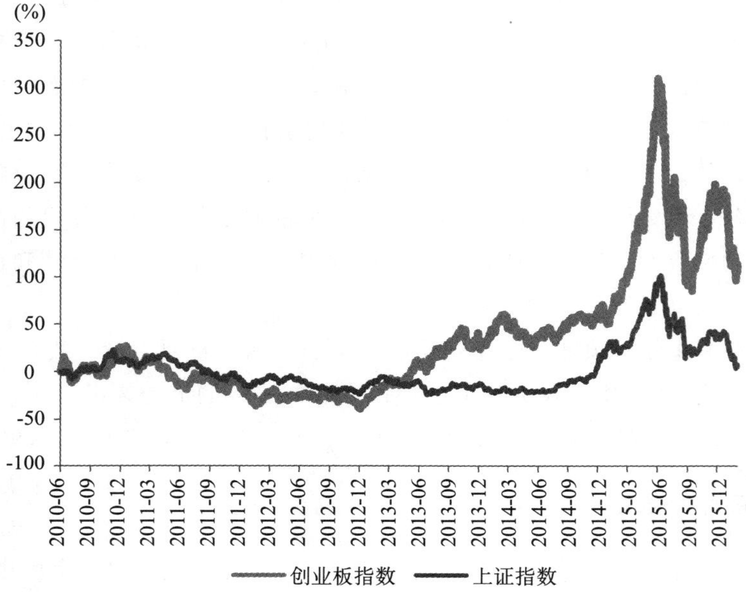

图7-2　2009年启动以来创业板股指走势

资料来源：Wind资讯。

创业板高投资收益是与其背后上市公司业绩大幅提升、核心竞争力不断加强的支撑相关的。一是创业板所代表的新兴产业、高科技产业与我国经济转型升级的大方向相契合，获得了较高的认同度。二是创业板绩优公司业绩增长迅猛，权重股保持较高的业绩增速，有力支撑了股价上涨。在创业板股价涨幅前20名的公司中，绝大多数公司均有与股价涨幅相匹配的业绩支撑。其中，7家公司净利润复合增长率排名板块前20，14家排名前50。牛股绩优的整体情况进一步展现了创业板合理配置资源，市场价值发现的功能。三是创新驱动，凸显较强成长性和创新性特征。以新兴企业为主的创业板公司一直保持了较高的研发投入。2009～2013年，创业板公司研发强度分别为4.57%、4.63%、5.04%、5.41%和5.72%，高于深市平均水平，呈逐年递增之势。对自主创新的投入使创业板公司保持了较强的盈利能力，毛利率长期维持在35%左右，远高于深市平均水平。作为创新驱动发展的主战场，创业板公司放眼长远，打造科技创新的核心竞争力，凸显出较强的成长型和创新型特征（见表 7－2 和表 7－3）。

表 7－2　　创业板公司历年平均业绩指标

业绩指标 \ 年份	2009	2010	2011	2012	2013	2014	2015Q3
营业收入（亿元）	2.87	4.05	4.97	5.84	7.02	8.63	7.51
净利润（万元）	4 454	6 594	8 142	7 813	8 175	9 896	8 422

资料来源：Wind 资讯。

表 7－3　　创业板公司主要业绩指标的板块对比　　（单位：%）

指标 / 业绩 / 年份	营业总收入合计同比增长率			归属母公司股东的净利润合计同比增长率		
	创业板	主板	中小板	创业板	主板	中小板
2009	40.68	3.44	7.05	0	25.86	25.21
2010	42.00	33.79	34.98	23.86	37.09	37.34
2011	27.04	20.55	24.02	8.04	11.68	9.46
2012	19.12	7.50	10.56	－7.67	0.74	－11.32
2013	24.29	8.47	16.39	10.08	14.71	2.05
2014	28.53	4.41	11.55	25.60	5.42	16.25
2015Q3	32.72	－3.76	8.63	25.13	0.03	15.41

资料来源：Wind 资讯。

创新驱动是创业板高收益的一个重要动力，与之相应的是计算机、生物医药、电子设备等新兴产业成长股投资机会，这从创业板行业分布和创业板涨幅排行可以看出。从行业分布来看，当前创业板上市公司 403 家，其中计算机行业的公司数量最多，达到 63 家；其次是机械设备行业，有 59 家。此外，医药生物和电子行业均有 44 家，化工行业有 37 家，电子设备行业有 36 家，传媒行业有 20 家。上市以来，股价涨幅超过 100% 的股票有 158 家，从其行业分布来看，计算机行业个股一家独大。在这 158 家公司中，共有旋极信息、乐视网、聚龙股份等 33 家公司出自计算机板块，占比高达 26%。另外，传媒行业占据 17 席，医药生物、电子、机械设备行业各占据 16 席、15 席、13 席，剩下的则分布在电气设备、化工、公用事业、通信等12个行业中。

而在涨幅最大的50只股票中，也与此情况类似，从50只创业板牛股的行业分布来看，计算机行业依然成为最大赢家。传媒、医药生物行业则紧随其后。具体来看，计算机行业的企业有15家，平均涨幅超291%，传媒行业有9家，平均涨幅达到333%；生物医药类企业有7家，平均涨幅233%。

在传统周期性行业仍然困扰于产能过剩之际，以新兴产业为主的创业板指数超越主板，这从一定程度上说明，经济转型趋势已经在指数层面得到印证。传媒、电子、医药、环保、互联网等印着“成长”标签的公司，具有较大投资价值。

二、方法建立与应用：成长股的四维模型分解

（一）新产业成长股评估四维模型

成长性溢出是永恒王道，成长性是投资新兴产业的最核心标准。结合美国成长股经验和我国高成长现状，我们发现，新产业成长股一般需要满足如下几个条件：

第一，行业趋势和成长空间。通常情况下，超级牛股大部分源自领先的行业。研究表明，股价变动有37%与它所处行业组别表现直接相关，另外12%取决于它所在的整体行业实力。这保证了新产品的市场成长空间足以广大，而不致于在开发期就夭折。也只有这类趋势类股票，才能获取高于市场平均水平的超额收益。

第二，企业的成长速度和确定性。个股高成长期考察公司的增长速度，新兴产业公司处于初创或成长早起，尚未实现盈利或盈利数额还比较低，这其中孕育着高倍股机会。为保证公司的确定成长性，我们还要求公司的高成长必须有业绩相配合，这是为了排除那些没有业绩配合的伪成长，最后遭遇估值与盈利双杀的风险。同时，管理团队和公司治理也是考察公司成长持续性的另一个重要标准。

第三，细分行业龙头公司。龙头公司能获得更高估值、更低风险，并且在成长期后期较好抵御利润与估值双杀的风险。

第四，价格和估值处于相对低位。从中美新产业成长股特征来看，高估的新产业成长股容易遭到股价及盈利的戴维斯双杀，杀跌风险很大。投资新产业成长股需要有一定的股价低位和估值低位保证足够的安全边际。

（二）影响成长股四个维度的主要因素

综合上述分析，新产业成长股选股策略是一个复合体，既与其本身成长性相关，

也与其行业成长性及其在行业中的地位相关。因此，新兴产业公司的成长性可以用图7－3新产业成长股评估四维模型来评估。

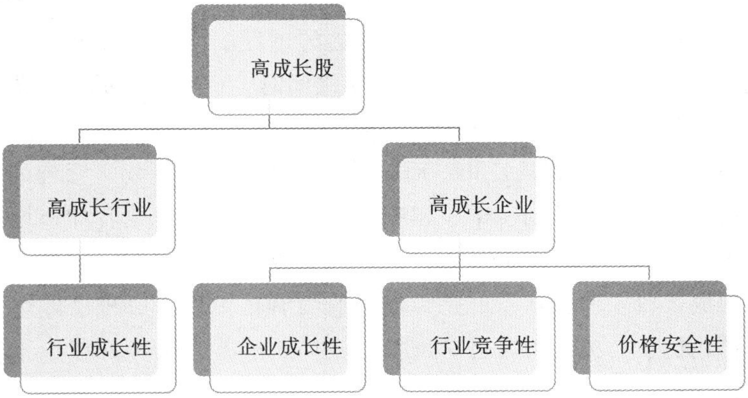

图7－3 新产业成长股评估四维模型

具体而言，影响这四个维度的主要因素如表7－4所示。

表7－4 新产业成长股四维模型影响因素

维度	影响因素
行业成长性	（1）大行业代表未来发展趋势：如电商替代传统零售，机器人代替传统工人，中国社会老龄化产生更多医疗需求。 （2）行业成长阶段：行业渗透率在10%～40%或者60%～90%之间，也即成长繁荣期Ⅰ或成长繁荣期Ⅱ。 （3）行业成长确定性和持续性：行业高速增长，相关个股业绩上涨确认，相关个股价格上涨确认。
企业成长性	（1）企业成长速度和阶段：最近三季业绩高速增长、成长期未过、市值100亿元以内不超过200亿元。 （2）业绩符合增长：业绩转好，业绩最近没有变脸。 （3）公司治理：管理层优秀或有好的组织机制，如大股东增持、期权激励。
行业竞争性	（1）行业龙头； （2）技术或商业模式优势明显，进入壁垒高。
价格安全性	（1）价格没有炒高； （2）合理市盈率； （3）相对较低PS。

1. 行业成长性。对于新兴产业，尤其是互联网这类高速变化的行业而言，发展的眼光是必需的。价值的评估不仅要立足当下，更要对未来有足够的把控。对于任意给定的时间节点，我们都可以先评估细分行业当时的成长性。寻找潜在超额收益机会的过程也是寻找一项新技术产品市场渗透的过程。当行业渗透率从10%进入成长初期且低于40%时，或者位于60%～90%之间时，也即处于成长繁荣期Ⅰ或成长繁荣期Ⅱ时，是新兴产业成长股的最佳投资机会。

2. 企业成长性。公司成长性相对而言是一个相对容易量化、明确的指标。营业收入增速是衡量公司成长性的一个关键指标。我们选取可观或者加速增长的、最近三季营业收入同比增长率20%以上的、已在成长期的高成长股，或开始进入成长期未来有潜力的成长股。值得注意的是，成长股没有传承性，股价已经爆发过的公司千万要谨慎！我们在实证分析时已对过去已经有7年以上连续20%以上营业收入增速的个股进行排除。

业绩符合增长我们主要考虑业绩转好趋势的企业。因为大部分新兴产业公司都处于亏损阶段，所以我们这里的业绩转好从绝对正增长扩大到业绩同比相对增加的范围，具体包括持续正增长、扭亏为盈和亏损进一步减少三种情况。我们选取企业最近五年和最近三季的每股盈利指标EPS进行衡量，将企业的业绩分为A+、A、A-、B、C五档。设定最近年度EPS转好，且最近三季都同比增长为A+；最近年度EPS转好，但最近三季只有二季同比增长为A。为保证成长的确定性，我们只选取业绩也确定转好的企业，只有最近五年和最近三季指标为A以上才入选。

公司治理是业绩增长并持续增长的一个重要保证，我们需要观察看大股东持股比例和公司管理层是否优秀，如大股东增持最好；如果有股权激励计划，基本是利好；管理层是行业专家，专业程度领先；管理层洞悉行业的经营规律，战略眼光高，执行力强。

3. 行业竞争地位。中美新产业成长股特征表明，龙头股既能获得远高于行业其他公司的超额收益又能在回调中具有较高抗风险能力，成长股重在抓住龙头股。尤其是互联网行业领域，存在老二非死不可的规律，龙头股具有更高的投资价值。在行业竞争中具有龙头地位的公司表现在三个方面：第一，成长性是龙头；第二，业绩增长是龙头；第三，股价已具备一定涨幅具有领先性。

为选取龙头，我们建立相对强度指标对成长性和价格进行排序以量化评价，将每只股票成长性指标与细分行业其他所有股票对比。如果一家公司的相对成长性在80甚至更高，意味着该公司的成长性表现胜过市场上80%的公司，那么它就是较好的投资机会。

用相对价格强度表示市场行业热度可以进一步判断新兴产业子行业当前所处阶段和未来投资前景。从新兴子行业的市场相对价格热度对比来看，我们按最近6个月的股价表现构建子行业相对强度比率，进行股票排序。相对强度比率越大，排序越靠前。我们利用欧奈尔相对强度指标（RS）对标的股票在所有股票中的表现强弱的评分。简单地说，90分代表如果股票有1 000只，那么这只股票排名是从强到弱排序的第100名。考虑到不同周期的影响，本部分在欧奈尔基础上加上时间权重，把欧奈尔系统的52周数据延展成四个级别，分别是周、月、季、半年，并根据时间范畴的不同，而呈现短、中、中长、长期四个级别不同的强弱周期，根据时间远近赋予不同的权重，时间越近赋予越大的权重，也即总强度 = （4 × RS5 + 3 × RS20 + 2 × RS60 + 1 × RS120）/10。我们通过这个系统方法对细分行业进行排序，并根据欧奈尔原则选取“RS > 80”的行业作为强势行业。

除此之外，还要考虑技术或商业模式优势明显，进入壁垒高，能保障龙头地位不容易受挑战。

4. 价格安全性。一般来说，企业的总市值在100亿元以内，市值有3～5倍的增长空间。新兴产业公司股价爆发前其市值不能过大，100亿元是个安全界限，300亿元市值之后要谨慎研究市场空间。但考虑到2013年以来我国股市成长股平均较高溢价水平，我们将市值安全边界扩大到200亿元以内，以确保质地好的成长股都能入选。与此同时，市销率也要处于相对历史低位的安全边界线为佳。市盈率其实也可以参考但不是简单参考，简单参考会掉入陷阱。需要去把同行业个股横向对比一下营业收入、市盈率、对应的市值等等数据，高估与低估也就差不多出来了；股价总体是在长周期的底部，低估明显。

总的来说，我们是在分析国内外和同行技术水平的基础上，根据四维模型投资逻辑挑选处于进入成长期的细分行业和个股，同时选择前期涨幅较小、具备估值优势和成长性好的股票。

第三节　创业板高成长股选择

考虑到行业的差异，优质的成长股标的一定处于高成长性的细分行业当中，又必须针对不同的行业进行分析。对于高成性行业的选择，我们团队其他研究中已经做了具体研究。根据前期的研究成功，我们认为移动互联网、智能制造和医疗健康将是未来的高成长行业机会[①]。

一、移动互联网高成长股

（一）互联网入口

创业板集中了大部分的互联网公司，也蕴含了互联网入口的成长股投资机会。根据四维模型对创业板互联网入口公司进行梳理，我们推荐创业板互联网入口投资标的为顺网科技（见表7-5）。

表7-5　　基于四维模型的创业板互联网入口成长股

证券代码	证券简称	相对成长性强度	相对价格强度	总排序	业绩
300113. SZ	顺网科技	78	88	83	A+
300288. SZ	朗玛信息	84	72	78	A
300367. SZ	东方网力	77	57	67	A+

第一，行业成长性。顺网科技成立于2005年，公司目前主营业务包括三大块：软件销售、网络广告以及互联网增值服务。公司一开始通过核心产品“网维大师”切入网吧管理软件市场，至2010年公示上市时，网维大师已覆盖9.3万家网吧、500万终端、5 000万网民，成为行业龙头。上市之后，公司积极开展并购整合，2012年收购网吧计费软件吉胜科技，扩展网吧管理软件产品线。2013年完成收购新浩艺后，公司市场份额达到70%，覆盖10万家网吧、近600万台终端。经过十来年的发展，公司互联网娱乐平台产业链布局逐渐完整，打造了公司强大的网吧入口优势。

2015年以来新出现VR（Virtual Reality，即虚拟现实）正在吸引越来越多资本的注意。目前VR行业仍处于起步阶段，但发展前景引人想象，预计未来市场潜力巨大，据Digi-Capital预计，VR、AR（增强现实）硬件和软件市场潜力将达到1 500亿美元规模，预计未来5年复合增长率超过100%。预计VR/AR未来不仅在游戏、影视、动漫、主题公园领域有明显需求，也将在广告、培训、在线教育、在

① 龚映清：《新兴技术发展趋势与投资方向研究——基于技术炒作周期模型的视角》，国信证券博士后论丛，2013年。

线医疗、在线服务等行业带来近似面对面交流的切身体验，甚至未来还将覆盖零售、通信等各领域。顺网科技有强大的网吧入口，渠道上较 A 股上任何一个 VR 概念个股都要强。没有渠道就没有普及率，未来不少国外先进的 VR 设备与顺网科技合作的概率很大，这是 VR 在中国本土化的必经之路。所以，顺网科技会是第一批受惠 VR 设备进入市场的公司。

第二，公司成长性和盈利。顺网科技 2015 年上半年营业总收入为 67 185.54 万元，上年同期为 39 560.21 万元，同比增长 69.83%，主要系网吧市场规模的扩大及母子公司整合效应，使得公司网络广告及推广收入和流量收入有所增加。用户增加和运营游戏款项增加，使得公司游戏运营收入增长较快。

第三，行业竞争优势。顺网科技定位于国内领先的网吧娱乐平台服务提供商，在细分市场内已处于绝对龙头地位。通过不断整合与投资，公司业务结构将更加趋于完善，业内地位将得到有效巩固。在用户粘度方面，网吧用户平均单日时间 3 小时，顺网通行证拥有 2 000 万日活跃用户；在流量入口稳定性方面，网吧市场 70% 份额稳定多年，终端数稳定无下降。另外，公司对上下游产业链的控制力也不断增强。

（二）智能终端

创业板密集了大量高成长的智能终端概念股，但是根据四维模型分析创业板在智能家居方面更具优秀，但自动驾驶的概念股综合评分都在 50 以下，因此，创业板成长股只限于智能家居部分的分析。

2013 年以来，智能家居成为一个引领创业板的新金矿。智能家居投资机会主要在三个方面：一是在硬件方面会有类似思科地位的企业出现，通过网络中继与控制 Hub，制定物联标准；二是软件方面，未来的 APP 可能就是各类工程控制类的算法，可针对各类典型场景进行智能化控制；三是设计方面，场景化设计能力将会占据重点位置。众所周知，互联网时代和移动互联网时代的核心资源在于入口，而智能家居时代的核心资源是场景。人类常见的生活场景是类似，合理的解决方案更是有限的，也许在未来我们可以说掌握 500 个场景解决方案的专利比开发 500 款产品走得更远。以目前比较火热的空气健康类产品链为例，智能家居时代空气的调节并不是由某一个家电产品进行调节，而是需要在对家居环境中的流体物理、热力学过程等领域进行研究的基础上，发现典型场景，开发合适的算法，自动控制产品链上各个产品的工作状态，系统性地进行空气调节。同时，通过网状的系统，与其他产品链协同工作，比如与环境关怀类产品链协同，通过窗户、窗帘的开关配合达到更好的空气调节效果。

根据四维模型，我们推荐东软载波和邦讯技术。下面我们对邦讯技术进行详细分析（见表7-6）。

表7-6　创业板智能家居概念股的四维模型评估结果

证券代码	证券简称	相对成长性强度	相对价格强度	业绩评分	总排序
300183. SZ	东软载波	79	79	A+	79
300312. SZ	邦讯技术	99	59	A+	79

第一，行业成长性。邦讯技术是以三大运营商为主要客户的通信设备集成商，专注于无线网络末端产品和无线网络优化行业。目前，公司传统的无线产品包括：直放站（无线直放站、光纤直放站、移频直放站、数字光纤直放站等）、基站放大器、天线产品（美化天线、基站天线）、室分器件等。公司立足通信，积极向物联网、移动互联网方向转型。目前公司智能插排已上市、智能路由器将于2015年10月开始量产，自研手游也将于年底上线，业绩释放在即；互联网保险方面，宝720交易平台PC端已完成初步开发，手机客户端APP有望于年底完成，未来依托智能家居的入口优势，衍生保险需求，想象空间巨大。

第二，公司成长性和业绩。公司2015年上半年实现营业收入2.44亿元，同比增长44.74%，归属上市公司股东的净利润324.66万元，同比扭亏为盈，增长123.63%，主要原因在于运营商4G建设进入后周期，公司业绩持续快速反转。盈利能力方面，网优行业竞争加剧使公司毛利率同比下降2%，但由于营业收入大幅增长，费用率下降，净利率继续提高。

第三，行业竞争优势。邦讯技术是行业内为数不多的系统集成、设备销售和代维服务等综合实力较强的企业。目前，公司布局的新业务也已经呈现较好的竞争优势，公司已经是中国互联网保险第一龙头。

（三）NFC支付

从投资机会来看，硬件短期受益确定性高，软件的潜在市场空间更为广阔。NFC产业一旦铺开，硬件厂商有望首先受益，相关NFC芯片厂商、智能手机厂商、POS机厂商都将迎来发展良机。硬件基础设施达到一定条件后，与NFC支付产业相关的软件厂商将加速发展，相关的应用软件也会繁荣，软件潜在市场空间更加广阔。根据四维模型我们推荐NFC支付成长股标的：信维通信和新开普（见表7-7）。

表 7－7　　创业板 NFC 支付的四维模型评估结果

证券代码	证券简称	相对成长性强度	相对价格强度	业绩评分	总排序
300136. SZ	信维通信	91	84	A +	88
300248. SZ	新开普	95	61	A	78

下面我们以信维通信为例，介绍其分析过程。

第一，行业成长性。信维通信主要从事移动终端天线及相关模组、具有良好电磁兼容性能的连接器的研发、生产、销售。随着智能终端对射频天线功能要求越来越丰富，信维通信作为国内天线龙头面临形势正在发生积极变化。一方面，天线行业正在经历“量价齐升”的黄金时期，市场空间逐渐提升。另一方面，公司目前已在国际主流客户上取得了重要突破，市场空间获得大幅拓展。同时，公司积极布局连接器和汽车电子领域，成长空间完全打开。

第二，公司成长性和业绩。2015 年第四季度数据显示，公司实现净利润 0.78 亿元～0.96 亿元，同比增长 448%～575%，环比增长 12%～38%，延续前三季度强劲的增长势头。其主要原因在于：（1）公司成为国际大客户核心供应商后，订单合同进入兑现期，全年收入实现大幅增长。（2）公司已渡过低价切入国际市场阶段且高毛利率产品收入占比提升，其毛利率水平不断提升。（3）在收入规模扩大同时公司加强费用管控力度，保障其盈利能力的持续增强；而公司在 2015 年完成对亚力盛的收购，也为其整体利润的提升带来了积极影响。预计随着公司在手机射频领域市场份额的提升，其营业收入将延续高增长，其净利润也将延续快速增长态势。

第三，行业竞争优势。公司不断丰富射频产品线，注重大客户开发与挖掘，并探索国际客户，提升其市场份额。与此同时，公司也通过不断完善产业链布局来提升实力，多元化发展，确保长期竞争优势。比如借助亚力盛产品及渠道优势，快速拓展公司在测试类连接器和汽车连接器领域，比如通过增资信维蓝沛公司产品线拓宽至导航天线、NFC 天线以及军品领域，又如通过参股艾力门特，公司加大对 MIM 技术的研发，以增强其在金属结构件和天线一体化方面的制造能力。

二、智能制造高成长股

考虑到我国机器人领域还处于起步阶段的初创期，近期机器人产业投资主要还是关注零部件、机器人本体和系统集成三个领域的投资机会。根据四维模型，我们选出的机器人产业投资标的是宝德股份（见表 7－8）。

表 7－8　创业板基于四维模型的机器人成长股筛选结果

证券代码	证券简称	成长性排序	相对价格排序	总排序	业绩
300023. SZ	宝德股份	79	99	89	A－
300173. SZ	智慧松德	89	75	82	A
300222. SZ	科大智能	92	58	75	A＋

第一，行业成长性。宝德股份专业从事微电子及光机电一体化产品的设计、生产与销售，石油、煤炭、冶金、专用设备、新能源等自动化设备的研发、制造及系统成套，是工业自动化的典型代表，市场空间大，是我国钻采设备电控自动化系统行业最具竞争力、技术实力最强的企业之一

第二，公司成长性和业绩。宝德股份 2015 年业绩预告显示，公司预计 2015 年 1～12 月归属于上市公司股东的净利润 5 400 万～5 800 万元，同比增长 244.00%～269.00%，远远超过专用设备行业平均净利润增长率－21.49%水平。

第三，受油价大幅下调的影响，宝德股份最终客户减少，对传统主业有不少影响。但是公司通过多渠道布局，预计未来能实现主业、环保与租赁三大业务板块协同发展，增强公司竞争力。在主业方面，公司在海外市场开拓、专利保护及海洋钻采系统研发、整机研发、工业自动化产品拓展等方面技术优势明显。环保与租赁正在成为公司业绩新增长动力，再加上与主业在资金、产品和客户资源等领域的互相协调，公司有望进一步提升市场竞争力。

三、医疗健康高成长股

由于创业板基因测序概念股成长性都不高，四维模型综合评分较低，创业板的医疗健康成长股推荐智慧医疗的宜通世纪（见表 7－9）。

表 7－9　四维模型创业板智慧医疗成长股筛选结果

证券代码	证券简称	成长性排序	相对价格排序	总排序	业绩
300310. SZ	宜通世纪	86	99	92	A＋
300288. SZ	朗玛信息	99	83	91	A＋
300244. SZ	迪安诊断	73	76	74	A＋
300231. SZ	银信科技	76	70	73	A＋
300253. SZ	卫宁健康	96	44	70	A＋

第一，行业成长性。尽管宜通世纪是一家提供通信网络技术服务和系统解决方案的高新技术企业，但近年来公司基于已有通信技术与经验优势，加速开拓智慧医疗、智慧旅游等新型大数据业务。公司在广西智慧医疗项目的工程建设、网络联调工作不断推进中，已具备正式运营条件；公司全资子公司北京宜通华瑞科技有限公司增资参股西部天使健康科技有限公司，布局移动医疗业务；设立全资子公司宜通新华，开展广西新媒体渠道、内容和线上产品的运营和营销推广业务。此外，公司通过增资控股广州曼拓信息科技有限公司，开始从事大数据产品的研发、销售以及相关产品的咨询、服务等业务，并不断探索其他新业务领域。

第二，公司成长性和业绩。公司 2015 年上半年实现净利润 3 197.96 万元，同比增长 28.75%，每股收益 0.14 元；公司实现营业收入 4.77 亿元，同比增长 52.75%。根据公司公告，公司在该报告期营业收入的增长，主要是公司不断加大市场拓展力度，促使公司报告期内营业收入较上年同期保持稳步增长态势。

第三，行业竞争性。公司收购天河鸿城获批，物联网平台建设顺利进行，有望逐步实现数据和服务的闭环；在 4G 推动下，原有业务订单充足拉动快速增长。通过整合现有通信、大数据的客户技术积累与下游智慧医疗行业经验，将物联网作为未来核心战略，最终实现以通讯技术为基础，以物联网平台、大数据平台为载体，以智慧医疗、智慧营销等为变现应用的“服务 + 产品”双轮驱动模式，进行向移动通信网络智慧运营服务商的战略升级。预计公司在新业务领域将获得新的竞争优势。

第八章

成长股分析之三：新三板市场

新三板市场作为中国版 NASDAQ 受到企业、政府以及投资者前所未有的关注和重视。由于门槛很低，新三板吸引了许多高成长性科技型企业挂牌，形成了新的价值洼地。本章主要从如何在新三板中“掘金”角度对新三板市场发展现状、估值体系以及具体案例详尽分析。

第一节　新三板市场发展现状和投资门槛

一、新三板发展历程

正如《直击新三板》所言，如果把多层次资本市场体系看作金字塔结构，场外交易市场就应当成为“塔基”，“创业板”和“中小企业版”是“塔中”，主板则是“塔尖”（见图 8-1）。目前我国资本市场结构正好为倒金字塔形，主板市场最强，场外交易市场最弱。党的十八届三中全会提出健全多层次资本市场体系，是完善现代市场体系的重要内容，也是促进我国经济转型升级的一项战略任务。作为“塔基”的新三板市场自然成为该任务上的重点建设项目之一。

“新三板”是业界对“中关村科技园区非上市股份有限公司代办股份报价转让系统”的俗称，其背后涵盖了我国场外股份交易从“两网”到“三板”再到“新三板”的漫长历程（见图 8-2）。

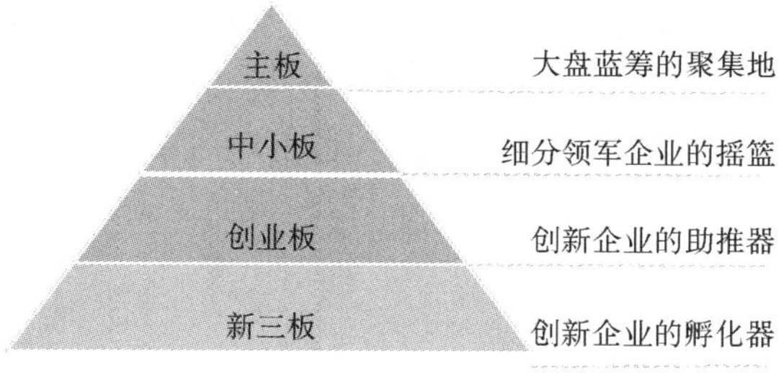

图 8-1 多层次市场体系

“两网”即1990年成立的“STAQ法人股流通市场”以及1993年成立的“NET法人股市场”，成立的初衷是解决法人股流通问题，但在1998年金融危机发生后，监管部门对证券市尝尤其是发展不成熟的场外市场进行全面取缔，“两网”也被关闭。

“两网”停止带来了法人股无法流通的难题。为解决这一问题，中国证券业协会指定申银万国等6家证券公司代办原“两网”系统挂牌公司的股份转让业务，由此确立了我国由证券代办股份转让业务的场外交易制度，代办股份转让系统也于2001年7月正式开通。此后，陆续有6家主板公司退市，转入代办股份转让系统挂牌，该系统也承担起完善退市机制的历史重任。而业内，这个“证券公司代办股份转让系统”被称为“三板”。

“新三板”又从何而来呢？2006年国务院发布《关于实施若干配套政策的通知》明确规定：“推进高新技术企业股份转让工作，启动中关村科技园区未上市高新技术企业进入证券公司代办股份转让系统进行股份转让试点工作。”

此后，2006年1月先后有中关村园区高新企业挂牌，中关村科技园区非上市股份有限公司股份报价转让即正式成为三板市场的一部分。为了与原来的三板市场相区分，被称为“新三板”。“新三板”市场特指中关村科技园区非上市股份有限公司进入代办股份系统进行转让试点。

2012年8月国务院扩大新三板，新增上海张江高新技术产业开发区（以下简称“上海张江高新区”）、武汉东湖新技术产业开发区（以下简称“武汉东湖高新区”）、天津滨海高新区。自此，高新园区增加到4家，预示着新三板进入一个新纪元。

2013年12月14日，国务院发布《关于全国中小企业股份转让系统有关问题的决定》，批准境内符合条件的股份公司均可在全国股份转让系统挂牌。诞生于中关村科技园区的新三板终于走向全国，将惠及千千万万创新创业型中小企业。有专业人士称新三板为中国版纳斯达克（Nasdaq）。新三板全面扩容必将成为中国证券市场发展的重要里程碑，标志着我国多层次资本市场建设取得历史性突破。展望未来，在中国经济转型和创新驱动的背景下，新三板市场将展现出不可替代的战略价值，其发展前景值得期待。

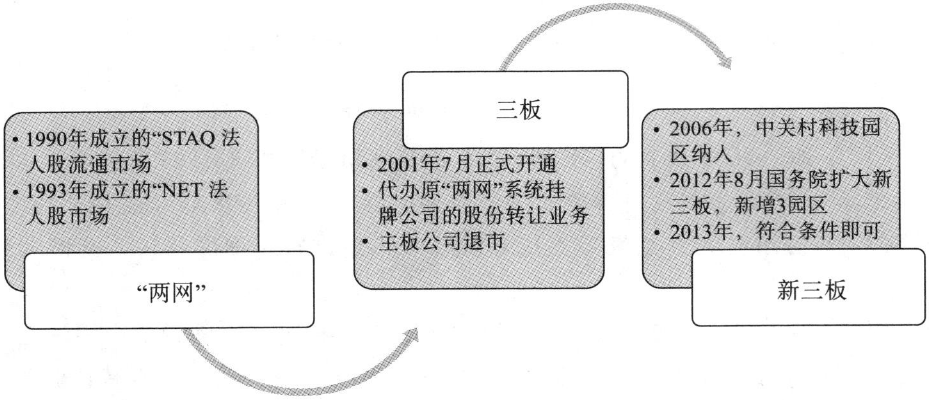

图 8－2　新三板发展历史

二、新三板企业数量规模

从“三板”到“新三板”，由于政府对其市场功能定位的不同，新三板挂牌企业的性质、数量在不同时期有比较大的变化。从图 8－3 可以看出，2012 年之前，新三板挂牌企业的数量增长缓慢，经过近 20 年的发展 2011 年末新三板总挂牌企业数量为 143 家。2012 年开始，新三板开始扩容，将中关村高新科技园区企业纳入新三板挂牌，新三板得到迅速扩容，从 2012 年的 246 家暴增到 2015 年（截止到 2015 年 8 月 31 日）的 3 420 家。3 420 家新三板挂牌企业中的部分企业已经摘牌，或通过 IPO 途径在主板、中小板、创业板实现上市（例如东土科技、康斯特等）或通过企业并购获得新的发展机会（如湘财证券等）。

新三板中，两网及退市企业共有 62 家，主要来自早期的两网企业以及从主板上退市的企业（见表 8－1）。一般来说，两网公司指在 STAQ 系统流通和 NET 系统上市交易的公司。两网公司不存在股改和重新上市的说法，因为没有政策上的文件，只有退市公司才说的上重新上市。退市公司指在主板上市后，因连续 3 年亏损就要暂停上市。早在 2001 年 4 月，水仙股份（PT 水仙）由于连续 4 年亏损而终止上市，

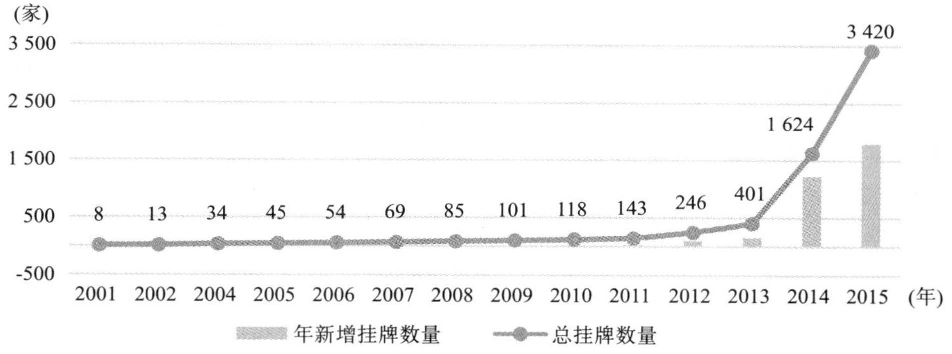

图 8－3 新三板市场挂牌情况

资料来源：Wind 资讯。

成为 A 股首只退市股。但退市的水仙股份并未被一枪打死，水仙股份在 A 股退市之后，进入老三板（新三板前身）继续交易。ST 羊业于 2007 年 3 月在原证券公司代办股份转让系统挂牌。2008 年 12 月，原法定代表人王某某被锦州市中级法院以虚报注册资本罪进行了刑事判决。随后，公司生产经营活动全面停止，主要资产损失严重，资金链断裂，公司员工全部解散。截止到目前，ST 羊业仍然无法恢复正常运营，连续 7 年不能披露年度报告。2014 年 5 月 19 日，新三板已经对北京中农立民羊业科技股份有限公司（简称 ST 羊业）实施移除处理。

表 8－1　　两网及退市企业

400001	大自然 5	400037	达尔曼 1	400020	五环 1	400053	佳纸 1
400002	长白 5	400038	华信 5	400021	鞍一工 3	400054	托普 1
400005	海国实 5	400039	华圣 1	400022	海洋 3	400055	国瓷 3
400006	京中兴 5	400040	中川 3	400023	南洋 5	400056	金荔 1
400007	华凯 1	400041	数码 3	400025	宏业 3	400057	联谊 5
400008	水仙 A3	400042	信联 1	400026	中侨 1	400059	创智 5
400009	广建 1	400043	长兴 1	400027	生态 5	400060	高能 5
400010	鹫峰 5	400044	哈慈 3	400028	鑫光 5	400061	长油 5
400011	中浩 A3	400045	猴王 1	400029	汇集 1	400062	二重 3
400012	粤金曼 5	400046	大菲 1	400030	北科 1	400064	国恒 3
400013	港岳 1	400048	龙科 1	400031	鞍合成 1	420008	水仙 B3
400016	金田 A3	400049	花雕 1	400032	石化 A1	420011	中浩 B3
400017	国嘉 1	400050	龙涤 3	400033	斯达 1	420016	金田 B3
400018	银化 3	400051	精密 3	400035	比特 1	420032	石化 B1
400019	九州 1	400052	龙昌 1	400036	环保 5	420047	大洋 B1
420058	深本实 B1	420063	武锅 B 3				

截至2015年8月31日，全国中小企业股权转让系统（“新三板”）共有3 359家公司挂牌（见图8－4），其中采用做市商制度转让的公司有2 600家，采取协议转让的公司有759家。相比于2014年10月底，新三板挂牌企业数量增加了1.7倍。在过去的一年里，新三板在高速扩容。

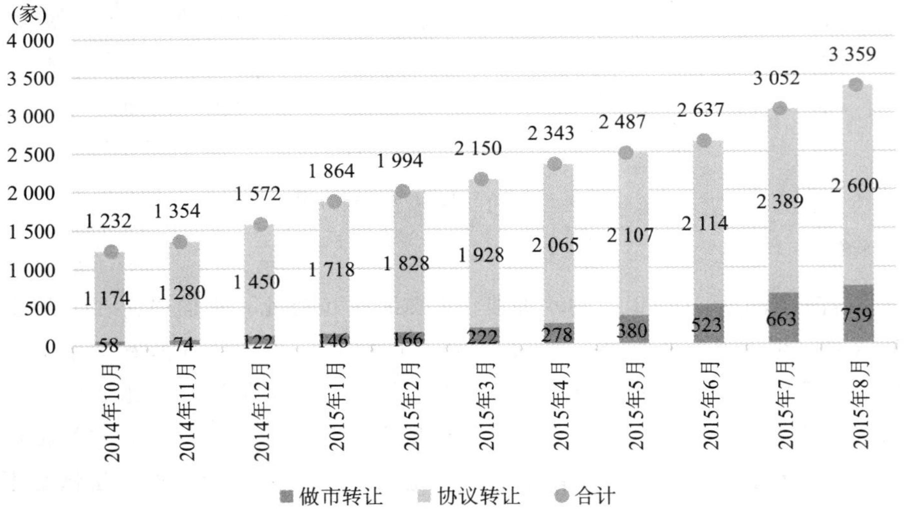

图8－4　新三板挂牌公司数量

资料来源：Wind资讯。数据统计于月底。

当前，新三板上挂牌企业股份交易的方式有两种：协议转让、做市转让。所谓协议转让，就是买卖双方线下议定价格。通常买卖方直接洽谈，然后通过股转系统（新三板）交易。买方要有比较专业的知识才能尽可能避免投资失误。所谓做市商，即在证券市场上，由具备一定实力和信誉的独立证券经营法人作为特许交易商，不断向公众投资者报出某些特定证券的买卖价格（即双向报价），并在该价位上接受公众投资者的买卖要求，以其自有资金和证券与投资者进行证券交易。买卖双方不需等待交易对手出现，只要有做市商出面承担交易对手方即可达成交易。自2014年8月25日新三板采取做市交易以来，越来越多的企业选择做市转让提高企业股份的流动性（见图8－5）。截至2015年8月，采取做市转让的企业数量、总股本以及流通股本占比都超过20%，并还有继续增加的趋势。未来，新三板市场将引入集合竞价和连续竞价机制。集合竞价跟证券交易所的集合竞价完全一样，按照“价格优先、时间优先”的原则，由交易系统自动撮合交易，成交效率大大提高，且双方无法操纵价格。

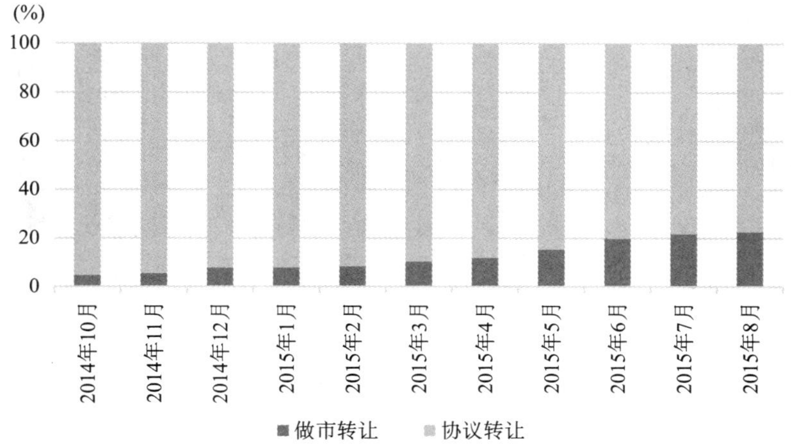

图 8-5 做市转让和协议转让所占比例情况

资料来源：Wind 资讯。

从新三板总股本来看，截至 2015 年 8 月底，新三板总股本达到 1 735 亿股，为 2014 年 10 月的 3 倍多（见图 8-6）。截至 2015 年 8 月底，新三板流通股本达 643 亿股（见图 8-7）。受新三板制度约束，新三板挂牌企业的流通股本占总股本的比例不高，约为 37%。

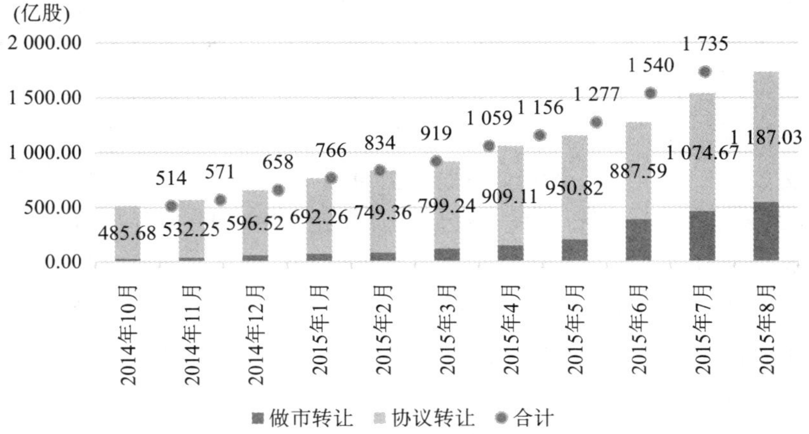

图 8-6 新三板总股本

资料来源：Wind 资讯。

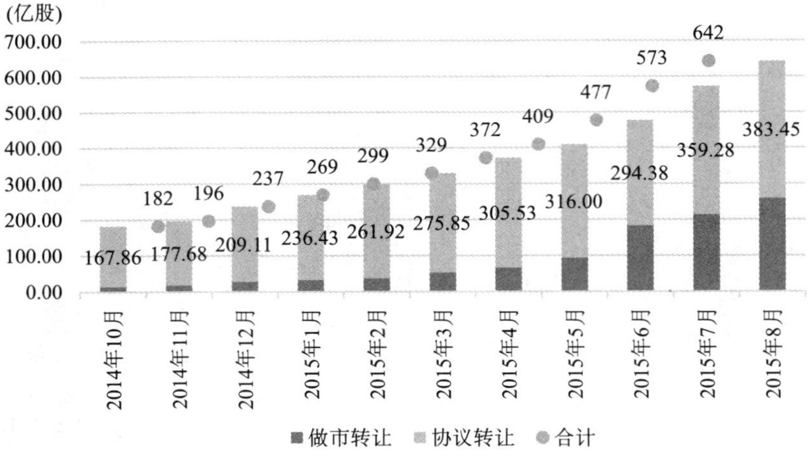

图 8－7　新三板流通股本

资料来源：Wind 资讯。

三、新三板企业行业分布

工业和信息软件服务业是整个新三板的主体行业，仅工业就占比 30.56%，信息传输、软件、信息技术服务业占比 28.86%，两个行业几乎占据了新三板行业数量的 60%；其次是材料和可选消费、医疗保健与日常消费，占比均超过 5%；金融、能源、公用事业、电信服务占比均不超过 2%（见图 8－8）。由于新三板大多为中小型企业，可以看出在新三板中占比较高行业多为技术密集型行业，不论是工业制造还是信息技术、高新材料等，服务型企业在新三板中相对占比较低。

从成交数量来看，多元金融交易股份数量占 28.21%；资本货物排名第二，占比为 15.01%；软件与服务行业成交数量占所有成交量的 13.85%，排第三；接下来排名依次为材料 II、硬件与设备、商业和专业服务、食品、饮料与烟草、半导体与半导体生产设备等等（见图 8－9）。家庭与个人用品、零售业、保险 II、房地产以及食品与主要用品零售排在最后五位，占比均不超过 0.3%。

从成交金额来看，多元金融的交易金额仍然排在第一位，占比为 21.12%；其次是软件与服务，占比为 20.05%；资本货物的成交金额占比为 11.07%；技术硬件与设备占比为 9.13%；接下来的排名依次是材料、商业与专业服务、制药生物科技与生命科学、消费与烟草、半导体与半导体生产设备等等；排在最末的两位是食品

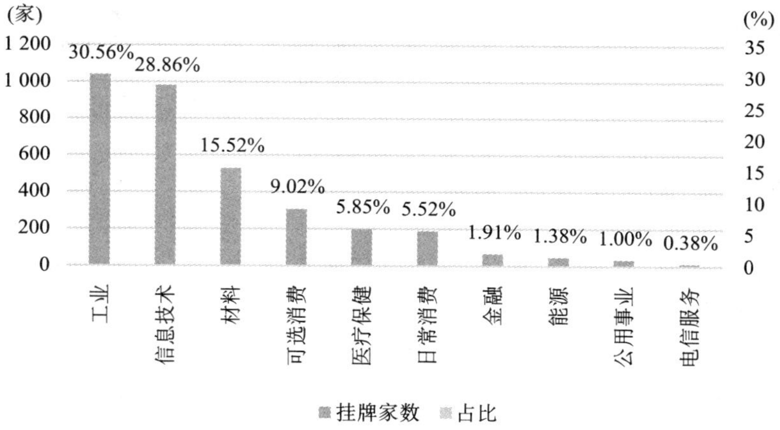

图 8－8　企业行业分布

资料来源：Wind 资讯。

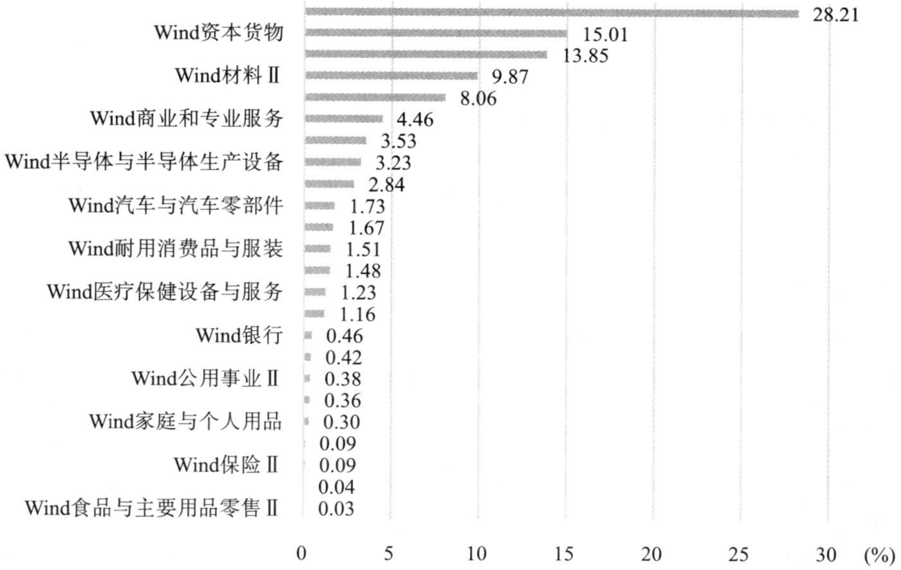

图 8－9　2014 年 1 月～2015 年 9 月分行业交易股份数占比

资料来源：Wind 资讯。

与主要零售品和房地产，占比都不超过 1%（见图 8－10）。

房地产行业交易量和交易金额处于垫底状态，但却是新三板中交易活跃度最高的行业，其区间换手率达 71.05%。其次是电信服务 II，其区间换手率为 56.43%。

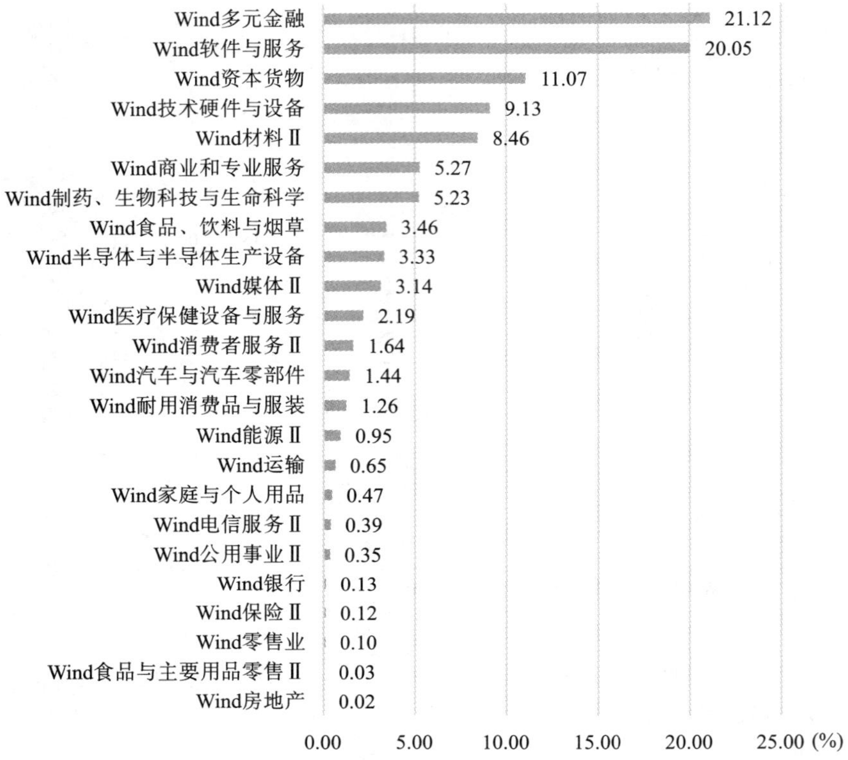

图 8－10　2014 年 1 月～2015 年 9 月分行业交易金额比例

资料来源：Wind 资讯。

媒体 II 的换手率为 52.96%，排第三位。然后依次排列为食品与主要用品零售Ⅱ、汽车与汽车零部件、软件与服务、半导体与半导体设备……交易量和交易金额最大的多元金融交易活跃度只有 23.62%。最不活跃的行业包括公用事业Ⅱ、运输、银行、家庭与个人用品以及零售业（见表 8－2）。

表 8－2　　行业交易活跃度

行业名称	区间成交均价（元）	区间成交数量（万股）	区间成交金额（万元）	区间换手率（%）
房地产	4.40	225.00	990.00	71.05
电信服务Ⅱ	3.47	859.88	2 986.07	56.43
媒体Ⅱ	6.54	7 720.81	50 509.23	52.96
食品与主要用品零售Ⅱ	6.60	613.20	4 049.57	43.33

续表

行业名称	区间成交均价（元）	区间成交数量（万股）	区间成交金额（万元）	区间换手率（%）
汽车与汽车零部件	4.26	4 694.47	20 009.47	42.12
软件与服务	7.07	73 511.25	520 072.29	41.74
半导体与半导体生产设备	4.81	2 739.73	13 164.45	36.44
耐用消费品与服装	4.02	6 786.49	27 297.02	34.57
商业和专业服务	4.62	14 656.64	67 766.32	31.44
医疗保健设备与服务	9.68	8 415.92	81 476.73	31.25
技术硬件与设备	4.31	33 940.17	146 285.50	30.90
消费者服务Ⅱ	36.53	2 293.66	83 785.58	24.25
资本货物	3.63	73 258.10	266 071.33	24.12
多元金融	4.83	97 362.78	469 807.35	23.62
能源Ⅱ	3.15	5 050.48	15 930.97	22.05
食品、饮料与烟草	7.51	26 542.46	199 246.88	22.02
材料Ⅱ	6.28	59 388.77	372 816.54	20.62
制药、生物科技与生命科学	12.57	15 877.08	199 545.26	20.08
公用事业Ⅱ	8.33	2 979.39	24 827.18	17.01
运输	4.30	8 683.66	37 361.77	16.47
银行	2.24	8 339.58	18 677.26	14.53
家庭与个人用品	2.28	454.90	1 037.40	14.17
零售业	10.48	920.14	9 642.11	12.89

资料来源：Wind 资讯。

四、新三板企业地域分布

新三板的挂牌企业分布（见图 8－11）仍主要集中在一线城市和沿海发达省市，15.46% 的企业聚集在北京。江苏、上海、广东的企业数量分别占比 12.81%、11.81%、8.51%。这四个省市的企业数量几乎占据了新三板企业的半数，而这四个地区也是创新型企业的聚集地。环渤海、长三角、珠三角等区域也具有一定的地域和资源优势，所以在地域上使得企业分布有些差距，符合中国经济发展不平衡的现状，而在未来政府政策的扶植下，以及新三板上市门槛较低的特点，二线城市的挂牌企业数量将会进入一个增长期。

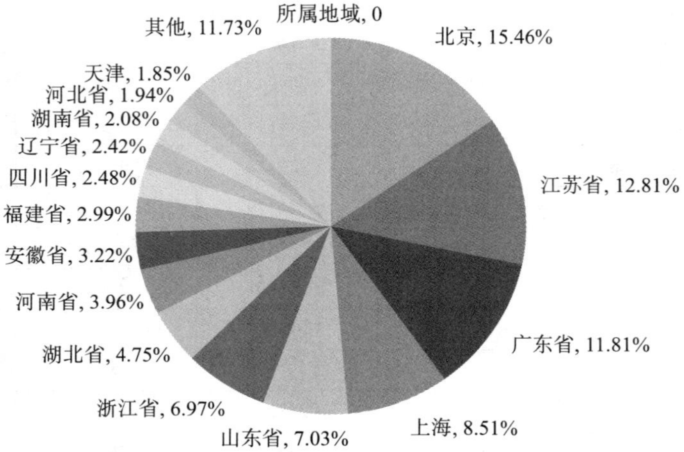

图 8 – 11　新三板企业区域分布情况

资料来源：Wind 资讯。

五、市场交易情况

2014 年 10 月 ~2015 年 4 月，新三板市场上的交易量有不断放大的趋势，并在 2015 年 4 月达到最高月成交数量 355 189.46 万股，随后的几个月的成交量逐步下跌，到 8 月成交量为 159 316.49 万股，与 4 月相比萎缩了将近 55%（见表 8 – 3）。4 月之前成交活跃的原因可能因为新三板受到政策刺激，协议转让产生的高溢价对于投资者有比较大的吸引作用，并且做市转让有利于新三板流动性的增强。4 月之后，A 股市场行情火爆，吸引了更多投资者的参与，新三板的关注随之减少。随后的股灾来临，对新三板市场也会产生一定的传导作用。

表 8 – 3　　新三板交易情况

交易日期	成交数量（万股）			成交金额（万元）		
	合计	做市转让	协议转让	合计	做市转让	协议转让
2015 年 8 月	159 316.49	52 197.60	107 118.89	899 833.14	527 243.78	372 589.36
2015 年 7 月	189 511.38	82 181.02	107 240.35	1 230 017.29	704 267.56	525 749.72
2015 年 6 月	212 646.44	81 697.53	130 948.95	1 776 801.11	972 444.42	1 138 356.69

续表

交易日期	成交数量（万股）			成交金额（万元）		
	合计	做市转让	协议转让	合计	做市转让	协议转让
2015 年 5 月	245 322.54	59 792.96	185 529.58	2 261 162.99	885 280.05	1 375 882.94
2015 年 4 月	355 189.46	126 266.86	228 922.60	3 731 195.13	2 240 932.31	1 490 262.82
2015 年 3 月	249 273.19	107 008.91	142 264.28	2 200 168.62	1 374 308.69	825 859.93
2015 年 2 月	52 972.95	16 855.13	36 117.82	358 230.43	191 888.60	166 341.83
2015 年 1 月	49 496.46	13 839.58	35 656.88	297 292.47	132 122.87	165 169.60
2014 年 12 月	60 443.97	9 061.84	51 382.13	310 480.11	87 736.29	222 743.82
2014 年 11 月	36 431.38	7 634.02	28 797.36	210 836.09	67 180.48	143 655.61
2014 年 10 月	24 512.03	4 829.87	19 682.16	145 687.82	30 518.15	115 169.67

资料来源：Wind 资讯。

从成交均价来看，从 2014 年 10 月到 2015 年 4 月，新三板成交均价从 6.37 元增加到 10.15 元，几乎翻了一番（见表 8－4）。然而，从 2015 年 4 月开始到 2015 年 8 月，新三板成交均价从 10.15 降到 5.88 元，几乎跌了一半，相当于 2014 年 10 月的水平。这种现象说明新三板定价机制的尚不完善，做市转让定价比协议转让定价具有更大的波动性，做市转让制度引入时间尚短，而且协议转让的参与者可能具有更大的理性程度。

表 8－4　　新三板月度成交均价

交易日期	成交均价（元）			成交数（笔）		
	合计	做市转让	协议转让	合计	做市转让	协议转让
2015 年 8 月	5.88	10.07	3.66	177 601	160 340	17 261
2015 年 7 月	6.66	9.14	5.24	305 581	277 629	27 952
2015 年 6 月	8.38	12.23	8.58	234 352	195 186	39 166
2015 年 5 月	9.31	14.84	7.34	243 156	183 687	59 469
2015 年 4 月	10.15	17.23	6.67	507 276	393 357	113 819
2015 年 3 月	8.67	12.77	5.69	328 889	260 399	68 490
2015 年 2 月	7.21	11.46	5.07	48 997	38 147	10 850
2015 年 1 月	5.97	9.47	4.65	49 347	38 144	11 203
2014 年 12 月	5.32	9.81	4.50	32 939	24 079	8 860
2014 年 11 月	5.91	8.80	5.13	23 358	17 611	5 747
2014 年 10 月	5.85	6.37	5.87	11 212	8 330	2 882

资料来源：Wind 资讯。

六、新三板融资情况

根据中国证监会和新三板的官方披露信息，2006～2010 年，处于培育阶段的新三板 5 年间仅有 13 笔再融资。2011 年融资情况开始改善，当年度融资笔数达到 11 笔，且平均实际募资额突破 6 000 万元；2012 年新三板定向融资达 21 笔，平均募资额达到 3 656.93 万元，平均市盈率为 20 倍。2013 年，新三板挂牌公司定向增发融资 17 次，融资总额 2.89 亿元。

2014 年以来，新三板交易异常活跃，当年新三板挂牌公司共达 217 笔定向增发，总实际募集资金 46.46 亿元，平均实际募资金额为 2 140.84 万元。进入 2015 年后，新三板再融资功能大增，光上半年定向增发实施 1 245 次，共实际募集金额达 550.69 亿元，平均实际募资金额为 4 423.18 万元（见表 8－5）。

表 8－5　　新三板年度募资情况

年份	次数	实际总募资金额（万元）	平均实际募资金额（万元）
2010	3	15 350.00	5 116.67
2011	11	68 598.43	6 236.22
2012	21	76 795.57	3 656.93
2013	17	28 902.85	1 700.17
2014	217	464 562.32	2 140.84
2015	1 245	5 506 859.20	4 423.18

资料来源：Wind 资讯。作者整理，2015 年为上半年数据。

Wind 数据显示，截至目前，新三板史上募集资金总额、单笔募资总额最多的企业是中科招商。2015 年 5 月 15 日，该公司通过定向发行股份 27 957.6 万股，募集资金 50.32 亿元，额度之大不仅创下迄今为止新三板的单笔定增募资之最，也直逼创业板/中小板 IPO 的融资水平，一改外界对新三板“交易不活跃”的刻板印象。

事实上，这家一直以来都是最有“转板”预期的新三板公司，早在 2008 年 3 月就进行了第一轮定向增资，金额为 5 500 万元；2011 年 8 月又完成了第二轮定向增资，当时是以 6 元/股的价格向 40 名对象发行了 3000 万股，实际募集资金 1.8 亿元。

截至 2015 年 8 月 31 日，新三板企业共发行了 21 只债券，总发行规模为 25.55 亿元（见表 8－6），与定向增发比起来，还有很大的增长空间。最早发行债券融资的新三板企业来自宇迪光学，其在2012年发行了12宇光债，发行金额为0.3亿元。最近发行债券的企业为九鼎投资，其发行的15九鼎债规模为10亿元，这也是至今最大的发行额度。由云南路桥发行的14云路桥与14云路桥债期限最长，为6年。2014年沃格光电的14沃格债票面利率为10%，为最高票面利率。

表8-6 新三板企业发债情况

公司简称	债券简称	发行起始日	发行期限（年）	特殊期限	票面利率（%）	发行规模（亿元）
九鼎投资	15九鼎债	2015年8月28日	5	3+2	6.03	10.0000
沃格光电	14沃格债	2015年1月30日	2		10.00	1.0000
圣泉集团	15圣泉CP001	2015年1月22日	1	365D	7.50	3.3000
鸿仪四方	14鸿仪01	2014年12月5日	3		9.00	0.2680
重钢机械	14重机债	2014年10月30日	2		8.50	0.3500
白兔湖	14白兔湖	2014年10月22日	2	1+1	8.98	0.7300
海格物流	14海格01	2014年9月4日	3		7.63	0.3000
电信易通	14易通债	2014年9月1日	2		8.00	0.1000
金硕信息	14金硕02	2014年6月13日	3		9.47	0.1000
金硕信息	14金硕01	2014年5月9日	3		9.47	0.1000
南菱汽车	14南菱01	2014年4月10日	2	0.55+1.45	9.00	0.4000
华索科技	13华索债	2014年4月3日	3	2.5030	8.30	0.1000
云南路桥	14云路桥债	2014年2月21日	6	3+3	7.58	3.5000
云南路桥	14云路桥	2014年2月21日	6	3+3	7.58	3.5000
凯英信业	13凯英信	2013年10月25日	2	1.7995	8.00	0.1500
中磁视讯	13中磁债	2013年10月9日	3	2+1	9.00	0.1000
蓝天环保	13京蓝天	2013年6月19日	3		8.50	0.2000
派芬自控	13沪派控	2013年3月29日	3	2+1	9.00	0.1500
中成新星	12中成债	2013年3月22日	3	2+1	9.50	0.6000
青雨传媒	12青雨01	2013年1月25日	3	2+1	8.50	0.3000
宇迪光学	12宇光债		2		8.50	0.3000
债券发行总金额						25.5480

资料来源：Wind资讯，作者整理。

七、转板情况

2015年6月10日，创业板新股合纵科技（300477.SZ）的顺利IPO（首次公开募股），再次激发了新三板公司的兴奋点。这是新三板历史上第 11 家成功转板的公司，也是新三板实现全国扩容后的第 4 家通过 IPO 上市的挂牌公司。此前，还有康斯特、双杰电气以及安控科技 3 家企业顺利从新三板转到创业板。

Wind 数据统计，包括合纵科技在内，目前，相继有 11 家新三板挂牌公司成功转板至主板或创业板，包括康斯特、双杰电气、安控科技、世纪瑞尔、北陆药业、久其软件、博晖创新、华宇软件、佳讯飞鸿、东土科技。

不过遗憾的是，上述 11 家转板企业并不是真正意义上的转板，而是采用旧时的转板操作套路，即中国证监会接受上市申请之后，先在股转系统暂停交易，待正式获得中国证监会新股发行核准之后，再从股转系统摘牌。

未来，真正意义的转板是越过 IPO 的程序，不做公开发行这个环节，直接转到 A 股上市。市场普遍认为，目前，不通过公开发行，只要通过中国证监会公开转让股份的审核就可以进入 A 股，已经没有法律障碍，但是最终如何走还要看监管部门的政策安排。

正在新三板挂牌的多家公司已有不少家透露出转板计划，包括现代农装、大地股份、金和软件、盖特佳、中科软、绿创环保等（见表 8－7）。未来，新三板将培育一大批优秀的拟上市公司，成为公众投资者青睐的投资首选标的。

表 8－7　　新三板转板企业

转板前				转板后		
代码	简称	挂牌时间	摘牌时间	代码 2	简称 3	上市日期
430018. OC	合纵科技（退市）	2007 年 9 月 19 日	2015 年 6 月 1 日	300477. SZ	合纵科技	2015 年 6 月 10 日
430040. OC	康斯特（退市）	2008 年 12 月 26 日	2015 年 4 月 22 日	300445. SZ	康斯特	2015 年 4 月 24 日
430049. OC	双杰电气（退市）	2009 年 2 月 18 日	2015 年 4 月 20 日	300444. SZ	双杰电气	2015 年 4 月 23 日
430030. OC	安控科技（退市）	2008 年 8 月 20 日	2014 年 1 月 9 日	300370. SZ	安控科技	2014 年 1 月 23 日
430045. OC	东土科技（退市）	2009 年 2 月 18 日	2012 年 8 月 29 日	300353. SZ	东土科技	2012 年 9 月 27 日
430012. OC	博晖创新（退市）	2007 年 2 月 16 日	2012 年 5 月 10 日	300318. SZ	博晖创新	2012 年 5 月 23 日
430008. OC	紫光华宇（退市）	2006 年 8 月 30 日	2011 年 9 月 28 日	300271. SZ	华宇软件	2011 年 10 月 26 日
430023. OC	佳讯飞鸿（退市）	2007 年 10 月 26 日	2011 年 4 月 20 日	300213. SZ	佳讯飞鸿	2011 年 5 月 5 日
430001. OC	世纪瑞尔（退市）	2006 年 1 月 23 日	2010 年 12 月 6 日	300150. SZ	世纪瑞尔	2010 年 12 月 22 日
430006. OC	北陆药业（退市）	2006 年 8 月 28 日	2009 年 9 月 30 日	300016. SZ	北陆药业	2009 年 10 月 30 日
430007. OC	久其软件（退市）	2006 年 9 月 7 日	2009 年 7 月 29 日	002279. SZ	久其软件	2009 年 8 月 11 日

八、投资者参与新三板门槛

《全国中小企业股份转让系统投资者适当性管理细则（试行）》对新三板市场上投资者参与门槛作了具体的规定。对于机构投资者申请参与挂牌公司股票公开转让需满足：

（1）注册资本 500 万元人民币以上的法人机构。

（2）实缴出资总额 500 万元人民币以上的合伙企业。

（3）集合信托计划、证券投资基金、银行理财产品、证券公司资产管理计划，以及由金融机构或者相关监管部门认可的其他机构管理的金融产品或资产，可以申请参与挂牌公司股票公开转让。

（4）投资者本人名下前一交易日日终证券类资产市值 500 万元人民币以上。证券类资产包括客户交易结算资金、在沪深交易所和全国股份转让系统挂牌的股票、基金、债券、券商集合理财产品等，信用证券账户资产除外。

（5）具有两年以上证券投资经验，或具有会计、金融、投资、财经等相关专业背景或培训经历。

投资经验的起算时间点为投资者本人名下账户在全国股份转让系统、上海证券交易所或深圳证券交易所发生首笔股票交易之日。

第二节　新三板公司估值现状与难点

一、新三板定价难点

市场层面上，新三板定价权的博弈才开始。新三板众多公司处于发展的不同阶段，其融资估值的阶段差异也很明显，有的类似于天使轮、A 轮，也有类似于上市后融资。传统上这些轮次之间还是有一些界限的，但新三板灵活的市场机制将这些公司都摆在了一起。与之对应的不同类型的投资者随之汇聚到这个市场。这些投资者们习惯的投资理念、时间周期、预期回报率之间存在着很大的差异，而市场的流动性并不足以平滑市场参与方估值判断上的巨大分歧。换言之，尽管多方定价，但是相互之间差异过大，又无法通过资金博弈达到动态平衡；定价权缺失是投资者觉得新三板估值混乱的核心原因。

操作层面上，新三板挂牌企业的一些特点，如中小微企业盈利波动性大、部分企业微利或亏损、前沿行业的未来成长性难以判断及折现、缺少可比公司和历史估值等因素也提高了估值操作的难度，绝对估值方式的可操作性尤其不佳（见图 8－12）。

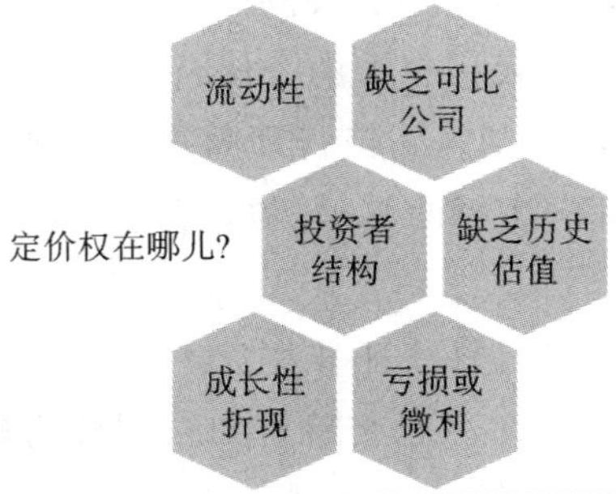

图 8－12　新三板估值难点

资料来源：齐鲁证券。

（一）投资者之间的差异

股票估值，不论表现为怎样的计算公式或是文字描述，本质上都是投资者对于股权价值的心理判断。不同投资者的估值体系取决于其投资理念、持股周期、预期回报率等因素，可能具有很大的差异性。对于偏好绝对低价股坚持博短线趋势的个人投资者而言，个股计算出多少倍 PE 都是没有意义的。反过来，对于看好公司未来发展愿意持股 5～10 年的战略投资者，在基本面因素不变的情况下，半年一年的涨跌幅都可以无视。

新三板挂牌和融资机制灵活，而自 2014 年 8 月做市商制度推出以来，市场的流动性也有了明显改善，获得了大量投资者的青睐。这些投资者中有产业资本，有一级市场投资为主的 VC、跨一二级市场的 PE 基金，也有以参与二级市场为主的公募机构以及个人投资者（见表 8－8）。在这些以股票投资盈利为目的的投资者之外，还有一方重要的参与者——做市商。做市商以相对较低的成本获得做市筹码，并承担活跃交易量的任务。

表 8 - 8　　新三板投资者结构

投资者类型	数　量
一、个人投资者（截至 2015 年 3 月末）	72 366
二、机构投资者（截至 2015 年 3 月末）	7 385（持有 40.6% 挂牌股票）
1. 一般法人机构	2 574
2. 专业机构	4 811
其中：基金专户、券商资管、阳江私募产品	410 只*
三、做市商数量（截至 2015 年 5 月 22）	76 家

资料来源：齐鲁证券研究所。数据截至 2015 年 5 月 22 日。

新三板市场上具有代表性的几类投资者的基本信息：

（1）PE 机构。以天星资本为例，天星资本成立于 2012 年，2013 年开始全力布局新三板市场。截至 2015 年 5 月 15 日，天星资本以完成投资和正在募集中的基金规模为 170 亿元，其中自行发起并募集的新三板基金为 48 只，共计 40 亿元，共投企业 190 家，已完成挂牌 135 家，已转做市交易 47 家，平均收益倍数 2.57 倍。

（2）传统上主要活跃于二级市场的公募基金、券商资管和阳光私募。2014 年 4 月宝盈基金发行成立了行业首只新三板资管产品；到 2014 年末，投资新三板的基金专户、券商资管、阳光私募产品为 22 只，而 2015 年 5 月 22 日这个数字达到了 410 只。由于这些产品主要集中于 2015 年发行，有一定建仓期，同时相当一部分产品采用成本发计算净值，因此我们暂时无法判断其现状。不过，考虑到多数机构的投研人员此前主要和二级市场打交道，我们以公募机构、券商资管在二级市场的历史表现作为参考（见表 8 - 9）。

表 8 - 9　　公募、券商投资机构情况

项　目	数　据
机构平均持股时间（2012 年）	143 天
平均年化收益（剔除成立未满一年产品）	30.2%
平均管理规模（剔除成立未满一年产品）	19.3 亿元
平均年化收益（剔除成立未满半年产品）	39.0%
平均管理规模（剔除成立未满半年产品）	18.6 亿元

注：样本涵盖目前市场上所有未到期：（1）股票型开放式基金、混合型开放式基金；（2）普通股票型、偏股混合型券商资管理财产品。

资料来源：中国证监会、Wind 资讯。

（3）个人投资者：尽管新三板受限于投资者门槛，个人投资者数量远远少于A股，但建立分析框架时，我们依然要考虑这批潜在投资者的投资风格（见图8－13）。从投资者的风险偏好而言，创业板投资者相对可比。

图8－13　个人投资者投资风格

资料来源：深圳证券交易所。

（4）做市商：以相对较低的成本获得做市筹码，同时承担着活跃交易量的任务。理论上，盈利并不是其主要目的。但作为市场流动性的主要提供者，做市商在所投企业的资产、收入、利润规模方面都有较为明显的偏好，其投入成本也常常被一些投资者视为估值的底线。

（二）流动性不足未能充分发掘价值

不论这些投资者估值判断的分歧有多大，市场最终是以活跃的交易来实现不同估值判断的动态平衡。在A股市场上，我们也可以看到公司上市前就投资公司股权的VC/PE、大量的二级市场机构和个人投资者在互相博弈。但是，A股市场良好的流动性使得公司IPO后投资者之间的差异可以较快抹平。以2015年截至5月14日上市的117家A股新股为例，上市1个自然月内，83%的公司的累计换手率超过100%，少于100%的个股还处于持续涨停过程中的状态（见图8－14）。

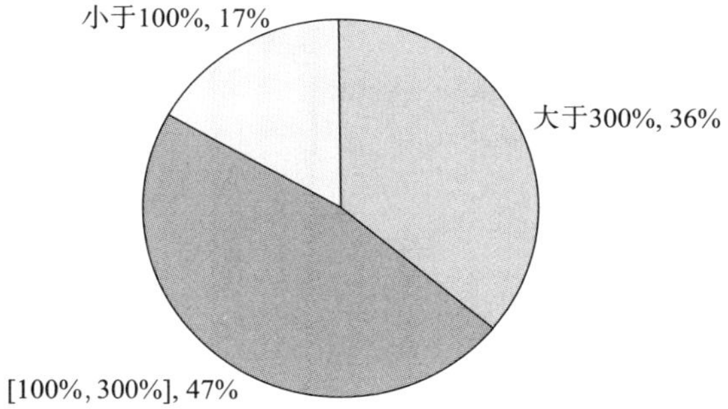

图 8－14　A 股新股上市一个自然月后累计换手率分布

注：数据包含 2015 年以来至 5 月 14 日上市的 117 家公司。

资料来源：Wind 资讯。

相比之下，新三板市场交易活跃度仍有待提升（见图 8－15）。一个流动性不足的市场，很小的成交量可能就带动了整个公司市值的大幅增加或下降，但是这种价格与合理价值之间可能存在极大偏差，市场的价值发现功能不足。

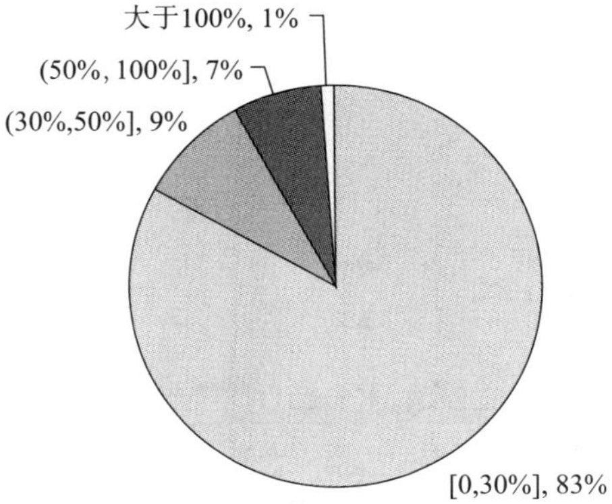

图 8－15　新三板个股首次做市一个自然月后累计换手率分布

注：数据包含 2015 年以来至 5 月 14 日上市的 195 家公司。

资料来源：Wind 资讯。

二、新三板估值现状

目前新三板投资者在分析操作中以相对估值为主。对于行业总体而言，还是较为有效的方式。相关资料见图 8－16 和图 8－17。

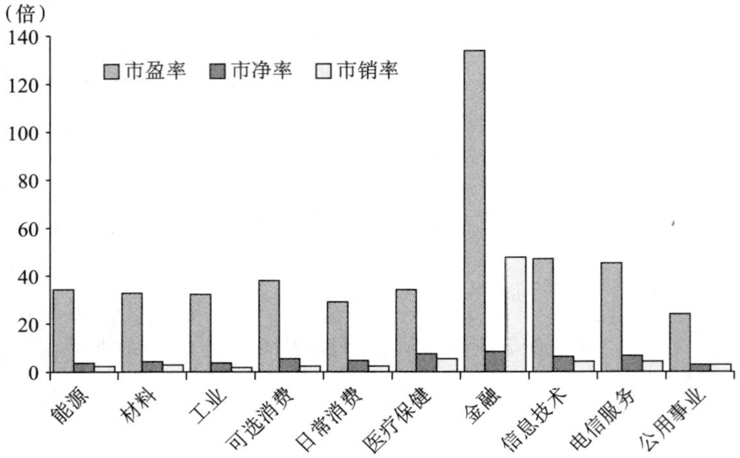

图 8－16　新三板行业整体估值

资料来源：Wind 资讯。

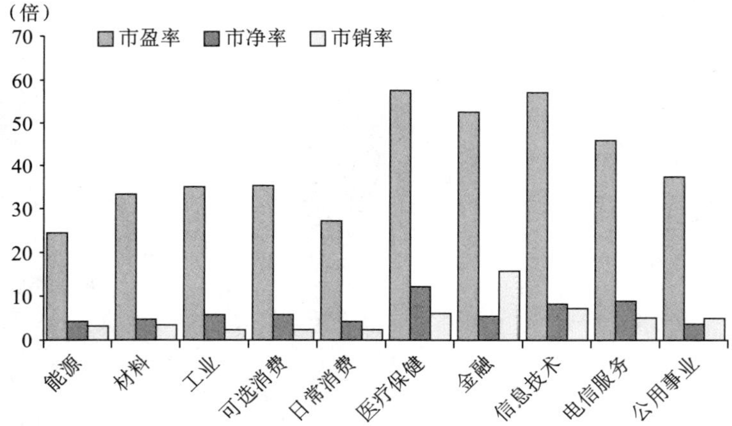

图 8－17　新三板（做市）分行业估值

资料来源：Wind 资讯。

根据 2014 年年报，约 65% 的新三板公司收入低于 1 亿元，在净利润指标上能够超过 1 000 万元的新三板公司占比不到 30%（见图 8－18 和图 8－19）。大量中小微企业处于微利或亏损状态，未来成长性难以判断及折现，导致常用估值操作的难度上升。

此外，新三板市场活跃时间较短，多数公司是在 2014 年之后才挂牌，缺少历史估值和可比公司等因素也增加了估值操作中的困难。

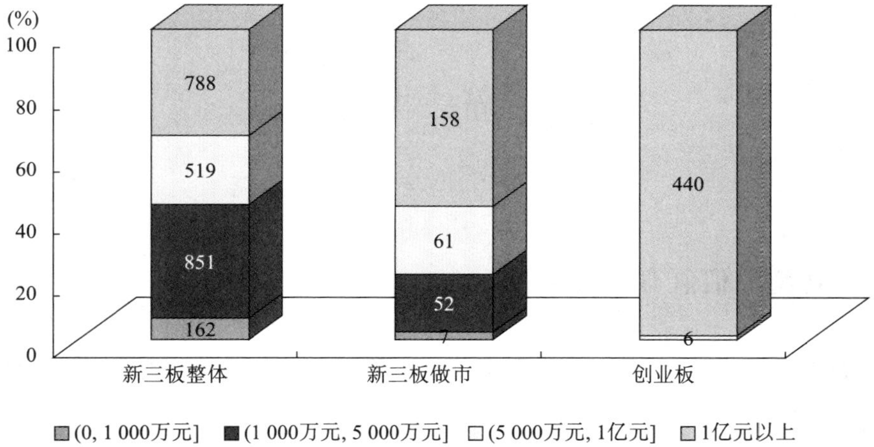

图 8-18 新三板收入分布情况及与创业板对比

资料来源：Wind 资讯。

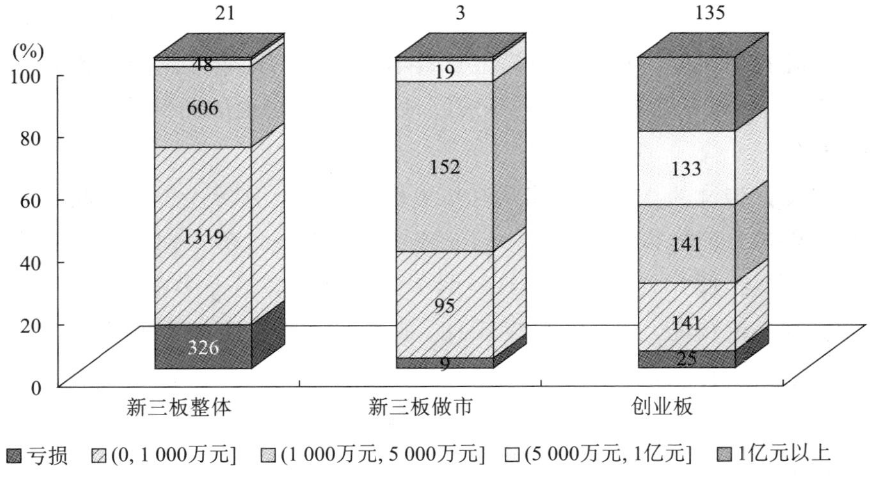

图 8-19 新三板企业按净利润分布

资料来源：Wind 资讯。

第三节　新三板估值体系

一、传统的估值方法（A股）

传统的估值方法有两种——绝对估值法与相对估值法。绝对估值法分两类。一类是现金流折现模型（DCF模型）。DCF模型十分严谨，原则上适用于任何类型的公司，但它非常复杂，需要研究员分析大量数据，并需要很多假设和前提条件。现金流估值模型的优点是用现金流取代股利，减少了人为因素的影响，但其预测的准确性主要取决于研究员对于企业未来长期经营状况和其现金流折现的预估。二是股利贴现模型。它的前提假设条件比现金流折现估值模型要少，但它需要企业发放稳定的股利。这个过程要求研究员对企业的未来股利及其长期增长率进行较准确的预测，因而存在预测风险。相对估值模型是资本市场运用比较广泛的估值方式，主要是P/E、P/B、P/S等。在对企业进行估值时，要与市场上的同类企业进行比对，确立合理价格区间。

由上可知，传统的A股估值多从其历史数据入手，分析代表其盈利能力、偿债能力、成长性等方面的指标，参照市场上现存同类企业定价来判断其公允价值。但新三板企业门槛很低，只要企业持续经营2年就可挂牌。许多企业目前经营较差，很难获知其现金流状况，也鲜少派发股息。此外，在新三板挂牌的公司多为成立时间不久、产业模式和经营手段创新的公司，其本身的历史数据较少，不具有统计学意义上的代表性；而且其行业稀缺性决定了难以在市场上找到可比同类企业，这为其公允价值的认定带来很大难度。

股票价格形成有两种逻辑：一是针对主板的竞价交易，投资人直接根据上市公司的信息披露自主定价；另一种是对新三板场外市场的定价方式。新三板定位于高科技创新企业，所以有一个突出特点，即业绩波动很大。这导致其价值不易评估，故采取专家定价方式，即做市商定价制度。公司的正确估值应为其股票做市当天的价值，因为有做市商的参与这一价值才可被认为公允。而许多协议转让价格与公司合理价值偏离太远，并不具备估值上的参考性。

二、新三板估值方法

新三板挂牌公司成立时间较短，挂牌门槛比较低，历史数据缺乏，使分析师对企业未来现金流的预测难度加大，因而绝对估值方法在新三板企业的估值上较少采用。近三年来，随着新三板扩容给新三板相对估值提供了比较丰富的行业可比标的，转板机制也打通了新三板估值与创业板估值的渠道。因此，我们将从两个维度来思考新三板的估值问题：一是通过新三板行业类比，找到新三板企业的估值区间，再根据新三板企业自身的财务数据进行调整。这种方法要求新三板企业所属行业中存在的标的较多，且估值情况稳定。二是通过主板、中小板、创业板行业依据转板溢价映射到新三板。

（一）行业估值 + 财务指标调整

估值体系的基本架构分成两个部分：新三板行业相对估值体系以及新三板个股估值调整体系（见图 8 – 20）。首先，通过行业相对估值体系确定行业相对估值区间，再通过个股估值调整体系确定具体公司的相对估值区间，最后根据三板整体的最新估值结果得到具体公司的绝对估值区间。

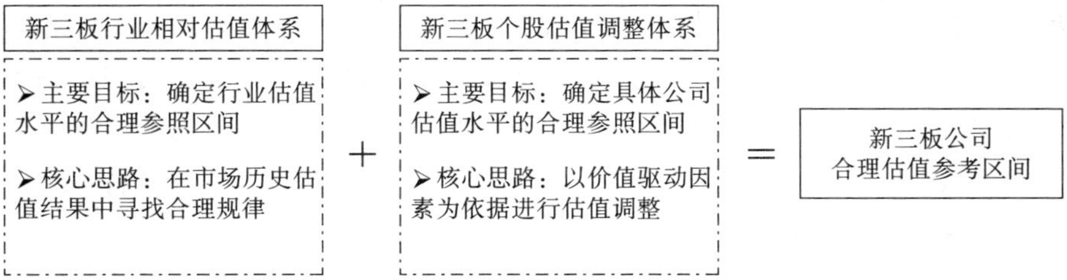

图 8 – 20　行业相对估值 + 财务因子调整

1. 新三板行业相对估值体系。在数据处理方面，结合新三板流动性差、成交不活跃的特点，对新三板样本数据进行重新定义和专业处理。另外，由于 2011 年前新三板市场处于逐渐发展规范状态，前期数据参照意义较小，因此优先选择 2011 年后数据（见图 8 – 21）。具体数据处理原则如下：

- 确定以 3 个月移动平均交易价作为估值测算依据；
- 确定三月累计换手率 0.5% ~30% 作为有效样本区间；
- 剔除无交易公司及无效样本数据；
- 剔除估值异常样本：PE 在 80 倍以上等。

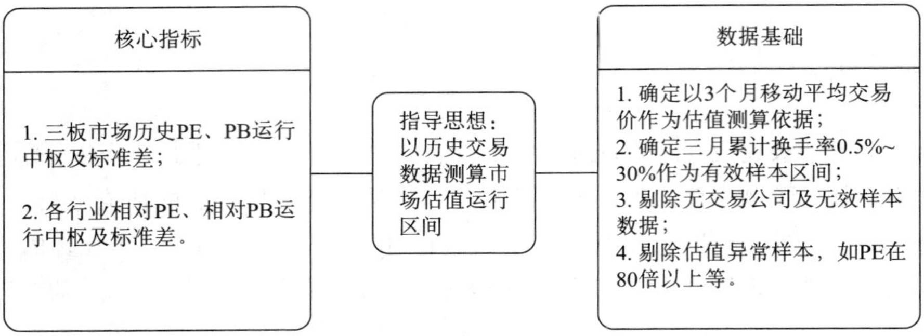

图 8－21　行业相对估值思路

计算行业相对 PE 的过程中我们发现，大部分行业相对 PE 波动平稳。因此，行业相对 PE 可以作为合理的估值参照，而部分行业波动率偏高，主要源于公司数较少或者交易异常，在这种情况下即考虑使用行业相对 PB 及公司个性化因素。PE 能体现对公司盈利能力和成长性的估值，故正常经营公司优先选择相对 PE 作为估值参照；微利或亏损公司强调净资产价值，且实业投资中，PB 具有较强参照性，在这些情况下则优先选择相对 PB 作为估值参照。

2. 新三板估值财务因子调整。在完成对新三板行业的相对估值之后，如何从行业的相对估值出发，结合公司的财务数据和公司本身的特点，得到公司的相对估值便是接下来要研究的问题。与行业的相对估值类似，这里得到的公司相对估值也是一个区间，因此需要确定公司的合理估值中枢和公司的合理估值波动水平。基于申万研究所 A 股估值研究的长期经验，我们通过公司的常规调整系数和特殊调整系数来对公司所属行业的相对估值进行调整。

常规调整系数从增长性、盈利能力和杠杆三个维度出发，分别选取最具代表性的三个因子——收入增长率（YoY）、ROE 和权益乘数（D/E）作为度量。而特殊调整系数则从公司本身出发，根据公司的管理团队因素、公司治理因素、长期发展因素以及其他因素等综合考虑，给出一个主观评定。

具体来说：收入增长率高的公司往往应该享有较高的估值；ROE 越高的公司则代表盈利能力越强，相应的估值溢价也就越高；而权益乘数（D/E）越大的公司，相应的它的债务水平也就越高，所面临的风险也就越大，因此一般估值的波动性都较大。公司的估值中枢是由收入增长率（YoY）和 ROE 共同决定的，而公司的估值波动水平则是由三者共同决定的。

实际计算的过程中我们采用打分的方式来相应调整：

- 高于行业平均水平 1 倍以上均为 1 分；
- 低于行业平均水平 1 倍以下均为 -1 分；
- 在上述区间内则该系数的得分为：（公司参数 - 行业平均水平）/行业平均水平。

（二）A 股行业估值 + 流动性折扣

1. A 股行业估值。“新三板行业估值 + 财务指标调整”方法利用了新三板的历史行情数据和财务数据，这种方法要求估值企业所在的行业存在多家可比新三板企业。对于所属新三板行业企业家数稀少的企业可以寻求于 A 股上市可比行业公司。这种估值方法与“新三板行业估值 + 财务指标调整”方法相似，不再重复叙述。

2. 流动性折价。从投资的角度而言，市场流动性不足会增加冲击成本降低安全边际，因此需要做估值折价。即使预期未来市场的流动性会有改善，投资者也要对这个改善预期进行概率判断和时间折现。具体折价比例多少受投资者时间框架等因素的影响，是一门经验活。我们选取了几个指标进行分析参考：

（1）新三板公司在沪、深证券交易所 IPO 后市值变化。有一批新三板挂牌企业通过走 IPO 流程，上了深圳证券交易所或上海证券交易所，同样一家公司在不同股权交易市场的市值变化最能反映出市场之间的估值差（见图 8 - 22）。目前从新三板摘牌前往沪、深证券交易所的公司，平均市值增长率为 25.3 倍，中值为 6.2 倍。不过，这批公司摘牌前都是协议转让，所以这个溢价倍数有较大偏差。

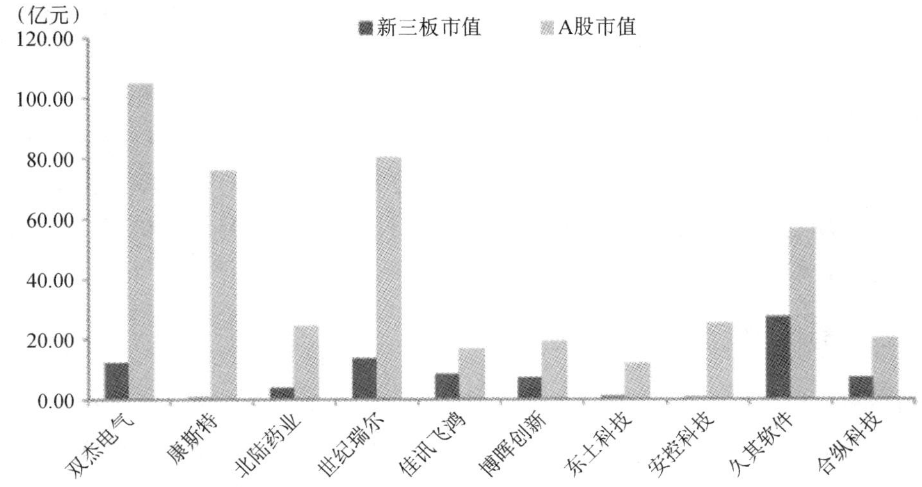

图 8 - 22　同一家公司在新三板和 A 股市场的市值比较

资料来源：Wind 资讯。

（2）同类型公司 A/H 股的折价对比。完全相同的公司，在个人投资者高度活跃的 A 股市场和机构投资者为主导的港股市场，一直存在较为明显的差价，目前港股平均折价率为 48%（见图 8－23）。我们认为，同样是机构为主、无涨跌停、灵活增发的市场，以港股的折价率作为新三板相对于 A 股折价的中枢是较为合理的。

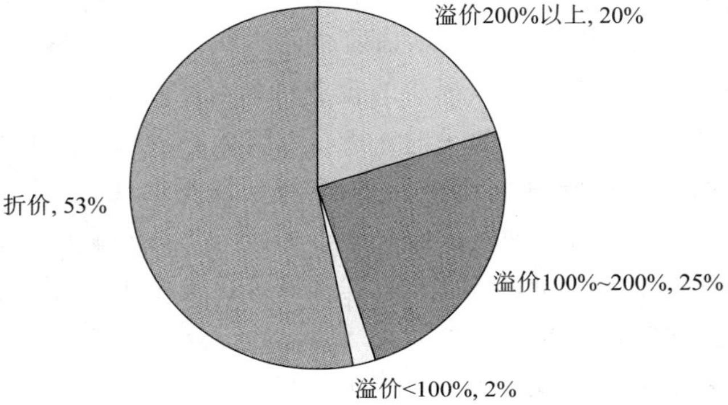

图 8－23　A/H 股溢价对比

资料来源：Wind 资讯。

（3）股票型封闭式基金折价。封闭式基金之所以出现深幅折价，在于其交易制度安排。海外封闭式基金的折价率一般在 10%～15%之间，而国内封闭式基金折价率水平更高。目前市场上还有可交易封闭式股基 6 只，6 月 5 日的整体折价率为 23.4%。

基于以上比较，我们认为，新三板市场相对 A 股的流动性折价区间设置在 40%～70%较为合理。未来新三板流动性逐渐改善的过程中，整体的折价率会降低。对于个股而言，新三板市场并不缺少资金，只要公司投资价值得到市场认可，其交易活跃度会有很快提升，估值未必需要折价。

（三）特殊行业：跟投

与主板、中小板、创业板不同，新三板存在特殊行业的公司，这些企业目前还无法在 A 股市场中找到对应的标的作横向比较。对于这些企业如何估值呢？在此之前，我们先对新三板中特殊行业的企业进行分析（见表 8－10）。

表 8－10　　新三板中特殊行业企业

代码	公司名称	主营业务
430656	财安金融	提供 BPO（业务流程外包）、ITO（信息技术外包）、KPO（知识流程外包）等
832924	明石创新	私募股权投资基金管理业务和自有资金股权投资业务等
833858	信中利	自有资金股权投资业务、私募股权投资基金管理业务和投资增值服务
833732	合晟资产	专注于股票、债券等二级市场投资，为合格投资者提供专业资产管理服务
833838	美世创投	企业自有资金对外股权投资；私募股权投资基金管理
833840	永安期货	商品期货经纪、金融期货经纪、期货投资咨询、资产管理、风险管理
833880	中城投资	自有资产管理、受托资产管理、投资顾问服务、不动产经营管理
833899	菁英时代	对所发行的私募基金进行管理；作为投资顾问为基金发行机构（基金、信托等公司）提供投资咨询服务
833962	方富资本	公司的主营业务为私募股权投资基金管理业务以及股权投资业务
430126	马氏兄弟	城市有害生物防制服务；公共卫生药品销售
831426	拂尘龙	中央空调风道清洗服务，隧道除尘服务，特种清洗设备的研发、生产和销售
832747	吉诺股份	车辆道路救援服务
833380	起航股份	提供针对银行业的培训、咨询及科技服务
833460	博得世纪	为银行、证券、保险等金融机构提供专业化人才培养服务，金融咨询培训、零售网点转型服务
831877	小羽佳	保洁服务、搬家搬场服务、家电水电服务、保姆月嫂中介服务
833503	花嫁丽舍	提供专业化的一站式婚庆礼仪服务

资料来源：慧博投研。

特殊行业的企业一般在一个小的领域里深耕细作，区域上也偏于一隅，但这类企业的市场空间比较大，竞争对手比较分散，如果形成龙头地位，发展将会提速。对于这类企业的估值必须有比较深入的行业研究，实地考察调研该类公司的管理、行业周期、竞争格局、财务指标情况，给予合理的价值评估。作为一般投资者，可能不具备实地调查研究的能力，其采取的方式是跟投。一般说来，机构投资者具有信息、资金以及人才优势，尤其是专业的 PE\VC 机构，其估值能力一般要高于平均水平（见表 8－11）。

表 8－11　　PE/VC 累计投资金额前十企业

证券名称	挂牌日期	投资机构数量（家）	累计投资金额（万元）	交易方式	股份总量（万股）	可交易股份总量（万股）	最新价（元）	成交额（万元）
新锐英诚	2011 年 3 月 25 日	1	52 100	做市转让	3 372.0	2 011.8	7.13	0.0
银丰棉花	2014 年 8 月 28 日	1	50 000	做市转让	14 288.1	11 725.3	3.28	120.3
心动网络	2015 年 11 月 4 日	3	25 000	做市转让	5 792.0	100.0	73.62	240.8
好帮手	2015 年 8 月 19 日	1	21 700	协议转让	9 324.0	3 270.2		
凯立德	2014 年 1 月 22 日	5	20 000	做市转让	34 413.0	20 487.2	7.84	185.6
仁会生物	2014 年 8 月 8 日	1	15 000	做市转让	10 798.3	4 020.2	45.60	301.1
久日新材	2012 年 9 月 5 日	12	12 926	做市转让	7 375.0	4 940.6	14.85	150.8
达瑞生物	2015 年 7 月 9 日	4	12 600	协议转让	3 511.1	2 394.3	79.11	5 284.5
小西牛	2015 年 10 月 17 日	4	10 075	协议转让	4 200.0	2 183.7		
乐华文化	2015 年 9 月 22 日	2	10 000	协议转让	11 000.0	1 000.0	30.00	0.0

资料来源：Wind 资讯。

第四节　新三板估值案例分析

一、估值案例分析之一：观典航空

（一）公司简介

观典航空成立于 2004 年 8 月，2014 年 10 月完成股改，是一家专业从事航空技术推广服务的国内领先无人机飞行服务提供商，提供国内唯一的无人机禁毒飞行服务。公司以无人机为主体，配合高性能的无人机飞行平台与图像采集与识别系统，为政府部门及其他客户提供“参与国家部委级客户顶层设计—构建覆盖全国的航测体系—高附加值配套服务推动客户工作战略推进”为一体的整体化服务。

公司业绩表现靓丽。2015 年上半年，公司实现营业收入 3 408.8 万元，净利润 1 604.3 万元，比去年同期分别增长 29.06% 和 135.53%（见图 8－24）。这主要得益于公司的无人机产品以高附加值的销售方式斩获多地反恐安保项目大单。公司凭借两项极具市场核心竞争力的产品，以“硬件（无人机飞行平台）+软件（识别系统及数据库)”的形式，形成可运用于反恐实战的解决方案，完善了无人机反恐应用技术链条，在争取更大市场占有率的同时建立了高标准的技术壁垒。

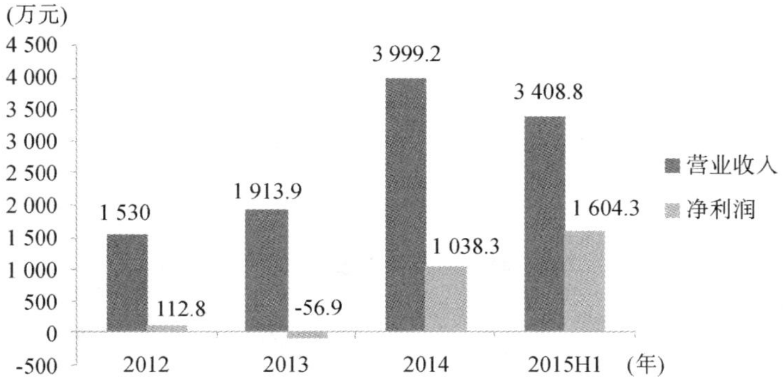

图 8－24　公司营业收入和净利润

资料来源：Wind 资讯，作者整理。

公司总部坐落于北京市东城区左安门内大街 76 号，总股本 4 750 万股，实际控制人高明持有 2 625 万股，占公司总股本的 55%，其兄弟持有 875 万股，占公司总股本的 18%。公司于 2015 年 4 月 15 日由中信建投证券推荐进入全国中小企业股份转让系统挂牌，2015 年 9 月更换持续督导券商为齐鲁证券，并公告自 9 月 14 日起转为做市交易。

公司自 2008 年起实施业务战略转型计划，由原来的电子产品销售转向无人机飞行服务，并在 2014 年实现了无人机业务营收占公司总营业收入的 45.28%（见图 8－25)。2015 年 5 月，公司自行设计研发的新一代小型固定翼工业级无人机——禁毒者 A6 正式下线，进入量产。同时，公司凭借多年的技术与经验积累，以绝对优势斩获地方反恐安防项目大单，并参与平安城市建设。

（二）无人机行业方兴未艾

1. 无人机概念。无人机即无人驾驶飞机，简称“UVA”，是利用无线电遥控设备和自备的程序控制装置操纵的不载人飞机（见图 8－26)。按照应用领域可将其分为军用、民用和消费级三大门类。

无人机一般由飞机平台系统、有效载荷系统（信息采集系统）和地面控制系统

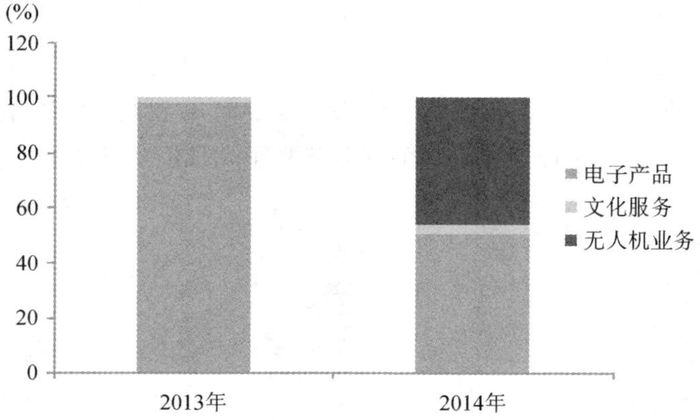

图 8－25　公司营业收入结构变化

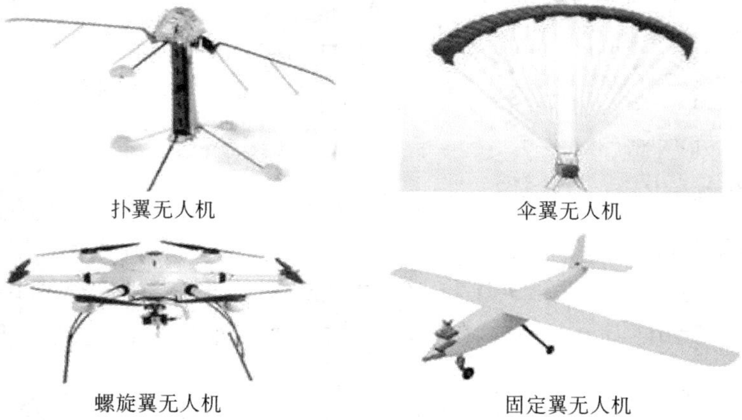

图 8－26　四种无人机类型

三大部分组成（见图 8－27）。飞机平台系统和有效载荷系统组成了整个飞行器，根据负载能力和实现任务的不同，一个平台可以搭载多套有效载荷系统，实现复杂功能。

2. 全球无人机市场总体趋势。位于美国弗吉尼亚州的 Teal 集团给出的预测报告指出，未来十年全球无人机的费用将翻番，从 2014 年的 52 亿美元增长到 2023 年的 115 亿美元。Teal 专家称，UAV 将是全球航空航天工业领域增长最快的一个单元，是实现情报、监视和侦察的一个关键元素，在人类利用无人机征服空域的想象空间被彻底打开后，全球民用无人机市场可能呈现出爆发式的增长。相关资料见图 8－28 和图 8－29。

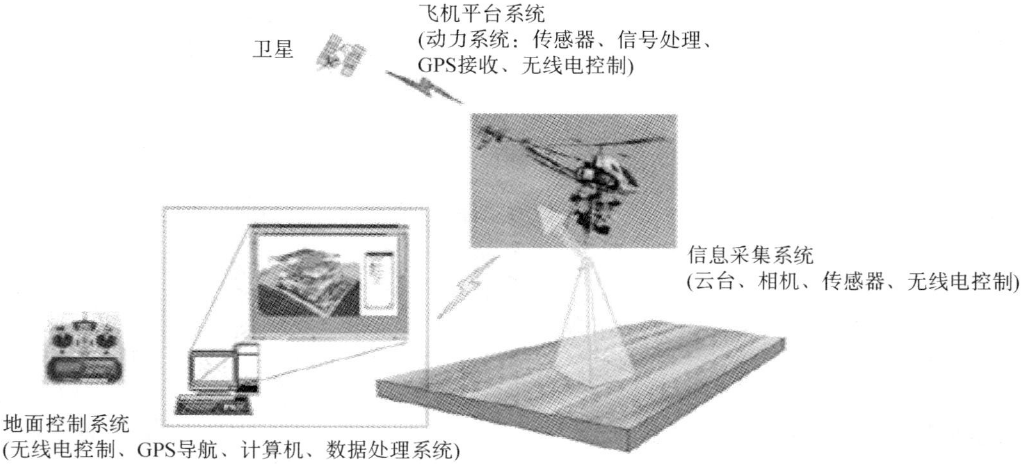

图 8－27 无人机系统构成

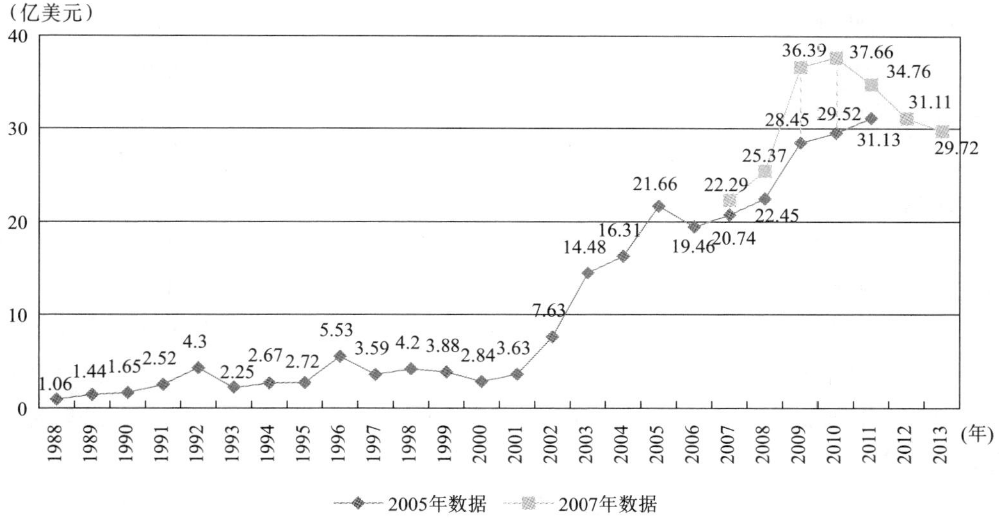

图 8－28 美国国防部对无人机的投资

3. 国内无人机市场分析。近年来，我国无人机行业初步形成，并逐步进入高速发展轨道。目前，无人机市场的主要份额集中在国防军事领域，但随着军用技术向民用外溢和制造成本下降，未来无人机会逐步实现产业化从而进入普及时代，无人机的民间消费和实际应用将成为其更具潜力的发展方向。我国无人机主要分为三种类型：

（1）军用无人机。我军正处于设备的更新换代期，无人机系统在战场信息获取、侦察监视、反恐反暴等方面都扮演着重要角色，军用无人机巨大的需求空间开

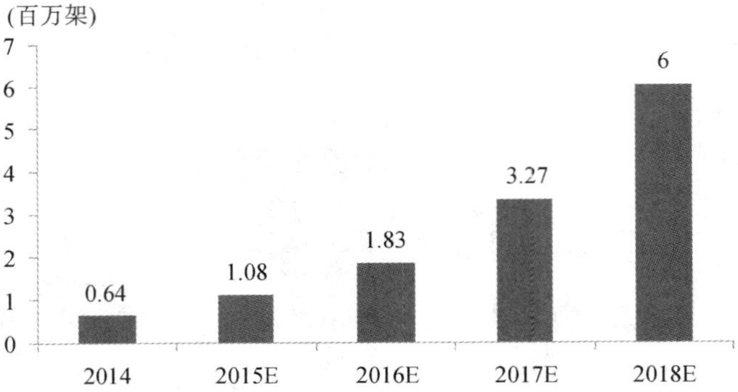

图 8－29　福布斯对全球小型无人机市场的需求预测

始逐步释放并有望在未来替代有人战机成为主流军用飞行器。虽然对于普通企业，军用无人机的研发应用具有封闭性和进入壁垒，但无人机军用领域的发展向好无疑会为整个行业的技术进步带来强劲的推动力。

（2）消费型无人机。国内消费型无人机自 2011 年崛起，2014 年进入爆发式增长状态，某明星无人机求婚登头条及无人机坠落白宫草地等热度新闻更是引发了社会各界的普遍关注。消费型无人机的火爆吸引来各创业企业以及互联网巨头纷纷投资，并将其视为自身创新发展战略部署的重要组成部分。嗅觉敏锐的电子巨头的注资也反映出资本对无人机行业成长价值看好。

（3）民用无人机。与相对封闭的军用无人机市场和竞争激烈的消费级无人机市场不同，工业级民用无人机市场由于侧重飞机的技术性能和行业应用，在实际研发中需要细致的客户沟通和方案改进，客户黏性更强，目前尚处于资本较少涉足的阶段。并且，由于其应用范围广泛，市场规模和容量较之消费级无人机更为巨大和广阔。目前，我国民用无人机市场的应用呈现多点突破形态，有望在空管、适航标准等政策因素得到突破后实现跨越性发展（见图 8－30）。

我国无人机要获得很好的发展，需要行业标准及相关政策的支持和助推。

第一，首部行业标准出台。2015 年 6 月 17 日，我国首部民用无人机行业标准——《民用无人机系统通用技术标准》由中国（深圳）无人机产业联盟在深圳发布。该标准内容包括应用范围、分类与代号、组成与主要技术参数、试验方法、检验规则、包装运输存储七大部分。在这之前一日，由深圳 28 家企业发起成立无人机产业联盟，并发布了《民用无人机系统通用技术标准》。这两部民用无人机标准的建立和启用，意味着国内民用无人机产业长期没有行业标准历史的终结。这对规范无人机民用市场环境、保证行业健康发展都将起到积极作用。

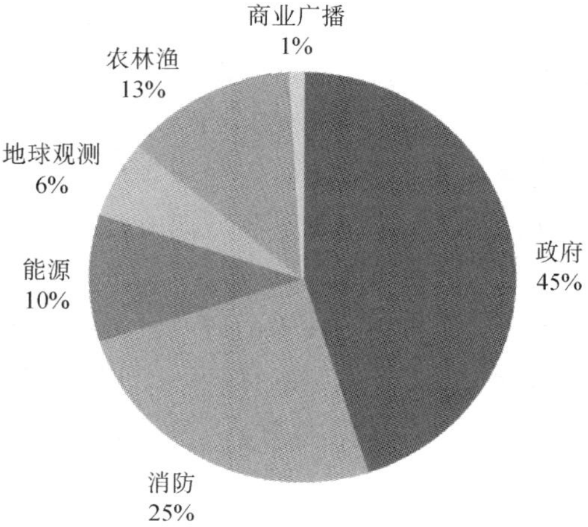

图 8－30 民用无人机主要使用领域构成

资料来源：《国际无人机发展现状及趋势》。

第二，多方政策利好助推。从2011年开始，国家相关部门就陆续出台关于发展无人机的政策（见表8－12）。2014年国务院、中央军委空中交通管制委员会组织召开的全国低空空域管理改革工作会议实现了低空空域管理改革的新成果。会议提出，1 000米以下空域管理改革试点（沈阳、广州飞行管制区，海南岛、长春、广州、唐山、西安、青岛、杭州、宁波、昆明、重庆）力争2015年在全国推开。

表 8－12　　　　无人机相关规章制度

时间	部门	规章制度
2011年4月	民用航空局	《民航发展第十二个五年规划》
2011年8月	民用航空局	《中国民用航空局规章立法后评估规定》
2012年3月	工业和信息化部	《高端设备制造业“十二五”发展规划》
2012年7月	国务院	《“十二五”国家战略新兴产业发展规划》 《关于促进民航发展的若干意见》
2012年12月	民用航空局	《通用航空发展专项资金管理暂行办法》
2013年1月	国务院	《促进民航业发展重点工作分工方案》
2013年11月	国务院	《民用无人驾驶航空器系统驾驶员管理暂行办法》

资料来源：Wind资讯。

如今，2015年已经过半，全面低空开放渐行渐近，标志着我国低空空域资源管理由粗放向精细的转变。低空管制是无人机应用和行业扩张的一个重要政策限制，随着改革进入到实质操作阶段，无人机产业迎来了战略性发展新机遇。

无人机产业有望成为我国制造强国战略的助推力量之一和工业 4.0 的空中端口。我国正在加快推进“中国制造 2025”产业升级的实施。国务院发布的《中国制造 2025》中指出，航空航天装备是未来十大重点发展领域之一。无人机产业是航空产业链的重要组成部分，其在军事和民用多个领域同时具有广泛的市场空间和巨大的发展潜力，有望成为工业 4.0 的空中端口。

逐年上升的军费投入为无人机相关技术的研究发展提供血液支持。在我国经济持续增长前提下，我国军费支出自新世纪后每年保持 12% ~20% 的增幅，进入“补偿性大发展”。1999 ~2014 年 15 年间，军费从 1 076 亿元增加到 8 082 亿元，总额翻了 3 番（见图 8 –31）。

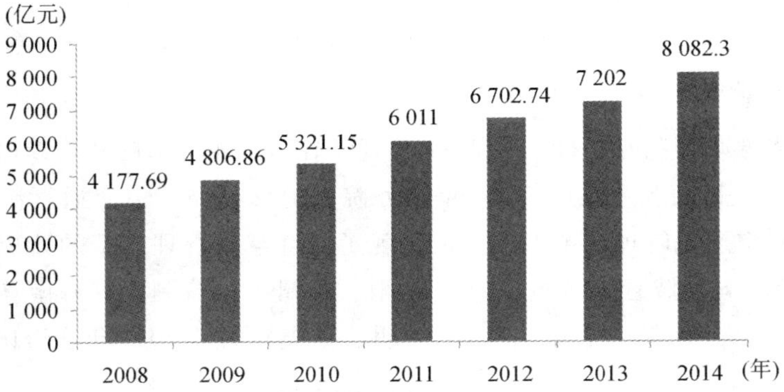

图 8 –31　我国近几年军费支出预算

党的十八届三中全会通过的《中共中央关于全面深化改革若干重大问题的决定》将军民融合深度发展作为深化国防和军队改革的重要战略部署，引导优势民营企业进入军品科研生产和维修领域，力求建立和完善军民结合、寓军于民的武器装备科研生产体系。国家军费支撑与社会民间资源相辅相成，“民拥军”“军拥民”，不仅助力了军用技术的民用渗透，更使军费增长福泽至整个民用无人机行业。

（三）核心竞争优势全面领先

1. 禁毒业务具备先发优势。公司作为国内首家无人机禁毒服务提供商，处于该领域垄断地位。禁毒是一项长期而艰巨的任务，关乎人民利益和国家安全。受国际形势影响，我国毒品问题日益严重，仅登记在册的吸毒人员目前就有 258 万人。对此，政府确定了“大禁毒”方针，深入推进禁毒工作。相关资料见图 8 –32。

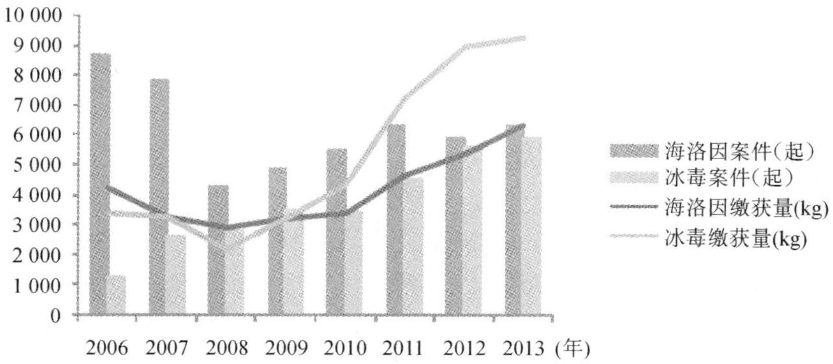

图 8－32　2006～2013 年云南破获毒品案件数及缴毒情况

资料来源：2014 年中国禁毒报告。

一直以来，我国对毒品的种植、加工及贩运的侦测通常都采用载人航测技术。载人飞机作业时一般采用低速飞行，遇到山谷不得不做出侧身飞行、高速爬升等危险动作，操作难度大，安全系数低。公司经研究证实，采用小型无人机禁种铲毒更为高效、低耗和安全，并率先提出了以无人机取代传统载人飞机禁毒航测的思路。公司科研团队艰难攻坚，先后自主研发出“禁毒者”和“防灾安全”系列专属性小型无人机，具有国际先进水平，并荣获 2008 年中国创新设计大奖——红星奖。此后，“禁毒者”系列无人机一举成为国内唯一专用于禁毒反恐领域的专业飞行器，基本替代了传统载人飞机禁毒航测。

公司的行业领先地位将在长时间内得到维持。禁毒无人机领域特殊，护城河宽大，经过公司的研发积累，禁毒者系列已经不断更新换代，性能得到了极大优化，整体禁毒作业形成了“参与国家部委级客户顶层设计——构建覆盖全国的航测体系——高附加值配套服务推动客户工作战略推进”一体化的整体服务模式。公司将无人机设备与专项研发的无人机禁毒识别定位系统相结合，硬软件兼备，为某部提供无人机航测判读服务和禁种、禁制、禁贩等多环节紧扣的无人机禁毒侦察任务。目前，公司与公安部门合作愉快，客户黏性较高，并计划拓宽合作领域，加大服务规模，增加业务深度。

2. 拥有案例经验和数据积累。禁毒作业内容敏感，业务特殊，飞行任务执行过程中不仅需要无人机硬件操作，还要有后台相关数据库的信息支撑，所需地形信息也需要政府部门配合提供。目前，公司无人机禁毒业务已经具备 50 万平方公里年航测能力，积累了 1.2 万小时飞行经验。公司在案例实施和业务执行过程中，采集整理了大量相关数据，形成了极具价值的信息资源。此外，禁毒作业具有一定风险，需要作业人员具备一定侦察素质，公司作业人员在与公安部门密切合作过程中，逐渐磨合磨炼，已经具备了基本的侦察能力，可以满足禁毒工作需要。数据库沉淀和案例经验积累铸就了公司得以超越同业的软实力。

3. 产能工艺、人才技术行业领先。公司无人机生产线产能充裕，工艺精良。公司的无人机基本采用自主生产，外协机加工只涉及价值较低的金属零部件部分。2014 年 11 月 11 日，公司中心建设一期工程竣工，完成了基础生产流水线，具备 80 架无人机的年生产能力，并于 2015 年初投入使用，可以实现每月 8 ~ 10 架的产能。公司生产的无人机在设计和生产上精益求精，工艺水平处于全国领先地位，安全系数高、耐损程度强。

无人机行业需要强大的人力资源支撑。无人机的研发生产工作需要具备高知识储备的专业型人才。公司自 2008 年计划开发无人机业务后，就不断投入资金和人员进行技术研发工作，集结了一批具备创新意识和研发实力的人才投身到无人机的研发设计和技术改进的工作中。其次，为保证无人机性能的稳定性和任务执行的精确性，无人机需要由经过系统培训并取得专业资质的飞行员进行实际作业。公司的业务飞行团队是一支具备丰富飞行作业经验的高素质实战人员，可以胜任各类复杂条件下的高难度动作。此外，除了公司内部力量外，公司还建立了强大的外部专家支持顾问团队，成员包括空军司令部装备专家、知名航空专家、空军装备研究院教授、航天科技集团研究员、中科院遥感与数字地球研究所博士及北航教授等。公司不定期邀请业内专家对公司技术开发项目进行业务指导和人员培训，为公司提供强大的后援技术支持。

技术水平决定最终市场份额。完整的无人机系统包括：地面系统、飞机飞行系统、任务载荷和使用保障人员。其中，有效载荷系统和飞机飞行系统极为重要，需要持续不断研发投入，不断进行系统和技术的改进，否则将很难在市场中取得一席之地。行业技术壁垒很强。

由于长期注重技术研发，公司除配合公安部门进行禁毒作业外，还承担着涉恐侦察无人机的研发工作，填补了我国反恐领域的多项空白，项目意义重大。公司的无人机目前在飞行稳定性、续航能力等方面保持着国内领先地位，具有较强的核心竞争力，并拥有多项专项技术，具备明显的竞争优势。

（四）行业运用的深化与扩展驱动未来成长

1. 深挖国家安全与民生安全航测市场。禁毒领域的无人机应用市场尚存大量可挖掘空间。从数据上看，我国周边国家特别是沿云南边境一带邻国的毒品种植面积有明显上升趋势（见图 8－33）。受国际毒潮持续泛滥和国内多种因素影响，我国毒品问题已进入加速蔓延期。在国内禁毒巡航领域，从卫星遥感向无人机航测转变是一大趋势。为提升侦察和打击力度、落实禁毒责任制，无人机航测技术的进一步应用已被写进中共中央有关指导意见中。目前，毒品原植物非法种植的航测仅为全国潜在种植区的 20%，而针对毒品加工和运输环节的航测才刚刚起步。公司的无人机禁毒业务在这 20% 的覆盖区域内占有半壁江山。如果未来对境内潜在毒品种植区进行全面巡航覆盖，15 年内将有至少 5 倍的市场增长空间。此外，政府部门积极加强、加深与企业的任务合作，在禁毒过程中发挥企业资源力量，实现政府与企业双拳出击，采取合作双赢的禁毒模式。由此，公司在禁毒领域尚有巨大开发空间，可以凭借已有成熟经验，由点及面实现业务摊开，由表及里深入业务挖掘。

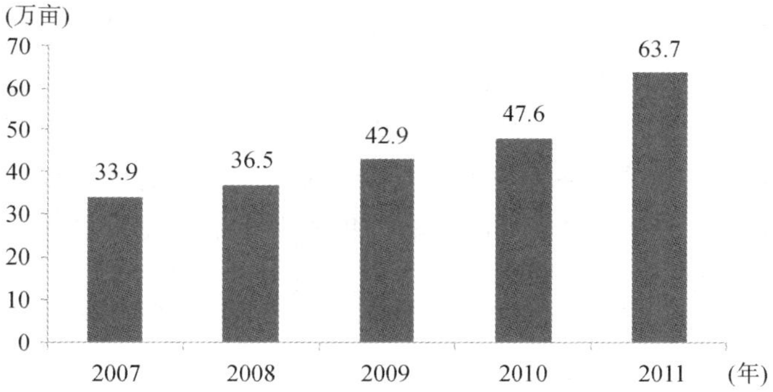

图 8－33　近年缅北罂粟种植情况

资料来源：2014 年中国禁毒报告。

初步完成食品安全与药物安全领域探索。食品安全与药品安全是关系国民生存的根基问题，是党和政府的关注重点和施政所向。目前，我国食品药品安全形势依然严峻（见表 8－13），困难和挑战越来越大，稽查和整治力度也越来越大。2014 年国家食品药品监督管理总局颁布《食品药品监管总局关于加强重点食品监管和综合治理工作的指导意见》，明确指出要以解决突出问题为重点，继续抓好食品药品安全综合治理和专项整治执法行动，提振全社会食品药品安全信心。公司针对有毒有害食品药品的生产制售环节，与政府部门经侦系统通力合作，利用无人机航测开展对“黑工厂”“黑作坊”等地下加工厂的全面侦察打击行动，取得了阶段性成果，有望在此领域继续进行推广深入。

表 8－13　　近年国内食品、药品重大安全事件回放

重大食品案全事件	重大药品安全事件
2004 年石蜡火锅底料事件	2006 年齐齐哈尔第二制药有限公司假药事件
2005 年苏丹红、孔雀石事件	2007 年头孢曲松钠的安全使用问题
2008 年三聚氰胺事件	2008 年完达山药业刺五加注射液致人死亡
2010 年麦乐鸡“橡胶门”	2009 年大连安迪生物问题狂犬疫苗事件
2011 年速冻饺子细菌超编事件	2010 年维 C 银翘片不良反应通报
2012 年白酒行业塑化剂风波	2012 年毒胶囊事件
2013 年镉大米事件	2014 年宁波亿元假肉毒素、玻尿酸案

2. 开拓下游新型业务。植被抚育，功在千秋。我国是农业大国和林业大国，两大产业的发展关系着国计民生的基础和未来子孙后代的生存。我国拥有 18 亿亩基本农田，每年需要大量农业植保作业。传统的农业植保由人工完成，不仅工作效率低下，还容易对作业人员健康造成危害。我国每年农药中毒人数有 10 万之众，致死率约 20%。而无人机植保不但安全性能高，效率也远高于人工作业，能够降低成本、节约资源。目前，美国、日本等发达国家基本建立了以大型植保机械和航空机械为主体的病虫害防治体系，美国 60% 以上的农业化学处理由无人机承担，地块分散的日本也有 50% 的水稻种植面积实现了无人机保植。我国作为传统农业大国，农用无人机使用量却仅有百余台。如果对标日本，我国未来植保无人机需求量有望达到十万级，市场空间巨大。

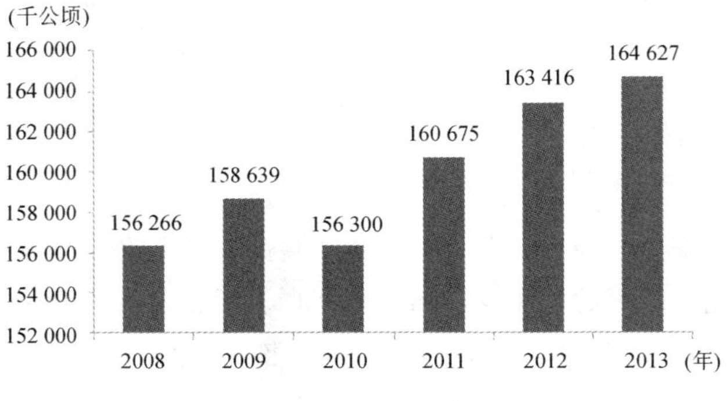

图 8－33　近年我国农作物总播种面积

资料来源：中国统计年鉴。

我国一直重视农业发展，机械化和“互联网＋”是农业未来发展两大重点。2013 年农业部出台《关于加快推进现代植物保护体系建设的意见》，提出鼓励有条件地区发展无人机防治病虫害。无人机农业植保市场政策环境预计能在未来 3～5 年迎来成熟（见图 8－34）。

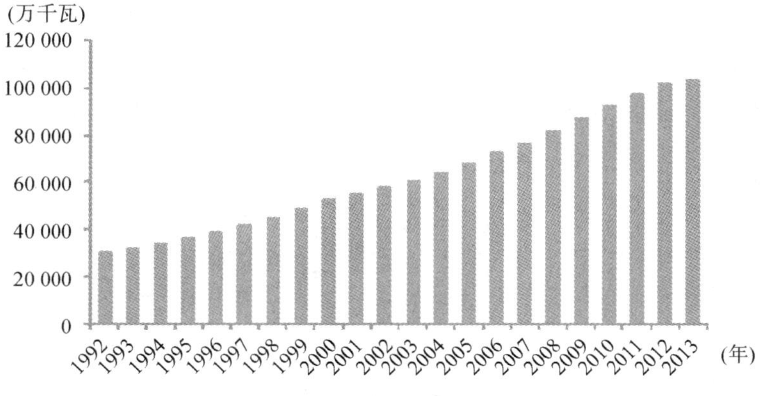

图 8－34　我国主要农业机械拥有量持续上涨

我国拥有森林面积 1.75 亿公顷，森林覆盖率 18.21%（见图 8－35）。1950～2012 年 63 年间，累计发生森林火灾 79.8 万起，是森林火灾的多发国。多年来，国家相继出台法律法规加强森林资源维护工作，并组织人员定期定时巡查。但因森林资源面大地广，检查的精确度、全面性、巡查频率都极其有限，如何利用高科技手段实现林业资源调查和森林火灾的防治是林业工作的重点问题。在这方面，无人机相对人工有着明显优势，可以不受时间、地点和气候的限制，完成速度快，检查死角少，精确程度高，成本低廉。利用无人机机载的红外线和摄像机可以检测火点，并通过识别系统进行精确的地理坐标定位，效率远高于传统人工巡护并且安全系数高，并可降低人员伤亡。

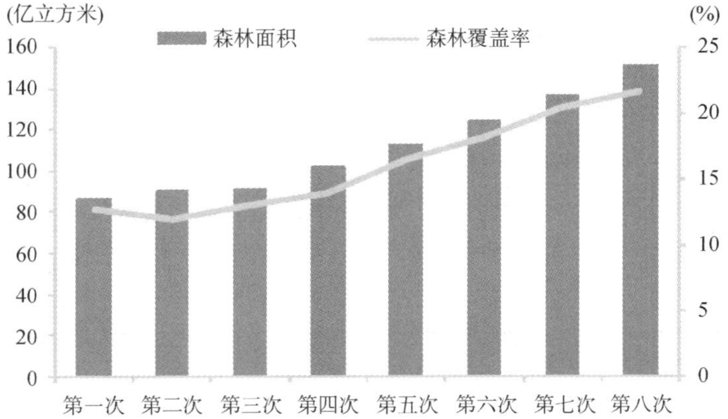

图 8－35　我国森林面积及覆盖率的历次清查结果

资料来源：《人民日报》。

针对我国农业、林业的发展状况和实际需求，公司利用现有技术优势，充分发挥无人机作业效率高、应用灵活、时效性强等特点，参与林区防火（见图 8－36）、病虫害防治、水土流失监测、还林补种、打击林木盗伐等工作，提升了植被的抚育和保护能力。

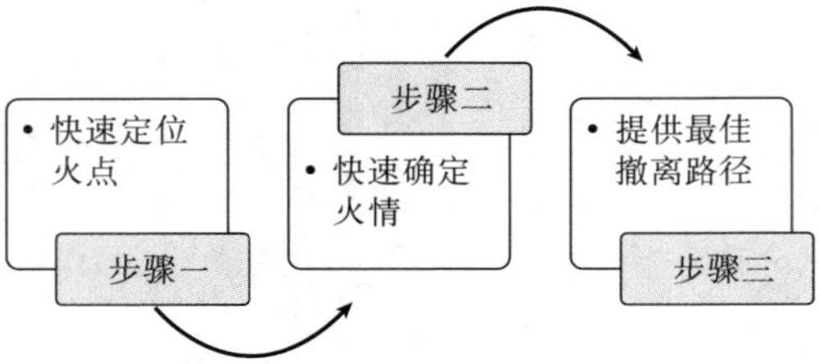

图 8－36　无人机森林防火流程图

立足通航，发展基础建设。通用航空是指采用民用航空器进行除公用航空运输以外的民用航空活动，与公共航空运输一起组成民用航空业。我国通用航空业起步时间与发达国家相近，但由于空域管理体制、基础设施配套不全等原因，发展较为缓慢，目前与发达国家形成了一定差距（见表 8－14）。相关基础设施配套建设不健全是限制我国通航业发展的一大障碍因素。我国目前的通航飞机起降仍大量使用民航机场，每十万平方公里土地的通用航空机场或起降点仅 2.98 个，显著低于国际平均水平，而且存在东密西疏、分布不均的问题。在现存通用航空机场中，已颁证机场及临时起降点也仅占极小比例（见图 8－37）。

表 8－14　　2011 年我国通航数据与发达国家对比

国家	中国	美国	加拿大	澳大利亚	巴西
面积（万平方公里）	960	937	1 000	770	851
人口（亿）	13.60	3.16	0.35	0.23	2.01
同行飞机数量（架）	1 654	221 085	36 078	12 564	19 765
通航飞机年飞行时间（万小时）	59.10	2 467	450	184	179
运输航空与通航飞机比例	1:0.75	1:32	1:61	1:34	1:24
通航机场数量（个）	399	19 750	1 700	2 324	2 500

资料来源：《国内通用航空机场分析报告》。

机场总量少	目前我国通用机场在数量上与发达国家差距较大
机场密度低	机场数/经济密度：是美国的1/20、俄罗斯的1/10 机场数/人口密度：是美国的1/127 、俄罗斯的1/23 机场数/国土面积：是美国的1/29、俄罗斯的7/10
发展速度慢	年增长数量甚至低于建设施工复杂的民用机场
布局不合理	东密西疏，西南西北药材、旅游资源丰富，机场数量少
功能较单一	90%机场使用于农业，航空消费、公务出行、施游、应急救援等功能尚未得到发展

图 8－37　与发达国家比较我国通用航空机场存在问题小结

要发展通用航空业，完善基础设计建设是关键。中国民航局2015 年编写的《通用机场布局规划》中提出，计划使通用机场总数量在 2030 年超过 2 000 个，除去已有存量外，未来 15 年全国将有望新建 1 600 个通用机场。伴随着相关利好政策的陆续出台（见表 8－15）以及“一路一带”的助力东风，通用航空业基础建设发展空间巨大，未来成长可期。

表 8－15　　近年国家对通用航空重大推动政策汇总

时间	部门	相关政策
2010 年 1 月	民航局	《关于加快通用航空发展的措施》
2010 年 9 月	民航局	《关于印发通用航空民用机场收费标准的通知》
2010 年 11 月	国家空管委	《关于深化我国低空空域管理改革的意见》
2012 年 12 月	民航局	《通用航空发展专项资金管理暂行办法》
2012 年 12 月	民航局	《引用通用航空器管理暂行办法》
2013 年 11 月	总参、民航局	《通用航空飞行任务审批与管理规定》
2014 年 11 月	民航局	《低空空域使用管理规定》

（五）盈利预测与估值分析

预计 2015～2017 年公司的营业收入分别为 6 900 万元、12 700 万元和 19 100 万元，增速分别为 72%、85%、50.00%。归属母公司净利润分别为 3 500 万元、7 200 万元、11 400 万元，增速分别为 242%、102% 和 59%；2015～2017 年对应

EPS 分别为 0.75 元、1.51 元、2.40 元（见表 8－16）。

表 8－16　　观典航空盈利预测

年份	2013	2014	2015E	2016E	2017E
营业收入（百万元）	19.14	39.99	68.89	127.49	191.24
增长率 YoY（%）	25.09	108.95	72.26	85.06	50.00
净利润（百万元）	－0.57	10.38	35.47	71.61	114.12
增长率 YoY（%）	－150.41	－1 926.18	241.66	101.87	59.35
每股收益（元）	－0.01	0.22	0.75	1.51	2.40
毛利率（%）	5.93	43.20	66.32	76.00	78.54
净资产收益率（%）	34.51	27.52	15.89	24.29	27.91

二、估值案例分析之二：九鼎投资

2015 年 12 月 30 日，代码为“600053”的中江地产发布公告，决定将证券简称由“中江地产”变更为“九鼎投资”。这意味着这家成立于 2010 年 12 月的北京同创九鼎投资管理股份有限公司经过 5 年的发展正式登陆主板市场，率先完成了深创投、达晨创投等私募股权投资（PE）公司未竟的上市梦想。一直以来，九鼎投资是 PE/VC 行业中备受关注的公司，其投资风格以及市场上投资者对其定价具有很大的争议性。接下来我们通过研究九鼎投资的成长历史、业务发展情况、所处行业环境，并与海内外同类型公司作对比估值分析，解开我国 PE 第一股的神秘面纱。

（一）九鼎投资：中国黑石

1. 从单一私募股权业务到综合型金融控股公司。九鼎投资成立之初，业务单一，专做私募股权投资业务。2013 年 12 月九鼎投资整体变更为股份有限公司，公司自此更名为北京同创九鼎投资管理股份有限公司（以下简称“九鼎投资”）。2014 年 4 月，九鼎投资在新三板挂牌，采用“挂牌即定增”的模式募集资金 35.37 亿元，一举成为新三板第一高价股。这也为九鼎投资后续的多元化扩展起到了铺垫作用。随后，九鼎投资通过设立或者增资控股等方式参与公募基金、劣后投资、风险投资、证券业务经营、P2P 网贷平台等业务领域，快速发展成为一家综合性金融及投资公司（见表 8－17）。

表 8－17　　九鼎投资登陆新三板后的资本运作

日期	方　式	目的
2014 年 7 月	设立九泰基金	进军公募基金产业
2014 年 9 月	设立北京黑马自强投资有限公司	进军个人风投领域
2014 年 10 月	出资约 3.6 亿元收购天源证券 51% 股权	进军证券行业
2015 年 8 月	出资 8 000 万元收购华海期货有限股份公司 100% 股权	进军期货领域
2015 年 8 月	出资 5 000 万元收购中捷保险经纪股份有限公司 100% 股权	进军保险领域
2015 年 5 月	出资 41.5 亿元收购中江集团 100% 的股权	主动收购上市公司

资料来源：Wind 资讯。

2. 从新三板到主板。迄今为止，在目前 IPO 核准制的财务审核口径下，国内还没有 PE 成功登陆过 A 股。一方面，对于 PE 而言，将投资项目情况、财务状况公之于众并非易事；另一方面，国内 PE 机构直接 IPO 上市的政策始终不明朗。尽管 A 股目前有一些创投概念股，但要么是原来业务转型而来，比如鲁信创投，要么就是非上市公司的主营业务，如电广传媒子公司达晨创投，PE 机构在 A 股首发上市还没有先例。既然 PE 直接 IPO 不可行，九鼎投资通过巧妙运用剥离 PE 业务，并把它置入上市公司中江地产的曲线方式实现在主板上市。

3. 从行业龙头到世界一流 PE。昆吾九鼎是国内 PE 行业龙头，公司将向世界一流 PE 公司迈进。昆吾九鼎在 2009～2015 年连续 7 年获得中国 PE 投资机构十强，其中 3 年获得第一名，公司是国内 PE 行业龙头。公司具有强大的成长性、丰富的投资经验及良好的投资回报，登陆二级市场后，公司融资和投资能力都将大为提升，公司将真正向世界一流 PE 公司迈进。未来，九鼎投资的终极目标是超越美国的黑石投资，成为世界一流的私募股权投资机构。

（二）公司财务情况

公司财务情况反映公司当前的运行健康状况，一般来说主要观察公司的三张表：资产负债表、利润表、现金流量表。然而，对于 PE 行业的九鼎投资来说，其私募股权投资一般周期性比较长，投资项目很难在短期内通过退出渠道实现增值，所以对于九鼎投资来说，其财务报表情况并不能够完全反映其业务执行的全貌。

首先从营业收入来看，九鼎投资在 2013 年之前处于投资阶段，该时间段投资的项目基本上没有退出，所以营业收入同比处于下降通道（见图 8－38）。但 2013 年之后，九鼎投资的营业收入快速增长，2014 年半年报同比增长 43.67%，2015 年半年报同比增长179.04%，主要原因在于2013年之后九鼎投资的项目有部分退出。

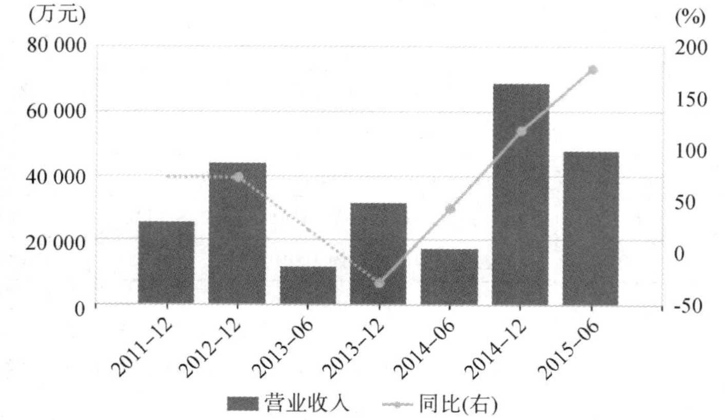

图8-38 九鼎投资的营业收入情况

资料来源：Wind资讯。

归属母公司净利润增长率经历了一个先降后升再降的过程（见图8-39）。2013年年报显示净利润同比增长率为14.59%，然而该指标在2014年中报显示为361.41%，到年底攀升到1 250.07%。但2015年中报净利润同比增长率有所下降，为304.28%。

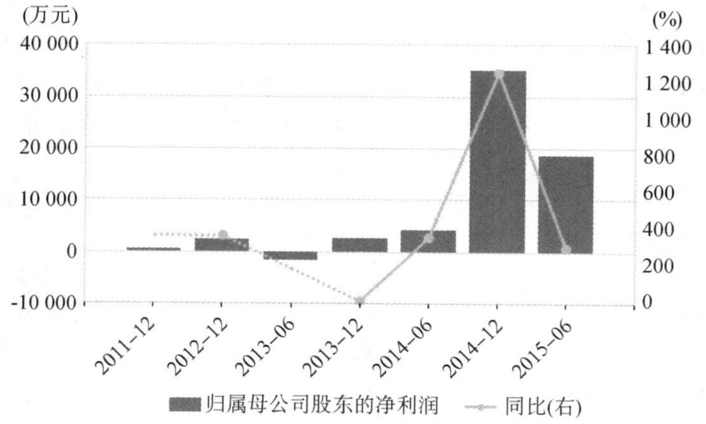

图8-39 九鼎投资利润情况

资料来源：Wind资讯。

从图8-40可以看出，总体来说，九鼎投资在发展过程中股份权益在不断增加，债权端虽有所增加，但总体上控制在比较低的水平。资产负债率在 2014 年 12 月之前逐渐下降达到低点，然后 2015 年稍微提上。

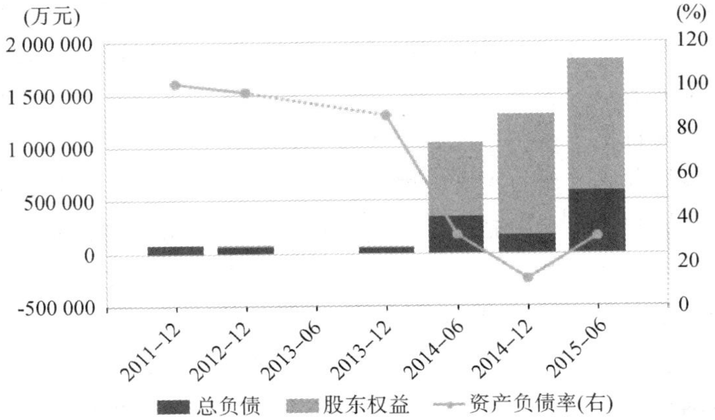

图 8-40　九鼎投资资产负债情况

资料来源：Wind 资讯。

（三）行业分析

根据所投资的企业成长阶段不同，私募股权投资主要形态包括风险投资、并购基金、成长资本、重振资本、夹层资本、上市前融资资本（简称 Pre-IPO）以及私人股权投资已上市公司股份资本（简称 PIPE）。私募股权投资基金的分类与所投企业成长阶段存在一定的对应关系，比如 PIPE 主要投资于已上市公司。当前随着基金业务的不断拓展，私募股权投资基金的类型与具体投资业务已经出现交叉混合的趋势，即使界限比较明确的 VC 和 PE 目前也存在业务重叠（见图 8-41）。

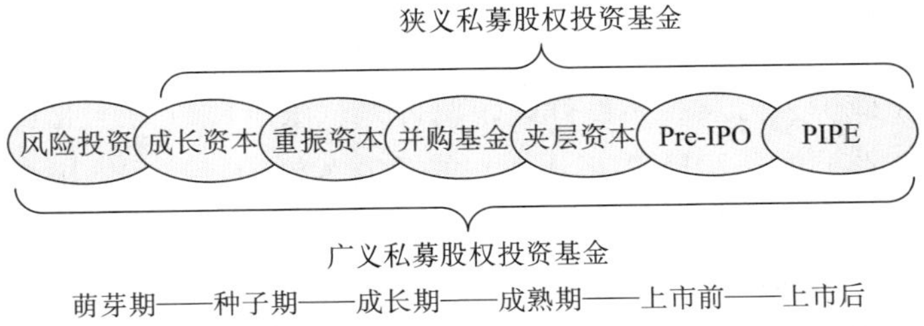

图 8-41　私募股权投资基金分类与投资企业成长阶段分布示意图

资料来源：《金融市场》（聂无逸、张元振），中信证券研究部整理。

1. 行业发展：制度红利推动新一轮高速增长，国内IPO闭闸后进入调整期。改革开放后至2006年中国私募股权行业长期处于探索阶段，其主要原因是国内股票市场股权分置问题未能解决，私募股权投资的项目难以通过国内企业上市退出，退出渠道严重受阻，整体业务量较小。2005年4月29日，中国证监会启动股权分置改革试点工作。随着股权分置改革的完成，股票实现了全流通，私募股权投资退出主渠道的打开极大地推动了中国本土私募股权投资机构的发展，大量股权投资机构在这个阶段开始成立或者开始获得大发展。2007年以后修订的《合伙企业法》的实施以及创业板正式开板使得中国私募股权投资行业进入高速发展时期。修订后的《合伙企业法》引入了有限合伙企业的规定，有限合伙企业可由普通合伙人和有限合伙人组成，明确了有限合伙人的法律地位、法人可以作合伙人、税收政策的“穿透性”等问题，这为中国私募股权基金的筹集拓宽了渠道，避免了公司制私募股权投资基金的双重纳税问题。另外，有关有限责任合伙制度的安排也消除了私募股权基金前期面临的法律方面的障碍。基金管理人的激励可以由所有合伙人商量决定，在私募股权基金投资管理人的激励上，给了很大的自由度，更有利于私募股权基金的发展；创业板的开板则使得大量高成长的中小企业可以在创业板上市，进一步拓宽了私募股权投资的退出渠道。然而在行业的高速发展阶段，随着资本不断进入竞争加剧以及绝大部分投资项目集中在Pre－IPO阶段，行业整体风险加剧。2013年国内IPO闭闸极大地限制了行业的退出通道。随着项目退出时间延长基金陆续到期，行业整体陷入了调整期。

2. 2014年政策推动下市场破寒争春，募集额与投资额均创历史新高。根据清科研究中心统计，2014年全年共计有448只可投资中国大陆的私募股权投资基金完成募集，披露募资金额的423只基金共计募集631.29亿美元（见图8－42）。完成募集的基金数同比增长28.4%，披露募资总金额同比增长83.0%，两项数据均创历史新高。募资市场的火爆主要受益于2014年5月9日出台的新“国九条”明确构建多层次资本市场中鼓励大力发展私募行业，使得大量政府背景的产业资本涌入私募股权投资行业。与此同时，2014年正式确立的开放宽松的行政监管格局，极大地刺激了以境内外上市公司为主的资本的涌入；而2014年随境内外合作的频繁开展也相继成立了数只规模较大的政府间合作基金。

根据清科研究中心统计，2014年全年，私募股权投资市场共计完成943起投资案例，披露投资金额的847起投资案例共计投资537.57亿美元（见图8－43）。投资案例数同比增长42.9%，披露投资金额同比增长119.6%，双项数据均创历史新

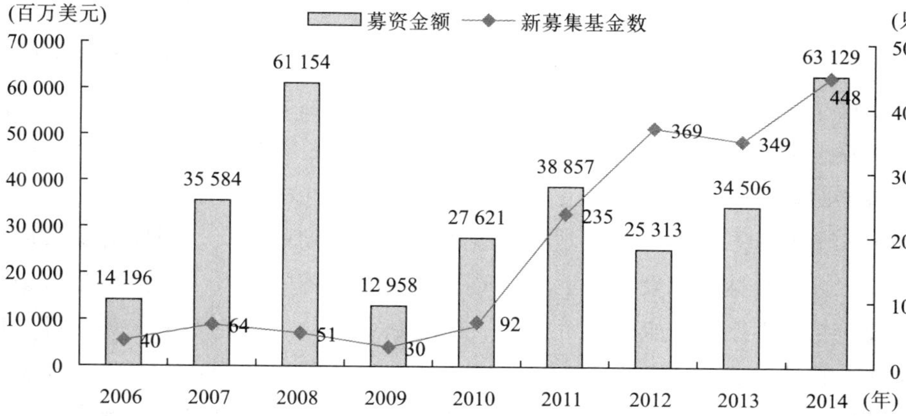

图 8－42　2014 年中国私募股权投资募集资金额创新高

资料来源：清科研究中心。

高。新一轮国有企业混改、境内外并购市场的火爆、上市公司资本运作的活跃及生物医疗、移动互联网等新兴投资领域热潮的到来等都成为推动 2014 年投资市场火爆的主要原因。

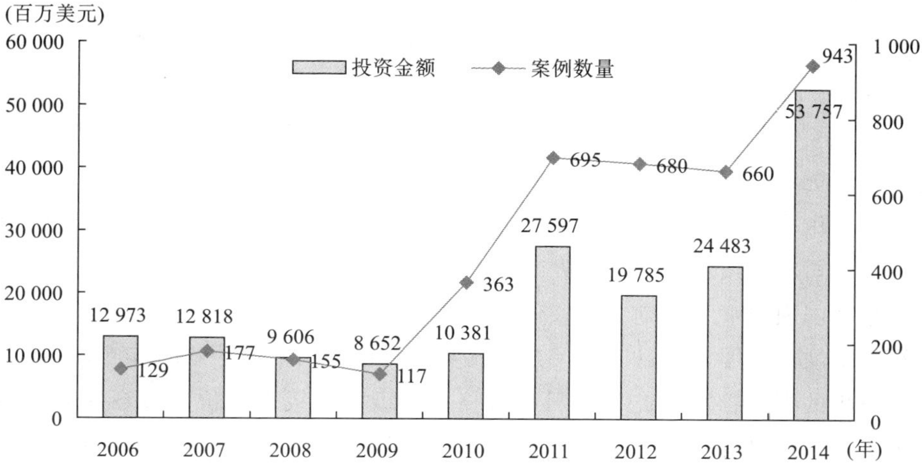

图 8－43　中国私募股权投资金额案例数和金额

资料来源：清科研究中心。

3. 募资机构化/投资全链条化/退出渠道多元化驱动行业长期良性发展。衡量 PE 发展的一个最重要指标是渗透率，也就是一个国家当年的 PE 投资额占 GDP 的比重。全世界 PE 渗透率最高的是英国为 1.9%，美国是 0.8%，印度是 0.7%，中国约为 0.5%。从数据上对比可以看出，中国私募股权投资未来发展仍旧具备巨大的空间。2014 年私募股权投资行业在政策驱动下有迎来新一轮春天的趋势，创新高的募资也彰显了 LP 的信心。未来在募资渠道机构化、投资全链条化、退出渠道多元化三大因素驱动下行业长期将呈良性发展势头，有望迎来新一轮高速发展。

（1）募资渠道机构化。私募股权投资需要相对长期的投资，因此需要长期稳定的资金来源。从全球行业发展最早也是最发达的国家美国来看，美国私募市场的投资者主要包括养老基金、金融投资机构、捐赠基金以及高净值人士，其中机构投资者是主体，特别是公共养老金，2007 年就占美国私募资金来源的 27.3%。在中国私募市场的投资者一直以民间资本为主，当前在政策驱动下中国 LP 市场机构投资者趋于活跃，FOF 快速发展，社保基金、保险公司整体稳步推进。2008 年 6 月起，中国社保基金被批准进入私募股权投资领域；2012 年下半年，中国保监会新政频发，加快保险资金投资 PE 步伐。目前已有中国再保险、中国平安、中国人寿、太平人寿、太平洋保险、泰康人寿、安邦保险等多家保险机构获得投资私募股权基金的牌照，预期未来保险资金投资私募股权基金有望实现更大发展。2014 年 8 月出台的《私募投资基金监督管理暂行办法》也首次确立了合格投资者制度，为投资者进入建立良好的政策环境。政策环境的改善以及资金来源多样化将有助于 LP 市场架构进一步优化，机构化占比加大将带动行业长期良性发展。

（2）投资全链条化。在美国成熟市场，并购基金是最主要的投资形态，而在中国近年来投资项目均集中在 Pre－IPO 项目上，较少投资在早期或者并购阶段，整体投资业态呈橄榄球形状。Pre－IPO 项目是指投资的标的企业规模或者营业收入已经达到上市公司水平或者已经站在股市门口，投资后短期内标的上市即可以实现退出。此类项目在国内 IPO 闭闸前的阶段依靠一级、二级市场差价以及审批制带来的上市壳资源的稀缺两个因素可以实现巨大的收益。然而，当前多层次资本市场的发展尤其是新三板的崛起抬高了此类项目的价格，一级、二级市场价差逐渐缩减；同时，早期野蛮生长阶段集聚的大量项目需要时间消化，退出周期延长，该种模式整体风险大于收益。当前私募股权投资公司尤其是优质公司开始积极往前端布局早期投资或者往后端布局并购投资，橄榄球形状逐步向杠铃形状转化，市场投资逐步回归成熟市场的合理结构。预计在当前国家大力鼓励“大众创新、万众创业”以及多项政策支持并购市场的背景下，投资全链条化会带动行业整体长期良性发展。

（3）退出渠道多元化。作为私募股权投资环节中的最后一环，退出环节直接影响投资收回以及增值实现，是整个投资最重要的一环。从美国成熟市场经验看，多层次的资本市场为私募股权基金的退出提供了广阔舞台，不同类型、不同经营状况的投资标的都可以找到合适的退出平台。同时，从历年美国私募股权基金的退出渠道来看，并购退出的占比始终超过 50%，是最主要的退出方式（见图 8－44）。当前中国多层次资本市场尤其是新三板迅猛发展，为私募股权投资提供了崭新的退出通道。另外，在政策助力、行业整合、企业自发等多重背景之下国内的并购市场活跃度明显提高，越来越多的私募股权投资选择并购的方式进行退出，整体退出渠道呈现多元化发展趋势。根据清科研究中心统计，2014 年全年，退出市场共计实现 386 笔退出，退出方式相比 2013 年多元化趋势明显，IPO 仍是主要的退出渠道，但占比下滑。全年共有 165 笔案例通过 IPO 实现退出，其次为股权转让、并购，分别有 76 笔、68 笔退出案例（见图 8－45）。退出渠道的多样化发展将提升私募股权投资的积极性和活跃程度，预计未来将持续推动行业整体长期良性发展。

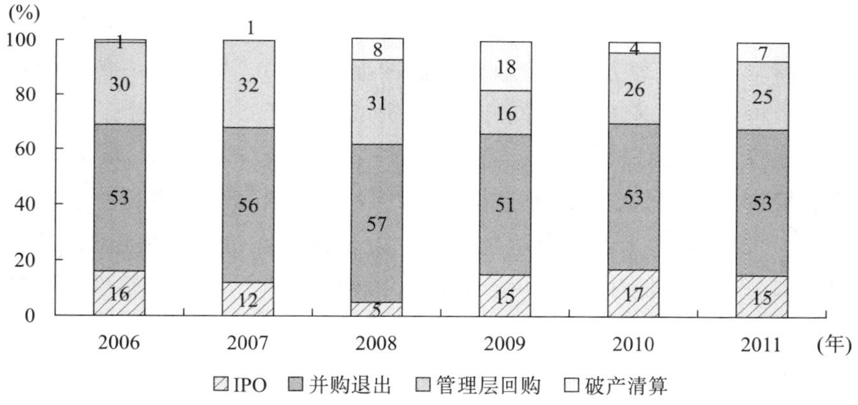

图 8－44　并购是美国私募基金最主要的退出通道

资料来源：Preqin。

4. 监管思路改变大资管时代来临，混业经营催生新发展机会。按主体以及按照业务看资产管理行业产业链。资产管理是指对动产、不动产、股权、债权、其他财产权和资产组合进行委托管理、运用和处分，以达到保存、创造财富等目的的综合金融服务。中国资产管理市场的雏形诞生于基金业，银行理财与信托业的快速膨胀使整个行业在较短的时间内取得了长足的发展。了解整个资产管理行业的产业链可以从两个角度去看：一个是从行业主体的角度；一个是从业务环节和形态的角度。

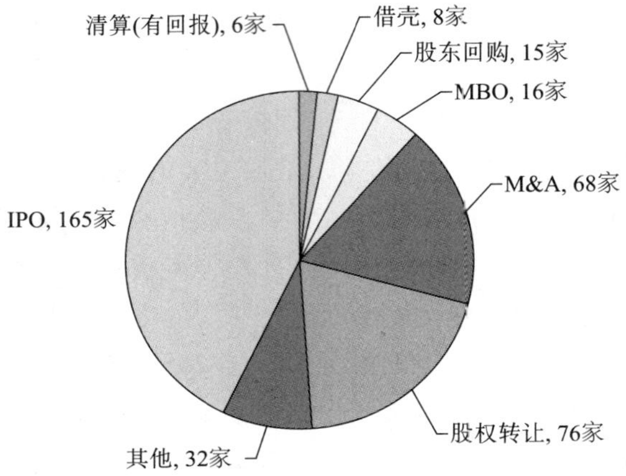

图 8-45　2014 年中国私募股权投资市场退出方式分布

资料来源：清科研究中心。

从行业主体的角度看这一产业链存在四个重要的主体，分别是管理人、销售商、客户及中介商。（1）管理人是资产管理产品的提供商；（2）销售商接受管理人的委托，向客户销售资产管理产品；（3）客户是资产管理产品的消费者；（4）中介商包括经纪商、托管人和评级机构等。

私募股权投资公司获取创新发展机会。2014 年中国资产管理行业整体市场规模接近 60 万亿元，预计未来 5 年有望超过 100 万亿元。在行业规模迅猛发展背景下，私募股权投资公司可以抓住混业经营的机会开展公募基金业务，资源禀赋强的公司可以通过设立、收购等方式进入资产管理行业的全产业链开展业务，充分把握此次行业格局调整变化的机会打开新的成长空间。

（四）估值比较与分析

1. 国际比较。黑石集团和 KKR & Co. L. P.（KKR）为美国老牌私募上市公司，其发展和估值演变对于我国 A 股市场上的第一只真正意义上的私募股权投资公司九鼎投资具有可比性。黑石集团是全球数一数二的资产管理、融资方案咨询服务商。集团资产管理业务包括：企业私募股权基金、房地产基金、夹层基金、对冲基金以及封闭式基金。黑石集团也提供并购重组业务的咨询服务。黑石集团自 2007 年 6 月上市以来经历了 2008 年全球金融危机，期间市值严重缩水，2009 年 2 月的股价仅为上市发行时股价的 1/10。此后一路震荡上行，在 2015 年 5 月达到高点，但此后下行。黑石集团的最新 PE（TTM）为 6.64，PE 5 年最高为 113.31，最低为 -48.88，平均为5.05。

KKR成立于2007年6月25日，是一家全球性的投资公司。该公司业务是为公司的基金投资者提供广泛的投资管理服务，提供资本市场服务，投资组合和其他第三方的投资。该公司在全球各地设有办事处开展业务，为公司提供的采购交易、筹集资金、开展资本市场活动的一个全球性的平台。KKR于2010年上市，上市后在市场上表现出很大的波动性。近期股价回落严重，接近2011年的低价水平。KKR的最新PE（TTM）为11.74，PE 5年最高为1 812.82，最低为6.17，平均为270.59。

从黑石集团和KKR估值变化情况可以看出，私募股权投资公司估值具有波动大的特点，主要原因在于股权投资的退出具有不确定性，造成公司业绩年度波动较大。此外，股权投资公司的估值也与美国经济周期有很大关系。在经济好的时期，项目的退出可能性比较高，估值相应提高；在经济周期差的时期，整体估值回落，而当前黑石集团和KKR的估值处于回落时期。据统计（见表8－18）九鼎投资PE（TTM）的最新估值为63.25，5年最高为293.65，最低为176.4（在新三板期间）。对比黑石集团和KKR，我们认为九鼎投资现阶段处于高估值阶段。与黑石集团、KKR前期受到投资者的追捧一样，九鼎投资在A股市场上私募股权的企业概念独此一家，概念的独一无二性在当前阶段必定会受到热捧。依据黑石集团和KKR的历史走势，我们也认为九鼎投资很有可能具有很大的波动性，并最终需要经历一个估值回落期。

表8－18　　九鼎投资估值国际比较

公司简称	最新PE（TTM）	PE 5年最高	PE 5年最低	PE 5年平均
九鼎投资	63.25	293.65	176.40	
黑石集团	6.64	113.31	－48.88	5.05
KKR	11.74	1 812.82	6.17	270.59

资料来源：Wind资讯。

2. 新三板比较。新三板中和九鼎投资具有相同概念并具有数据的公司有：菁英时代、达仁资管、美世创投、中科招商、天图投资、浙商创投、硅谷天堂、天信投资、激创投资。从市值上看，九鼎投资1 024.65亿元总市值超过第二名的中科招商的2倍，可以称之为私募股权领域的航空母舰。从市盈率（LYR）来看，九鼎投资为176.40亿元，处于中间水平（见表8－19）。

表 8－19　　九鼎投资在新三板估值情况

代码	名称	转让方式	总市值（亿元）	流通市值（亿元）	总股本（亿股）	流通股本（亿股）	市盈率（LYR）
833899. OC	菁英时代	协议转让	50. 05	5. 27	1. 35	0. 14	84. 61
831639. OC	达仁资管	协议转让	72. 58	60. 04	2. 76	2. 28	88. 52
833838. OC	美世创投	协议转让	15. 18	0. 94	2. 41	0. 15	112. 06
832168. OC	中科招商	协议转让	432. 24	232. 36	18. 05	9. 70	119. 60
833979. OC	天图投资	协议转让	109. 15	35. 50	5. 20	1. 69	140. 40
430719. OC	九鼎集团	做市转让	1 024. 65	850. 21	55. 00	45. 64	176. 40
834089. OC	浙商创投	做市转让	98. 60	8. 00	6. 53	0. 53	183. 71
833044. OC	硅谷天堂	协议转让	310. 25	21. 50	14. 77	1. 02	214. 47
831889. OC	天信投资	做市转让	9. 72	5. 64	0. 33	0. 19	335. 68
834401. OC	激创投资	协议转让	9. 31	0. 31	0. 10	0. 00	481. 29

资料来源：Wind 资讯，数据来自九鼎投资转板之前。

3. 主板比较。借壳中江地产上市的九鼎投资具有两方面的业务，一是房地产开发，二是投资相关业务。与房地产企业相比，九鼎投资的 TTM 市盈率 63. 25 为万科 A 的 4 倍，绿地控股的约 2 倍，招商蛇口的约 2 倍，保利地产的 8 倍多，华夏幸福的 4. 5 倍多，金地集团的 4. 5 倍多。与类似投资公司比较，九鼎投资的 TTM 市盈率 63. 25 为陆家 B 股的 2. 7 倍，陆家嘴的 1. 5 倍，泛海控股的 2. 9 倍，城投控股的 6 倍多。不管从哪个角度，九鼎投资的估值相对要高出许多（见表 8－20）。

表 8－20　　九鼎投资和 A 股市场公司估值比较（2016 年 2 月 28 日）

排名	代码	证券简称	总市值（万元）	流通市值（万元）	市盈率 PE			市净率 PB（MRQ）	企业价值/EBITDA（倍）
					TTM	16E	17E		
11	600053. SH	九鼎投资	1 812 200. 54	1 812 200. 54	63. 25	64. 63	30. 40	15. 67	87. 47
		最高值	25 684 859. 58	23 756 163. 27	63. 25	64. 63	30. 40	15. 67	87. 47
		中位值	6 436 214. 60	6 436 214. 60	21. 86	13. 07	12. 65	3. 03	17. 09
1	000002. SZ	万科 A	25 684 859. 58	23 756 163. 27	16. 71	13. 06	11. 57	3. 03	13. 81
2	600606. SH	绿地控股	15 660 414. 69	15 660 414. 69	32. 56	16. 89	13. 82	3. 00	－872. 50
3	001979. SZ	招商蛇口	11 065 729. 81	11 065 729. 81	32. 59	12. 88	10. 56	7. 13	12. 80
4	600048. SH	保利地产	9 465 909. 37	9 465 909. 37	7. 67	5. 75	5. 16	1. 44	8. 82
5	600340. SH	华夏幸福	6 675 224. 62	6 675 224. 62	14. 90	10. 35	8. 14	5. 43	17. 09

续表

排名	代码	证券简称	总市值（万元）	流通市值（万元）	市盈率 PE			市净率 PB（MRQ）	企业价值/EBITDA（倍）
					TTM	16E	17E		
6	600383. SH	金地集团	6 436 214. 60	6 436 214. 60	14. 68	13. 07	12. 165	2. 03	13. 69
7	900932. SH	陆家 B 股	6 354 325. 05	170 002. 56	23. 37	18. 32	14. 54	0. 51	34. 48
8	600663. SH	陆家嘴	6 354 325. 05	5 243 562. 32	41. 40	32. 45	25. 75	5. 95	34. 48
9	000046. SZ	泛海控股	5 206 593. 06	5 206 593. 06	21. 86	17. 47	12. 73	5. 14	44. 71
10	600649. SH	城投控股	4 012 244. 08	4 012 244. 08	9. 91	8. 45	7. 59	2. 04	31. 62

资料来源：Wind 资讯。

（五）结论

九鼎投资作为 A 股市场上私募股权投资（PE/VC）第一股，受到投资者极大关注。然而，私募股权所投资的项目具有保密条款，因此，对于投资者而言，九鼎投资投了哪些项目、项目进展情况以及项目退出情况并不清楚，从而直接造成对九鼎投资的估值困难。从九鼎投资历年营业收入情况来看，受项目退出不确定性影响，其年度业绩波动性较大。总体来看，私募股权投资行业在我国算是朝阳行业，还有很大的市场空间。

相比于美国知名 PE/VC 上市公司黑石集团和 KKR，九鼎投资当前处于高估值的阶段，类似于黑石集团和 KKR 上市后的表现，但随着两公司随后年度业绩的巨幅波动以及低于期望，两公司的估值都有回落的趋势。对比新三板同类型企业，九鼎投资上千亿元的市值成为行业龙头，其估值水平处于中等。九鼎投资借壳上市后在 A 股市场受到投资者热捧，其估值相比同概念股票的估值差异巨大，不管房地产概念还是金融投资概念公司。从横向比较来看，无论是国际比较、新三板比较还是主板比较，九鼎投资的估值水平都是比较高的。

第九章

成长股分析之四：互联网板块

自从 20 世纪末至 21 世纪初，纳斯达克市场已经出现了两波波澜壮阔的互联网泡沫，曾经的明星企业如 Yahoo、美国在线（AOL）事实上已经退出了一线企业的行列，中华网等最早的一批中概股已经难觅踪迹，但是在其离开后也留下了一批强大的企业占据着资本市场和行业创新的制高点，如伟大的 Google、饱负争议的亚马逊、以惊人速度成长的 Facebook；同时，中国的腾讯、百度、阿里巴巴不仅同样是资本市场的明星，甚至已经开始从各个领域开始深刻影响社会生活的方方面面。

在资本市场中，互联网企业的价值判断无疑是最具有挑战性的工作，特别是如何从泡沫的背后寻找到真正的成长企业更加不易。以往单纯从财务价值估值角度给出的结论，由于维度单一，无法准确预估新兴技术爆发的节点位置、商业模式的成长趋势，不能准确预判互联网企业价值成长，因而需要重新构建科学的价值分析框架体系。尤其是需要对商业模式演化、技术成长周期、盈利空间来源逻辑等关键价值因素予以准确预估，才能科学评价互联网企业的投资价值，避免投资误判。值得注意的是，互联网事实上也是一种具有自我进化功能的技术形态。除了强大的连接渗透能力外，随着大数据、人工智能等技术的不断加速成熟，互联网的智能属性也在不断强化，人网交互的形态、场景更加多元化、智能化，也极有可能催生出新的商业模式和价值空间。因此，建立涵盖财务价值估值、技术内核分析、市场场景评估的多维度价值分析体系具有重要实践意义。

第一节 互联网企业的估值难点

一、互联网企业在中美资本市场表现

从1969年美军最早研发出“阿帕网（ARPA）”用于军用信息技术连接以来，互联网已成为对世界经济具有决定性影响的产业领域。从20世纪末开始，互联网不仅仅是推动美国经济创新的重要引擎，也是美国资本市场最为抢眼的板块。从图9-1可以看出，目前互联网企业已经牢牢占据美国资本市场的龙头地位。

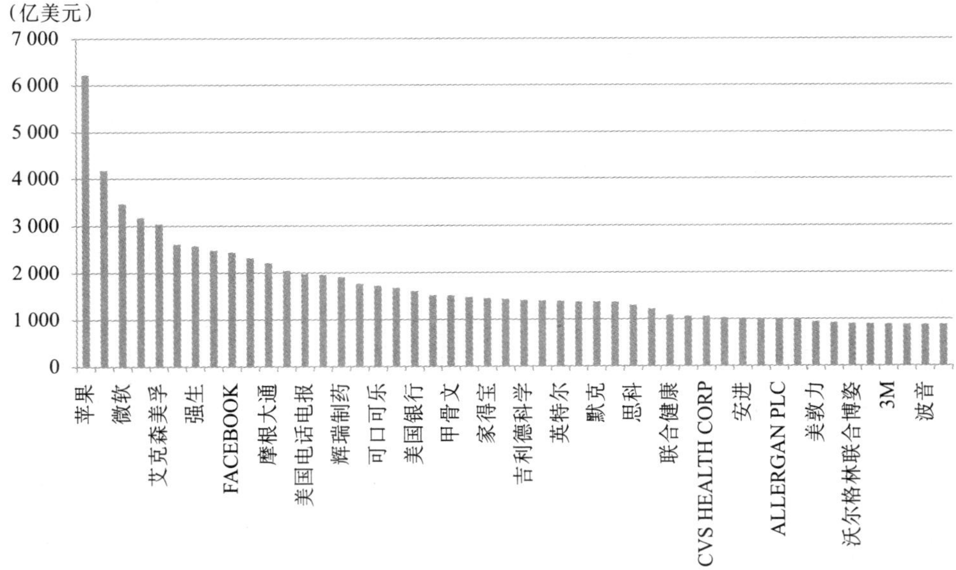

图9-1 2015年美国股市市值排名前50的企业

资料来源：根据Wind数据整理。

对于中国而言，互联网行业在资本市场中的影响和作用也日益深远。如图9-2所示，2006~2015年，A股市场经历了两轮波澜壮阔的大牛市，尽管市场点位依旧没有恢复到2008年6124的历史高点，但是互联网行业指数却呈现出了强势走势。

特别是在最早发端于 2012 年的新一波牛市中，互联网行业的表现异常抢眼，不仅行业走势远远强于大盘，而且也涌现出了一大批热门股票（全通教育 300359. SZ、乐视网 300104. SZ）和热门概念（大数据、物联网、人工智能等）。甚至在市场出现深度回调的情况，互联网行业板块的走势依然强势。

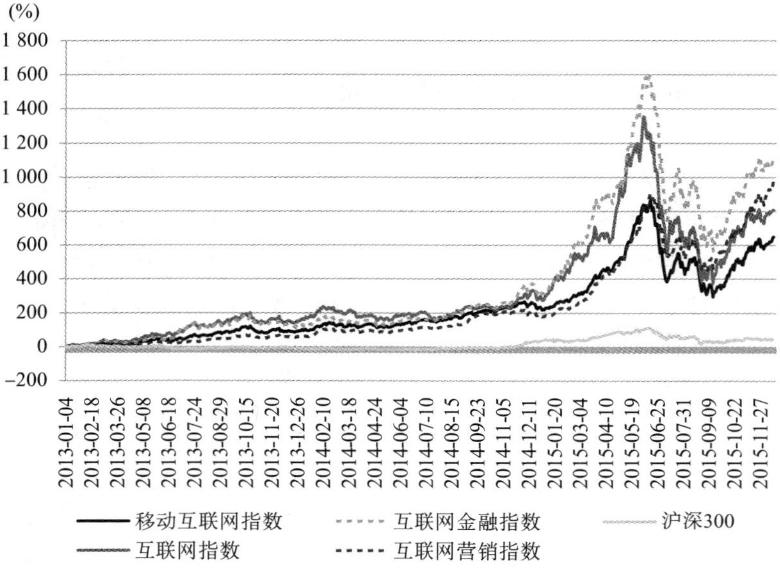

图 9－2　2013～2015 年 A 股市场互联网行业指数与沪深 300 指数走势比较

资料来源：Bloomberg、Wind。

在互联网板块走势强势的过程中，关于互联网企业在资本市场的估值研究也一直存在争议，特别是在互联网企业的成长性，在高市值背后往往呈现出显著的不确定性。

一是盈利能力不稳定。如表 9－1 所示，尽管互联网类企业占据美国市值排名的前几位，但是无论是收入的可持续性还是稳定性都存在着一定的隐患。特别是毛利增长、净利润增长等指标，近 1 年增速显著慢于近 3 年的相应指标。而这也会对互联网企业估值造成更多的争议。

二是成长性乃至生存性都面临较高的淘汰率。如图 9－3 所示，2000 年之后纳斯达克上市的互联网企业的生存率仅为 10% 左右，而同期其他类型的企业生存率则基本达到 30% 以上。互联网企业的风险属性和不确定性可见一斑。

表 9－1　　美国股市市值排名前 50 企业的传统估值指标变动

证券简称	市盈率 PE（TTM）	营业收入（近1年增长率）	毛利近1年增长率	营业收入近3年增长率	毛利近3年增长率	净利润近3年增长率	总资产近3年增长率
苹果	12.26	6.95	9.69	68.87	60.98	52.42	99.22
谷歌	27.85	10.32	18.67	74.12	63.09	48.34	80.69
微软	28.49	7.77	1.07	26.93	7.74	－28.18	45.31
伯克希尔哈撒韦	8.95	6.88		35.48		93.80	34.01
艾克森美孚	12.80	－6.53	－8.61	－15.86	－27.59	－20.80	5.57
富国银行	12.09	0.72		12.58		45.30	28.41
强生	16.00	4.23	5.34	14.30	15.48	68.77	15.38
通用电气	－39.71	3.41	1.07	3.92	－10.09	7.65	－9.61
FACEBOOK	89.71	58.36	71.97	235.92	261.73	194.00	534.72
亚马逊	823.08	19.52	29.43	85.09	143.17	－138.19	115.62
摩根大通	10.61	－5.51		1.57		14.68	13.56
沃尔玛	13.20	1.96	1.98	8.66	7.82	4.23	5.33
美国电话电报	37.44	2.87	－7.05	4.52	3.59	57.81	8.32
宝洁	28.93	－8.17	－7.88	－8.84	－9.41	－34.59	－2.08
辉瑞制药	21.51	－3.84	－4.69	－26.43	－23.52	－8.73	－9.96
威瑞森电信	17.85	5.42	1.96	14.61	18.69	300.37	0.98
可口可乐	22.85	－1.83	－1.14	－1.17	－0.77	－17.20	15.07
华特迪士尼	20.29	8.37	136.96	19.37	187.79	56.04	16.72
美国银行	15.70	－1.99		11.22		234.23	－1.15
VISA	25.82	7.85		38.25		48.99	10.96
甲骨文	15.95	－0.13		2.98		－0.43	41.59
花旗集团	12.16	2.30		5.89		－33.92	－1.67
家得宝	21.55	5.54	5.71	18.16	19.34	63.40	－1.41
雪佛龙	11.76	－8.93	－10.61	－17.96	－22.75	－28.46	27.00
吉利德科学	9.37	122.20	152.93	196.83	237.04	331.62	100.33
IBM	12.37	－6.98	－4.33	－13.21	－7.44	－24.18	0.94
英特尔	11.91	6.00	12.97	3.46	5.49	－9.57	29.30
思科	14.45	4.28	6.89	6.73	5.22	11.69	23.67

资料来源：根据 Wind 数据整理。

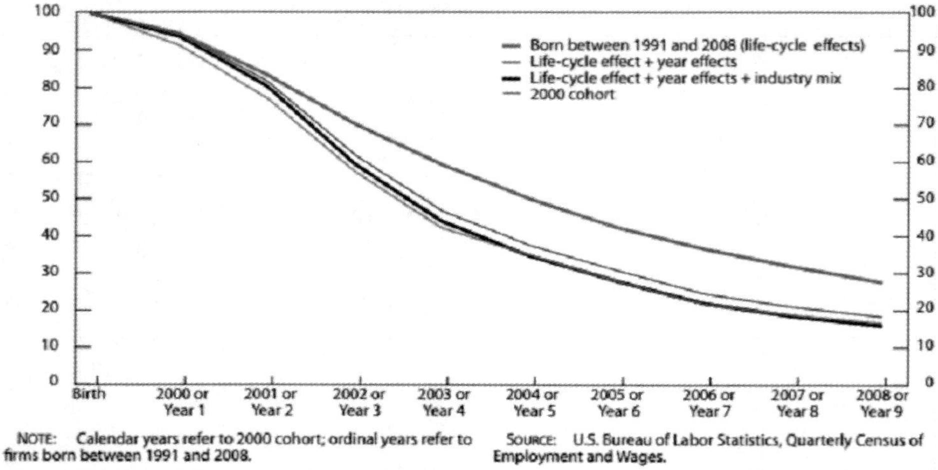

图 9－3 2000 年纳斯达克上市的企业生存率

资料来源：Bloomberg。

二、互联网企业估值争议

互联网行业依然是未来的重要趋势，恰恰是这种不确定性和高风险性才会为互联网企业股票带来极高的投资回报。从目前互联网行业在资本市场的表现趋势来看，互联网企业的估值争议主要围绕以下几个问题展开：

（一）传统的价值估值体系是否已经不适用于互联网企业的估值

这里特指是互联网企业估值缺乏真实的盈利逻辑和会计基础，针对传统行业而搭建的证券分析估值体系对于某些互联网热门企业似乎没有恰当的估值能力，特别是盈利逻辑在互联网企业的上市融资逻辑中并没有被放到更加突出的位置。如图 9－4 所示，2000 年之后的美国互联网上市企业中的盈利企业比重普遍较低，基本没有超过 2000 年泡沫破灭时的水平。

较为突出的例子就是著名的亚马逊（ASMZN. O）悖论，即长期缺乏坚实盈利数据的亚马逊为什么获取如此高的市场估值。

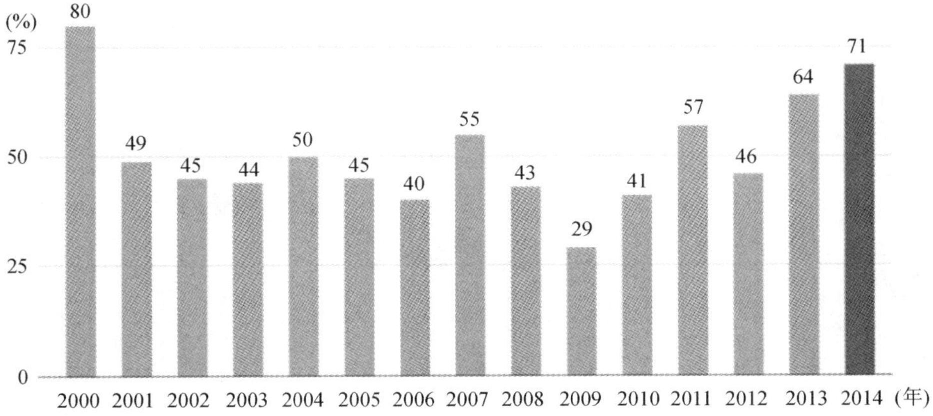

图 9－4　2000～2014 年纳斯达克上市互联网企业中盈利企业的比例

资料来源：雪球。

如图 9－5 所示，2004 年以来，如果依照传统会计观点，亚马逊自上市以来，盈利数据一直并不理想，总体利润规模较之于微软、苹果等企业有巨大差距，甚至在 2012～2014 年财年净利润分别为－0.39 亿美元、－2.41 亿美元。但是市场表现异常成功。如图 9－6 所示，以 2006 年作为基期，亚马逊股价显示出了异常强劲的增长趋势，累计增幅已经达到 1 284.28%，不仅远远超出微软（156.31%），甚至也高于盈利规模更加庞大的苹果（111.24%）。这种估值背后的逻辑是什么？这种估值逻辑是否是合理并且是可持续的？更为重要的是，市场赋予亚马逊高估值的逻辑是否能够应用于其他企业？这些都是互联网企业估值时必须回答的问题。

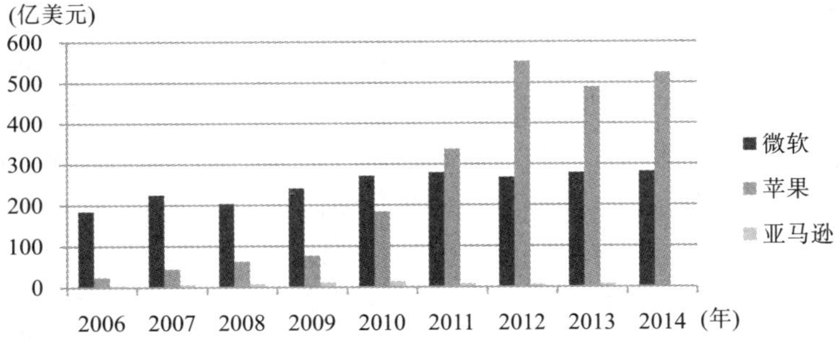

图 9－5　2006～2014 年亚马逊、微软、苹果的净利润比较

资料来源：Bloomberg、Wind 资讯。

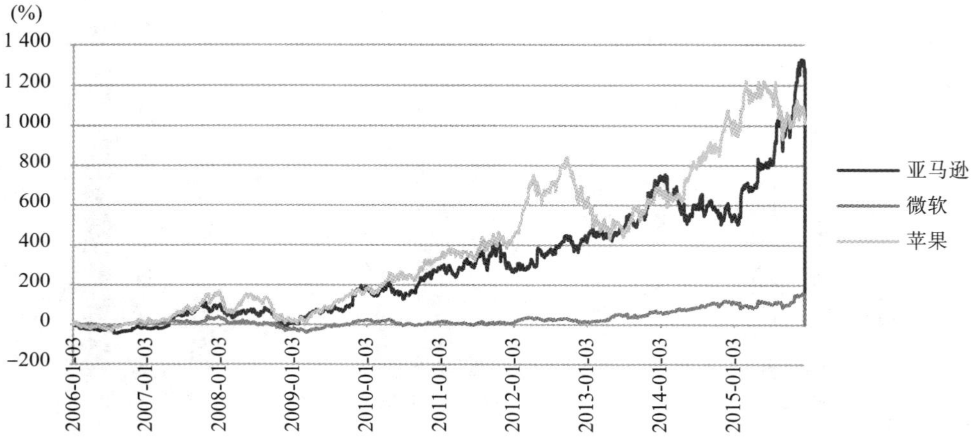

图 9－6　2006～2015 年亚马逊、微软、苹果的股价增幅比较

注：基期时间设定在 2006 年 1 月 1 日。

资料来源：Bloomberg、Wind 资讯。

（二）互联网企业的行业边界如何确定

尽管互联网行业的发展和演进经历了多样化的发展过程，从市场格局来看已经呈现出细分化、垂直化、生态化的特征，但是各类细分领域演进发展背后的逻辑应该还是清晰的，即连接。互联网的本质事实上就是对人与信息、人与人、人与需求之间的连接形成强有力的粘性网络。随着网络规模的扩大，网络中的节点数量不断增加，网络渗透力也将不断增强。这也是互联网企业估值的基本逻辑基础。

随着互联网行业的发展进入基础设施阶段、入口整合阶段、线上线下融合阶段等几个阶段后，新一轮互联网企业行业渗透特征越来越明显，大量互联网企业纷纷进入更加垂直细分的行业领域，“互联网＋”的模式越来越成为行业主流，“互联网＋”带来的新商业模式对原有行业的盈利模式、运营范式产生了深入影响。同时，也使得互联网企业的行业覆盖面和内涵的广度和深度都大大增加了。这也使得在研究互联网行业的同时，首先必须考虑互联网行业的边界价值。

如表 9－2 所示，从国内外典型互联网巨头企业的业务模式来看，互联网企业的边界已经呈现出明显的放射性多元化趋势。但是对于某些互联网企业而言，其核心领域特征依然可以总结出来。但是这种边界呈现出极大的进攻性，如随着淘宝的发展中国的实体零售业务受到了极大冲击，而被侵蚀掉的一部分被转化为对标互联网企业的估值基础。

表 9－2　　互联网行业边界的演进逻辑

演进逻辑	模式	功能	细分领域	典型企业
建立人与互联网的被动连接	互联网基础设施	建立互联网进入接口	基础环境	微软（MSFT. O）、IOE
			门户入口	雅虎（YHOO. O）、新浪（SINA. O）
			信息入口	谷歌（GOOGL. O）、百度（BIDU. O）
			设备入口	苹果（AAPL. O）、Google Glass、乐视（300104. sz）
			器官功能入口	华讯方舟（000687. sz）、暴风科技（300431. sz）
建立行业内容与人互动连接	互联网 +	消除传统产业的信息成本和渠道成本，对传统产业进行扁平化改造	电子商务	淘宝（BABA. N）、亚马逊（AMZN. O）、eBay（EBAY. O）
			网络社交	腾讯（0700. HK）：QQ、微信、Facebook（FB. O）
			网络娱乐	奈飞（NFLX. O）、合一（YOUK. N）
			媒体	微博（WB. O）、推特（TWTR. N）
			互联网金融	Lendingc Club（LC）
建立智能资源与人之间的主动连接	大数据与人工智能	挖掘利用“互联网 +”的过程中产生的数据资源，实现需求功能的智能化满足，并开始对人类智能工作产生替代性	大数据服务	亚马逊、Google
			人工智能	科大讯飞（002230. sz）
			云计算	阿里云
			工业 4.0	机器人（300024. sz）
			可穿戴设备	苹果、Google、得润电子（002055. sz）

资料来源：根据公开资料整理。

（三）“幂律定律”并非万能：指数增长之后怎么办？

1932 年，哈佛大学的语言学专家 Zipf 在研究英文单词出现的频率时，发现如果把单词出现的频率按由大到小的顺序排列，则每个单词出现的频率与它的名次的常数次幂存在简单的反比关系：$P_{(R)} \sim r^{\alpha}$。它表明在英语单词中，只有极少数的词被经常使用，而绝大多数词很少被使用这种分布就称为幂律定律，也称之为 Zipf 定律（见图 9－7）。

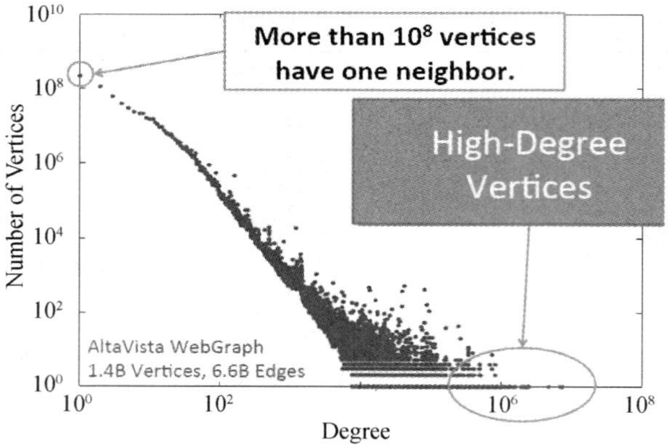

图 9-7 幂律分布的典型形态

互联网行业的巨大优势在于基于幂律分布规律带来的极高的网络节点增速。特别是一旦一家互联网企业的产品连接数突破幂律阈值，成为幂律分布中的核心节点，将会带来异常迅猛的指数式增长①。如图 9-8 所示，2004~2015 年腾讯股价增幅呈现出了显著的指数式增长特征，明显战胜大盘。其背后的原因就是腾讯的主要产品 QQ 用户数的指数式膨胀。如图 9-9 所示，腾讯的核心产品 QQ 活跃用户数，从 2004 年 3 月的 9 740 万户迅猛增至 2015 年 9 月的 8.57 亿户，增幅高达 779.87%。

但是这种网络节点增速并不能一劳永逸地带来估值膨胀。因为数学模型的增长逻辑终究要面对实体市场的饱和。特别是在移动互联网时代，幂律定律的实现速度更加迅速。一旦指数式增长达到一定阈值，其增长速度即将迅速放缓。而这一切在资本市场中也会有明显反应。

① 互联网分布的幂律分布原理：在发现幂律分布之前，人们对互联网有一种典型的误解，认为网络是扁平化的，把扁平化与无结构等同起来。随着实践和理论的发展，人们认识到这是一种错误的看法，网络相当于是介于扁平化（如市场组织）与结构化（如分层组织）之间的一种结构，兼具二者特征，但又不同于二者。与工业组织结构存在于管理幅度与管理层级的关系中不同，互联网的结构存在于联结与节点的关系之中，其中映射着图论中顶点与边的关系的隐含范式。幂律分布归纳的正是顶点与边的关系。无尺度网络的典型特征是，在网络中的大部分节点只和很少节点连接，而有极少的节点与非常多的节点连接。在统计上，这种技术现象特征就表现为幂律分布。

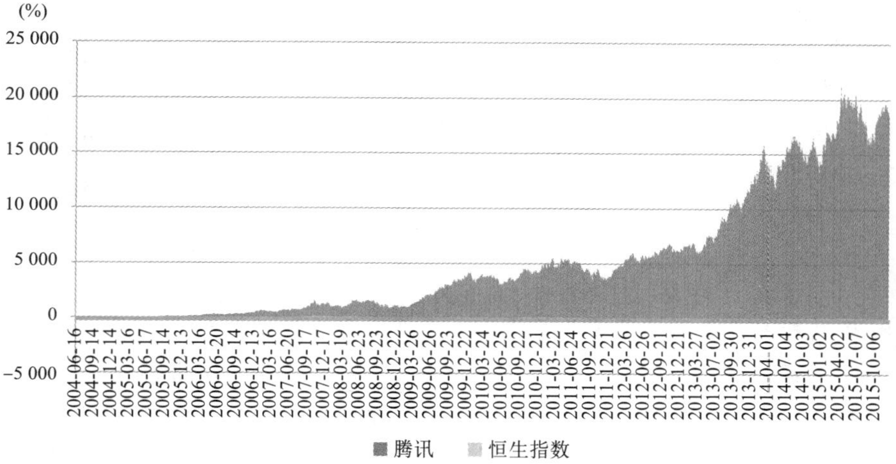

图 9－8　2004～2015 年腾讯股价涨幅与恒生指数比较

资料来源：Wind 资讯。

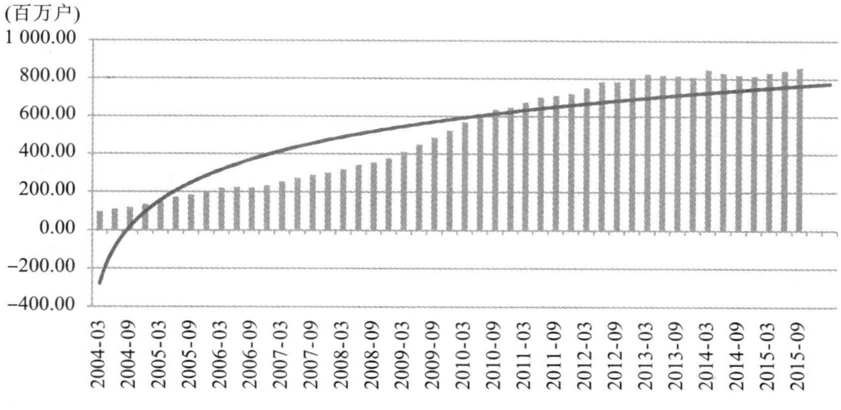

图 9－9　2004～2015 年 QQ 活跃用户数规模与增速

注：根据腾讯历年年报整理。

如图 9－10 所示，以淘宝为核心平台的阿里无疑是中国电子商务领域的绝对领导者，但是从互联网企业最关注的覆盖人数和访问次数指标来看，淘宝似乎已经告别了高增长阶段。2012 年 1 月～2015 年 12 月，淘宝网的访问次数和覆盖人数分别只增长了 137.53% 和 116.43%（见图 9－11）。这一方面是由于电子商务的细分竞争日趋激烈，京东等具有特色竞争的电商平台开始瓜分电子商务市场，但是更为重要的原因是，随着实体渗透率的不断提升，幂律分布和指数增长已经对淘宝网的增长失去作用效果。

图 9-10　2012 年 1 月 ~2015 年 12 月淘宝网覆盖人数与访问总数

资料来源：Wind 资讯。

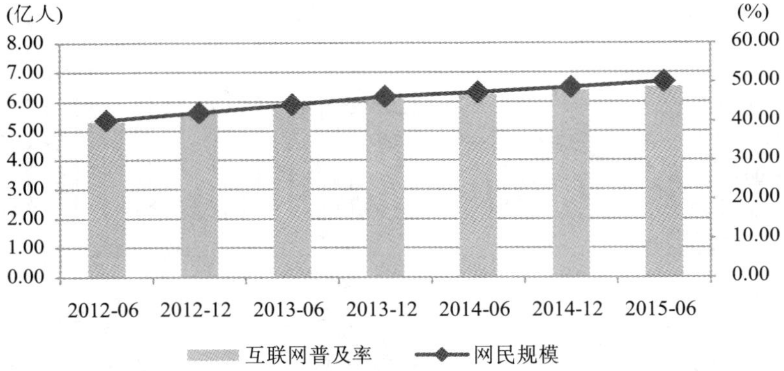

图 9-11　2012 年 6 月 ~2015 年 6 月中国互联网普及率及网民人数规模

资料来源：Wind 资讯。

自 2009 年以来，中国互联网用户规模增长已经趋于平缓，互联网渗透率已经基本稳定在 48% 左右，而淘宝的用户规模和网站点击率放缓也是基于这一背景。阿里（BABA. N）在资本市场的表现也可以看出这一趋势。

如图 9-12 所示，较之于阿里巴巴上市时天量 IPO 带来的巨大明星效应，阿里巴巴上市以来的表现并不尽如人意。截至 2015 年 12 月 225 日，阿里巴巴上市一年以来的股价累计下跌 10.5%，不仅较之于亚马逊等明星企业相去甚远，甚至远远没有跑赢大盘市场，其中关键原因就是阿里巴巴的电商平台已经告别指数增长，进入平缓期。

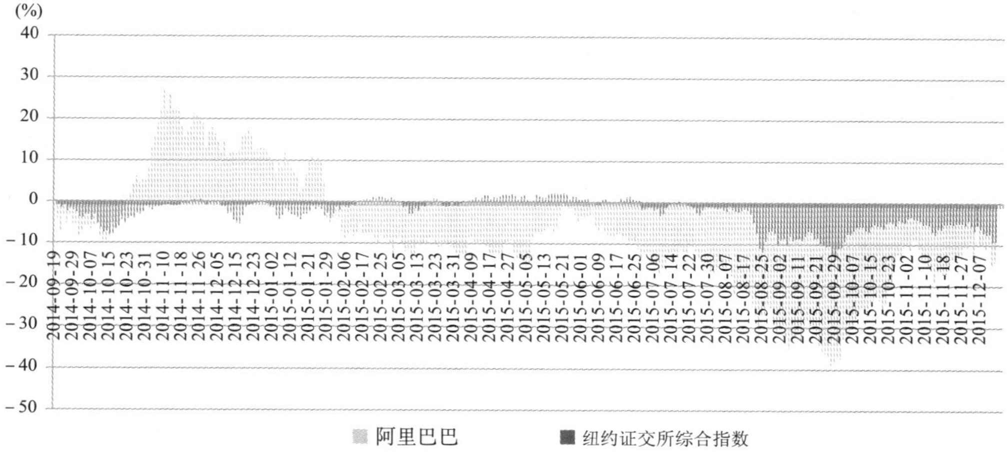

图 9-12 阿里巴巴上市以来的市场表现

资料来源：Wind 资讯。

幂律定律在资本市场中表现不佳的另一个原因在于，随着风险投资市场对互联网行业的介入加深，随着互联网企业在发展初期阶段对于资本“饥渴”程度逐渐降低，互联网企业的上市窗口时间大大推迟。这也就是意味着大量上市估值价值分享将显著倾向于一级市场投资者，仅仅依靠幂律定律来进行价值分析很难进一步在二级市场获得成长性收益。如图 9-13 所示，较之于早期的微软、苹果等企业，近几年上市的美国互联网明星企业给予二级市场的回报显著呈现下降趋势。

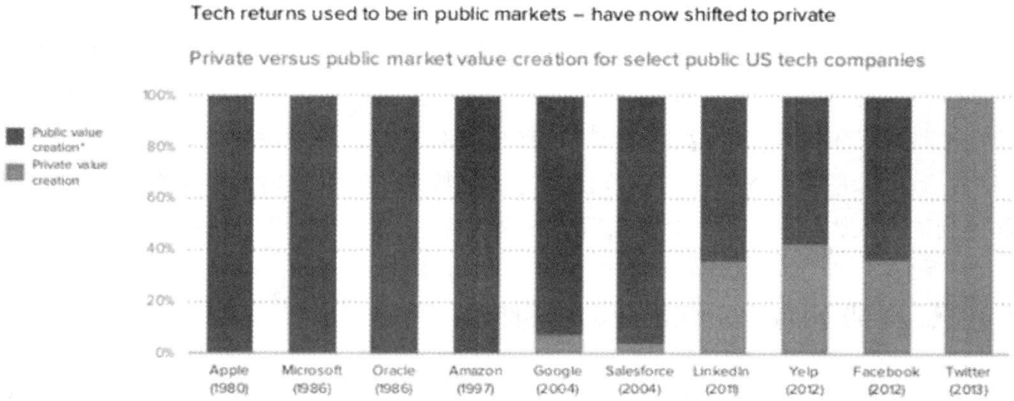

图 9-13 美国互联网企业的一级市场投资者与二级市场投资者的获利结构比较

资料来源：Bloomberg。

值得注意的是，尽管不能过分相信幂律定律的作用，但是一旦爆发新的幂律增长点，原有互联网企业依然有可能重新寻求幂律式增长点。注意到前文中提到的腾讯，尽管在2012年前后，腾讯QQ用户数增幅已经趋于放缓，但是腾讯的股价一直屡创新高，其背后的逻辑则是移动时代的即时通讯入口霸主“微信”带来的新的指数式增长。图9－14所示，在QQ用户增速放缓的2010年后，2012年腾讯推出的微信再一次带来了用户数的指数式增长，并由此继续推动腾讯股价攀升至历史新高点。

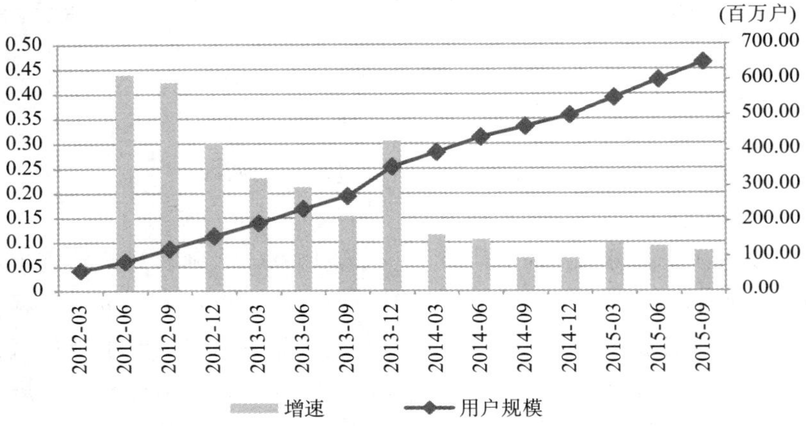

图9－14　2012年3月～2015年9月微信用户规模及增速

资料来源：Wind资讯。

但是，值得注意的是微信的爆发式指数增长持续时间更加短暂，仅仅在两年后的2014年，微信用户增速再次回到10%以下的正常水平，这也再次为对腾讯股价的评估带来了不确定性。这也与纳斯达克互联网上市企业的盈利窗口不断缩短的趋势相一致。如图9－15所示，随着技术进步，特别是互联网时代的来临，创新企业的盈利周期大大缩短，其原因也在于产品渗透效率极大提升。

三、互联网行业正在出现的新趋势

除了面临“亚马逊悖论”等估值方面的技术难题以外，互联网行业的基本面也在发生着一些变化，这也使得新兴互联网企业的成长逻辑较之于传统互联网明星企业存在一定的不同。

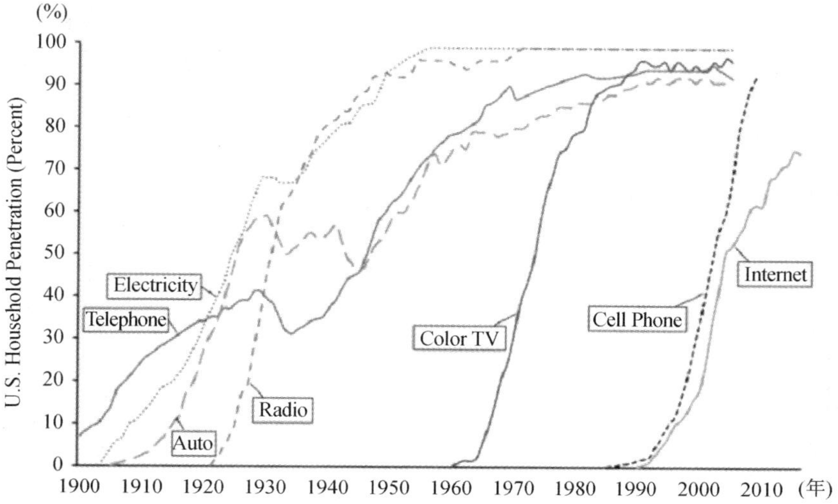

图 9－15 美国创新企业产品渗透饱和周期不断缩短

资料来源：Bloomberg。

（一）“去中心化”的特征正在被逆转

碎片化、扁平化、长尾化等去中心化特征一直被认为是互联网行业的重要特征，但是在幂律定律的作用下，用户数在指数级增长速度的作用下渗透率迅速饱和。在实现渗透率饱和的情况下，各个领域的互联网入口也在以几乎不可逆的速度向少数几家巨头集中。如图 9－16 所示，我国电子商务、网络搜索等刚性应用的市场份额基本上已经集中于少数以 BAT 为代表的互联网巨头手中，并且这一趋势还有不断强化的态势。

（二）互联网行业的创新内核门槛在不断提高

中国互联网企业的发展本身具有鲜明的环境套利特征，即落后的基础服务环境和消费环境为中国互联网企业提供了发展的土壤，使得其即使在技术内核并不突出的情况下依然可以获取强大的成长性。例如中国三四线城市的传统商贸渠道并不发达，即使一二线城市的商贸运营成本较高，使得大量中低收入人群的消费需求无法被满足。中国经济转型长期没有根本实现，大量落后的低端产能需要寻求对接消化渠道。淘宝等互联网企业正是凭借较低的消费门槛，成为刺激低端消费的主力。如图 9－17 所示，2000 年以来中国城镇收入水平增速大幅放缓，但是社会消费品零售

总额却持续增加，其背后的原因是多方面的，其中一个重要因素就是电子商务企业

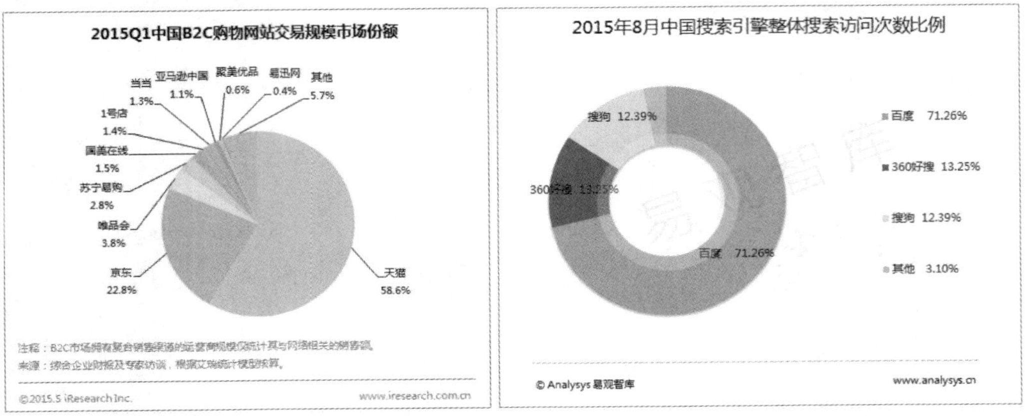

图 9－16　2015 年我国电子商务和网络搜索市场份额分布情况

资料来源：易观国际、IReaserch。

通过低成本的电商渠道激发出了中低层次的消费潜力。

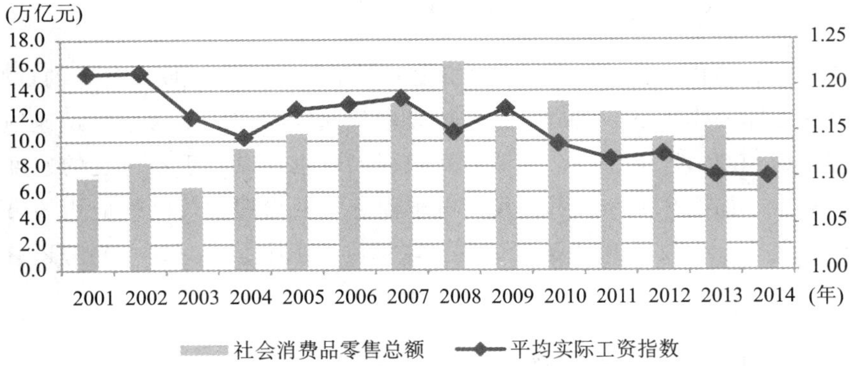

图 9－17　2001～2014 年中国城镇平均工资指数与社会消费品总额增速

注：根据历年统计年鉴数据整理。

另一个具有典型套利特征的企业则是百度。由于政策限制原因，百度最强劲的竞争对手谷歌无法进入中国，百度则成为中国搜索引擎市场的垄断者。但是这种带有一定政策保护性质的套利式发展，其影响也是双面的。依托中国庞大的市场为百度带来了稳定的市场基础，但也限制了百度的进一步发展空间。如图 9－18 所示，在全球市场份额中，百度所占的优势并不明显，不仅与 Google 无法相比，甚至已经

被 Bing 超越。同时，百度网站的 PV[①] 也已经呈现出瓶颈状态（见图 9－18）。这种政策保护下的制度套利模式将会对未来的价值评估带来极大的不确定性。

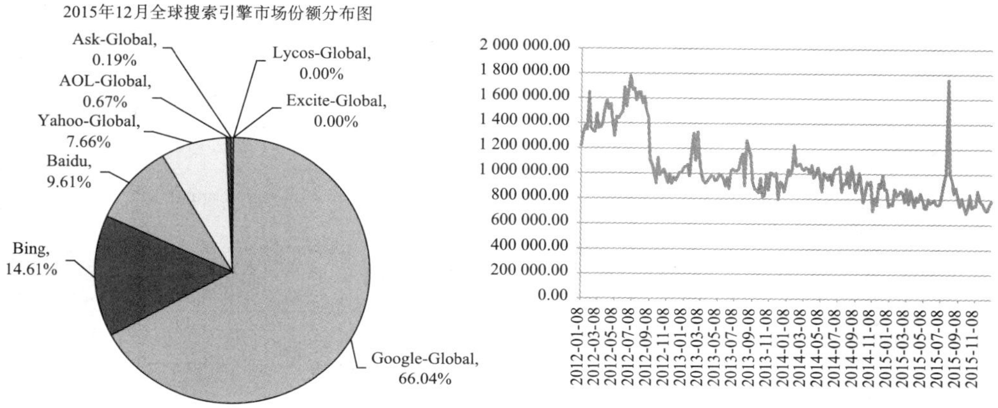

图 9－18　2015 年百度全球市场份额以及百度网页每周 PV

资料来源：Wind、IDG。

事实上从未来互联网发展的核心技术趋势来看，技术内核的重要性越来越重要。大数据、云计算、人工智能等新兴技术的应用越来越成为新兴成长性估值的依据。2015 年 1 月频频爆出的百度、携程欺诈等恶性事件的背后，除了商业道德审视之外，更重要的是表现出了在缺乏技术创新内核的情况下，企业难以寻找新的利润来源，而只能对原有盈利模式进行恶性挖掘。

（三）互联网巨头们的缺陷与重组

互联网企业最大的发展瓶颈已经不是资本匮乏，更加缺乏的是如何在幂律增长定律的作用结束后，继续寻找到新的创新增长点，并给予资本市场有力的成长逻辑和估值依据。从目前各互联网巨头的应对策略来看，大都集中在多元化扩张和加大技术创新投入两个领域。但是技术创新背后除了技术支撑和资本支持外，更重要的是企业架构的深层次调整。IT 行业的鼻祖巨头企业 IBM 就是通过数次深层次架构调整完成技术革新，使得企业始终站在技术前沿，并受到资本市场的持续肯定。互联网时代新巨头的进一步发展，事实上也依然取决于创新架构的调整。在这些领域，

---

① PV（访问量）：Page View，即页面浏览量或点击量，用户每次刷新即被计算一次；UV（独立访客）：Unique Visitor，访问您网站的一台电脑客户端为一个访客。00：00～24：00 内相同的客户端只被计算一次。

谷歌事实上已经走到了行业前沿。

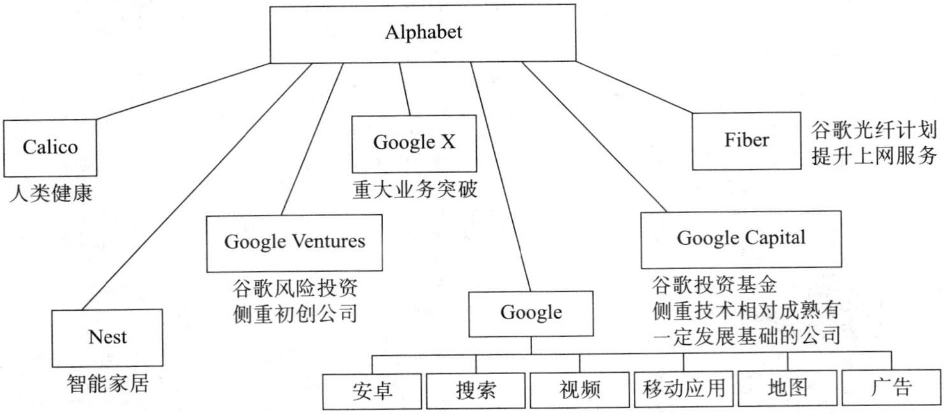

图 9－19　谷歌的整体性重组架构示意图

资料来源：作者根据公开资料整理。

如图 9－19 所示，谷歌宣布，Alphabet 将成为新控股公司的名称，这一决定已从即刻起生效。2015 年 8 月，Google 宣布进行重大重组，成立伞形集团 Alphabet，旗下将包括谷歌及一系列子公司。所谓“伞形公司”是指“以投资与被投资关系建立起来的、具有独立法人地位、且相互关联的公司群体”，就像打开的伞，下面网罗了众多参股公司。其中，纯投资性公司不直接参与工厂生产投资，而是作为跨国公司在当地的法人，代表总部直接参股或控股当地企业，完成对企业的管理。Alphabet Inc. 将取代谷歌成为公开上市的公司，所有谷歌股票将被兑换成 Alphabet 股票。新谷歌将成为 Alphabet 的全资子公司，新的谷歌与现在的谷歌相比将明显“瘦身”。Alphabet 除了谷歌，还包括谷歌风投、谷歌资本、谷歌实验室 Google X 和 Nest 等其他子公司。也就是说，含有离主要互联网产品较远的业务的公司将归入 Alphabet 旗下，其中包括健保业务如 Life Sciences 和 Calico。Alphabet 还将包括 X lab 和 Wing，这些业务主要开发无人机递送服务。特别是 GoogleX，即将主要承担后续技术研发的主要工作。通过此次重组，Google 事实上已经由一家互联网搜索引擎公司转型为溢价技术创新公司，其核心价值属性已经发生变化。如图 9－20 所示，自从谷歌发布重组信息以来，市场对于谷歌也给予了理想的估值。自公司公布重组方案以来，谷歌股价涨幅已经超过了 13.23%。

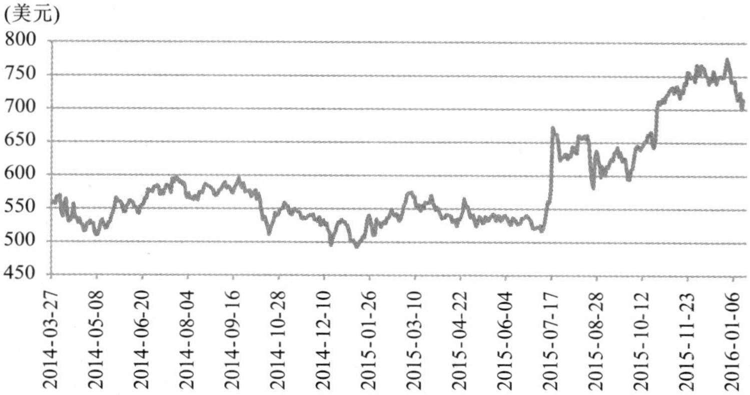

图 9－20　2014 年 3 月～2016 年 1 月谷歌公司股价市场表现

资料来源：Wind 资讯。

第二节　互联网企业的核心估值体系建立

尽管互联网行业的发展具有复杂的不确定因素，但是通过对过去十余年互联网行业的标的在资本市场中的表现规律的梳理，依然可以从中发现一些具有参考价值的规律，也为我们对未来互联网行业的价值评估和价格策略制定提供了依据。

一、互联网企业的核心估值因素

（一）互联网估值的基础：用户和流量

由于互联网企业带有一定的虚拟化特征，因而对于其估值而言，用户和流量因素的影响至关重要。关于互联网企业的用户和流量对估值的影响，已经存在很多观点，但是我们认为，对于互联网企业而言，用户和流量的价值在企业和行业成长的不同阶段对估值具有不同的影响。

在成长初级阶段，用户和流量的估值并不需要太多价值属性，单纯的数量扩张就可以为企业估值的膨胀带来充足的逻辑，特别是在一级市场，一个 PC 端用户价值 5 美元，移动端客户价值 20 美元，已经成为行业定价规则，同时一旦客户数量增加到一定数量级，如百万级、千万级、亿级，其用户估值单价还有可能上升。

但是一旦企业进入成熟期后，即用户增长停止幂律式扩张后（市场占有率达到40%以上），单纯的用户数量扩张带来的想象空间将十分有限，如果不能及时从商业模式和创新模式等角度为积累的庞大用户数量带来价值属性，即变现途径，用户和数量不仅无法成为企业股价进一步成长的支持，反而有可能成为企业成本的负担。2016年2月微信支付团队发布官方公告，称自2016年3月1日起，个人用户的微信零钱提现功能（从零钱到银行卡）开始对超额（累计1 000元）部分收取手续费。其背后的原因是微信提现功能使得腾讯每个月要背负3亿元的巨额成本。这说明在用户数达到一定程度后，如果没有及时找到盈利变现模式，将极有可能带来成本巨大成本负担。①

值得注意的是，对于互联网企业而言，用户和流量的价值稳定性背后存在一个重要影响因素，就是用户粘性和用户体验。如果变现模式选择不当，伤害了用户粘性和用户体验，不仅无法有效带来长期价值，反而会形成"竭泽而渔"的恶性循环，例如Facebook在中国的曾经对标企业的人人网就是一个教训。人人网在用户粘性尚不十分牢固的情况下，急于变现，增加了一系列严重严重影响用户体验的设置和修改，造成人人网用户流量急剧下降，其股价也受到了严重挫伤，基本退出了社交领域的一线梯队（见图9－21）。

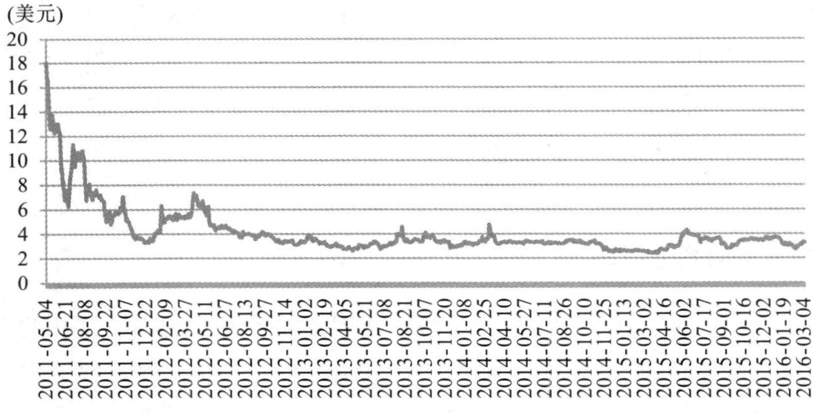

图9－21　2011年5月~2016年3月人人网的股价走势

资料来源：Wind资讯。

① 微信的提现收费措施，事实上也是由于腾讯的微众银行发展没有达到预期的结果，即原本设想的通过微信红包为微众银行积累客户的模式没有实现，因而也就无法通过互联网金融业务的发展消化金融服务成本。

（二）互联网泡沫：技术生命周期与货币资产膨胀

互联网概念股票常常与“泡沫”之类的词语联系在一起，这一方面由于互联网类的高新技术概念企业的成长逻辑存在较大不确定性，既有较大的想象空间；同时，盈利模式和盈利来源的实现常常又带有极大的风险性。但是，“泡沫”本身并不是一个贬义词，对于宏观经济和资本市场而言，泡沫是一种经常性状态。当传统产业陷入衰退、新兴产业诞生时，金融市场民间的过剩资本为了追逐新兴产业的获利机会，迅速进入新兴产业投资标的，并在资本市场固有的羊群效应等群体作用机制下，迅速扩大资金规模，特别是在现代金融交易条件下，资本流动速度与集中规模大大增加，使得投资标的的价格大大超过其固有价值量，造成系统性价格偏离和价格膨胀，也即出现了所谓泡沫。但是正如 Tirole① 和 A Martin，J Ventura② 的著名论点：“一些良好的经济增长可能从本质上来说都是温和的泡沫”。尤其对于以互联网为代表的高新技术产业而言，快速膨胀的泡沫能够迅速完成对产业扩张所需要的资本原始积累以及为其中的产业投资者提供最强有力的回报激励，使得新兴行业在充裕资本支持下诞生出真正值得坚定持有并带来极高回报的成长股。因此，许多伟大的高新技术企业也往往诞生于泡沫时期。互联网行业股票等资本市场标的投资首要任务就是明确泡沫周期节点。

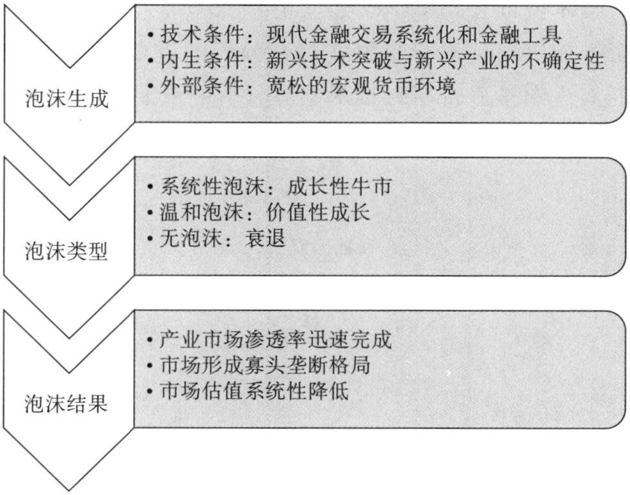

图 9－22　新兴产业泡沫的生成机理

① J Tirole，“On the Possibility of Speculation under Rational Expectations”，*Journal of the Econometric Society*，1982.

② A Martin、J Ventura，“Economic Growth with Bubbles”，*American Economic Review*，2012，aeaweb. org.

如图9－22所示，决定泡沫周期出现的原因有很多，但其中最根本的因素则是新兴技术突破与持续宽松的宏观货币环境。

1. 创新技术周期。自工业革命以来，人类技术创新周期大大缩短，其中在信息通信领域体现得尤其明显（见图9－23）。有线通信从兴起到进入成熟期，经历了60年之久，而进入衰退期则长达120年。到了互联网时代，其创新成熟周期仅花费了不到20年时间。但是互联网产品周期的发展不同于其他信息传播技术，其强大的信息颠覆能力，使得互联网行业的边界变得极具放射性。换言之，互联网已经不仅仅是一种信息传播技术，其复杂的衍生行业已超出了单一技术局限。我们对其的分析也必须超出传统的线性分析，而以系统性视角来分析其创新周期。

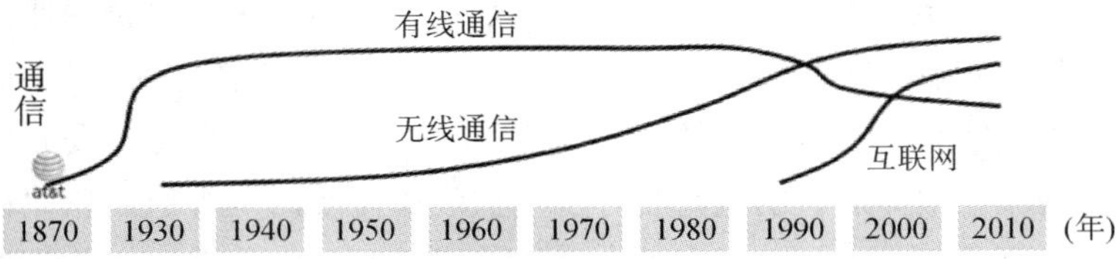

图9－23　信息传播技术创新周期历史演进趋势

资料来源：http：//googlechinablog. com/2007/07/at. html.

国际著名新兴技术咨询公司Garter建立的新兴技术生命周期曲线是对包含互联网、大数据、人工智能等新技术行业领域进行分析的重要工具，在此基础上每年发布的新兴技术周期演进图是进行新兴技术趋势分析的重要工具。

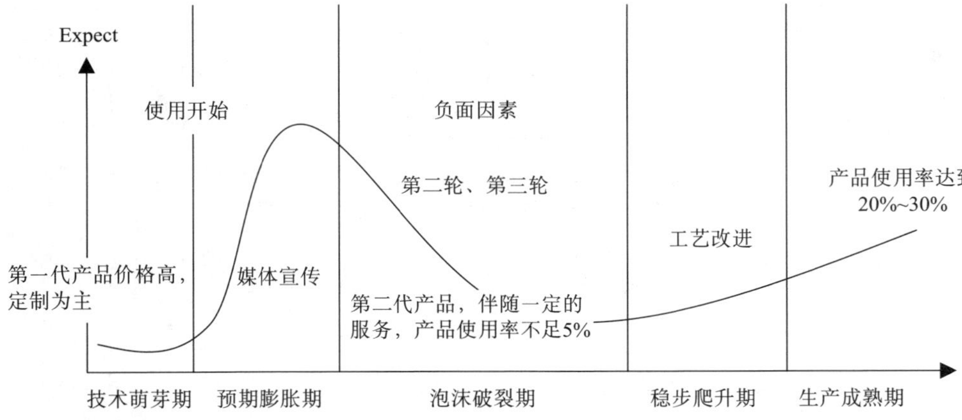

图9－24　创新产业周期演进规律

如图9－24所示，Gartner公司的新兴技术生命周期分析图将新兴技术的发展分为五个阶段，即技术萌芽期、泡沫膨胀期、泡沫破裂期、稳步爬升期以及生产成熟期。（1）技术萌芽期（Technology Trigger）：在此阶段，随着媒体大肆报道过度，非理性的渲染，产品的知名度无所不在。然而随着这个科技的缺点、问题、限制出现，失败的案例大于成功的案例。例如：.com公司1998～2000年之间的非理性疯狂飙升期。（2）预期膨胀期（Peak of Inflated Expectations）：早期公众的过分关注演绎出了一系列成功的故事，当然同时也有众多失败的例子。对于失败，有些公司采取了补救措施，而大部分却无动于衷。（3）泡沫破灭期（Trough of Disillusionment）：在历经前面阶段所存活的科技经过多方扎实有重点的试验，而对此科技的适用范围及限制是以客观的并实际的了解，成功并能存活的经营模式逐渐成长；（4）稳步爬升（Slope of Enlightenment）：在此阶段，某个新科技的诞生会在市面上受到主要媒体与业界高度的注意。例如，1996年的Internet、Web。（5）生产成熟期（Plateau of Productivity）：新科技产生的利益与潜力被市场实际接受，实质支援此经营模式的工具、方法论经过数代演进进入了非常成熟的阶段。

从互联网企业的股价表现来看，也常常与上述曲线走势呈现出一定的吻合。特别是当企业进入成熟期（即产品渗透覆盖率达到40%以上）后，股价将彻底告别泡沫炒作期，进入价值投资阶段，对其估值水平确认也将回到正常水平。而如果错过了创新周期的正确节点，将极有可能导致技术更新上出现极难逆转的代际差距。

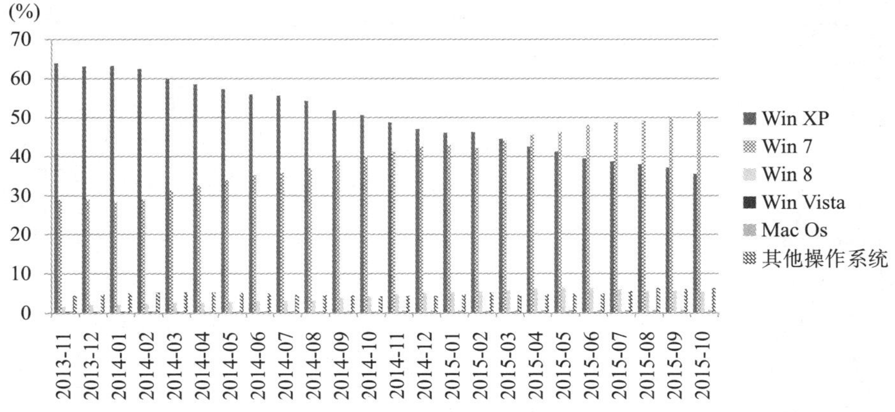

图9－25 各主要操作系统市场份额

资料来源：http://tongji.baidu.com/data/os。

如图 9－25 所示，微软作为世界最主要的操作系统提供商，其市场份额一直以来都处于绝对优势的垄断地位。但是，从 1999 后却在没有出现爆发式成长性增长。不同于一般的节点网站式互联网企业，微软的产品服务依然更多地通过软件消费来实现。特别是根据硅谷流行的著名的安迪比尔[①]定律，微软产品具有极强的换代消费刚性。也就是说，每一次系统更新换代都会重复带来一次幂律式增长，但是从股价走势上来看，微软的爆发式增长却在 1999 年前后达到顶峰，随后进入了缓步增长期。但是同期的苹果公司股价却在 2007 年之后进入快速爆发式增长阶段（见图 9－26）。造成这种分化的关键逻辑实质上在于移动互联网和传统互联网之间的技术更替代际。无论微软的市场份额多么强大，但是其始终是 PC 终端的霸主，苹果推出的 iPhone 手机使得人们接入互联网的入口由固定端进入了移动端，而微软在 PC 操作系统的优势并没有能够顺利转化为移动互联网时代的优势，甚至成为阻碍微软向移动互联网转型的障碍。

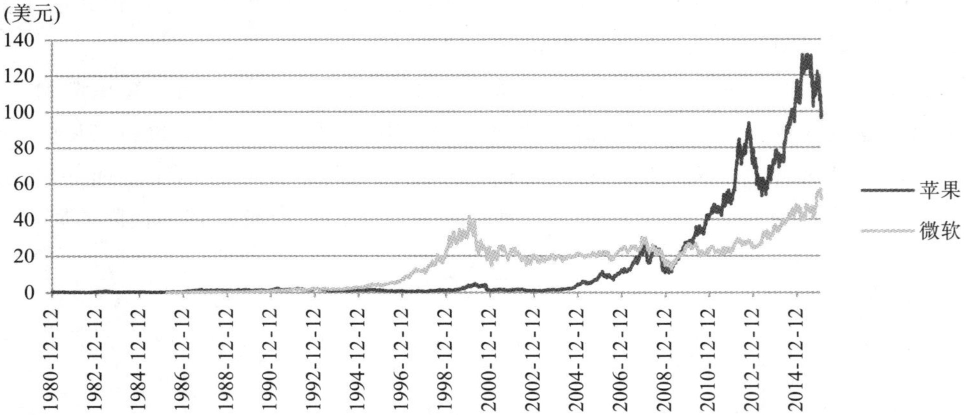

图 9－26　1980 年、1986～2015 年微软、苹果股价走势（复权价格）

资料来源：Yahoo。

① 安迪是指原英特尔公司 CEO 安迪·格鲁夫（Andy Grove），比尔是指微软的创始人比尔·盖茨。在过去的 20 年里，英特尔处理器的速度每 18 个月翻一番，计算机内存和硬盘的容量以更快的速度增长。但是，微软的操作系统等应用软件越来越慢，也越做越大。所以，现在的计算机虽然比 10 年前快了 100 倍，运行软件感觉上还是和以前差不多。而且，过去整个视窗操作系统不过十几兆大小，现在要几千兆，应用软件也是如此。虽然新的软件功能比以前的版本强了一些，但是增加的功能绝对不是和它的大小成比例的。因此，一台十年前的计算机能装多少应用程序，现在的也不过装这么多，虽然硬盘的容量增加了 1 000 倍。更糟糕的是，用户发现，如果不更新计算机，现在很多新的软件就用不了，连上网也是个问题。另一方面，十年前买的车今天却照样可以跑。

互联网经过移动互联网的洗礼之后，已经开始迈进物联网时代。而无论哪一个阶段，互联网入口争夺的重要性都愈发重要。特别是在云技术、云计算服务普及化程度大大增加的前提下，大量基础服务（办公、存储、安全）已经纷纷通过云端网络完成。而互联网入口的重要性则更加突出。如图 9－27 所示，在移动互联网入口系统的竞争中，微软系列系统（即使加上收购诺基亚换得的塞班系统）所占比重及其微小，苹果依靠强大工业设计能力和品牌传播影响力打造的 iPhone 移动互联网生态系统已经远远甩开了微软。值得注意的是，秉承开放式系统生态系统的安卓系统已经在市场份额上超过了 iOS，这背后依赖的是成熟的智能手机全球产业链，使得安卓系统的硬件平台门槛被极大降低，产品渗透率迅速扩张。但无论怎样，微软作为一家以软件设计为核心竞争力的企业，在工业设计领域缺乏苹果式的影响力，而且由于秉承封闭式操作系统生态圈，使得其基本上已经丧失了在以手机为主要载体的移动互联网时代操作系统霸主地位。如果互联网入口硬件终端没有再一次发生系统性革新，这种差距将难以逆转。

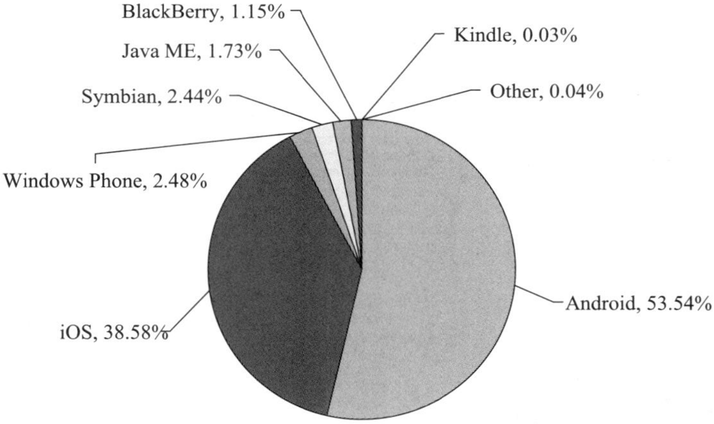

图 9－27　2015 年 10 月手机操作系统市场份额分布

资料来源：http：//news. mydrivers. com/1/449/449736. htm。

由此可以看出，在传统行业估值体系市场份额、垄断能力中占有重要位置的企业，在互联网行业中将受到快速更替的创新周期的强力挑战。对企业成长性价值进行判断的时候，重要的是确定该企业是否处于创新周期曲线的适当位置。从图 9－28 可以看出，适当的介入机会通常会出现创新的技术萌芽期与预期膨胀期的节点（以下简称“膨胀节点”）以及泡沫破裂期与技术成熟期的节点（以下简称“成熟节点”）。

但是二者存在一定的不同。对于膨胀节点，行业通常出现系统性的价格膨胀机会，市场往往会更强调所谓行业成长性潜力，市场对互联网类创新企业的盈利要求、模式实现等基本要素并无太多强调，此时的估值溢价往往缺乏实际盈利基础，其估值来源往往来自于市场对于传统产业的衰退风险规避和市场对新兴产业的理解偏差（过度乐观），因而对于企业标的个体的选择要求相对较低。此时的介入，却面临着较大的系统性风险。特别是一旦出现流动性紧缩等政策刺激，极有可能使得前期持续无法盈利或产生稳定盈利逻辑的企业迅速被市场抛弃，进而引发连锁反应，诱发系统性行业风险。因此，判断此时投资标的持有周期，除了需要对行业成长性和技术逻辑具有深刻理解能力之外，同时需要具有流动性、经济周期等宏观关键指标的分析能力。

对于处于成熟节点的行业和企业，行业性系统性恶性泡沫已经过去，特别是经过恶性泡沫洗礼而幸存的企业往往具有更加稳定的成长逻辑和盈利逻辑。市场过剩流动资金将重新追逐处于膨胀节点的企业和行业。但是对于投资机会的把握此时将更加需要对投资标的甄别和选择。此时的市场份额、盈利能力、现金流等传统估值框架中的核心因素的重要性将再一次提升。

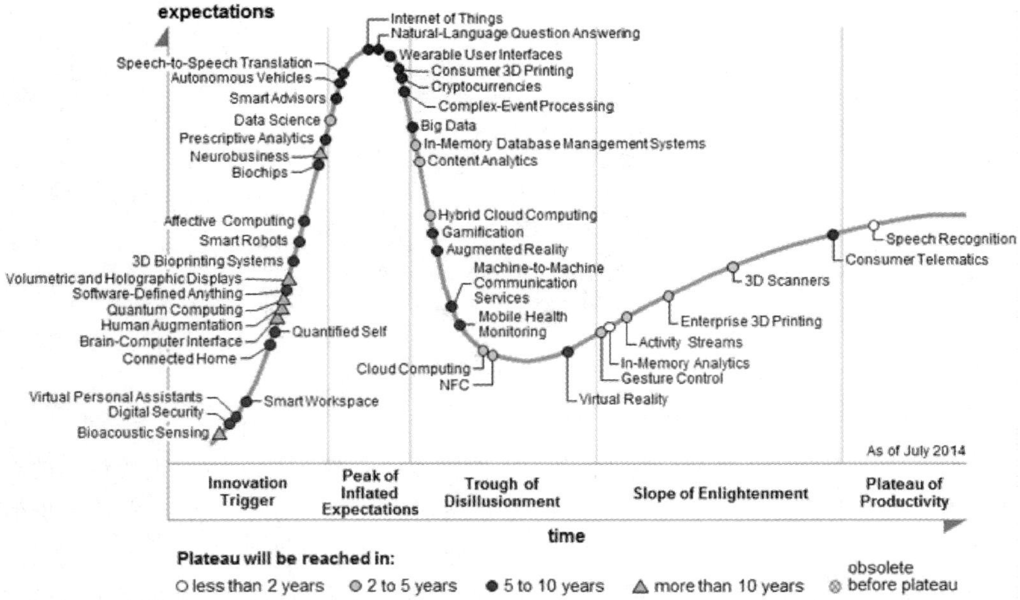

图 9－28　Gartner 2014 年发布创新技术生命周期

资料来源：www. gartner. com。

图 9－29　Gartner 2012 年发布创新技术生命周期

资料来源：www. gartner. com。

特别需要注意的是，互联网类创新行业的创新效率和创新速度都在不断增强，技术的代际更替周期速度将大大加快。从图 9－28 和图 9－29 可以看出，根据 Gartner 发布的创新技术生命周期数据，在短短两年时间内，许多技术的生命周期位置已经发生系统性转移。例如在 2012 年还处在膨胀节点的 3D 扫描技术，在 2014 年就已经迅速到达成熟节点；而大数据技术则由膨胀周期的节点开始进入泡沫破灭周期前端。从上述周期的变化中，我们依然可以从中总结出相应的成长逻辑，即智能化。特别是互联网已经进入物联网时代后，一切技术的核心逻辑都是使得人机交互、人的智能增强、机器智能更加强大。特别是生物晶片（biochip）、3D 扫描器、自然语言问答、内容分析（content analytics）、行动健康监测（mobile health monitoring）、手势操控、活动即时数据（activity stream）、生物特征认证（biometric authentication）、地理智慧（location intelligence）以及语音辨识（speech recognition）等技术，在未来的互联网行业成长中，极有可能爆发出新的成长性投资机会。

2. 货币资产膨胀。除了显著的创新技术属性，互联网行业另一个特征就是对宏观政策特别是货币政策的依赖性。从纳斯达克指数走势来看，美国自 20 世纪 80 年代以来一直推行的货币宽松政策是其增长背后的重要系统性因素。特别是纳斯达克指数的涨幅显著超过了道琼斯和标准普尔指数，表明货币宽松政策对科技类股票的促进作用更加明显。进入 21 世纪以后，货币政策对科技股的影响更为显著。2008 年以来美联储长期推行的低利率宽松政策直接再次催生了纳斯达克科技股的又一波牛市。相关资料见图 9 - 30。

图 9 - 30　1971 年 3 月 ~2015 年 7 月美股主要市场指数与美国利率水平

资料来源：Wind 资讯。

宽松货币政策无疑将增加股票市场的流动性，但是对于互联网等科技类股票具有更加强烈的刺激作用。其背后主要依赖以下两个逻辑：一是互联网企业的盈利路径具有更大的想象空间，在流动新过剩的同等条件下，资本更加倾向于向相关产业集中；二是互联网企业等高新技术企业本身除了极强的技术属性以外，还具有极强的资本属性和媒体属性。尤其是在技术产业模式发展前期，短期内需要极大的资本投入。换言之，互联网行业实质上是资本密集型行业。只有当社会流动性足够充裕时，才有可能向存在极大不确定性的互联网行业投入巨额资本，并形成产业繁荣。因此，在选择互联网行业的投资标的时，除了技术生命周期以外，另一个重要因素就是对流动性周期的判断。一旦宏观经济进入资产膨胀期，互联网类投资标的极有可能进入快速成长通道。

我们对于流动性超发应该理性对待，并不能以放水或者价格刺激等来概括其背后的深层次经济影响。当流动性出现过剩的时候，一方面会使基础型、传统型资产价格出现膨胀；另一方面也会使得原本资本投入稀缺的产业获得充裕的投入支撑。随着流动性膨胀周期的结束，仅仅依靠供需关系、稀缺性逻辑膨胀起来的传统资产价格必将出现大幅回落。但是新兴产业由于充裕的资本投入支持，极有可能成长起来一批新的产业创新增长极。总之，对于社会平均水平而言，大规模的量化宽松带来的不仅仅是资产价格膨胀，也会为系统性的技术更新和创新升级带来机会。

但是这一逻辑的实现也需要一定的条件支撑，即宏观经济的转型需求、基础创新的研究以及传统产业生产效率到达瓶颈极限。美国在20世纪70年代末期进入历史性长周期量化宽松期的一个重要背景就是美国传统制造业已经进入瓶颈期，国民经济支柱产业开始转型。如图9－31所示，20世纪70年代末期美国传统标志性支柱型产业的汽车制造也在同期开始了长周期下行趋势。

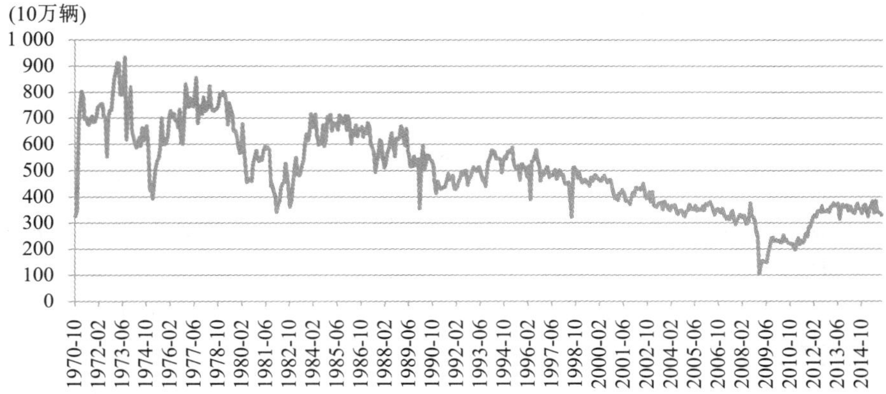

图9－31　1970年10月～2014年10月美国汽车制造产量

资料来源：Wind资讯。

对于中国而言，我们可以通过类似的分析框架来确定是否进入了长周期量化宽松期。中国的利率市场化刚刚完成，货币政策传导机制、利率走廊等政策工具还有待完善，我们在对中国市场流动性的判断时，无风险资产收益率将是主要参考指标。如图9－32所示，自2010年以来，我国货币市场的无风险收益基准指标1年期定期存款利率已经进入周期性下行通道；与此同时，用于衡量传统经济增长模式下实际增长速度的重要参考指标克强指数同样进入了更加严峻的下行周期。基于之前的分析逻辑，中国未来极有可能进入长周期的货币宽松期阶段，而且经济转型与创新驱动的压力也会极大。对标美国自20世纪70年代以来的经济转型路径，我们认为中国股市极有可能进入互联网等新兴技术产业概念为主要引领板块的爆发周期。

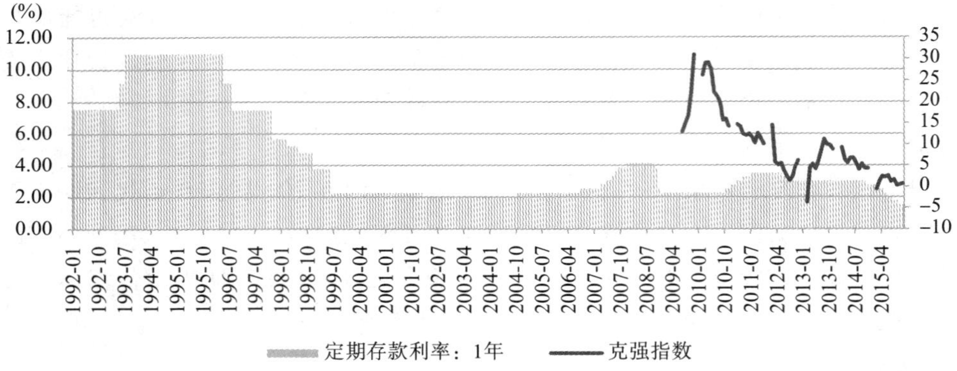

图 9-32　1992～2015 年中国 1 年期定期存款基准利率

资料来源：Wind 资讯。

（三）资本驱动型成长：诺威格定律的突破

互联网行业存在三大著名定律，除了众所周知的摩尔定律、梅特卡夫定律（实质上是幂律定律的一个重要推论），另一个重要定律就是诺威格定律①，即对于市场占有率已经突破 50% 的企业，其成长性将极大降低。如果没有新的市场空间被挖掘出来，互联网企业的流量估值逻辑、用户估值逻辑等都将不再适用。

基于前文的分析，随着一级资本市场对于互联网行业板块的介入加深，单纯使用传统的用户规模、流量、页面 PV 传统方法对互联网企业进行估值往往难以对投资标的未来成长性做出预判。特别是一旦互联网企业的用户数在幂律增长速度停滞以后，必须考虑哪些因素能够提供新的增长逻辑。同时，互联网技术创新的低成本、高效率的特征，对互联网行业的技术发展趋势带来更大的不确定性。对于互联网企业而言，如何将这种技术创新带来的威胁降到最低，尽可能将技术创新转化为自身

① Google 研究院主任、美国计算机协会（ACM）资深会员（Fellow，中文有些地方翻译成会士）、人工智能专家彼得·诺威格博士（Peter Norvig）提出，当一个公司的市场占有率超过 50% 后，就无法再使市场占有率翻番了。这几乎是任何人都懂的大白话，但是却道出了许多跨国公司兴衰的根源。和人一样，公司也有成长的青少年期、稳定的中年期和衰退的老年期。当公司刚刚兴起时，很有朝气，又有领先的技术，市场占有率却很小。整个世界对它来讲几乎是无限大，它只要干好自己的事，就能不断占领市场，以几何级数成长，根本不用担心成长的空间问题。用辛弃疾的话讲，就是少年不识愁滋味。但是，当它占领了大部分市场时，它的成长就受制于整个行业的发展了。而华尔街依然期望着这个新兴公司不断创造奇迹。这时候，该公司就必须寻找新的成长点，才能不断超越华尔街的预期，公司就不得不天天为营业收入忙碌（如果达不到预期会怎么样，我们以后会谈到它的严重后果）。和传统的工业不一样，一个科技公司非常容易早熟，可能用不了几年就成长到饱和状态。

的价值成长来源，将是对未来价值评估的最大影响因素。从目前市场表现来看，最重要的手段是通过资本收购的力量完成对新兴技术威胁的消化。换言之，对于互联网企业而言，对于互联网巨头企业而言，资本的重要性越来越突出。

互联网企业终究也是产品式企业，与传统工作时代企业的不同在于生产“原料”不再是实体物资资料，更多的是依赖“创意”和数据资源的应用能力。每一家成功的互联网企业都必然是在某一特定领域的中研发出具有垄断竞争优势的产品，但是一旦市场进入饱和阶段，其研发新的爆款产品的难度就变得极大。特别是无网络平台转换的过程中，这种新产品的研发往往意味着企业运营体制的大幅转型，不但具有极大的难度，也具有极大的不确定性风险。如果从运营风险角度衡量，诺基亚、柯达等传统巨头的转型失败其实并不意外。在新技术前景尚不明朗的情况下，投资巨大资源、开发对传统优势领域具有极大侵蚀力的新产品，无疑难以在内部管理中获得支持。乔布斯在第二次回归苹果时，第一件要做的事情就是彻底清理原有高级管理团队，以为后来的 iPod、iPhone 等与传统产品截然不同的产品扫清管理层障碍。特别是，iPod、iPhone 等产品与苹果公司原有的家用电脑等产品相比并没有直接市场重叠冲突，更多的仅仅是需要后台支持资源的重新调整。但即便如此，依然需要对原有公司的管理层进行换血式整合。事实上，近几年真正带来颠覆式互联网创新的研发团队，规模都极小，如用户规模已经接近 10 亿人的 WhatsApp 团队，初始团队仅 19 人，即使在用户规模达到 10 亿级，其团队规模也仅仅只有 50 人。

同时，互联网企业的创新具有兼具极强的偶然性和爆发性，一旦发生平台转化和用户需求更新，如果没有及时跟进，极有可能在极短的时间内被颠覆。由于互联网企业的实质依然是基于技术和数据资源的比特式经济，缺乏实体资产资源，一旦出现平台式颠覆，原有的固定资产等资源并不足以应对风险冲击。唯一可以依赖的就是现金资本。因此，通过资本并购等方式，收购未来的潜在的技术创新对手，将是互联网巨头企业的必然选择。对于依然处于资本市场热点领域的互联网行业而言，资本和现金流依然具有一定保障。通过资本并购，拓展新的流量入口和平台类型既是一条捷径，也是加固“护城河”的手段。如图 9 - 33 所示，Facebook 在 2012 年登陆纳斯达克以来，初期股价表现并不令人满意，其中一个重要原因在于 Facebook 的用户数增长已经告别指数式快速增长阶段，如图 9 - 34 所示，截至 2015 年底，Facebook 的用户数已经达到了 15 亿人，基本上已经覆盖了全球可以准入的国家和地区。

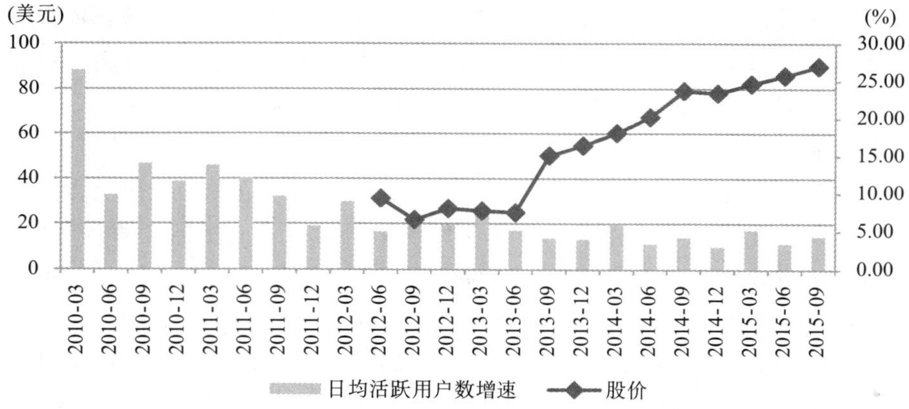

图 9-33　2010~2015 年 Facebook 日均活跃用户数和股价走势

资料来源：Wind 资讯。

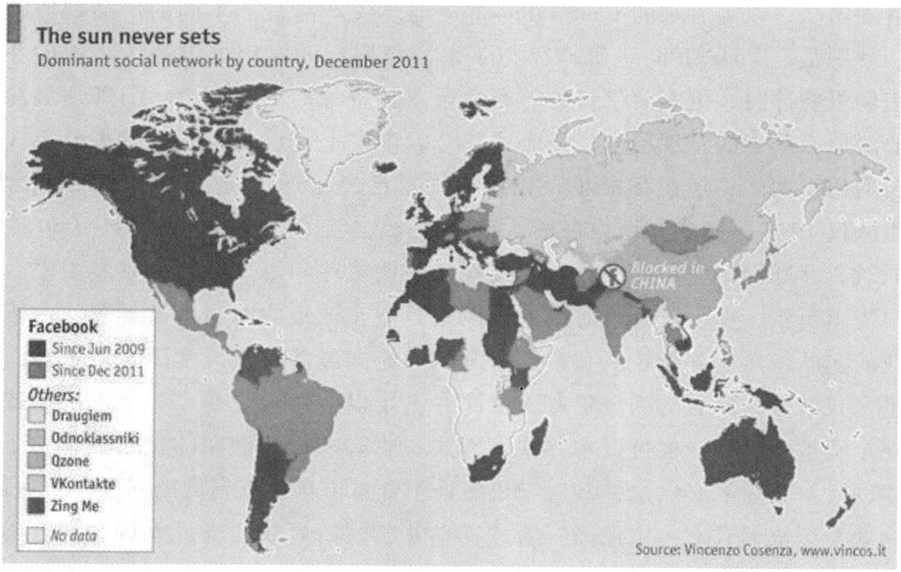

图 9-34　全球网络社交用户分布

资料来源：http：//wallstreetcn. com/node/9294。

对于互联网企业而言，流量和用户数至关重要，但是单一领域的指数式增长将在极短的时间内触碰到增长天花板。如果没有新的具有“爆款效应”的产品创新，Facebook 的用户流量将不足以支撑其高股价水平。

尽管 Facebook 在内部研发中对于大数据、网络基础研发架构等核心技术投入了相当大的精力，但是对于互联网企业而言，上述技术并不能为资本市场带来更直观的想象空间。其核心指标依然是用户、流量。一旦能够通过技术扩张或资本扩张带来新的用户和流量增长入口，资本市场也将迅速做出正面反应。如 2013 年 6 月以来，Facebook 的股价出现了显著上涨，其背后的原因就在于如表 9－3 所示的 Facebook 频繁的收购动作。

表 9－3　　　　2007～2014 年 FACEBOOK 收购企业概况

2007 年 7 月 19 日	收购 Web 新兴企业 Parakey 此为 Facebook 第一次收购
2009 年 8 月 10 日	收购社交聚合网站 FriendFeed
2010 年 2 月 19 日	收购邮件系统开发公司 Octazen
2010 年 4 月 2 日	收购照片分享网站 Divvyshot
2010 年 5 月 26 日	收购文件共享服务 ShareGrove
2010 年 7 月 8 日	收购旅游推荐网站 NextStop
2010 年 8 月 15 日	收购媒体科技创业企业 Chai Labs
2010 年 8 月 21 日	收购社交活动服务公司 Hot Potato
2010 年 10 月 29 日	收购文件分享网站 Drop. io
2011 年 1 月 25 日	收购移动广告创业公司 Rel8tion
2011 年 2 月 26 日	收购招聘网站 Pursuit
2011 年 3 月 2 日	收购消息群发服务 Beluga
2011 年 3 月 20 日	收购移动应用程序开发商 Snaptu
2011 年 4 月	收购将图片转换成 HTML 和 CSS 代码的技术团队 Recrec
2011 年 4 月 27 日	收购纽约数据收集创业公司 Daytum
2011 年 6 月 10 日	收购荷兰软件设计公司 Sofa
2011 年 8 月 3 日	收购电子书制作商 Push Pop Press
2011 年 10 月 10 日	收购社交问答网站 Friend. ly
2011 年 11 月 8 日	收购移动视频和图片编辑应用开发商 Digital Staircase
2011 年 11 月 8 日	收购 HTML5 应用交付网络 Strobe Facebook 收购 Strobe 组建移动开发团队
2011 年 11 月	收购邮件处理公司 MailRank
2011 年 11 月 29 日	收购社交网软件厂商 WhoGlue
2011 年 12 月 2 日	收购基于地理定位社交游戏的网络平台 Gowalla
2012 年 4 月 10 日	收购在线照片共享服务商 Instagram
2012 年 4 月 14 日	收购移动应用 Tagtile

续表

2012 年 5 月 5 日	收购位置发现应用 Glancee
2012 年 5 月 16 日	收购照片分享服务 Lightbox 开发团队
2012 年 5 月 24 日	收购消费者体验研究公司 Bolt | Peters
2012 年 5 月 25 日	收购社交化礼物赠送移动应用 Karma
2012 年 6 月 11 日	收购 Piecable 后并关闭其服务
2012 年 6 月 19 日	收购面部识别技术网站 Face. com
2012 年 7 月 16 日	收购移动书签服务开发团队 Spool
2012 年 7 月 21 日	收购 iOS 应用开发商 Acrylic Software
2012 年 8 月 25 日	收购社交分析工具公司 Threadsy
2013 年 3 月 19 日	收购在线信誉服务 Legit
2013 年 4 月 12 日	收购手机软件开发商 Osmeta
2013 年 4 月 24 日	收购 HTML5 游戏平台 Spaceport 部分团队
2013 年 8 月 13 日	收购语音识别和翻译应用开发商 Mobile Technologies
2013 年 10 月 15 日	收购以色列应用开发商 Onavo
2014 年 1 月 7 日	收购印度安卓应用优化公司 Little - Eye - Labs
2014 年 2 月 20 日	以 190 亿美元收购 WhatsApp
2014 年 3 月 26 日	收购 Facebook 以 20 亿美元收购虚拟现实厂商 Oculus VR

注：根据公开资料整理。

在收购过程中，将 Instagram、WhatsApp 等具有爆款应用特征的产品纳入旗下，重新为 Facebook 的用户和流量增长注入了指数式增长的动力。如图 9 - 35 所示，2014 年 2 月，Facebook 以 190 亿美元的价格收购了新兴移动互联网社交工具 WhatsApp，与此同时 WhatsApp 的用户数再一次开始经历指数式增长。WhatsApp 的指数式增长不仅仅为 Facebook 带来高达近十亿的新增用户，更重要的是也为 Facebook 在移动社交领域拓展全球市场带来了新的突破口。特别是进入 2014 年底后，随着 WhatsApp 的用户数进入爆发式增长，Facebook 的股价也再次创下历史新高。

对 WhatsApp 的并购不仅使得 Facebook 在用户总数上带来了新的巨大增长空间，也使得 Facebook 的市场空间范围极大拓展，Facebook 在美国之外的市场也获得了极大的市场空间。如图 9 - 36 所示，进入 2013 年以来，美国以外的市场就已经开始成为 Facebook 的主要收入来源，其中 WhatsApp 等具有美国以外市场拓展空间的产品功不可没。

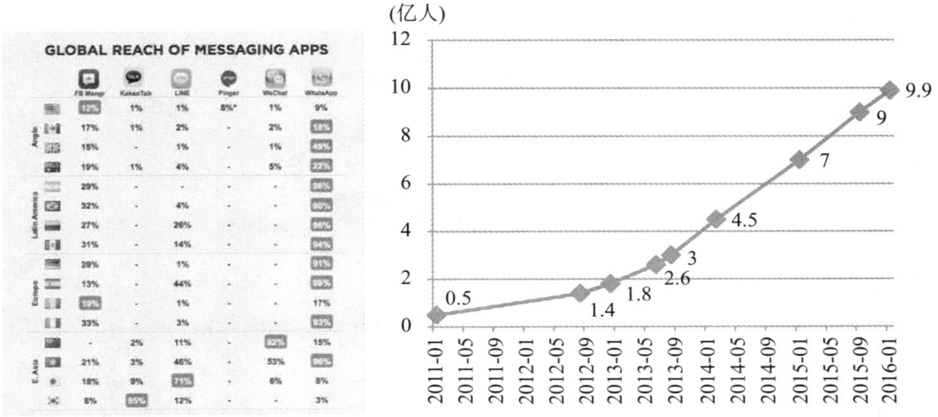

图 9－35　世界各主要国家的主要移动社交工具与 WhatsApp 月度活跃用户数

注：根据公开资料整理。

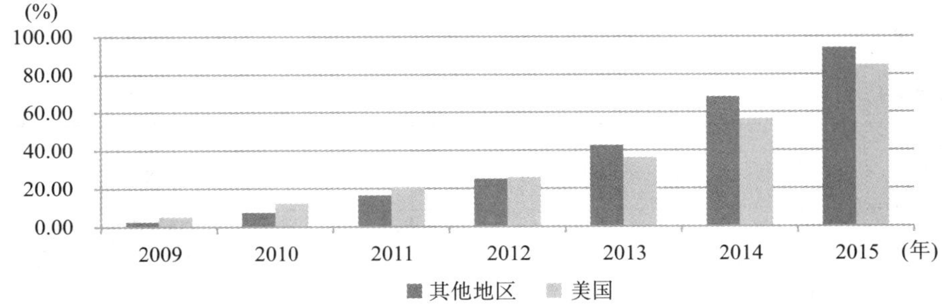

图 9－36　2009～2015 年 Facebook 的收入地区来源分布

注：根据 Facebook 历年年报资料整理。

如图 9－37 所示，Facebook 旗下的主要社交流量来源构成中，通过资本收购带来的 WhatsApp 和 Instagram 提供的贡献率已经占到平台体系中近一半。尽管 Facebook 内的主要研发成果同样具有显著的前沿性和创新性，如开源数据分析工具 Hadoop、大规模数据存储工具 TAO，特别是人工智能分析技术以及开源智能智能硬件平台（Big Sur）具有显著的行业影响。但是对于资本市场而言，上述技术更多的依然是为 Facebook 的社交产品系统平台提供技术支持，无法在短时间内转化为新的流量入口，还不足以成为支撑 Facebook 成长性增长的动力来源。2014 年 3 月，Facebook 再一次收购了虚拟现实（VR）设备厂商 Oculus VR，其意义依然是在于下一次网络平台革命到来之际，拥有新的流量入口。

从某种意义上讲，真正为 Facebook 带来持续增长的已经不仅仅是技术领域的突破，而是来自资本的驱动。换言之，互联网企业越来越呈现出资本密集型行业的特

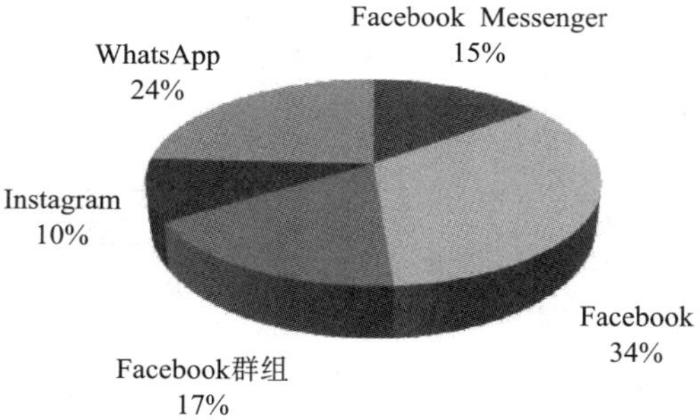

图 9-37　2014 年 Facebook 旗下主要社交应用用户分布

注：作者根据 Facebook 历年年报资料整理。

征。与此同时，亚马逊、谷歌、腾讯、阿里等企业也频繁凭借资本优势大举收购（见表 9-4）。通过资本的力量大举拓展新的流量入口，特别是将可能侵蚀已由客户群体规模和流量规模的新兴企业收入麾下，并保证企业始终站在技术生命周期曲线的上升通道部分。

表 9-4　　谷歌交易金额最大的十起收购案例

收购时间（年）	收购标的	交易金额（亿美元）	交易价值
2006	YouTube	16.50	视频网站
2007	DoubleClick	31.00	在线广告
2007	Postini	6.25	去计算与垃圾邮件过滤
2009	AdMob	7.50	在线广告
2010	ITA 软件	6.76	在线订票软件
2011	摩托罗拉	125.00	摩托罗拉所持专利
2013	Waze	9.66	智能地图与导航
2014	Nestlab	49.00	智能家居
2014	Dropcam	5.55	智能 Wi-Fi 网络摄像头和追踪技术
2014	Skybox Imaging	5.00	卫星图像

资料来源：http://www.chinaz.com/news/2015/0523/408654.shtml#g408654=1。

值得注意的是，中国、美国互联网巨头的收购路线呈现出了一定的差异化。以阿里为代表的中国国有企业收购更加迫切地看重多元场景的拓展。这也是由两个国家的基础经济环境差异决定的。由于中国基础类服务市场存在着相当大的体验和经营成本套利空间，使得生活服务类、商品渠道类互联网模式具有极大的发展空间。如表 9-5 所示，同样是社交类、搜索类行业龙头，腾讯、百度的收购主线更多围绕生活服务、在线教育类、娱乐游戏类平台展开。

表 9－5　　2014 年腾讯、百度的收购、投资主线分布

	腾　　讯	百　　度
一季度	收购电子地图导航公司科菱航睿；投资金融信息平台富图证券；投资香港物流及贸易中心华南城；C 轮投资打车应用“滴滴打车”；B 轮投资 P2P 信用借贷服务平台“人人贷”；B 轮投资手机游戏开发商星创互联；B 轮投资 Android 手机刷机工具刷机大师；C 轮投资旅游预订网站同程旅游网金额 5 亿元（合投）；E 轮投资本地生活消费平台大众点评网 Pre－IPO 投资电子商务平台京东；C 轮投资移动电商平台“买卖宝”；投资韩国手游公司 CJ Games；Pre－IPO 投资房地产 O2O 平台“乐居”；C 轮投资自助建站服务商 Weebly	收购团购网站糯米网；收购在线彩票网站乐彩网；C 轮投资在线教育平台沪江网金；Pre－IPO 投资移动互联网安全公司猎豹移动
二季度	B 轮投资游戏开发商秦天柱；投资电子地图导航公司四维图新；C 轮投资美国匿名社交应用 Whisper；投资本地信息分类平台 58 同城；B 轮投资智能硬件开发商缤刻普锐；天使投资美国人工智能工具 Scaled Interface；天使投资美国移动游戏公司 TapZen	D 轮投资移动游戏开发商蓝港互动
三季度	天使投资 O2O 洗衣服务平台 e 袋洗；投资创建智能在线学习软件微学明日；B 轮投资考研教育辅导公司跨考；投资万达电商；C 轮投资医疗专业社会化网络丁香园；投资香港物流及贸易中心华南城；A 轮投资 O2O 家政服务平台 e 家洁；天使投资美国虚拟现实研发商 Altspace VR；B 轮投资出境游线路服务网站我趣；投资国有石油公司中石化；A 轮投资移动语音直播工具红点直播	C 轮投资线下培训机构万学教育；收购在线教育平台传课网；投资万达电商；A 轮投资在线教育培训机构智课网；A 轮投资芬兰室内导航技术服务公司 IndoorAtlas
四季度	C 轮投资移动电商购物应用口袋购物；C 轮投资医院预约挂号网站挂号网；A 轮投资移动社交应用快看；投资彩票设备及系统生产商华彩控股；天使投资美国蓝牙追踪器生产商 Tile；天使投资美国图片分享应用 Heirloom；投资影视制作公司华谊兄弟；A 轮投资 P2P 快递公司人人快递；投资韩国游戏工作室 4:33 Creative Lab；C 轮投资户外 Wifi 服务商迈外迪；天使投资美国移动游戏视频录制工具 Kamcord；C 轮投资日本游戏工作室 Aiming 金额不详；A 轮投资美国手游开发商 Play Dots）；D 轮投资打车应用滴滴打车	收购巴西最大的团购网站 Peixe Urbano 金额不详；B 轮投资在线视频网站爱奇艺；A 轮投资物流系统服务商（合投）；E 轮投资全球打车应用 Uber 金额不详；天使投资以色列视频捕捉技术开发商 Pixellot

注：作者根据公开资料整理

国内互联网巨头进行企业收购的另一个特征是相似性。尽管社交、搜索、电商等基础业务属性并不尽相同，但是在收购过程中，各家机构都选择相似的标的进行投资。尤其是在生活服务、游戏娱乐等领域，尽管国内风投机构一度声称“选择赛道比选择选手更重要”，但是事实上巨头们的收购逻辑更多地表明：“收购赛道上所有的选手”至少和“选赛道”一样重要。这也是幂律定律所决定的，一旦失去网络的关键节点，极有可能失去整个网络。

总之，由于互联网行业创新的偶然性和爆发性，以及传统巨头企业进行系统性创新方向调整的复杂性，那些已经突破幂律定律作用阈值的企业要想持续保持创新性和成长性，必须借助资本的力量进行并购投入。而决定这种收购力量的持续性则主要由收购标的成长性、企业的毛利率、现金规模决定的。

对于互联网企业而言，成长性是核心，而这也是资本并购逻辑的核心，即选择有成长性的标的，同时保持其成长性（见图9－38）。从国内外巨头的资本并购逻辑可以看出，成长性大致可以分为两类，即技术成长性和市场成长性，即通过占据技术创新的制高点或者通过挖掘新的市场需求痛点来实现。

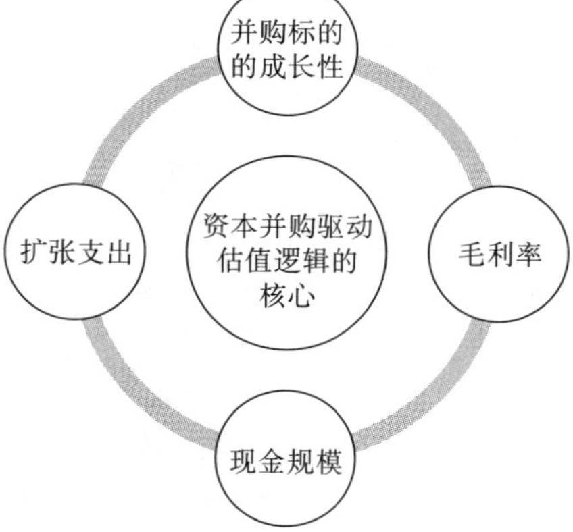

图9－38　资本并购驱动估值逻辑的核心

对于其是否占据了技术创新的前沿制高点，可用前文提到的Gartner创新曲线来对照。但是对于是否能够挖掘出新的市场痛点，更加依赖于市场敏感性和对消费者心理、行为演化的深刻理解和洞察。从目前的发展趋势来看，互联网行业已经告别基础设施平台的搭建时代，以操作者为主导的人机交互式的入口构建也已经基本完成，未来的发展趋势将是以人机一体化终端为主导的新型网络入口构建。但是其具体市场场景和实现形式依然存在较大的不确定性。因此更加需要充裕的现金来维持创新创扩张（收购与研发）。同时，即使成功选择到能够带来幂律式成长的标的，其维护成本依然可观，大量的互联网企业在进行业务拓展时，海量“烧钱式”补贴的广泛出现就是典型体现。因此对于互联网企业，关注的重点事实上应该放在以现金为核心的资本状况上。

1. 收购标的的成长性。对于资本驱动式增长，对其价值的评估主要体现在于收购标的是否具有足够的成长性，同时这种成长性是否能够与原有产品和平台的成长性兼容互补。根据成长性爆发的周期性，可以具体分为图 9 – 39 所示的几个方面。

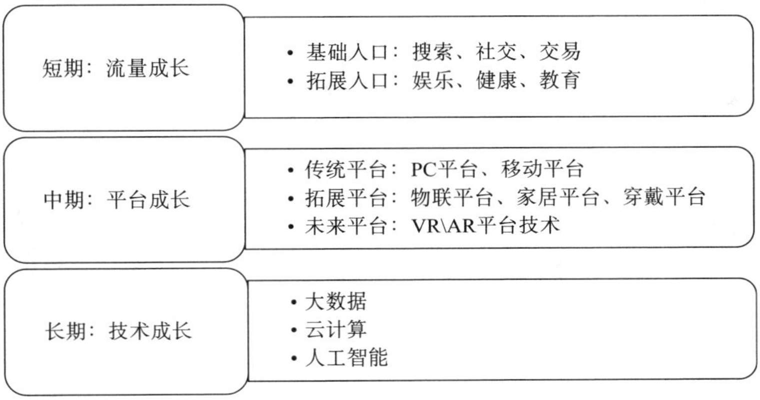

图 9 – 39　互联网企业收购标的的成长性分类

其中，从国内互联网巨头的收购趋势来看，短期性流量成长依然是重要收购动机，特别是通过对多元互联网应用场景的布局，最大限度地向对手进行竞争渗透，加固护城河。但是这种模式存在一定的局限性，即市场想象空间有限，更多的是使市场份额和流量份额加速向诺维格定律的天花板冲刺，却很难形成突破。特别是传统生活服务类产品平台利润来源并不丰厚，很难带来更大规模的持续想象空间。从美国互联网巨头的收购分布标的来看，真正爆发性成长性更多集中在中期性成长和长期性成长的标的中。

更为重要的是，随着互联网企业在收购、并购过程中资源的不断流入，虚拟现实、人工智能等当下并没有十分成熟的应用场景的技术，其成熟期将加速到来。而“烧钱”补贴等形式的支出，除了抢占市场份额的意义外，更重要的是重新塑造消费者的行为习惯。随着技术的加速成熟和消费者行为的重新塑造，极有可能使得目前并不成熟的技术获得广泛的应用场景。

2. 扩张支出：亚马逊悖论的资本视角解读。对于互联网企业而言，资本性扩张已经是成长性竞争优势获得的重要手段，也是自我保护的方法，因此扩张性支出的比重将对互联网企业的估值判断具有重要作用。

如图 9 - 40 所示，从营业收入增速来看，近几年谷歌已经告别了高增长阶段，但是谷歌的股价依然给出了强劲表现，其中资本驱动的力量不可忽视。在谷歌营业收入增速放缓的同时，谷歌的收购性资本支出依然保持了高位水平。通过持续不断的资本性投资支出（例如引人注目的对智能家居企业 NEST 的收购），谷歌在智能家居、可穿戴设备、人工智能、自动驾驶汽车等诸多领域拓展出了极大的想象空间。事实上，谷歌至今已经很难被定义为一家以搜索为核心的互联网企业，多元化的收购行为已经使得谷歌成为前沿科技创新公司。

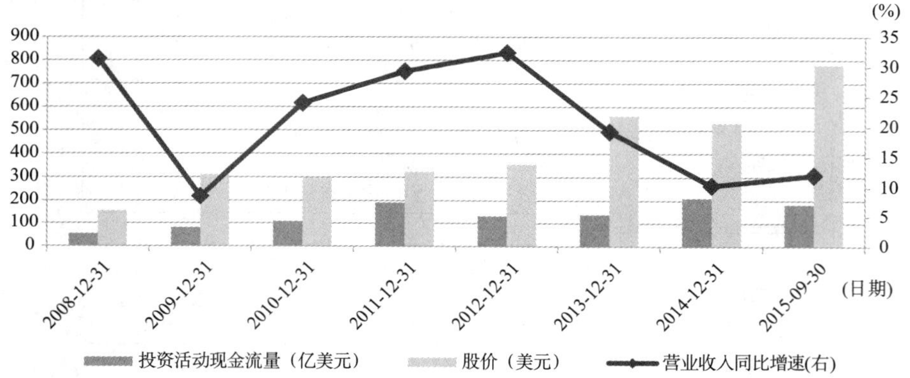

图 9 - 40　2008 ~ 2015 年谷歌投资支出、股价与营业收入同比增速比较

注：根据谷歌历年财报整理。

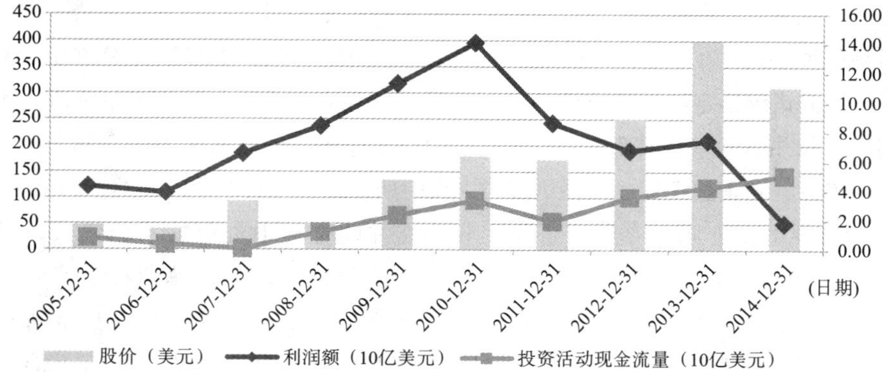

图 9 - 41　2005 ~ 2014 年亚马逊利润率、股价与投资支出

注：根据亚马逊历年年报整理。

关于资本市场一直以来流传的所谓“亚马逊”悖论事实上也可以由资本驱动逻辑得以解释。如图 9 – 41 所示。尽管亚马逊的利润率①常年走低，但是亚马逊的投资性资本支出却常年保持了极高的增长率。通过资本性收购投资活动，亚马逊极大巩固了自己在出版、物流等领域的优势，这也是支撑“亚马逊悖论”的重要逻辑之一。相关资料见表 9 – 6。

表 9 – 6　　2000 ~ 2014 年亚马逊主要收购标的及方向

领域	时间（年）	标的	拓展方向
音频技术	2000、2008	Auidble	数字音频供应商
	2007	Brilliance	音频出版公司
图书出版	2005	Mobipocket	电子书出版
	2005	Booksurge	自助出版
	2009	Lexcycle	电子书软件
	2009	Creatspace	自助出版
物流	2012	Kiva System	自动物流
屏显技术	2013	Liquavista	电湿润显示
游戏	2014	Double Helix Games	游戏

注：根据亚马逊历年年报整理。

3. 利润率与现金规模。基于资本驱动的逻辑，并购扩张活动得以持续，对于互联网企业而言至关重要。但是如何保证资本驱动模式得以继续，则是另一个关键问题。利润率是保证企业资本驱动式扩张得以维持的重要基础。

如图 9 – 42 所示，支撑互联网巨头企业大举进行资本式扩张的基础在于，其主营业务具有极高的利润率，特别是与通常认为的高利润行业军工行业、制药行业的龙头企业相比较，其利润率依然非常可观，以此保证了充足的现金流量。这一方面是由互联网企业的轻资产规模特点决定的，另一方面也是互联网企业市场份额突破阈值后的垄断溢价体现。

4. 资本驱动式扩张的风险。尽管资本驱动式扩张是互联网企业扩张的重要模式，也是互联网行业越来越呈现出的资本密集型特征的重要体现，但是并不是所有的扩张必然能够带来成长性发展。其隐患存在于两个方面：

① 这里采用的是亚马逊的营业利润与主营业务收入之比，如果以税后、息后净利润来计算，亚马逊的利润经常为负。

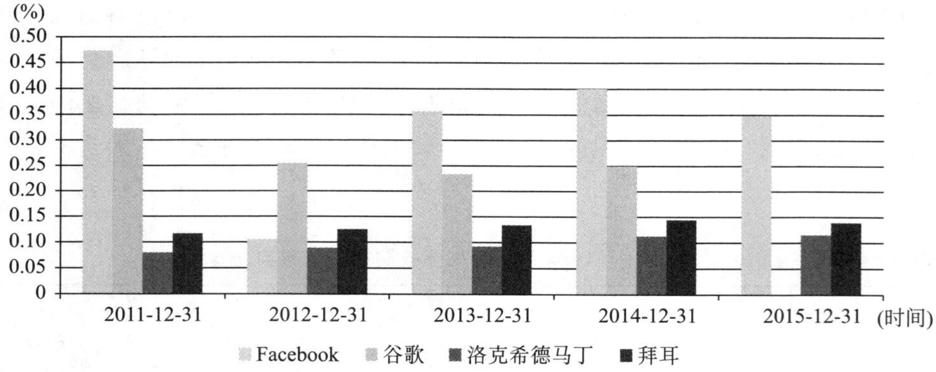

图 9－42　Facebook、谷歌、洛马、拜耳的利润率比较

注：根据各家公司历年财报整理。

第一，扩张收购标的的潜在风险。这主要体现在两个方面：一是收购标的的业务板块和业务模式与原有业务模式的互补性不强，不足以支撑股价的持续上涨；二是收购标的本身并没有站在创新周期曲线的成长端或爆发端，发展潜力有限。在这一点上，阿里巴巴的收购路线最明显（见表 9－7）。阿里集团的收购扩张最早可以追溯到 2005 年，但是从阿里集团收购标的的归宿来看，真正对阿里集团本身业务板块产生贡献的并不多，仅微博、陌陌、快的打车、优酷等几家。这其中除了快的打车已经事实上形成了市场垄断优势之外，剩下的几家都没有具有绝对垄断性优势。

表 9－7　　阿里集团的收购标的龙头

收购标的类型	收购时间	收购标的	标的现状
互联网基础技术平台	2005 年 8 月 14 日	Yahoo 中国	已被废弃
	2010 年 1 月	搜狗	搜狗进行了回购，与腾讯合作
生活服务类	2006 年 10 月 26 日	口碑网	已经不复存在
	2011 年 7 月 7 日	美团	已经退出
	2013 年 4 月 10 日	快的打车	已经垄断了打车市场
	2013 年 5 月 ~2014 年 4 月	高德地图	成为阿里全资子公司
电子商务综合服务	2009 年 9 月 28 日	中国万网	与阿里云合并
	2010 年 1 月 24 日	宝尊电商	
	2010 年 5 月	VENDIO	
	2013 年 11 月	深圳一达通	
互联网平台	2011 年 8 月	陌陌	1.5 亿用户，2 000 万活跃用户
	2013 年 4 月	微博	
	2013 年 8 月	UC 浏览器	成为阿里移动事业部

续表

收购标的类型	收购时间	收购标的	标的现状
娱乐生活类	2014 年 3 月 20 日	Tango	
	2013 年 1 月	虾米音乐	
	2013 年 9 月	新浪视频	执照被吊销
	2014 年 3 月	文化中国	更名为阿里影业
	2014 年 4 月	华数影视	
	2014 年 4 月	优酷土豆	
	2014 年 6 月	恒大足球	
	2014 年 6 月	21 传媒	
	2014 年 8 月	Kabam	
金融	2014 年 3 月	天弘基金	
	2014 年 4 月	恒生电子	
物流	2007 年	百世物流	
	2010 年 3 月	星辰急便	已经濒临倒闭
	2012 年	日日顺物流	
	2013 年	新加坡邮政	

注：根据公开资料整理。

例如，陌陌与微博虽然是阿里集团进入社交网络的重要切口，但是在幂律规律的作用下，面对微信和 qq 的竞争，二者都没有形成有效的竞争优势。微博作为新型媒体发布形式的作用愈加凸显，但是在社交领域其作用已经开始淡化（见图 9 - 43）。

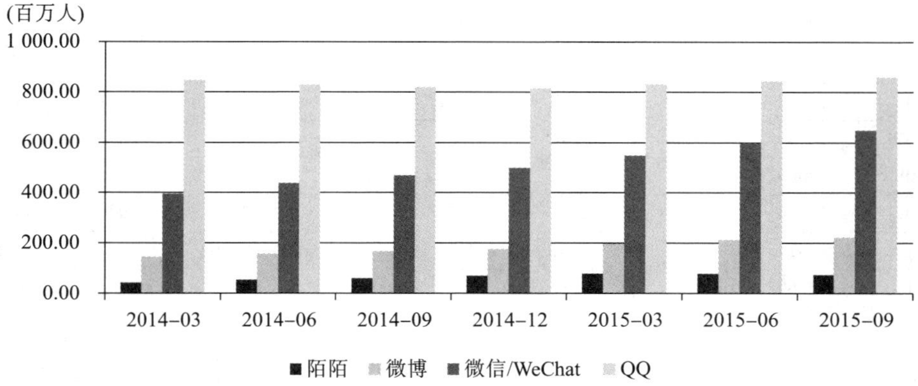

图 9 - 43　2014 年 3 月 ~2015 年 9 月中国要社交应用平台的活跃用户数规模

注：根据各公司历年财报整理。

而优酷在线娱乐视频市场中尽管具有一定的稳定市场份额，但是现代互联网视频娱乐对于自媒体、版权资源等要求远高于平台流量等因素。目前各主要视频网站，包括优酷、土豆、爱奇艺、搜狐、腾讯等，从竞争模式上而言并没有明显的差异化。四足鼎立的格局将极有可能持续很久。纵观阿里收购路线图中最具有成长性想象空间的将是金融板块，但是这一部分已经被并入阿里金融（蚂蚁金服）板块中，而且在风险、政策、业务模式等多方面压力的紧逼下，互联网金融的发展确实依然存在一定的不确定性。因而，从阿里巴巴上市以来的表现来看，股价上涨乏力，除了核心的电商平台，市场并没有获得更大的、有说服力的想象空间。

更为重要的是，这种抢地盘式的收购背后缺乏足够的技术创新基础，极易造成市场同质化竞争，大大降低利润率；同时，在各方博弈的过程中，也极难获得垄断市场份额。

第二个风险来自扩张对于现金流的压力。这一点突出体现在亚马逊身上。尽管亚马逊的扩张对于其成长带来极大支持，但是也对亚马逊的现金流带来了极大压力。如表9-8所示，尽管亚马逊的利润率和利润规模远低于谷歌，但是亚马逊的负债压力却明显大于谷歌。特别是流动负债的规模极大，对于亚马逊的现金流管理能力提出了极高的要求，成为亚马逊最大的经营隐患。如果亚马逊的创新扩张迟迟不能带来稳定收益，则如此高的负债压力将极易受到宏观政策、金融市场等方面的冲击，增加不确定性。

表9-8　2006~2014年亚马逊、谷歌现金与负债情况比较　（单位：亿美元）

项目/数据/年份	亚马逊				谷歌			
	现金	流动负债	长期借贷	总负债	现金	流动负债	长期借贷	总负债
2006	10.22	25.32	12.67	39.32	35.44	13.04	0	14.33
2007	25.39	37.14	13.44	52.88	60.81	20.35	0	26.46
2008	27.69	47.46	5.33	56.42	86.56	23.02	0	35.28
2009	34.44	73.64	2.52	85.56	101.97	27.47	0	44.92
2010	37.77	103.72	6.41	119.33	136.30	99.96	0	116.10
2011	52.69	148.96	14.15	175.21	99.83	89.13	29.86	144.29
2012	80.84	190.02	38.30	243.63	147.78	143.37	29.88	220.83
2013	86.58	229.80	51.81	304.13	188.98	159.08	22.36	236.11
2014	145.57	280.89	124.89	437.64	183.47	168.05	32.28	266.33

注：根据各家公司历年财报整理。

第三，资本扩张能否尽快在其所在领域构建起垄断优势。尽管 Facebook 在收购 WhatsApp 的时候所给予的 190 亿美元的天价一度令市场产生焦虑，但是事实证明 WhatsApp 在移动社交领域的扩张为 Facebook 带来了极大的成长空间；同时，通过与 Facebook messenger 的配合，基本上完成了除了中国、日本、俄罗斯等几个国家外的世界范围内的对移动社交领域的垄断。但是并非所有的收购都能够带来这样的垄断性收益，原因有二：一个是前文所分析过的国内互联网视频娱乐领域，各家互联网巨头的收购更多的只是在这一领域抢占地盘，但是视频娱乐行业的渠道价值属性其实极低，即优质内容的价值远远高于渠道（见图 9－44），因此，在这一领域达到完全垄断难度极大。二是对于新技术的投资本身具有较强的不确定性，无论是市场对象还是盈利模式，很多时候尚处于模糊状态，市场的反应也大都以观望为主，难以在短期获得更大的提升。

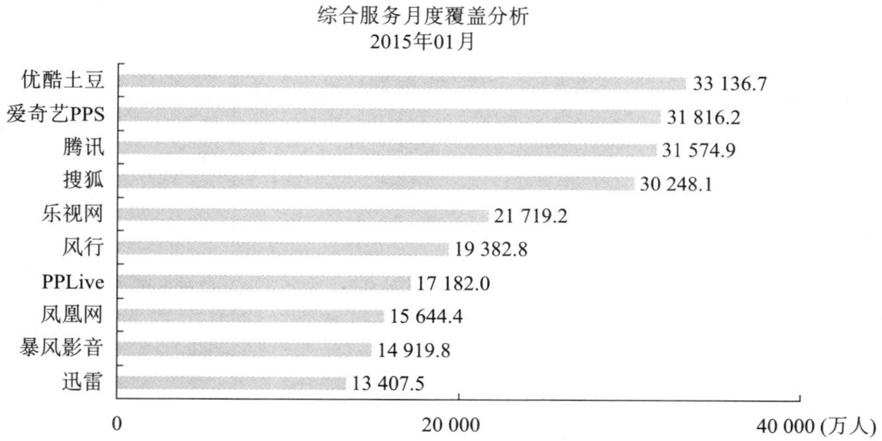

图 9－44　2015 年 1 月国内各主要视频服务网站市场分布

资料来源：I Research。

因此，对于资本驱动式扩张，必须对其扩张方向和逻辑有准确判断，特别是对于其是否能够在特定领域构建起垄断优势予以关注，也必须就扩张对企业经营本身带来的现金管理压力给予充分重视。

（四）价值规模确定：对标产业＋衍生空间

无论是互联网企业还是传统企业，资本市场的终极估值逻辑都是最终经营利润的长期贴现价格。所不同的是，互联网企业的经营利润模式不如传统产业清晰，特别是在虚拟网络环境中，市场边界、行业边界都变得极其模糊。同时，互联网产品的成本带有极强的零边际成本特征，即一旦市场规模和基础服务达到一定的规模水平，对于新增加的服务需求和产品需求基本上已经不会增加更多的边际成本。由此，也对互联网行业给予了极高的估值空间。

但是不同的行业和产业存在不同的成长逻辑空间，而这种区别往往也会为估值带来巨大差异。根据目前互联网行业类别及其成长逻辑分类，可以将互联网行业的价值来源和估值方法应用划分为表 9－9 所示的几个类别。

表 9－9　　互联网行业的价值来源分类以及估值方法应用

	直接替代型对标	衍生型对标	衍生跨界
价值来源	渠道价值	关联价值	创新价值
估值判断	对标行业直接价值和垄断溢价价值	关联产业价值	新兴产业价值
典型案例	电商类、媒体社交类	蚂蚁金服、优步、亚马逊	谷歌、微软、腾讯、Facebook
缺陷与不足	市场成长空间有限，对标目标过于清晰	成长空间广阔，但是成长周期长，具有一定的不确定性	想象空间巨大，但是创新风险显著对标的企业的资金运营能力、创新核心技术能力要求较高
估值核心	市场规模计算	关联市场规模计算	创新市场规模估算
估值难点	缺乏对未来趋势的想象空间，需回归传统价值估值体系	成长模式面临不确定性	盈利来源不清晰，对潜在替代性和风险性难以准确把握

1. 直接替代对标型：阿里、微博。在三种价值来源分析中，直接替代型对标应用最直接。特别是对电商类行业的价值空间最贴切。以阿里为例，尽管阿里集团通过并购等多种手段广泛收过了多家不同领域、不同行业的机构、企业，但是从主营业务收入构成来看，阿里的营业收入依然主要来自于电子商务，尤其是国内电子商务（见图 9－45）。

国内电子商务的行业价值来源主要来自于电商渠道替代，即淘宝、支付宝等业务实质上是将原有的实体销售渠道的价值进行转移。因此，阿里的对标价值可以通过原有线下商务渠道价值予以评估。

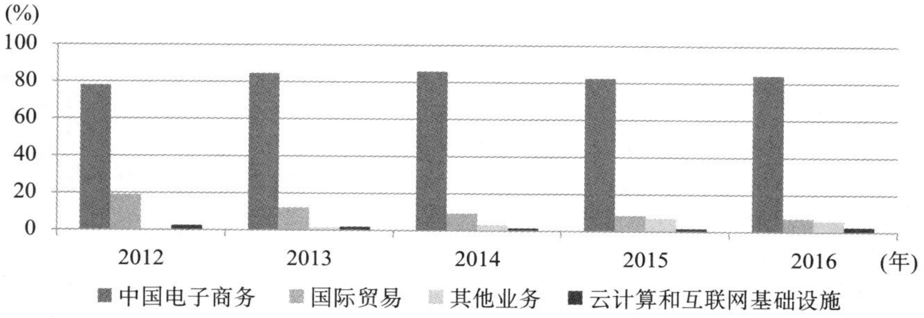

图 9－45　2012～2016 年阿里巴巴主营业务收入构成

注：根据阿里历年年报资料整理。

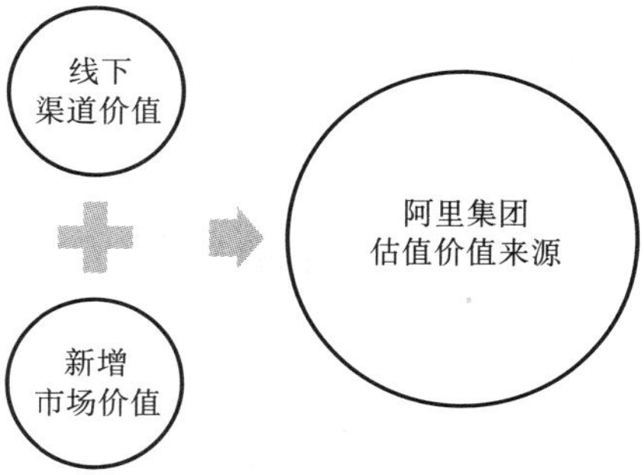

图 9－46　阿里集团的价值来源逻辑

阿里的价值来源主要是原有实体渠道价值向线上渠道价值（即网络电商业的成本支出）的转换（见图 9－46）。其中，决定其未来收入来源的将是两个因素：一是电商行业的成长性；二是阿里在电商行业中的相对位置。如图 9－47 所示，中国网络零售业在社会零售额中的占比基本已经稳定在 10% 左右；同时，阿里的收入占中国网络电商总成本支出的比重在 13% 左右，即阿里面对的市场规模已经基本固定，收入规模也可以估算出来。尽管收入稳定，但是价值成长空间已经比较有限。

在阿里基础服务技术领域如果没有出现革命性突破的前提下，单从阿里的电商业务逻辑角度出发，我们认为，其盈利估值的进一步增长空间来自于国际化扩张，特别是在新兴市场（印度、巴西等）国家和传统发达国家（美国、欧洲）的扩张。

在新兴国家市场的扩张基础在于上述国家的增长路径与中国早期电商市场具有一定的特征契合性，即人均收入开始大幅增加、基础设施建设开始完善以及其本身的电商市场发育并未充分完成。例如印度最大的电商平台 Flipkart 和 Snapdeal 分别

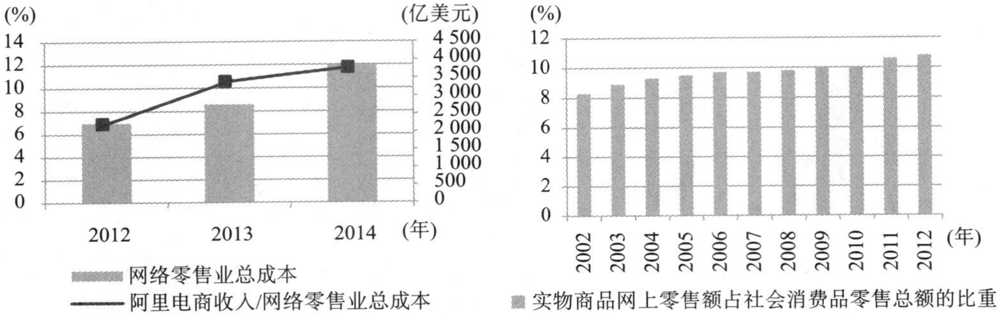

图 9－47　中国网络零售业成本规模与及其在社会零售中总占比与
阿里电商收入网络零售业总成本中占比

资料来源：Wind 资讯。

仅估值 150 亿美元和 70 亿美元，整个电商年销售收入约 70 亿美元，不仅较之于亚马逊等巨头存在巨大差距，较之于印度本身巨大的人口基数、极其年轻的人口年龄结构①和稳步增长的经济规模而言，这一估值显然没有充分体现印度市场所蕴含的巨大潜力。2015 年 8 月，阿里向 Snapdeal 进行了 5 亿美元的投资。同时，印度市场的第三大巨头就是亚马逊的印度分公司。尽管竞争态势相当激烈，但是市场潜力远远没有被开发出来。

在欧美市场扩张的逻辑基础来自于商业创新模式红利与世界经济格局的变迁。欧美国家的高福利环境，使得基础人力资源密集型、销售渠道型服务存在较大的制约。因而对于电商企业而言具有较大的增长潜力。这一点在欧洲尤其明显。美国的互联网产业尽管强大，但是美国作为全世界最大的移民流入国②，人口年龄结构长期保持在较为年轻的状态，使得美国将是发达国家中电商需求最为稳定的市场。2015 年 2 月，阿里收购 Groupon 3 300 万股普通股；随后，资本市场对阿里的这一国际化举措予以了正面回应。2016 年 2 月 17 日，阿里股价大涨 8.87%，而 Groupon 则在股价长期低迷之后大涨 41%（见图 9－48）。

① 2014 年印度人口 12.7 亿，占世界人口 17.5%，同时人口年龄结构及其年轻，并且还有不断年轻化的趋势，据估计到 2020 年，印度人口平均年龄可能仅 20 岁。资料来源：http：//www.renkou.org.cn/countries/yindu/2015/3786.html。

② 2013 年世界移民输入国前五：美国：45 785 000 人；俄罗斯：11 048 000 人；德国：9 845 000 人；沙特：9 060 000 人；阿联酋：7 827 000 人，资料来源：http：//www.199it.com/archives/216052.html。

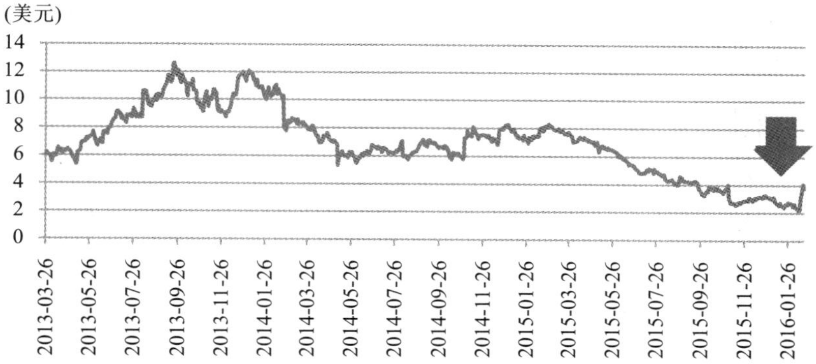

图 9－48　2013 年 3 月～2016 年 1 月 Groupon 股价走势

资料来源：Wind 资讯。

2. 衍生对标型：亚马逊、优步。衍生对标型是指对标市场边界具有较强的扩张性和不确定性，特别是与直接对标替代性相比而言，市场规模价值的想象空间更大。这一类型企业的主要代表就是亚马逊和著名“独角兽”优步。

亚马逊以互联网电商起家，但是支撑其股价维持高位的估值来源并不仅仅是传统渠道价值的替代效应和商品消费行为的刺激。如图 9－49 所示，美国传统零售业的龙头沃尔玛在互联网大潮的冲击下并没有受到颠覆性冲击。尽管其股价水平与互联网巨头企业相比存在巨大差距，但是其本身依然保持较为稳定的发展趋势。同时，从经营状况来看，沃尔玛的经营扩张步伐并没有陷入停滞，唯一不足的是净利润规模出现一定下滑，但营业收入总额依然维持增长势头。这表明亚马逊对沃尔玛等传统行业的直接对标替代效应并不明显，因此不能通过对传统销售行业的价值替代作为亚马逊未来的价值成长空间预估。

事实上，亚马逊的收入结构也印证了这一点（见图 9－50）。从 2006～2015 年的亚马逊的收入中，电子产品、媒体、网络服务、其他服务等综合网络服务的比重已经占据主要位置。换言之，亚马逊与其说是一家线上零售渠道商，倒不如说是一家综合网络服务运营商。

事实上，亚马逊目前最有成长价值的核心业务板块并不是零售，而是 prime 会员、以 kindel 为核心的硬件产品体系，以及为亚马逊带来最大成长性想象空间的——云服务（见图 9－51）。

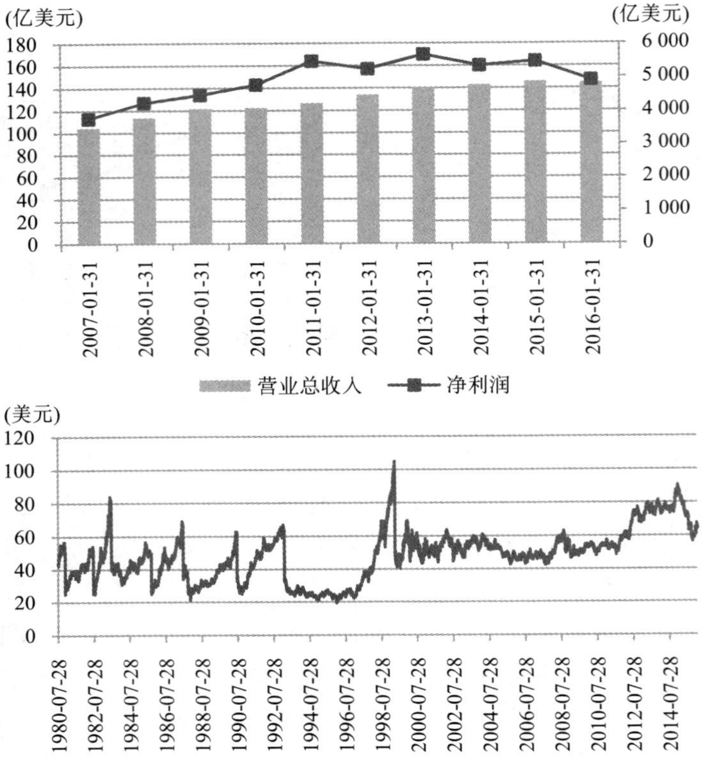

图 9－49　沃尔玛经营状况与股价走势

资料来源：Wind 资讯。

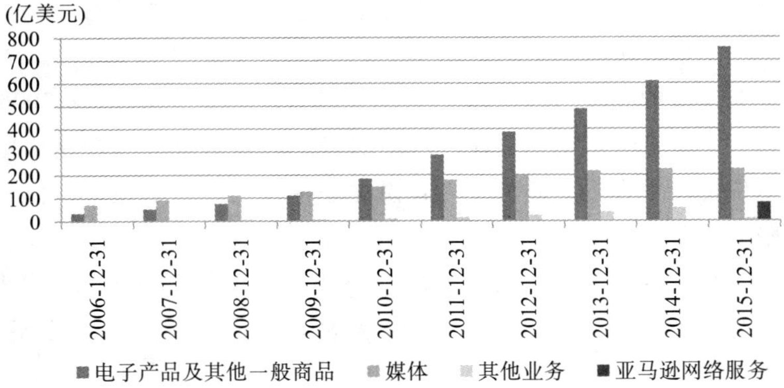

图 9－50　2006～2015 年亚马逊收入结构

资料来源：Wind 资讯。

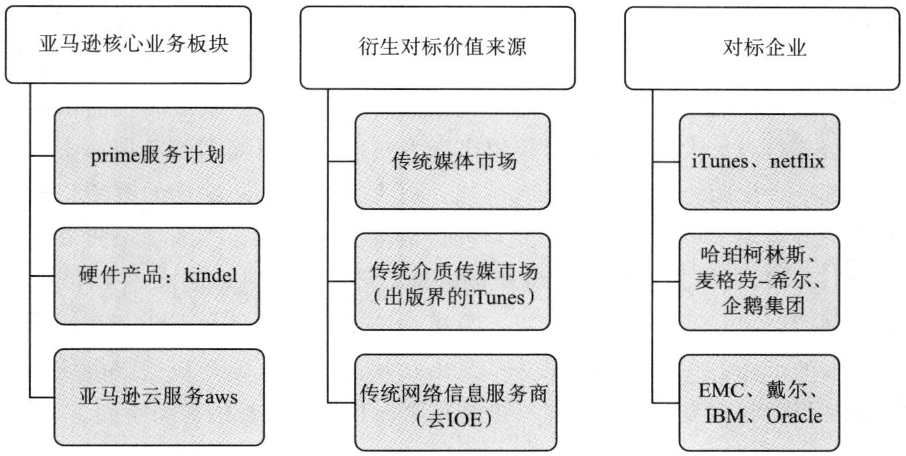

图 9-51　亚马逊的核心业务板块与对标领域价值来源

prime 的服务核心是快速送货服务和媒体资源分享服务。一旦客户花费 79 美元购买了亚马逊的 prime 服务，则可以享受到隔日送达和亚马逊平台拥有的海量媒体资源服务。其中，快速送达服务是传统零售渠道服务的拓展。从商业模式价值链的角度来看，单纯渠道类服务价值存在递减趋势，除非可以通过利用现有的服务取代基础，引入更加多元化的店家入住。这是整个电商平台生态化。但是这一点并不足以概括 prime 的未来价值空间。我们认为，prime 服务的真正衍生对标空间在于网络媒体入口价值。即通过 prime 绑定大量消费者，并进而绑定其对媒体资源的消费习惯，将媒体资源的分享入口由 iTunes、netflix 等“传统”[①] 网络媒体平台转向亚马逊。尽管亚马逊从不公布 prime 用户数据，但是根据市场调研机构 CIRP 的数据资料显示，截至 2014 年，prime 的订阅用户就已经达到了 1 750 万人，不仅为亚马逊带来了稳定的现金流收入，事实上还建立了一个新的媒体资源消费生态平台。

以 kindel 为代表的硬件产品是亚马逊的另一个核心业务板块。从表面上看，亚马逊的 kindel 业务是一次硬件销售行为，但是其实质上是传统纸质媒体数字化的催化剂。尽管亚马逊以销售纸质书籍起家，但是对于纸质媒介的衰落，亚马逊的对策是如果不能阻止趋势的发生，就亲自加速其到来，即通过推出 kindel 等数字信息媒

① 更加传统的实体唱片业在上一波互联网时代的冲击下，已经被 Napster、iTunes 等彻底改造。

介，加速纸质书籍的消亡①，并在这一过程中抢占新的信息载体平台。更为重要的是，一旦信息资源彻底数字化，出版发行业的生态环境将有可能迎来一次新的洗牌。传统纸质出版时代的规则是否适应数字化出版时代的要求？纸质时代的出版环节一旦被自出版等行为大大简化之后，传统出版发行巨头的利润来源从何而来？这些问题既为传统纸质出版企业提出了巨大挑战，更为拥有 kindel 这样的数字化资源平台入口的亚马逊提供了更为丰富的想象空间。需要指出的是，尽管亚马逊在推出 kindel 的时候，其初衷很大程度上是希望能够通过不断丰富 kindel 硬件功能使得其与 iPad 等硬件产商展开竞争，并错位切入平板电脑市场，但是如表 9 - 10 所示，亚马逊平板电脑的市场占有率一直以来并不突出，并且随着全球平板电脑市场的增长趋势放缓，平板电脑本身并不能为亚马逊带来更加具有成长性的想象空间。

表 9 - 10　2014 ~ 2015 年全球主要平板电脑品牌市场占有率　（单位：%）

Ranking	Brand	2014 年	Brand	2015 年	Brand	2016 年
1	Apple	33. 0	Apple	29. 4	Apple	25. 0
2	Samsung	21. 4	Samsung	19. 9	Samsung	20. 0
3	Lenovo	5. 6	Lenovo	5. 8	Lenovo	5. 7
4	ASUS	4. 2	Amazon	3. 3	Amazon	3. 5
5	Amazon	2. 0	ASUS	3. 2	ASUS	3. 3
	Others	33. 9	Others	38. 5	Others	42. 5
Shipment Total（Unit：M）		192. 0		168. 5		151. 8

注：平板电脑定义为 7 吋 1024 × 600（含）以上产品，不包含 2 - in - 1 PC。　Android. tgbus. com

Source：TrendForce，Jan.，2016

资料来源：http：//android. tgbus. com/apad/padnews/201601/538168. shtml。

对于亚马逊而言，目前支撑其高市盈率、高股价的最大成长性想象空间的来源毫无疑问就是亚马逊强大的云计算服务。作为电商平台，数据资源整合能力无疑是关键能力。2000 年，亚马逊推出了 Merchant. com，为 Marks & Spencer 一类的零售商搭建在线商店。为了应对该项目带来的背后繁复数据处理工作，亚马逊开发了一系列分布式计算架构和数据存储逻辑，在服务器实现远程（云端）数据存储和计算。随后，将该项技术作为市场化产品推向公众，大受欢迎。根据美国知名投行 Pacific

① 尽管我们并不认为纸质媒介会立刻彻底消失，但是作为一种信息传播载体，纸质书籍、杂志将在很大程度上被数字化平台所替代，将是不可逆转的。

Crest Securities 的研究调查，Amazon 的 AWS 业务收入 2014 年达到 49 亿美元，2015 年将增长到 67 亿美元。如图 9－52 所示，亚马逊在云计算服务领域已经处于市场领先位置，并与 IBM、微软、谷歌相比其优势在逐步扩大。

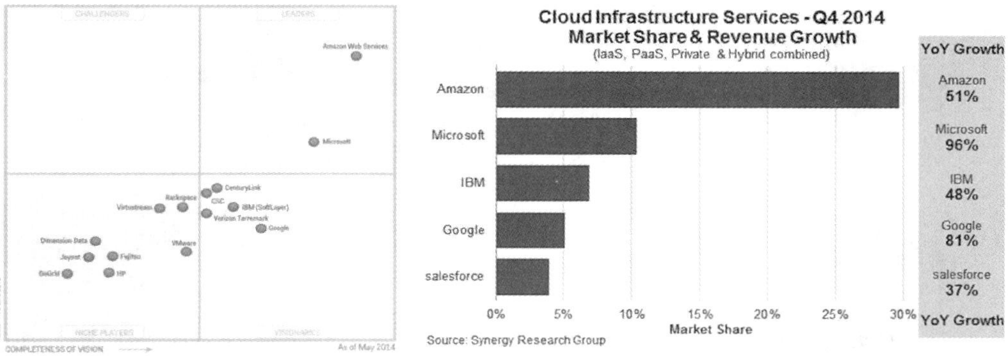

图 9－52　Gartner 公司发布的 2014 年 IaaS 魔力象限与亚马逊市场份额

资料来源：http：//www. chinacloud. cn/show. aspx？ id＝19289&cid＝11。

更重要的是，云计算并不仅仅是降低客户成本、提高数据关联效率的工具性服务，其背后蕴含的商业逻辑实质就是去 IOE，即通过云端服务的完善，最终实现对传统数据服务（IBM）、软件（Oracle）、硬件（EMC）的全面替代。尽管截至目前，云计算市场规模仅为 203.9 亿美元，但是如果考虑到云计算服务对 IOE 市场的替代逻辑，其市场成长空间将极具增长潜力（见图 9－53 和图 9－54）。

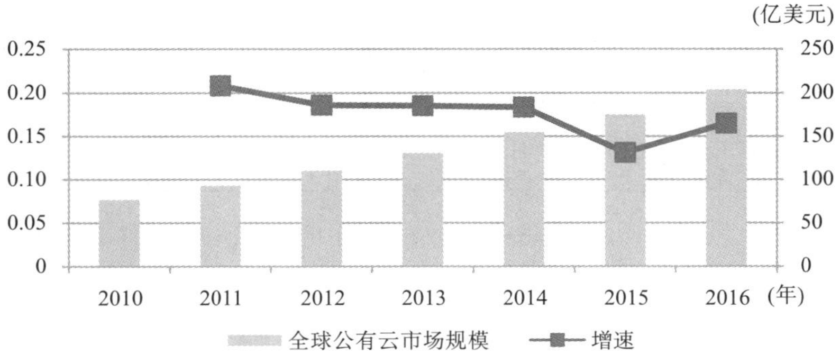

图 9－53　2010～2016 年全球公有云市场规模及其增速

资料来源：Wind 资讯。

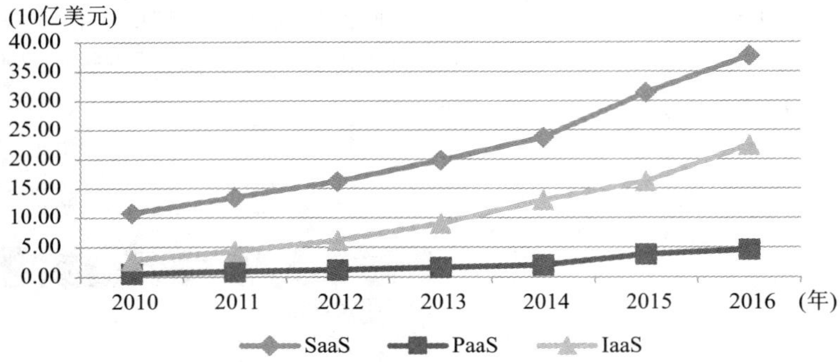

图 9－54　2010～2016 年全球云计算主要业务规模发展趋势

资料来源：Wind 资讯。

与亚马逊这类衍生对标型相类似的还有著名的“独角兽”企业优步。从直观上看，优步的直接对标市场是出租车市场，但是优步的最新估值已经达到 600 亿美元，如果仅仅从欧美国家出租车市场的规模来（约 800 亿美元）回测，优步应该已经不再具备更大的成长空间。但是优步同样具有边界性突破能力的估值逻辑，即优步所改变的将不是人们寻求出租车服务的方式，而是彻底改变人们的出行方式，由此带来的新的想象空间。相关资料见图 9－55。

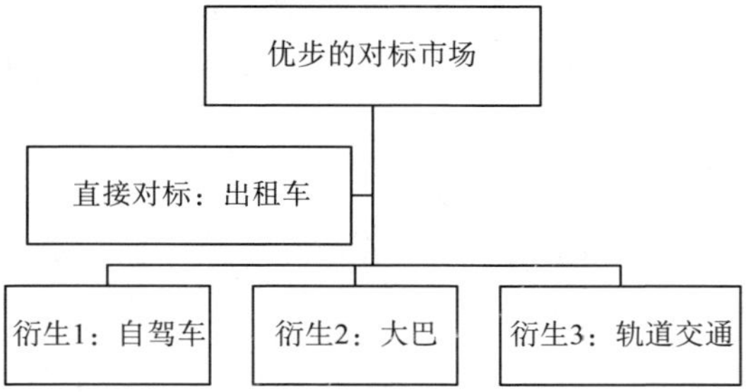

图 9－55　优步的对标市场逻辑

3. 衍生跨界型：谷歌、腾讯、Facebook。亚马逊与优步的衍生对标来源于传统业务的创新与边界突破。换言之，亚马逊所有衍生对标业务或多或少与原有业务存在直接因果链，其衍生方向和价值评估是可以在一定程度上被估算出来的。但是衍生跨界型的企业事实上已经很难估计其成长方向。

如图 9－56 所示，以 Google 为代表的互联网巨头企业已经将视角伸向了许多领域，同时每个领域似乎都存在巨大想象空间。事实上市场对于上述扩张行为的接受有其自身的逻辑，而并非盲目吹捧。

图 9－56　Google 的衍生发展方向

第一，跨界创新资源是否有保证。各类“黑科技”式的创新无一不是技术密集型、人才密集型以及资本密集型行业领域，同时具有极其明显的风险性和不确定性。如果核心利润收入和现金流没有足够的保证，将不足以支撑跨界活动的延续。第二，跨界成果是否具有足够充分的应用场景。这其中最大的反面例子就是 Google glass。尽管在技术上具有足够的创新性支撑，但是由于缺乏足够的场景支持，依然无法成为进一步的爆款趋势。第三，也是最根本的，创新方向是否具有一定的保证。即是否朝着一个正确的方向努力。关于这一点，可以通过各家机构投资热点的重合度来分析。如虚拟现实、人工智能领域，是各家机构的关注集中点和资源投入的集中点，即出现有效成果的可能性也将大大提高。

二、互联网企业的投资策略构建

通过前面的分析，我们认为，在互联网行业发展的新趋势下，选择适合的投资标的可以从以下三个方面着手构建投资策略框架（见图 9－57）。

（一）标的选择

对于投资而言，选择投资标的是建立投资框架的第一要务。由于投资标的存在不确定性，我们在选择投资标的时，事实上是在选择标的所在行业领域。由于互联网行业的技术更新快、市场渗透效率高，选择投资标的时候，技术创新周期应该是选择投资标的的第一参考指标。通过参考 Gartner 等技术周期曲线研究成果，可以从

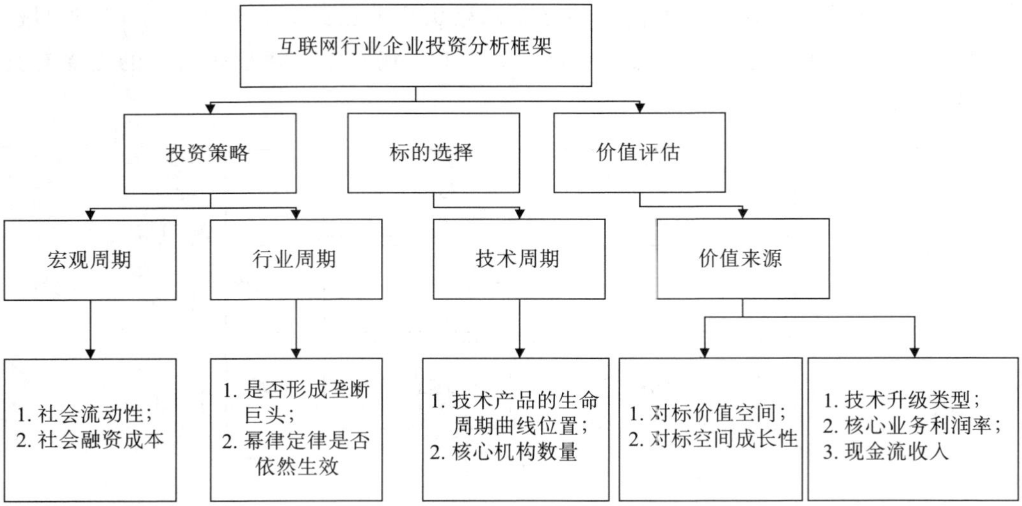

图 9－57　互联网行业企业投资框架构建

某种程度上对于日新月异的新技术、新趋势爆发的过程中降低投资选择的不确定性，通过选择正确的“赛道”降低选择“选手”的不确定性。除了主流研究机构的新技术趋势研究报告，另一个重要参考就是原有巨头企业的收购趋势和投资趋势，进一步佐证对技术爆发趋势的判断。

（二）价值评估

在确定投资标的背后的技术爆发趋势之后，下一步就是通过适当的价值评估方式，确定投资价值安全边界，建立收益与风险控制门槛。对于互联网企业而言，其主要价值来源来自于不同类型的对标价值空间，因此，构建价值边界的首要问题就是明确对标市场空间及其成长性。可以将其分为直接对标、衍生对标以及衍生跨界等几类。在明确对标空间后，则需要进一步分析对标价值的导入形式，及时通过技术升级实现平台流量导入还是通过资本收购、并购扩张等。

特别需要注意的是，随着互联网企业的技术创新、市场扩张以及收购并购行为的升级，互联网企业的资本密集型属性愈加突出，甚至从某种意义上讲，互联网企业更像是资本密集型企业，而非通常意义上的技术密集型企业。因此，在关注互联网企业对标价值空间扩张时，极为重要的是关注其资本充裕情况，如利润率、现金流、现金规模、融资成本等。特别是在用户规模达到一定水平后（也即是幂律定律即将失效，通常市场份额的40% ~50%），是否找到了稳定的盈利模式并开始产生稳定的盈利收入。对于已经达到一定规模体量的互联网巨头企业、平台型企业来说，这一点尤为重要。只有拥有充裕的现金储备才能一方面保证自身的创新升级活动有充裕的资源支持，另一方面有效通过收购扩张等行动避免创新型颠覆和竞争性颠覆的出现。

（三）投资策略

1. 估值策略。根据互联网行业的特点，用户数量、连接数、节点、点击率等关键指标是第一层次的价值判断要素。需要注意的是，在幂律规律作用的影响下，网络用户数将会呈现数几何级数增长，而且增长速度也将极快，一旦达到40% ~50%的市场份额规模，幂律式增长自然就会陷于停滞，单纯用户数、点击率等指标就已经不适用于估值参考，此时更需要倚重的估值体系是传统的财务价值估值逻辑。特别是在幂律增长阶段，市场往往会给予企业巨大的估值空间，也往往会带来巨大的估值泡沫风险。另外一个辅助参考就是市场竞争结构。互联网行业的用户转移具有极低的技术成本，因而难以维持多个垄断巨头，其他行业的寡头垄断局面通常不会出现在互联网行业中，而更常见的则是几乎完全垄断的市场结构。因此，一旦市场结构开始由垄断竞争向完全垄断靠拢，则需要重新修正价值评估体系。

2. 风险策略。从对纳斯达克、A股市场中高科技概念股票、互联网行业股票的走势历史数据来看，流动性较为宽松的市场往往更加易于追捧高科技、互联网等新兴概念股票。同时，每一次泡沫兴起也往往意味着新一轮技术创新周期的开始。对于互联网企业股票而言，泡沫往往会带来超出一般估值逻辑的成长幅度，特别是对于每一轮新兴概念而言，上涨幅度会愈加疯狂。在对此类股票进行投资组合构建时，其最大的回撤风险往往并不是来自于投资标的本身，而是来自宏观货币政策层面、利率政策层面以及相关重要指标（通胀率、就业率）等。一旦宏观政策出现由宽松向紧缩的趋势性拐点，意味着会出现明显的行业性回调。对于投资组合的标的选择而言，如果宏观政策处于扩张膨胀期，则会给整个板块带来系统性风险溢价或系统性风险泡沫收益。一旦泡沫破灭，则必须回到之前的价值评估策略，即幂律定律作用失效前则给予成长性估值，幂律定律失效后则进一步收缩至财务估值体系。

第三节　未来互联网行业中重点关注概念

互联网行业无疑依然是未来的重要行业领域，值得投资者的持续关注。互联网行业的技术更新和发展日新月异，其内涵和外延内容都已经被大大拓展（见图9－58）。

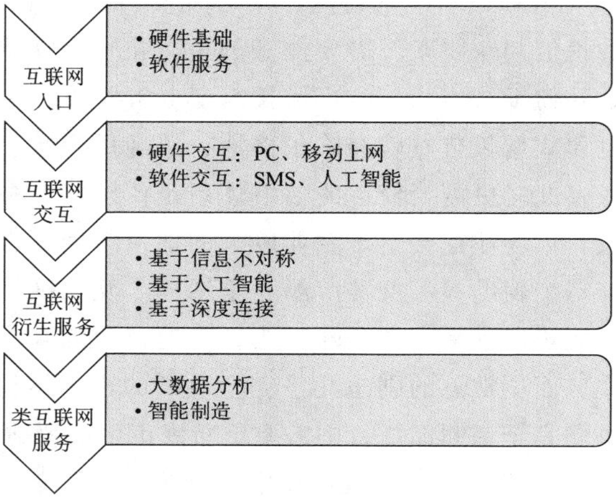

图9－58　互联网行业内涵与外延的拓展逻辑

在通常意义中，互联网行业是指以互联网以及相关产品作为主营业务的企业。其内在含义事实上横跨了软件业、硬件制造、信息服务、物流服务乃至人工智能等多个领域。但是无论是PC互联网时代还是移动互联网时代，互联网的本质功能依然是连接。事实上从对互联网产业的发展脉络梳理来看，连接程度的不断加深是互联网发展的核心特征。连接加深主要通过连接频次的不断增加、连接模式的多样化、连接内容的多元化等形式来体现。特别是随着“连接”效应的不断增加，大量的累计数据增加，将使得更多的功能“涌现”出来。

当能源的瓶颈被打破之后，限制人类的产业发展方向的下一个瓶颈将是信息瓶颈。但是不同于能源瓶颈，信息瓶颈具有强烈的自我阻滞特征。在石化能源时代，能量资源的产生需要长时间的累积；进入信息时代后，石化能源的累积已经使得社会分工网络中单纯的生产节点、效率节点的能源瓶颈被基本突破。换言之，单纯的能源利用效率的提高已经很难在生产效率推进领域提供更有力的推动。

同时，现行生产网络体系中大量的资源和能量被消耗在消费端、生产端、计划端、设计端、反馈端等各个生产环节，以进行信息搜寻与价值匹配。如何将社会生产网络中各个生产节点的信息以更加高效的方式组织组合，不仅是未来生产技术革命的方向，也是“互联网”真正的价值演进趋势。我们认为，在未来的互联网行业板块中，应该重点关注大数据、人工智能以及互联网金融三个领域。

一、大数据

（一）行业成长逻辑

1. 市场规模增速高、潜力大。如果以更广泛的视角来看待互联网行业的发展，一方面互联网的“连接”特征潜力还远远没有充分发挥出来；另一方面，互联网领域中最重要的资源——数据的重要性已经日益凸现出来。随着人们生产、生活活动的网络化、连接化程度日益提高，数据资源的生产效率和生产规模都呈现出几何级数增长的态势。如图 9－61 所示，仅中国 2014 年的网络数据存储规模就已经达到 0.5ZB[①]，据预计，这一规模还在以年均 50% 以上的速度增长。同时，全球范围内的数据规模同样呈现爆炸式增长态势。据 IDC 研究预计，2020 年全球数据生产规模将达到 35ZB 级别。大数据成为全球 IT 支出新的增长点。Gartner 数据显示，2014 年数据中心系统支出达 1430 亿美元，比 2013 年增长 2.3%。大数据对全球 IT 开支的直接或间接推动将达 2 320 亿美元，预计到 2018 年这一数据将增长 3 倍。可以说，在人类经历了化石能源时代、原子技术时代之后，下一个人类社会主要核心资源和核心技术特征就将是无所不在的“比特”要素。因此，从某种意义上，在未来谁掌握了大数据资源的生产、应用、开发以及衍生价值的利用，在未来谁就最有可能成为新一代巨头。同时，随着海量数据资源的爆发，使得数据资源端的价值表现形式也发生了深刻变化，[②] 这些都使得大数据有可能诞生出新的商业模式、创新产品。

① 1ZB = 1 024EB = 1 180 591 620 717 411 303 424Bytes

② 国际数据公司（IDC）从四个方面（“4V”）来概括大数据的特征：海量的数据规模（Volume），即总结过去发生或当前正在发生并且能够被记录、储存的性质相同或类似的大量数据，但是对具体数据样本并没有一个绝对的数值限定；快速的数据流转和动态的数据体系（Velocity），即要保证数据的时效性，大量数据的收集、处理和得出结论需要在较短的时间内完成，这一点也是和传统的数据挖掘技术有着本质的不同；多样的数据类型（Variety），即数据的多元化，包括来源的多元化和结构的多元化等，可以来源于手机、电脑，也可以是结构化数据或者非结构化数据；巨大的数据价值（Value），即如何分析和利用大数据对实际业务产生帮助，一般在于分析和预测。

中国作为全世界最重要的新兴互联网大国，互联网产业渗透水平和发展速度都位居世界前列，特别是庞大的互联网用户数量和层出不穷的互联网服务、产品创新。事实上中国互联网市场将变为世界上增长最快的大数据资源汇聚地，也为中国在大数据产业领域诞生世界级的明星企业奠定了重要资源基础。如图 9－59 和图 9－60 所示，中国的大数据市场规模已经进入高速增长阶段，但是在大数据领域尚未出现 BAT 式的巨头企业，甚至像 Palantir 的大数据类“独角兽”企业也不多见，这也为市场孕育巨头企业提供了成长空间。

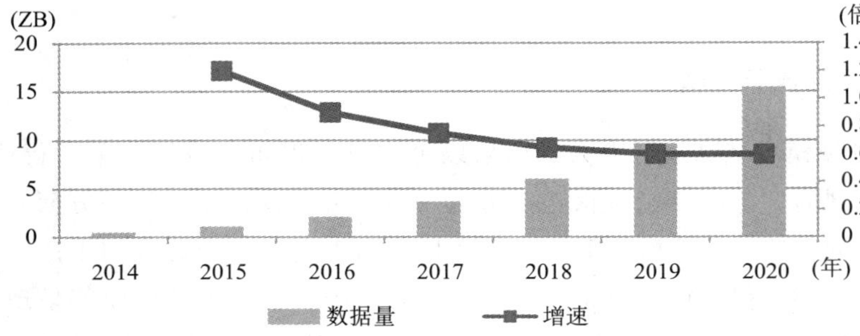

图 9－59　2014～2020 年中国网络存储数据量

资料来源：IDC。

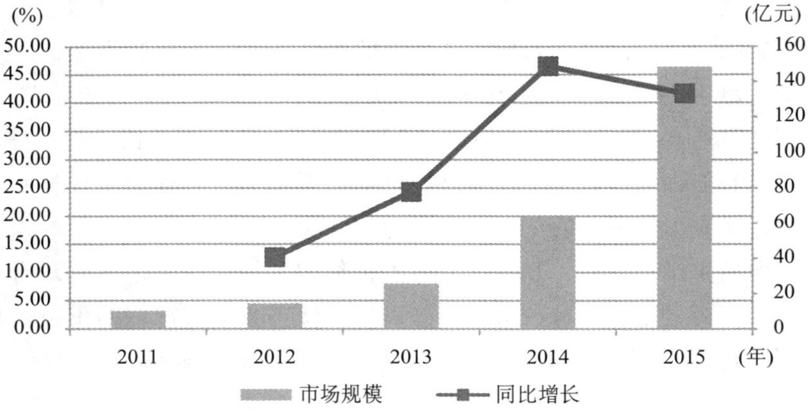

图 9－60　2011～2015 年中国大数据市场规模及增速

资料来源：Wind 资讯。

2. 具有衍生跨界特征。我们看好大数据行业的另一个重要理由在于大数据行业在互联网行业中具有强烈的衍生跨界特征。互联网企业的价值成长空间主要包括直接替代对标型、衍生对标型以及衍生跨界型。在这三种价值来源中，最具有成长性想象空间的无疑来自于衍生跨界型。大数据产业具有最直接的跨界性。这是由于互联网本质上就是数据资源的连接和共享，进入互联网时代后，任何在网络世界生存、发展的产业、企业、项目都天然带有数据化的特征。同时，谁能够获取更多的数据资源、更有效的利用数据资源，谁就有可能成为最强的网络连接节点，从而在“幂律分布”的竞争中获得优势。如图 9－61 所示，根据麦肯锡发布的大数据行业分析报告，数据资源与大数据技术已经与各个行业发生了深刻的相关关系。尽管从数据类型上来看，结构化的文本数据资源依然是各个行业数据资源的主要形式，而非结构化的数据正处于发展阶段，但是多元化的数据资源渗透事实上已经形成，这也使得大数据产业的衍生跨界特征被最大限度地放大。

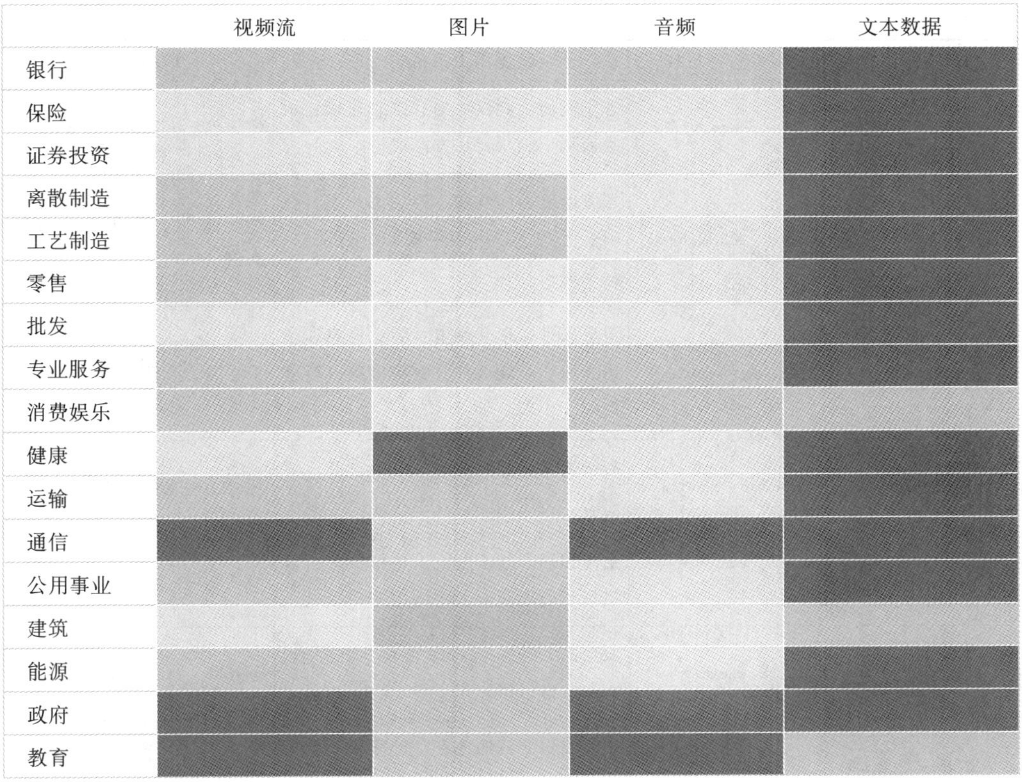

图 9－61 麦肯锡大数据产业分析报告中对大数据与各个行业的关联强度分析

注：颜色由深到浅分别表示关联强度的强弱。

资料来源：《Big Data：The Next Frontier for Innovation，Competition and Productivity》。

从表 9－11 可以看出，再具体细分场景、细分领域中，大数据的渗透和影响能力也在不断扩张。随着互联网向物联网的转化，各类服务产品和消费者之间的联系成本越来越低，连接互动的频次也不断加大，由此带来的数据源不断丰富。特别是传统渠道依赖性行业，如销售、服务等领域，数据化的特征已经愈来愈明显。这一方面为大数据领域的发展提供了坚实的资料来源基础；另一方面也使得大数据的应用场景愈加丰富，进一步为大数据产业价值创造提供了更多的可能。从目前大数据商业模式来看，精准推送、用户需求行为分析等广告类服务依然是主要商业模式，如目前已经被广泛应用的 DSP 模式，但是随着大数据研发应用技术的不断突破，新的应用模式依然有可能诞生。

表 9－11　各类大数据应用场景及主要国内外机构

资源类型	国外对标机构	国内上市机构	互联网企业
大数据＋零售业	Amazon	苏宁云商、武汉中商、红旗连锁、中央商场、新华都、友阿股份	阿里巴巴、京东、1 号店
大数据＋金融	First、Marblehead	东方财富、同花顺、银之杰、中科金财、大智慧、中国平安、中信证券、汉鼎股份	蚂蚁金服、拍拍贷、易宝支付
大数据＋医疗	Castlight	卫宁软件、中元华电、万达信息、康美药业、鱼跃医疗、宜华健康、运盛医疗、中瑞思创	丁香园、壹药网、寻医问药
大数据＋消费品	Columbia、Sportswear	海澜之家、朗姿股份、洽洽食品、探路者、奥康国际、百圆裤业	凡客、一米鲜、聚美优品
大数据＋物流	ups	欧浦钢网、新宁物流、华鹏飞、白云机场、皖通高速、中国国航	菜鸟网络、饿了么、京东
大数据＋农业	Bunge Ltd	农产品、新希望、大北农、诺普信、大湖股份、康达尔	吾谷网、众众玉米、翼农
大数据＋房地产	Pulte	中茵股份、万通地产、世联行、中天城投、万好万家	搜房网、房价网、安居客
大数据＋休闲服务	McDonald	腾邦国际、金陵饭店、石基信息、西安饮食、大众点评、	58、同城、携程

续表

资源类型	国外对标机构	国内上市机构	互联网企业
大数据 + 装备制造	GE	积成电子、隆基股份、物产中拓、宝钢股份	慧聪网、机械网、米尔自动化
大数据 + 媒体	Facebook	东方明珠、新华传媒、博瑞传播、中南传媒、宜通世纪	腾讯、微博、搜狐
大数据 + 通信	Cisco	大唐电信、网宿科技、二六三、朗玛信息	陌陌、巴士在线、蜗牛移动
大数据 + 教育	Grand、Canyon	全通教育、新南洋、东方创业、神州泰岳	网易、驾考宝典、超级课程
大数据 + 智慧城市	IBM	易华录、汉鼎股份、数字政通、银江股份	百度、腾讯、阿里巴巴
大数据 + 交通	Inrix	广汽集团、双林股份、上汽集团、盛路通信、金固股份	360、滴滴打车、高德

资料来源：申万宏源、国信证券博士后工作站。

3. 技术瓶颈期尚未达到。尽管大数据产业的发展与各个行业领域的关系越来越密切，但是大数据本身也存在技术发展逻辑，特别是数据的抓取、处理、实时反馈机制构建、数据分析模式的完善等。如果将大数据的场景比作“矿井”，拥有上述核心技术的企业无疑将是“提炼中心”。从目前大数据技术发展趋势和技术格局来看，大数据技术的发展依然处于发展阶段。在数据分析架构设计创新领域，自从Google在2003～2006年发表关于大数据技术的三篇基础性论文[①]后，以mapreduce为核心处理模式、以hdfs为核心技术存储模式的Hadoop模式开始成为大数据技术的主要趋势，尤其是Hadoop具有的开源优势使其在与NoSql的传统数据库架构的竞争中具有更加明显的效率优势和发展空间。也正因为如此，Hadoop技术机构下的技术创新日新月异，发展趋势也呈现出多样化的趋势。仅仅是mapreduce的架构创新就已经出现了pig、spark、tez等多种创新种类，无论是应用场景还是技术

① Fay Chang, Jeffrey Dean, Sanjay Ghemawat, Wilson C. Hsieh, Deborah A. Wallach Mike Burrows, Tushar Chandra, Andrew Fikes, Robert E. Gruber:《Bigtable: A Distributed Storage System for Structured Data》, 2006; Sanjay Ghemawat, Howard Gobioff, and Shun – Tak Leung:《The Google File System》, 2003; Jeffrey Dean and Sanjay Ghemawat:《MapReduce: Simplified Data Processing on Large Clusters》, 2004.

模式，多样化的趋势日益丰富。仅从技术角度来看，大数据的技术创新远未停止，特别是上述技术创新的来源机构也是五花八门，不仅各互联网企业投身其中，传统的IT企业也纷纷在大数据领域加大投入，特别是由于大数据技术本身具有更为突出的技术属性，高校、实验室等机构也是创新的主力，例如著名的Spark① 就是由加州大学伯克利分校 AMP 实验室来开发的。值得注意的是，上述新的技术趋势也大都带有开源的技术特征，由此将极有可能带来技术领域的指数式发展。

除了大数据的处理、分析、抓取等传统核心技术模块依然存在巨大的想象空间外，大数据的技术应用领域也存在巨大的突破可能（见图9－62）。在深层次的技术创新领域，目前最突出的技术创新无疑是云计算。事实上大数据天然带有云计算的特征，如果没有对数据存储和运算资源的云端分布处理，大数据的诸多技术设计是难以实现的；反过来，云计算技术的发展也将进一步刺激大数据的应用场景拓展和数据资源的积累②。因此，我们有理由相信，随着大数据技术的发展以及大数据资源的不断增长，云计算将首当其冲成为最主要的衍生技术领域。从技术发展逻辑上来看，云计算事实上也仅仅是数据处理的基础设施技术，随着云计算技术的进一步发展，将会有更多的技术创新衍生出来。

4. 市场竞争结构尚未完全形成垄断结构。不同于搜索引擎、电商平台、网络社交等领域，大数据行业是互联网行业中少数几个尚未形成绝对垄断格局的市场领域。特别是在互联网各细分市场领域，一旦出现行业集中的趋势，这一趋势往往会迅速完成。由于产品服务依赖的网络虚拟渠道具有极低的替代转换陈本，用户会迅速向少数机构集中，许多市场领域最终的市场格局往往甚至不是垄断竞争，而是彻底的完全垄断。这一方面是互联网行业的自身特点所决定的，另一方面也使得垄断格局形成后对企业的进一步估值工具选择需要更加慎重。

---

① Spark 是 UC Berkeley AMP lab 所开源的类 Hadoop MapReduce 的通用并行框架，Spark，拥有 Hadoop MapReduce 所具有的优点；但不同于 MapReduce 的是 Job 中间输出结果可以保存在内存中，从而不再需要读写 HDFS，因此 Spark 能更好地适用于数据挖掘与机器学习等需要迭代的 MapReduce 的算法，尽管创建 Spark 是为了支持分布式数据集上的迭代作业，但是实际上它是对 Hadoop 的补充，可以在 Hadoop 文件系统中并行运行。

② 事实上包括大数据在内的互联网诸多技术创新，都带有鲜明的负反馈特征，或者是自我训练的进化能力，即使用的次数和规模越大，技术越成熟，并进一步刺激使用规模和频率，再进一步完善技术。

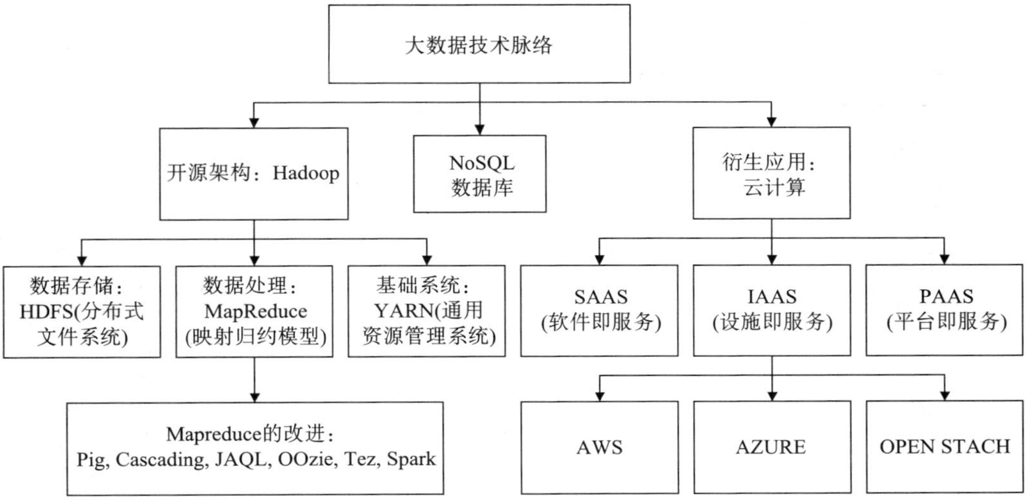

图 9－62　大数据技术基本脉络

从目前的市场格局来看，市场依然处于成长发育期。如图 9－63 所示，较之于电商、社交、搜索等领域，大数据领域的主要细分市场规模显然不够巨大，并且依然处在高速成长期，特别是专业服务、计算、分析和交易等领域的市场增速尤其显著。

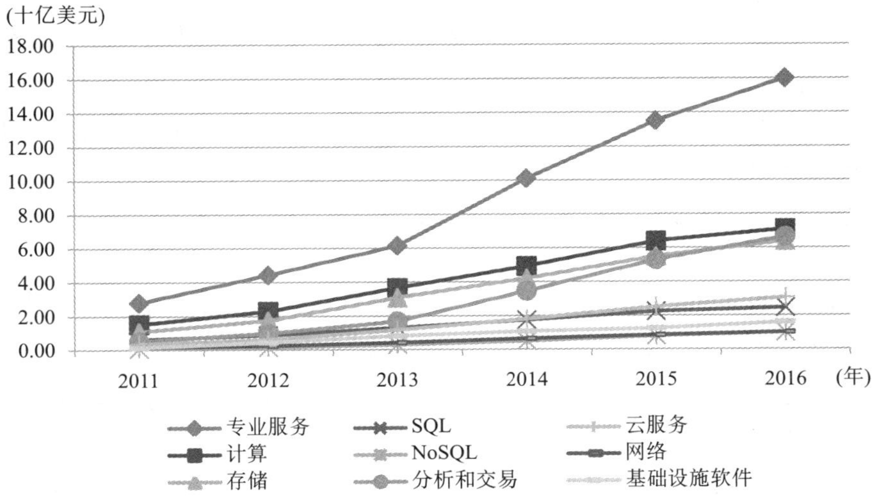

图 9－63　2011～2016 年全球大数据主要细分领域市场规模

资料来源：Wind 资讯。

2013 年世界主要大数据公司收入状况见表 9-12。

表 9-12　　2013 年世界主要大数据公司收入状况

企业名称	大数据收入（百万美元）	总收入（百万美元）	大数据收入占比（%）	大数据硬件占比（%）	大数据软件占比（%）	大数据服务占比（%）
IBM	1 368	99 751	1	31	27	42
HP	869	114 100	1	42	14	44
Dell	652	54 550	1	85	0	15
SAP	545	22 900	2	0	76	24
Teradata	518	2 665	19	36	30	34
Oracle	491	37 552	1	28	37	36
SAS Institue	480	3 020	16	0	68	32
Palantir	418	418	100	0	50	50
Accenture	415	30 606	1	0	0	100
PWC	312	32 580	1	0	0	100
Deloitte	305	33 050	1	0	0	100
Pivotal	300	300	100	15	50	35

资料来源：Wikibon。

从行业领域主要代表性企业的营业收入规模来看，市场距离形成垄断格局依然有很大的发展空间（见表 9-13）。值得注意的是，尽管单纯从营业收入比重来看，大数据领域的主要企业依然是传统 IT 巨头企业，但是从收入结构上来看，IBM、HP 等企业的大数据业务在其主要业务架构中所占比重并不显著，也更加偏重软件和硬件等基础设施领域。真正以大数据服务为核心的企业，诸如 Palantir、Pivotal 等，甚至都还没有上市。特别是 Palantir，被认为是美国资本市场最有成长想象空间的“独角兽”企业。尽管其年营业收入近 4 亿美元，但是截至 2015 年 7 月，其估值规模已经达到 200 亿美元，仅次于 ber、小米、Airbnb，甚至单纯从技术内核来看，Palantri 的成长性远优于上述企业。

从国内大数据行业企业分布来看，也远没有形成具有完全垄断能力的巨头企业。目前主要大数据细分市场领域的国内企业主要包括同有科技、东方通、东方国信、绿盟科技等，其中在大数据市场规模增长速度最快的分析服务领域中的代表性上市企业，包括东方国信、东方通、天源科技等，在市值规模上较之于 BAT 等巨头，有着巨大差距，但也为未来价值成长带来巨大想象空间，特别是表明市场结构更趋向

表 9－13　　大数据行业主要产业分布与代表性企业

产业环节	国外代表企业	国内代表企业
硬件	IBM、HP、EMC	同有科技、海康威视、浪潮信息、中科曙光、宏杉科技、华为
基础软件	Cloudera、MongoDB	东方通、金蝶国际、中标软件
分析服务	Tableau、Palantir、Splunk	东方国信、东方通、天源迪科、拓尔思、北信源
数据安全	DataGuise、Imperva	绿盟科技、启明星辰、卫士通、奇虎

注：根据公开资料整理。

于垄断竞争市场，单个企业的成长依然存在巨大可能。相关资料见图 9－64。

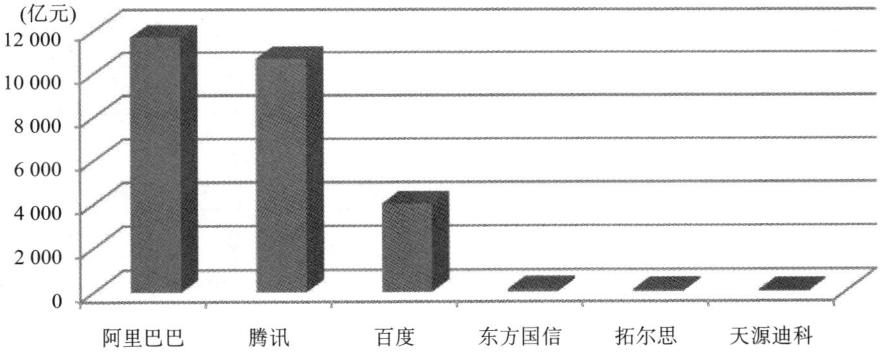

图 9－64　2016 年 3 月国内大数据上市企业市值规模与 BAT 比较

资料来源：Wind 资讯。

（二）重点关注标的

1. 东方国信（300166. SZ）。东方国信成立之初的主营业务是为电信运营商提供数据分析、商业智能（BI）服务、经营分析等解决方案，是上市公司中少数能够提供全流程商业智能、大数据领域软硬件产品、IT 咨询的公司。在 BI 领域，公司经过多年的发展已经成为国内领先的 BI 应用软件提供商，并主要服务于国内电信领域的运营商。近年来，随着大数据的兴起以及运营商对大数据投入的增加，公司开始转型大数据平台建设并迎来了新的发展机会。我们认为，除了前面分析的行业逻辑之外，东方国信在以下几个层面存在长期成长机会。

第一，产品线完整。东方国信深耕运营商 BI 多年，在多维海量数据的整合和分析上积累了相当丰富的经验以及领先的技术。在运营商认识到其持有数据的巨大价值后，公司凭借多年电信数据分析处理经验第一时间帮助运营商发展以大数据为核心的用户信息系统改造，并以此为基础构建自己的电信大数据平台，加强在大数据领域的研发投入以及技术积累。另外，在意识到大数据相关市场需求近期的爆炸性增长之后，公司基于自己多年的开发经验以及对市场需求的深度理解推出大数据平台相关的完整通用性产品线来解决基于大数据的存储、数据集成、数据管控、分析挖掘、应用等一系列问题。公司的大数据产品线完备，东方国信相应的产品均可对标国外代表性产品（见表 9 - 14）。

表 9 - 14　　东方国信主要大数据产品及国际对标比较

软件类别	国外代表产品	东方国信产品
移动应用	➢ SAP Business Objects	➢ 移动 BI 分析
	➢ IBM Cognos	➢ 移动应用开发平台
	➢ Oracle BIEE	
大数据分析平台	➢ SAS	➢ 探索式数据分析平台
	➢ IBM SPSS Clementine	➢ 智能决策引擎
大数据展	➢ SAP Business Objects	➢ BONC AppMart
	➢ IBM Cognos	➢ OLAP（BONC OLAP）
	➢ Oracle BIEE	➢ 即席查询（BONC ADQ）
		➢ 报表工具（BONC Reporting）
		➢ 自定义分析（IntelliBuilder）
大数据管理	➢ Infomatica	➢ 元数据管理（MetaMore）
	➢ IBM DataStage	➢ 数据质量管控（BONC DQC）
	➢ Oracle Data Integrator	➢ 异构数据交换平台（DataTrans + ）
		➢ ETL（BONC DI）
大数据存储计算平台	➢ Oracle/DB2	➢ MPP（BONC X - Cloud）
	➢ IBM Netezza	➢ Big Data Service Backbone
	➢ Pivotal Greemplum	➢ Hadoop 发行版
	➢ Cloudera	➢ Data Streaming

续表

软件类别	国外代表产品	东方国信产品
大数据专用设备	➢ 通用型 x86 服务器	➢ 存储密集型设备
		➢ 计算密集型设备
		➢ 计算/存储平衡型设备
大数据采集设备	➢ 专用处理平台	➢ DProbe

注：作者根据公开资料整理。

第二，数据资源占有稳定。东方国信是中国联通、中国电信、中国移动三家运营商企业商业智能系统的核心合作厂商。公司转型之前供给运营商的产品系列主要是商业智能、客户关系管理、计算机电信集成等软件开发服务，其电信业务的收入则主要来自企业数据平台、数据分析平台和基于 BI 的 CRM 应用及硬件产品的销售（见表 9－15）。公司深耕运营商特别是中国联通和中国电信 BI 应用软件相关项目多年，已经在业内形成了较强的品牌效应。

表 9－15　　东方国信与中国主要运营商的合作模式

合作方	合作方式	合作特色
中国联通	与联通总部及 26 个省分公司合作	联通集团最大 BI 供应商，数据大集中平台重要承建者
中国电信	与电信总部及 15 个省分公司合作	电信集团最大 BI 供应商，数据大集中平台重要承建者
中国移动	与移动总部及 14 个省分公司合作	核心供应商之一，MPP 数据中心、数据大集中平台重要承建者

注：作者根据东方国信历年年报整理。

第三，利润率和现金流良好。互联网行业最主要的行业特征除了传统观念认为的技术内核外，更为重要的是资本密集。尤其是在构筑业务护城河和技术扩张方面，资本的重要性日益突出。为了保证资本驱动的实现，其业务利润率和规模扩张速度必须保持在高位状态（见表 9－16）。

表 9－16　　东方国信历年主要财务指标

年份	营业收入（亿元）	同比（%）	利润总额（亿元）	同比（%）	资产总计（亿元）	同比（%）	期末现金（亿元）
2007	0.31		0.05		0.24		0.01
2008	0.49	57.36	0.15	210.88	0.44	82.54	0.13
2009	0.79	59.83	0.29	97.29	0.83	90.51	0.41

续表

年份	营业收入（亿元）	同比（%）	利润总额（亿元）	同比（%）	资产总计（亿元）	同比（%）	期末现金（亿元）
2010	1.21	53.51	0.49	67.98	1.3	55.23	0.52
2011	1.79	47.48	0.67	38.3	7.36	468.11	5.38
2012	3.13	75.05	0.84	24.26	7.79	5.86	3.4
2013	4.68	49.57	0.97	16.06	11.35	45.73	2.72
2014	6.15	31.42	1.47	51.68	18.17	60.04	2.4
2015	9.38	52.39	2.45	66.42	28.71	58.05	

资料来源：Wind。

从东方国信历年的财务指标可以看出，其主营业务规模和利润都保持了较高的增长速度，尤其是其利润率和现金流充沛程度都保持了较好的状态，这也为东方国信进行资本驱动发展提供了良好的基础。事实上，东方国信已经开始了一系列针对大数据业务的并购扩张业务（见表9－17）。

表9－17　　2015年东方国信主要收购扩张项目

时间	标的	金额（万元）	持股比例（%）	标的资源	收购目的
2015年5月	Cotopaxi-Limited	17 014	100	工业能源数据分析与管理平台及咨询服务解决方案	引进世界先进的工业互联网技术，提高大数据竞争力
2015年6月	北京摩比万思科技有限公司	3 000	25	移动互联网大数据广告管理和广告投放解决方案，移动SSP、DSP、移动网络受众数据挖掘和大数据管理、基于APP的广告定向投放管理优化	进军千亿元规模移动互联网精准营销业务领域，打造一流DSP、DMP，拓展互联网金融业务领域：互联网金融领域的数字精准营销服务和运营数据
2015年8月	北京炎黄新星网络科技有限公司	31 200	100	运用大数据、移动互联网技术提供精准化互联网营销服务，为国内传统行业企业的互联网转型及电子商务化提供系统平台与运营服务	深化大数据能力的全产业链布局，提高公司在电信运营商领域的合作深度及业务黏性，进一步拓展电信行业客户触点，抢占移动互联网用户入口

续表

时间	标的	金额（万元）	持股比例（%）	标的资源	收购目的
2015年6月	海芯华夏（北京）科技股份有限公司	12 000	43.48	农业大数据：农业物联网建设及运营、农业知识库平台建设、中国农业信息网大数据频道运营、中国移动“农信通”内容提供业务等进军农业大数据和“互联网+”农业领域	海芯华夏有八个核心农业数据库，为开展农业大数据运营奠定基础；为农村互联网金融征信、农业产业链互联网平台、跨境农产品电子商务平台建设奠定坚实基础。

资料来源：根据东方国信公报整理。

2. 烽火通信（600498. SH）。烽火星空的主营业务由网络信息安全、移动信息化两个板块构成。自设立以来，烽火星空一直从事网络信息安全业务，致力于为客户提供性能更稳定、使用更便捷、运行更安全的网络信息安全解决方案，协助客户采集、存储、分析日常运营中流入、流出和内部流转的电子数据。随着移动互联网的兴起，烽火星空利用在网络信息安全业务积累的人才、技术优势，切入移动信息化领域，并在短期内取得较快发展。烽火星空虽然有两大板块业务，但目前主要的收入来源是网络信息安全产品，而移动信息化板块的产品销售仍处于起步发展阶段。其中，网络信息安全产品收入占比达到90%以上。近期，烽火通信拟以发行股份及支付现金方式收购烽火星空49%的股权，交易完成后烽火星空将成为公司全资子公司（100%控股）。我们认为烽火通信的长期成长逻辑主要体现在以下几个方面：

第一，细分市场具有明显优势，市场控制能力突出。烽火通信主要深耕于大数据安全领域，特别是烽火星空的主要客户均为其控制方，包括邮科院、烽火通信以及烽火集成。主要原因为：烽火星空的主要产品网络信息安全产品的销售对象主要是政府部门，根据这类客户要求，需由在央企序列中级别更高、注册资本更大的主体作为合同签订方。因此，烽火星空的此类业务合同绝大部分按客户要求由邮科院、烽火通信签订，余下少量合同因客户对保密资质有特别要求则由烽火集成签订（烽火集成具有一级集成资质、甲级保密资质）。

第二，技术特色突出。和传统的网络信息安全企业不同，烽火星空的业务重点不在于网络架构和访问权限控制优化等传统技术，而在于对网络中的数据流的系统分析。“私有云存储和大数据分析平台”系列产品是烽火星空为客户提供的数据存储、分析平台。该产品提供虚拟化云存储中心的硬件组网方案和设备集成，用于存储客户的海量数据；配备具有自主知识产权的大数据分析软件，充分利用客户已有的软硬件资源，实现对海量数据更便捷更安全的分析。

第三，网络安全对标市场空间巨大。烽火通信是国内互联网产业领域少数几个可以与国际巨型“独角兽”企业具有对标潜质的企业。作为国内大数据安全领域的专业企业，烽火通信的对标企业将是美国网络安全明星企业 Palantri。而 Palantri 之所以能获得市场青睐，除了其自身拥有的技术优势外，其广阔的衍生市场空间则是支撑其目前高达 200 亿美元估值的主要原因。如表 9 - 18 所示，随着 Palantri 产品线的日趋成熟，其场景和行业渗透能力已经空前强大，涵盖数十个领域。这一方面是因为安全问题将是人类社会经济生活中永恒的刚需问题；另一方面，也是随着互联网技术的发展，各个场景的安全问题与数据等比特资源的连接将更加紧密，使得大数据安全技术的通用性更加突出。这也为烽火通信大数据安全技术在未来获得更为广阔的衍生发展空间提供了坚实的逻辑支撑。

表 9 - 18　　Palantri 主要应用场景即解决方案设计

主要应用场景		解决方案
ANTIFRAUD	欺诈防治	从身份合成、信用卡欺诈到洗钱逃税中检测和消除复杂的犯罪活动
CAPITAL MARKETS	资本市场	对不同的独立数据交互，进行深入分析，在一个统一的、可定制的环境中发现更有价值的观点
CASE MANAGEMENT	案例管理	为协作调查实现一个灵活的解决方案和一般业务流程管理
CRISIS RESPONSE	危机响应	协调应对工作，更有效地调动资源，更快地交付当灾难救援
CYBERSECURITY	电子安全	利用大规模数据限制接触，检测信息安全威胁，并强化防御网络攻击
DEFENSE	防御	同步 multi - INT 数据分析人员功能和位置
DISASTER PREPAREDNESS	防灾	利用数据来识别漏洞，保护人员和资源，更好地准备意想不到的情况
DISEASE RESPONSE	疾病反应	识别来源的疫情，跟踪疾病的传播，并协调战术以对应已证实对公众健康的威胁
HEALTH CARE DELIVERY	医疗健康	与健康数据交互，发现治疗和交互过程的见解，实施循证医学，提高标准的护理
INSIDER THREAT	内部威胁	保护您的组织的敏感信息和知识产权免遭盗窃，误用和滥用
INSURANCE ANALYTICS	保险统计	整合和分析卫生数据识别欺诈计划，提高手术效果，并确定有意义的趋势

续表

主要应用场景		解决方案
INTELLIGENCE	商业智能	有效地、有效地和安全地利用和分析数据来驱动更明智的运营规划和战略决策
LAW ENFORCEMENT	执法	为情报机构，调查、病例管理和报告工具进行装备，并通知他们需要应对犯罪事情
LEGAL INTELLIGENCE	法律智能	发现隐藏在大量的结构化和非结构化数据的行为模式和主要行动者之间的联系
PALANT IRVERUS	数据管理	在跟踪和验证数据使用所有您的企业系统时保护和管理敏感数据
PHARMAR&D	医药研发	通过集成不同的数据加速生物医学研究，建立详细的可视化数据，并使安全、协同分析生效
TRADE ROVER SIGHT	交易监管	实时监控风险敞口，异常危险的行为，在风险升级前调查和解决案件
CUSTOM SOLUTIONS	定制解决方案	我们设计、开发和部署强大、灵活的系统以对抗任何复杂的问题

资料来源：Palantri。

第四，烽火通信拥有坚实的盈利基础和现金流状况。如表 9－19 所示，烽火通信的经营状况一直以来都呈现快速增长态势，盈利规模、营业收入、资产规模都保持在高位增长，毛利率水平保持在长期 20%～30%之间，特别是现金流异常充沛，足以支撑未来的技术创新和扩张需求。

表 9－19　　2006～2014 年烽火通信主要财务指标

年份	营业收入（亿元）	同比（%）	利润总额（亿元）	同比（%）	净利润（亿元）	资产总计（亿元）	期末现金（亿元）	毛利率（%）
2006	19.22	22.39	0.79	93.78	0.65	42.13	10.22	27.36
2007	23.47	22.13	1.77	123.75	1.56	49.72	13.59	30.61
2008	34.27	46.01	2.26	27.53	2.35	56.54	11.93	27.82
2009	46.88	36.81	3.90	72.53	3.47	72.41	18.29	27.73
2010	56.84	21.25	4.96	27.00	4.66	80.85	15.67	25.13
2011	70.52	24.05	5.55	11.99	5.12	100.84	20.69	26.54
2012	81.83	16.04	6.22	12.04	5.63	125.34	35.05	26.47
2013	91.09	11.32	6.99	12.40	6.48	143.58	38.07	27.49
2014	107.21	17.69	6.63	－5.19	6.30	154.33	40.75	26.48

资料来源：Wind 资讯。

二、人工智能（AI：Artificial Intelligence）

人工智能不仅仅是单纯技术领域的发展，事实上人工智能的突破与发展与互联网的爆发息息相关。“人工智能”这一概念一经提出，就引起各国政府和企业的广泛关注和重视，但是由于计算机硬件限制、算法创新局限以及可获取的资源有限，人工智能的发展始终无法满足人们的预期，在其发展历程中反复经历高潮低谷的循环[①]，随着计算机、互联网产业日新月异的发展，限制人工智能发展的硬件瓶颈和资源限制已经开始逐步突破，新的算法也开始层出不穷，人工智能的发展开始进入新的爆发期；同时，随着人工智能技术的发展，互联网的概念和内涵也在被深刻改变。如表 9-20 所示，互联网实现功能的广度和深度已经大大发展。在人工智能技术的辅助下，互联网已经从一开始的信息分享传递平台向全功能、多领域智能协助实体转变。换言之，每一个网站、APP 等传统意义上的互联网接口，都有可能变成人工智能与人之间的交互实体。

表 9-20　互联网功能进化脉络

	基础技术	商业场景	代表性企业
信息分享	数据存储	门户、社交	Yahoo、腾讯
平台替代	数据分析	O2O、电商、网上银行	亚马逊、阿里巴巴
功能替代	大数据、人工智能	深度分析、智能交互、自主行为	Google、IBM、百度

注：根据公开资料整理。

如图 9-65 所示，在 A 股 2014~2015 年的牛市行情中，人工智能指数始终远远跑赢大盘，特别是在大盘进入深度调整后，人工智能板块依然走出了漂亮的反弹行情。我们认为，在板块指数上涨的背后存在着强有力的成长逻辑支撑。人工智能不仅是现阶段的市场热点，而且极有可能在未来一个相当长的时期内成为市场的主力上升板块。

（一）行业成长逻辑

1. 技术爆发周期处于启动阶段。随着移动互联网技术和物联网技术的发展，人工智能技术也迎来了爆发式发展，但是也仅仅是刚刚开始。

① 详见 http://www.36dsj.com/archives/23411，《人工智能的历史》。

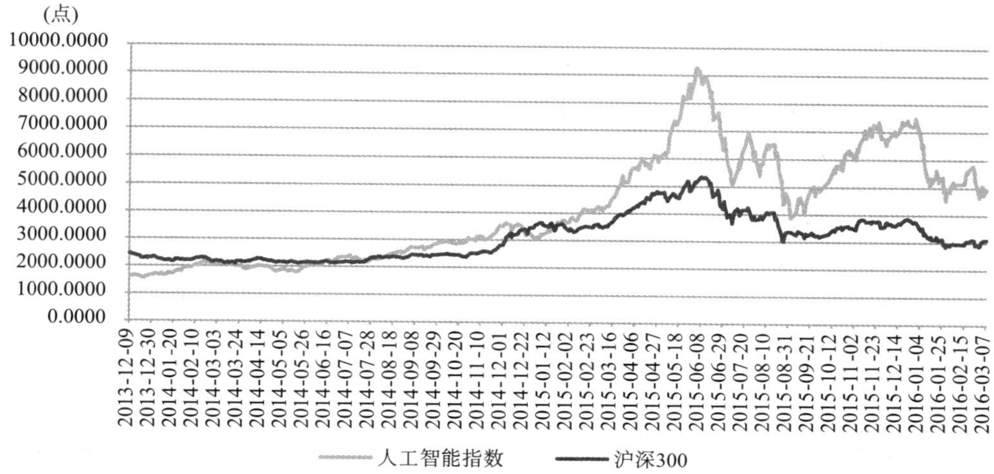

图 9-65　2013 年 12 月 ~2016 年 3 月 A 股人工智能指数与沪深 300 指数比较

资料来源：Wind 资讯。

1951 年，Christopher Strachey 使用曼彻斯特大学的 Ferranti Mark 1 机器写出了一个西洋跳棋（checkers）程序；Dietrich Prinz 则写出了一个国际象棋程序。Arthur Samuel 在 20 世纪 50 年代中期和 60 年代初开发的国际象棋程序的棋力已经可以挑战具有相当水平的业余爱好者。游戏 AI 一直被认为是评价 AI 进展的一种标准。2015 年 10 月，Google 开发的围棋人工智能系统 AlphaGo 战胜了欧洲围棋冠军，再一次将人们的视野聚焦在人工智能领域。由于围棋这一竞技游戏具有一定特殊性，棋路变化数过多①，无法通过单纯增加计算机的运算速度完成暴力破解，必须通过增强系统的智能性能才能使之与人类专业棋手对战。AlphaGo 战胜欧洲围棋冠军则表明，Google 人工系统的智能水平已经达到了一个相当高的程度，特别是其自身已经具备了一定的自我训练和增强能力，使得系统的智能水平有可能完成自我进化，这也使得人类围棋顶尖选手被人工智能战胜事实上已经只是时间问题了。而在围棋领域的进步很可能仅仅只是人工智能发展的冰山一角。

如图 9-66 所示，随着深度学习算法的不断成熟、并行芯片架构的推动以及大数据资源积累的指数式爆发，原先人工智能技术的限制在逐步被突破，特别是大量的应用场景也不断成熟。人工智能在生物识别领域的发展尤其引人注目，Facebook 脸部识别率的精确度达到 97.25%。国内科大讯飞 AI 阵营的汤晓欧领导的计算机视

① 一盘围棋的棋路变化可能性总数（10 的 170 次方）要超过宇宙中的原子总数（10 的 80 次方）。

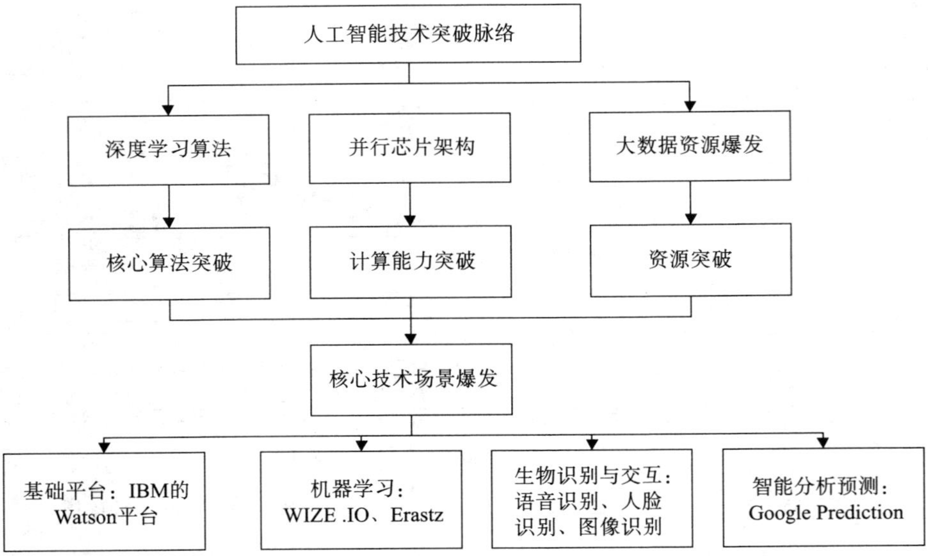

图 9－66　人工智能技术突破脉络

资料来源：国信证券。

觉研究组，达到的精确度更是高达 98.52%。这些都为智能互联网下一步的发展奠定了基础，特别是考虑到深度学习算法事实上带有自我学习、自我训练的模式，人工智能由“弱人工智能”向“强人工智能”突破的“奇点”[①] 时刻也并非遥不可及。

2. 资源投入密集。从行业资源投入角度看，互联网行业的资源投入重点正在向人工智领域能集中。Google 等互联网巨头纷纷将巨资投入人工智能的基础研究、场景应用等（见表 9－21）。人工智能的主要突破都是由互联网企业巨头来完成的，这并非偶然。首先，互联网企业具有的高利润率、高估值带来往往能够充沛现金流，可以使其在技术投入、人才吸引等方面就具有更大优势，其次，也是更为重要的，互联网行业的技术发展脉络与人工智能有着天然契合。互联网飞速发展带来的大数据为人工智能的发展提供了充足的数据资源支撑，而人工智能技术的发展则使得互联网的功能实现进化，进一步强化了网络与人类联系的强度和频度。

① 雷·库兹韦尔：《奇点临近》，机械工业出版社 2011 年版。

表 9－21　　国内外互联网巨头企业在人工智能领域的扩张

收购企业	收购标的
Google	2013 年 3 月收购初创公司 DNNresearch，这家公司隶属多伦多大学计算机科学院，只有三个人——Geoffrey Hinton 与他的研究生学生 Alex Krizhevsky 和 Ilya Sutskever
	2013 年 12 月，Google 连续收购 8 家机器人公司
	2014 年 1 月份斥资 4 亿美元收购人工智能初创企业 DeepMind，DeepMind 由人工智能程序师兼神经科学家 DemisHassabis 等人联合创立，是前沿的人工智能企业，其将机器学习和系统神经科学的最先进技术结合起来，建立强大的通用学习算法。DeepMind 共有 50 多人，其中超过 30 人拥有博士学位。
Facebook	2012 年斥资 6000 万美元的价格收购以色列人脸识别公司 Face. com。2013 年 8 月收购语音识别及机器翻译公司 MobileTechnologies，后者将会帮助我们从图片识别拓展到语音识别领域
	2013 年 12 月任命计算机科学家 Yann LeCun 为人工智能研究院主任，用深度学习专业知识来帮助创建解决方案，更好地在每天上传到 Facebook 上的 3. 5 亿张照片和视频中识别人脸和对象
百度	2013 年成立百度深度学习研究院。2014 年 5 月美国硅谷投资 3 亿美元成立百度美国研发中心，宣布任命人工智能泰斗，原 GoogleBrain 项目负责人吴恩达为百度公司的首席科学家，全面负责百度研究院。2014 年 9 月，执掌微软亚洲研究院超十年的张亚勤加盟百度任总裁。2014 年，百度启用一个亚洲最先进的云计算中心。同时在美国和中国建立了四大研发中心、三大实验室，包括在硅谷的人工智能实验室，在北京的深度学习实验室和大数据实验室
Twitter	2014 年 7 月收购了基于深度学习的计算机视觉创业公司 Madbits。Madbits 由 Facebook 人工智能实验室主任 Yann LeCun 以前两名学生创办的，开发了可自动理解、组织和提取媒介内容信息的视觉智能技术。Twitter 上每天都会出现无数的图片。收购 Madbits 可以帮助 Twitter 推出诸如图像搜索的功能，基于图像内容改进搜索排名，甚至是通过分析图像来更好地理解人们的推文内容。雅虎收购深度学习公司 LookFlow 和图像识别公司 IQEngine
Pinterest	收购物体识别公司 VisualGraph

注：根据公开资料整理。

3. 市场想象空间巨大。尽管许多互联网行业领域的技术突破都将带来很强的衍生跨界效应，但是在所有技术创新领域中，最为突出的无疑是人工智能。如表 9－22 所示，无论是从对各个行业影响力的广度来看还是从深度来看，人工智能的影响都远超其他技术领域。特别是人工智能技术的终极形态依然处于成长阶段，而其对各个领域影响的深度和广度事实上依然紧紧处于一个较为低层次的水平，更多呈现出辅助性作用。换言之，依然处于有限的“弱人工智能”阶段，而真正的“强人工智能阶段”① 尚未到来，颠覆性影响的形态、规模都还没有完全显现，因而其想象空间极其广阔。

表 9－22　　近期国外各企业推出的主要人工智能应用场景分布

企业	人工智能应用场景
海尔	海尔推出“海尔创新开放平台”，助力智能硬件的发展，改平台便于开发者搜集更多实际的、市场化的需求，通过技术提供方与技术需求方的精准匹配，迅速将技术转化为产品，缩短产品研发和市场化的周期，并不断扩散产品影响力
美的	美的集团在智慧家居领域将实施“1＋1＋1”战略，即“一个智慧管家系统＋一个 M－Smart 互动社区＋一个 M－BOX 管理中心”，将基于全球最齐全的产品群优势，致力于给消费者提供最专业的智慧家居体验，加速布局物联网家居市场
海康威视	海康威视拥有业内领先的自主核心技术和可持续研发能力，领先的安防产品及行业解决方案提供商，致力于不断提升视频处理技术和视频分析技术，面向全球提供领先的安防产品、专业的行业解决方案与优质的服务，为客户持续创造更大价值
小米	小米公司以小米三大主线产品（即小米手机、电视/盒子、路由器）和相关周边智能产品研发、适配，以及小米投资或入股第三方企业为手段进入智能硬件行业，目前小米已经投资、培育了 20 多家智能硬件企业，构建起小米终端生态圈
百度	百度推出了 BaiduInside 创新智能硬件合作计划。在今年 4 月举办的百度智能硬件峰会上，百度与佳能、海尔、联想、华为等多家合作伙伴和中小企业联合发布了涉及智能语音、智能影音、智能健康、智能车载、智能网关多个领域的 20 多款搭载百度技术的智能硬件产品
谷歌	谷歌涉及智能手机、智能手表、智能眼镜、电视盒子、无人驾驶汽车、WIFI 网络气球等众多前沿的智能硬件产品，欲建立起一个更加开放的软硬件生态体系
京东	2014 年 6 月，京东推出智能硬件云平台，未来将携手合作伙伴打造全产业链的智能硬件、全兼容芯片级物联网及全维度的个人健康聚合开放平台，从而为用户提供一站式、多样化的智能生活体验
奇虎 360	逐步拓展安全的内涵，开始解决物理世界的安全问题和人身安全与健康问题。在智能硬件领域，奇虎公司聚焦于安全、安防和健康，已推出儿童卫士、安全路由器、空气卫士等产品

注：根据公开资料整理。

① 弱人工智能（Artificial Narrow Intelligence，ANI）。弱人工智能是擅长于单个方面的人工智能。比如有能战胜象棋世界冠军的人工智能，但是它只会下象棋，你要问它怎样更好地在硬盘上储存数据，它就不知道怎么回答你了；强人工智能（Artificial General Intelligence，AGI）：人类级别的人工智能。强人工智能是指在各方面都能和人类比肩的人工智能，人类能干的脑力活它都能干。创造强人工智能比创造弱人工智能难得多，我们现在还做不到。Linda Gottfredson 教授把智能定义为“一种宽泛的心理能力，能够进行思考、计划、解决问题、抽象思维、理解复杂理念、快速学习和从经验中学习等操作。”强人工智能在进行这些操作时应该和人类一样得心应手。超人工智能（Artificial Superintelligence，ASI）：牛津哲学家，知名人工智能思想家 Nick Bostrom 把超级智能定义为“在几乎所有领域都比最聪明的人类大脑都聪明很多，包括科学创新、通识和社交技能。”超人工智能可以是各方面都比人类强一点，也可以是各方面都比人类强万亿倍的。

（二）重点关注标的

1. 科大讯飞（002230. SZ）。科大讯飞是在国家智能计算机研究开发中心、中国科技大学人机语音通信实验室的基础上组建，专门从事语音技术方面的基础研究、软件应用、系统集成、硬件产品生产、销售并提供全程技术支持和售后服务的高新技术企业。公司主要从事以智能语音技术为核心的相关产品的研究和销售，其主要产品包括语音支撑软件和语音应用软件；同时，公司也从事教育、电信、金融、政府等行业和部门的语音技术解决方案。科大讯飞是我国众多软件企业中为数极少的掌握核心技术并拥有自主知识产权的企业之一，其语音合成核心技术已达到国际先进水平。我们观察到在人工智能时代，从语音识别到语义解析的潜力巨大。科大讯飞在自然语言解析和深度学习技术上的储备已经到了产业化应用的前期，一旦这方面的储备技术孵化出杀手级应用，公司将面临爆发性增长的机会。科大讯飞所掌握的技术储备正是人工智能大脑所必需的技术条件，因而在这波人工智能浪潮中必将充分受益。相关资料见表 9－23。

表 9－23　　科大讯飞 2006～2014 年盈利与现金状况

项目 / 数据 / 年份	营业收入（亿元）	同比（%）	利润总额（亿元）	同比（%）	净利润（亿元）	期末现金余额（亿元）
2006	1.71	110.08	0.37	236.33	0.35	0.73
2007	2.06	20.11	0.55	48.65	0.54	0.93
2008	2.58	25.14	0.77	39.98	0.70	3.55
2009	3.07	19.25	0.87	12.78	0.80	3.66
2010	4.36	41.98	1.12	28.13	1.01	3.06
2011	5.57	27.74	1.44	28.36	1.33	6.59
2012	7.84	40.74	2.03	41.01	1.82	5.29
2013	12.54	59.92	3.21	58.16	2.78	17.55
2014	17.75	41.60	4.34	35.30	3.88	10.67

资料来源：Wind 资讯。

2. 华胜天成（600410. SH）。华胜天成是中国领先的 IT 综合服务提供商，业务方向涉及云计算、移动互联网、物联网、信息安全等领域，业务领域涵盖 IT 产品化服务、应用软件开发、系统集成及增值分销等多种 IT 服务业务，是中国最早提出 IT

服务产品化的公司。公司紧跟时代科技发展，着眼未来布局云计算行业，先后推出“凌云计划”“乘云计划”“揽胜行动”，务实推进公司云战略。公司已经承接多项行业云、政府云和公有云的建设。公司于2011年通过非公开增发募集约5亿元资金，投入云计算环境下的信息融合平台等6个项目，在诸多行业都有拥有诸多成功实践。目前公司已自主研发了云计算五大产品：天成云机、e维融通、天成云泰、i维数据以及云悦服务。公司积极与IBM、华为等巨头合作，在云计算领域强强联手，实现自身迅速发展。华胜天成是我国首批成功通过云建设和云服务评价的企业，标志着公司在云建设和云服务领域的研发得到了权威测评机构的认可。相关资料见表9-24。

表9-24　　华胜天成2006~2014年盈利与现金状况

项目 数据 年份	营业收入（亿元）	同比（%）	利润总额（亿元）	同比（%）	净利润（亿元）	期末现金余额（亿元）
2006	17.21	52.61	1.71	41.83	1.50	2.52
2007	22.43	30.32	2.00	16.96	1.80	6.34
2008	29.45	31.29	2.31	15.52	2.02	8.37
2009	33.54	13.88	2.18	-5.65	1.94	6.98
2010	40.75	21.50	2.44	11.96	2.32	7.71
2011	50.84	24.74	2.63	8.04	2.45	9.03
2012	52.37	3.01	1.90	-27.69	1.71	6.82
2013	48.16	-8.04	0.70	-63.00	0.51	12.75
2014	42.79	-11.16	1.16	64.78	1.05	16.56

资料来源：Wind资讯。

3. 四维图新（002405.SZ）。四维图新是中国领先的导航地图和动态交通信息服务提供商，由国家测绘局创建的唯一专业从事测绘的国家级公司。公司是中国第一、全球第五大导航电子地图厂商，连续7年在中国车载导航地图市场份额超过60%，连续3年在手机导航地图市场份额超过50%，并在移动位路服务、互联网地图服务、交通信息服务领域全面领先。地图是形成生活服务O2O闭环必须占领的环节和领域。四维图新作为国内第一的导航电子地图厂商，具有无可比拟的优越地位。同时四维把控车载前装市场，接受腾讯的战略投资后，将有助于优势互补，打造具有较大优势的共赢O2O市场。基于位路服务的四维图新依托腾讯的生活服务O2O生态圈，核心竞争力较强。相关资料见表 9 - 25。

表 9 - 25　　四维图新 2006 ~ 2014 年盈利与现金状况

项目 数据 年份	营业收入（亿元）	同比（%）	利润总额（亿元）	同比（%）	净利润（亿元）	期末现金余额（亿元）
2006	1.34		0.28		0.27	0.46
2007	1.85	38.65	0.88	214.11	0.83	2.76
2008	3.26	75.84	1.34	51.86	1.22	2.29
2009	4.28	31.48	1.73	28.75	1.48	2.47
2010	6.75	57.75	2.87	65.89	2.55	4.39
2011	8.67	28.41	3.72	29.77	3.08	8.40
2012	7.73	-10.86	2.01	-46.03	1.56	9.50
2013	8.81	1.97	1.21	-37.06	1.28	9.38
2014	10.59	20.22	1.73	42.76	1.29	12.11

资料来源：Wind 资讯。

4. 拓尔思（300229. SZ）。拓尔思是中文全文检索技术的创始者，主要从事以非结构化信息处理为核心的软件研发、销售和技术服务，核心软件产品包括企业搜索、内容管理和文本挖掘等相关平台和应用软件；从事相关行业的信息化工程咨询、开发、实施和维护服务；提供基于非结构化信息智能处理技术的在线软件运营和信息服务。公司的 TRS 系列产品已被国内外 3 000 多家企业级用户采用。公司致力于以大数据为核心，以云计算为平台，运用数据挖掘技术为客户提供服务。公司积极研发了多项大数据核心产品，如拓尔思大数据一体机系列、TRS 海贝大数据管理系统等产品。同时，公司在大数据战略布局上步步为营，抢占机遇。2014 年 4 月公司用超募资金 1.5 亿元及自有资金 2.1 亿元，共计 3.6 亿元在成都建立大数据研发中心和运营服务中心；2014 年 4 月公司通过定向增发加现金支付的方式收购从事安全数据交换和处理的天行网安 100% 股权，进一步完善公司的大数据战略布局；2014 年 5 月公司发布公告，投资建设机构大数据分析挖掘整合技术北京市工程实验室；2014 年 6 月的公告显示，公司计划使用超募资金 700 万元与北京汉宇投资有限公司、北京丽泽大数据投资有限公司共同出资设立北京金信网银金融信息服务有限公司，开展金融大数据分析挖掘系统和风险管理综合服务平台的研发、销售。公司以新闻转载、政府信息公开、竞争情报和舆情监测等服务为切入口，以 SaaS 作为主要业务推广模式，为企业、政府深度挖掘互联网的大数据。深度挖掘大数据形成对企业商业决策的有效支持是行业未来重要发展方向，拓尔思将以此形成自己独特的商业智能应用模式。相关资料见表9－26。

表9－26　拓尔思新2007～2015年盈利与现金状况

年份 \ 数据 \ 项目	营业收入（亿元）	同比（%）	利润总额（亿元）	同比（%）	期末现金余额（亿元）
2007	0.81		0.43		0.86
2008	1.04	28.36	0.48	12.29	0.81
2009	1.25	20.27	0.58	20.31	0.98
2010	1.48	18.52	0.67	16.79	1.41
2011	1.91	29.48	0.86	28.25	5.79
2012	2.11	10.29	0.82	－4.87	5.48
2013	1.94	－7.92	0.71	－13.92	4.74
2014	2.90	49.40	1.08	52.44	4.43
2015	3.88	33.74	1.38	27.98	

资料来源：Wind资讯。

三、互联网金融

自余额宝横空出世以来，互联网金融一直都站在金融创新的风口浪尖，特别是2015年上半年出现的场外配资风波、2015年末接连爆出一系列以互联网名义进行的恶性金融诈骗活动，更将互联网金融推向争议中心，但是我们依然认为，互联网金融的高效率、智能化、低成本的天然属性，对传统金融的替代性是不可逆转的。这也是金融行业的本质所决定的。

目前金融行业的主要利润来源在于物理渠道价值和金融专业知识价值。但是互联网金融技术在这两个领域都具有天然优势。目前，网络银行、网络支付、网上交易等平台事实上已经对传统金融服务渠道形成了全面替代。而金融专业知识的价值属性被互联网金融技术的发展所解构、消减也只是时间问题。

金融市场的根本属性在于市场上信息不对称，所以从根本上来看，所有金融中介机构专业知识的核心任务就是在信息不对称的市场环境中，充分、快速捕捉市场机会，其背后的核心技术包括风险定价、数据挖掘、衍生品设计等都具有数据化的可能，而其恰恰与互联网的比特属性有着天然的契合。特别是随着人工智能、大数据等技术的发展，互联网金融网络服务平台的专业水平也会越来越突出。如表 9－27 所示，在欧美国家，基于人工智能、大数据服务的智能投顾平台已经广泛发展。

表 9－27 美国主要智能投顾信息服务平台

业务模式	智能证券投顾信息服务平台	业务特色
用户内容生成（UGC）	StockTwits	社交信息深度挖掘
	MotifInvesting	Facebook + E – Trade
	FolioInvesting	团购投资组合
自动化智能服务	Thinknum	交易模型量化生成
	Mint	个人理财服务
	Wealth Front	财富管理
可视化技术应用	SigFig	资产负债类财务分析图形化
	Personal Capital	现金流分析可视化
	Estimize	无文字，可视化
	Trefis	行业分析工具
	Value Line	研报可视化处理

注：根据公开资料整理。

（一）行业成长逻辑

1. 对标领域利润空间巨大。不同于其他互联网行业领域，互联网金融的对标市场并没有更加广阔的想象空间，但是却更加直接，即传统金融市场，特别是依然对传统物理渠道有着巨大依赖的银行、保险等机构，其丰厚的利润空间也是互联网金融板块巨大成长空间的价值来源（见表 9－28）。

表 9－28 中国国有大型商业银行营收、利润规模 （单位：亿元）

农业银行：

	营业收入	利息净收入	手续费及佣金净收入	营业支出	营业利润
2011	3 777.31	3 071.99	687.50	2 209.93	1 567.38
2012	4 219.64	3 418.79	748.44	2 349.93	1 869.71
2013	4 626.25	3 762.02	831.71	2 496.13	2 130.12
2014	5 208.58	4 298.91	801.23	2 899.14	2 309.44

续表

建设银行：					
	营业收入	利息净收入	手续费及佣金净收入	营业支出	营业利润
2011	3 970.90	3 045.72	869.94	1 794.18	2 176.72
2012	4 607.46	3 532.02	935.07	2 104.60	2 502.86
2013	5 086.08	3 895.44	1 042.83	2 306.36	2 779.72
2014	5 704.70	4 373.98	1 085.17	2 732.23	2 972.47
工商银行：					
	营业收入	利息净收入	手续费及佣金净收入	营业支出	营业利润
2011	4 752.14	3 627.64	1 015.50	2 042.14	2 710.00
2012	5 369.45	4 178.28	1 060.64	2 294.87	3 074.58
2013	5 896.37	4 433.35	1 223.26	2 525.91	3 370.46
2014	6 588.92	4 935.22	1 324.97	2 992.80	3 596.12
中国银行：					
	营业收入	利息净收入	手续费及佣金净收入	营业支出	营业利润
2011	3 281.66	2 280.64	646.62	1 596.27	1 685.39
2012	3 660.91	2 569.64	699.23	1 784.93	1 875.98
2013	4 075.08	2 835.85	820.92	1 953.17	2 121.91
2014	4 563.31	3 211.02	912.40	2 254.12	2 309.19

资料来源：Wind 资讯。

2. 技术成熟度较高，替代路径清晰。不同于其他行业领域，互联网技术对于金融业影响技术种类是多元化的，在其基础业务领域部分，如支付、转账、交易等并不需要极强的技术门槛就可以实现，而在进一步的深度分析、智能投资决策等领域，相关技术的发展事实上已经开始接近传统专业机构的水平。特别是 IBM、Palantri 等机构的专业水准，已经开始大量占据传统金融机构市场份额（见表 9－29）。

表 9－29　　　　互联网金融各层级技术现状

	业务种类	替代技术	代表型机构
基础金融业务	支付、转账、交易	网络交易客户端、移动支付、自然识别	同花顺、大智慧、APPLE PAY、Google pay
专业金融业务	信用评级、投顾研报	大数据挖掘	雪球、Thinknum
衍生金融业务	风险资产定价、资产配置策略	深度学习、人工智能	IBM（Waston）、Palantir Metropolis

注：根据公开资料整理。

（二）重点关注标的

尽管互联网金融具有坚实的成长属性，但是在现阶段的 A 股市场中，寻找互联网金融投资标的更应该遵循技术逻辑，即除了之前所强调的利润率、现金流、对标细分市场领域规模等指标外，更要关注是否具有大数据资源优势，是否具有数据挖掘技术以及自我完善能力等特征。基于上述逻辑，我们看好以下互联网金融投资标的。

1. 银之杰（300085. SZ）。银之杰有望成为首家同时拥有个人征信牌照、互联网保险牌照和大数据技术及服务能力的 A 股上市公司。过去两年，公司扎实推进在互联网金融和大数据服务等新兴产业领域的业务发展，在个人征信、互联网保险、大数据服务等业务领域均取得显著的进展，各业务之间协同效应明显，入口管理能力、互联互通能力和数据变现能力正逐渐形成，将成功打造以互联网金融为核心的全产业生态圈。我们基于以下成长逻辑，中长期看好用友网络。

第一，在个人征信领域具备先发优势。2015 年 1 月，公司子公司华道征信被中国人民银行列入“开展个人征信业务准备工作的机构名单”，是国内首批开展个人征信准备工作的 8 家公司之一，目前正积极开展信用评估模型、征信数据源、征信产品设计、征信系统建设等方面的个人征信业务准备工作。2015 年 6 月，华道征信为首发起多家机构共同参与的同业征信联盟，并推出针对房屋租赁行业推出的首款信用评分产品“猪猪分”。未来，华道征信将通过引用多方不同数据源，力求打通信用孤岛，根据不同应用领域选取不同维度数据，实现大数据征信的场景化与平台化。

第二，收购北京亿美软通、投资明略软件，发力大数据领域。2014 年 11 月，公司以发行股份的方式收购了以 B2C 短彩信服务业务、移动互联网应用服务为主营的北京亿美软通科技有限公司 100% 的股权，在此基础上大力推进大数据运营服务业务。2015 年上半年，亿美软通利用大数据精准营销服务优势和医药行业龙头企业片仔癀合资成立的福建片仔癀银之杰健康管理有限公司正式投入运营。2015 年 7 月，公告拟投资明略软件，进一步巩固大数据实力、提升公司发展个人征信、互联网保险、大数据精准营销相关业务的综合实力。明略软件作为一家大数据科技公司，具备国内领先的数据科学家团队，掌握优秀的数据挖掘和分析能力，业务已进入国家安全、金融领域。相关资料见表 9－30。

表 9-30　银之杰 2001~2014 年盈利与现金状况

项目/数据/年份	营业收入（亿元）	同比（%）	营业成本（亿元）	利润总额（亿元）	同比（%）	期末现金余额（亿元）
2007	0.60		0.22	0.25		0.49
2008	0.65	8.34	0.24	0.24	-4.50	0.33
2009	0.75	15.90	0.26	0.31	25.83	0.50
2010	0.92	22.61	0.33	0.35	14.76	4.33
2011	0.96	4.61	0.43	0.23	-33.98	3.88
2012	1.01	4.29	0.47	0.20	-12.52	3.53
2013	1.10	9.50	0.51	0.15	-28.29	2.64
2014	1.92	74.54	0.95	0.31	111.94	3.45

资料来源：Wind 资讯。

2. 用友网络（600588. SH）。用友网络是亚太本土领先的企业管理软件和企业移动应用、企业云服务提供商，是中国最大的 ERP、CRM、人力资源管理、商业分析、内审、小微企业管理软件和财政、汽车、烟草等行业应用解决方案提供商，并在金融、医疗卫生等行业应用以及企业支付、企业通信、管理咨询、培训教育等领域快速发展。基于移动互联网、云计算、大数据、社交等先进技术，用友 UAP 私有云平台是中国大型企业和公共组织应用最广泛的企业计算平台，畅捷通公有云平台在小微企业和各类企业公共应用服务中得到运用。我们基于以下成长逻辑，中长期看好用友网络：

第一，互联网服务生态逐步完善。公司企业互联网服务聚焦财务、人力、企业协同、营销等领域，目前已推出“易代账”“电商通”“薪福社”“企业空间”“嘟嘟”“工作圈”等多款企业互联网服务，发布 BQCloud 商业分析云，为企业提供数据挖掘分析服务。未来公司将以秉钧网络与超客营销为基础，向企业客户提供覆盖前端引流广告、后端营销管理在内的网络营销服务，扩展服务广度，进一步完善企业互联网生态圈，实现互联网服务业务收入与客户规模的突破性增长。

第二，互联网金融开启数据变现空间。企业支付、P2P 等互联网金融业务高速发展，公司目前正在积极申请银行牌照，以完善互联网金融战略布局。未来公司将以软件与互联网服务业务积累的海量业务数据、企业支付及 P2P 积累的交易数据为基础，通过对接企业客户与银行等金融机构，提供征信、融资等增值服务，开启数据资源的变现空间。

第三，与阿里合作值得期待。用友网络打通畅捷通 SaaS 和阿里 IaaS，成立企业大数据应用联合实验室。目前畅捷通 T + 已完成了在阿里云上的部署，包括阿里平台的电商企业，都可通过阿里云享受 T + 提供的专业管理服务。而这次全新上线的畅捷通财务及管理服务也是搭建在阿里云上。用户可使用商业分析云服务而不需要在企业私有部署全套商业分析产品，从而无须前期 IT 投入即可采取租用 DaaS（DataasaService）服务的方式开始企业的商业分析，使企业可以根据自身分析需要弹性扩展资源。用友 BQCloud 产品既可以接入用户私有部署的业务系统数据库及数据仓库，对于那些已经将业务系统转向公有云服务上的企业；也可以接入云端数据仓库，从而帮助企业实现从业务到建模到分析的全程云计算服务。基于对 SaaS 服务入口，用友致力于为企业客户提供财会服务、营销服务、HR 服务、协同社交服务、智能制造“4 +1”类的数十项互联网产品，以此为存量小微客户提供增值服务，并快速积累增量小微客户，有望实现“2015 年 80 万、2016 年 200 万、2019 年 1 000 万线上小微企业”的客户目标。

第四，互联网金融业务推进效果渐显。截止报告期末，互联网金融业务中的 P2P 业务累计交易额 18 亿元人民币，新增交易金额 16.83 亿元人民币，比 2014 年年底增长 1 338%；支付业务交易金额超过 130 亿元人民币，同比增长 286%。截至 2015 年 5 月，友金所融资额达到 5.5 亿元，交易 2 305 笔，平均每笔约 25 万元。相关资料见表 9 – 31。

表 9 – 31　　用友网络 2006 ~ 2014 年盈利与现金状况

年份 \ 项目	营业收入 金额（亿元）	营业收入 同比（%）	利润总额 金额（亿元）	利润总额 同比（%）	期末现金余额 金额（亿元）	期末现金余额 同比（%）
2006	11.14	11.27	1.87	113.06	58.36	7.13
2007	13.57	21.85	3.88	178.26	106.86	9.09
2008	17.26	27.18	4.68	–9.55	20.70	10.85
2009	23.47	36.01	6.74	94.90	45.29	16.15
2010	29.79	26.92	3.48	–76.39	–48.43	13.92
2011	41.22	38.38	6.06	174.04	74.27	13.90
2012	42.35	2.74	4.41	–49.51	–27.21	16.80
2013	43.63	3.01	6.47	100.14	46.72	20.77
2014	43.74	0.26	6.12	–4.82	–5.45	29.29

资料来源：Wind 资讯。

3. 金证股份（600446. SH）。金证股份是国内最大的金融证券软件开发商和系统集成商，建立了覆盖全国的市场营销和服务网络，公司先后承担了国家“863 计划项目”、“十五”国家科技攻关计划项目，作为全国金融证券 IT 著名品牌，金证公司得到市场广泛认同。公司是国家计算机信息系统集成一级资质单位，在金融、政府、教育等领域的信息化建设中卓有建树。相关资料见表 9－32。

表 9－32　　金证股份 2006～2014 年盈利与现金状况

项目 数据 年份	营业收入		营业成本		期末现金余额	
	金额（亿元）	同比（%）	金额（亿元）	利润总额（亿元）	金额（亿元）	同比（%）
2006	9.32	32.05	8.05	0.72	311.59	1.90
2007	9.58	2.77	7.98	0.46	－35.60	2.55
2008	10.99	14.64	8.85	0.68	48.38	2.34
2009	12.24	11.41	9.97	0.57	－17.18	3.32
2010	15.86	29.60	13.20	0.52	－7.50	3.03
2011	18.06	13.86	14.83	0.69	31.08	2.93
2012	18.83	4.25	15.24	0.96	39.11	2.28
2013	20.32	7.89	16.13	1.39	45.24	2.98
2014	23.68	16.56	18.56	1.99	42.98	2.38

资料来源：Wind 资讯。

我们基于以下成长逻辑，中长期看好用友网络。

第一，金融 IT 业务基础扎实。2010 年至今，年净利润复合增速超 47% 公司是国内领先的服务金融证券行业的软件开发商之一，公司证券行业市场份额达到 56%；经纪业务前 10 位券商 60% 使用金证集中交易系统；近三年新增公募基金公司中，金证股份市场占有率分别为 50%、66.67% 和 58.33%。

第二，与互联网巨头在互联网金融领域深度合作。近年来，公司开始布局 2.0 战略，为传统的 1.0 用户建设云平台。2014 年，公司通过金微蓝子公司与腾讯以及多家证券公司合作，开发了 Q 证券、微证券以及自选股，面向互联网用户的理财、证券交易、营销 & 服务平台，逐步推进“云平台＋流量收费”的业务模式。目前已经与腾讯、京东等互联网企业达成全面合作。腾讯：借助腾讯 QQ、腾讯公众号、腾讯财付通，实现用户导流，并提供从开户、交易到查询的一系列服务；京东：在理财、众筹、京东白条业务方面展开合作。

第三，“平台＋流量＋内容”模式顺利推进。公司的互联网金融平台 3.0 业务，目标利用公司的平台建设能力，结合合作互联网企业的流量导入优势、合作金融企业的金融产品、金融牌照优势，打造“平台＋流量＋内容”的业务模式。

第三篇

固定收益产品投资

固定收益产品是金融工具一大类的总称。一般而言，固定收益产品代表拥有对未来发生的一系列确定数额收入流的要求权，是一种要求借款人按预先规定的时间和方式向投资者支付利息和偿还本金的债务合同。固定收益类证券是我国资本市场上的重要品种，最早起源于国家发行的国债（国库券）。国债的利息相对于银行存款要高，在20世纪80年代没有资本市场的时期国债是我国居民最重要的投资方式。1988年财政部在全国61个城市进行国债流通转让试点开始，我国的固定收益市场开始形成。中国固定收益市场经过三十年的发展，品种日益丰富，参与范围不断扩大，市场功能逐渐完善，形成了一个包括国债、地方政府债、中央银行票据、金融债、短期融资券、企业债、公司债、中期票据、资产支持债券、可转债、优先股等众多品种，政府、企业、国内外机构、个人多方参与，银行间市场、交易所市场、柜台市场多层次交易的多功能、大范围的市场。如何在这个市场进行投资，如何选择合适的产品，如何控制风险是本篇要阐述的内容。本篇的内容安排，第一是介绍当前我国现有的固定收益产品；第二是分析固定收益产品投资的分析框架、影响因素、决策指标以及风险控制；第三是如何建立固定收益产品的投资组合；第四是如何进行固定收益产品套利。

第十章
我国的固定收益产品

我国固定收益产品可分为三类：一类是债券；一类是优先股；一类是资产支持证券。

第一节　债　　券

我国债券市场按照上市地点可分为银行间市场和交易所市场。银行间市场主要债券品种有国债、地方政府债、中央银行票据、银行同业票据、金融债、企业债、中期票据、短期融资券等。交易所市场包括上海证券交易所债券市场和深圳证券交易所债券市场，主要债券品种有国债、地方政府债、公司债、金融债和可转债。有些债券品种是银行间市场或者交易所市场独有的，如中期票据、短期融资券只能在银行间市场发行，公司债、可转债只能在交易所市场发行。有些债券既能在银行间市场挂牌也能在交易所市场挂牌，如国债、地方政府债、企业债等。按照债券的风险可以分为利率债和信用债。利率债是指政府或者中央银行发行的风险很低的债券，包括国债、政策性金融债和中央银行票据。信用债是依靠企业的信誉而发行的债券，具体包括企业债、公司债、短期融资券、中期票据、可转债等品种。截至 2015 年 12 月 3 日，各类债券发行量统计如表 10－1。

表 10－1　　债券数量和债券余额

项目 / 数据 / 类别	发行数量（只）	发行额（亿元）
国债	318	72 413.40
地方政府债	1 035	38 350.62
同业存单	6 987	53 064.90
金融债	1 065	43 277.88
政策银行债	471	26 327.57
商业银行债	58	2 039.00
商业银行次级债券	62	2 698.64
保险公司债	19	646.50
证券公司债	237	7 549.20
证券公司短期融资券	171	2 753.60
其他金融机构债	47	1 263.37
企业债	588	6 686.82
一般企业债	585	6 659.60
集合企业债	3	27.22
公司债	875	10 233.95
私募债	555	4 982.96
一般公司债	320	5 250.99
中期票据	924	12 759.46
一般中期票据	922	12 755.20
集合票据	2	4.26
短期融资券	2 544	32 806.30
一般短期融资券	1 109	9 725.00
超短期融资债券	1 435	23 081.30
定向工具	1 118	8 853.95
国际机构债	1	30.00
政府支持机构债	21	1 800.00
可转债	3	98.00
可交换债	15	159.03

一、国债

我国国债是指财政部代表中央政府发行的国家公债，由国家财政信誉作担保，信誉度非常高，素有“金边债券”之称。当前我国国债的种类有凭证式国债国债、电子储蓄国债和记账式国债。储蓄国债为目前国债的主要形式。2015 年，我国共发行国债 318 只，发行金额 72 413.4 亿元。

（一）凭证式国债投资的特点

凭证式国债是指面向城乡居民和社会各类投资者发行，以“中华人民共和国凭证式国债收款凭证”记录债权的储蓄国债。凭证式国债其票面形式类似银行定期存单，利率通常比同期银行存款利率高，是一种纸质凭证形式的储蓄国债。

凭证式国债的特点是安全、方便、收益适中。具体说来包括：一是凭证式国债发售网点多，购买和兑取方便，手续简便。二是可以记名挂失，持有的安全性较好。三是利率比银行同期存款利率高，提前兑取时按持有时间采取累进利率计息。四是投资门槛较低，购买额为百元的整数倍，最低为 100 元。五是流动性风险小，凭证式国债虽不能上市交易，但可随时到原购买点兑取现金。除偿还本金外，在半年外还可以按实际持有天数及相当的利率档次计付利息。凭证式国债能为购买者带来固定并且稳定的收益，但是凭证式国债提前支取在发行期内不计息的，在半年内支取则按同期活期利率计算利息。六是没有市场风险，纸质凭证式国债不能上市，提前兑取时的价格（本金和利息）不随市场利率的变动而变动，可以避免市场价格风险。

当前，凭证式国债已经不是我国国债发行和投资的主要券种。2015 年，我国共发行了凭证式国债 8 期，合计金额 1 200 亿元，期限为 3 年期和 5 年期，发行利率从 3.36% ~5.32% 不等（见表 10 -2）。

表 10 -2　　2015 年凭证式国债发行情况

证券代码	债券简称	发行总额（亿元）	发行利率（%）	起息日期
Z00274.00	15 凭证式国债 01（3 年）	180	3.36	2015 年 3 月 10 日
Z00275.00	15 凭证式国债 01（5 年）	120	4.92	2015 年 3 月 10 日
Z00276.00	15 凭证式国债 02（3 年）	180	5.32	2015 年 5 月 10 日
Z00277.00	15 凭证式国债 02（5 年）	120	4.92	2015 年 5 月 10 日
Z00278.00	15 凭证式国债 03（3 年）	150	5.32	2015 年 9 月 10 日
Z00279.00	15 凭证式国债 03（5 年）	150	4.25	2015 年 9 月 10 日
Z00280.00	15 凭证式国债 04（3 年）	150	4.67	2015 年 10 月 10 日
Z00281.00	15 凭证式国债 04（5 年）	150	4.25	2015 年 10 月 10 日

凭证式国债投资面临的风险主要是利率风险，从2015年发行的情况来看，同样是3年期国债，15凭证式国债01（3年）的发行利率是3.36%，而15凭证式国债02（3年）的发行利率是5.32%，相差了1.96%，起息时间只相差了2个月。同样是5年期国债，15凭证式国债02（5年）的发行利率为4.92%，15凭证式国债03（5年）的利率是4.25%，发行时间相差了4个月。

（二）储蓄国债（电子式）投资的特点

电子式储蓄国债是我国财政部面向境内中国公民储蓄类资金发行的，以电子方式记录债权的不可流通人民币债券，付息方式为按年支付利息，返还的利息直接转入投资者资金账户并按相应银行存款活期利率计付利息。电子式储蓄国债提前兑取有持有最低期限限制，而且也将被扣除部分利息并按兑取本金一定比例收取手续费。

电子储蓄国债的购买。投资者应事先在一家承办银行开立一个人民币结算账户作为国债账户的资金账户，然后开立个人国债托管账户（不收取账户开户费和维护费用）用以结算兑付本金和利息。投资者可在发行期内持身份证、资金账户证明、国债托管账户卡到所在承办银行联网网点购买。

与凭证式储蓄国债相比，电子式储蓄国债有专门的计算机系统用于记录和管理投资人的债权，免去了投资者保管纸质债权凭证的麻烦，债权查询方便。电子式储蓄国债没有信用风险与价格波动风险，按年付息，存续期间利息收入可用于日常开支或再投资。电子式储蓄国债的投资门槛较低，收益率一般要高于银行定期存款利率。电子式储蓄国债在提前兑取时可以只兑取一部分，以满足临时部分资金需求；投资者提前兑取需按本金的1‰收取手续费，但电子式国债在付息前15个交易日不能提取。

2015年，我国共发行储蓄国债（电子式）十期，发行总额为2 000亿元，发行期限分为3年期和5年期国债（见表10－3）。其中五期为3年期，五期为5年期。发行利率从4%～5.32%不等。储蓄国债（电子式）的投资风险和凭证式国债类似，主要是利率风险。如2015年3年期储蓄国债（电子式）的最高利率为4.92%，最低为4%；5年期储蓄国债（电子式）的最高利率为5.32%，最低为4.42%。

（三）记账式国债投资的特点

记账式国债又名无纸化国债，是由财政部通过无纸化方式发行的、以电脑记账方式记录债权、并可以上市交易的债券。与凭证式国债和储蓄国债（电子式）相

表 10-3　　2015 年储蓄式国债（电子式）发行情况

证券代码	债券简称	发行总额（亿元）	票面利率（%）	起息日期
151701. BC	2015 年第一期储蓄国债（电子式）（3 年）	240	4.92	2015 年 4 月 10 日
151702. BC	2015 年第二期储蓄国债（电子式）（5 年）	160	5.32	2015 年 4 月 10 日
151703. BC	2015 年第三期储蓄国债（电子式）（3 年）	240	4.67	2015 年 6 月 10 日
151704. BC	2015 年第四期储蓄国债（电子式）（5 年）	160	5.07	2015 年 6 月 10 日
151705. BC	2015 年第五期储蓄国债（电子式）（3 年）	200	4.50	2015 年 7 月 10 日
151706. BC	2015 年第六期储蓄国债（电子式）（5 年）	200	4.87	2015 年 7 月 10 日
151707. BC	2015 年第七期储蓄国债（电子式）（3 年）	200	4.50	2015 年 8 月 10 日
151708. BC	2015 年第八期储蓄国债（电子式）（5 年）	200	4.87	2015 年 8 月 10 日
151709. BC	2015 年第九期储蓄国债（电子式）（3 年）	200	4.00	2015 年 11 月 10 日
151710. BC	2015 年第十期储蓄国债（电子式）（5 年）	200	4.42	2015 年 11 月 10 日

比，记账式国债的投资有以下特点：

一是提前兑现不损失利息。记账式国债提前兑现时，仅需支付少量交易手续费，仍可享受按票面利率支付的持有期利息。二是记账式国债按复利计息。记账式国债根据不同的年限，有不同的付息方式。这些利息可以用来再投资，相当于复利计息。三是价格随市场利率变化。记账式国债的价格，完全按市场供需及市场利率决定，当市场预期利率上升时价格下降，市场预期利率下降时价格则上升。如果在低价位购得记账式国债，既获取利息又赚取价差。

购买记账式国债可以在交易所市场、银行间市场以及商业银行柜台交易。以交易所市场为例，投资者购买记账式国债应事先在证券交易所开立证券账户，然后携带身份证、证券账户卡和券商指定的银行存折到代理记账式国债销售的证券营业部填写预约认购单并开立保证金账户，转入认购资金后即可购买。认购记账式国债不收手续费，不能提前兑取，只能进行买卖，但券商在买卖时要收取相应的手续费。

2015 年，我国共发行记账式国债 300 只，发行金额 69 213.4 亿元。记账式国债的风险主要在于价格风险。由于记账式国债的价格上下浮动，高买低卖就会造成亏损；反之，低买高卖可以赚取差价。

以 02 国债（13）为例。02 国债（13）是 2002 年记账式十三期国债（15 年），由财政部发行。额度为 240 亿元，发行价格 100 元，发行利率 2.6%。02 国债（13）净价最低在 2004 年下跌到 74 元，相对于发行价下跌了 25%。然后逐渐反弹，在 2015 年底上涨到 100 元以上（见图 10-1）。因此，如此大幅度的波动，如果再利用

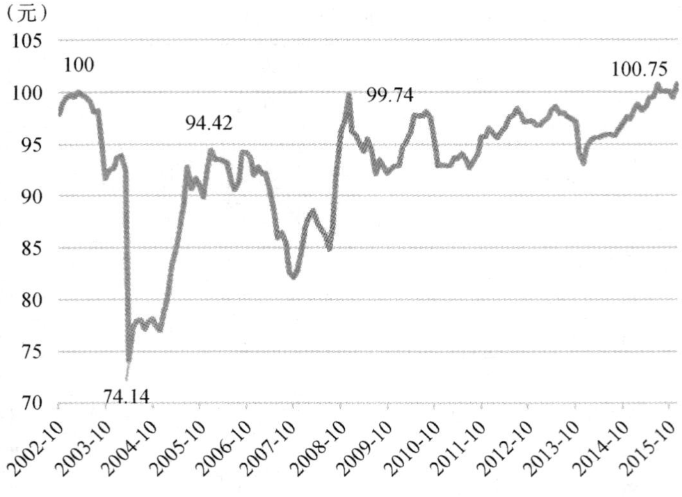

图 10－1　记账式国债 02 国债（13）价格走势

质押回购加杠杆，将会出现较大的盈利或者亏损。

就利息而言，同等条件的储蓄国债和凭证国债要高于记账式国债。如 2015 年 4 月发行的第一期储蓄国债（电子式）（3 年）利率为 4.92%，同时间发行的 2015 年记账式付息国债（四期）续发利率只为 3.22%。因此，如果选择持有到期，并不是通过交易获取资本利得的话，应选择储蓄国债或者凭证式国债。

二、地方政府债

地方债券是相对国债而言的，以地方政府为发债主体。《中华人民共和国预算法》规定，地方政府没有直接发行地方债券的权利，也不允许存在赤字。但实际上，地方政府通过种种方式举债已经屡见不鲜。2014 年 5 月，财政部公布《2014 年地方政府债券自发自还试点办法》，上海、浙江、广东、深圳等 10 省市试点地方政府债券自发自还，这意味着地方债发行朝着市场化路径迈出了实质性步伐。财政部与国家税务总局发布关于地方政府债券利息免征所得税问题的通知称，对企业和个人取得的 2012 年及以后年度发行的地方政府债券利息收入，免征企业所得税和个人所得税。地方政府债同时在银行间市场和交易所市场发行。

2014 年 9 月 21 日，国务院以国发〔2014〕43 号印发《关于加强地方政府性债务管理的意见》。该意见提出赋予地方政府依法适度举债融资权限，加快建立规范的地方政府举债融资机制。同时，坚决制止地方政府违法违规举债。市县级政府确需举借债务的由省、自治区、直辖市政府代为举借，不得通过企事业单位等举措。限定债务规模：中央规定上限，地方人大决定实际地方举债规模。地方政府举债不得突破批准的限额，债务限额由国务院确定并报全国人大或其常委会批准；地方政府在限额内举借的债务，必须报本级人大或其常委会批准。也就是说，中央对地方的规模控制，只是设定地方举债的上限。在不突破上限的前提下，地方举债的实际规模由本级人大或其常委会决定。限定债务用途，纳入预算管理。举债只能用于公益性资本支出和适度归还存量债务，不得用于经常性支出；把债务收支分门别类纳入全口径预算管理。

表 10－4　　2015 年地方政府债发行情况

项目 / 数据 / 月份	票面利率（%）	实际发行总额（亿元）	期间发行数量（只）
5 月	3.2479	1 341.00	20
6 月	3.4466	7 341.65	125
7 月	3.4128	5 605.36	181
8 月	3.5583	4 803.17	203
9 月	3.4619	5 437.74	117
10 月	3.3119	4 823.11	161
11 月	3.2526	7 637.19	196
12 月	3.1991	1 361.40	32

2015 年，市场共发行地方政府债 1 035 只，发行金额高达 38 350.62 亿元（见表 10－4），发行期限从 1～10 年期不等。10 年期地方政府债每年付息两次，其他期限地方政府债每年付息 1 次。单次地方政府债发行金额最大的是 15 江苏债 41 和 15 江苏债 42，每只债券发行金额达到了 243.6 亿元。发行利率总体来看比较低，略高于凭证式国债发行利率，低于储蓄式国债。平均票面利率最高为 8 月的 3.5583%，最低为 12 月的 3.1991%。单只地方债中，发行利率最高的 10 年期地方债 15 大连债 12 和 15 大连债 16，2015 年 7 月 6 日起息，利率为 4.29%。同时间发行的记账式国债 15 国债 16 发行利率为 3.51%，5 年期 2015 年第六期储蓄国债（电子式）利率高达 4.87%。同时，地方政府债券的流动性低于国债。因此，投资者购买地方政府债券的积极性并不高。地方政府债和国债一样都免征债券利息所得税。

三、同业存单

同业存单是存款类金融机构在全国银行间市场上发行的记账式定期存款凭证，其投资和交易主体为全国银行间同业拆借市场成员、基金管理公司及基金类产品。存款类金融机构可以在当年发行备案额度内，自行确定每期同业存单的发行金额、期限，但单期发行金额不得低于5 000万元人民币。其中，固定利率存单期限原则上不超过1年，为1个月、3个月、6个月、9个月和1年，参考同期限上海银行间同业拆借利率定价。浮动利率存单以上海银行间同业拆借利率为浮动利率基准计息，期限原则上在1年以上，包括1年、2年和3年。

2015年，我国共发行同业存单6 987只，发行金额53 064.9亿元。其中，金额最大的一笔同业存单是浦发银行于2015年10月发行的15浦发CD273，发行金额189亿元，发行面额96.81，期限1年。

四、金融债

金融债是有银行和非银行金融机构发行的债券，2015年，我国共发行金融债1 065只，发行金额43 277.88亿元。

（一）政策性金融债券

政策性银行金融债，特指我国三大政策性银行（国家开发银行、中国进出口银行和中国农业发展银行）为筹集资金、经国务院批准向国有商业银行、区域性商业银行、保险公司和农村信用社等金融机构发行的金融债券。1999年以后，金融债券已成为政策性银行筹措资金的主要方式。2015年我国发行政策金融债471只，发行金额为26 327.57亿元。相关资料见表10－5。

表10－5　　2015年政策性金融债发行情况

项目/数据/年份	票面利率（%）	浮息债票面利差（%）	实际发行总额（亿元）	期间发行数量（只）
1月	3.8819	2.76	2 010.10	32
2月	3.7523	2.89	1 690.00	32
3月	3.9976	3.34	3 410.50	54

续表

项目 数据 年份	票面利率（%）	浮息债票面利差（%）	实际发行总额（亿元）	期间发行数量（只）
4 月	3. 9357	3. 22	3 080. 00	55
5 月	3. 5729	3. 15	2 595. 00	46
6 月	3. 5294	3. 17	2 495. 00	44
7 月	3. 4257	2. 95	1 903. 30	38
8 月	3. 3967	3. 11	2 040. 00	37
9 月	3. 5857	3. 17	1 436. 70	30
10 月	3. 1992	2. 94	1 390. 00	29
11 月	3. 3577	3. 04	2 302. 87	42
12 月	3. 1430	2. 93	1 534. 10	24

政策性金融债和国债类似，都属于利率债的范畴，也是零风险的债券投资品种。从利率来看，政策性金融债的发行利率略高于记账式国债。2015 年 1 ~ 12 月，政策性金融债固定票面利率呈下降趋势。在 3 月左右达到最高的 3. 9976% 之后，到了 12 月下降为 3. 143% 。政策性金融债的流动性和记账式国债类似，都可以在银行间市场买卖。由于一般金融机构持有政策性金融债需缴纳 25% 的资本利得税，因此，国债和政策性金融债的投资收益基本相当。

（二）商业银行债券

商业银行金融债券，是指依法在中国境内设立的金融机构法人在全国银行间债券市场发行的、按约定还本付息的有价证券。2015 年，我国发行商业银行债 58 只，发行金额 2 039 亿元。

商业银行次级债券，是指商业银行发行的、本金和利息的清偿顺序列于商业银行其他负债之后、先于商业银行股权资本的债券。2015 年，我国共发行商业银行次级债 62 只，发行金额 2 698. 64 亿元。

（三）证券公司债券

证券公司债是指证券公司依法发行的、约定在一定期限内还本付息的有价证券。2015 年，我国共发行证券公司债 237 只，发行金额 7 549. 2 亿元。

（四）保险公司次级债务

保险公司次级债务是指保险公司经批准定向募集的、期限在 5 年以上（含 5

年)、本金和利息的清偿顺序列于保单责任和其他负债之后、先于保险公司股权资本的保险公司债务。2015 年，我国共发行保险公司债 19 只，发行金额 646.5 亿元。

（五）其他金融机构债券

其他金融机构债券，如财务公司债等。2007 年中国银监会下发通知，允许财务公司在银行间债券市场发行财务公司债券，明确了企业集团财务公司发行债券的条件和程序。2015 年，其他金融机构债共发行了 47 只，发行金额 1 263.37 亿元。

五、企业债

企业债券，是指企业依照法定程序发行、约定在一定期限内还本付息的有价证券。企业债由国家发改委核准发行。企业债发行流程发行条件包括：(1) 发债前连续三年盈利，所筹资金用途符合国家产业政策。(2) 累计债券余额不超过公司净资产额的 40%；最近三年平均可分配利润足以支付公司债券一年的利息。(3) 发债用于技改项目的，发行总额不得超过其投资总额的 30%；用于基建项目的不超过 20%。(4) 取得公司董事会或市国资委同意申请发行债券的决定。

2015 年，我国共发行企业债 272 只，发行金额 3 101.8 亿元。企业债的发行利率明显高于国债和政策金融债。平均票面利率在 2 月达到最高的 6.6123%，逐步回落到 12 月的 5.1507%。但是，企业债属于信用债的范畴，除了利率风险之外还会有信用风险。2015 年，10 中钢债就出现了违约。因此，投资企业债不仅要看其利率，还要分析其违约风险。迄今为止，高评级的 AAA 级企业债还未出现过违约。相关资料见表 10 - 6。

表 10 - 6　　2015 年企业债发行情况

项目 / 数据 / 月份	票面利率（%）	实际发行总额（亿元）	期间发行数量（只）
1 月	6.5448	319.22	30
2 月	6.6123	92.00	9
3 月	6.2664	460.00	46
4 月	6.0041	699.40	60
5 月	5.5211	85.00	7
6 月	6.0690	155.00	14
7 月	5.8491	161.00	13

续表

项目 / 数据 / 月份	票面利率（%）	实际发行总额（亿元）	期间发行数量（只）
8月	5.2002	195.00	17
9月	5.6125	140.00	18
10月	4.3020	236.00	14
11月	5.0591	409.00	31
12月	5.1507	469.40	43
合计		3 101.80	272

六、公司债

（一）新公司债的修订

公司债是证券交易所内发行交易的重要债券品种，由中国证监会进行监管。中国证监会于2015年1月15日正式发布《公司债券发行与交易管理办法》和原《公司债发行试点办法》相比有了重大修改（见表10-7）。

一是对公司债期限重新做了界定。《公司债券发行与交易管理办法》规定："公司债券市指公司依照法定程序发行、约定在一定期限还本付息的有价证券。"而原《公司债发行试点办法》规定："公司债券是指公司依照法定程序发行、约定在一年以上期限还本付息的有价证券。"《公司债券发行与交易管理办法》取消了"一年以上"的期限限制，意味着公司债也可以是一年以内的短期债券。

二是扩大发行主体范围。《公司债券发行与交易管理办法》将公司债的发行主体由原先的境内证券交易所上市公司、发行境外上市外资股的境内股份有限公司、证券公司，打破限制扩大至所有公司制法人。同时对非公开发行以专门章节做出规定，全面建立非公开发行制度。《公司债券发行与交易管理办法》从发债主体以及发行方式两头入手，大大降低了公司债原有的发行门槛。公司债将有望大举扩容，丰富广大中小企业融资渠道。

三是丰富债券发行方式。《公司债发行试点办法》对非公开发行没有具体的细则规定。而《公司债券发行与交易管理办法》用了一节七条（第二十六条~第三十二条）详细规定了公司债非公开发行及转让的办法。将公开发行与非公开发行的公司债实施区别管理则是针对不同发行方式建立有层次的管理体系，这也是中国证监会在面临信用风险，从投资者方面做出的风控措施，有利于公司债更长远更健康的良性发展。

四是拓展交易场所。《公司债券发行与交易管理办法》将公开发行公司债的交易和转让场所进一步拓展至新三板以及国务院批准的其他证券交易场所，不再局限于之前的沪、深证券交易所。非公开发行的公司债交易和转让场所更是拓展到沪、深证券交易所、新三板、机构间私募产品报价与服务系统以及证券公司柜台。

五是简化发行审核流程。《公司债券发行与交易管理办法》取消保荐制和发审委制，简化了核准流程，明确规定核准时间为“受理发行申请文件之日起三个月内”。对于向合格投资者的公开发行，规定“简化核准程序”。公司债的非公开发行只需在“发行完成五个工作日内向中国证券业协会备案”。

六是完善公司债的市场监管。进一步强化了信息披露、承销、评级、募集资金使用重点等环节监管要求，并对私募债的行政监管作出安排；进一步完善债券受托管理人和债券持有人会议制度，并对契约条款，增信措施作出引导性规定。相关内容见表 10 – 7。

表 10 – 7　　《公司债券发行与交易管理办法》主要修订内容

项目 \ 内容 \ 办法	《公司债券发行与交易管理办法》	《公司债发行试点办法》
发行主体	所有公司制法人，不包含地方政府融资平台公司	境内证券交易所上市公司、发行境外上市外资股的境内股份有限公司、证券公司
发行方式	针对合格投资者的“小公募”发行；全面建立非公开发行制度	无具体细则
审核方式	公开发行核准制；非公开发行备案制	核准制
交易场所	公开发行交易场所拓展至全国中小企业股份转让系统；非公开发行交易场所拓展至全国中小企业股份转让系统、机构间私募产品报价与服务系统和证券公司柜台	上海证券交易所； 深圳证券交易所
审核流程	取消保荐制和发审委制度；受理发行文件三个月内作出是否核准决定；简化“小公募”核准程序	保荐制和发审委制度
投资者适当性	界定合格投资者	无具体细则
信息披露	专门一章规范信息披露的内容、事项以及信息披露的媒体	无具体细则
债券持有人权益保护	进一步完善债券受托管理人和债券持有人会议制度，并对契约条款、增信措施作出引导性规定	已有相应的保护措施
监督管理	进一步完善监管和处罚措施，明确相应机构和个人应承担的法律责任	已制定监管措施

（二）公司债的发行情况

公司债在新的《公司债券发行与交易管理办法》颁布后发行量实现井喷。2015年新公司债发行了1 354只，其中一般公司债320只，私募债1 034只，发行数量同比增长了135%。2015年发行金额10 311.8亿元，其中一般公司债5 250.99亿元，私募债5 060.81亿元，发行金额同比增长了616%（见表10－8）。

表10－8　　公司债发行量和发行金额

项目 数据 年份	债券发行量（只）			债券发行额（亿元）		
	一般公司债	私募债	合计	一般公司债	私募债	合计
2007	5	0	5	112.00	0	112.00
2008	15	0	15	288.00	0	288.00
2009	47	0	47	734.90	0	734.90
2010	23	0	23	511.50	0	511.50
2011	83	0	83	1291.20	0	1291.20
2012	181	116	297	2 492.00	134.31	2 626.31
2013	94	290	384	1 361.85	360.64	1 722.49
2014	76	499	575	759.00	681.17	1 440.17
2015	320	1 034	1 354	5 250.99	5 060.81	10 311.80

从公司债的发行利率来看，2015年平均发债利率从高点的5.84%下滑到低点的4.36%（见图10－2）。公司债作为有一定风险的信用债，2015年其发行利率和国债的发行利率相比利差不大。

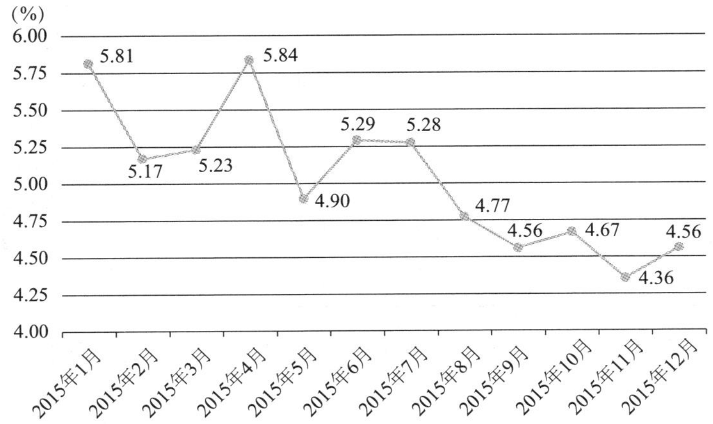

图10－2　2015年公司债发行利率走势

（三）案例：非上市公司“小公募”发行第一单：15 舟港债

2015 年 5 月 22 日，舟山港集团面向合格投资者公开发行的债券（简称“15 舟港债”）以近期债券市场 AA + 评级 4.48% 的最低利率成功发行。39 家机构参与网下认购，经过簿记建档，认购金额达 33.9 亿元，认购倍数高达 4.84 倍，最终确定票面利率为 4.48%。“15 舟港债”于 6 月 5 日在上海证券交易所上市。自此，“15 舟港债”成为中国证监会《公司债券发行与交易管理办法》发布后首单上市的公募公司债券，也是首家上市的非上市公司公募公司债券。相关内容见表 10 - 9。

表 10 - 9　　大公募、小公募和私募公司债发行基本要素

分类 内容 项目	大公募	小公募	私募
发行人类型	股份有限公司、有限责任公司（政府平台公司除外）		
发行条件	三年无债务违约； 三年年均可分配利润 ≥ 1.5 倍债券年利息； 信用评级 AAA	未达到前款规定	不限
评级	强制评级	强制评级	不强制
审批方式	核准	核准	备案
投资者适当性	公众投资者	合格投资者	合格投资者和发行人董事、监事、高管以及持股 50% 以上股东
投资者人数	不限	不限	200 人以内
承销机构	证券公司、证金公司		证券公司、证金公司以及发行人自销
交易场所	证券交易所、新三板以及国务院批准的其他证券交易场所		证券交易所、新三板、私募报价和服务系统、证券公司柜台

“15 舟港债”发行人舟山港集团有限公司为舟山市国资委全资控股非上市公司，评级机构新世纪给予主体评级 AA +/稳定，债项评级 AA +。发行人截至 2014 年末所有者权益为 36.77 亿元，资产负债率（合并）68.23%。此次债券募集资金约

3.64 亿元用于偿还银行借款，剩余资金用于补充公司营运资金。该计划有利于调整并优化公司负债结构，降低财务成本，并进一步提高公司持续盈利能力。“15 舟港债”的特点有以下几个：一是 15 舟港债是第一单新公司债，也是第一次以小公募形式发行的公司债；二是票面利率 4.48%，比同期 AA + 中票低；三是募集资金使用灵活，本期债券无募投项目，募集资金用于偿还银行贷款和补充流动资金；四是发行速度快，该债券于 2015 年 4 月上报材料，5 月 14 日获得证监会核准。

“15 舟港债”重要意义在于，其为证监会公司债新规发布后首单非上市公司发行的公司债。其发行主体是非上市公司，发行方式、流通场所、分类管理等较此前的公司债都有很大改进，其成功发行表明市场对新型公司债券的高度认可，也体现出交易所债券市场的吸引力和市场化定价优势。当日机构认购意愿强烈，且发行利率低至 4.48%，远低于同期银行贷款利率 5.5% 与银行间债券市场 5 年期发行指导利率 5.12%。

（四）公司债投资的特点和风险

公司债由于在交易所挂牌，实行竞价交易，因此公司债的流动性是最好的。2015 年公司债发行的市场化改革以来，公司债发行量出现大幅度上升，但蕴含的风险也在上升。公司债的风险来自于两个方面：一是信用风险。2015 年，已经有多起公司债出现违约，涉及天威英利、珠海中富、雨润食品等企业。另一方面是流动性风险，由于公司债票面利率屡创新低，而投资者资金的成本却相对刚性，为了能够提高回报，覆盖成本，不少投资人选择了利用质押式回购以进行杠杆操作。问题在于一旦市场发生波动，如果杠杆率过高，风险会迅速上升，届时投资者选择去杠杆操作，在“羊群效应”作用下，债市就可能出现如同股市那样的踩踏事故。

七、中期票据

中期票据是指具有法人资格的非金融企业在银行间债券市场按照计划分期发行的，约定在一定期限还本付息的债务融资工具。中期票据发行企业的主体评级原则上不受限制，只要债项评级被市场认可，交易商协会对企业性质、发行规模均不设门槛限制；中期票据发行人应通过中国货币网和中国债券信息网公布当期发行文件。发行文件至少应包括发行公告、募集说明书、信用评级报告和跟踪评级安排、法律意见书、企业最近三年经审计的财务报告和最近一期会计报表；在债务融资工具存续期内，发行人须按要求持续披露年度报告、审计报告以及季度报告，并按交易商协会的要求进行其他信息的披露。

2015年，中期票据共发行了924只，发行金额12 759.46亿元（见表10－10）。其中，一般中期票据922只，共12 755.2亿元；集合票据2只，4.26亿元。从发行利率来看，中期票据的发行利率和公司债基本相当，2015年4月最高，平均发行利率为5.8143%，到12月滑落到4.5%。

表10－10　2015年中期票据发行情况

项目 / 数据 / 时间	票面利率（%）	发行总额（亿元）	发行数量（只）
2015年1月	5.4744	444.20	29
2015年2月	5.4733	276.00	24
2015年3月	5.4632	1 071.00	55
2015年4月	5.8143	836.60	74
2015年5月	4.9667	1 292.50	86
2015年6月	5.3679	1 073.16	86
2015年7月	5.1557	1 061.70	91
2015年8月	4.9499	945.30	72
2015年9月	4.8262	1 327.70	93
2015年10月	4.7133	1 621.00	104
2015年11月	4.4741	1 564.50	119
2015年12月	4.5006	1 245.80	91

八、短期融资券

短期融资券是指企业依照《银行间债券市场非金融企业债务融资工具管理办法》的条件和程序在银行间债券市场发行和交易，并约定在一定期限内还本付息的有价证券，是企业筹措短期（1年以内）资金的直接融资方式。发行企业均应经过在中国境内工商注册且具备债券评级能力的评级机构的信用评级，并将评级结果向银行间债券市场公示；发行和交易的对象是银行间债券市场的机构投资者，不向社会公众发行和交易；短期融资券的发行由符合条件的金融机构承销，企业不得自行销售融资券，发行短期融资券募集的资金用于本企业的生产经营；对企业发行融资券实行余额管理，待偿还短期融资券余额不超过企业净资产的40%；短期融资券采用实名记账方式在中央国债登记结算有限责任公司登记托管，中央结算公司负责提供有关服务。2013年5月之后，短期融资券的登记托管机构改为上海清算交易所；短期融资券在债权债务登记日的次一工作日，即可以在全国银行间债券市场的机构投资人之间的流通转让。相关资料见表10－11。

表10－11　　2015年短期融资券发行情况

项目 数据 时间	票面利率（%）	实际发行总额（亿元）	发行量（只）
2015年1月	4.9930	2 027.40	150
2015年2月	4.8832	1 537.10	90
2015年3月	4.9762	3 080.20	211
2015年4月	4.7272	2 947.90	224
2015年5月	3.9003	2 989.90	233
2015年6月	3.9783	2 613.70	225
2015年7月	3.6535	2 537.50	217
2015年8月	3.4645	3 203.00	273
2015年9月	3.6331	3 007.00	268
2015年10月	3.4889	2 763.00	237
2015年11月	3.4552	3 094.30	222
2015年12月	3.3940	3 005.30	194

2015年，银行间市场共发行短期融资券2 544只，发行金额32 806.3亿元（详细见表10－11）。其中，一般短期融资券1 109只，发行金额9 725亿元；超短期融资券1 435只，发行金额23 081.3亿元。超短期融资券的期限在270天以内。从发行利率来看，由于短期融资券期限较短，利率相对较低。2015年最高平均发行利率在3月为4.9762%。最低在12月为3.394%。

九、非公开定向债务融资工具

非公开定向债务融资工具（Private Placement Note，PPN，简称“定向工具”），是指具有法人资格的非金融企业，向银行间市场特定机构投资人发行债务融资工具，并在特定机构投资人范围内流通转让的行为。在银行间市场以非公开定向发行方式发行的债务融资工具称为非公开定向债务融资工具。2011 年 3 月 16 日，中国银行间市场交易商协会推出了试点创新融资工具——非公开定向债务融资工具——私募债券，并印发了《银行间债券市场非金融企业债务融资工具非公开定向发行规则》和《银行间债券市场非金融企业债务融资工具非公开定向发行注册规程》两个配套制度。非公开定向发行可以引入风险偏好型投资者，化解目前中小企业因规模较小、风险较大、被风险厌恶型投资者拒之门外的困境，也为附认股权票据以及结构化产品等多种创新融资品种的推出提供了新平台。2015 年，我国发行非公开定向债务融资工具 1 118 只，发行金额 88 872.95 亿元。

十、政府支持机构债券

政府支持机构债券此前一直特指汇金债。2010 年，为探索国有金融机构注资改革的新模式，中央汇金投资有限责任公司在银行间债券市场发行了两期人民币债券，总额为 1 090 亿元，并依据其发行主体性质，定为政府支持机构债券，由国家对其发行的债券提供信用担保。2013 年，中国铁路总公司发行的债券以及原铁道部发行的所有债券，划入“政府支持机构债券”。因此，政府支持机构债包括了汇金债和铁道债。

第二节　优　先　股

一、我国的优先股发行

优先股在我国的发展时间不长。我国在 1988 年由金杯汽车发行了 100 万股优先股，随后深发展和天目药业也发行了优先股（见表 10 - 12）。但由于当时相关的法律和制度不完善，优先股并没有在资本市场形成较大的影响，分别于 1992 年和 2006 年通过转为普通股的方式退出市场。

表 10－12　　20 世纪 80 年代末中国发行的优先股

名称	发行日期	面值	发行股本	股息
金杯汽车	1988 年 7 月	100 元	100 万股	一年期港币存款利率月末平均值 +3%（后调至 4%）
深发展	1989 年 3 月	100 港元	8 万股	16.5%
天目药业	1989 年 4 月	100 元	18.9 万股	1993～1998 年 9.85%，1999～2005 年 7.65%

2014 年，国务院、中国证监会先后发布了《关于开展优先股试点的指导意见》和《优先股试点管理办法》，优先股才再次成为资本市场的热点。2014～2015 年，市场已经发行了 15 只 2 539 亿元优先股（见表 10－13），优先股的推出将丰富券商固定收益产品体系。

表 10－13　　2014～2015 年优先股发行情况

证券简称	发行人	股息率（%）	募集资金（万元）	发行费用（万元）	主承销商
农行优 1	农业银行	6.00	4 000 000	5 590.00	中信证券
中行优 1	中国银行	6.00	3 200 000	3 819.00	中信证券、中银国际
浦发优 1	浦发银行	6.00	1 500 000	4 017.00	中信证券、国泰君安
兴业优 1	兴业银行	6.00	1 300 000	4 183.21	中信证券、兴业证券
康美优 1	康美药业	7.50	300 000	3 230.00	广发证券
中建优 1	中国建筑	5.80	1 500 000	2 459.00	中金公司
浦发优 2	浦发银行	5.50	1 500 000	3 937.00	中信证券、国泰君安
农行优 2	农业银行	5.50	4 000 000	4 534.40	中信证券
中行优 2	中国银行	5.50	2 800 000	3 022.41	中信证券、中银国际
兴业优 2	兴业银行	5.40	1 300 000	5 284.12	中信证券、兴业证券
光大优 1	光大银行	5.30	2 000 000	3 000.00	瑞银证券、光大证券
中原优 1	中原高速	5.80	340 000	2 889.00	国信证券
中交优 1	中国交建	5.10	900 000	2 031.69	中信证券、瑞银证券
电建优 1	中国电建	5.00	200 000	4 006.00	中信建投、中信证券
中交优 2	中国交建	4.70	550 000	1 126.57	中信证券、瑞银证券

从发行利率来看，优先股的股息率要高于同类型企业发行债券的利息。这是因为优先股的受偿顺序排在债券之后。从现有发行优先股的公司来看，基本都是业绩

优良的上市公司。因此，当前在利率不断下行的情况下，投资优先股获取较高的股息还是一项比较合适的选择。

二、优先股股息的纳税规则

优先股股息的税收比较复杂，征税税率受到投资者属性、持股时间的影响，个人投资者和法人投资者以及持有的期限都会造成收益的不同。假设某位投资人投资1亿元的永续债或者优先股，付息日发放一年股息或者利息800万元（税前），不同的投资者税后收入为：

永续债的利息都需要缴纳所得税，企业缴纳企业所得税，非居民企业的税率为10%～25%不等，税后收益为600万～720万元。一般居民企业利息收入的税率为25%，税后利息收入为600万元。个人利息收入的所得税率为20%，税后利息收入为640万元。优先股派发税前股息800万元，非居民企业的所得税率为10%，且由融资方代扣代缴。居民企业如果持有时间超过1年，根据不重复征税的原则，不缴纳企业所得税，股息收入就是800万元。如果持有时间不到1年，则要按25%的税率征税，税后股息为600万元。个人投资者根据持有优先股年限不同所得税也不同，持有1个月以内的，所得税为20%，税后收入640万元；超过1个月，不到1年的，税率10%，税后收入720万元；超过1年税率5%，税后收入760万元。因此，永续债利息的法人投资者和个人投资者承担的税负基本一致，但优先股股息就有较大的差异（见表10－14）。

表10－14　永续债和优先股投资者投资收益案例

项目	税后利息/税率	税后股息/税率
非居民企业	600万～720万元/10%～25%	720万元/10%
居民企业（超过1年）	600万元/25%	800万元/0
居民企业（不到1年）	600万元/25%	600万元/25%
个人（超过1年）	640万元/20%	760万元/5%
个人（不到1年，超过1个月）	640万元/20%	720万元/10%
个人（不到1个月）	640万元/20%	640万元/20%

第三节 资产支持证券

一、我国资产支持证券的起源和发展

（一）萌芽阶段（1992～2004年）

我国资产证券化道路源于1992年海南省三亚地产的投资证券。当时是将三亚丹洲小区的800亩土地作为发行标的，由三亚市开发建设总公司公开发行。该证券为2亿元的3年期的投资证券，是我国资产证券化的雏形。1996年8月，广东省珠海市以交通工具注册和高速公路收费为支持，由摩根斯坦利投资银行安排在美国成功发行2亿美元的债券，这是国内第一个按照国际化标准运作的离岸资产证券化案例。2003年，中集集团利用其海外的应收账款为支持，发行了资产支持证券。2003年6月，华融资产管理公司推出了国内首个资产处置信托项目，将全国22个省市256户企业的132.5亿元债权资产组成资产包，以中信信托为受托人设立期限为3年的财产信托，该模式已经接近真正的资产证券化项目并且首次在国内采用了内部现金流分层的方式实现了内部增级。2004年10月，我国信达资产管理公司将从上市银行收购的广东地区约200亿元不良资产，转让给了中国国际金融有限公司，用发行债券的方式，使投资者直接参与不良资产的处置。

（二）试点阶段（2005～2008年）

中国信贷资产证券化试点从2005年3月启动，2005年4月《信贷资产证券化试点管理办法》颁布。在2005年12月15日，国家开发银行发行“2005年第一期开元信贷资产支持证券”。当日，中国建设银行发行了国内首只RMBS产品——“建元2005—1个人住房抵押贷款证券化信托”。随着证券化的逐步发展，国家有关支持政策也陆续出台。2006年2月颁布了《关于信贷资产证券化有关税收政策问题的通知》，2008年2月中国银监会出台了《关于进一步加强信贷资产证券化业务管理工作的通知》。2005～2008年，共有11家境内银行业金融机构在银行间债券市场试点成功发行了17只合计667.83亿元的信贷资产支持证券。

另外，证券行业也积极参与了资产证券化业务。2005年，中国联通CDMA网络租赁费收益计划就通过专项资产管理计划的形式登陆上海证券交易所。据Wind资讯，2005年底~2008年，证券行业总共发行了约54亿元的专项资产管理计划，其实都是收费权或收益权类型的资产证券化产品。

（三）扩大试点阶段（2012~2014年）

2012年5月，中国人民银行、中国银监会、财政部联合印发《关于进一步扩大信贷资产证券化试点有关事项的通知》，就国际金融危机以后我国继续扩大信贷资产证券化试点的基础资产选择、机构准入、风险自留、信用评级、资本计提、会计处理、信息披露、投资者要求、规范中介服务管理等方面作了原则性规定，并且发布了扩大试点期间初步的发行规模为500亿元。

2012年9月7日，国家开发银行依照该通知的原则规定，在美国次贷危机以后首单成功试点发行了101.7亿元信贷资产支持证券，这标志着我国信贷资产证券化试点进入了有序稳步发展的新时期。

（四）备案发行阶段（2015年至今）

2014年11月20日，中国银监会下达了《关于信贷资产证券化备案登记工作流程的通知》（银监办便函1092号文）。1092号文显示："根据金融监管协调部际联席第四次会议和我会2014年第8次主席会议的决定，信贷资产证券化业务将由审批制改为业务备案制。"11月21日，中国证监会宣布取消资产证券化的事前行政审批，对资产支持证券实行基金业协会事后备案和基础资产负面清单管理。2015年1月4日，经中国银监会批准，27家商业银行获得开办信贷资产证券化产品的业务资格，标志着信贷资产证券化业务备案制的启动。1月14日，中国证监会企业资产证券化备案制新规以来的首只产品在上海证券交易所挂牌。4月，根据中国人民银行的相关公告，符合标准的机构可以申请注册发行信贷资产支持证券（以下简称"信贷ABS"）。备案制和注册制的实施将推动资产证券化市场发展步入常态化。相关资料见表10-15。

表 10－15　　资产证券化管理的主要文件

时间	发布部门	文件名称
2005 年 4 月 20 日	中国人民银行、中国银监会	信贷资产证券化试点管理办法
2005 年 6 月 1 日	财政部	信贷资产证券化试点会计处理规定
2005 年 6 月 13 日	中国人民银行	资产支持证券信息披露规则
2005 年 6 月 15 日	中国人民银行	资产支持证券在银行间债券市场的登记、托管、交易和结算等有关事项公告
2005 年 11 月 7 日	中国银监会	金融机构信贷资产证券化试点监督管理办法
2006 年 2 月 10 日	财政部、国家税务总局	关于信贷资产证券化有关税收问题的通知
2006 年 3 月 29 日	中国人民银行	中国人民银行信用评级管理指导意见
2007 年 8 月 21 日	中国人民银行	信贷资产证券化基础资产池信息披露规则
2007 年 9 月 30 日	中国人民银行	资产支持证券质押式回购业务规则
2008 年 2 月 4 日	中国银监会	关于进一步加强信贷资产证券化业务管理工作的通知
2012 年 5 月 17 日	中国人民银行、中国银监会、财政部	关于进一步扩大信贷资产证券化试点有关事项的通知
2014 年 11 月 20 日	中国银监会	关于信贷资产证券化备案登记工作流程的通知

二、我国资产支持证券发行情况

截至 2015 年 12 月 31 日，我国已经发行的资产支持证券统计如表 10－16。

表 10－16　　资产支持证券发行情况

基础资产类型	项目数量（只）	发行总额（亿元）	余额（亿元）
银行债权	190	7 399.33	4 737.13
个人住房抵押贷款	13	469.34	360.92
汽车贷款	22	453.36	268.69
信用卡贷款	3	236.78	97.46
企业贷款	136	5 605.03	3 448.73
工程机械贷款	1	14.66	5.16
铁路专项贷款	5	452.36	436.07
消费性贷款	4	89.33	66.75
租赁资产	6	78.47	53.35

续表

基础资产类型	项目数量（只）	发行总额（亿元）	余额（亿元）
企业债权	227	2 588.62	2 324.31
租赁租金	67	695.81	624.05
基础设施收费	52	578.48	515.70
门票收入	3	54.40	46.50
航空票款	3	71.50	71.50
不动产投资信托 REITs	6	226.90	225.97
应收账款	30	380.39	297.48
BT 回购款	5	71.17	42.23
委托贷款	2	15.00	10.15
小额贷款	26	147.80	146.52
住房公积金贷款	4	19.00	18.72
保理融资债权	3	13.40	13.40
棚改/保障房	2	34.00	32.00
股票质押回购债权	4	33.87	33.87
融资融券债权	3	12.00	12.00
信托受益权	14	192.45	191.76
其他	3	42.45	42.45
合计	417	9 987.95	7 061.44

截至 2015 年 12 月 31 日，我国资产支持证券共发行了 417 只，发行总额为 9 981.95 亿元，余额为 7 061.44 亿元。其中，由中国银监会主管的银行信贷资产支持证券发行了 190 只，发行总额 7 399.33 亿元，余额为 4 737.13 亿元。由中国证监会主管的企业资产支持证券发行了 227 只，发行总额 2 588.62 亿元，余额 2 324.31 亿元。

2015 年，我国共发行资产证券化产品 6 032.4 亿元。其中，信贷资产支持证券发行 4 056.34 亿元，占发行总量的 67%；企业资产支持专项计划发行 1 941.06 亿元，占比 32%；资产支持票据发行 35 亿元，占比 1%。因此，实施备案制以来的 2015 年是资产支持证券发行的爆发期。2015 年，随着投资者对于金融产品预期收益率的下降和对证券化产品认购热情的提高，资产证券化产品发行利率总体呈震荡下行趋势。信贷 ABS 优先 A 档和优先 B 档平均发行利率分别为 3.94% 和 4.97%，全年分别累计下降 117bp 和 144bp。企业 ABS 优先 A 档和优先 B 档平均发行利率分别为5.65%和7.15%，全年分别累计下降179bp和252bp。2015年，ABN共发行9只，平均发行利率为6.75%。

三、我国资产支持证券市场的特点

（一）投资者群体逐渐扩大

资产证券化作为一种创新金融工具，其投资价值逐渐被市场投资者所重视。在试点初期，资产证券化产品多由银行互持。2005年《金融机构信贷资产证券化试点监督管理办法》规定，金融机构可以在法律、行政法规和银监会等监督管理机构有关规定允许的范围内投资资产支持证券。2005年第一次试点阶段，资产证券化的投资者主要是商业银行，以互持为主。2012年资产证券化扩大试点阶段，中央银行、银监会、财政部联合下发《关于进一步扩大信贷资产证券化试点有关事项的通知》，鼓励保险公司、证券投资基金、企业年金、全国社保基金等经批准合规的非银行机构投资者投资资产支持证券。2014年《证券公司及基金管理公司子公司资产证券化业务管理规定》明确："资产支持证券应当面向合格投资者发行，……合格投资者应当符合《私募投资基金监督管理暂行办法》规定的条件。"2015年6月17日，招商银行发行2015年第二期信贷ABS首次引入RQFII资金参与认购，进一步丰富了我国资产证券化市场的参与主体。

（二）产品吸引力不断增强

经历了试点、危机后市场暂停、扩大试点、备案制发行的曲折过程，资产证券化产品逐渐被市场熟悉和认可，其相对于一般中期票据或企业债有较高的利差收益，在发展初期及早期阶段，基础资产信用资质较好，且利差较大，其中对信用风险的补偿远大于成熟市场产品，因此具有较好的投资价值。

实施备案制以后，资产支持证券基础资产的范围扩大，银行间发行的CLO产品将绿色金融贷款、工程机械贷款、房地产贷款等纳入资产包；交易所发行的企业ABS产品基础资产类型更加多样，并形成了融资租赁资产、公共事业收费权和应收账款的大类基础资产类型。产品设计也不断创新。交易所首单真实出表的ABS项目"南方骐元—远东宏信（天津）1号资产支持专项计划"取得深圳证券交易所挂牌无异议函。该专项计划引入了有偿流动性支持机制，满足原始权益人出表要求。国家开发银行发行的“2015年第一期信贷ABS产品”次级档采取公开发行方式，属国内首次。“永盈2015年第一期消费信贷资产支持证券”是银行间市场的首单循环购买型ABS产品。新产品的不断出现使其一级市场发行利差依然处于较高的水平。因此，在利率下行的市场环境下，资产支持证券的市场吸引力不断增强。

（三）发起机构不断扩大

一是外资银行发行首单产品。由汇丰银行（中国）有限公司发起的“汇元2015年第一期信贷资产证券化信托资产支持证券”成功发行，是首单发起机构为外资银行的ABS产品。二是民营融资租赁企业首次尝试ABS项目。融信租赁公司发布公告称该公司第一期ABS产品发行成功，此单产品不仅是中国首单民营融资租赁ABS项目，也是新三板挂牌公司ABS项目的首次尝试。三是互联网金融加速渗透资产证券化市场。京东白条资产证券化产品发行完毕，融资总额为8亿元，基础资产为“京东白条应收账款”债权，是首个基于互联网个人消费金融资产的资产证券化项目。四是事业单位发行信贷资产证券化产品。上海公积金管理中心发行了总额为69.6亿元的RMBS，为首只在银行间市场发行的公积金证券化产品。该产品交易结构与其他信贷ABS产品类似，但发起机构突破了商业银行、政策性银行、汽车金融公司、金融租赁公司等传统类型。

（四）投资风险意识需要增强

在关注资产证券化产品提供的高收益率同时，投资者还需要识别资产证券化产品的潜在风险，包括产品结构风险、原始权益人信用风险、基础资产信用风险、基础资产早偿风险、受托人或计划管理人风险、流动性风险等。此外，投资人还需根据其资产配置原则选择适当的投资模式，例如买入持有、套利交易等。

第十一章
固定收益产品投资的分析框架

对于固定收益产品的投资，有两个最为基本的策略：一个是持有至到期的投资，忽略固定收益产品期间的价格波动，获取稳定的利息收入。例如投资者购入10年期国债并持有至到期，在未来10年间投资者都可以获得稳定的利息收入，到期后获得本金。第二个是通过固定收益证券交易，即根据对固定收益证券市场的判断，利用市场出现的价差进行买卖从中获取利润的行为。交易的主要目的是获取价差利润，最为典型的就是在债券价格低时买进、在债券价格上涨后卖出，从而获得价差的利润。第一种策略需要考虑利率、久期和违约风险几个因素；第二种策略需要考虑的因素就更多，包括利率、证券的流动性、违约风险以及买卖的时机等。但是，无论是第一种策略还是第二种策略，利率和违约风险都是必须考虑的。因此，本章的内容重点分析固定收益产品选择、利率的走势以及违约风险的考量。

第一节　利率分析

利率代表着资金的价格，在固定收益产品市场，利率是首要考虑的因素。根据固定收益产品的风险其利率各有高低，作为无风险的利率债，包括国债、政策性金融债等利率最低，其次是信用债，包括公司债、企业债等，最后是高收益产品，包括中小企业私募债、次级债、优先股等。在不同的阶段，利率波动也较大。以10年期国债利率为例，1998年10年期国债发行利率在5.2%左右，2002年发行利率，此后最低下降到2.54%。此后2004年逐渐走高到4.86%，2006年回落到2.8%，2007年上升到4.49%，2008年下跌到2.9%，然后逐渐上升，到2014年上升到4.32%，随后下跌到2016年1月的2.86%（见图11-1）。

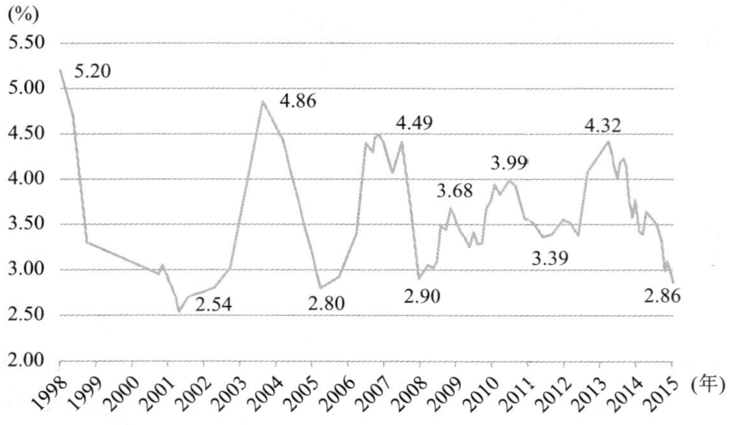

图11-1 我国10年期国债发行利率走势

不同期限的利率高低也不相同，一般来说，长期限的利率相对较高，短期限的利率相对较低。利率的决定和影响因素众多，比较重要的有三个。第一个是经济基本面。经济基本面的好坏决定了利率的基本趋势，特别是中长期利率，如5年期以上的国债、企业债等。第二个是国家宏观调控政策的变化，对中短期产品的利率走势影响较大，如中票等。第三个是资金面的变化，对超短期利率影响较大，如银行间市场的1~7天回购利率，交易所市场1~7天逆回购利率等。在选择固定收益产品投资的时候，不论是持有到期还是二级市场交易，都要选择在利率较高的时候。选择持有到期策略时，利率较高自然能够获得较高的利息收益。选择交易策略时，利率较高的时期固定收益证券的价格往往较低，当利率下行，固定收益证券的价格上行，因此通过买卖获得价差收益。

关于利率决定的理论很多，如实际利率论、可贷资金论、流动偏好论等。其中，主流的利率决定理论是新古典的IS—LM模型，认为利率是由储蓄和投资均衡曲线（IS曲线）以及货币的供给和货币需求的均衡曲线（LM曲线）决定的，IS曲线和LM曲线的交叉点即是均衡利率。从新古典的理论出发，现实中利率的决定取决于以下几个因素：第一是宏观经济基本面；第二是宏观调控政策，包括财政政策和货币政策；第三是资金的供求状况，也就是流动性情况；第四是风险溢价。

无风险利率是所有利率分析的基础，因此，本节重点考察的是无风险利率的走势情况。无风险利率的选择较多，可以有银行存款利率、国债发行利率、政策性金融债利率等。由于银行存款利率完全受政策支配，金融债利率代表性不足，因此，选取国债发行利率的走势作为本文的研究对象。

一、我国无风险利率走势

无风险利率以国债利率为代表。我国固定利率国债的期限结构主要有3个月、6个月、9个月、1年、2年、3年、5年、7年、8年、10年、15年、20年、30年、50年。1年以上的属于中长期利率，1年以下的属于短期利率。一般来讲，同一时期发行的国债期限结构越长利率越高。

（一）我国的中长期国债利率走势

选取具有代表性的3年期、5年期、10年期、30年期国债作为中长期利率来分析。由于相应期限的国债并不是每年都有发行，或者一年发行多次，为分析便利起见，将同一年发行的相同期限国债利率平均作为当年的国债利率。如果某一期限国债某一年没有发行，那么就以上一年相同期限国债利率作为替代。

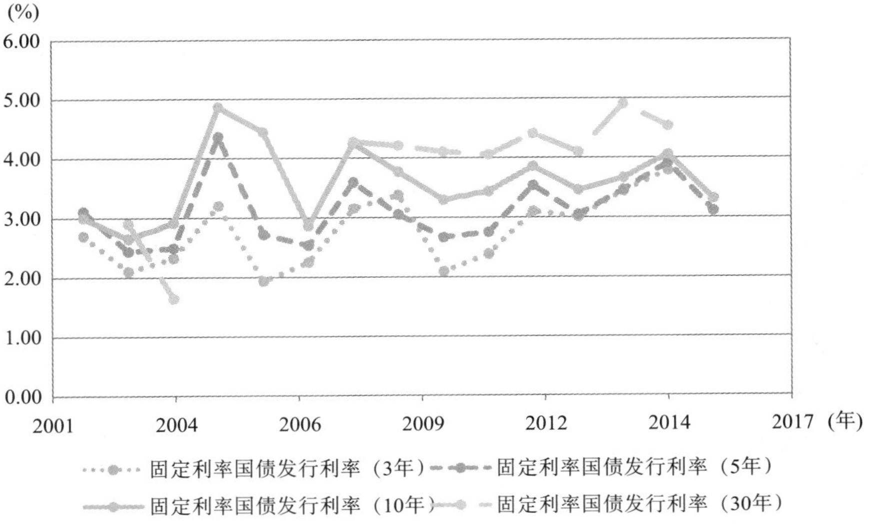

图 11－2　我国中长期国债利率走势

一般来讲，同一时期发行的国债期限结构越长利率越高。30年期国债利率高于

10 年期，10 年期高于 5 年期，5 年期高于 3 年期。但是也有比较例外的极端情况。如 2003 年，30 年期国债发行利率为 1.64%，而同年 3 年期、5 年期、10 年期国债的平均发行利率分别为 2.32%、2.49% 和 2.91%。2008 年，3 年期国债发行利率超过了 5 年期国债，3 年期和 5 年期国债发行利率分别为 3.37% 和 3.05%。2011 年以后，3 年期国债和 5 年期国债的息差逐渐缩小，在 2012 年和 2013 年发行利率基本一致。从波动范围来看，我国中长期国债发行利率波动区间为 2% ~5%。3 年期国债区间波动为 2% ~4%，5 年期国债区间波动为 2.5% ~4.5%，10 年期国债波动区间为 3% ~5%，30 年期国债除去 2003 年的极端个例，主要在 4% ~5% 区间波动（见图 11 -2）。

（二）我国短期国债利率走势

我国短期国债利率走势主要是 1 年以及 1 年以下，包括 3 个月、6 个月、9 个月国债的发行利率变化趋势。以主要的 3 个月期和 1 年期国债为例，3 个月期国债和 1 年期国债的走势大致相同，在 1% ~4.5% 的区间内协整波动。总体看来，短期国债利率波动幅度比中长期国债更大。短期国债发行利率中，3 个月期国债发行利率比 1 年期国债发行利率波动更大。因此，短期国债发行利率不仅受宏观经济基本面和宏观调控政策的影响，还受资金面及货币供应量和需求量的影响，波动的幅度更大（见图 11 -3）。

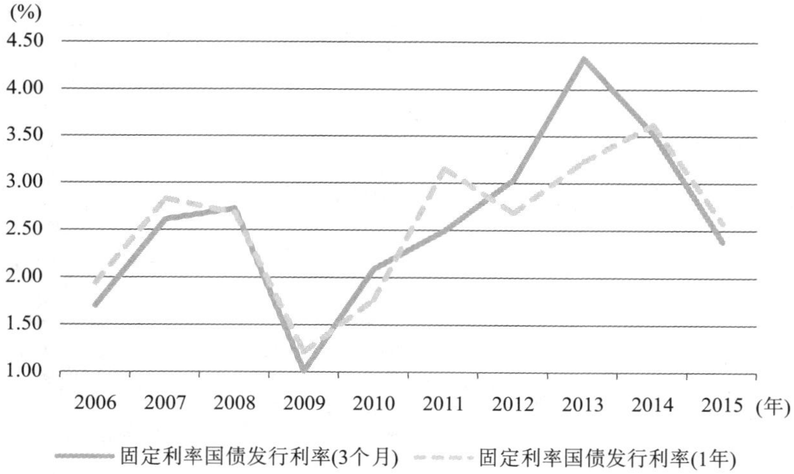

图 11 -3　我国短期国债利率走势

二、中长期无风险利率的决定因素：宏观经济基本面

影响利率的因素很多，包括宏观经济基本面，如货币政策、财政政策、资金的供给和需求、外汇汇率以及世界主要国家的基础利率等。但是，决定利率走势最根本的决定因素还是宏观经济的基本情况。宏观经济的基本面决定了长期的利率走势，因此对长端利率，如还款周期在5年以上的固定收益产品利率具有重要影响，判断中长期利率的走势对于投资久期较长的固定收益产品具有非常重要的意义，如10年期国债、30年期国债、铁道债、长期限的企业债等。宏观经济决定利率的逻辑在于：宏观基本面向好，投资逐渐扩大，资金需求量增大，利率上升。宏观经济衰退，投资下降，货币需求量也随之下降，利率下降。衡量宏观经济基本面指标包括国内生产总值（GDP）、经济增长速度、工业增加值、采购经理人指数（PMI）、生产者物价指数（PPI）、消费者物价指数（CPI）等。

（一）国内生产总值（GDP）增长率

GDP是衡量经济活动总量的指标，是指一个国家或者地区新创造的最终产品和劳务的价值。实际GDP的增长水平代表着经济活动总量的增加，容易形成乐观的投资预期。但是，如果GDP指标增长缓慢，甚至出现负增长，就代表宏观经济形势不容乐观。国内生产总值的变化对利率的影响过程用IS—LM模型能够得到很好的说明。IS—LM模型是反映产品市场和货币市场同时均衡条件下，国民收入和利率关系的模型。

IS曲线是投资和储蓄相等的利率与收入水平的组合，描述产品市场达到宏观均衡，即I=S时，总产出与利率之间的关系（见图11-4）。LM曲线表明的是货币的需求与货币供给相等的利率和收入的组合。当总产出上升，即IS曲线向右上方移动时，均衡利率会上升；当总产出下降，IS曲线向左下方移动时，均衡利率下降。

将10年期国债利率（年内平均）与GDP的年增长率进行比较可以看出这个趋势（见图11-5）。当经济增长率上升时，10年期国债利率也在往上走。当经济增长率下行时，10年期国债利率也逐渐下行。2016年1月公布的数据显示，2015年我国GDP增长率为6.9%，是2000年以后第一次下行到7%以下，同时10年期国债利率也下行到2.86%，属于近十年来较低的水平。在预测长端利率走势的时候，需要结合年度和季度的GDP增长趋势。

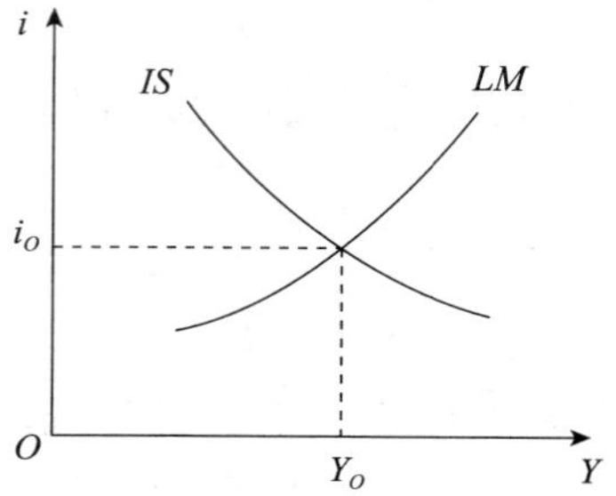

图 11－4　均衡利率决定的 IS—LM 模型

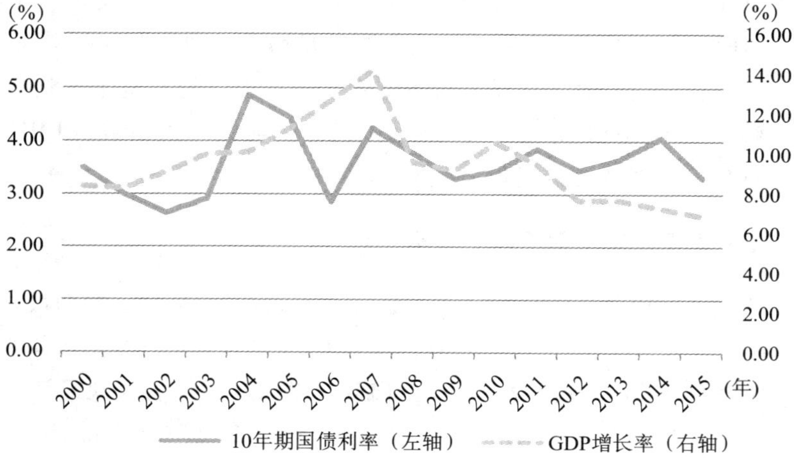

图 11－5　10 年期国债利率与 GDP 增长率

（二）PMI 指数

由于年度和季度 GDP 的增长趋势都是在统计数据出来以后才能判断，因此，也需要一定的先行指标。而采购经理人指数（PMI）可以作为经济形势判断的重要指标。PMI 已是国际通行的宏观经济监测指标，对国家经济活动的监测和预测具有重要作用。PMI 是以百分比来表示，常以 50% 作为经济强弱的分界点：当指数高于 50% 时，则被解释为经济扩张的讯号；当指数低于 50%，说明制造业处于衰退。

PMI 是领先指标，能较好地反映经济增长的变化趋势，对于中长期利率也有一定的判断作用。从图 11－6 可以看出，PMI 指标的下滑往往伴随着 10 年期国债发行利率的下滑。特别是在 2008 年，PMI 指数出现大幅度下滑，接近 40%，10 年期国债发行利率也下滑到了 2.5% 左右。

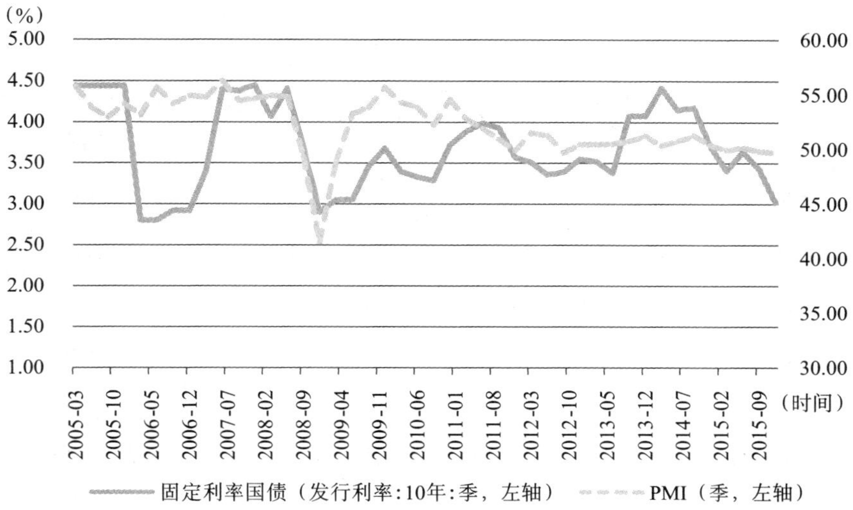

图 11－6　10 年期国债发行利率与 PMI 指数

（三）通货膨胀率

通货膨胀率（Inflation Rate），是货币超发部分与实际需要的货币量之比，用以反映通货膨胀、货币贬值的程度。衡量通货膨胀水平的主要指标包括 CPI（消费者物价指数）和 PPI（生产者物价指数）。通货膨胀率与长端利率有着重要的相关关系，如果中长期利率长期低于通货膨胀率，那么投资者所获得的利息还不能抵扣因为通货膨胀造成的购买力损失，也就意味着实际利率为负。因此，债券发行人为了吸引投资者，必须提高发行利率。所以，当通货膨胀率的衡量指标 PPI 和 CPI 指标上行，中长期利率上行的概率也将加大；PPI 和 CPI 指标下行，中长期利率下行的概率也会增加。

从图 11－7 可以看出，10 年期国债利率和 CPI 以及 PPI 都呈同方向变动趋势，但 10 年期国债发行利率的波动幅度较小，PPI 指数的波动幅度最大，CPI 指数的波动幅度处于两者之间，当 PPI 指数和 CPI 指数上行会拉动长端利率上行，特别是 PPI 指数和 CPI 指数由下行经过拐点上行时，就能带动中长期利率上行；反之，能够带动中长期利率下行。

三、中长期无风险利率的政策影响因素：货币政策和财政政策

货币政策和财政政策会对利率产生重要的影响，理论上财政政策和货币政策能

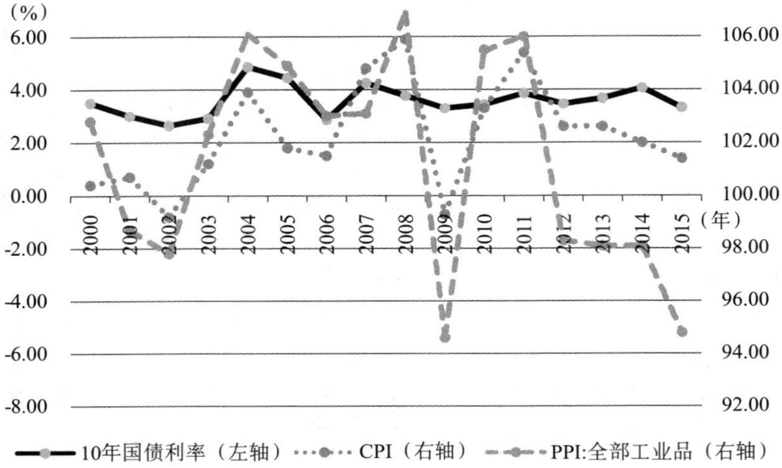

图 11－7　10 年期国债发行利率与通货膨胀率

够产生不同的松紧搭配，包括“宽财政＋宽货币”“宽财政＋紧货币”“紧财政＋宽货币”“紧财政＋紧货币”。不同的政策搭配会造成利率的上行或者下行。

第一种是“宽财政＋宽货币”，即宽松的财政政策和货币政策相结合，这是在经济衰退时期政府普遍采取的宏观调控措施。扩大财政支出，以及通过降低银行存款准备金、公开市场操作等措施增加货币供应量。这种政策组合对利率的影响是不确定的，扩张的财政政策能够推动利率上行，但扩张的货币政策会推动利率下行。

第二种是“宽财政＋紧货币”，即扩张性的财政政策和紧缩性的货币政策相结合。这种政策搭配是在经济萧条期但又不太严重时采取这种组合，一方面用扩张性的财政政策刺激总需求，另一方面用紧缩的货币政策控制通货膨胀。这种政策组合会造成货币需求增大，货币供给减少，推高利率。

第三种是“紧财政＋宽货币”，即紧缩性的财政政策和扩张性的货币政策相配合，理论上这种政策组合会降低利率。现实经济中，我国暂未出现过此类政策组合。

第四种是“紧财政＋紧货币”，即采用紧缩的财政政策和紧缩的货币政策，一方面缩紧财政支出，另一方面减少货币发行量，这是抑制经济过热所采取的政策措施。由于紧缩财政政策会降低利率，但紧缩货币政策会推高利率，所以需要结合实际情况才能判定在此类情况下的利率走势。

从2000年以来，我国在财政政策方面，表述为积极的财政政策或者稳健的财政政策；在货币政策方面，表述为稳健的货币政策、从紧的货币政策或者适度宽松的货币政策（见表11－1）。不管如何表述，我们可以从财政收支差额和货币发行量来观察财政政策和货币政策的变化。

表11－1　　财政政策、货币政策与10年期国债发行利率

项目 / 数据 / 年份	货币供应量增长率（M2,%）	财政收支差额（亿元）	10年期国债发行利率（%）	官方描述政策属性
2001	14.40	－2 516.54	3.00	积极的财政政策和稳健的货币政策
2002	16.78	－3 149.51	2.65	积极的财政政策和稳健的货币政策
2003	19.60	－2 935.00	2.91	积极的财政政策和稳健的货币政策
2004	14.60	－2 186.89	4.86	积极的财政政策和稳健的货币政策
2005	17.57	－2 324.28	4.44	稳健的财政政策和货币政策
2006	16.94	－1 122.73	2.86	稳健的财政政策和货币政策
2007	16.72	1 518.65	4.24	稳健的财政政策和货币政策
2008	17.82	－1 110.19	3.77	稳健的财政政策和从紧货币政策
2009	27.68	－7 396.87	3.29	积极的财政政策和适度宽松的货币政策
2010	19.72	－6 494.39	3.43	积极的财政政策和适度宽松的货币政策
2011	13.60	－5 190.20	3.85	积极的财政政策和稳健的货币政策
2012	13.80	－8 502.48	3.45	积极的财政政策和稳健的货币政策
2013	13.60	－10 601.15	3.66	积极的财政政策和稳健的货币政策
2014	12.20	－11 311.96	4.05	积极的财政政策和稳健的货币政策
2015	13.30		3.31	积极的财政政策和稳健的货币政策

财政收支差额是观察财政政策的重要指标，宽松的财政政策会导致财政支出扩大，从而财政赤字会增加；而紧缩性的财政政策会减少财政支出，财政赤字也会减少，甚至会出现财政盈余（见图11－8）。单从财政政策的角度来看，在货币政策不发生大的变化的前提下，宽松的财政政策会导致利率提高，紧缩的财政政策会导致利率下降。从我国情况来看，财政赤字在3 000亿元以上就应该认同为宽松的财政政策，财政赤字在3 000亿元以下或者财政盈余就应该视同紧缩的财政政策。

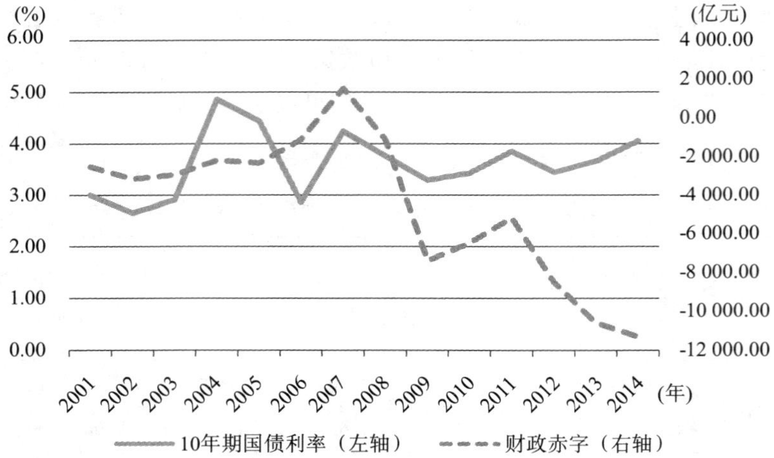

图 11－8　10 年期国债发行利率与财政赤字

M2 的增长率是观察货币政策的重要指标。我国货币发行量增速普遍较快，从 2000 年以来，M2 的增长率都在 12% 以上。因此，M2 增速在 15% 可以认为是宽松的货币政策，15% 以下认为是从紧的货币政策。2009～2014 年，我国实行的是宽松的财政政策和从紧的货币政策，因此，可以看到利率呈逐渐上升的趋势（见图 11－9）。

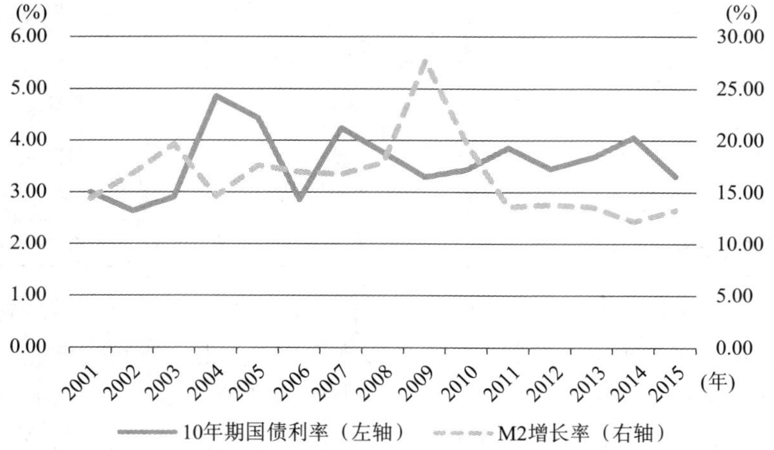

图 11－9　10 年期国债发行利率与 M2 增长率

四、短期无风险利率的重要影响因素：资金流动性

资金的流动性对利率也会造成巨大影响，特别是短期利率和超短期利率。一般说来，短期利率会低于长期利率。但是，当流动性趋紧的时候，利率就会上升。在个别极端的情况下，流动性的紧张会导致利率的大幅度攀升。短期利率有一些规律性的波动，在季度末期和年末，由于银行存贷比考核等因素的存在，资金面会偏紧，这时短期利率一般会上扬。

以 2015 年上海证券交易所 1 天期上国债逆回购利率为例。1 天期的短期利率波动相当大，最低仅为 0.005%，几乎为零；而最高出现在 2015 年 2 月 10 日，当天 1 天期逆回购利率高达 65%（见表 11-2）。这时由于春节之前流动性非常紧张，而且当天股票市场打新冻结了大量资金，出现了 1 天期回购利率暴涨的情况。

表 11-2　　上海证券交易所 1 天期国债逆回购利率　　（单位：元）

	开盘价	最高价	最低价	收盘价
2015 年 1 月	2.50	18.000	0.200	6.715
2015 年 2 月	4.40	65.000	0.300	2.850
2015 年 3 月	3.20	36.000	0.500	1.100
2015 年 4 月	3.20	9.000	0.005	0.515
2015 年 5 月	1.55	10.000	0.005	0.435
2015 年 6 月	1.95	16.500	0.005	0.020
2015 年 7 月	1.30	5.995	0.005	0.155
2015 年 8 月	1.09	2.650	0.010	0.955
2015 年 9 月	2.50	13.000	0.005	2.160
2015 年 10 月	3.00	11.000	0.300	1.610
2015 年 11 月	2.40	5.700	0.005	0.525
2015 年 12 月	4.98	8.250	0.100	4.205
2016 年 1 月	3.00	10.000	0.100	2.035

五、2016 年无风险利率走势分析

（一）2016 年无风险利率影响因素分析

1. 宏观基本面分析。2016 年，经济新常态下会进一步收缩过剩产能以及推动产业结构的调整，固定资产投资将回落到 10% 左右，进出口总额由于世界经济不景气理想情况是保持小幅增长，消费方面会有一定幅度提升，全国社会消费品零售总额估计保持 10% 左右的平稳增长。固定资产投资、进出口和消费“三驾马车”的基本情况决定了我国 GDP 增速将逐渐向下。这不仅是劳动力和资本边际要素生产率下降的结果，也是全要素生产率没有提升的结果。因此，在新的经济增长点并没有完全确立的情况下，GDP 增长率下滑到 6.5% 甚至以下将是大概率事件。

从我国通货膨胀情况来看，2015 年 12 月 CPI 同比 1.6%，2015 年全国 CPI 上涨 1.4%，创 2009 年 CPI 负增长以来的 6 年新低。2015 年 12 月 PPI 同比降 5.9%，连续第 46 个月下滑，2015 年 PPI 同比下降 5.2%。CPI 和 PPI 下滑的原因在于实体经济产能过剩，实体企业运营成本压力进一步扩大，实体企业的利润空间减少，以及内外产品需求的进一步放缓。根据 2016 年经济运行情况，预计 2016 年我国物价涨幅总体将保持低位运行，不会出现明显的通胀压力，而且受到 2015 年低基数影响，预计 2016 年 CPI 同比增长率总体保持稳，全年 CPI 的增长率在 2% 以内。在不出现严重的外部冲击与经济波动的情况下，CPI 不会跟随 PPI 进入到负增长的区间。从当前市场需求的格局而言，工业通缩改善的空间较为有限，PPI 负增长的转正困难重重。PPI 情况好的话能够回到 0 左右，如果产能过剩没有得到有效化解，PPI 还将继续保持紧缩状态。

从 PMI 的情况来看，2015 年 12 月中国制造业 PMI 为 49.7%，比 11 月略升 0.1 个百分点，仍然处于 50% 荣枯线以下。构成 PMI 的五个分项指数中的四项（生产指数、新订单指数、原材料库存指数和供应商配送时间指数）均较上月有所回升。但是，跟踪制造业就业人数的就业指数 12 月进一步恶化至 47.4%，为自 2012 年 2 月以来的最低点。12 月 PMI 数据小幅反弹很可能是某些“年尾效应”的综合体现，而这些“年尾效应”在统计局的季节调整中可能被忽略。其次，另一权威 PMI 数据——财新中国制造业 PMI 在 12 月读数为 48.2%，较 11 月的 48.6% 显著下降，表明制造业尚未“见底”。虽然 2015 年末出台的一系列供给侧改革方案将给中国制造业

发展带来新的机遇，但是政策红利需要一定的时间才得以显现。因此，至少 2016 年上半年中国制造业可能将继续处于萎缩状态，PMI 将持续位于荣枯线以下，2016 年下半年的情况还有待观察。

因此，从宏观经济基本面的情况来看，2016 年 GDP 增长率会继续回落，通货膨胀率较低，CPI 预计在 2% 以内，PPI 在通缩情况下运行的概率较大，PMI 将继续处于荣枯线下。从宏观经济基本面的情况来看，无风险利率将持续下行。

2. 宏观调控政策分析。2016 年的宏观调控政策基调应该延续“积极的财政政策和稳健的货币政策”思路。在财政政策方面，中央将进一步扩大财政支出，继续保持较高的财政赤字，预计 2016 年财政预算的赤字率会从 2015 年的 2. 3% 上调到 3%，继续保持在 1 万亿元以上。减税将是 2016 年财政政策的重要方向，预计减税主要通过营业税改增值税实现。预计在“营改增”全面完成后，如果进一步优化增值税税率，整个“营改增”实现的减税规模将达 9 000 亿元左右。

从货币政策来看，2016 年货币政策面临两难困境，一方面，出于稳定人民币汇率的需要，中央银行需要收紧货币政策，货币发行量增长率将会受到控制；另一方面，经济转型需要保持适度宽松的流动性，这需要放松货币政策。出于这两方面的综合考量，中央银行的货币政策将继续以稳健为主。面临美联储的加息预期，中央银行的降息降准空间非常狭小，M2 的增长率预计将控制在 13% 左右。

因此，从 2016 年的宏观调控政策“宽财政、紧货币”的预期来看，货币的需求量会上升，而货币的供应量会保持稳定，这意味着将推动利率上行。

3. 短期资金面分析。从短期资金面来看，商业银行于 2015 年 10 月取消了每月存贷比的考核，总体来看，短期资金面不会像 2015 年上半年那样出现流动性急剧短缺，导致短期利率暴涨的情况。2015 年 9 月 29 日，上海证券交易所国债 1 天期逆回购出现了最高 13% 的高利率之后，超短期利率一直处于平稳运行状态，1 天期国债逆回购利率最高为 2016 年第一个工作日 1 月 4 日的 10%，此后一直在 1% ~3% 低位徘徊。中央银行在市场缺乏流动性的时候，也可以发挥利率走廊上限的作用，通过常备借贷便利、中期借贷便利等措施为市场提供流动性。如 2015 年 11 月 27 日，人民银行对 11 家金融机构开展中期借贷便利操作共 1 000 亿元，期限 6 个月，利率 3. 25%；2016 年 1 月 21 日，为保持春节前后银行体系流动性合理充裕，人民银行分支行对地方法人金融机构开展 SLF 操作，按需足额提供流动性支持，SLF 隔夜、7 天、1 个月，利率分别为 2. 75%、3. 25%、3. 60%。商业银行考核规则的改变以及中央银行流动性管理的灵活性决定了 2016 年资金面不会过于紧张。

（二）2016 年无风险利率走势的综合判断

综合以上因素分析，中长期无风险利率由于宏观经济经济面的衰退和转型会呈现下降趋势，但是宏观经济政策是宽松财政政策和较紧的货币政策搭配会推高利率，结合美国加息的趋势。2016 年中国中长期无风险利率会保持相对稳定下探的状态，根据资金面波动略有浮动。2016 年实施积极财政政策，为弥补财政赤字，预计国债发行的频率不会低于 2015 年。30 年期固定利率国债会有 1～2 次发行，发行利率将维持在 3.5% 左右。10 年期固定利率国债会有 5～8 次的发行，发行利率将缓慢继续下探到 2.6%～2.9%，5 年期国债也会有 5 次左右的发行，发行利率逐渐下探到 2.3%～2.6%。1 年期国债也会有 5～8 次的发行，发行利率逐渐下探到 2.1%～2.3%。

短期利率方面，3 个月期短期国债利率会逐渐下探到 1.8%～2.1%。1～7 天超短期国债逆回购会紧密跟随流动性的变化而定，预计在季末以及主要节假日来临前还是有一定幅度的上扬，不排除有大幅度提升的状况，但 1 天期国债逆回购利率超过 10% 的可能性不大，主要时段 1 天期国债逆回购利率在 1%～3% 波动。

第二节　策略分析

一、经济周期下的配置策略

经济周期大致可以分为四个阶段：衰退、萧条、复苏和高涨期。不同的经济周期阶段不仅大类资产需要合理配置，对固定收益类证券而言也同样需要。不同的经济周期阶段有各自的特点（见图 11－10），在不同经济周期阶段下，不同类别的固定收益证券会面临不一样的风险，因此需要有相应的配置策略。

（一）经济衰退期的债券配置

经济衰退期是指经济在经过繁荣期之后，增速开始下滑，通货膨胀水平下降，周期性产业出现产能过剩。企业出现经营困难，部分企业倒闭。由于企业经营困难

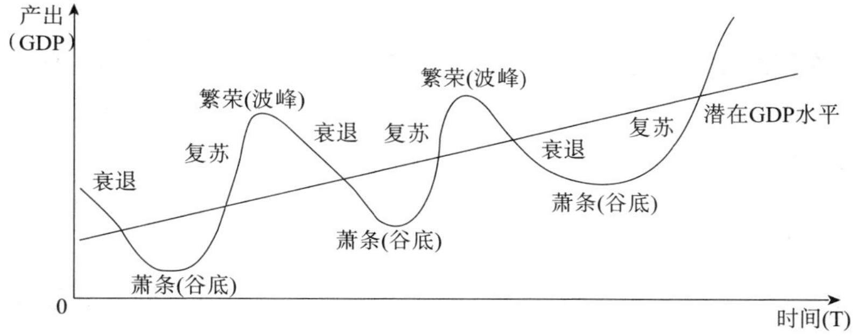

图 11－10　经济周期阶段的划分

或者倒闭，债券出现违约。政府或者中央银行开始转变财政和货币政策，扩大政府支出并降低利率和存款准备金比率。

在这一阶段，对资金的需求下降以及政府为刺激经济开始下调利率等措施，市场利率总体开始下滑，这时债券的估值方法将出现差异。对于无风险的国债和政策性金融债等利率债而言，利率下降意味着债券价格上升。而对于信用债，特别是周期性行业的信用债而言，由于产能过剩，导致利润下滑，经营困难，债券违约风险将逐渐加大，这将导致债券价格下跌。因此，在经济萧条期应该卖出信用债，买入利率债（见图 11－11）。

图 11－11　经济衰退期国债与信用债指数

以 2007～2008 年我国经济的衰退期为例。从 2007 年 9 月开始，受美国次贷危机影响，我国经济从高涨期进入衰落期，经济增长速度迅速回落。从 2007 年第三季度到 2008 年第三季度，我国 GDP 的季度增长率同比由 14.2% 下降 9.6%。在这一阶段，但利率债总体保持稳定，信用债出现了较大幅度的下跌。2007 年 9 月到 2008 年 8 月，中债国债总净价指数由 109.94 点上涨到 109.99 点，几乎没有变化。但中债信用债总净价指数由 95.92 点下跌到 93.81 点，下跌了 2.2%。

（二）经济萧条期的债券配置

经济萧条期是在衰退期之后，经济增长继续放缓，但放缓的速度逐渐下降。萧条期是经济逐渐筑底的过程，过剩的产能由于企业的部分倒闭得到出清，财政政策和货币政策继续保持宽松。在这一阶段，无风险利率在低位徘徊，但是缺乏继续下跌的空间。因此，利率债保持较高的价格。信用债的价格会出现分化，优质企业的信用债价格由于风险的释放将逐渐企稳回升，而低评级信用债的价格由于对违约风险的忧虑还将在低位徘徊。因此，在经济萧条期的债券配置策略应该是在风险可控的情况下买入高评级信用债。

以 2008 ~ 2009 年的萧条期为例（见图 11 - 12）。从 2008 年 9 月开始，经过一年衰退期的下滑之后，我国经济逐渐探底进入了萧条期。季度 GDP 同比增长率由 2008 年 3 季度的 9.6% 继续下滑到 2009 年 1 季度的 6.2%。财政政策和货币政策不断宽松，市场利率下跌，债券市场已经迅速回暖。从 2008 年 9 月开始，债券市场不论利率债还是信用债都出现不同程度的反弹。中国国债总净价指数上涨到 112.63 点之后开始回落，到 2009 年 3 月回落到 118.43 点。中债信用债总净价指数由 93.86 点上涨到 100.54 点之后逐渐回落到 99.54 点。信用债的涨幅超过了利率债。

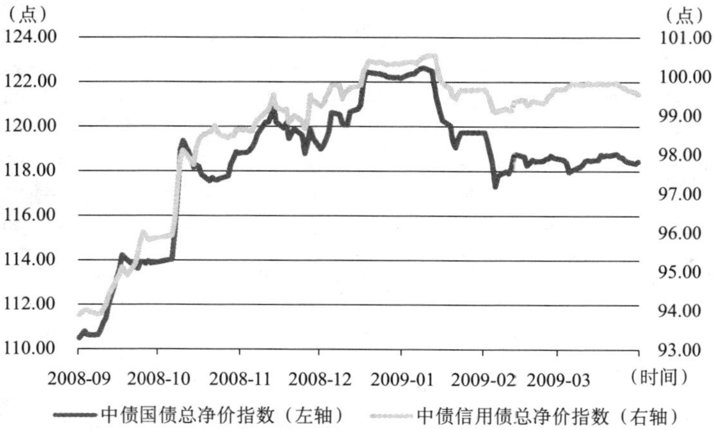

图 11 - 12　经济萧条期国债和信用值指数

高评级信用债和低评级信用债的分化在经济萧条期是比较明显的。如 2015 年，我国由于经济转型以及世界经济的整体低迷处于经济发展的萧条阶段，经济增长率滑落到 7% 以下。在这一阶段，高评级信用债由于市场利率的走低而价格升高，低评级信用债由于违约风险的存在而价格走低。2015 年至今，高评级的中债企业债 AAA 净价指数呈上升趋势，由 95.34 点最高上涨到 100.46 点；而中债企业债 AA－净价指数呈下降趋势，由 91.82 点下挫到最低 90.7 点（见图 11－13）。

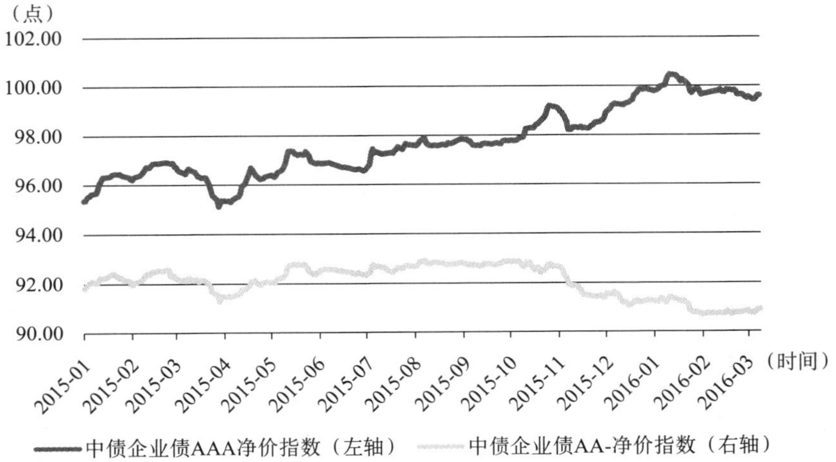

图 11－13　经济萧条期高评级和低评级信用债指数

（三）经济复苏期的债券配置

经济增速止跌企稳并反弹，通货膨胀水平在低位保持稳定。企业的投资需求逐渐恢复，利率水平保持稳定并呈逐步上扬的态势。在这一阶段，投资活跃，企业融资需求上升。由于债务违约的风险在衰退期和萧条期基本已经释放完毕，因此信用债的价格会上升。由于利率的上涨，利率债和信用债的价格将逐渐呈下行趋势。因此，这一阶段不适宜在二级市场买入债券。如果利率持续上涨，可以在一级市场购入信用债。

以 2009 年为例，在经过 4 万亿元投资的拉动后，经济逐渐复苏。季度 GDP 增长率从 1 季度的 6.2% 回升到 3 季度的 10.4%。经济增长的复苏推动了物价上涨和利率的提升。因此，作为利率债代表的国债和信用债都出现了价格下跌。从 2009 年 4 月到 2009 年 9 月，中债国债总净价指数从 4 月的 118.35 点下跌到 9 月的 115.56 点，中债信用债总净价指数由 99.5 点下跌到 96.58 点（见图 11－14）。不论是利率债还是信用债，都出现一定程度的下跌。

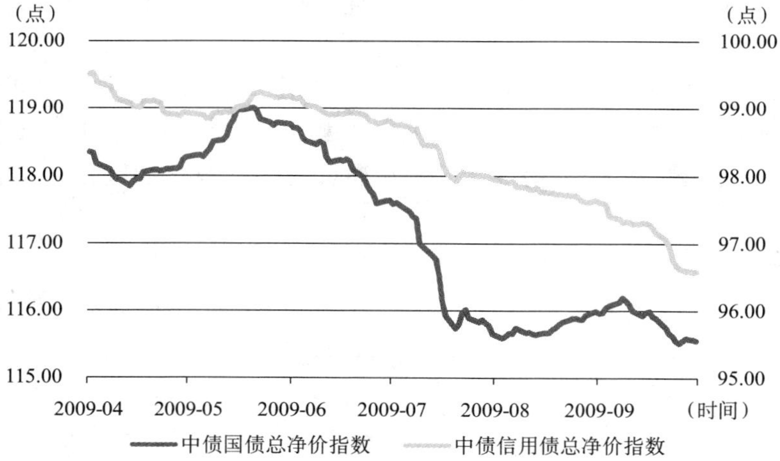

图 11－14　经济复苏期国债和信用债指数

（四）经济繁荣期的债券配置

在经济繁荣期，经济增长速度高涨，通货膨胀率在高位运行。投资非常活跃，企业对资金的需求日益增大，生产能力得到充分扩张。出于调控需要，财政政策和货币政策逐渐紧缩。政府投资将会减少，货币发行量受到控制。市场利率由于资金需求的增加以及国家提高基准利率而在高位运行。因此，利率债的价格由于利率的提升会逐渐走低。因此，这一阶段的债券配置策略应该是在低位买入利率债，加大利率债的投资比重。在高位卖出信用债，逐渐缩小信用债的持仓比重。

不同经济周期阶段下的债券投资策略见表 11－3。

表 11－3　　不同经济周期阶段下的债券投资策略

	增长率	通胀率	信用利差	运行逻辑	投资策略
萧条	下降	下降	扩大	降息周期下，国债与企业债表现良好，并且在衰退的后期，市场对信用市场前一阶段的过度反应开始修复，并预期经济复苏的到来	信用债优于利率债
复苏	上升	上升	缩小	经济复苏，违约率下降，资金流向风险资产，利率上升，利差收窄	一级市场购入信用债

续表

	增长率	通胀率	信用利差	运行逻辑	投资策略
繁荣	上升	上升	扩大	经济繁荣并趋于过热，出现产出缺口，通胀上升，市场进入加息周期	一级市场购入利率债
衰退	下降	下降	缩小	经济步入萧条，市场从加息周期转入降息周期，导致利率市场拐点出现，但市场往往对经济的悲观趋势过度反映，导致信用利差大幅上升	利率债优于信用债

二、收益率曲线跟踪策略（骑乘策略）

（一）策略内容

收益率曲线跟踪策略（骑乘策略），指的是购买较长期限的债券并在到期前卖出，目的是在特定的利率环境下获得相对于持有至到期策略更高的收益率。如果收益率曲线陡峭并且在持有期内变化不大，骑乘策略会有更高的收益率。但是，如果持有期内收益率大幅上行，由于更长期限的债券有着更大的利率风险，骑乘策略可能会招致损失。

当债券收益率曲线比较陡峭时，也即相邻期限利差较大时，可以买入期限位于收益率曲线陡峭处的债券，即收益率水平处于相对高位的债券。随着持有期限的延长，债券的剩余期限将会缩短，债券的收益率水平将会较投资期初有所下降，对应的将是债券价格的走高，而这一期间债券的涨幅将会高于其他期间，这样就可以获得价差收益即资本利得收入。

（二）案例

以 2012 年 8 月 28 日银行间固定利率国债收益率曲线为例，从 1 年期到 10 年期国债到期收益率如图 11－15 所示。

1y～3y 的收益率曲线陡峭，3y～8y 的收益率曲线较为陡峭，8y～10y 的收益率曲线较为平坦。假定买入各个期限的国债 10 000 元，持有至 2013 年 2 月 28 日（184 天），各个期限的债券剩余期限将缩短半年，对应的剩余期限为 0.5y、1.5y、…、9.5y。采用骑乘策略的主要前提是收益率曲线在持有期限内没有变动，因此可以推

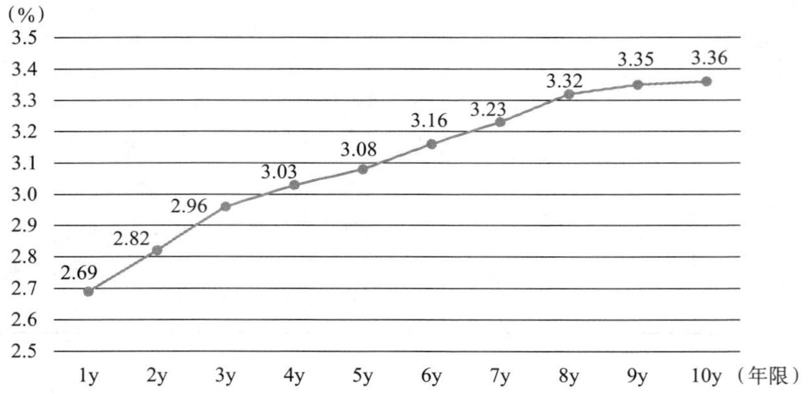

图 11－15　2012 年 12 月 28 日 1 年期～10 年期国债到期收益率

断出 6 个月后，也就是 2013 年 8 月 28 日的收益率曲线结构，分别对应的是 2012 年 8 月 28 日的 0.5y、1.5y、…、9.5y 的曲线收益率。推导出各个期限 6 个月到期收益率后，可以计算出资本利得、利息收入和总收入（见表 11－4）。

表 11－4　　骑乘策略下 1～10 年期国债的投资收益　　（单位：元）

期限	1y	2y	3y	4y	5y
国债到期收益（2012/08/28）	2.69	2.82	2.96	3.03	3.08
国债到期收益（2013/02/28）	2.56	2.75	2.89	3.00	3.06
资本利得	4.00	9.00	15.00	8.00	9.00
利息收入	135.00	142.00	149.00	153.00	155.00
总收入	139.00	151.00	164.00	161.00	164.00
期限	6y	7y	8y	9y	10y
国债到期收益（2012/08/28）	3.16	3.23	3.32	3.35	3.36
国债到期收益（2013/02/28）	3.12	3.20	3.28	3.34	3.36
资本利得	22.00	18.00	26.00	5.00	4.00
利息收入	160.00	163.00	168.00	169.00	170.00
总收入	182.00	181.00	194.00	174.00	174.00

根据骑乘策略，即在 2012 年 8 月 28 日购入 8 年期国债，持有半年后的利息收入为 168 元，资本利得为 26 元，合计收入为 194 元。相对其他期限的国债而言，收益最高。

三、杠杆策略

（一）影响杠杆倍数的因素

通过债券正回购融入资金进行杠杆套利，是债券投资中提高组合收益率的常用策略。比如在交易所市场，《上海证券交易所债券交易实施细则》和《深圳证券交易所债券交易实施细则》都规定当日通过竞价交易方式买入的债券当日可申报作为质押券进行融资；当一笔正回购到期时，融资方只要重新发起一笔回购交易就能继续保证流动性安全而无须添加额外的质押券来融资解质押。通过交易所竞价交易，仅利用隔夜正回购就能很方便地将杠杆倍数放大到足够大。

投资者的杠杆上限会受到三个因素的制约：标准券使用率、券商的杠杆倍数上限、折算率。比如交易所市场，通常券商只允许使用90%的标准券，最多做4~5倍杠杆。沪市正回购融入资金必须是10万元的整数倍，并且券商有90%标准券使用率限制。实际上至少要有1 100张标准券，才能借到10万元。而且不是所有的债券都可以质押正回购，不同债券质的折算率差别也很大，低的只有0.5不到，高的超过1。折算率为0.9是指100手（1 000张）债券可以换到900张标准券。折算率0.7、0.8、0.9、1分别对应需要1 572张、1 375张、1 223张、1 100张债券。如果100万元全部购买折算率0.7的债券，最高只能加到1.5倍杠杆；而购买折算率1的债券可以到4.4倍。因此，债券的折算率越高可以加的杠杆越高，资金的利用率和灵活度都越高。买高折算债券，不仅可以加更高的杠杆，也能在债市下跌时有更大的弹性空间，减少因为下跌导致的杠杆倍数自然上升而被迫卖债降杠杆的风险。

（二）加杠杆后的投资损益

假设以100万元资金买入全价110元/张的债券，债券税后年化收益为5%，正回购年化成本为3%。假设债券净价不涨不跌，我们可以赚到利息差收益，1.5倍~4.4倍杠杆的利息差年收益是8%~13.8%。如果债券净价上涨，还可以赚到差价，如果净价涨2%，做4.4倍杠杆的“净价差+利息收益”综合年化可到24.6%（见表11-5）。但杠杆套利策略能够有效实施，要保障不出现流动性风险和结算风险。其次是尽可能地降低融资成本。

表 11－5　　　　杠杆倍数与投资收益

折算率	0.7	0.8	0.9	1.0
融入资金	150	230	390	440
杠杆倍数	1.5	2.3	3.9	4.4
收益（息差）	8（8%）	9.6（9.6%）	12.8（12.8%）	13.8（13.8%）
收益（净价上涨 2%）	5（13%）	6.6（16.2%）	9.8（22.6%）	10.8（24.6%）
收益（净价上涨 5%）	12.5（20.5%）	16.5（26.1%）	24.5（37.3%）	27（40.8%）
收益（净价上涨 10%）	25（33%）	33（42.6%）	49（61.8%）	54（67.8%）

收益总是与风险相对应的，加高杠杆可以在债券净价上涨时获得超额收益，也会在债券下跌时带来巨亏。不同杠杆倍数在不同跌幅下的亏损情况不同。表 11－6 以 100 万元本金计算，1 倍指 200% 仓位。

表 11－6　　　　杠杆倍数与亏损额

杠杆倍数	1 倍	2 倍	3 倍	4 倍	5 倍
持债市值	200	300	400	500	600
亏损，杠杆率 （净价下跌 5%）	－10.00 1.11	－15.00 2.35	－20.00 3.75	－25.00 5.33	－30.00 7.14
亏损，杠杆率 （净价下跌 10%）	－20.00 1.25	－30.00 2.86	－40.00 5.00	－50.00 8.00	－60.00 12.50
亏损，杠杆率 （净价下跌 15%）	－30.00 1.43	－45.00 3.64	－60.00 7.50	－75.00 16.00	－90.00 50.00
亏损，杠杆率 （净价下跌 20%）	－40.00 1.67	－60.00 5.00	－80.00 15.00	－100.00 爆仓	－120.00 爆仓

当放 4 倍杠杆时，债券净价下跌 20%，全部本金亏损爆仓。虽然债券的涨跌幅度相对股票要小，但是在一些极端情况下会出现大幅度下跌，比如在 2004 年债市大跌的情况。因此，杠杆策略要慎用。

（三）案例：14 福星 01

基本资料见表 11－7。

如采用 7 天回购（R－007）工具进行杠杆融资（即“滚七天”）为例，若本周一以一个单位自有本金买入一个单位债券，融入一个单位 7 天资金再买入一个单位债券，周二以周一融资买入的债券质押融入 7 天资金再买一个单位的债券，类似操

表 11-7　　14 福星 01 债券初始条件

债券简称	14 福星 01	债券代码	112220
回购期限	7 天	清算速度	T+1
首次交易日	2016 年 2 月 19 日	到期时间	2016 年 2 月 26 日
首次交割日	2016 年 2 月 20 日	清算时间	2016 年 2 月 26 日
回购利率	1.92	折算比例	0.7
理论最大杠杆	3.33	达到 3 倍杠杆需要操作	5 次
债券净价	114.438	债券全价	119.3403

作一直做到周五。周五一共持仓六个单位债券其中一个单位债券是未质押状态。在下周一时，本周一融入的 7 天资金到期，刚好可用本周五未质押债券进行 7 天融资偿还。下周二，本周二融入的 7 天资金到期，就用下周一到期回购解质押债券进行 7 天融资偿还，以此类推。

假设在 2016 年 2 月 19 日买入 14 福星 01，深圳交易所上市，代码 112220。自有本金 120 万元。不考虑日内波动、手续费以及冲击成本，均以 2 月 19 日收盘价（全价）118.5816 元买入债券。第一次买入 10 000 张，使用资金 1 185 816 元。第二个交易日（2 月 22 日）用 10 000 张 14 福星 01 债券作抵押正回购，按照 0.7 的折算率可以融入资金 830 000 元，2 月 22 日深圳证券交易所 7 天期逆回购年化利率在 1.55% ~2.404% 区间波动，假设第二天正回购融入资金成本为 2%，83 万元的资金成本为 318 元。再买入 14 福星 01 债券 7 000 张，共计 830 071.2 元。第三个交易日将这部分债券再拿到交易所做正回购，融入资金，以此类推。到第 7 个交易日为止，共融入资金 245.8 万元，杠杆倍数 2.458 倍（见表 11-8）。第八天卖出第一天购入的债券回笼资金。假设都以收盘价成交，到第 14 个交易日（3 月 7 日）全部回笼资金，扣除融资成本后共盈利 15 268 元，年化收益率达到了 66.34%。

表 11-8　　杠杆策略下的融资额和融资成本

项目 / 数据 / 期限	买入价格（元）	购入张数（张）	使用资金（元）	剩余资金（元）	融入资金（元）	资金成本（元）
1day	118.5816	10 000	1 185 816.00	14 184.00		
2day	118.7312	7 100	842 991.52	1 192.48	830 000	318.36
3day	118.7874	4 900	582 058.26	9 134.22	590 000	226.30

续表

期限＼数据＼项目	买入价格（元）	购入张数（张）	使用资金（元）	剩余资金（元）	融入资金（元）	资金成本（元）
4day	118.8256	3 500	415 889.60	244.62	407 000	156.11
5day	118.7588	2 400	285 021.12	6 223.50	291 000	111.62
6day	118.92	1 700	202 164.00	3059.50	199 000	76.33
7day	119.1514	1 200	142 981.68	1 077.82	141 000	54.08

不过不采取这种隔日回购的方式，即在第一个交易日就反复质押回购，买入价格为第一天的收盘价 118.5816 元，融入的资金、杠杆倍数和滚动质押基本一致。假设到第七天全部以收盘价售出，售出价格为第七个交易日收盘价 119.1514 元。扣除融资成本后共盈利 10 920.33 元，年化收益率为 47.45%。

四、套利策略

套利策略是投资者试图利用不同市场或不同形式的同类或相似金融产品的价格差异牟利。现阶段我国债券投资主要套利方式是跨市场套利和跨市场跨期套利交易。跨市场套利是当某一债券同时在银行间债券市场和交易所进行交易，由于市场间的差别债券价格存在差异，这种价差带来套利的机会属于无风险套利。跨市场跨期套利是由于不同市场间债券的走势相对独立有可能出现价格相背离的价格走势。如果事先能够判断出这种走势的背离，利用买空卖空的方式在两个市场中形成投资组合然后在一段时间后债券价格发生预期的背离走势，利用其中的价格变动可以获得价差利益。

（一）套利的操作流程

根据套利的方法不同，套利的操作流程也不一样。跨市场套利是在两个市场进行交易，过程是在一个市场买入在另一个市场卖出。跨期跨市场套利不同于单纯的跨市场套利，它在两个市场的某一时刻同时进行反向操作。

1. 跨市场套利操作流程。跨市场套利是在两个市场进行交易，所以交易是在两个市场间的不长时间内发生的，过程是在一个市场买入在另一个市场卖出。比如在银沪市场的买卖，当发现某一债券在两个市场出现价格差异，扣除成本后能够获得一定的收益。这里假设银行间债券市场的价格低而上海证券交易所市场的价格高。套利操作过程如下：一是在银行间债券市场通过询价机制买入价格低的债券；二是将买入的债券在上证交易所卖出。在两个市场的一买一卖就完成了跨市场套利的交易。

首先，要先计算两个市场间的价格差异有多大。如果价格差异大于在两个市场间进行交易的交易成本，那么这种债券就可能存在套利机会。对于不同的市场，我们要准确判断其成本。基于前文，跨市场套利在银行间市场和交易所市场的交易费用是比率加上固定费用，那么显然资金量越多交易成本越低。

其次要考虑套利交易过程中市场的流动性问题。交易所市场的债券交易流动性较好，相对银行间债券市场来说往往有较高的价格，在一定程度上可以认为目前交易所的较高价格部分是流动性溢价。由于交易机制的不同，银行间市场遵循询价机制，而交易所市场则是竞价机制，同时银行间市场的交易量往往巨大而在交易所市场中买卖的交易量较小，对于是否能将债券在交易所市场中全部卖出取决于市场的接受能力，在数量金额上不能太大。随着银行机构重新进入交易所债券市场，两个市场间的这种流动性溢价将会逐步消失，两个市场价格将会逐步趋同。

无风险的跨市场套利交易机会要求套利者能够快速实施套利交易，防止其他套利者抢先完成套利交易导致自己付出成本而无所获，因此又对交易系统交易机会产生的信号提出了非常高的要求。在现代通信系统的支持下，即时交易对于时间的要求是非常高的，所以需要具备能够分析无风险套利交易的软件系统，这样在套利机会产生时能够迅速做出交易决策。

2. 跨期跨市场套利操作流程。跨期跨市场套利不同于单纯的跨市场套利，它在两个市场的某一时刻同时进行反向操作，而在一段比较长的时间后再在两个市场同时进行。相对于起初逆向的同时反向操作，其过程涉及两次买入和两次卖出交易，在两个市场分别出现一次买卖。比如在银沪市场做跨期跨市场套利交易。比如我们判断两种债券在今后一段时期内两个市场间的价格差异变大，假设市场价格差异上升，上海证券交易所相对于银行间债券市场的价差增大，那么套利过程操作如下：

一是在银行间债券市场利用卖空机制抛出该种债券，与此同时在上海证券交易所买入同等金额的替代债券。二是在一段时期后，债券收益曲线发生预期变动，在银行间债券市场买入同等数量的债券补回卖空的债券，然后在上海证券交易所卖出原先买入的债券。在两个市场分别进行了两次买卖，利用品种间出现的价格差变动进行套利，构成跨市场跨期套利的交易。要点是：首先要选好相关的品种，国债相对来说交易量大，市场接受度高具有较高的安全性，可以作为套利的首选品种；然后对未来一段时期内的债券收益率曲线做出走势的判断，对收益率曲线形状的变化、不同关键期的利差走势进行分析判断，然后根据这种差异来进行套利交易。这种套利行为对时间的要求并不敏感。然而对于后市走势的分析判断，尤其是不同期限的品种走势判断就显得非常重要。

（二）套利交易的成本

在套利交易的过程中，要考虑交易成本的问题。套利交易的成本主要是佣金。目前交易所的债券交易收取的是交易佣金，佣金费率在上海证券交易所是1‰，起点5元。也就是说，交易资金量在5 000元以上时，收费就是资金量的1‰。深圳证券交易所的佣金费率是1‰。全国银行间债券市场主要由中央国债登记结算公司收取结算过户服务费和账户维护费。不考虑成员的账户维护费用，只考虑结算过户服务费，成员间的交易费用对于现券来说的，一笔交易对结算双方收取150元的手续费，如果按照每次交易1 000手大约100万元资金的交易量来算，那么手续费用就是万分之1.5，总的来说费率跟交易的资金量大小有直接关系。

在市场间进行套利交易一共有三种方式：一是在银行间债券市场和上海证券交易所进行套利交易；二是在银行间债券市场和深圳证券交易所进行套利交易；三是在上海证券交易所和深圳证券交易所进行套利交易。对于跨市场的无风险套利，在这三种方式的情形，它的交易成本分别是：银沪市场在这两个市场间进行一次套利交易的成本为交易金额的1‰加上一次手续费用150元。在银深市场这两个市场间进行一次套利交易的成本为交易金额的1‰加上一次手续费用150元。在沪深市场在这两个市场间进行一次套利交易的成本为交易金额的2‰。

（三）案例

1. 跨市场套利案例。2009年7月29日，昆山市创业控股有限公司公司债券在银行间债券市场是09昆创控债（098045），在上海证券交易所市场是09昆创控（122973）。该债券在银行间市场的价格为100.6671元（全价），在上海证券交易所的交易价格均价在94.895元左右。那么交易所的价格要比银行间债券市场的价格低7.772元，也是就说两个市场间的价格差为7.772元。如果在交易所买入该种债券，然后在银行间市场卖出则是有利可图的。我们用价格差除以交易所的债券价格，得出的数字为8.19%。显然，该价格差远远高于在两市的交易成本。对于上海证券交易所的买入，成本为交易金额的1‰。在银行间债券市场的卖出，该笔手续费为150元。假设是一笔10万元的交易量，费率也就是1.5‰。所以，套利收益远大于成本。该套利交易可以实现。同时，考虑到债券的成交量，在银行间市场该日该种债券的成交量为1万手，在上海证券交易所的交易量为3 000多手，可以满足交易的需求，如果在该债券在两个市场进行套利交易，至少可以获得8%以上的无风险收益。

2. 跨市场跨期限套利案例。选取的品种有2005年记账式3期国债和2005年记账式13期国债。它们在银行间债券市场和上海证券交易所的代码分别是050003、010503和050013、010513。2009年7月29日，它们的价格在银行间债券市场和上海证券交易所的价格分别是101.6589元和105.3556元，在2009年1月23日他们的价格是104.0282元和102.0465元。

在从1月到7月半年时间内，2005年3期国债的价格下降了2.3693元，而2005年13期国债的价格上升了3.31元。如果能够正确判断走势，那么2009年1月在银行间市场买入2009年13期国债，同时在上海证券交易所卖空2005年的3期国债；等到7月底时，再在银行间市场卖出2009年13期国债，同时在上海证券交易所买入足额的2005年3期国债补回卖空的债券，可获得5.6793元左右的价差收益。这个收益与当时买入价格的比为5.58%。该套利的收益远远大于两个市场间的交易成本，所以是可行的。

第三节 风险分析

固定收益产品投资所面临的风险包括以下几类：一类是系统性风险，包括国家政治经济体制的重大变动、重大自认灾害的影响等。如政局动荡导致的混乱，投资者对该国资本市场失去信心，抛售股票和债券，导致价格的全面下跌等。这种系统性风险很难预期。第二类是非系统性的风险。一是政策风险、市场风险等。政策风险主要是指相关经济政策的变动导致债券价格变动的风险，如财政政策和货币政策的调整，固定收益证券发行、交易、会计和税收等相关规章制度的变化，行业政策的调整等。二是市场风险，包括市场利率的波动导致固定收益证券估值的变化，发行人未能履行合同规定的义务或信用质量发生变化给投资者造成的损失等。这些非系统风险并不是孤立的，政策的变动是市场利率的变化的重要原因，行业政策也是造成证券发行人资质变化的重要因素。我们应该综合而不是孤立地看待某一类型的风险。

一、政策性风险

政策对于固定收益证券而言是把“双刃剑”，既能推动固定收益证券价格上升，也能导致证券价格下跌。政策变动对固定收益证券投资就形成了风险。政策性风险是由于宏观调控政策包括财政政策、货币政策、产业政策等的变化使市场利率、行业前景、发行人信用、投资者情绪产生较大波动，导致债券价格变化。政策的宏观调控政策浸透在市场的方方面面，各种政策因素都会直接或者间接对固定收益产品的价格产生影响。

对于政策性风险我们首先从案例开始，观察宏观政策的变化是如何影响固定收益产品价格的。比较突出的几个案例有“3·27”国债事件和2004年4月债券市场的暴跌。

（一）政策影响固定收益市场的逻辑

1. 货币政策与固定收益证券市场。货币政策是指一国中央银行或者货币管理当局为实现一定的宏观经济目标所制定的关于货币供应和货币流通组织管理的基本方针、基本准则和政策措施。最基本的三大货币政策工具是调整法定存款准备金率、再贴现政策和公开市场业务。另外，还有诸如窗口指导等辅助政策。方向不同的货币政策对固定收益证券市场的影响也会截然不同：宽松的货币政策有利于固定收益证券价格的上升，因为货币供应量的增加加大了固定收益证券市场的资金规模，增加了固定收益证券投资需求，而且货币供应量的增加使利率水平降低，也降低了固定收益证券投资的预期收益率，提高了固定收益证券的预期价格；紧缩的货币政策与宽松的货币政策作用相反，易使得固定收益证券价格下降。相关资料见图11－16。

2. 财政政策与固定收益证券市场。财政政策是政府根据宏观经济形势制定的指导财政工作和处理财政关系的一系列方针、准则和措施的总称。财政政策是当代市场经济条件下国家干预经济的重要手段之一。财政政策的主要手段有三个：一是改变政府的购买水平和支付水平；二是国债政策；三是税收政策。政府实行财政政策对于固定收益证券市场的影响，主要通过以下几个途径：

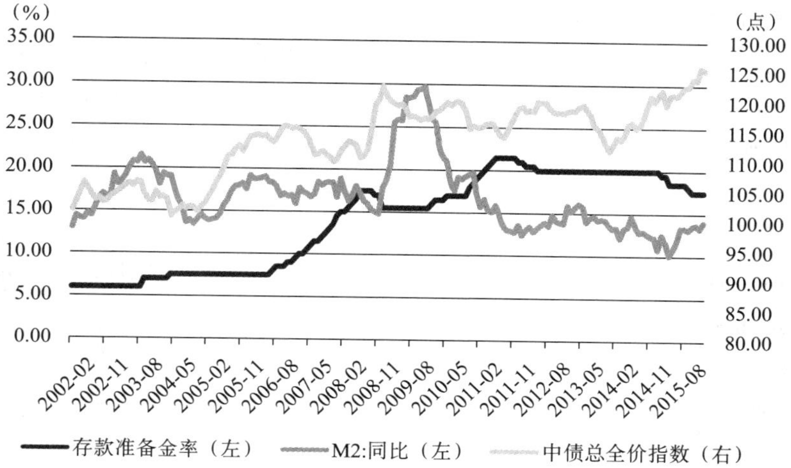

图 11－16　存款准备金、M2 和中债全家总指数变化

（1）扩张的财政政策增加财政支出，减少财政收入，可以增加总需求，促进产出的增加，企业经营效益提高，从而带动固定收益证券市场投资者的投资积极性，固定收益证券市场交易活跃。当政府实行紧缩性的财政政策，减少财政支出，增加了财政收入，可以减少社会需求，使社会经济过热的现象得到抑制，受宏观经济形势的影响，公司的业绩也会相应减少，而且投资者的投资积极性会受到打压，所以对固定收益证券市场来说，交易量下降，市场不如往日活跃（见图 11－17）。

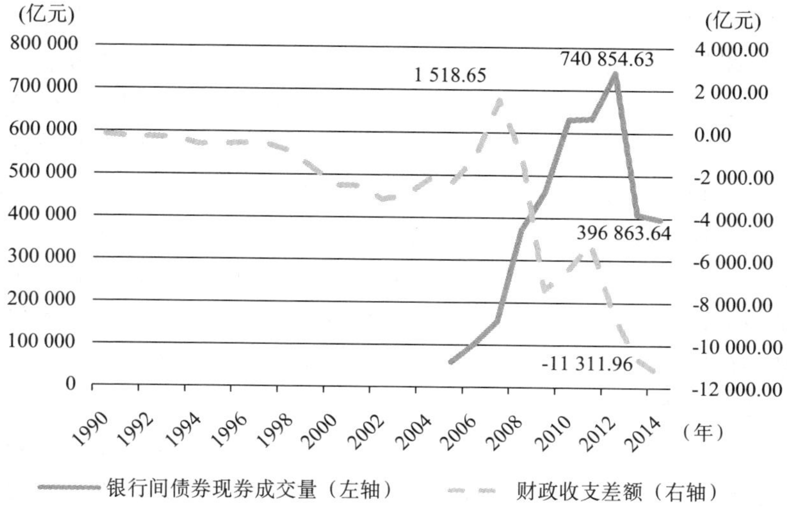

图 11－17　财政收支差额与银行间固定收益证券现券成交量

（2）政府购买构成社会总需求的一个重要组成部分，扩大政府购买水平，有利于增加社会总需求，而且政府购买如果集中在基础设施上，还会以乘数效应增加社会总产出，这样相关行业的公司业绩提升，投资者对此类公司的固定收益证券需求量增加，固定收益证券价格上升。减少政府购买水平的效应正好相反（见图 11－18）。

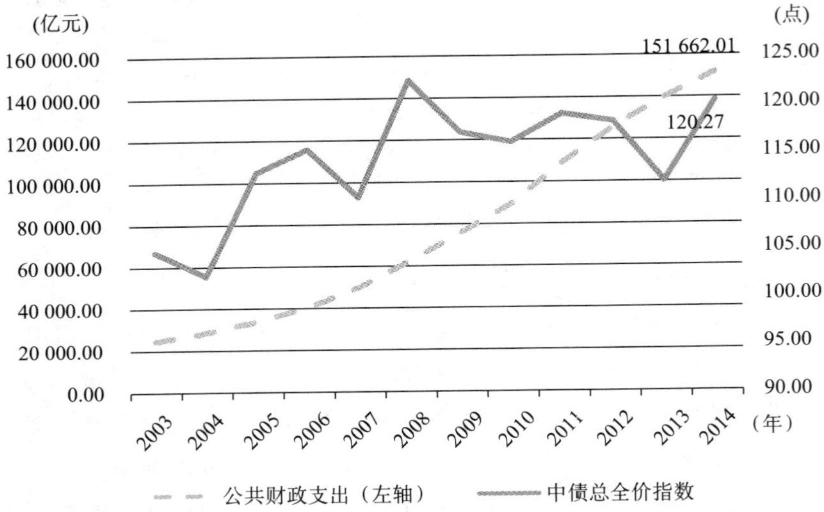

图 11－18　公共财政支出与中债全价格指数

（3）政府支付水平的改变主要是从结构上改变社会购买力的状况，从而影响社会总需求。如果提高政府的转移支付水平，例如增加社会福利费用等，会增加一部分人的收入，也可能直接构成固定收益证券市场投资需求的增加，间接增加企业效益，进而提高固定收益证券市场投资者的投资回报预期，增加固定收益证券市场投资需求；反之则相反。另外，调整中央政府对地方政府的转移支付水平，将打破原有的中央政府和地方政府之间、地方政府和地方政府之间的财政平衡格局，形成新的平衡状态，从总量上和结构上都影响固定收益证券市场。一般而言，中央政府提高对地方政府的转移支付能力，则地方政府拥有更多自主财力，可以更好地发展地方企业，从而促进固定收益证券市场对地方企业固定收益证券的需求，同时也可能相应减少市政固定收益证券的发行。

（4）税收政策。税收是国家凭借政治权力参与社会产品分配的重要形式，由于税收具有强制性、无偿性和固定性特征，使得它既是筹集财政资金的重要方式，又是调节宏观经济的重要手段。公司税的调高会在其他条件不变的情况下，直接影响公司的净利润，并进一步影响公司扩大生产规模的能力和积极性，直接影响公司未来的成长能力，降低还本付息的能力，因而这类企业的固定收益证券价格容易下降。另外，从个人所得税的角度来讲，个人所得税直接影响了居民个人的实际收入水平，因此也会影响固定收益证券市场上的供求关系。当个人所得税税率提高时，固定收益证券投资者的投资成本增大，收益减少，直接影响投资积极性；反之，当调低个人所得税税率时，固定收益证券投资的成本减少，收益增加，直接刺激了投资者的积极性，固定收益证券市场交易活跃。

（5）国债政策。国债是国家按照有偿信用的原则筹集财政资金的一种形式，同时也是政府实现财政政策、进行宏观调控的重要工具。国债的发行可以将消费资金变为投资资金，因此当政府采取扩张的财政政策时，常增加国债的发行，直接作用于国债的一级市场，同时价格效应也会影响二级市场的交易量。而且，扩张的财政政策的另一个措施是在公开市场上收购国债，投放货币，增加总需求。因此，扩张的国债政策需要按市场来分析其影响。反之，紧缩的财政政策一般是减少国债的发行和在公开市场上售出国债回笼货币，也要对一级发行市场和二级交易市场分别分析。国家对国债还可以采取补贴的办法直接影响国债价格。

财政政策是以实体经济为媒介，通过控制财政收入和支出，通过影响企业的投入和产出影响总需求。因此，与货币政策不同，财政政策无论是扩张还是紧缩，传导时滞都比较长，对固定收益证券市场的影响是缓慢而持久的。

3. 汇率政策与固定收益证券市场。开放的经济条件下，汇率对经济的影响是显而易见的。汇率的波动不仅影响一国的进出口贸易额，而且影响国际资本的流动，更为重要的是汇率的波动直接造成外国固定收益证券投资者收益的不确定性，因此汇率风险也是固定收益证券投资的重要风险之一。汇率政策通过以下途径来影响固定收益证券市场：

（1）当汇率上升本币贬值时，本国产品的竞争力增强，出口企业将受益，有能力支付高的筹资成本率。因此，这类企业的固定收益证券比较受投资者欢迎，固定收益证券价格上升。另外，由于本币贬值，常常造成资本外逃，对于固定收益证券市场而言，投资需求下降，可能会造成固定收益证券价格下降。对于单个固定收益证券投资者而言，本币贬值情况下，选择投资于外国固定收益证券，本金和收益都可以避免本币币值下降带来的损失，具有保值避险的作用，这也是资本外逃的一种方式。

（2）当汇率下降本币升值时，本国产品的竞争力削弱，价格相对上扬，出口企业受损失，因此固定收益证券筹资的利息负担加重，投资者一般不会选择这类企业的固定收益证券，固定收益证券的价格下降。另外，本币币值上升，资本项目下的资本流入大于资本流出，固定收益证券市场上投资资金增多，固定收益证券需求量增加，容易形成固定收益证券价格上涨。对于单个投资者，本币升值，投资于外国固定收益证券的本金和利息折算成本币的价值下降，因此，一般选择投资国内固定收益证券（见图 11－19）。

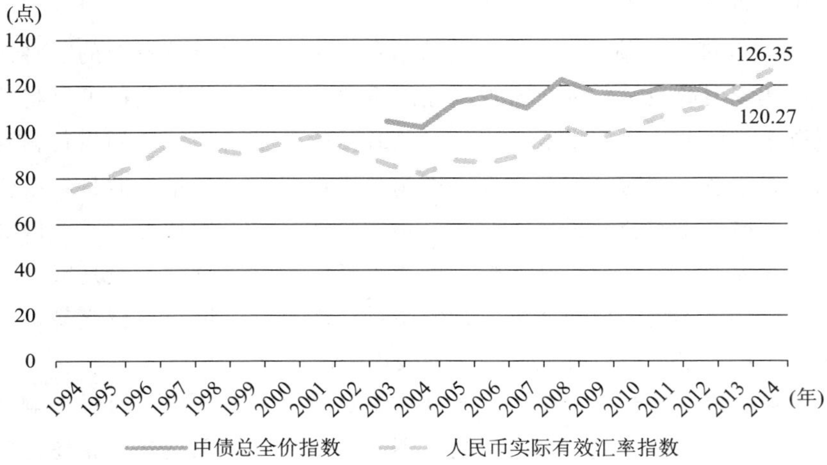

图 11－19　人民币实际有效汇率指数和中债总全价指数

值得注意的是，汇率的波动会给一国经济带来极大不稳定性，因此大多数国家政府或多或少会对汇率进行干预。当汇率上升时，为保持汇率稳定，政府可能动用外汇储备，抛出外汇，购进本币，从而减少本币供应量；固定收益证券市场的投资资金减少，固定收益证券价格下跌，也可能采取抛出外汇同时回购国债，这样使得国债市场价格上扬。反之，汇率下降时，政府采用相反操作，对固定收益证券市场的影响也相反。

可见，汇率变动和汇率政策调整对固定收益证券市场的影响侧重于结构上的，主要是改变了投资者对本国固定收益证券和外国固定收益证券的投资比例，也改变了本国固定收益证券市场上投资者投资于进出口型企业和其他企业固定收益证券的比例。

（二）政策性风险案例

1. 2004 年的黑色 4 月。2004 年，经济全面过热，固定资产投资呈加速增长的态势，出现了超常规增长。2004 年一季度全社会固定资产投资同比增长 43%，GDP 增长 9.8%，实际增速已经接近 1992 ~ 1993 年的经济过热时期。为抑制经济过热，国家采取了相应的货币政策和财政政策措施。

财政政策方面，2004 年 4 月 9 日，国务院召开季度经济形势分析会，正式确立了后期宏观调控的方向和重点，并指出目前经济运行中存在信贷规模过大及通货膨胀等风险，确立了后期调控重点是抑制固定资产投资的增长过快。中央全面紧缩固定资产投资，并对违规企业进行了严厉查处，其中一个标志性的样本事件就是查处江苏铁本钢铁有限公司事件。

根据国务院的调控精神，货币政策方面收缩流动性，中央银行将存款准备金率由 7% 上调至 7.5%。同时，中央银行吴晓灵警告各微观主体，要重视中央银行的信息，不要逼迫中央银行采取进一步的紧缩措施，这将是更为严厉的。这一表态令升息预期异常浓重。4 月利率曲线呈陡峭化上行态势，中央银行于 2004 年 4 月 6 日和 4 月 20 日两次将央票发行利率提高了 20 个基点和 15 个基点。在 4 月，7 天回购利率从 1.88% 上行到 2.46%，1 年期央票利率从 2.6% 上行到 3%，10 年期国债利率从 4.18% 上行到 5.35%。一系列的调控措施导致债券市场出现大幅度下跌。2004 年 4 月，中债总净（总值）指数从 102.87 点下跌到 100.57 点，下跌了 2.7%。中债综合净价指数（10 年以上）从 92.89 点下跌到 84.73 点，下跌幅度高达 9.57%。对部分长期券种而言，下跌幅度高达 20% ~ 30%。如 02 国债（13）从 93.27 元最低下跌到 72.18 元，跌幅高达 22.6%（见图 11 - 20）。

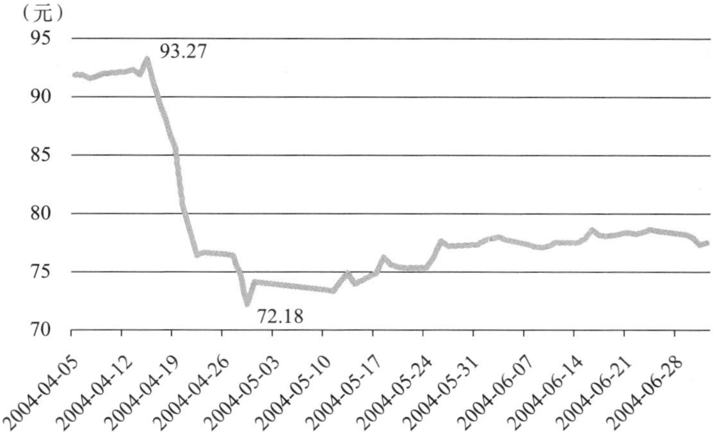

图 11 - 20　2004 年 4 ~ 6 月 02 国债（13）价格走势

2. 保值贴息与"3·27"国债。国债的保值贴息，是指由于通货膨胀带来人民币贬值，从而使国债持有者的实际财富减少。为了补偿国债持有人的这项损失，财政部会拿出一部分钱作为利息的增加，称之为保值贴息。国债的保值贴息能够直接影响债券的价格，从而形成巨大的价格波动。1991～1994 年中国通胀率一直居高不下的这三年里，国债保值贴息率一直在 7%～8% 的水平上。"3·27"国债是 1992 年发行的 3 年期国库券，该券发行总量为 240 亿元，1995 年 6 月到期兑付，利率是 9.5% 的票面利息加保值贴补率，但财政部是否对之实行保值贴补并不确定。如果不进行保值补贴，"3·27"国债兑付价格将在 132 元左右，如果进行保值补贴，"3·27"国债价格将在 148 元左右。1995 年 2 月，其价格一直在 147.80 元和 148.30 元之间徘徊，但随着对财政部是否实行保值贴补的猜测和分歧，"3·27"国债期货价格发生大幅变动，这直接导致了 1995 年 2 月 23 日的"3·27"国债事件。2012 年后我国取消了这一补贴，原因在于国债购买者在购买时应当自行预见金融产品收益的不确定性。

（三）政策性风险的识别

政策性风险的识别是比较困难的，因为政策性风险不像信用风险、利率风险有相对可以评估的量化指标，政策的制定、发布和执行权利都掌握在政府手中。但是，政策也是可以预估的。政府在制定宏观调控政策的时候会保持相对的稳定性，因此政策突变的可能性并不大。只要投资者对政策形成了稳定的预期，即使政策层面有所调整，只要在预期范围之类，对固定收益市场的影响就不会太大。比较困难的是超出预期范围政策变动的预测。大部分宏观调控政策和经济形势的变化是相反的，因此，我们在经济高涨时期和经济低迷时期都需要密切注意政策变化的拐点。2004 年 4 月债市暴跌的前奏就是中央对日益高涨的固定资产投资无法容忍，调控政策的出台并非没有蛛丝马迹。因此，在经济高涨的时候保持清醒头脑，在经济低迷的时候坚定信心，密切关注 GDP、固定资产投资、PMI、CPI 等宏观经济指标，关注中央决策层的讲话和文件，对于判断政策走势有重要的意义。

二、信用风险

信用风险是固定收益证券投资主要面临的风险，是固定收益证券发行人因各种原因未能及时、足额偿还债务而违约的可能性。发生违约时，债权人必将因为未能得到预期的收益而承担财务上的损失。造成信用风险的原因是多方面的。比如经济运行的周期性；在处于经济扩张期时，信用风险降低，因为较强的盈利能力使总体违约率降低。在处于经济紧缩期时，信用风险增加，因为盈利情况总体恶化，借款人因各种原因不能及时足额还款的可能性增加。又比如对于公司经营有影响的特殊事件的发生。这种特殊事件发生与经济运行周期无关，并且与公司经营有重要的影响。发生信用风险对于固定收益证券投资人而言损失是巨大的，即使能够通过债务重组借款得到偿还，这种漫长的等待造成的利息损失和再投资的机会成本也是巨大的。因此，规避信用风险是固定收益证券投资的重中之重。

（一）我国债券信用风险的现状

我国债券长期以来都呈现刚性兑付的特征，债券违约首先出现在私募债领域（见表 11－9）。2012 年，我国出现了中小企业集合票据和集合债违约。2014 年，出现了中小企业私募债违约。私募债由于其风险相对公募债较大，投资者门槛较高，因此，未能对市场造成较为强烈的冲击。

表 11－9　　我国私募债违约情况

年份	集合票据	集合债	私募债
2012	10 京经开 SMECN1.10 黑龙江 SMECN1.11 常州 SMECNⅡ001	10 中关村	
2013	13 宁德 SMECN Ⅱ 003		
2014	12 新乡 SMECN、13 常德 SMECN Ⅱ 001.11 江苏 SMECN1.11 潍坊 SMECN Ⅱ 001	11 常州中小债	13 中森债、12 华特斯、13 华珠债、12 津天联、12 金泰 01.12 金泰 02
2015	13 常德 SMECN Ⅱ 001.13 沈阳 SMECN1.12 宿迁 SMECN1.12 杭州 SMECN Ⅱ001.12 淮安 SMECNⅡ001	14 扬州中小债	12 致富债、12 蓝博 01.12 东飞 01.13 大宏债

对市场造成重大影响的则是公募债的违约（见表 11－10）。2014 年，“11 超日债”未按期付息打开了公募债券市场债违约的先河，公募债券的刚性兑付被打破。“11 超日债”之后，出现了较多的公募债违约事件。公募债的投资者范围广，具有债券刚性兑付的心理预期，因此对市场冲击较大。

表 11－10　　我国公募债券违约情况

名称	发行人	企业性质	初始主体评级	最新主体评级
15 亚邦 CP001	亚邦投资控股集团有限公司	民营	AA	CC
15 山水 SCP002	山东山水水泥集团有限公司	民营	AA－	CC
13 山水 MTN1	山东山水水泥集团有限公司	民营	AA－	CC
12 圣达债	四川圣达集团有限公司	民营	AA－	B
15 山水 SCP001	山东山水水泥集团有限公司	民营	AA－	CC
11 天威债	保定天威保变电气股份有限公司	央企	AA＋	C
10 中钢债	中国中钢股份有限公司	央企	AA	CC
10 英利 MTN1	保定天威英利新能源有限公司	民营	AA	C
12 二重集 MTN1	中国第二重型机械集团公司	央企	AA＋	C
11 超日债	协鑫集成科技股份有限公司	民营	AA	C
12 湘鄂债	中科云网科技集团股份有限公司	民营	AA	CC
12 中富债	珠海中富实业股份有限公司	民营	AA	CC

从我国债券违约情况来看，呈现以下几个特点：

一是中小企业债券违约数量较多。对中小企业来说，集合票据、集合企业债和私募债都是重要的融资工具。私募债自 2012 年推出以来，由于其发行方便易于操作，逐渐取代集合债券成为中小企业最重要的直接融资工具。2012～2013 年违约的中小企业债券以集合票据为主，而随着中小企业私募债偿付潮的到来，2014 年以来中小企业私募债开始成为违约的主要品种。出现违约情况的中小企业大多长期经营困难，流动资金紧张，无法对债券的本金或利息进行及时兑付。

二是违约向中长期债券和公募债券扩散。2014 年以后，债券市场共发生多起公司债和中期票据的违约事件，比较典型的是 11 超日债、12 湘鄂债、12 中富债和 12 天威 MTN。债券违约主体类型逐渐增多，由中小企业扩散到大中型企业甚至国有企业。另外，违约向中长期债券扩散，违约券种的不断增加也说明当前债券市场违约风险在持续扩大。11 超日债和 12 天威 MTN 的发债主体均激进投资产能过剩的光伏产业，而受欧盟对中国光伏企业实施“双反”政策的影响，两家发债人出现经营困难，进而出现债务违约。12 湘鄂债的发行主体是由于主营业务受国家政策影响，业绩大幅下滑，公司转型困难重重，不能按时偿付到期债务导致违约。12 中富债发行主体则是由于资金流动性不足导致违约。

三是违约债务偿付率较高。目前，已发生的债券违约事件大多得到解决。部分中小企业违约债券由担保公司进行代偿（见表11－11）。

表11－11　　中小企业债券违约代偿

名称	发行人	担保人
13宁德SMECNⅡ001	福建省宁德市中小企业	中债信用增进投资股份有限公司
13青岛SMECN1	山东省青岛市中小企业	中债信用增进投资股份有限公司
12淮安SMECNⅡ001	江苏省淮安市中小企业	中债信用增进投资股份有限公司
12杭州SMECNⅡ001	浙江省杭州市中小企业	中债信用增进投资股份有限公司
12宁德SMECNⅡ001	福建省宁德市中小企业	中债信用增进投资股份有限公司
12宿迁SMECN1	江苏省宿迁市中小企业	江苏省信用再担保有限公司
12宿迁SMECN1	江苏省宿迁市中小企业	江苏省信用再担保有限公司

发生违约的公司债和中期票据也在积极进行偿付；11超日债通过发行公司重组，引入外部担保，最终实现全额偿付；其他违约债券完成部分本息偿付，剩余部分正由相关机构进行协商处理（见表11－12）。当前发生违约的债券将会大概率进行偿付，对投资者产生的实际损失不会很大，刚性兑付的现状短期内还将延续。

表11－12　　经股东或者政府协调化解的风险债券

名称	初始主体评级	最新主体评级	企业属性	处理方式
12鄂华研	AA	B	民营	鄂尔多斯城建集团担保，外部资金注入
12雨润	AA	A	民营	政府协调后如期兑付
龙煤集团	AAA	AA	国有企业	省政府提供资金38亿元
二重	AA＋	C	国有企业	母公司国机集团受让本金，投资者损失利息
12苏飞达	AA	BB－	民营	开阳城投追加担保
12桂有色	AA	BB	国有企业	政府协调外部资金注入
11华锐	AAA	A	公众	新股东注入资金
13华通路桥	AA－	BB－	民营	政府协调资金

（二）我国债券违约的原因分析

1. 产能过剩导致的行业低迷。

（1）经济周期下产能过剩导致的债券违约。我国正在经历经济转型时期，经济增速下降，传统产业出现产能过剩。这对顺周期的产业造成相当大的经营压力，如煤炭、钢铁、水泥等行业。在违约的债券中，二重债、中钢债、云煤化等就属于这一类的代表。以中钢债为例，中钢债的基本情况如表 11 – 13。

表 11 – 13　　中钢债基本情况

债券代码	1080129. IB	债券简称	10 中钢债
当前余额	20 亿元	债券类型	一般企业债
上市日期	2010 年 11 月 4 日	摘牌日期	2017 年 10 月 17 日
交易市场	1080129. IB（银行间债券）	海外评级	无
最新债项评级	B（调低，2015 – 10 – 20）	评级机构	中诚信国际信用评级有限责任公司
票面利率（当期）	5. 3%	发行价格	100 元
利率类型	累进利率	息票品种	附息
付息频率	每年付息 1 次	下一付息日	2016 年 10 月 20 日
剩余期限	1. 63 年（加权：1. 63 年）	期限	7 年（5 +2）
起息日期	2010 年 10 月 20 日	到期日期	2017 年 10 月 20 日
内含特殊条款	调整票面利率，回售	下一行权日	

中钢集团成立于 1993 年，为国务院国资委直属企业，为全国最大的钢铁工业综合服务集团。中钢集团核心资产及业务主要集中于子公司中国中钢股份有限公司（以下简称“中钢股份”），中钢股份资产规模及营业收入均占中钢集团的 90% 以上。公开资料显示，中钢股份主营业务为钢材、钢坯、铁矿石、冶金辅材贸易等，2013 年中钢股份实现主营业务收入 1 336. 12 亿元，内贸及进出口贸易收入分别占主营业务收入的 85% 和 4%，占主营业务毛利润的 59% 和 14%。2014 年 7 月以来中钢集团陆续出现银行贷款逾期情况并启动债务重组工作，截至 2014 年 12 月末中钢集团及所属 72 家子公司债务超过 1 000 亿元。其中，金融机构债务近 750 亿元，涉及境内外 80 多家银行。

2015 年 10 月 16 日，中钢股份发出《关于“10 中钢债”回售登记期延长的公告》。中钢债发行日为 2010 年 10 月 20 日，按照约定，2015 年 10 月 20 日应该为回售日，但由于中钢集团深陷债务危机，已经调整了回售日期，并延期支付利息，实际上造成了债券违约。

此次“10 中钢债”债务违约事件，主要原因是钢铁产能过剩背景下企业经营不善所致。一方面，快速业务扩张配以激进的财务政策。中钢股份依靠高杠杆财务政策支持业务快速扩张，2007 年以来，中钢股份资产负债率一直处于 90% 以上，债务负担很重。同时，中钢股份债务期限结构不合理，存在“短债长用”的现象。另一方面，面对外部环境的变化，中钢股份风险控制明显不足。然而从钢铁行业大环境来看，钢价大幅下挫、行业整体不景气导致的企业经营环境持续恶化才是造成此次事件的根本原因。

（2）过度投资造成产能过剩导致债券违约。还有一类是由于过度投资造成的行业泡沫，新能源作为新兴产业，受到国家产业政策的鼓励。然后，过度投资造成的巨大的产能过剩导致整个行业的不景气，从而导致债券违约。11 超日债、天威债、华锐风电就属于这一类。以 11 超日债为例，基本情况见表 11－14。

表 11－14　　超日债基本情况

债券代码	112061. SZ	债券简称	11 超日债
当前余额	—	债券类型	一般公司债
上市日期	2012 年 4 月 20 日	摘牌日期	2014 年 5 月 30 日
交易市场	112061. SZ（深圳）	海外评级	无
最新债项评级	C（调低，2014 年 5 月 21 日）	评级机构	鹏元资信评估有限公司
票面利率（当期）	8.98%	发行价格	100 元
利率类型	累进利率	息票品种	附息
付息频率	每年付息 1 次	下一付息日	2016 年 3 月 7 日
利率说明	2012 年 3 月 7 日～2015 年 3 月 6 日，票面利率：8.98%；2015 年 3 月 7 日～2017 年 3 月 6 日，票面利率：8.98%＋上调基点	内含特殊条款	调整票面利率，回售
剩余期限	1.01 年（加权：1.01 年）	期限	5 年（3＋2）
起息日期	2012 年 3 月 7 日	到期日期	2017 年 3 月 7 日

“11 超日债”是于 2012 年 3 月 7 日发行的公司债，发行规模为 10 亿元，票面利率为 8.98%，续存期限为 5 年，每年的 3 月 7 日为年度起息日。由于 2011 年和 2012 年连续亏损，“11 超日债”从 2013 年 7 月 8 日起在深圳证券交易所暂停上市。2014 年 3 月 4 日，11 超日发布一则债券兑付公告。公告称，在“11 超日债”第二期利息将无法于原定付息日 2014 年 3 月 7 日按期全额支付，公司仅能够按期支付人民 400 万元，而全部应付利息为 8 980 万元。据此，“11 超日债”已经实质性违约，并成为债券市场首次公募债券违约事件。

作为光伏产业曾经的明星企业，ST 超日的陨落既与产业无序扩张以致产能严重过剩有关，又是公司经营失策以致积重难返的结果。超日太阳的经营策略过于激进，遭遇了一系列经营困境。在其通过投资“海外电站项目”谋求转型时，恰逢欧债危机和全球经济低迷，导致公司资金链紧张，债券违约必然在所难免。首先，超日是典型的民营企业，最大股东倪某持股 37.38%，前十大股东中 9 名均为个人，完全没有国有企业背景。其次，超日所在的光伏行业是当前典型的产能过剩行业。第三，受欧美“双反”和欧盟光伏补贴下调影响，太阳能组件及电池片需求大幅下降，而国内产能快速增长导致产品价格大幅下跌，国内光伏企业陷入全面亏损。公司的亏损有行业因素，但最终酿成悲剧还是归咎于自身产能扩张过于激进，总资产规模从 2010 年底的 44.7 亿元增至 2012 年末的 75.8 亿元，负债率由 31.3% 急剧上升至 84.2%，2013 年 9 月末的负债率已高达 90.1%。2011 年行业景气度已掉头向下，而公司 2011 年和 2012 年投资活动现金流出达 18.2 亿元和 16.6 亿元，导致债务规模由 2010 年 11 亿元增至 2012 年末的 40.7 亿元，流动性压力急剧扩大。

2. 政策变化导致经营持续恶化。由于政策面的变化导致经营恶化的典型案例是湘鄂情（中科云网）。中科云网于 2015 年 4 月 6 日发布公告称，公司通过大股东财务资助、处置资产、回收应收账款等方式已收到偿债资金 16 140.33 万元，但尚有 24 063.10 万元资金缺口，无法按时足额筹集资金用于偿付本期债券应付利息及回售款项，构成对本期债券的实质违约。

1995 年开在深圳的路边小店到 2009 年深圳证券交易所 IPO，湘鄂情一路冲顶。湘鄂情调整经营模式，在原来的湘菜鄂菜基础上融合其他菜系，转走中高档路线。2012 年 12 月 4 日，中共中央政治局召开会议出台关于改进工作作风、密切联系群众的八项规定以及六项禁令，对高端餐饮业形成了较大的冲击。2013 年，湘鄂情亏损高达 5.64 亿元，其门店从 34 家关至 18 家。无奈之下，企业不得不酝酿转型。但向房地产、科技、互联网等方面的转型并不成功，导致经营困难，债券违约。具体资料见表 11－15。

表 11－15　　湘鄂债基本情况

债券代码	112072. SZ	债券简称	12 湘鄂债
当前余额	2.92 亿元	债券类型	一般公司债
上市日期	2012 年 5 月 15 日	摘牌日期	2017 年 4 月 4 日
交易市场	112072. SZ（深圳）	海外评级	无

续表

债券代码	112072. SZ	债券简称	12 湘鄂债
最新债项评级	CC（维持，2015 年 6 月 26 日）	评级机构	鹏元资信评估有限公司
票面利率（当期）	7.78%	发行价格	100 元
利率类型	累进利率	息票品种	附息
付息频率	每年付息 1 次	下一付息日	2016 年 4 月 5 日
利率说明	2012 年 4 月 5 日 ~2015 年 4 月 4 日，票面利率：6.78%；2015 年 4 月 5 日 ~2017 年 4 月 4 日，票面利率：7.78%	内含特殊条款	回售，调整票面利率
剩余期限	1.08 年（加权：1.08 年）	期限	5 年（3+2）
起息日期	2012 年 4 月 5 日	到期日期	2017 年 4 月 5 日

3. 公司控制权争夺导致债券违约。与一般债券违约的原因不同，山东山水出现的兑付危机的原因并非是公司资产情况丧失，而更多是源于控制权之争造成的影响。山东山水出现实质性违约的有 3 只债券，分别为两只超短融和一只中期票据。其中，“15 山水 SCP001” 最早出现兑付危机，时间发生在去年 11 月 12 日，这也是国内第一只发生违约的超短融；在 2016 年的 1 月 21 日和 2 月 26 日，又有 “13 山水 MTN1”“15 山水 SCP002” 两只债券到期违约。

根据山东山水 2015 年 9 月末的财务报表，其资产负债率仅为 57.9%，剔除商誉后约 60%。山东山水的水泥产品在山东和辽宁省均具备较高市场份额，历史经营稳健，虽短期出现明显恶化，但距离资不抵债仍较遥远。2015 年，天瑞集团通过二级市场买入山水水泥股票，并最终持股 28.16%，一跃成为第一大股东。但在后期董事会改组过程中，天瑞集团与山东山水原控制人张氏父子却陷入控制权斗争，期间甚至发生暴力事件。双方僵持不下，股权争夺也迟迟难以落幕，并因此影响了后续偿债的进行。具体资料见表 11 - 16。

表 11 - 16　　山水债基本情况

债券代码	011599179. IB	债券简称	15 山水 SCP001
上市日期	2015 年 4 月 17 日	摘牌日期	2015 年 11 月 12 日
交易市场	011599179. IB（银行间债券）	海外评级	无
票面利率（当期）	5.3%	发行价格	100 元
利率类型	固定利率	息票品种	到期一次还本付息
起息日期	2015 年 4 月 16 日	到期日期	2015 年 11 月 12 日

续表

债券代码	011599179. IB	债券简称	15 山水 SCP001
债券全称	山东山水水泥集团有限公司 2015 年度第一期超短期融资券	发行人	山东山水水泥集团有限公司
缴款日期	2015 年 4 月 16 日	主承销商	招商银行股份有限公司
发行规模	20 亿元	发行方式	公募窗体底端

（三）信用风险的识别和规避

1. 充分考虑经济周期对债券信用风险的影响。对机构投资者来说，规避周期性风险远比选择个券重要。“覆巢之下无完卵”，经济下行阶段，几乎所有行业都会受到负面冲击。其中，周期性行业处境尤为艰难，许多企业的盈利状况不断恶化，甚至开始亏损。同时，如果行业出现严重的产能过剩，即使是行业内最好的企业也难逃负面影响。在产能过剩的行业中，绝大多数企业都承担着繁重的负债，其中不乏一些企业为了偿还债务被重组或收购。当前产能过剩突出的行业包括煤化工、电解铝、光伏、风电制造、玻璃、钢铁、水泥、化纤纺织等，回顾一下近来风险事件，也基本都与此类行业有关。比如，山东海龙属于化纤纺织的上游产业，天威、赛维、超日属于光伏相关的产业。虽然前期信用风险事件均已妥善解决，但超日的违约令投资者用真金白银为代价承受了信用风险带来的损失，市场风险偏好发生明显改变。市场经验说明，产能过剩的周期类行业债券违约风险较高，对安全性要求较高的保险资金来说，此类产品虽然有较高的收益率，但不应成为投资标的。

2. 密切关注发债企业的财务指标。应密切关注发债企业的以下财务指标，当财务指标出现较为明显的恶化时，应果断卖出相应债券，避免信用风险的出现。

（1）反映清偿能力的指标。

- 流动比率，显示公司用其流动资产偿还流动负债的能力，是最常用的清偿能力比率。其计算公式为：

流动比率 = 流动资产 ÷ 流动负债

一般情况下，流动比率越高，反映公司短期偿债能力越强，债权人的权益越有保证。一般认为 2:1 的比例比较适宜。但是流动比率也不能过高，过高则表明公司流动资产占用较多，会影响资金的使用效率和公司的获利能力。

- 速动比率，表示公司用变现能力最强的资产偿还流动负债的能力。其计算公式为：

速动比率 = （流动资产 - 存货） ÷ 流动负债

速动比率的高低能直接反映企业的短期偿债能力强弱，它是对流动比率的补充，并且比流动比率反映得更加直观可信。如果流动比率较高，但流动资产的流动性却很低，则企业的短期偿债能力仍然不高。在流动资产中有价证券一般可以立刻在证券市场上出售，转化为现金、应收账款、应收票据、预付账款等项目，可以在短时期内变现，而存货、待摊费用等项目变现时间较长，特别是存货很可能发生积压，滞销、残次、冷背等情况，其流动性较差，因此流动比率较高的企业，并不一定偿还短期债务的能力很强，而速动比率就避免了这种情况的发生。速动比率一般应保持在 100% 以上。

- 利息保障比率，表示公司支付利息费用的能力。其计算公式为：

利息保障比率 = 息税前利润（EBIT） ÷ 利息费用

= 息税折旧摊销前利润（EBITDA） ÷ 利息费用

折旧和摊销是按照权责发生制对以前发生的支出的调整，实际上仍然属于本年的现金流量，也可以用来支付利息费用。以 12 超日债为例，其偿债能力指标如表 11 - 17 所示。

表 11 - 17　　超日债发行人偿债能力指标　　（单位：%）

偿债能力指标	2014 年中报	2013 年年报	2013 年中报	2012 年年报	2012 年中报	2011 年年报
流动比率	0.20	0.55	0.67	0.72	1.43	1.25
速动比率	0.20	0.53	0.64	0.65	1.15	1.02
EBITDA/利息费用	-17.69	-15.32	-1.50	-5.10	0.07	1.25

2011 年，在 12 超日债发行之前，其偿债能力指标较好。流动比率和速度比率都大于 1，利息保障比率为 1.25。因此，此时超日债是有充分偿还能力的。2012 年 4 月，超日债发行。在 2012 年中报，我们就可以看出，虽然速动比率和流动比率两个指标变化不大，甚至还更好，但是利率保障比率指标出现迅速恶化。EBITDA/利息费用为 0.07，即公司的利润已经不能支撑利息费用的支付。2012 年年报，三个主要指标恶化程度加快，流动比率和速动比率滑落到 0.7 左右，利率保障比率为负。2013 年年报，其流动比率和速动比率下降到 0.5 左右，利率保障倍数为 -15，公司现金流枯竭，利润已经不具备偿还债务能力。因此，当以上反映偿债能力的指标恶化时，应考虑出售债务，避免违约风险。

（2）反映财务杠杆比率的指标。

- 资产负债率，反映债务融资对于公司的重要性。其计算公式为：

资产负债率 = 负债总额 ÷ 资产总额

资产负债率与财务风险有直接关系：资产负债率越高，财务风险越高；反之，资产负债率越低，财务风险越低。

- 长期资本负债率，是指非流动负债占长期资本的百分比。长期资本负债率反映企业的长期资本的结构，由于流动负债的数额经常变化，资本结构管理大多使用长期资本结构。

- 产权比率，反映由债权人提供的负债资金与所有者提供的权益资金的相对关系，以及公司基本财务结构是否稳定。其计算公式为：产权比率 = 负债总额 ÷ 股东权益。

还是以 12 超日债为例（见表 11 – 18）。公司在 2011 年年报中，反映财务杠杆比率的三个指标都比较好。资产负债率为 56.41%，长期资本负债率仅为 6.54%，产权比率为 130%。到 2013 年中报，这几个指标出现了严重的恶化。资产负债率为 104.44%，即资产小于负债，长期资本负债率大幅度上升至 115.27%，产权比率达到了 –2360%。因此，以此可以判断出公司财务杠杆比率太高。出于安全性的考虑，应该出售该公司债券。

表 11 – 18　　超日债发行人财务杠杆比率指标　　（单位：%）

资本结构	2014 年中报	2013 年年报	2013 年中报	2012 年年报	2012 年中报	2011 年年报
资产负债率	180.54	104.44	88.64	84.63	64.05	56.41
长期资本负债率	–483.52	115.27	75.60	67.76	33.62	6.54
产权比率	–240.00	–2 360.00	915.00	592.00	179.00	130.00

3. 公司属性、大股东背景和企业规模也是重要的考虑因素。当前我国有企业的所有制属性和大股东背景在很大程度上能够决定债券是否实质性违约，或者违约后债务能否被顺利重组。同属于光伏产业，同属于上市公司，超日发生了违约但天威如期兑付。从 2013 年两家企业资产负债情况看，天威的资产负债率为 97.2%，超日资产负债率为 104.4%；从短期偿债能力看，天威现金到期债务比为 17.5%，超日为 10.9%。虽然从财务状况看，天威略好于超日，但考虑到资产真实的变现能力，两家公司在不获得外部援助的基础上都很难如期兑付短期债务。在获得外部支持方面，国有企业相比民企的优势更为明显。天威的前两大股东分别为保定天威集团有限公司和中国兵器装备集团公司，合计持股比例超过 50%，属于国资背景；超日太阳的实际控制人是倪某某，属于民营企业。对国资背景的企业来说，无论是出于政绩还是维稳需求，企业债务能不违约则尽量不违约，因此有“靠山”的天威总体才不像超日出现实质性违约。又如“13 大宏债”即在当地政府督促后由城投公司

代偿，“12 雨润 MTN1” 的偿付危机也在省银监局和省政府的努力协调下得以化解。债券违约后最终能否完成兑付仍依赖于政府的财政实力以及各相关方的支持力度等客观条件。

回顾近几年的信用风险事件，大型企业出现的概率远小于中小企业。一方面，大型企业在治理结构与行业地位上具有突出的优势；另一方面，大型企业一旦出现破产清算，对地方经济的负面影响巨大，地方政府会想方设法去帮助企业渡过难关。以 10 中钢债为例，融资主体为中国中钢股份有限公司，是中国最大的为钢铁工业和钢铁生产企业提供综合配套、系统集成服务的大型跨国有企业业集团，2012 年总资产为 978 亿元。由于钢铁属于产能明显过剩的行业，作为行业龙头，中钢也难以幸免，连续三年净利润为负，且亏损规模不断扩大。过去两年中钢产负债率分别为 98.47% 和 94.78%，接近于资不抵债，对债券的信用评级造成了负面影响。作为大型国有企业，一旦发生债务违约，将会导致非常严重的社会问题和行业危机，基于此中钢集团于 2012 年将中钢炉料、滨海实业及吉林铁合金全部股权转让给中钢股份，共实现利润转让 57.7 亿元，有效缓解了中钢股份的窘境。从某种角度看，大型企业获得外部支持的可能性大于小企业。

4. 信用评级只能参考，不能作为投资安全性的保障要素。一般来讲，信用评级体系要能够充分揭示固定收益类证券的风险。从我国现有情况看，信用评级结果对债券发行定价具有一定影响力。债券评级等级越高，发行利差越小，说明评级信息得到了市场的认可，能够显著影响发行成本，对于债券发行和投资者决策产生了重要影响。但是，我国信用评级机构独立性不足，评级的客观性较差。目前市场上信用评级机构资质良莠不齐，对债项的把控尺度不一，且绝大多数信用评级服务都属于卖方付费。加之行业内竞争激烈，很多信用评级机构的底线越来越低，对债项评级不够客观。信用评级从业人员表示，评级分析师会在一定尺度内将评级结果向有利于债务人的角度偏移，即便如此，企业对初评结果不满要求复评的比重很高，甚至不惜采用非常手段改变评级结果。从违约的债券初始评级来看，都比较高。如 11 超日债、12 湘鄂债，首次评级是 AA 评级。因此，对于评级，只能作为投资参考，而不能成为安全性的保障。但迄今为止，主体评级 AAA 的债券还没有出现过一例违约的情况。因此，对主体 AAA 评级债券的投资是比较安全的。

第四篇

金融衍生产品投资

金融衍生品是建立在基础资产之上，其价格依赖于基础资产的派生金融产品。这里的基础资产，不仅可以是传统金融产品如货币、债券、股票等，还可以是其他的金融衍生产品。金融衍生产品具有跨期性、杠杆性、联动性和高风险性四大特点。金融衍生品的交易是建立在对未来预期的基础上，预期的准确与否直接决定了投资者的盈亏。金融衍生品交易不需要全额支付合约价值的资金，使得投资者可以获得以小博大的杠杆效应。当然，投资者也要承受加倍的风险。当基础资产价格变动时，基于基础资产价格之上的衍生品价格也随之变动。

从近年来的发展看，全球金融衍生品交易的规模逐年变大。场外金融衍生品增长更为迅速，交易量甚至已经超过场内衍生品。场外交易的衍生产品不通过集中的交易所，而是通过各种通讯方式在金融机构之间、金融机构与大规模交易者之间一对一进行交易。由于金融衍生品的规模庞大并且交易分散，金融衍生品风险的发生具有突然性和复杂性。金融衍生产品是以规避和锁定标的产品的风险为目的发展起来的，其自身风险也十分巨大。本篇不仅将分析如何进行金融衍生品投资以发挥其避险功效，同时也将阐述如何防范其风险。所以，对期货产品的投资，我们将主要阐述其套期保值策略和风险控制策略，而对期权产品的投资则主要分析在控制风险的情况下如何构造相关的价差交易策略。

第十二章
期货产品投资

期货以某种大宗产品，如石油、玉米、大豆等或是金融资产如股票、债券甚至于股票价格指数等作为标的的标准化可交易合约。期货投资是通过买卖期货合约（Futures Contract）来实现的。

一般来讲，期货合约规定了在将来某一特定的时间和地点交割一定数量和质量的商品。股票指数期货则是以股票指数的变动为标准，以现金结算，交易双方都没有现实的股票，买卖的只是股票指数期货合约。虽然期货交易诞生晚于相应的现货交易，其规模却已十分惊人。在对股指期货限制之前，我国股指期指交易量已与股票交易量分庭抗礼。

这里重点阐述期货产品的套期保值能力和风险控制策略。首先，简单介绍期货市场的运作机制与作用；接着重点分析在股指期货新政下如何进行套期保值；然后将主要针对极端事件能否预测的问题，为期货产品的风险控制提供策略支持；最后对国债期货的套期保值策略进行系统阐述。上述问题的分析与研究有助于投资者恰当地使用期货，充分发挥其避险、套利的能力。

第一节　期货市场概述

一、期货市场基本交易情况

以 2016 年 2 月全国期货市场交易情况为例来阐述期货市场的基本现状。从总体成交量情况来看，2016 年 2 月，全国期货市场成交量为 202 百万手，同比增长 26.57%，环比下降 31.98%。其中，上海期货交易所（简称“上期所”）月成交量为 7 800 万手，占全国市场的 38.37%，同比增长 92.45%，环比下降 33.68%；郑州商品交易所（简称“郑商所”）月成交量为 3 800 万手，占全国市场的 18.78%，同比下降 34.54%，环比下降 40.03%；大连商品交易所（简称“大商所”）月成交量为 8 500 万手，占全国市场的 42.17%，同比增长 101.93%，环比下降 25.90%；中国金融期货交易所（简称“中金所”）月成交量为 140 万手，占全国市场的 0.68%，同比下降 92.87%，环比下降 27.51%（见图 12－1）。

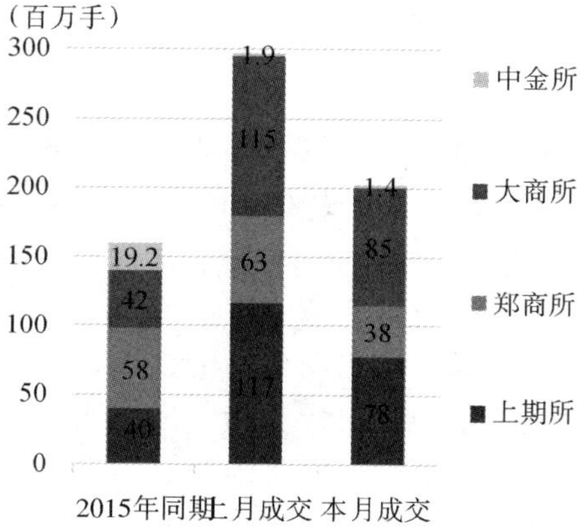

图 12－1　期货市场成交量

资料来源：中国期货业协会。

从总体成交额情况来看，2 月全国期货市场成交额为 9.5 万亿元，同比下降 64.33%；环比下降 28.19%。其中，上期所月成交额为 4 万亿元，占全国市场的 42.45%，同比增长 23.60%，环比下降 28.84%；郑商所月成交额为 1.2 万亿元，占全国市场的 12.30%，同比下降 33.04%，环比下降 37.42%；大商所月成交额为 3 万亿元，占全国市场的 31.48%，同比增长 81.13%，环比下降 22.19%；中金所月成交额为 1.3 万亿元，占全国市场的 13.77%，同比下降 93.45%，环比下降 29.38%（见图 12－2）。

从持仓量上来看，截至 2016 年 2 月末，上期所持仓量为 420 万手，环比增长 4.64%；郑商所持仓量为 2.8 百万手，环比增长 2.95%；大商所持仓量为 670 万手，环比增长 13.45%；中金所持仓量为 16.1 万手，环比增长 2.38%（见图 12－3）。

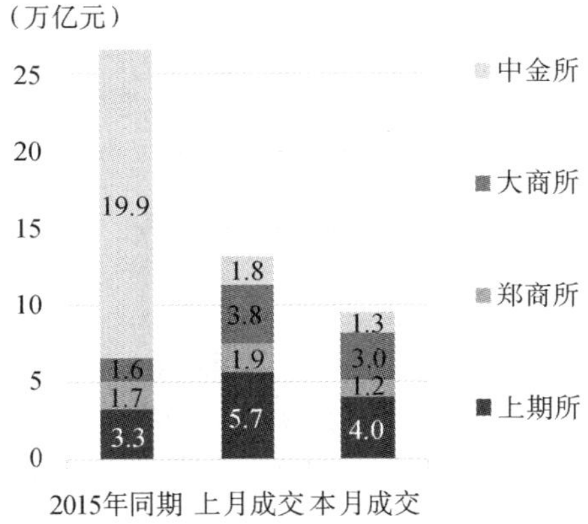

图 12－2 期货市场成交额

资料来源：中国期货业协会。

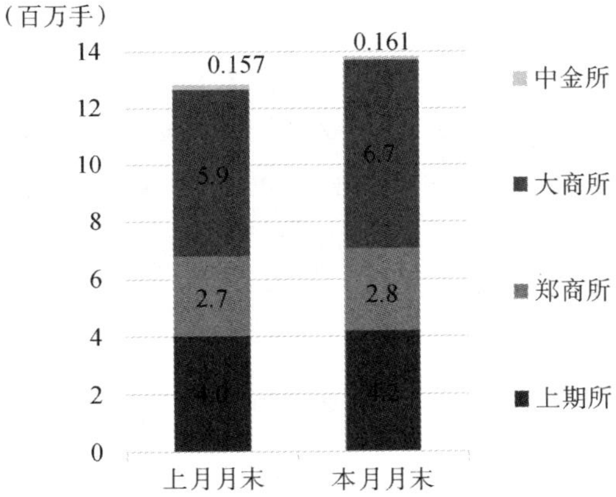

图 12－3 期货市场持仓量

资料来源：中国期货业协会。

从品种来看，2016 年 2 月全国期货市场成交额按资产类别分别为：能源化工（32%）、金属（25%）、农产品（19%）、金融（14%）、贵金属（10%）。

上海各品种成交额前五的分别为：铜（20%）、黄金（20%）、螺纹钢（18%）、天胶（13%）和镍（8%）。

郑州各品种成交额前五名分别为：白糖（42%）、甲醇（15%）、PTA（13%）、菜粕（11%）和棉花（9%）。

大连各品种成交额前五名分别为：铁矿石（32%）、聚丙烯（13%）、棕榈油

（12%）、聚乙烯（12%）和豆粕（8%）。

二、期货市场的作用

（一）发现价格

由于期货交易是公开进行的对远期交割商品的一种合约交易，在这个市场中集中了大量的市场供求信息，不同的人、从不同的地点对各种信息的不同理解，通过公开竞价形式产生对远期价格的不同看法。期货交易过程实际上就是综合反映供求双方对未来某个时间供求关系变化和价格走势的预期。这种价格信息具有连续性、公开性和预期性的特点，有利于增加市场透明度，提高资源配置效率。

（二）回避风险

期货交易的产生为现货市场提供了一个回避价格风险的场所和手段，其主要原理是利用期现货两个市场进行套期保值交易。在实际的生产经营过程中，为避免商品价格千变万化导致成本上升或利润下降，可利用期货交易进行套期保值，即在期货市场上买进或卖出与现货市场上数量相等但交易方向相反的期货合约，使期现货市场交易的损益相互抵补。锁定企业的生产成本或商品销售价格，保住既定利润，回避价格风险。

（三）套期保值

在现货市场上买进或卖出一定数量现货商品同时，在期货市场上卖出或买进与现货品种相同、数量相当、但方向相反的期货商品（期货合约），以一个市场的盈利来弥补另一个市场的亏损，达到规避价格风险的目的交易方式。

期货交易之所以能够保值，是因为某一特定商品的期现货价格同时受共同的经济因素的影响和制约，两者的价格变动方向一般是一致的。由于交割机制的存在，在临近期货合约交割期，期现货价格具有趋同性。

期货交易的两大功能使期货市场两种交易模式有了运用的舞台和基础，价格发现功能需要有众多的投机者参与，集中大量的市场信息和充沛的流动性，而套期保值交易方式的存在又为回避风险提供了工具和手段。同时，期货也是一种投资工具。期货合约价格波动起伏，交易者可以利用套利交易通过合约的价差赚取风险利润。

（四）节约交易成本

期货市场为交易者提供了一个能安全、准确、有信用的交易场所，不会发生“三角债”等信用危机，有助于市场经济的建立和完善。期货市场是一个重要的投资市场，有助于合理利用社会闲置资金。期货市场与证券市场的基本区别见表 12－1。

表 12－1　　期货市场与证券市场的基本区别

比较内容	期货市场	证券市场
交易对象	期货合约	上市公司股票
盈利模式	交易标的的买卖价差	交易标的的买卖价差
分析方法	供求基本面分析，技术分析	财务报表分析，技术分析
占用资金	只需标的物 7%～10% 左右保证金	需占用股票价值 100% 资金
交易特点	保证金制度扩大了市场风险	相对风险较小
交易机会	市场机会多	市场机会相对较少
持有时间	合约到期日	上市公司终止，股票退市

三、投资风险

（一）杠杆使用风险

资金放大功能使得收益放大的同时也面临着风险的放大，因此对于 10 倍左右的杠杆应该如何用、用多大，也应是因人而异的。水平高一点的可以 5 倍以上甚至用足杠杆，水平低的如果也用高杠杆那无疑就会使风险失控。

（二）强平和爆仓

交易所和期货经纪公司要在每个交易日进行结算，当投资者保证金不足并低于规定的比例时，期货公司就会强行平仓。有时候如果行情比较极端甚至会出现爆仓即亏光账户所有资金，甚至还需要期货公司垫付亏损超过账户保证金的部分。

（三）交割风险

普通投资者做多大豆不是为了几个月后买大豆，做空铜也不是为了几个月后把铜卖出去，如果合约一直持仓到交割日，投资者就需要凑足足够的资金或者实物货进行交割（货款是保证金的10倍左右）。

第二节 股指期货的套期保值策略

一、股指期货新政下的套期保值

在金融投资中，风险管理的重要性无须赘言。投资者在投资股票时通常面临着两种风险，即系统性风险及非系统性风险。其中，非系统性风险可以通过分散投资等方法化解，而系统性风险则可以通过利用股指期货进行套保等手段规避。套保的目的不在于从现货和期货交易中获得利润，而是要通过现货和期货价格变动的反向性来抵消可能发生的损失。

风险管理是股指期货最重要的功能之一，利用股指期货对现货进行套期保值，可以使投资人有效降低股票市场系统性风险。套期保值是指持有现货头寸的投资人同时进入股指期货的空头，通过反向交易以达到规避现货价格风险的目的。建立现货多头和期货空头的投资组合，可以在现货价格下跌时在期货市场上获利从而弥补一定的损失。该策略中的一个重要的问题是如何确定最优套保比率，即对于一份现货需要购买多少份股指期货空头来进行套保。

2015年以来，国内的股指期货产品可谓一波三折。从2015年初的飞速发展，到股灾来临时的饱受质疑，再到不断受到限制，最终落入了目前的尴尬境地。近半年来，中金所多次调整了三大股指期货的政策。

4月17日，在沪深300指数期货（交易代码IF）推出5年之后，上证50指数期货（交易代码IH）和中证500指数期货（交易代码IC）挂牌开始交易。

7月8日，中金所将中证500指数期货各合约卖出持仓保证金比例由10%提高至30%。

8月25日，中金所将所有合约的平今仓交易手续费提高至成交金额的万分之1.5。

8月28日，中金所将单日非套保开仓限制由原先的600手降低至100手，同时将各合约非套保持仓保证金比例上调至30%。

9 月 2 日，中金所再次发布了公告，主要内容有：非套保单日开仓限制进一步降低至 10 手；非套保持仓保证金比例进一步提高至 40%，套保持仓保证金比例由 10% 提高至 20%；平今仓交易手续费比例上调至万分之二点三。

自 2010 年 4 月 16 日中金所推出沪深 300 指数期货之后，该股指期货就成了 A 股最常用的套保工具。2015 年 4 月 17 日，上证 50 指数期货和中证 500 指数期货的挂牌交易让 A 股套保工具的选择更加多样。上半年三大股指期货的交易均稳步上涨，6 月达到最高峰，之后随着中金所采取了一系列限制股指期货交易的措施而开始下滑。9 月 2 日中金所发布公告，将单日开仓交易量限制为 10 手、日内平仓手续费上调至 0.23%，同时将非套保持仓保证金标准提高至 40%，套保持仓保证金标准提高至 20%，这直接导致 9 月起股指期货的成交量出现了极速下滑，9 月成交量和成交额较高峰期锐减九成以上。同时，保证金和交易费用的提高也导致套保成本大幅增加，套保效率也随之降低。

中金所一系列限制措施导致国内股指期货市场近乎关闭（见图 12-4），国内股指期货受限制的局面短期内无法改变，因此有必要将目光投向海外市场，寻找成本更低、限制更少的套保工具作为替代品。目前，海外市场上有数只中国概念的股指期货，如香港交易所、芝加哥期权交易所、芝加哥商品交易所及新加坡交易所均推

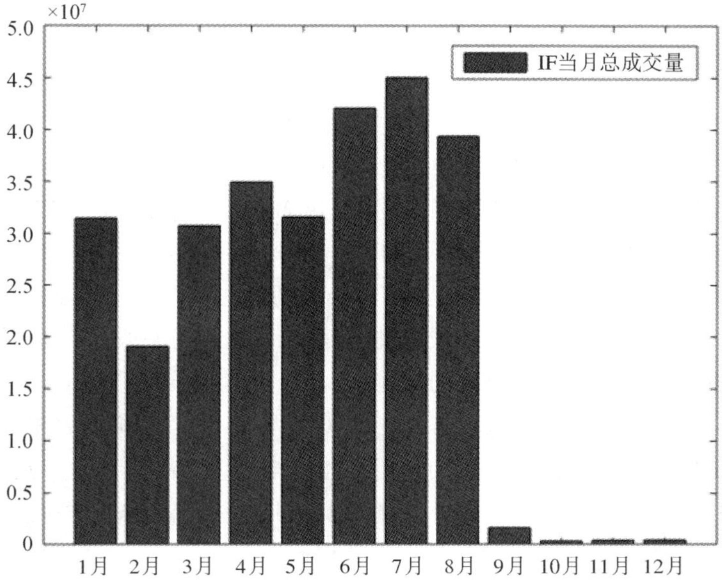

图 12-4 沪深 300 指数期货当月成交量统计（2015 年）

出了以 A 股指数为标的的股指期货。2015 年新华富时 A50 指数期货（SGX FTSE China A50 Index Futures Contract）是新加坡交易所上市的一种股指期货，其标的富时 A50 指数由中国 A 股市场市值最大的 50 家公司股票构成，是最能代表中国 A 股市场的指数，其与沪深 300 指数收盘价相关系数达到 0.92，基本符合同趋势升同降的规律。从图 12－5 也可以看出，现货和期货的涨跌保持着高度的一致。

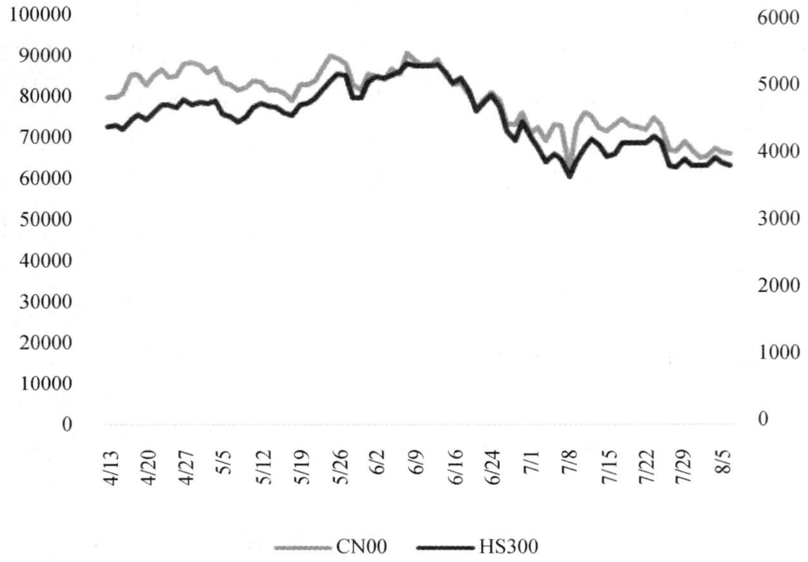

图 12－5　新华富时 A50 指数期货与沪深 300 指数走势（2015 年）

该合约国内股指期货相比限制更少、保证金水平更低，因此被看作国内股指期货的有力替代品。此外，芝加哥商品交易所（CME）也将于 10 月 12 日推出 E－迷你富时中国 50 股指期货（交易代码：FT5），其标的为 FTSE 中国 50 指数。与富时 A50 指数侧重于 A 股市场，不同的是该指数成分股包括 H 股、红筹股和民企股，可看作国内股市套保工具的一个补充。因此，运用海外市场的股指期货对国内股市进行套保的策略是当前一个值得研究的课题。

由表 12－2 可以看出，尽管新华富时 A50 指数和沪深 300 指数相关性极高，然而由于交易规则存在区别，能否直接使用新华富时 A50 指数期货作为套保工具仍存在疑问。这里旨在探讨利用此类海外市场的股指期货对国内股市进行套保的可行性问题，以富时 A50 指数期货对沪深 300 指数的套保效果为例。此类跨市场的套保组合的特殊性在于现货与期货交易货币不同，组合的价值需要统一货币单位，因此需要验证在汇率出现波动时套保模型的效果变化。美元兑人民币汇率在 8 月 11 日至

12 日间连续出现上涨 1.83% 和 1.01% 的剧烈波动（见图 12－6），在汇率剧烈波动时动态套保模型是否依然能够有效降低风险是研究重点。

表 12－2　　沪深 300 与新华富时指数期货交易制度对比

合约名称	沪深 300 指数期货	新华富时 A50 指数期货
合约价值	沪深 300 指数 ×300 元	新华富时 A50 指数 ×10 美元
保证金水平	非套保持仓 40%，套保持仓 20%	6%～8%
每日最大波动限制	10%	无限制
交易熔断机制	无	10% 和 15%
持仓限制	5 000 张	5 000 张
每日开仓限制	10 张	无

图 12－6　2015 年美元兑离岸人民币汇率变动

二、新政下的静态套保方法与效果

本部分首先考虑静态套保策略，以探究利用新加坡市场的新华富时 A50 指数的套保可行性，分别使用 OLS 模型、VAR 模型、ECM 模型和 VECM 模型四个静态套保模型来验证它的效果。此外，由于结算货币的不同，汇率的变动也会对套保效果产生影响。因此，本部分另一个目的在于探寻汇率波动时套保组合的可靠性。

（一）静态套保方法

利用股指期货进行套保的基本思路是建立一个由现货多头和股指期货空头构成的投资组合，使投资组合的收益率方差较之现货收益率的方差减小。

用 P_t^s 和 P_t^f 分别表示现货和期货在时刻 t 的对数价格，其一阶差分 $R_t^s = P_t^s - P_{t-1}^s$ 和 $R_t^f = P_t^f - P_{t-1}^f$ 为 $t-1$ 时刻到 t 时刻的对数收益率。假设在 $t-1$ 时刻持有数量为 1 的现货以及数量为 h 股指期货的空头，则在 t 时刻投资组合的收益为：

$$R_t^p = R_t^s - hR_t^f$$

可以得到，该投资组合的条件方差为：

$$Var(R_t^p) = (\sigma_t^s)^2 + h^2(\sigma_t^f)^2 - 2hCov(R_t^s, R_t^f)$$

上式中，$(\sigma_t^s)^2 = Var(R_t^s)$ 和 $(\sigma_t^f)^2 = Var(R_t^f)$ 分别是现货和期货的对数收益率在 t 时刻的条件方差，$cov(R_t^s, R_t^f)$ 为两者的条件协方差。套保的目的是使 R_t^p 的方差最小化，将公式右端看作 h 的函数并求导可得到：

$$\min_h Var(R_t^p) = (\sigma_t^s)^2 + (h^*)^2(\sigma_t^f)^2 - 2h^* Cov(R_t^s, R_t^f)$$

其中，h^* 满足：

$$\frac{d}{dh}Var(R_t^p) = 0$$

即：

$$h^* = \frac{Cov(R_t^s, R_t^f)}{(\sigma_f^f)^2} = \rho_{s,f}\frac{\sigma_t^f}{\sigma_t^f}$$

上式中 $\rho_{s,f}$ 为现货和期货的对数收益率的相关系数，此时 h^* 即是最优套保比率。

可以通过对 R_t^s 和 R_t^f 建模来求解，从而得到相应的最优套保比率。静态套保方法基于历史数据得到套保比率之后，依照该比率构建投资组合之后不再调整，即将套保比率视作一个常数。

静态套保效果的检验是通过计算进行大项保值后组合的收益率的方差降低的比例：

$$VR = \frac{Var(r_t^s) - Var(r_t^p)}{Var(r_t^s)}$$

不同的套保组合的效果各不相同，VR 越大表明套保效果越好，反之效果越差。

（二）静态套保模型

1. 最小二乘法（OLS）。OLS 模型是将现货与期货的收益率以线性回归的方式进行最小二乘拟合，即假设 R_t^s 和 R_t^f 满足如下关系：

$$R_t^s = a + bR_t^f + \varepsilon_t$$

其中，a 和 b 分别为 OLS 模型的截距和斜率，ε_t 为随机干扰项。通过对参数进行估计即可以得到最优套保比率 $h^* = b$。

OLS 模型假设收益序列没有自相关也不存在异方差，然而大量的实证分析表明，收益率具有时变的条件方差，因此并不满足这一假设。

2. 向量自回归模型（VAR）。OLS 模型忽略了过去的收益率对现在的收益率可能产生的影响，向量自回归模型（VAR）将这一影响纳入考虑之中，对 R_t^s 和 R_t^f 分别建立如下的向量自回归模型：

$$R_t^s = a_s + \sum_{i=1}^{m} b_i^s R_{t-i}^s + \sum_{j=1}^{n} c_j^s R_{t-j}^s + \varepsilon_t^s$$

$$R_t^f = a_f + \sum_{i=1}^{m} b_i^f R_{t-i}^s + \sum_{j=1}^{n} c_j^f R_{t-j}^f + \varepsilon_t^f$$

该模型考虑了现货和期货的往期收益率对当前收益率的影响，其中 ε_t^s 和 ε_t^f 为随机干扰项。VAR 模型的最优套保比率为：

$$h^* = \frac{cov(\varepsilon_t^s, \varepsilon_t^f)}{Var(\varepsilon_t^f)}$$

3. 误差修正模型（ECM）。VAR 模型虽然考虑到现货和期货的往期收益率对当前收益率的影响，却忽略了现货收益率和期货收益率之间可能存在的协整关系。当期货价格和现货价格之间存在协整关系时，应该使用误差修正模型来建立模型。

ECM 模型的估计方法一般采用 Engle 和 Granger 的两步法。首先用 OLS 得到协整关系：

$$P_t^s = \theta + \phi P_t^f + u_t$$

系数的估计值 $\hat{\theta}$ 和 $\hat{\phi}$，随后对残差 $\{\hat{u}_t = P_t^s - \hat{\phi} P_t^f - \hat{\theta}\}$ 进行 ADF 检验，判断其是否平稳。如果 $\{\hat{u}_t\}$ 平稳，则接受 P_t^s 和 P_t^f 之间存在协整关系的原假设。再用 OLS 估计：

$$R_t^s = a_s + \sum_{i=1}^{m} b_i R_{t-1}^s + \sum_{i=1}^{n} c_i R_{t-1}^f + cv_{t-1} + \varepsilon_t$$

其中，$v_t = \hat{u}_t - \hat{u}_{t-1}$。此时系数 b 即是 ECM 模型的套保比率。

4. 向量误差修正模型（VECM）。VECM 模型在 VAR 模型的基础上增加了误差修正项，其具体形式如下：

$$R_t^s = a_s + \sum_{i=1}^{m} b_i^s R_{t-i}^s + \sum_{j=1}^{n} c_j^s R_{t-j}^s + d_s z_{t-1} + \varepsilon_t^s$$

$$R_t^f = a_f + \sum_{i=1}^{m} b_i^f R_{t-i}^s + \sum_{j=1}^{n} c_j^f R_{t-j}^s + d_f z_{t-1} + \varepsilon_t^f$$

其中，z_t 为误差修正项。和 VAR 模型类似，此时模型的套保比率为：

$$h^* = \frac{cov(\varepsilon_t^s, \varepsilon_t^f)}{Var(\varepsilon_t^f)}$$

（三）静态策略套保效果

1. 数据选择。以新华富时 A50 指数期货为套保工具，以沪深 300 指数作为现货，选取 2015 年 4 月 13 日 ~8 月 6 日间期货和现货的收盘价作为样本内数据，共计 82 个数据；8 月 7 日 ~8 月 20 日为样本外，共计 10 个数据。由于新华富时 A50 指数期货的结算货币为美元，用当天的美元人民币兑换价格将其换算为人民币。

所使用的交易资料来源于 Wind 资讯。

2. 数据基本统计分析。R_s 和 R_f 之间的相关系数 0.83，趋势见图 12 - 7。

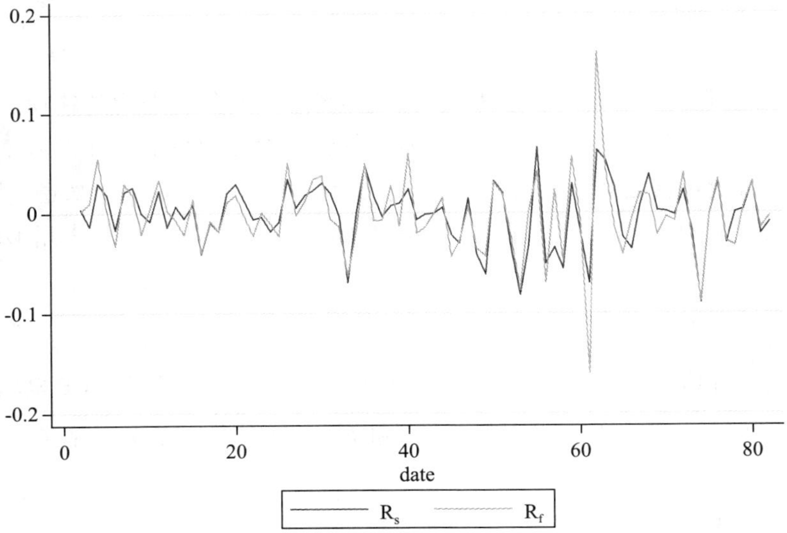

图 12 - 7　R_s 和 R_f 趋势图

对样本内的数据进行基本的统计分析后，可以得到表 12 - 3 所示的结果：

表 12－3　　R_t^s 和 R_t^f 的基本统计量

	均值	标准差	偏度	峰度	JB 统计量
R_t^s	－0.0017652	0.0308317	－0.5693415	3.464528	8.722638
R_t^f	－0.002344	0.0395043	－0.0261349	8.006017	84.58741688

可以看出，R_t^s 和 R_t^f 的偏度均小于0，峰度均大于3，呈现出左偏和尖峰厚尾的特征。

用 Shapiro－Wilk W 法分别对 R_t^s 和 R_t^f 进行正态检验，结果均拒绝服从正态分布的原假设（见图 12－8），可以认为现货和期货收益序列不服从正态分布。

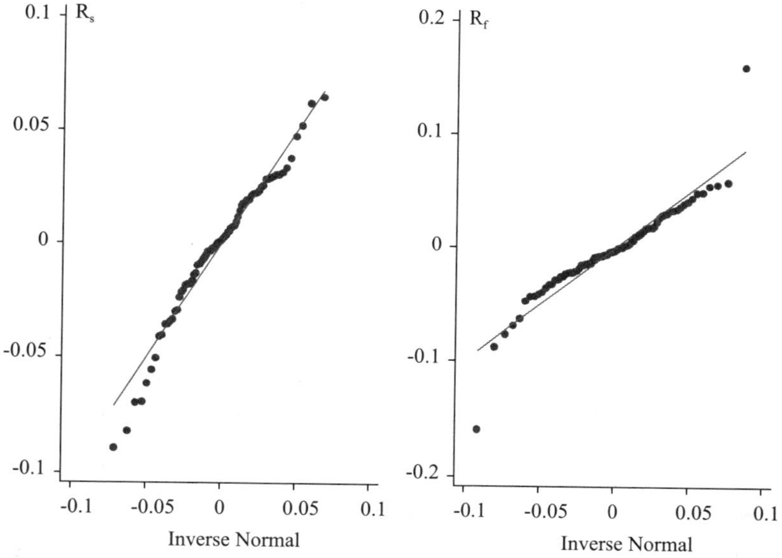

图 12－8　R_t^s 和 R_t^f 的正态分布拟合图

3. OLS 模型估计结果。按照公式（5）对 R_t^s 和 R_t^f 作回归得到结果如表 12－4 和图 12－9。

表 12－4　　OLS 模型估计结果

	大小/显著性	标准差	t 值
斜率	0.64520188 ***	0.0494065	13.06
截距	－0.00025284	0.0019431	－0.13

注：显著性 *，p<0.5；**，p<0.1；***，p<0.05

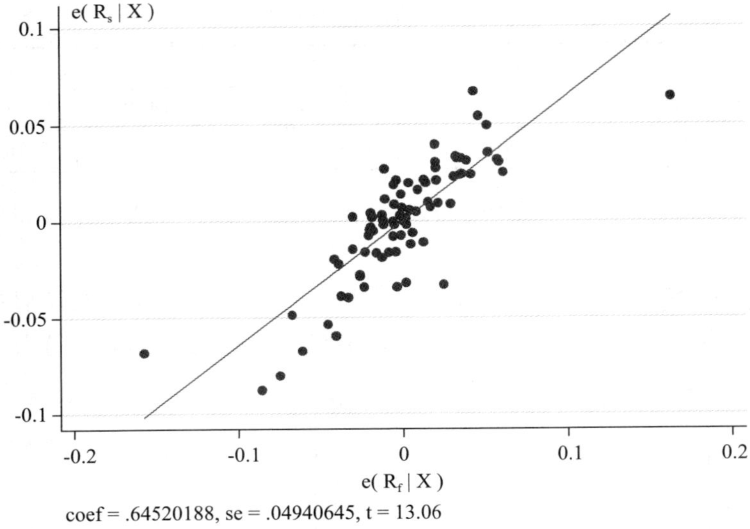

图 12－9　R_t^s 对 R_t^f 的线性回归

因此选择：

$h_{OLS}=0.64520188$

作为 OLS 模型的套保比率。值得注意的是，对回归模型的 White 检验结果表明存在异方差，这也说明了 OLS 模型的假设与实际情况并不相符。

4. VAR 模型计算结果。VAR 模型假设 R_t^s 和 R_t^f 都是平稳的，同时 $\{\varepsilon_t^s\}$ 和 $\{\varepsilon_t^f\}$ 是不相关的白噪声，因此在计算之前需要对 R_t^s 和 R_t^f 进行平稳性检验。ADF 检验的结果表明，对数收益率 R_t^s 和 R_t^f 均是平稳的时间序列，而对数价格 P_t^s 和 P_t^f 则非平稳。根据 AIC 准则选择 R_t^s 和 R_t^f 的滞后阶数后为 3，随后可得到 VAR 模型见表 12－5。

表 12－5　　VAR 模型计算结果

	R_s			R_f		
	系数/显著性	标准差	t 值	系数/显著性	标准差	t 值
L1. R_s	0. 30564621 *	0. 2077720	1. 47	0. 50638691 ***	0. 2543283	1. 99
L2. R_s	－0. 39281264 ***	0. 1863824	－2. 11	－0. 23869166 *	0. 2281458	－1. 05
L1. R_f	－0. 17847734 *	0. 1647937	－1. 08	－0. 61400203 ***	0. 2017196	－3. 04
L2. R_f	0. 00130342	0. 1516657	0. 01	－0. 30424033 **	0. 1856499	－1. 64
cons	－0. 00214769	0. 0032554	－0. 66	－0. 00414186 *	0. 0039848	－1. 04

计算可以得到（6）和（7）的随机干扰项 ε_t^s 和 ε_t^f 的相关系数矩阵见表 12－6。

表 12－6　　残差相关系数矩阵

	ε_t^s	ε_t^f
ε_t^s	0.000841	0.000884
ε_t^f	0.000884	0.00126

可以得到 VAR 模型的套保比率为：

$h_{VAR}=0.7019853$

白噪声检验：ε_t^s 和 ε_t^f 均对 White 检验不显著，无法拒绝残差是白噪声的原假设，因此 ε_t^s 和 ε_t^f 是白噪声。

平稳性检验：平稳性检验所有的特征值均在单位圆内，因此 VAR 过程是平稳的（见图 12－10）。

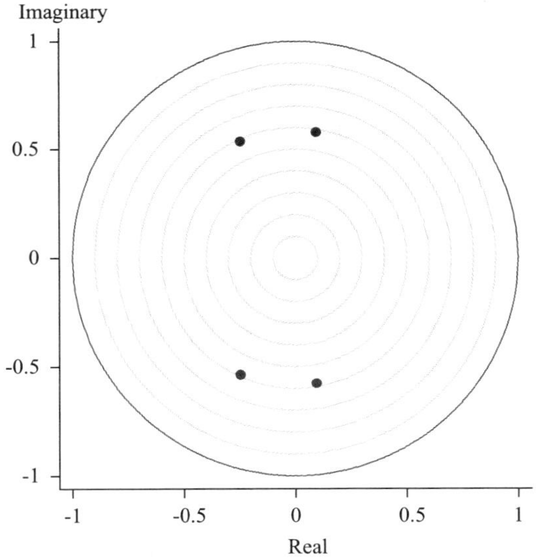

图 12－10　VAR 平稳性检验

所有的特征值均在单位圆之内，表明该 VAR 系统是平稳过程。

5. ECM 模型计算结果。对数价格 P_t^s 和 P_t^f 非平稳，而它们的一阶差分 R_t^s 和 R_t^f 则是平稳的，说明 P_t^s 和 P_t^f 均是一阶单整即 I（1）的，可以进行协整检验。

Johansen 检验表明 P_t^s 和 P_t^f 之间存在一个协整关系。该协整关系：

$\hat{u}_t=P_t^s-0.9958205P_t^f-2.824286$

为误差修正项，建立 ECM 模型。

最终由公式得到套保比率为：

$h_{ECM}=0.69295817$

具体资料见表 12－7 和表 12－8。

表 12－7　　对数价格和对数收益率的 ADF 平稳性检验

	t 统计量	1% 显著水平下临界值	平稳性
R_t^s	－8.121	－3.538	平稳
R_t^f	－10.786	－3.538	平稳
P_t^s	－0.859	－3.537	非平稳
P_t^s	－1.382	－3.537	非平稳

表 12－8　　ECM 模型计算结果

R_s	系数/显著性	标准差	t 值
L1. R_s	0.44073170	0.2927634	1.51
L2. R_s	－0.20719655***	0.0988369	－2.10
R_f	0.69242852***	0.0484479	14.29
L1. R_f	－0.25453426*	0.2942960	－0.86
L2. R_f	0.18129401***	0.0829052	2.19
L1. u	－0.53358054**	0.2944088	－1.81
cons	0.00067521	0.0017180	0.39

6. VECM 模型估计结果。利用 AIC 准则确定模型的滞后阶数为 3，建立 VECM 见表 12－9。

表 12－9　　VECM 模型计算结果

	R_s			R_f		
	系数/显著性	标准差	z 值	系数/显著性	标准差	z 值
L1. R_s	0.36292277**	0.214180	1.69	0.5395397***	0.266458	2.02
L2. R_s	－0.37589024***	0.190144	－1.98	－0.22889665*	0.236556	－0.97
L1. R_f	－0.2887495*	0.179207	－1.61	－0.67782972***	0.222949	－3.04
L2. R_f	－0.05393553	0.157682	－0.34	－0.33621372**	0.196170	－1.71
L1. u	－0.15292551**	0.086861	－1.76	－0.08851629*	0.108063	－0.82
cons	0.00125678	0.003839	0.33	－0.00217128	0.004777	－0.45

残差的协方差矩阵见表 12－10：

表 12－10　　VECM 模型残差协方差矩阵

	ε_t^s	ε_t^f
ε_t^s	0.000806	0.000864
ε_t^f	0.000864	0.001248

可得到 VECM 模型的对冲比率：

$h_{VECM}=0.69255817$

7. 套保效果比较。由各个模型计算得到的套保比率见表 12－11。

表 12－11　　各模型的套保比率

	OLS	VAR	ECM	VECM
h	0.64520188	0.7019853	0.69295817	0.69255817

可以看出 OLS 模型的套保比率最小，VAR 模型最大，ECM 和 VECM 模型的结果相差较小。

为了验证套保效果，假设在样本内第一天的收盘前建立头寸 P，由 1 份现货及 h 份期货空头组成，则组合的初期价值为：

$p_t^s - hp_t^f$

在 t 时刻其对数收益率为：

$R_t^p = R_t^s - hR_t^f$

由公式（4）可以得到各套保模型的 VR 见表 12－12。

表 12－12　　套保效果比较

		均值	标准差	*VR*
样本内	无套保	－0.0017652	0.0308317	
	OLS	－0.0002528	0.0173477	68.34%
	VAR	－0.0001197	0.0174921	67.81%
	ECM	－0.0001421	0.0174477	67.98%
	VECM	－0.0001418	0.0174483	67.81%
样本外	无套保	－0.0042317	0.0308503	
	OLS	－0.0025628	0.0195228	59.95%
	VAR	－0.0024159	0.018920	62.39%
	ECM	－0.0024406	0.0190148	62.01%
	VECM	－0.0024403	0.0190135	62.01%

可以看出，新华富时 A50 指数期货可以很大程度上降低投资组合的风险，四种静态对冲模型均极大程度地降低了收益方差。其中，OLS 模型在样本内外表现差距比较大，在汇率变动时受到的影响最为明显；VAR 模型、ECM 模型和 VECM 模型的套保效果比较接近，在样本外也较好地降低了风险。

三、新政下的动态套保方法与效果

之前讨论的股指期货的静态套保方法，是通过选取一定时期内现货和期货的价格数据作为样本，通过对两者价格建立回归建模从而计算出最优的套保比率。由于该套保比率是一个常数，无法对新的交易数据产生回应，因此在样本外和样本内的表现有较大差距。特别是由于跨市场套保结算货币不同，对汇率波动存在一定敏感性，汇率变动会反映到期货的价格之中，从而造成最佳套保比率的改变。静态套保模型在初期建立头寸之后就不再调整，因而无法应对汇率变动所带来的影响，套保效果也会有所降低。

动态套保模型则是通过模型做一步预测，根据估计出的参数计算出预测的条件协方差和条件方差的比值，再计算得到预测的套保比率，从而得到一个随时间变化不断调整的套保比率。动态套保模型在汇率持续性波动时可以一定程度上地减少其带来的影响，但其对历史数据的依赖性较强，新的样本数据需要一定的“消化时间”才能反映到模型当中，应对突发性事件的表现并不算好。如选取的数据中 4 月 13 日至 8 月 10 日美元兑人民币的涨跌幅大多数时候都在 ±0.1% 之间，然而面对如 8 月 11 日至 12 日出现的单日 1.83% 和 1.01% 涨幅，模型很难及时反应。因此需要考虑通过引入汇率远期或外汇期货来对冲掉汇率变动所带来的风险，这样可以直接避免汇率变动带来的损失，同时减少过多调整持仓比例所带来的成本。

（一）最优套保比率

现代套保理论中，对于套保比率的选择主要有两种途径：一种是从风险最小的角度计算套保比率；另一种是从效用最大化的角度去寻找套保比率。用 P_t^s 和 P_t^f 分别表示现货和期货在时刻 t 的对数价格，其一阶差分 $R_t^s = P_t^s - P_{t-1}^s$ 和 $R_t^f = P_t^f - P_{t-1}^f$ 为 $t-1$ 时刻到 t 时刻的对数收益率。假设在 $t-1$ 时刻持有数量为 1 的现货以及数量为 β 股指期货的空头，则在 t 时刻投资组合的收益为：

$$R_t^p = R_t^s - \beta R_t^f$$

可以得到，该投资组合的条件方差为：

$$Var_{t-1}(R_t^p) = Var_{t-1}(R_t^s) + \beta^2 Var_{t-1}(R_t^f) - 2hCov(R_t^s, R_t^f)$$

其中，$Var(R_t^s)$ 和 $Var(R_t^f)$ 分别是现货和期货的对数收益率在 t 时刻的条件方差，$cov(R_t^s, R_t^f)$ 为两者的条件协方差。最小方差套保（Ederington，1979）的基本思路是建立一个由现货的多头和股指期货的空头构成的投资组合，以投资组合的收益率方差最小为目标来确定套保比率。

将（13）式右端看作 β 的函数可得到：

$$\min_h Var_{t-1}(R_t^p) = \min_h \{ Var_{t-1}(R_t^s) + (\beta^*)^2 Var_{t-1}(R_t^f) - 2\beta^* Cov(R_t^s, R_t^f) \}$$

对 β 求导得到：

$$\frac{d}{d\beta} Var(R_t^p) = 0$$

即：

$$\beta^* = \frac{Cov(R_t^s, R_t^f)}{Var(R_t^f)}$$

此时 h^* 即是 $t-1$ 时刻的最小方差最优套保比率（MVHR）。

与最小方差套保不同，均值方差套保策略的目的并不在于使资产组合的方差最小，而是在于投资者效用最大化。按照 Markowitz 的投资组合理论，投资者效用可表示为：

$$E_{t-1}U(R_t^p) = E_{t-1}(R_t^p) - \frac{k}{2} Var_{t-1}(R_t^p)$$

其中，k 是投资者的风险厌恶系数，k 越大表示投资者的风险厌恶程度越高。Hsinetal（1994）通过最大化效用函数求出了最优均值方差套保比率。方法如下：

$$\max_h E_{t-1}U(R_t^p) = \max_h \left\{ E_{t-1}(R_t^p) - \frac{k}{2} Var_{t-1}(R_t^p) \right\}$$

同样通过对 h 求导，可以得到 $t-1$ 时刻的效用最大化套保比率（UMHR）为：

$$\beta^* = \frac{Cov(R_t^s, R_t^f)}{Var(R_t^f)} - \frac{E_{t-1}(R_t^f)}{kVar(R_t^f)}$$

上式的左端与最小方差套保比率相同，右侧则是效用函数的修正项。可以看出，该最优套保比率包含风险厌恶系数 k，因而取决于投资者的风险厌恶程度。当 $k \to \infty$ 或股指期货的对数价格为一个鞅过程[即 $E_{t-1}(R_t^f) = 0$]时，最优均值方差套保比率等于最小方差套保比率。

（二）动态套保模型

静态套保策略一旦计算得到最优套保比率后，在整个套保期间内不再调整。而动态套保策略则是依据最新的信息来计算最优套保比率，并不断调整头寸。这里假设将套保期间 T 等分，用 $t=0,1,\cdots,T-1$ 表示每个时段的开始时刻，在 t 时刻利用已知的信息来确定下一个时段的套保比率 h_t。

在金融市场中，价格收益序列往往存在着"波动聚集"效应，因而残差序列并不满足同方差的假设，而是表现出异方差性。换句话说，残差的当前方差水平与其往期的方差水平存在着一定关系，因此假设最优套保比率为常数是不合适的。Engle（1982）提出了 ARCH 模型并在其基础上发展出 GARCH 模型，该模型能够较好地刻画收益序列的动态变化特征，因而被广泛应用在最优套保比率的计算之中。

Bollerslev（1990）和 Kroner and Sultan（1991）利用二元 GARCH 模型来估算时变的最优套保比率。GARCH 模型的具体形式如下：

$$R_t=\mu+\varepsilon_t$$

$$\varepsilon_t\mid_{\Omega_{t-1}}\sim BN(0,H_t)$$

其中，$R_t=[R_t^s,R_t^f]'$，$\mu=[\mu_s,\mu_f]'$为收益序列的均值，$\varepsilon_t=[\varepsilon_t^s,\varepsilon_t^f]'$为残差项，BN 表示二元正态分布，$H_t=\begin{bmatrix}h_t^{ss} & h_t^{sf}\\ h_t^{sf} & h_t^{ff}\end{bmatrix}$为 2×2 的随时间改变的正定的条件协方差矩阵。采用 DBEKK - GARCH 模型（Baba，Engle，Kraft and Kroner（1990））来估算出时变的相关系数矩阵 H_t，具体形式如下：

$$vech(H_t)=vech(C'C)+vech(A'\varepsilon_{t-1}'\varepsilon_{t-1}A)+vech(B'H_{t-1}B)$$

其中，$vech(H_t)=(h_t^{ss},h_t^{sf},h_t^{ff})'$，

$$C=\begin{bmatrix}c^{ss} & c^{sf}\\ 0 & c^{ff}\end{bmatrix},A=\begin{bmatrix}a^{ss} & 0\\ 0 & a^{ff}\end{bmatrix},B=\begin{bmatrix}b^{ss} & 0\\ 0 & b^{ff}\end{bmatrix}$$

为参数矩阵，其中 A 和 B 为对角阵。上式也可以表示为：

$$h_t^{ss}=(c^{ss})^2+(a^{ss})^2(\varepsilon_t^s)^2+(b^{ss})^2h_{t-1}^{ss}$$

$$h_t^{ss}=(c^{ff})^2+(c^{sf})^2+(a^{ff})^2(\varepsilon_t^f)^2+(b^{ff})^2h_{t-1}^{ff}$$

$$h_t^{sf}=c^{ss}c^{sf}+b^{ss}b^{ff}h_t^{sf}+a^{ss}a^{ff}\varepsilon_{t-1}^s\varepsilon_{t-1}^f$$

基于该模型的最优套保比率可表示为：

$$\beta_{t-1}=\frac{h_t^{sf}}{h_t^{ff}}$$

（三）动态套保策略效果

1. 数据选择。以新华富时 A50 指数期货为套保工具，以沪深 300 指数作为现货。选取 2015 年 4 月 13 日至 8 月 6 日间期货和现货的收盘价作为样本内数据，共计 82 个数据；8 月 7 日至 8 月 20 日为样本外，共计 10 个数据。由于新华富时 A50 指数期货的结算货币为美元，用当天的美元人民币兑换价格将其换算为人民币。

R_s 和 R_f 之间的相关系数为 0.83，趋势见图 12－11。

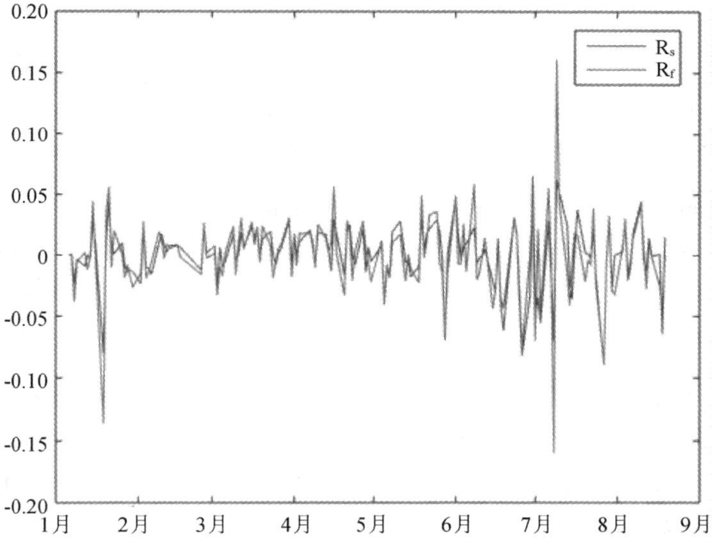

图 12－11 R_s 和 R_f 趋势图（2015 年）

对样本内的数据进行基本的统计分析后，可以得到如表 12－13 所示的结果：

表 12－13　R_t^s 和 R_t^f 的基本统计量

	均值	标准差	偏度	峰度	JB 统计量
R_t^s	－0.0017652	0.0308317	－0.5693415	3.464528	8.722638
R_t^f	－0.002344	0.0395043	－0.0261349	8.006017	84.58741688

可以看出，R_t^s 和 R_t^f 的偏度均小于 0，峰度均大于 3，呈现出左偏和尖峰厚尾的特征。用 Shapiro－Wilk W 法分别对 ε_t^s 和 ε_t^f 进行 J－B 检验，结果均拒绝服从正态分布的原假设，现货和期货收益序列的残差序列不服从正态分布（见图 12－12）。

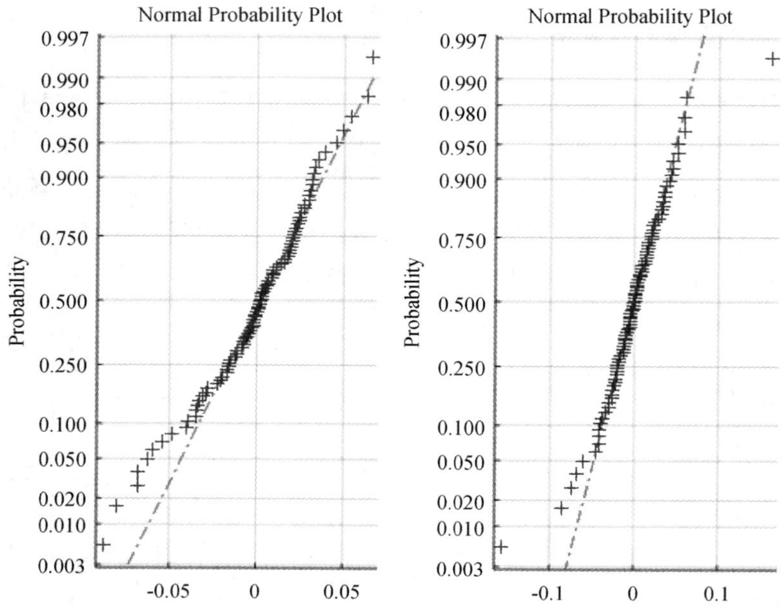

图 12－12　残差序列的正态拟合图

对残差平方序列进行了 Q 检验，结果表明存在自相关，因为可认为 ε_t 具有条件异方差，可以用 GARCH 模型来拟合残差序列。

利用 Matlab 对模型进行计算，采用最大似然法对参数进行估算，得到 DBEKK－GARCH 模型的参数估计值如表 12－14。

表 12－14　　DBEKK－GARCH 模型的参数估计值

参数	css	cff	csf	ass	aff	bss	bff
估计值	0. 007	0. 0118	－0. 00000002	0. 3286	0. 4572	0. 9084	0. 8202

通过公式可以计算得到样本外的动态套保比率如表 12－15。

表 12－15　　样本外动态套保比率

日期	0	1	2	3	4	5	6	7	8	9
最优套保比率	0. 8463	0. 8731	0. 8846	0. 8403	0. 8541	0. 7714	0. 8053	0. 8242	0. 6776	0. 8494

与 OLS、VAR 和 ECM 等静态套保策略计算得出的最优套保比率的对比如图12－13。

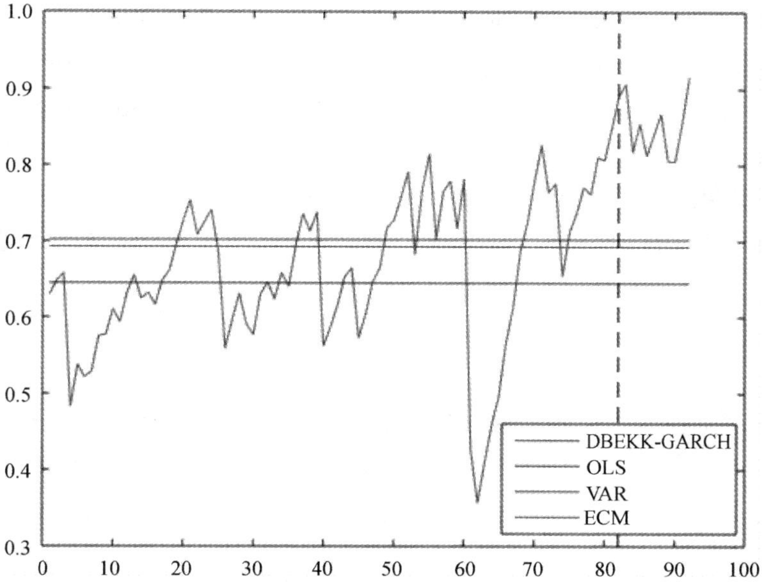

图 12 - 13　各模型最优套保比率

2. 套保效果比较。对 OLS、VAR 和 ECM 三种静态套保策略及 DBEKK - GARCH 动态策略进行了套保效果的检验，结果如表 12 - 16。

表 12 - 16　　套保效果检验

		均值（‰）	标准差（%）	VR（%）
样本内	无套保	-1.53	3.07	
	DBEKK - GARCH	0.86	1.68	70.23
	OLS	-0.16	1.73	68.34
	VAR	-0.03	1.74	67.81
	ECM	-0.05	1.73	67.98
样本外	无套保	-4.23	3.09	
	DBEKK - GARCH	0.42	1.73	66.78
	OLS	0.53	1.82	59.95
	VAR	0.74	1.74	62.39
	ECM	0.70	1.75	62.01

通过五种方法的比较，可以明显看出各套保策略均使投资组合的风险有较大程度的降低，套保都是有效的；静态套保策略在样本内外的效果差距较大，最简陋的OLS模型的VR下降了将近10%；动态套保策略DBEKK - GARCH在样本内外均优于静态策略，并且在样本外也保持着较好的套保效果。另一方面，DBEKK - GARCH模型的最优套保比率波动较大，尽管能够起到很好的套保作用，但这也会导致在实际应用中产生大量的交易费用。如何在两者之间找到一个平衡点是一个值得深入研究的问题。

第三节　期货产品的风险控制策略

期货产品的交易是建立在对未来预期的基础上，预期的准确与否直接决定了投资者的盈亏。期货产品交易不需要全额支付合约价值的资金，使得投资者可以收到以小博大的杠杆效应。当然，投资者也要承受加倍的风险，其自身风险也十分巨大，对极端事件极度敏感，因此能否预测到极端事件对于高杠杆的期货产品投资至关重要。这里将主要针对极端事件能否预测的问题，为期货产品的风险控制提供策略支持。

一、期货的黑天鹅、龙王事件：极端事件能预测吗

（一）黑天鹅

随着Nassim Taleb论著《The Black Swan：The Impact of the Highly Improbable》的出版，黑天鹅变得流行起来。所谓黑天鹅，正如Taleb书名所揭示的一样，对应为“不可能却总是发生”的事件。欧洲人在发现澳大利亚之前，相信所有的天鹅都是白的，这一成见跟以往实证现象完全吻合，无比正确。但是，当第一只黑天鹅的出现，对于专家（即鸟类学家）而言或许是有趣的意外；然而对于实证性分析来说，则完全颠覆了秉承的认知哲学，即从观察或经验所得到的规律具有严重的局限性，它瓦解了知识架构。对于黑天鹅事件，Taleb总结了三个特性：第一是离群性或稀少性，即它出现的范围是通常期望之外，根据过去的经验无法让人相信其出现的

可能性；第二，它会带来不可预料的冲击和影响；第三，事后的“可解释性”，即事件发生后选择合适的理由分析、解释。

黑天鹅，形象、直观地揭示人们对稀缺、偶然性事件的复杂情感。Taleb 甚至认为少数几个“黑天鹅”事件几乎能解释世界里所有的事，无论从理性认知和宗教成就、历史事件的演变，还是个体的生活①，时尚、流行、风潮、创意、各种学说的出现以及市场中的各类风险、机会，全都有黑天鹅事件。几乎可以认为，周遭的任何重大事件都符合这一条件。正因如此，黑天鹅成为人们探讨各种偶然性、风险的代名词。而每到年底进行市场展望时，诸多分析师总是欲罢不能地分析、预测或展望未来可能的“黑天鹅”事件。如 Morgan Stanley 最近分析了 2013 年可能出现的 17 种“黑天鹅”事件，认为未来一年将可能出现大幅通胀、美国房地产复苏停滞、日本与欧洲债务、美国财政悬崖等一系列出乎意料的事件。相似地，德意志银行（Deutsche Bank）也罗列了 2013 年全球市场可能出现的 13 种“黑天鹅”事件，预期 2013 年全球市场可能出现美联储购买股票融资、希腊发现天然气、新兴市场债券泡沫破灭、中东问题和平解决、全球实际利率为负、朝鲜开放、伊朗变革等一系列出乎意料的事件。

显然，偶发性或低预测性与大范围的冲击影响，使得“黑天鹅”事件成为人们争相追逐、求解的一大谜团。然而，这些努力与“黑天鹅”事件“不可能”预测显得格格不入。事实上，当人们谈论这些“不可能”性时，容易将所有突发、稀有的事件归属为“黑天鹅”事件，比如人们通常认为“9·11”恐怖袭击与美国次贷危机同属于不可预测的“黑天鹅”事件。两个事件当然具有相同的离群性（稀少）、大范围冲击影响等属性，然而细致检视其中的差异，两者的事前或事后“解释性”则值得进一步探讨。

（二）“黑天鹅”风险

Taleb 通过黑天鹅揭示的事实即深刻地指出了归纳法的局限性。无论是经典的罗素火鸡故事，还是黑天鹅的发现，均表明“观测—归纳”方法具有先天的可证伪性，即“真”不能证明，而“伪”则容易证实。无论那只火鸡幸福地经历了多少次喂食，它都不曾预料在圣诞节被宰杀的命运。同样，即使曾经观察到了上万只白天鹅，也不能证明天鹅就是白的。因为只要有一天火鸡被宰杀，或发现一只黑天鹅，

① Nassim Taleb, The Black Swan: The Impact of the Highly Improbable, Random House and Penguin, 2007.

所有通过“观察—归纳”建立的事实均可能瞬间坍塌，不再成立。正因如此，Karl Popper提倡通过大胆假设，用证伪的方法不断试错，不断修正分析、检验可能的“黑天鹅”风险[①]。证伪同样也服膺于Popper的George Soros所推崇与实践的思考方式。

生活或市场中，个体不会偏离于中间值太远，人们即不可能遭遇“黑天鹅”。在对市场的大量假设或数学建模中，人们通常即认为市场是一个中庸世界，大量事件、交易、波动等随机变量的均值趋近于正态分布，而现代资产组合、衍生品定价等即建立于价格波动正态分布假设的基础之上。真实的世界、实际市场则远远偏离于这一假设，更像处于极端情形的特征，所谓的马太效应、赢者通吃、20/80定律、Zipf分布无处不在。对于这样的情形，幂律分布（Power Law）是更合适的数学描述，但是数学表达的复杂性使得标准的风险测度仍然大量采用正态分布方法[②]。

采用正态分布方法度量、分析市场这种极端情形，往往会低估风险发生的可能。具体到股票市场，我们容易验证过去二十多年来我国A股市场上证综指每日变化均值约为0，标准差约2.42%。也就是说，按照正态分布，发生两个σ以上下跌或者上涨的概率约为2.30%，而实证数据则对应为2.68%，高于正态分布的估计。同样按照正态分布，市场发生3个σ或以上下跌的概率约为0.11%，而市场实际数据则对应为0.79%，是正态分布估计的7倍。通过实证分析，我们可以发现市场下跌幅度在两个σ以上的分布近似服从于阶数为3的幂律分布。也就是说，对于极端性的风险，我们更容易发现对市场刻画采用正态分布带来的显著性差别。比如，按照正态分布，A股市场出现9.0%以上下跌幅度的概率约为0.006%；而按照立方幂律分布，对应的情形则有0.35%左右的可能性，是正态分布估计的近百倍。Taleb所称的“黑天鹅”事件即源于风险估计与实现风险之间的巨大差异。可见，“黑天鹅”带来的风险源自于我们对世界认知的不完备性，使得“观测—归纳”方法出现失效，甚或颠覆[③]。

因此，对于市场遭遇的“黑天鹅”风险，可以直观地用图12-14的示意来刻画。很显然，人们常说的“厚尾”（Heavy Tail）风险，即等同于“黑天鹅”风险。

---

① Didier Sornette, Why Stock Markets Crash: Critical Events in Complex Financial Systems, Princeton University Press, 2004.

② Didier Sornette, Dragon - Kings, Black Swans and the Prediction of Crises, arXiv: 0907.4290, 2009.

③ Didier Sornette and Guy Ouillon, Dragon - kings: Mechanisms, Statistical Methods and Empirical Evidence, Eur. Phys. J. Special Topics, 205, 1 - 26 (2012).

这一风险来源于人们对市场理解、认知的局限与不完备性，这也意味着“黑天鹅”事件具有较低的可预测性。这既因为事件本身较低的发生概率，也受限于逻辑认知相关的理论基础。

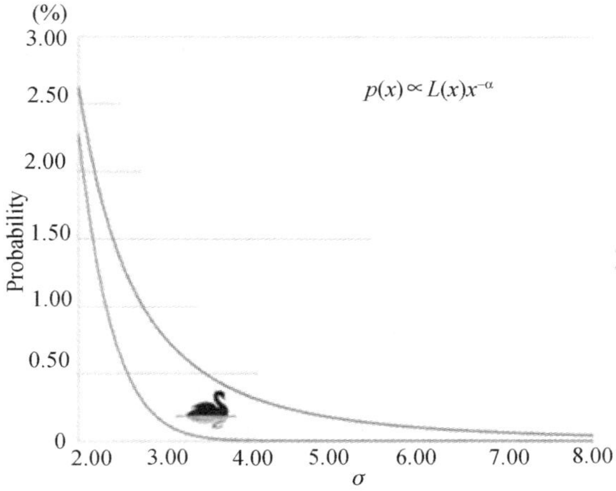

图 12－14　正态分布与幂律分布的示意对比图

（三）极端风险与“龙王”（Dragon－Kings）之怒

Didier Sornette 认为市场还存在着另外一种事件，能够产生比“黑天鹅”事件更深远的影响，并将这类事件命名为“龙王”（Dragon－Kings）事件。与“黑天鹅”事件不同的是，“龙王”事件具有可预测性。“龙王”的产生，根植于人类活动的“动物精神”，往往与价格系统的正反馈有关。在正反馈的作用与传导下，人们相互间学习，系统呈现协调一致，自我强化的特征，最终可能产生“龙王”。因此，“龙王”极端事件的发生有两个条件——系统的一致性与协同性。在这里，一致性即反映系统各部分之间的相似性，而协同性则度量系统内部各部分之间相互作用的强弱。一般来说，当系统的一致性非常强时，容易发生“黑天鹅”风险；而当系统的一致性与协同性同时加强时，则会发生超越“黑天鹅”而更极端的“龙王”事件。

无论一致性或是协同性，我们均无法给出定量描述，但是基于数据性的分析，我们能够获得足够可信的定性证据。比如，市场的大涨或大跌、股票之间会出现极强的齐涨或齐跌、交易者的交易行为即表现出较高的一致性。近年来，认知科学与行为科学等领域的进展也逐渐揭示和强调心理预期（Prospect）、行为模式、认知误区等对人们参与市场的影响。同时，交易策略如期权对冲、保险组合策略、趋势投资策略、非对称对冲策略等的相似性，以及相近的风险管理方式则会在无形中增加市场参与者的协同性，进而孕育可能的“龙王”。显然，群体间内禀的学习、模仿导致市场参与、决策行为上出现正反馈放大作用，是“龙王”产生的根源。

从正态分布到幂律分布之“黑天鹅”，再到“龙王”。人们通常认为绝对不可能的事情却发生了，其可能性比预期要高很多。如果细致考察股市的长期变化，可以发现在幂律分布之外，还存在着少数极值点，超越了幂律分布的范畴，“黑天鹅”已无法解释其产生，而这即是“龙王”存在的空间。如 Fig 所示，这里对比地给出了“黑天鹅”事件与“龙王”事件产生的概率空间示意。

如前所述，“龙王”事件与“黑天鹅”事件之间的显著区别在于：“龙王”事件的发生要求系统同时具有强的一致性和协同性，因而具有可预测性；“黑天鹅”与“龙王”事件，都不是孤立的事件，而是一系列强关联事件的聚集，反映了市场正反馈或“动物精神”的强大作用（见图 12－15）。股票价格的波动变化，显然不同于硬币扔掷，其变化前后具有关联性、记忆性。证券市场收益率变化之所以符合幂律分布而非正态分布，很大程度即源自市场参与者的记忆性。受感情、认知局限以及潜意识等影响，市场参与者会对股票价格未来波动产生微妙的影响，对市场形成正反馈的作用，从而影响股票价格波动变化的概率，由一个正态分布演变为幂律分布。而对于那些超越了幂律分布的极值，即“龙王”事件，其实即反映了市场资产的长时间关联性和大范围无效性（即所谓系统的协同性与一致性）。

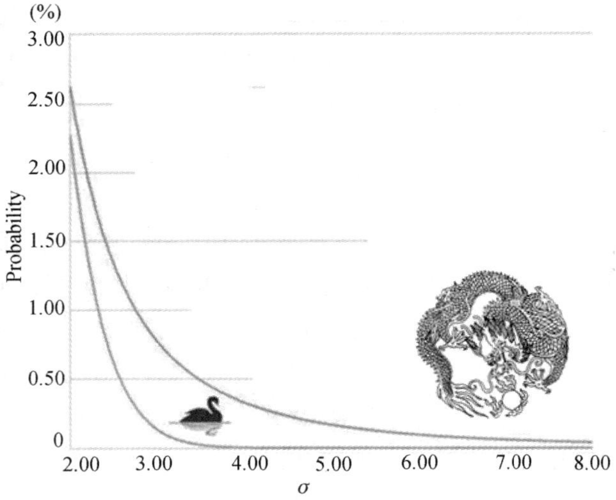

图 12－15　“黑天鹅”事件与“龙王”事件的不同概率空间示意

人们通常即将这种大范围偏离于基本面的大涨大跌称之为资产泡沫。资产在泡沫期间，由于市场这个复杂系统的自组织、自相似，系统的一致性与协同性得到增强，导致强烈而又持久的正反馈作用，市场即对应表现出失效的特征，无法真实地反映出基本面的信息。而价格正是在正反馈作用下，出现大范围、长时间的关联使得预测成为可能。对数周期幂律（Log－Periodic Power Law，LPPL）模型是预测这类泡沫的有效工具。简单地说，LPPL模型深刻地揭示了复杂性的本质结构，刻画了系统内不同层级结构之间的相互作用。证券市场，与自然界和人类社会一样存在分形层级结构。人类的社会网络、市场参与者组成的网络都是典型的分形层级结构。这些结构的标志性数学特点就是所谓的标度不变性（Scale Invariance），而LPPL即根植于此。这些分形层级结构具有天然的对称性，而“对称”的深刻含义在于，其并不仅是左右上下，而且还是不同层次的对称，从微观到宏观、从时间到空间，由最简单的形状构成最复杂的形态，形成完美而对称的分形层级结构。“龙王”其实深藏于自然与社会的深层次结构之中，而不是来自外部。显然，“龙王”的爆发有迹可循，而后果亦极其严重。

从“黑天鹅”到“龙王”，再到LPPL模型对市场的预测，概要地讨论了市场各种事件产生的背景和机制。对于“黑天鹅”事件，我们必须适应这些事件的存在，而不是企图预测。这就意味着，我们必须关注于未知的领域，通过试错的方法，尽量摸索，探索、收集可能的“黑天鹅”机会或风险。对于“龙王”事件，我们能够借助于分析系统（市场）的正反馈作用机制，通过对数周期幂律（LPPL）模型进行可能的考察。在市场中，投资者每天面对的都是随机与偶发，“黑天鹅”事件即提醒人们这个世界比大多数人想象的更加随机，更不确定，更具风险；而“龙王”事件的产生则表明，偶然虽是常态，必然则是极端。我们对一些具备协同、一致性的极端事件或有相关规律的认知与理解，对数周期幂律模型即是这一尝试、努力的结果与方向。

二、期货投资风险的指标化

期货投资最大的风险莫过于其价格泡沫的破灭，因此对泡沫的成功预测是管理风险有效的方法。这里将介绍一种预测价格泡沫的模型——对数周期幂律模型，并展现该模型在预测我国股指期货和商品期货的效果。

首先围绕着个体与群体行为和理性交易策略等市场内禀因素，详细分析价格泡沫形成、积聚和破裂的过程和机制，并讨论泡沫积聚对于人类创新活动可能的促进作用。然后，基于复杂系统的视角，细致讨论正反馈循环对价格泡沫积聚、破裂的影响，分析幂律与泡沫破裂的对应。最后分析讨论对数周期幂律模型的校准以及实际应用。将模型的技术性细节放在附录进行讨论，有兴趣的读者可以阅读，它能帮助投资者更深地理解该模型。

附录着重推导和讨论价格泡沫的对数周期幂律模型并总结了该模型的适用性和相关参数的约束条件，进而分析了该模型拟合优化的流程和计算复杂度。由于线性参数和非线性参数同时存在，对数周期幂律模型实际应用并不直接，而将线性参数表示为非线性参数的冗余参数能够极大地降低计算复杂度，提高计算可靠度。

（一）价格泡沫的形成与破灭：人的“动物精神”

自 1900 年 Bachelier 先驱性工作以来，人们在价格变化行为的认知和理解上取得了一系列进展①。Bachelier 在其论文中系统地讨论了投机市场中的期权定价问题，认为市场的价格变化服从 Gaussian 分布，由一个随机游走过程所决定，即价格围绕着真实价值波动。在大约半个世纪后，Harry Markowitz 通过引入标准差度量风险解决了资产组合的关键问题，从而奠定了资产定价的理论基础。而 1962 年 Mandelbrot 对美国近一个世纪棉花价格波动的详细考察则发现无论是日变化价格数据还是年变化数据均偏离了标准理论的正态分布，价格变化较为杂乱，具有“厚尾尖峰”的特征②。相应地，Eugene Fama 逐一地分析了 Dow - Jones 指数中 30 个蓝筹股，发现了相近的价格分布，即有大量远较于标准分布的价格偏离。基于此，Fama 与 Samuelson 等人进一步提出并发展了有效市场假说（Efficient Market Hypothesis），认为金融市场存在着弱势、半强势和强势三种有效市场形态，对应反映价格对市场信息的不同响应效率，并指出股票市场属于个股有效率而整体低效率。1972 年 Fisher Black、Myron Scholes 以及 Robert Merton 关于衍生金融工具合理定价的工作更是开启了华尔街模型化、数量化交易的风潮，是“理性市场”建筑的重要基石③。

然而与人类波澜壮阔的投机史相比，市场相关的“理性”认识则显得微不足道。相对地，疯狂、非理性如是市场的同义词，价格泡沫一个个的形成与破灭造就

① Justin Fox, The Myth of the Rational Market, Happer Collins, 2009.

② Benoit Mandelbrot, The (Mis) Behavior of Markets, Basic Books, 2004.

③ Scott Patterson, The Quants, Crown Business, 2010.

了千万人等的辉煌与幻灭[①]。正如 Mandelbrot 所指出的一样，价格的大起大落在市场中时有发生，统计而言市场的收益表现为“厚尾尖峰”。如何认知、理解市场上的疯狂或错误行为，度量市场的效率水平，确认价格水平的合理程度，一直为研究者与投机客所重视。早在 1936 年，John Keynes 就提示人们注意人性或者心理在股市中起的作用。Larry Summers 一度绝望地称那些无视金融常识、信息而又主导市场价格获利的交易者为“蠢材”（Idiots）。而 Robert Shiller 更是指出，许多真正决定价格泡沫形成与破灭的因素实质上是来自于人们的头脑，即 John Keynes 的“动物精神”（Animal Spirit）：即使能够远离投机活动所导致的市场波动，那些由人性的本质特征所引起的市场的不稳定性仍然存在[②]。在人类所进行的积极的经济活动中，大部分取决于自发的乐观主义精神，而不是理性计算。也许花费大量时间作出了某些决策，但仍然可能是浮躁情绪的结果，激励着人们不考虑平均收益水平和风险的情况下采取行动。在通用电气（GE）担任多年 CEO 的 Jack Welch 亦认为他所作的大量决策都是胆魄使然。近年来，认知科学与行为科学等领域的进展也逐渐揭示和强调心理预期（Prospect）、行为模式、认知误区等对投机行为的影响[③]。比如 Richand Thaler 等的系统研究即指出市场信息传递的低（失）效具有较强的心理学依据；一些长期跟踪研究也表明源于认知的局限，精巧、复杂的策略往往要逊于简单的投资策略。

换句话说，对价格泡沫的认知与理解程度取决于对人性本身包括个体异质性与群体协同性等的洞察。将围绕着价格泡沫产生、破灭展开讨论，介绍正反馈机制与非理性行为、群体协同性间的关联，结合复杂性系统理论和统计规律进一步尝试对价格泡沫进行度量和分析，探讨泡沫破裂可能的识别与预警，分析萧条市场价格即“负泡沫”的行为和特征，并重点阐述相关价格泡沫动力学模型基础、实现和可能的应用。

1. 泡沫的两面性。通常概念里，泡沫即是投机泡沫或是价格泡沫。一般认为，泡沫的产生是由于经济部门或股票市场或商业事务等参与者行事方式发生了改变和调整。而具体原因则可以是行业模式的变革，比如新技术的发明；也可以是管制的改变，比如金融机构管制的放松。繁荣时，人们高价购买一些财产标的如股票、房

① Charles P. Kindleberger and Robert Z. Aliber, Manias, Panics, and Crashes: A History of Financial Crises, John Wiley & Sons, Inc. , 2005.

② Robert J. Shiller, Irrational Exuberance, Princeton University Press, 2000.

③ Andrei Shleifer, Inefficient Markets: An Introduction to Behavior Finance, Oxford University Press, 2000.

产等，并确信最终可以在更高价位将其兜售。一旦信心缺失，则会出现较大的价格下调甚至崩盘，即累积泡沫的资源无以为继，价格只能向下寻找方向。当然，并非全部的价格上涨都意味着泡沫形成，因为一旦新发明或技术的进展符合市场预期即可消除相应的价格溢价。可见，泡沫即意味着过剩与必然的破灭。价格的上升趋势通常开始于新的机遇，如新兴市场、新兴技术，抑或大的政治变革，使得投资者相信能够得到较好的回报。Robert Shiller 在《非理性繁荣》里罗列了 12 种可能助推市场泡沫的因素，并指出泡沫的形成与发展一般对应有五个阶段：

（1）诱发或激励因素，如新技术或发明的滥觞；

（2）信用增长，如宽松的货币政策和积极的财政激励；

（3）兴奋情绪的会聚、发散，如赚钱效应以及乐观的经济形势；

（4）财政困境；

（5）市场剧变。

这里具体基于各个阶段来分析、理解泡沫产生、繁荣和破灭。比如，20 世纪末美国股票市场即受信息技术革命的激励而大为繁荣，NASDAQ 指数从 1997 年开始持续飙升，到 2000 年初该指数即上涨了 2 倍，相应的市盈率亦提升至前所未有的高度，造就了一大批高市值公司，如 Yahoo!、AOL、Netscape、Amazon 等。毋庸置疑，互联网的出现确实给人们带来了深远的影响，但当时这一大批科技新贵尚无获利能力，事实上时至今日 AOL 已是昨日黄花，Netscape 则已然消失。显然，就股市而言，互联网技术革命的重要性不在于对人们生活的深刻影响，而是其引发的公众情绪。同样，2005 年中国 A 股市场因为股权分置改革等进展开始一轮大幅上涨，加之北京奥运会等预期，上证综指从 1000 点附近大幅攀升至 6000 多点。可见，市场结构的变化、乐观的国内外环境给人们带来了极大的信心，诱发了整个市场的繁荣。因此，在市场价格上升期间，投资者争相选择流动性较差的股票、大宗商品、房地产甚或郁金花球茎，并吸引越来越多的人群投身其中。一旦市场停止上涨，高杠杆人群立即面临流动性的压力，进而违约失信等频繁出现，导致市场出现诸多困境、问题；继而市场进入一个自我恐慌的状态，价格泡沫开始破裂，人们争相抛售所持标的。因此，为了获取流动性，主要标的如股票等价格开始大幅下跌，并带动大多数资产价格下挫。相应地，破产加剧、停业清理加速，甚者带来更大的恐慌。

显而易见，价格泡沫的形成源于对未来乐观预期的错误估计，而莫衷一是的诱因则进一步加剧泡沫的累积，极大地增加了泡沫产生的负面影响。然而，泡沫带来的并不完全是消极的一面。近年来，一些研究者指出，某些泡沫的产生和积聚在一定程度上能增进整个社会的福祉。Bhattacharya 等表明新兴产业需要“动物精神”和过度投资来激励创新，指出泡沫在社会财富结构转变中起着关键作用，并通过泡沫本身来影响投资决策的过程①。Daniel Gross 同样认为在泡沫累积阶段，投资者对基础设施建设的投入虽然不能得到合理的回报，但是长期来看公司和消费者都将受益②。比如大多数投资者在网络泡沫中血本无归，但是这些裹卷的投入构建了相关软件与基础设施，奠定了今天高速、便捷使用互联网的基石。Carlota Perez 等人断言新技术的发明创造必然伴随着泡沫的累积、破灭，并认为泡沫带来的危局、破裂不过持续其时限的 10%，但其剩下 90% 的时间里带来的都是益处③。Gisler 等对人类基因组计划、哺乳动物克隆等大型科研倡议进行了详细的分析，认为密集的资本、资源投入虽然造成了泡沫的累积，但也激发了人们的“动物精神”探索新的机会和选择，使整个社会在结构转型与进步上获得意料之外的机遇④。Sornette 甚至宣称泡沫或集体狂热是激励人们甘冒风险、打破发展僵局的必经阶段，是整个社会福祉获得极大提升的必要因素⑤。相似地，这些创新行为泡沫的形成和发展可以划分成五个阶段：

（1）科技创意的提出；

（2）公众或私人投资的介入；

（3）蓬勃热情的迸发；

（4）相关探索的停滞或者大量公开负面评议的出现；

（5）倡议计划的结束或终止。

简而言之，自发的乐观主义使得人们容易对正面事务产生过度积极的预期，诱发狂热、不合理的投资和努力，促使泡沫的形成和累积。在投机市场中，泡沫的累积、破裂导致大量投资者财富的蒸发，影响整个社会的福祉；而在涉及创造、发明相关实务中，一定程度的泡沫累积有助于创新活动的突破和发展。因此，无论从积极还是消极的角度，认知和理解泡沫的形成、累积都具有重要的意义。显而易见，如何识别、理解泡沫的形成与积聚是当下金融理论的难题也是核心内容。这一困难，

① U. Bhattacharya and X. Yu, The Causes and Consequences of Recent Financial Market Bubbles: An Introduction, The Review of Financial Studies, 21, 3 – 10 (2008).

② Daniel Gross, Pop! Why Bubbles are Great for the Economy, Collins, 2007.

③ Monika Gisler and Didier Sornette, Bubbles Everywhere in Human Affairs, Working Paper, ETH Zurich, 2011.

④ Monika Gisler and Didier Sornette, Exuberant Innovations: The Appolo Program, Society, 46, 55 – 68 (2009).

⑤ Didier Sornette, Nurturing Breakthroughs: Lessons from Complexity Theory, Working Paper, ETH Zurich, 2007.

主要是因为泡沫词意和定义的模糊性，仅仅依据“基本面无法解释的资产价格偏离”，难以度量泡沫。

近年来，随着复杂性科学的发展和海量数据分析能力的提高，人们开始采取更全面、跨学科的视角来分析泡沫形成、积聚与破裂的过程和机制。Sornette 教授与其合作者指出，由于个体与群体行为内禀的正反馈放大作用以及群体行为所具有的幂律特征，泡沫有可能呈“超越指数”增长而无以为继[①]。由此，他们发展出了一整套方法对各种资产泡沫（包括负泡沫）进行识别、预测，详细分析了不同市场泡沫发展的形态和特征，并成功预测了 2006～2008 年的原油泡沫、1999 年日经指数的反弹、美国与英国房产泡沫、2009 年中国 A 股泡沫的破裂等[②]。自 2009 年以来，Sornette 等更是开展了一个名为“金融危机观测台”（Financial Crisis Observatory）的研究计划，定期对各种资产泡沫进行识别、检验、预测。

2. 正反馈。正反馈，通常又称为恶性循环，可以认为是市场内禀的自我放大机制，Robert Shiller 更称之为自然发生的“庞氏骗局”（Ponzi Process）。一个简单的正反馈过程可以表现为：过去的价格上涨增强了投资者的信心以及期望，这些投资者进一步投入资金抬升股价以吸引更多的投资者，不断如此循环，最终成为对原始诱因的过激反应。因此，原始诱因的最初作用被放大，产生了远甚其本身能起的影响。虽然往往将正反馈视为一种未完全证实的假说，但是越来越多的证据表明这种反馈放大的机制是造就整个股市中牛市与熊市的重要因素。

单就股市来说，市场上众多交易策略以及人的行为、认知特征实质上即起着正反馈的作用。比如在交易策略上，期权对冲、保险组合策略、趋势投资策略、非对称对冲策略等即可能带来正反馈放大的结果，而在行为、认知上，源于理性，人们倾向学习与模仿，因此对某些诱因做出交易决定即有可能出现“羊群效应”“价格骑乘”等现象。

正反馈有多种不同的类型，其中，最基本是价格—价格（Price - to - Price）反馈：价格的上涨引发投资者的热情，进而直接导致未来价格的进一步上涨。稍微复杂的一种类型可称为“价格—GDP—价格”反馈：由于股市或房地产市场市值的增加，使得人们的财富增加，再加上乐观主义的鼓舞，增强了人们的消费意愿，使得

① Didier Sornette, Why Stock Markets Crash? Critical Events in Complex Financial Systems, Princeton University Press, 2003.

② Didier Sornette, Ryan Woodard, Wanfeng Yan, and Wei - Xing Zhou, Clarifications to Questions and Criticisms on the Johansen - Ledoit - Sornette Bubble Model, arXiv, 1107.3171 (2011).

人们的支出增加。如果人们支出的增加推动了 GDP 的增长，那么这一经济增长的讯息进一步增强人们对经济健康和增长的预期，继而推动价格上涨。但不管是何种类型的正反馈在起作用，其内禀发散的数学结构表明这一循环不可能永远持续下去。因此，一旦自我反馈循环的逻辑不再成立，投资者对商品的需求不再持续，价格上涨即停止。当投资者认为市场价格不再继续上涨，也就没有理由继续持有该标的，由此增加了商品的供给，进一步加剧价格的下跌趋势。可见，无论是哪种类型的正反馈，都可能意味着发生负泡沫。需要指出的是，无论从交易策略还是交易行为上看泡沫会突然破灭，但是交易者需求中一定会有一些噪音，过去的价格反应也有一定的不可预测性，交易者也缺乏同步性，即这些交易者的异质性都会使得泡沫继续存在。

正反馈不仅仅是单一、机械的循环放大过程，也可能产生复杂甚至随机的行为。比如计算中随机数生成器的常用算法即采用了简单的非线性正反馈，能够方便地产生复杂、具有随机行为的数据，而市场中也可能同时存在多个不同类型的正反馈。这些反馈的迭加可能即是其复杂性、随机性的起因。

3. 幂律与离散标度不变性。事实上，幂律最早即是在经济学数据分析中发现的：Pareto 有关收入分布的实证研究表明复杂人群收入分布具有典型的幂律分布特征①。严格地，幂律分布是指，概率密度函数 $p(s)$ 表现为幂律依赖：

$$p(s) \sim 1/s^{\alpha} \tag{1}$$

其中，s 为随机变量，可以为人群的大小、公司的规模等；α 则应大于 1。

幂律可能是复杂系统研究特别是社会学与经济学中最广为探讨的一种规律。比如，自然语言中通用词汇出现的规律和分布即服从著名的 Zipf 定律（其中，α 对应为 2）。众多研究也表明城市规模大小的分布也具有幂律分布的特征。近来互联网接入和通信的统计同样表明网站链接的网页等数目分布有幂律的特征，而 Google 搜索中最核心的 PageRank 算法即考虑了幂律特征。Furusawa 等对海量的器官与组织基因表达数据库进行了分析，发现显性表达基因的丰度亦服从 Zipf 分布。

随着复杂系统研究的深入和发展，相关结果进一步表明幂律特征在很大程度上是根植于系统的标度不变性。标度不变性即意味着系统在不同的时间或空间尺度上重复自己。而更为准确的定义则是，某观测量 $\tilde{O}$ 的参数 x 在任一变换 $x \rightarrow \lambda x$ 下应保有如下关系：

---

① Alexander Saichev, Yannick Malevergne, and Didier Sornette, Theory of Zipf's Law and Beyond, Springer, 2010.

$$\tilde{O}(x) = \mu\ \tilde{O}(\lambda x) \tag{2}$$

标度不变性即要求 $\tilde{O}(x) = Cx^{\alpha}$，这一关系很自然地在标度与幂律之间建立了联系，是进一步分析复杂系统行为、特征的重要基础。而离散标度不变性则可以认为是更为弱化的标度不变关系，进而限定了 λ 可选择的范围。通常 λ 是一组无限可数的集合，记为 $\lambda_n = \lambda^n$，并与系统的分形结构直接相关。对应地，这一限定使得离散复杂系统应遵从的幂律指数 α 为复数而不是实数，并很好地给出了混沌、湍流等复杂现象包含的对数周期性振荡①。其中，一个突破性进展是 Sornette 等进一步在临界与相变现象和离散标度不变性建立了联系，成功分析和解释了异质系统断裂、地震、自组织临界等现象。基于相变等临界现象的类比，Sornette 等发现价格泡沫的累积与破裂具有可能的对数周期性振荡，并指出泡沫破裂具有“超越指数”增长的特征。在进一步探讨这一模型的细节之前，先具体讨论负泡沫的相关行为和特征。

4. 负泡沫。基于对称性的观点，牛市与熊市之间的行为特征应存在相似性，人们由过度乐观转换至过度悲观，价格也由高估变成了低估。需要指出的是，这里相互对称的应是贬值降速时与加速升值时的群体协作行为。可以进一步证明，这一对称性具有较广泛的统计性而非单一的孤例。据此，可以在相似的框架内讨论泡沫与负泡沫：对应于泡沫的破裂，负泡沫亦有相似的反弹。而如何对泡沫的破裂或负泡沫的反弹进行识别、预测则是接下来要讨论的内容。

（二）实例分析：风口浪尖的故事

LPPL（Log－Periodic Power Law）模型，即对数周期幂律模型，深刻地刻画了人们群体行为内禀的正反馈放大作用，能够很好地描述与预测价格泡沫累积、破灭等诸多行为和特征，并指出泡沫有可能呈“超越指数”增长而无以为继，受到人们的广泛关注和研究。基于此模型，人们详细分析了不同市场泡沫发展的形态和特征，不仅预测了诸多泡沫的破灭也先见性地指出了市场的可能反弹。比如，Sornette 等人成功地预测了 2006～2008 年的原油泡沫、1999 年日经指数的反弹、美国与英国房产泡沫、2009 年中国 A 股泡沫的破裂等。自 2009 年以来，Sornette 等更是开展了一个名为“金融危机观测台”（Financial Crisis Observatory）的研究计划，定期对各种资产泡沫进行识别、检验、预测。

本部分将详细讨论 LPPL 模型的实现与实证应用，分析模型参数在不同场景下

① Didier Sornette, Discrete－scale Invariance and Complex Dimensions, Physics Report, 297, 239－270 (1998).

的选取和界定，研究和考察目标函数的特性，并将着重分析和研究这一模型在股指期货和商品期货的应用性，包括贵金属、基本金属、能源化工和农产品期货市场中成交量最大的几种商品的走势以及价格泡沫的积聚、破灭。

在实际应用中一个重要的问题是，拟合时间窗口的合理选取和设置。事实上，LPPL 模型只能正确描述泡沫破裂前的价格动力学行为，因此选择时间窗口的起点就显得至关重要。因为起点的选择具有一定的任意性，同时亦与个人的市场直觉判断相关。Sornette 等强调在实际处理中，需要选择多个不同的时间起点来构造一系列时间窗口来提高对泡沫破裂时点 t_c 预测结果的统计可靠性。

参考 Bree, David S. 和 Nathan Lael Joseph（2013）① 的方法，首先确定窗口的终点，即资产价格泡沫的破灭点，然后在泡沫破灭点确定的情况下，确定资产价格泡沫形成的时间点，即窗口的起始点。泡沫的破灭点可以采用 Yan, Wanfeng、Ryan Woodard 和 Didier Sornette（2012）② 的方法。如果该时点的价格比前 100 个交易日和后 100 个交易日的价格都大，那么该时点就为泡沫破灭点。泡沫的形成点则可以选择前一个泡沫破灭点至目前这个泡沫破灭点这段时间区间上价格最小或者次小的时点。

1. 沪深 300 股指期货当月。图 12－16 给出了沪深 300 股指期货当月日线的泡沫破灭点（垂直绿线）和泡沫起始点（垂直横线）。目标之一是，模型能否在泡沫破灭的时点给出风险信号。这里简单地介绍一下我们的模型：

$$\ln E[p(t)] = A + B(t_c - t)^m + C(t_c - t)^m \cos(\varpi \ln(t_c - t) - \phi)$$

将资产价格刻画成如上式所示，t_c 为泡沫破灭点，是模型最为关键的参数。其次是 m 和 w，Filimonov, Vladimir 和 Didier Sornette（2013）③ 将 m 限定为 0.1～0.9，将 w 限定为 6～13。Bree, David S. 和 Nathan Lael Joseph（2013）总结了前人的经验，得出 m 在“0.33－0.18”～“0.33＋0.18”之间，w 在“6.36－1.56”～“6.36＋1.56”之间，但其实证结果并不支持前人的结论。可见，学者们对怎样的参数才预示着泡沫的破灭并没有一致结论，因此在对模型进行估计时，将对参数设定一个比较大的范围，同 Wanfeng、Ryan Woodard 和 Didier Sornette（2012），将 m

---

① Testing for Financial Crashes Using the Log Periodic Power Law Model, *International Review of Financial Analysis*.

② Diagnosis and Prediction of Rebounds in Financial Markets, *Physica A: Statistical Mechanics and its Applications* 391, 1 361－1 380.

③ A Stable and Robust Calibration Scheme of the Log－periodic Power Law Model, *Physica A: Statistical Mechanics and its Applications*.

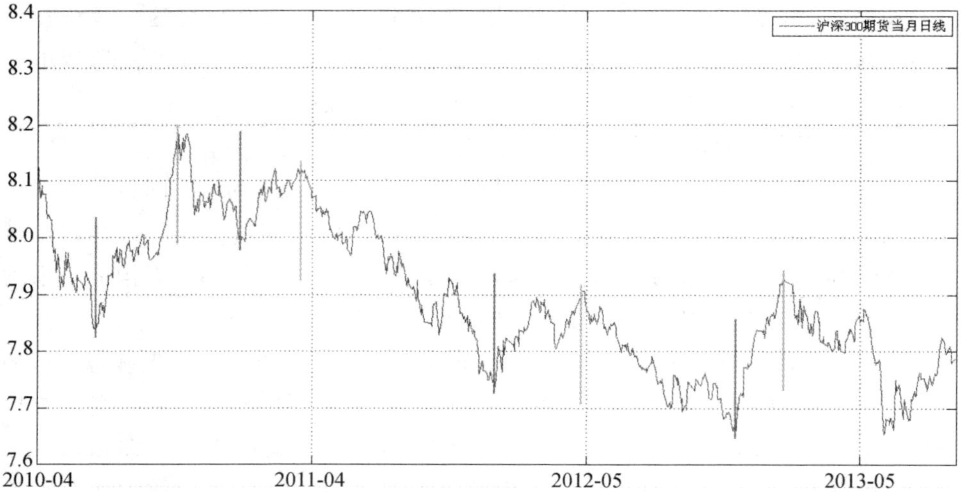

图 12-16　沪深 300 股指期货当月日线的泡沫破灭点和泡沫起始点

的范围设定为 0.001 ~0.999，而将 w 的范围设定为 0.01 ~40。假设估计的时间窗口为 $[t_1, t_2]$，那么可将 t_c 的范围设定为 $[t_2, t_2+0.375(t_2-t_1)]$。对于每一窗口的估计，如果参数 m 和 w 的估计值在其限定范围的边界上，则认为模型无法识别该窗口下的泡沫破灭过程。如果参数 m 和 w 的估计值不在边界上，同时 t_c 的估计值与 t_2 的距离较小，可则认为模型能成功识别这一泡沫破灭过程。

将每一窗口的时间起始值 t_1 设为 1，那么 t_2 则为窗口的长度 T。

图 12-17 给出了股指期货第 1 个泡沫破灭的估计，其中 $T=73$、$t_c=73$、$m=0.613$、$w=2.339$。可见，模型非常准确地估计了泡沫破灭点，t_c 的估计值与 t_2 几乎没有任何距离，而且参数 m 和 w 都没在限定的边界上。

图 12-18 给出了股指期货第 3 个泡沫破灭的估计，其中 $T=77$、$t_c=96.448$、$m=0.537$、$w=5.985$。泡沫破灭的预测点与实际点的差别不大，说明该模型也能成功地识别这一泡沫破灭过程，但对破灭点的预测远远没有对第 1 个泡沫破灭过程预测那么精确。实际上，该估计预测是泡沫破灭点随后的价格最高点。对当前点的预测实际上已经非常接近预测的泡沫破灭点的价格水平。如果对实际泡沫破灭点的定义采用 Bree, David S. 和 Nathan Lael Joseph（2013）的标准，要求泡沫破灭点之后的短时间内价格有非常大的下滑的话，则随后的价格最高点可能更能满足该定义，那么对泡沫破灭的预测就非常精准。

对图 12-18 中第 2 个泡沫破灭过程和第 4 个泡沫破灭过程，模型无法识别，估

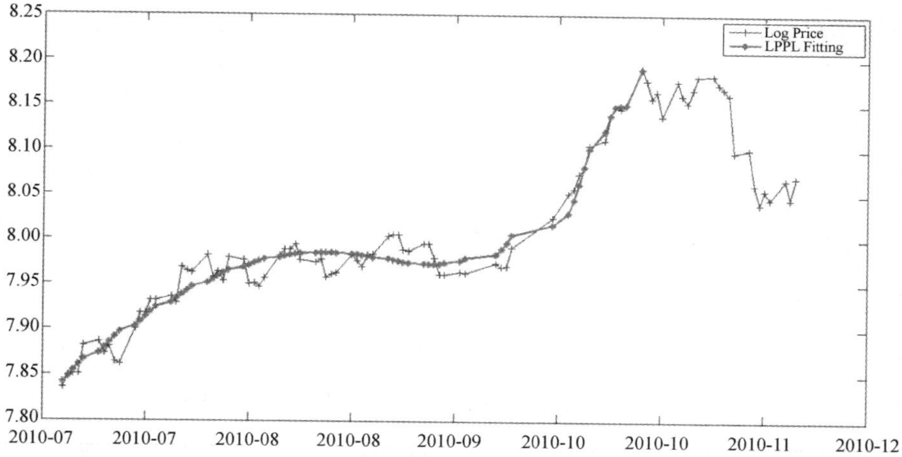

图 12－17 沪深 300 股指期货第一个泡沫破灭的估计

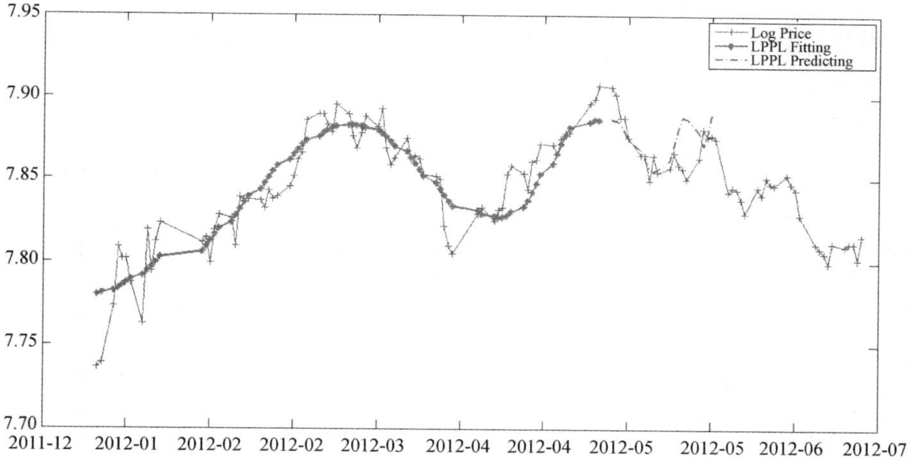

图 12－18 沪深 300 股指期货第三个泡沫破灭的估计

计参数 m 为 0. 999，在限定范围的边界上。一个重要原因在于，对这两个泡沫破灭过程估计的窗口太短，观测值不到 50 个。而对第 1 个和第 3 个泡沫破灭过程估计的观测值都超过 70 个。实际上，对泡沫破灭过程的估计都需要一定量的观测值，Bree，David S. 和 Nathan Lael Joseph（2013）要求观测值大于 131 个，而 Wanfeng、Ryan Woodard 和 Didier Sornette（2012）也要求观测值的最小值在 100 个左右。

2. 贵金属黄金。图 12－19 给出了 SHFE 黄金期货的资产泡沫起始点与破灭点。这里以估计窗口最小（T＝81）的第 1 个泡沫和估计窗口最大（T＝180）的第 3 个泡沫为例来说明模型的预测效果。

图 12 - 19　SHFE 黄金期货的资产泡沫起始点与破灭点

对于第 1 个泡沫，模型给出估计是 $t_c = 81.708$、$m = 0.384$、$w = 5.487$；第 3 个泡沫的估计结果是：$t_c = 189.29$、$m = 0.209$、$w = 4.797$。从图 12 - 20 可以看出，模型都能很好地拟合实际数据。第 1 个泡沫过程破灭时点的估计偏差不到 1 个交易日，而第 3 个泡沫过程破灭时点的估计而不超过 10 个交易日。可见，模型对泡沫破灭时点的预测可谓是非常精确的。

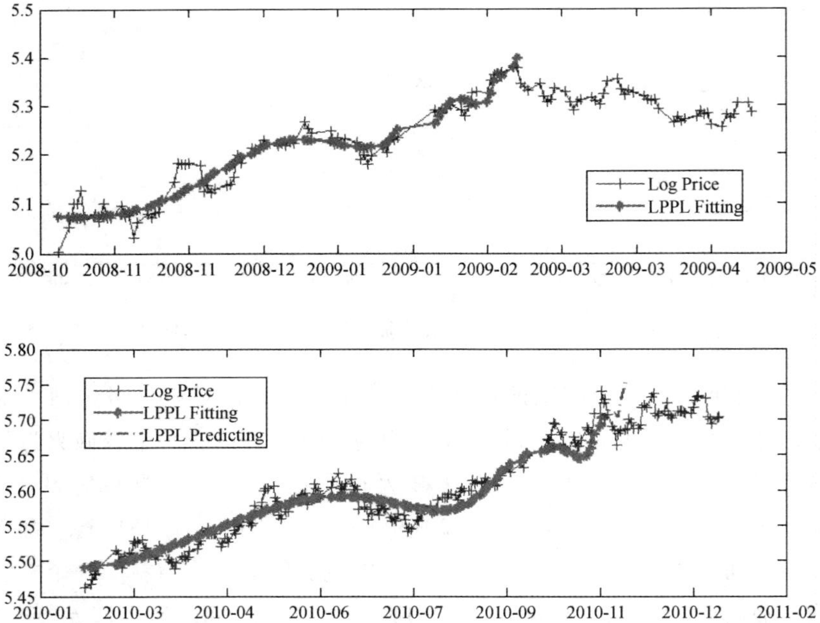

图 12 - 20　黄金期货的泡沫破灭过程的估计

3. 基本金属——螺纹钢与铜。图 12－21 给出了螺纹钢期货日数据的泡沫起始点和破灭点。从图 12－21 可以看出，第 1 个泡沫过程的实际上蕴含着 1 个子泡沫过程的破灭，是不合理的时间窗口的设定。那么考虑泡沫过程中价格涨幅较大的第 2 个和第 4 个泡沫过程的估计。

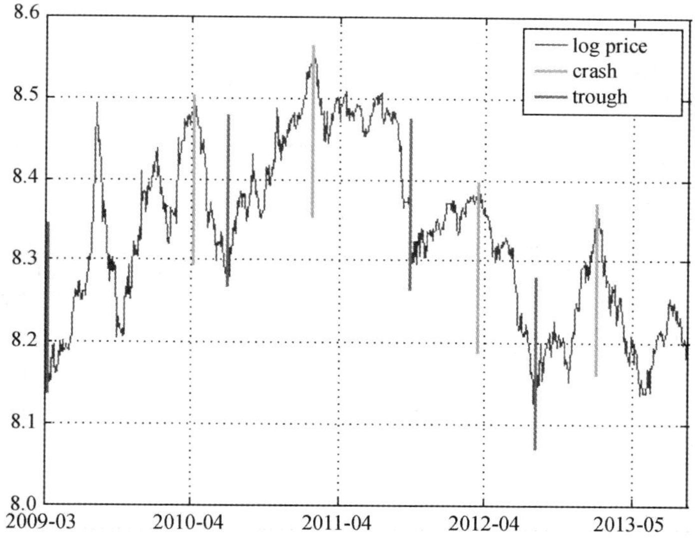

图 12－21 螺纹钢期货的泡沫起始点与破灭点

第 2 个泡沫过程的估计结果为 $t_c = 131.6$（$T = 129$）、$m = 0.504$、$w = 4.803$；第 4 个泡沫过程的估计结果为 $t_c = 105.8$（$T = 105$）、$m = 0.731$、$w = 5.282$（见图 12－22）。

从图中可以看出，模型很好地拟合了实际数据，对泡沫过程的破灭时点的估计的偏差也非常小。再来看看期货铜。期货铜有着非常长的历史。这里考察它从 2001 年至 2006 年的整个泡沫过程，这一过程可以分为两个子过程，即图 12－23 中的第 5 和第 6 个泡沫过程，这两个泡沫过程的持续时间分别为 354 个交易日和 485 个交易日，是所有泡沫过程中时间最长的 2 个。

其中前一个泡沫过程的估计结果为 $t_c = 360.92$、$m = 0.133$、$w = 4.761$，泡沫破灭时点的估计误差不到 6 个交易日；后个泡沫过程的估计结果为 $t_c = 486.29$、$m = 0.155$、$w = 4.515$，泡沫破灭时点的估计误差不到 2 个交易日（见图 12－24）。

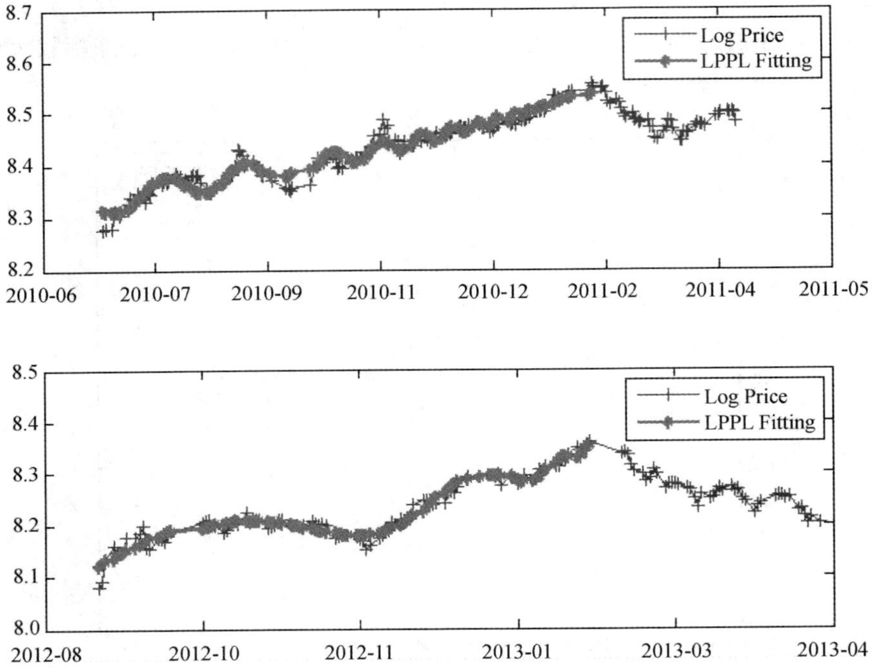

图 12－22　螺纹钢期货的泡沫破灭过程的估计

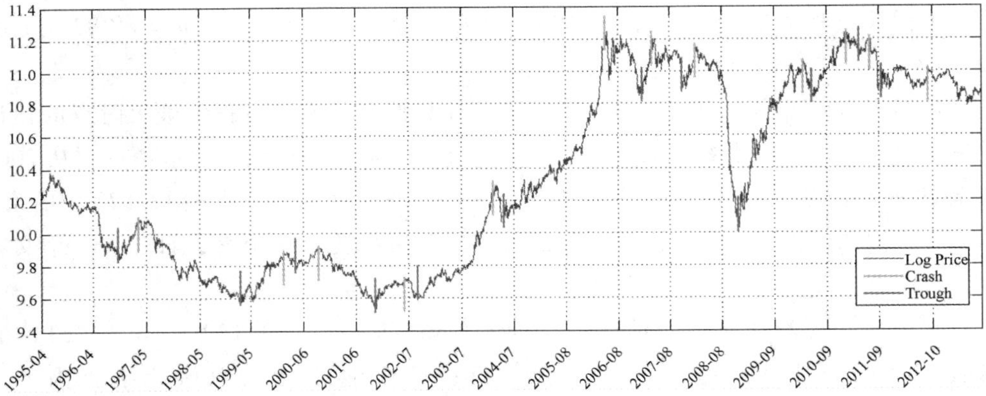

图 12－23　铜期货的泡沫起始点与破灭点

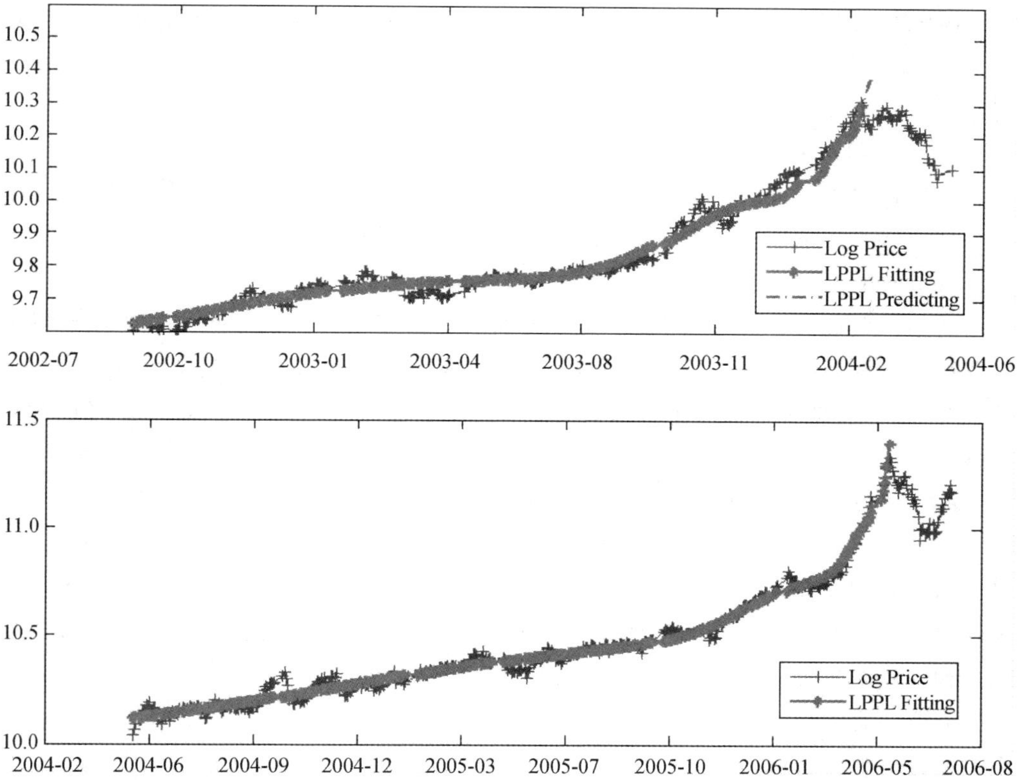

图 12－24 铜期货的泡沫破灭过程的估计

（三）对数周期幂律模型

如前所述，无论是理性的交易策略还是行为上的从众因素，都会对价格泡沫累积和破裂产生正反馈放大作用。对数周期幂律模型（LPPL）即考虑了正反馈的作用，利用了复杂系统临界现象相关的幂律特征，给出了价格泡沫与负泡沫的识别、预测的框架。

1. 模型推导：价格动力学。对数周期幂律模型的推导较为简单直接。假设价格动力学服从一个包含漂移和跳跃的随机微分方程：

$$\frac{dp}{p}=\mu dt+\sigma dW-kdj \tag{3}$$

其中，p 是价格，μ 为漂移速度，而 dW 则是一标准 Wiener 过程的增量；而 dj 项则代表非连续跳跃过程，$j=0$ 对应为泡沫破裂前，$j=1$ 则为泡沫破裂后，参数 κ

为泡沫破裂时损失的幅度。这里，一个要点是如何确定跳跃相关的动力学过程。Sornette 等在模型中认为可以引入一个破裂风险速率 $h(t)$ 来度量，即 $h(t)dt$ 表示在 t 到 $t+dt$ 间隔内发生泡沫破裂的几率。由此有：

$$E_t[dj]=1\times h(t)dt+0\times[1-h(t)dt]=h(t)dt \tag{4}$$

考虑到“羊群效应”等诸多正反馈因素并记及复杂系统有关的幂律特征，Sornette 等在模型中假设泡沫破裂的风险速率具有如下的形式：

$$h(t)=B'(t_c-t)^{m-1}+C'(t_c-t)^{m-1}cos[\varpi ln(t_c-t)-\phi'] \tag{5}$$

其中，上式右手边第二项的三角函数部分考虑了交易者的分级结构以及市场价格惯性与基本面投资之间的相互作用。于是，根据无套利条件，有 $E_t[dp]=0$，进一步对式（3）取期望并考虑泡沫破裂还未发生，即可得到 $\mu(t)=\kappa h(t)$。考虑这一关系，并代入式（5），然后对式（3）积分即有对数周期幂律模型满足的方程：

$$\ln E[p(t)]=A+B(t_c-t)^m+C(t_c-t)^m cos[\varpi ln(t_c-t)-\phi] \tag{6}$$

其中将式（5）和式（4）中的相关参数进行了改写和重组。需要注意的是，式（6）描述的是价格泡沫在破裂附近时的平均价格动力学过程，因此无法准确描述泡沫破灭 t_c 之后相关的价格变化情况。基于这一认识，可以将价格变化的区域转换类比为相变或临界现象，即 t_c 之后市场价格即转换至不同的状态区域。

需要注意的是公式（6）包含了诸多参数，如 A、B、C、m 等，在实际应用中需要对相关参数做进一步的限定。

（1）m 应限定在 0 到 1 之间，这是因为有如下考虑：

①破裂风险速率 $h(t)$ 应在 t_c 附近表现为加速，同时要求其对时间 t 的积分保持有限。这一限定使得 $m<1$。从直观上，这一要求来源于“羊群效应”等对应的正反馈放大作用。否则，破裂风险速率 $h(t)$ 在泡沫破裂时为有限值，将无法反映正反馈带来的影响。

②即使在泡沫破裂时，价格的大小应为有限值，从而要求 $m>0$。

（2）市场任何时刻都不应当认为没有风险，从而要求泡沫破裂风险速率应非负，对应地有如下约束条件：

$$b:=-Bm-|C|\sqrt{m^2+\varpi^2}\geqslant 0 \tag{7}$$

在实际应用和讨论中，需要在以上约束条件下拟合得到相关参数，以及确定泡沫破裂时点 t_c。更具体地，以上参数通常满足的约束条件为：

$$0.1\leqslant m\leqslant 0.9,\ 6\leqslant\varpi\leqslant 13,\ |C|<1,\ B<0 \tag{8}$$

如前所述，泡沫本身词意不够明确，因此不同的模型和讨论中其具体含义也有所不同。在对数周期幂律模型中，价格在泡沫区间应表现出“超越指数”增长的特征。此外，这一模型的适用范围应当局限在正反馈影响下的泡沫累积，即所谓内生性泡沫。在该泡沫区域，起主导作用的是噪声交易者之间的协同学习效应与“羊群效应”等导致的正反馈放大。通常将式（6）的形式称为一阶 Landau 模型，而选择不同破裂风险速率 h（t）对应的函数形式可以进一步推广对数周期幂律模型适用的问题和范围。具体地有更高阶的 Landau 模型、Weierstrass 模型，以及二阶、三阶调和模型等。不同类型的对数周期幂律模型在对泡沫诊断识别中起着关键作用，特别是在时间窗口选择等问题上。

2. 拟合与算法选择。虽然式（6）有着较为简单的形式，但是在实际拟合应用中却并不直接：式（6）包含超越函数相关的非线性项，而且涉及的参数空间有多个维度。因此，在拟合中需要采用额外的技巧来简化数据拟合、最优化过程。

一个首要的问题是，如何选取拟合的时间窗口？事实上，对数周期幂律模型只能正确描述泡沫破裂前的价格动力学行为，因此，选择时间窗口的起点就显得至关重要。因为起点的选择具有一定的任意性，亦与个人的市场直觉判断相关。Sornette 等强调在实际处理中，需要选择多个不同的时间起点来构造一系列时间窗口来提高对泡沫破裂时点 t_c 预测结果的统计可靠性。

选定时间窗口之后，即可采用最小二乘法来确定参数 t_c、m、ϖ、ϕ、A、B、C，拟合问题即变换为求解平方残余之和的最小值：

$$S(t_c,m,\varpi,\phi,A,B,C) = \sum_{i=1}^{N}[\ln p(\tau_i) - A - B(t_c-\tau_i)^m - C(t_c-\tau_i)^m\cos(\varpi\, ln(t_c-\tau_i)-\phi)]^2 \tag{9}$$

其中 τ_1、τ_N 为选定的时间窗口。公式（9）是多变量函数，具有复杂的参数空间，有可能涉及多个局域极小值，因此单一的局域优化方法对此求解并不显著、有效。一个简化方法是对公式（9）中的线性和非线性参数进行区分处理，也就是说可以将线性参数 A、B、C 认为是其他非线性参数 m、t_c、ϖ、ϕ 的庸参，使得问题简化为 4 维最优化的求解，即：

$$\min_{t_c,m,\varpi,\phi,A,B,C} S(t_c,m,\varpi,\phi,A,B,C) \equiv \min_{t_c,m,\varpi,\phi} S_1(t_c,m,\varpi,\phi) \tag{10}$$

其中，

$$S_1(t_c, m, \varpi, \phi) = \min_{A,B,C} S(t_c, m, \varpi, \phi, A, B, C) \tag{11}$$

此时，可以将式（11）对应的优化问题进行解析求解，从而降低参数空间维度。具体地，我们将式（11）进一步改写成如下形式：

$$\{A,B,C\} = arg\min_{A,B,C} S(t_c,m,\varpi,\phi,A,B,C) = arg\min_{A,B,C}\sum_{i=1}^{N}(y_i - A - Bf_i - Cg_i)^2 \tag{12}$$

其中，$y_i = \ln p(\tau_i)$，$f_i = (t_c - \tau_i)^m$，$g_i = (t_c - \tau_i)^m \cos[\varpi \ln(t_c - \tau_i) - \phi]$。

根据 Lagrange 乘子法，即可得到 A、B、C 满足的关系：

$$\begin{pmatrix} N & \sum f_i & \sum g_i \\ \sum f_i & \sum f_i^{\ 2} & \sum f_i g_i \\ \sum g_i & \sum f_i g_i & \sum g_i^{\ 2} \end{pmatrix}\begin{pmatrix} A \\ B \\ C \end{pmatrix} = \begin{pmatrix} \sum y_i \\ \sum y_i f_i \\ \sum y_i g_i \end{pmatrix} \tag{13}$$

由此，可以采用标准的矩阵计算方法如 LU 分解算法来确定 A、B、C 等，从而即将参数空间缩减至 4 维，转变为如下非线性优化问题：

$$\{t_c, m, \varpi, \phi\} = arg\min_{t_c,m,\varpi,\phi} S_1(t_c, m, \varpi, \phi) \tag{14}$$

其中 S_1 由式（13）给出。

即使将参数空间缩减至 4 维，求解式（14）的全局极小仍然具有较高的复杂度，一般需要采用遗传算法、Taboo 搜索等全局优化方法。即便如此，在实际的求解过程还需要涉及多个初条件的选择以及后期的校准。这些都在一定程度上使得求解的结果存在不确定性。对此，近期一个重要的处理是将式（14）的非线性参数进一步减少至 3 维①，需要将式（9）改写为：

$$F(t_c,m,\varpi,A,B,C_1,C_2) = \sum_{i=1}^{N}\{\ln p(\tau_i) - A - B(t_c - \tau_i)^m - C_1(t_c - \tau_i)^m\cos[\omega\ln(t_c - \tau_i)] - C_2(t_c - \tau_i)^m\sin[\omega\ln(t_c - \tau_i)]\}^2 \tag{15}$$

这一变换可以将四个线性参数 A、B、C_1、C_2 表示为三个非线性参数 t_c、ϖ、m 的庸参，继而将 4 维非线性优化问题缩并至 3 维，从而降低求解全局极小的难度。对应地，可得到：

$$\{t_c, m, \varpi\} = arg\min_{t_c,m,\varpi} F_1(t_c, m, \omega) \tag{16}$$

其中：

$$F_1(t_c, m, \omega) = \min_{A,B,C_1,C_2} F(t_c, m, \varpi, A, B, C_1, C_2) \tag{17}$$

而线性参数 A、B、C_1、C_2 满足的关系同样可以由 Lagrange 乘子法得到：

---

① Vladimir Filimonov and Didier Sornette, A Stable and Robust Calibration Scheme of the Log - Periodic Power Law Model, arXiv, 1108.0099 (2011).

$$\begin{pmatrix} N & \sum f_i & \sum g_i & \sum h_i \\ \sum f_i & \sum f_i^{\ 2} & \sum f_i g_i & \sum f_i h_i \\ \sum g_i & \sum f_i g_i & \sum g_i^2 & \sum g_i h_i \\ \sum h_i & \sum f_i h_i & \sum g_i h_i & \sum h_i^{\ 2} \end{pmatrix} \begin{pmatrix} A \\ B \\ C_1 \\ C_2 \end{pmatrix} = \begin{pmatrix} \sum y_i \\ \sum y_i f_i \\ \sum y_i g_i \\ \sum y_i h_i \end{pmatrix} \tag{18}$$

其中，$y_i = \ln p\ (\tau_i)$，$f_i = (t_c - \tau_i)^m$，$g_i = (t_c - \tau_i)^m \cos\ (\varpi \ln\ (t_c - \tau_i))$ 和 $h_i = (t_c - \tau_i)^m \sin\ (\varpi \ln\ (t_c - \tau_i))$。非线性参数空间维度缩减的另一个好处是在一定程度上使得优化的目标函数更为平滑，从而降低搜索全局极小的难度。此时，可以采用普通的局域搜索方法如 Levenberg – Marquardt 非线性最小二乘算法等来确定相关的参数，确定泡沫破裂时点等。

3. 泡沫的识别与诊断框架。如前所述，泡沫在对数周期幂律模型中反映的是"羊群效应"和理性套利交易等正反馈放大作用导致的价格偏离。在事前实现对泡沫形成、累积的诊断和识别是这一模型具有实用性的关键。在实际应用中，为了配合上述最优化过程，提高计算结果的统计置信度，通常需要借助一些额外的方法和手段进行操作和应用。通过对市场价格波动性的分析比如可能的簇类分析、Lévy 跳跃等方法，确定泡沫可能形成的趋势将有助于界定分析的时间窗口和可测试的源，提高对泡沫识别、诊断的可靠性。

其中一个简单的办法是分析对数周期幂律模型拟合的残差来矫正、诊断泡沫的识别与预测。比如 Lin 等认为价格泡沫对应拟合的残差应当遵从平均反转的 Ornstein – Uhlenbeck 过程即意味着残差应当遵从一个 AR(1) 的回归过程，从而通过相应的单元根检验来验证这一假设①。Geraskin 等则认为采用 KPSS 检测可能是更为可靠的办法，而更系统的办法则需要考虑有限时间奇异性来构造检测模型②。以上这些方法都包含了以往经验和判断，因此进一步通过 Bayes 统计方法包含经验判断因素是发展识别、诊断框架未来可能的方向［18，19］。

考虑到泡沫与负泡沫之间对称性，可将对数周期幂律模型推广至负泡沫情形。此时即将式（6）改写为：

$$\ln E[p(t)] = A + B\ (t - t_c)^m + C\ (t - t_c)^m \cos[\varpi \ln(t - t_c) - \phi] \tag{19}$$

---

① L. Lin and D. Sornette, Diagnostics of Rational Expectation Financial Bubbles with Stochastic Mean – Reverting Termination Times, arXiv, 0911.1921 (2009).

② Peter Geraskin and Dean Fantazzini, Everything You Always Wanted to Know about Log Periodic – Power Laws for Bubble Modeling but Were Afraid to Ask, European Journal of Finance, forthcoming (2011).

其中，各参数意义与式（6）相同。对于负泡沫，在选定的时间窗口内我们能够识别价格的最大值，因此可以认为泡沫破裂时点 t_c 为已知，从而减少参数优化的维度空间，而其他参数的拟合优化和校准即可以按照前述讨论进行。

第四节　国债期货的套期保值策略

我国从 1981 年恢复发行国债到 1996 年底，累积发行国债近 6 646.02 亿元，到 1996 年底，国债余额达 3 803 亿元。年度人民币国债发行额增长率相当高，从 1981 年的 40 多亿元增加到 1996 年的近 2 000 亿元。另外值得注意的是，我国国债规模的变化还呈现明显的阶段性、阶梯式上升的特征。

国债在财政收入中所承担的角色就决定了国债应有的规模。从理论上讲，一国在每一特定时期的特定条件下，必然客观地存在着某种适度债务规模的数量规定性。也就是说，在这一规模上，国债功能可以得到最充分的发挥，对经济生活的正面积极影响作用最大，相对而言负面的不利作用最小。在现实生活中，决定或影响适度债务规模的因素是多方面的，如经济发展水平和金融深化程度，政府管理水平和市场健全程度，国债的结构状况、筹资成本与所筹资金的使用效益等等。这些因素都直接或间接影响着对国债总量的把握，同时也影响国债的收益。

目前当债券投资者预计债券价格将要下跌时，就只能通过降低仓位或者通过买断式回购融券做空的方式来减少损失，但是这两种方式都存在一定的不足。

一方面，债券市场的投资者绝大多数都是机构投资者，都相对理性和成熟，对市场的预期具有一定的趋同性，在这样的情况下，大幅减仓会带来较大的冲击成本或者根本无法卖出，往往会得不偿失。尤其是对我国的债券型基金来说，由于最低仓位限制的存在，他们并不能实现完全减仓。

另一方面，通过买断式回购融券做空也存在诸多实际的问题：

其一，我国买断式回购流动性比较小，做空容量有限。买断式回购流动性较小，主要是因为买断式回购中抵押券会注入融资方的资产中从而增加了其资产报表中的风险权重，所以融资方不仅没有将可以处置抵押券看作一种权利，反而由于增加了其报表中的风险权重而要求更高的融资利率。目前我国银行间债券市场的买断式回购利率平均比质押式回购利率高 30 个 bp，买断式回购市场在一定程度上失去了融券做空的意义。

其二，通过买断式回购做空，到期时存在不能及时购回原来的券归还融资方的违约风险，不仅会受到较重的资金处罚，而且会影响对机构投资者来说非常重要的信誉，得不偿失。由于国债期货具有流动性大、高杠杆等特点，利用其对冲市场风险会比较灵活、及时且占用资金量小，所以国债期货会受到广大套期保值需求者的青睐。

一、国债期货合约设计及特点

从交易设计来看，目前国债期货仿真交易主要针对中期国债（4～7 年）进行 1 年以内的期货交易，其保证金比例设置较低，并采用实券交割方式。与 20 世纪 90 年代国债期货试点时的合约设计相比，本次合约设计在交割标的、保证金制度、涨停板制度等多方面进行改进，试点期间发生的国债期货交易风险将能得到有效控制。

二、国债期货合约的基本要素

期货合约是指交易所统一制定的、规定在将来某一特定的时间和地点交割一定数量标的物的标准化合约。期货合约的主要条款包括合约标的、报价单位、下载文档到电脑，查找使用更方便小变动价位、合约月份、交易时间、最低交易保证金、每日价格最大波动限制、最后交易日、交割方式、交易代码等。相关资料见表 12－17。

表 12－17　　中金所 5 年期国债期货交易合约

项目	内容
合约标的	面额为 100 万元人民币，票面利率为 3% 的 5 年期名义标准国债
报价方式	百元报价
最小变动价位	0.01 个点（每张合约最小变动 100 元）
合约月份	最近的三个季月（3 月、6 月、9 月、12 季月循环）
交易时间	上午交易时间：9：15～11：30
	下午交易时间：13：00～15：15
	最后交易日交易时间：上午 9：15～11：30
每日价格最大波动限制	上一交易日结算价的 ±2%
最低交易保证金	合约价值的 3%

续表

项目	内容
当日结算价	最后一小时成交价格按成交量加权平均价
最后交易日	合约到期月份的第二个星期五
交割方式	实物交割
交割日期	最后交易日后连续三个工作日
可交割债券	在最后交割日剩余期限4~7年（不含7年）的固定利息国债
交割结算	最后交易日全天成交量加权平均价
合约代码	IF

从以上交易要素来看，国债期货交易的合约标的为5年期固息国债，并按票面利率3%设定标准券；主要合约期限分别为在最近三个季末月份到期的品种并滚动衔接，即交易品种最长存续期间为9个月；交易合约的最低保证金为合约价值的3%，相当于3万元资金可交易面额100万元的期货；合约到期采用实物交割，即空头方需向多头方解付国债现券，而非采用对交易盈亏实施到期现金结算，具体可交割债券为最后交割日剩余期限在4~7年的固息国债，其按一定转换因子确定实际交割券和标准券之间的折算比例关系。

三、国债期货有利于统一和稳定利率市场

（一）国债期货交易有利于促进利率价格发现

国债期货的价格发现功能是指国债期货市场的运行可以有效减缓市场价格不正常的剧烈波动，能较真实地反映利率水平的未来走势。这是因为国债期货的标的物——国债，安全性高，流动性好，能够满足市场各方参与者的交易需求。而国债期货本身也是世界公认的安全性最高的利率期货，必然会吸引很多交易者来国债期货市场交易，形成一个公开、公正、透明的交易市场。国债期货的市场价格就是由众多参加者通过竞价的方式达成的，因而其价格也是在充分竞争的基础上形成的。它是衡量商品不同时期供求关系的真实价格。其价格具有很强的示范效应，是现货市场供求关系的“晴雨表”。

（二）国债期货交易有助于形成一个完整的利率体系

国债期货作为一种利率期货，其在交易中形成的收益率就是市场利率，具有真

实性、预期性以及连续性等特质。通过期货市场和现货市场之间的套利活动，可以促进现货市场针对某一期限形成一个统一的基准市场利率，并逐步形成一个合理的从短期到长期的利率体系。在一个仅有现货的国债市场上，要形成完整合理的利率体系是十分困难的，现货交易本身存在着很多局限性。但是，开展国债期货交易则能从很大程度上改善现货交易的不足，促进形成完整、准确、可靠的国债利率体系。

（三）国债期货交易能够稳定债券市场秩序

国债期货市场同商品期货市场一样，都是公开化的有组织的市场。标准期货合约的条款、交易的规章制度都是公开的，交易的详细情况以及价格信息都是以最快的速度对外公布。此外，期货市场不歧视，也不排除任何人参加交易。参加交易的认识在同一个交易规则下，以充分竞争的原则达成公平的交易。为了维护合理、公平的竞争，任何期货交易所都是一套严格的规章制度和交易程序，从而能够有效防止少数交易者垄断市场的行为。对于期货市场上的投机行为，市场管理者也会用交易规章制度把它限制在合理、合法的范围内，最大程度地吸引社会风险资本，并发挥投机的积极作用。这样，期货市场的正常运行可以克服现货市场中的许多不完善的因素，从而有利于稳定市场秩序，促进现货市场朝着健康的道路发展。

四、国债期货合约交割与定价

为了提高交易效率，国债期货合约交易标的是名义上的标准券，但合约到期后可用符合约定的一揽子国债现券进行实物交割，因此涉及国债实券与标准券之间的合理折算。若国债期货空头真的需要实物交割，则其面临的第二个现实问题便是如何从众多可交割债券中选择一个最合适的，即交易成本最低的债券。

（一）转换因子

5 年期国债期货交易实行一揽子债券交割方式，当合约到期进行实物交割时，可用于交割的债券包括一系列符合条件的国债品种，其票面利率、到期时间等各不相同，因此，必须确认各种可交割国债和期货标的名义国债之间的转换比例，这个比例就是通常所说的转换因子（Conversion Factors，CF）。转换因子也是国债期货不同于其他期货品种的一个很大的特点。

假设 c 为某可交割国债现货的票面利率，r 为标准券的票面利率（3%），T 为剩余期限（4～7年），I为交割日距下一次付息日的应计利息。那么，转换因子的测算公式如下：

一年付息一次：$CF = \left[\sum_{t=1}^{T} \frac{c}{(1+r)^t} + \frac{100}{(1+r)^T} - I\right] / 100$

一年付息两次：$CF = \left[\sum_{t=1}^{2T} \frac{c/2}{(1+r/2)^t} + \frac{100}{(1+r/2)^{2T}} - I\right] / 100$

根据转换因子公式，转换因子值由可交割债券的票面利率与到期期限决定，可以推断出如下结论：

1. 对于给定交割月份和利率的国债期货合约而言，一种可交割债券的转换因子将是固定不变的，不会受时间改变和该债券价格变化以及期货价格变化的影响。

2. 可交割债券实际票面利率越高，转换因子越大，实际票面利率越小，转换因子越小，即转换因子是实际票面利率的单调增函数。

3. 实际票面利率高于国债期货合约标准票面利率（3%）的可交割债券，其转换因子大于1，而且期限越长，转换因子越大。

4. 实际票面利率低于国债期货合约票面利率（3%）的可交割债券，其转换因子小于1，并且剩余期限越长，转换因子越小。

（二）最便宜可交割债券

尽管存在转换因子，但由于可交割的一揽子债券的票面利率和到期日不同，各可交割债券之间仍存在一定的区别。在交割时，各可交割债券的差异性决定了有些债券会相对便宜，但有些债券会相对昂贵。合约空头方可以选择最便宜，对其最有利的债券进行交割，该债券即为最便宜可交割债券（Cheapest to Deliver Bond）。

有两种方法确定最便宜可交割债券。第一种为基差法。基差（Basis）为交割债券现货价格与调整后债券期货价格价之差。最便宜可交割债券则为基差最小的那只债券。第二种为隐含回购利率法。隐含回购利率（Implied Repo Rate，IRR）指买入国债现货并用于期货交割所得到的理论收益率，即：

隐含回购利率＝[（发票价格－购买价格）/购买价格]×365/（$T-t$）

显然，隐含回购利率越高的债券用于期货的交割就对合约空头越有利、越便宜。由于两种方法涵盖的理论基础基本一致，下面主要探讨一下基差法。

其实，前述的基差最小，也就是指交割成本最低。基差的测算公式为：

基差＝卖方购买现货支付的现金－卖方交割期货收到的现金

＝（国债现货价格＋应计利息）－发票金额

=国债现货价格－期货合约价格×转换因子

其中：发票金额=调整后期货价格+应计利息

=期货合约价格×转换因子+应计利息

从公式及转换因子的定义来看，容易得出结论：当市场利率高于标准票面利率（3%）或者收益率曲线较陡时，期限相对较长的债券更可能成为最便宜可交割债券；而当市场利率低于票面利率（3%）或者收益率曲线平缓时，期限相对较短的债券更可能被交割；对具有同样久期的债券而言，收益率最高的债券是最便宜可交割债券。

（三）国债期货定价

根据持有成本理论模型和无套利原理，在一个完全有效率的市场中，国债期货价格必须等于国债现货的价格加上该国债由日前至期货契约交割日之间的持有成本（见表12－18），即：

期货价格=现货价格+持有成本=现货价格+融资成本－金融工具利息收益

数学方程式可表示为：

$$F = S_t + (r - y) \cdot \frac{(T - t)}{360} \cdot S_t$$

其中：F 为国债期货理论价格；S_t 为国债即期价格；r 表示短期利率；y 表示国债的票面利息率；$(T-t)$ 为国债的持仓期限。

表12－18　基于无套利定价理论的国债期货价格推算

初始现金流为0	
国债现货买入：国债价格	S_t
质押回购融资：国债价格	$-S_t$
到期现金流为0	
期货结算：期货价格+国债应计利息	$F + y \cdot S_t \cdot (T-t)/360$
质押回购结算：国债价格+质押回购利息	$-S_t - r \cdot S_t \cdot (T-t)/360$
恒等公式：$F + y \cdot S_t \cdot (T-t)/360 = S_t + r \cdot S_t \cdot (T-t)/360$	

五、国债套期保值运作步骤

首先，确定套期保值目标。在国债期货的套期保值中，这一套期保值目标就是目标利率。所谓目标利率，指的是套期保值者预期通过套期保值而可锁定于某一水平的利率。通常情况下，这一利率是由开仓时的期货利率加上未来的利率基差构成。而若套期保值者准备于合约到期前平仓，则无法确定目标利率水平，因为这其中的基差利率在开仓时为一未知数。于是，在套期保值中，套期保值者将面临一定的基差风险。当然，通常这种基差风险远小于未套期保值时的利率风险，所以套期保值还是很值的。

其次，制定套期保值策略。根据套期保值开仓时建立的部位不同，多头套期保值，也称买入套期保值，是指人们先买进一定数量的某种期货合约，并在合约到期前再卖出该合约以实现套期保值的策略。空头套期保值，也称卖出套期保值，是指人们先卖出一定数量的某种期货合约，并在合约到期前再买进该合约以实现套期保值的策略。在保值时，投资者究竟选择多头套期保值还是空头套期保值，应根据自己在现货市场所持有的部位而定。投资者在现货市场上持有空头部位，则他应选择多头套期保值；反之，若他在现货市场上持有多头部位，则应选择空头套期保值。

最后，确定套期保值比率。所谓套期保值比率，指套期保值者在对现货部位实行套期保值，用以计算所需买进或卖出的某种期货合约数量的比率。这一数量的确定是否得当，直接影响套期保值的效率。

六、套期保值方案

套期保值是指投资者在买进或卖出某种国债现货的同时，在国债期货市场上卖出或买进同种同量的期货，使期货市场的盈利（亏损）与现货市场的亏损（盈利）相互抵消，从而防止价格波动的风险。这主要是基于以下两个基本原理：一是影响国债期货价格的因素也会影响国债现货的价格，期货价格和现货价格的走势大体上是一致的；二是随着国债期货合约到期日的临近，现货价格和期货价格呈现出趋同的特征。套期保值主要有多头（买入）套期保值和空头（卖出）套期保值。

多头套期保值，是指准备将来某一时期投资于国债的投资者担心因价格上涨而使购买国债的成本增加时，先在国债期货市场上买入一笔期货合约，届时再以较高价格卖出，以便盈亏对冲风险。空头套期保值，是指投资者准备将来某个时期卖出国债以变现资金，担心到时候价格下跌而受损失，于是先卖出一笔期货合同，届时再买入等额期货合同，以使盈亏相对冲。

例 1： 3 月 21 日某机构投资者打算在 4 月 6 日购买一手 120003 国债，由于担心到时国债价格上涨，为锁定成本，该投资者在国债期货市场上进行买入套期保值，具体操作见表 12－19。

表 12－19　　套期保值交易流程

现货 120003（票息假定为 3%）	TF1206
2016 年 3 月 21 日 价格：99.74 元 2016 年 4 月 6 日 操作：买入 1 手 价格：99.98 元 盈亏：99.74－99.89＝－0.15（元）	2016 年 3 月 21 日 操作：买入 1 手 价格：97.88 元 2016 年 4 月 6 日 操作：卖出 1 手 价格：98.03 元 盈亏：98.03－97.88＝0.15（元）
交易净获利：浮亏平衡	

这样该机构投资者就以国债期货市场的盈利填补国债现货市场的亏损，将投资成本锁定在一个狭小的变动幅度内。如果 TF1206 在 4 月 6 日的价格低于 98.03 元，则亏损加大；如果高于，则出现盈利，但相对于只购买 120003 来说，都使得亏损的金额和概率大幅减少。由此可见，套期保值最大的特点是锁住成本，逃避价格不利变动带来的风险，而不是为了赚取利润，甚至会放弃价格出现有利变化时可能带来的额外收益。

七、套期保值的基本类型

按照套期保值者在期货市场上买卖方向的不同，国债期货套期保值的基本类型有两种，即买入套期保值、卖出套期保值。

（一）买入套期保值

买入套期保值涉及买入期货合约，通常被用来锁定利润，它是指交易者先在国债期货市场买入期货，以便将来在固定收益债券现货市场买进现货时不致因利率下降而给自己造成经济损失。这种用期货市场的盈利对冲现货市场亏损的做法，可以将未来的买入价格固定在预计的水平上。买入套期保值是需要现货商品而又担心价格上涨的客户常用的保值方法。

例 2：某投资者在 3 个月后（4 月 20 日）将收到 100 万元的资金，该笔资金可用于投资，于是他打算买入长期国债，该投资者认为目前（1 月 20 日）4.76% 的利率水平已经较高，到时利率可能会下跌，买入国债的价格会上涨。为锁定未来买入国债的成本，他在期货市场上买进 1 张长期国债期货合约，每个合约的面值为 100 万元（见表 12－20）。

表 12－20　　买入套期保值交易策略与结果

	现货市场	期货市场
1 月 20 日	投资者将于 4 月 20 日投资 100 万元于长期国债市场，息票利率 4.25%、收益率是 4.76%。国债市场价格是 95 316 元	投资者买入 1 张 5 月面值 100 万元长期国债期货，价格为 95.00 元
4 月 20 日	投资者买入 100 万元长期国债，息票利率 4.25%，由于利率下降，使国债价格上升为 97.16 元	投资者卖出 1 张 5 月面值为 100 万元长期国债期货合约，价格为 97.00 元
交易结果	现货市场损失＝10 000 元×（97.16－95.16）＝20 000（元）	期货市场盈利＝10 000×（97.00－95.00）＝20 000（元）

注：这里假定基差不变，并且不考虑交易成本和保证金成本，还假定期货合约名义利率与长期国债票面利率相同，这样就不需要转换因子调整。

3 个月后，当他把这笔资金投资到长期国债上时，利率实际上已经降低，国债价格随之上升。在这个例子中，机会损失是 20 000 元。同时，他卖出了 1 张期货合约，平仓了结期货头寸。由于现货利率降低，期货价格随着现货价格上升而上升，卖出期货合约获得收益，冲抵了现货市场上的损失。

在买入套期保值交易中，也可能出现投资者的预测与市场实际走势不一致的情况，即利率出现不降反升的相反情况，则投资者的损失会因在国债市场上的盈利而加以补偿，因此仍能达到保值目的。

（二）卖出套期保值

卖出套期保值是与买入套期保值相反的一种交易。它是指交易者先在期货市场卖出期货，当利率上升，债券现货价格下跌时以期货市场的盈利来弥补现货市场的损失，从而达到保值目的的一种交易方式。卖出套期保值主要适用于持有债券的投资者，他们担心将来债券价格下跌使自己遭受损失。卖出套期保值的另一种情况是，需要在将来借入款项的投资者用来防范利率的上升，控制借款成本。

例 3：1 月 20 日，一个投资者持有长期国债，票面价值为 100 万元，打算 3 个月后卖出这项资产。在此期间，投资者面临利率提高的风险，将引起固定收益证券价格下跌，从而持有这项资产就会蒙受损失。为了避免预期利率提高的风险，这个投资者本可以立即卖出长期国债，投资到2个月的定期存款上，但他却进行了国债期货交易，因为国债期货交易成本较低，信用风险较小。这样他在现货市场上的多头资产就与期货市场上相反的空头资产损益相抵（见表12-21）。

表12-21　卖出套期保值交易策略与结果

	现货市场	期货市场
1月20日	投资者拥有息票利率4.25%、票面价值总共为10万元的长期国债，该国债的市场价格为95.16元，收益率为4.76%	投资者卖出一个5月长期国债合约价格为95.00元
4月20日	卖出息票利率4.25%、票面价值总共为10万元的长期国债，卖价为92.16元	投资者买入一个5月长期国债合约价格为92.00元
交易结果	现货市场损失＝（95.16-92.16）×10 000 ＝3 000（元）	期货市场盈利＝（95-92）×1 000 ＝3 000（元）

注：假定基差不变，并不计交易成本和保证金成本，还假定期货合约名义利率与长期国债票面利率相同，这样就不需要转换因子调整。

3个月后，投资者在现货市场上卖出长期国债，由于利率像预测那样提高了，投资者在现货交易中受到了损失。同时，他结清了期货交易。由于利率提高，期货合约的价格与现货价格一样下跌，投资者买进合约所支付的价格，比他在卖出合约时所得到的价格低，因此，在期货市场上的交易获得了一定的利润，抵补了现货市场的亏损。

如果假设与交易者的预测相反，在这期间利率降低了，卖出现货债券本来可以获利，但是随着现货价格的上升，期货价格也上升了，要以更高的价格买回期货合约，这冲销了现货市场上的利润。因此，交易者不受利率变动影响的目标达到了，但也无法享受利率变动带来的利润，如果不进行套期保值的话，其境况会更好些。

（三）套期保值比率

以上分析没有考虑各种被保值债券自身的其他特点，如不同债券的信用等级、利率水平、期限特征等都会不同，这会使得被保值债券和国债期货最便宜可交割券的收益率并不会同步变化。因此，在实际应用中，需要对前面计算得到的套期保值比率按照被保值债券的特征进行适当调整。常用的方法就是收益率β系数法。具体做法是用历史数据建立被保值债券收益率与最便宜可交割债券收益之间的回归方程：

$r_b = \alpha + \beta r_{CTD} + \varepsilon$

其中，r_b表示被保值债券的收益率；r_{CTD}表示期货对应 CTD 债券的收益率；ε 是误差项；α 和 β 分别是截距和回归系数。

利用回归分析可以得到系数 β 的估计值，称为收益率 β，表示被保值债券与 CTD 债券收益率间的相对变动率，即 CTD 债券收益率变动 1% 时，被保值债券收益率变动 β%。进而，利用收益率 β 对套期保值比率进行调整，以消除被保值债券因信用风险等因素而造成的与 CTD 债券收益率之间的差异：

$h' = h \cdot \beta$

其中，h'表示调整后的套期保值比率；h 表示用修正久期法或基点价值法计算的套期保值比率。

（四）基差与套期保值

现货价格与期货价格之间的关系变化是以基差的形式表现出来的。对于国债期货而言，基差就是经转换因子调整后的国债期货价格与相应的现货价格间的差额，即：

基差 = 现货价格 - 期货价格 × 转换因子

总之，在套期保值中基差起到了关键作用。套期保值者将绝对现货价格风险管理，转变为相对的基差风险管理。在实际中，完美的套期保值往往很难达成。这是由于基差风险可能会来自以下几个方面：一是需要对冲价格风险的资产与期货合约的标的资产可能并不完全一致。这时需要利用交叉套期保值而不是直接套期保值，但两个市场上的收益率差异存在着诸多不确定性因素。二是套保者可能并不确定资产买入及卖出的时间。三是套保者可能需要在期货到期月之前将期货进行平仓。

因此，为了尽量规避基差风险，套保者在选择期货合约时，主要需要考虑两个因素：一是选择期货合约的标的资产；二是选择交割的月份。具体来说，首先如果被对冲资产刚好与期货标的资产吻合，第一个选择就很容易，其他情况下需要确定哪一种可以使用的期货合约与被对冲资产的价格有最密切的相关性。然后，交割月份的选择与几个因素有关。如果需要套保的时间与期货交割月份一致，就应直接选择该交割月份的期货合约。在实际操作中，套保者通常会选择一个随后月份交割的期货合约，这是为了避免交割月份期货价格的不稳定，以及期货多头在交割月份持有合约而面临不得不接受资产交割的风险。如果需要套保的时间与期货交割月份并不一致，则尽量选择与需要套保时间最接近的交割月份合约。

第十三章

期权产品投资

2015 年是中国的期权元年，2 月 9 日，上证 50ETF 期权正式推出上线运行。该期权的推出，结束了中国无标准化期权产品的历史，是中国金融创新的又一大举措。期权是具有丰富功能的一类基础性衍生产品，其推出将会对中国资本市场产生深远的影响，长期来看有望提高股市运行效率。对于国内多数投资者来说，期权仍然是新鲜的金融产品，期权的功能、性质与交易方法是期权投资者必须要学习和掌握的知识与技术。在上证 50ETF 期权推出的背景下，有必要对期权的知识与交易技术进行梳理与研究，为期权投资者提供一些帮助。

本章第一节对期权的知识进行梳理与总结，包括期权交易策略的基础、复式期权交易策略与利用期权构造投资组合策略。第二节研究价差期权，提供了近似公式与数值计算比较。接下来，研究期权水平价差策略，对该策略进行了量化分析，给出了与单个期权策略比较的规则。用期权对冲期权的中性价差策略，是一种期权与现货对冲方法的替代，研究了该策略的量化方面，并运用于期权的交易数据分析。该策略是期权风险管理的一种技术。在下面一节，期权比率价差策略是一种很灵活的交易策略。比率差价是一种流行的期权交易策略，操作方法是买入一定数量的买（或卖）权，卖出不等数量不同执行价的买（或卖）权。比率价差一般具有相对低的净成本。最后一节介绍期权垂直价差，这又分为牛市和熊市价差策略。上述策略的梳理与研究值得投资者借鉴。

第一节　期权交易策略概述

期权的发展对现代金融具有里程碑的意义。1973 年布莱克—斯科尔斯模型成功地解释了时间价值，突破性地对波动性进行了定价，从而推动了期权交易的现代化，也促进了金融创新、风险管理、金融监管的迅速发展。在金融衍生产品市场，期权与远期、掉期渐成鼎足之势。国际清算银行 2006 年 6 月发布的统计报告表明，场外市场（OTC Market）交易的股票期权、外汇期权、利率期权、商品期权在 2013 年底的交易余额高达 100 万亿美元。期权并非现代金融的特有产物。早在 17 世纪 30 年代“荷兰郁金香热”时期，期权交易就已存在。在郁金香球茎价格飞涨与剧烈波动的狂潮中，郁金香交易商与种植者就通过最原始的看涨期权（Call）与看跌期权（Put）来降低各自的风险。1973 年 4 月芝加哥期权交易所正式成立，期权交易从此步入了标准化、规范化的现代发展阶段。此后十余年间，股票、利率、外汇、商品等各类期权陆续推出，期权市场不断发展壮大。从产品本身看，除了看涨期权和看跌期权，各类新式期权（Exotic Options）也应运而生。根据 1991 ~ 1992 年马克·鲁宾斯坦（Mark Rubinstein）在《风险》（RISK）杂志中发表的一系列文章，新式期权可以分为打包期权、非标准美式期权、远期开始期权、复合期权、障碍期权、两值期权、回望期权、亚式期权和资产交换期权等若干种。在约翰·赫尔（John Hull）的经典著作《期权、期货和其他衍生产品》中，可以找到关于各种新式期权的简要解释，在此不赘述。

从交易策略看，买入看涨期权、买入看跌期权、卖出看涨期权以及卖出看跌期权是最基本的交易策略。以这四种策略为构建模块，通过不同方式进行组合，可以派生出各种各样的期权交易策略。在伦敦国际金融期货交易所（LIFFE），共有 50 多种期权交易策略可供投资者选择。如此众多的期权交易策略，能够充分满足市场参与者的需要，体现其市场观点，并在特定的市场环境下创造利润或提供保护。

一、期权交易策略基础

根据到期日的不同，期权可以分为欧式期权、美式期权、百慕大期权；根据权利内容不同，可分为看涨期权与看跌期权；根据执行价格的不同，又可分为实值期权（In the Money）、平值期权（At the Money）和虚值期权（Out the Money）。为分析方便，本部分所指的期权都是欧式期权，这也是场外交易的主要形式。单独买入或卖出一份看涨期权或看跌期权，是最为基本的交易策略。在到期日，期权买方将决定是否执行期权，期权一旦被执行，期权卖方就要在比市场价格更差的水平上卖出或买入标的物资产，承担一定的账面亏损。如果亏损值大于期初收到的期权费，卖出期权的交易策略也就失败了。

在到期日，每种交易策略的损益状态与当时的市场价格直接相关，图 13－1 和图 13－2 分别描述了四种策略在到期日的损益状态。设定 P 代表期权费，X 代表执行价格。

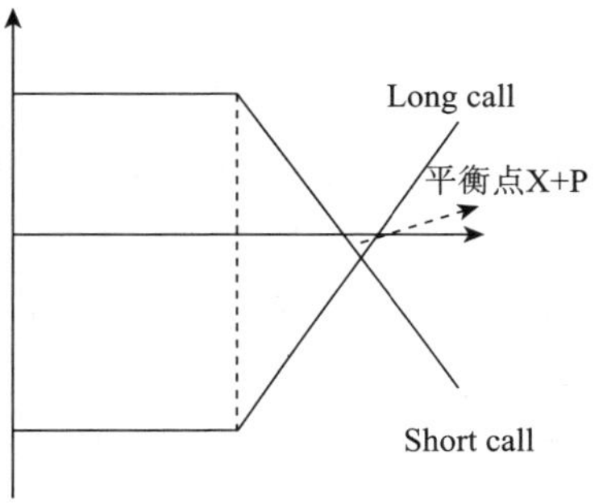

图 13－1　买入/卖出看涨期权

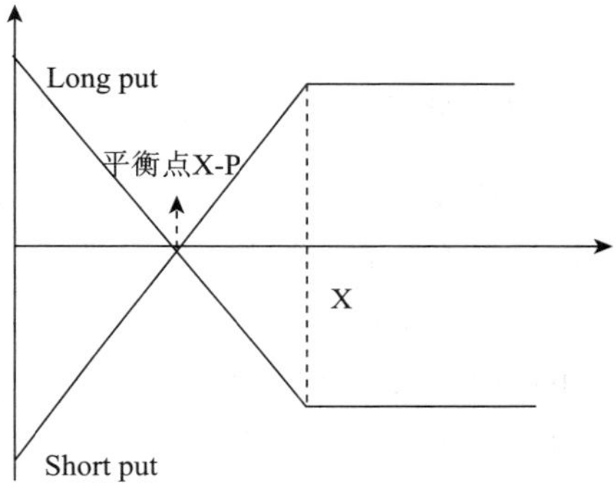

图 13－2　买入/卖出看跌期权

从理论上讲，买入期权，对投资者来说风险有限而收益无限，听上去似乎很诱人；卖出期权，对投资者来说风险无限而收益却有限，听起来相当可怕。但评估期权交易策略却不能如此简单明了，认真考察到期日的损益状态是关键。为抵补期权卖方承担的风险，期权卖方比买方天然地具有两个优势。一是概率。期权买方处于概率上的劣势，也就是期权买方虽然收益无限，但是这种收益在到期日前最终实现的概率却相对较小，图 13－1 中的损益平衡点就是明证。二是时间值的损耗。期权本身是一种随着时间的推移而耗损的资产，期权的时间价值随时日而逐渐减少并趋于零。可以说，时间是期权买方的敌人，是期权卖方的朋友。对于期权的卖方来说，无限的风险体现在价格的波动性上，市场出现的巨大波动性会导致期权卖方出现重大亏损，这种价格波动的不确定性也是投资者买入期权的重要理由。在这种情况下，期权卖方需要拥有多种对冲的手段和渠道来控制这种价格的不确定性（波动性）。

也正是在这种情况下，才衍生出越来越多的期权交易策略。

二、复式期权交易策略的构造

一般而言，复式期权交易策略可分为价差型（Spreads）和组合型（Combinations）。前者是指持有两个或多个相同类型期权头寸（如同时买入两个看涨期权，买入一个看跌期权再卖出另一个看跌期权）；后者是指同时持有两个或多个不同类型期权头寸（如买入一个看涨期权再卖出两个看跌期权）。不论是价差期权还是组合期权，都是以四种基本交易策略为模块构建起来的，在损益形态上也是各种基本策略的叠加。这样的叠加可以创造出丰富的损益形态，也是有规律可循的。如无特别说明，下面各种策略里看涨期权或看跌期权所针对的标的物资产都是相同的。

（一）逆转组合与牛市价差策略

买入逆转组合策略（Long Reversal），是指买入一个看涨期权的同时，卖出一个同样执行价格的看跌期权。在到期日，该交易策略的损益状态和直接买入标的物相同（如图 13－3 所示）。因此，该策略也被称为合成式买入标的资产（Synthetic Long Underlying）。该策略的期初投入只是看涨期权费支出与看跌期权费收入之差（可以根据期权平价关系公式计算得出），却获得了与直接投资标的物资产相同的头寸，即以较少资金投入获得一个多头头寸相同的投资收益。可见，该策略的损益特征与持有标的物资产期货合约相似，也是一种杠杆投资方式，采用此策略的投资者对后市强烈看涨。

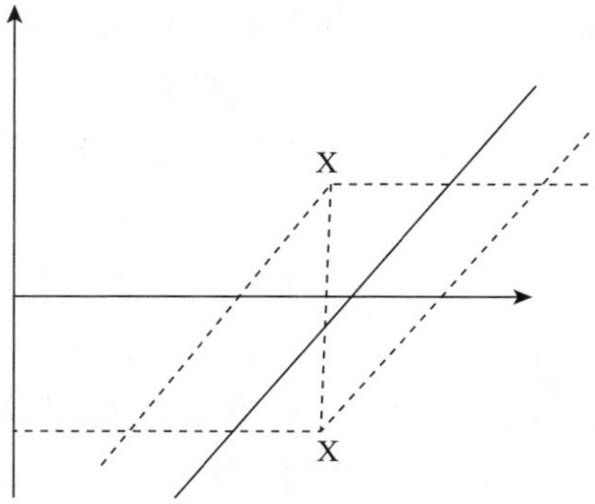

图 13－3　买入逆转组合

买入看涨价差策略（Long Call Spread），是指买入一个看涨期权的同时，卖出一个更高执行价格的看涨期权。到期日该策略的损益状态参见图 13－4。该策略的初始投资是两个看涨期权费的差，即投资者通过卖出较高执行价格（X_2）的看涨期权获得期权费收入冲抵了买入较低执行价格（X_1）看涨期权的费用支出，同时也限制了未来可能获利的空间。对于认为市场后市看涨但涨幅不大的投资者而言，买入牛市价差比直接买入看涨期权节省了成本，而放弃的则是不大可能实现的或有获利，是更加理智的选择。

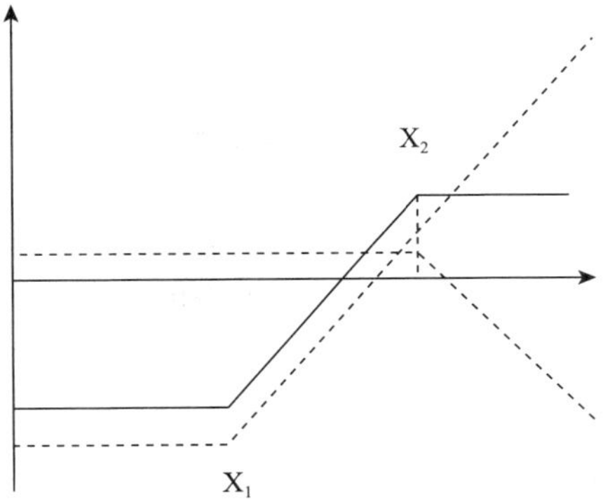

图 13－4 买入看涨期权价差

（二）蝶式、鹰式、铁蝶式与铁鹰式

买入蝶式价差（Long Butterfly Spreads），是以低执行价格（X_1）买入一份看跌（或看涨）期权，以较高执行价格（X_2）卖出两份看跌（或看涨）期权，以更高执行价格（X_3）买入一份看跌（或看涨）期权（见图 13－5）。可见，蝶式套利也有两种构造方法，分别由四份看涨期权或四份看跌期权组成。在到期日，无论市场大涨还是大跌，蝶式套利的风险总是有限，若市场围绕执行价格 X_2 小幅波动，该策略将获利。因此，当投资者预期市场处于小范围波动或波动率减低的情况下，可买入蝶式套利。

买入鹰式价差（Long Condor Spreads）以低执行价格（X_1）买入一份看跌（或看涨）期权，以较高执行价格（X_2 或 X_3）分别卖出一份看跌（或看涨）期权，以更高执行价格（X_4）买入一份看跌（或看涨）期权（见图 13－6）。鹰式与蝶式都由四份期权组成，且在最低执行价与最高执行价各买入一份期权。两者的不同点在于，蝶式策略中所卖出的两份期权，其执行价格是一致的；在鹰式策略中是相异的。

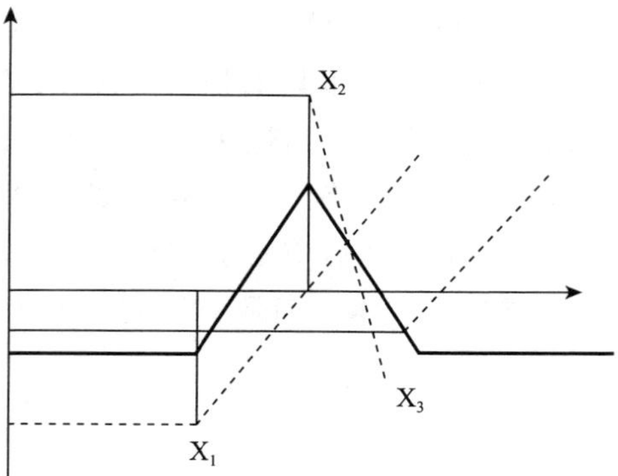

图 13-5 买入蝶式价差

一般而言，在首尾两份期权的执行价格相一致的前提下，鹰式策略的获利空间更宽泛，但初始成本也要高些。投资者买入鹰式策略的出发点与蝶式相类似，只是预期市场的波动范围稍大一些。

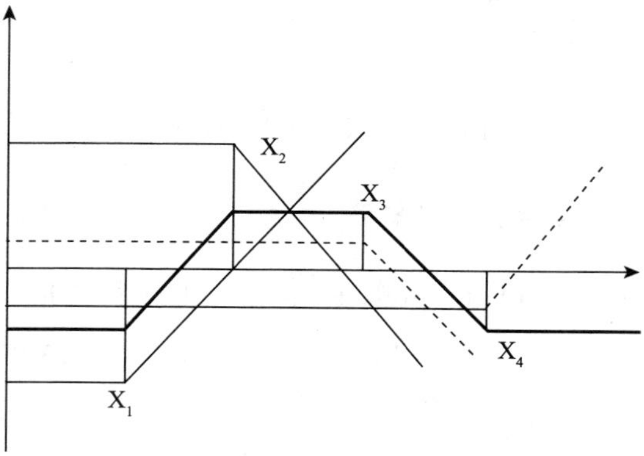

图 13-6 买入鹰式价差

卖出铁蝶式策略（Short Iron Butterfly），以低执行价格（X_1）买入一份看跌期权，以较高执行价格（X_2）卖出一份看跌和一份看涨期权，以更高执行价格（X_3）买入一份看涨期权（见图 13-7）。实际上等于卖出一份跨式期权（Straddle）的同时买入一份宽跨式期权（Strangle）进行套期保值。与跨式期权相比，铁蝶式策略的收益与风险均较低，投资者预期市场将围绕 X_2 做小范围波动。虽然卖出铁蝶式的损益形态与买入蝶式相同，但两者的区别也相当明显：（1）铁蝶式由看跌期权与看涨期权共同组成，属于组合型交易策略；蝶式则为价差型策略。（2）对卖出铁蝶式而言，期权费是初始收入，也是该策略的最大收益；对买入蝶式而言，期权费是初始成本，同时是该策略的最大损失。

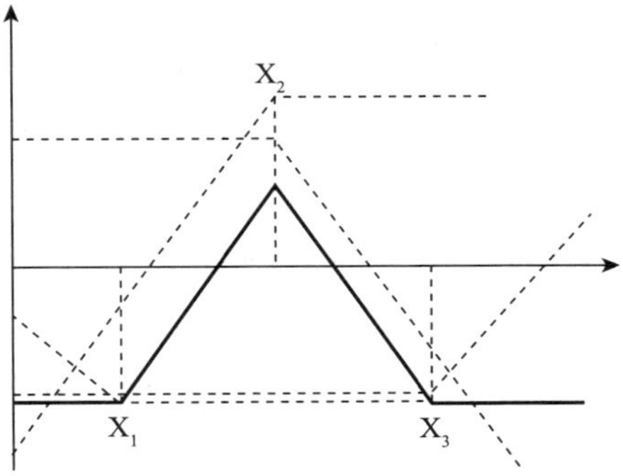

图 13－7　卖出铁蝶式价差

卖出铁鹰式策略（Short Iron Condor），以低执行价格（X_1）买入一份看跌期权，以较高执行价格（X_2或 X_3）依次卖出一份看跌期权和一份看涨期权，再以更高执行价格（X_4）买入一份看涨期权（见图 13－8）。铁鹰式之于铁蝶式，正如鹰式之于蝶式，两对策略的构造原理雷同，差别只在于中间两份期权的执行价格是否一致。实际上，铁蝶式和蝶式可以分别看成铁鹰式和鹰式的一个特例。在首尾两份期权的执行价格相一致的前提下，买入鹰式和铁鹰式的成本分别较蝶式和铁蝶式为高，在到期日能够获利的价格变动范围相对较宽。

仔细比较上述四种策略在构造方法、成本与损益状态及其所要表达的市场观点等方面的异同，我们能够更深刻地理解期权交易策略在表达和贯彻市场预期上的灵活性和精确性。

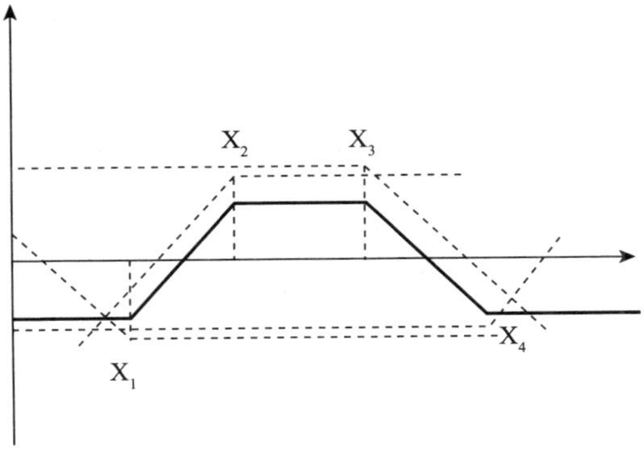

图 13－8　卖出铁鹰式价差

（三）期权结构的多头与空头

买入某种价差型或组合型期权结构，称之为多头策略；卖出相应的复式期权结构，则为空头策略。复式期权交易策略是由一系列基本交易策略组成的。如果所有构造模块都是买入或卖出期权，那么该交易策略的多头与空头是不言而喻的。大部分期权策略构成模块中既有买入期权也有卖出期权，如何判定它属于多头还是空头呢？除极个别情况（如逆转组合策略）外，判断标准其实很简单：如果所有期权费收入与支出轧差后为正，即期权费净收入，就是空头策略；为负则是多头策略。对于特定的期权结构，从图形上看，多头策略与空头策略所产生的损益状态沿横轴对称。一般而言，多头策略的最大成本就是初始期权费支出，空头策略的最大收益则为期权费收入。在实践中，投资者在运用两种策略时的市场预期通常也是互相对立的。

三、牛熊市交易策略和波动性策略的构造

四种基本策略都对应着不同的损益状态。正如上面的例子中所展现的，只要将四种基本策略以不同方式组合起来，就能构造出范围更广阔、形态更灵活的损益状态。理论上，如果期权的执行价格可以是任何可能的价格，那么就能够建立任意行使的损益状态。不同的市场参与者对市场价格和波动性的变动有着不同的看法。由于期权交易策略变化十分丰富也相当灵活，从简单到复杂，不论市场处于何种状况都有可供选择的策略，因此只要投资者对后市有看法，就有机会运用期权交易来投资获利。换言之，任何的市场观点都能找到一种适当的期权交易策略来表达。这正是期权交易对投资者的吸引力之一，也是其他金融商品所不及的。市场观点主要体现在价格和波动性两个方面，可简单将市场观点分为三种：牛市、熊市和市场中性。将期权策略与市场观点有机结合起来，可以把期权策略分为牛市交易策略、熊市交易策略和波动性策略。

（一）牛市交易策略与熊市交易策略

如果预期标的物资产价格在到期日将会上涨，交易者可以采用一系列期权交易策略。对价格上涨路径、幅度和方式的预期不同，交易者的策略也不尽相同。表13－1简单地归纳了几种比较典型的牛市交易策略的构造方式、市场预期、到期日损

益状态及有关备注。为便于理解，如无特殊说明，表 13－1 中执行价格 X_1 更接近即期价格，且所有期权到期日均相同。

表 13－1　　　　　　　　　　牛市期权交易策略

（1）买入逆转组合 （Long Reversal）	构造方式：以执行价格 X 买入一份看涨期权，以相同执行价格卖出一份看跌期权，期权费净值为 p
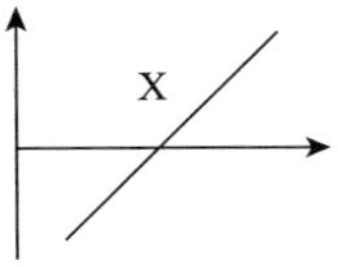	损益平衡点：$X+P$，由于所选的执行价格不同，该策略将得到或支出少许期权费，即 P 可正可负。 损益状态：与买入期货相同，潜在收益无限，最大损失为 $X+P$
（2）买入区间远期合约 （Long Range Forward）	构造方式：以执行价格 X_1 卖出看跌期权，以较高执行价格 X_2 买入看涨期权，并使期权费净值为零
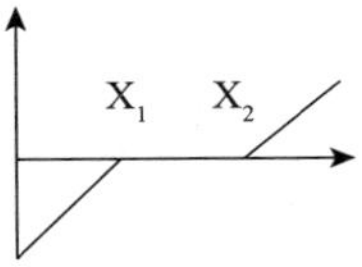	市场预期：价格看涨，且不会跌破 X_1。 损益平衡点：X_1 与 X_2 之间任何一点损益状态：到期日价格超过 X_2 时，开始获利；低于 X_2 时，出现损失。与买入逆转组合相比，潜在收益与损失均有所降低。 备注：$X_1=X_2$ 时，此策略就是买入逆转组合
（3）买入看涨期权 （Long Call）	市场预期：价格看涨，将超过 $X+P$（P 为期权费支出值）。 损益状态：到期日价格超过 $X+P$，开始获利，潜在收益无限；最大损失为 P
（4）买入看涨期权差 （Long Call Spread）	构造方式：以执行价格 X_1 买入看涨期权，以较高执行价格 X_2 卖出看涨期权，期权费净支出 P（$P>0$）
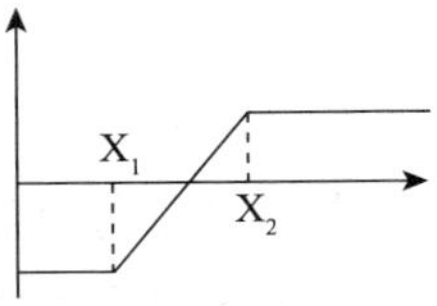	市场预期：价格看涨，但涨幅有限，超过 X_2 的可能性不大。 损益平衡点：X_1+P。损益状态：价格超过 X_1+P 时，开始获利，最大收益 X_2-X_1-P；最大损失为 P。 备注：与买入看涨期权相比，成本降低，潜在获利空间减少
（5）卖出 1∶2 比率价差 （Short Ratio Call Spread）	构造方式：以执行价格 X_1 买入一份看涨期权，以较高执行价格 X_2 卖出两份看涨期权，通常会调整执行价格使期权费为零
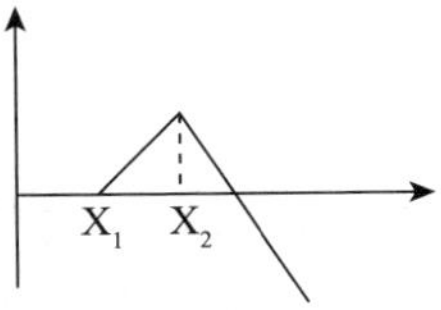	市场预期：看涨但涨幅有限，超过损益平衡点的可能性不大。 损益平衡点：$X_2+(X_2-X_1)$。 损益状态：价格超过 X_1 时，开始获利，价格在 X_2 时取得最大收益（X_2-X_1）；价格超过损益平衡点后，出现亏损，最大损失无限

续表

(6) 卖出看涨期权阶梯 (Short Call Ladder)	构造方式：以执行价格 X_1 买入一份看涨期权，以较高执行价格 X_2、X_3 依次卖出两份看涨期权，并使期权费为零
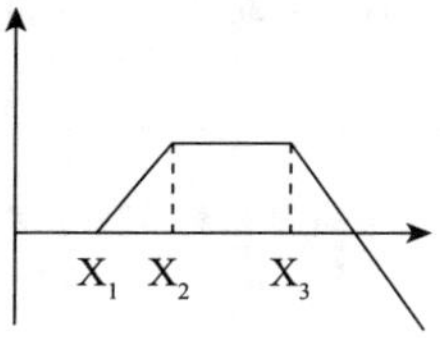	市场预期：看涨但涨幅有限，超过损益平衡点的可能性不大。 损益平衡点：$X_3+(X_2-X_1)$。 损益状态：价格超过 X_1 时，开始获利，价格在 X_2 到 X_3 之间时取得最大收益 (X_2-X_1)； 价格超过损益平衡点后，出现亏损，最大损失无限。 备注：$X_2=X_3$ 时，此策略即为卖出 1:2 看涨价差
(7) 卖出看跌期权 (Short Put)	市场预期：看涨或不变，价格不会跌破 $X-P$（P 为期权费收入值）。 损益状态：到期日价格超过 $X-P$，开始获利，最大收益为期权费收入；最大损失为 $X-P$
(8) 卖出看跌期权价差	构造方式：以执行价格 X_1 买入看跌期权，以较低执行价格 X_2 卖出看跌期权，期权费净收入 P
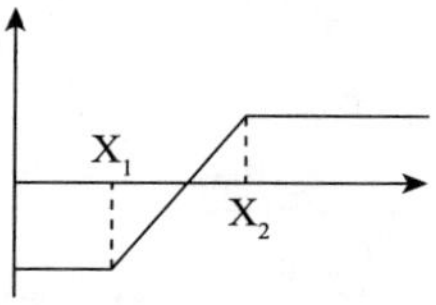 (Short Put Spread)	市场预期：价格看涨或不变，跌破损益平衡点的可能性不大。 损益平衡点：X_1-P。 损益状态：价格维持在 X_1-P 以上，最大收益为 P；否则出现亏损，最大损失为 X_1-P-X_2。 备注：与买入看涨期权相比，期权费收入降低，最大损失减少

与牛市策略相对，典型的熊市交易策略有卖出逆转组合、卖出范围远期、买入看跌期权、买入看跌期权价差、卖出 1∶2 看跌价差、卖出看跌期权阶梯、卖出看涨期权、卖出看涨期权价差等。

需要特别说明的是，几种上面没有提到的策略，诸如买入 1∶2 看涨价差、买入看涨期权阶梯、买入 1∶2 看跌价差以及买入看跌期权阶梯等多头策略，它们的损益状态在到期日同与其相对立的空头策略沿横轴对称，形态相反，但这并不意味着它们分属牛市策略和熊市策略两个阵营。鉴于这几个策略在实践中并不常用，感兴趣的读者可以自行分析。

（二）波动性策略（市场中性）

这里所说的市场中性，并不等于市场价格不变，而是指投资者对价格运动的具体方向没有明确看法。在到期日，价格也许在某个范围内波动，也许在某个方向上形成突破。在没有进行 Delta 套期保值的情况下，交易者表达对波动性的看法主要是认为在市场中性的前提下，选择特定的期权交易策略。表 13－2 中所列示的交易策略，无论是空头策略还是多头策略，交易者的市场预期都是一致的，即认为价格将在某个范围内作小幅波动或波动性降低。如果交易者持相反的市场观点，认为价格波动会大幅升高，或价格将向某一个方向作重大突破，交易者只需选择与下表各策略相反的交易策略即可，如买入跨式、宽跨式、铁蝶式、铁鹰式以及卖出蝶式、鹰式等。

表 13－2　　　　波动性期权交易策略

（1）卖出跨式组合 （Short Straddle）	构造方式：以执行价格 X 卖出一份看跌期权，以相同执行价格卖出一份看涨期权，两者通常为平值期权，期权费总收入 P
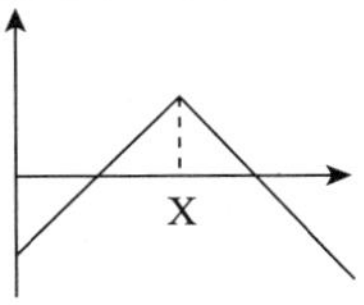	市场预期：波动性降低，价格将在两个损益平衡点小幅波动。 损益平衡点：$X+P$ 和 $X-P$。 损益状态：价格在 $X\pm P$ 之间波动时获利，最大收益 P；否则亏损，最大损失 $X-P$（价格下跌时）或无限（价格上涨时）
（2）卖出宽跨式组合 （Short Strangle）	构造：以执行价格 X_1、X_2 各卖出一份看跌（或看涨）期权，期权费支出 P
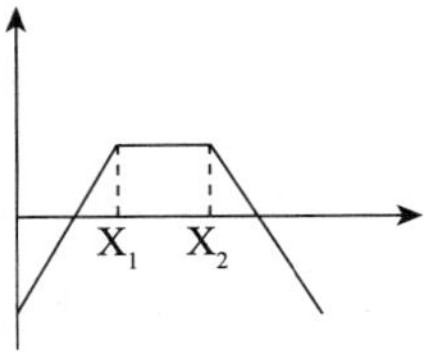	市场预期：波动性降低，价格将在两个损益平衡点小幅波动。 损益平衡点：X_1-P 和 X_2+P。 损益状态：价格在损益平衡点之间波动时获利，最大收益 P；否则亏损，最大损失 X_1-P（价格下跌时）或无限（价格上涨时）。 备注：卖出宽跨式的期权费收入比卖出跨式低，能够获利的价格波动范围要宽
（3）买入蝶式组合 （Long Butterfly）	构造方式：以执行价格 X_1、X_2 各买入一份看涨（或看跌）期权，以执行价格 X 卖出两份看涨（看跌）期权，X 在 X_1 与 X_2 的中点，期权费支出 P
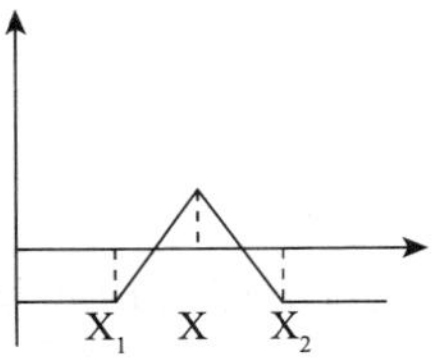	市场预期：波动性降低，价格将在两个损益平衡点小幅波动。 损益平衡点：X_1+P 和 X_2-P。 损益状态：价格在 X_1+P 和 X_2-P 之间波动时获利，在 X 点取得最大收益 X_2-X-P；否则亏损，最大损失 P

续表

(4) 买入鹰式组合 (Long Condor)	构造方式：以执行价格 X_1、X_4 各买入一份看涨（或看跌）期权，以执行价格 X_2、X_3 各卖出一份看涨（看跌）期权，期权费支出 P
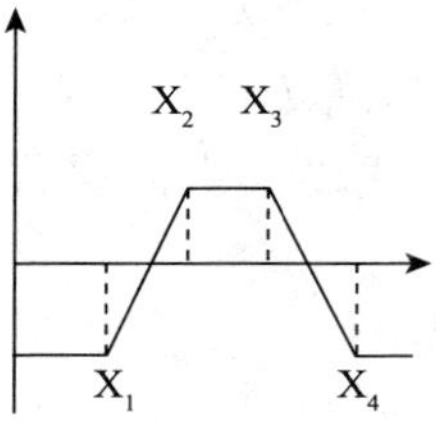	市场预期：波动性降低，价格将在两个损益平衡点小幅波动。 损益平衡点：X_1+P 和 X_2-P。 损益状态：价格在 X_1+P 和 X_2-P 之间波动时获利，在 X 点取得最大收益 X_2-X-P；否则亏损，最大损失 P
(5) 卖出铁蝶式价差 (Short Iron Butterfly)	构造方式：卖出执行价格为 X 的跨式组合，再买入执行价格为 X_1 或 X_2 的宽跨式组合，期权费收入 P
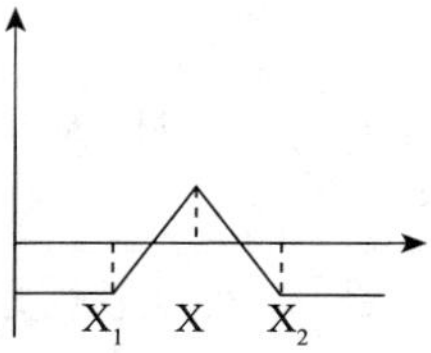	市场预期：波动性降低，价格将在两个损益平衡点小幅波动。 损益平衡点：$X+P$ 和 $X-P$。 损益状态：价格在 $X\pm P$ 之间波动时获利，最大收益 P；否则亏损，最大损失 $X-P-X_1$（价格下跌时）或 X_2-X-P（价格上涨时）。 备注：卖出铁蝶式的期权费收入比卖出跨式低，但价格波动超出预期范围后面临的风险是有限的
(6) 卖出铁鹰式价差 (Short Iron Condor)	构造方式：卖出执行价格为 X_1、X_2 的跨式组合，再买入执行价格为 X_3、X_4 的宽跨式组合，期权费收入 P
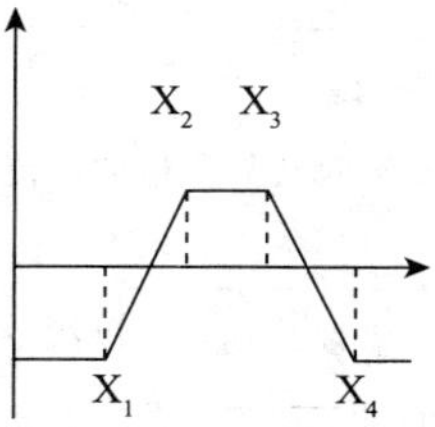	市场预期：波动性降低，价格将在两个损益平衡点小幅波动。 损益平衡点：X_3+P 和 X_2-P。 损益状态：价格在 X_3+P 和 X_2-P 之间波动时获利，最大收益 P；否则亏损，最大损失 X_2-X_1-P（价格下跌时）或 X_4-X_3-P（价格上涨时） 备注：铁鹰式之于铁蝶式，正如宽跨式之于跨式，初始收入减少，但能够获利的价格范围加大

四、如何利用期权构造投资组合策略

投资可分为增量投资和存量投资。存量投资，即先前投资积累的资产对应投资的总称。在增量投资中，根据期权的观点可将投资机会看作一个看涨期权。投资需要的资金投入为执行价格，投资事业的现金流量折现值为标的物价值。在存量投资中，进行存量投资优化可采用企业兼并、战略联盟和动态联盟等方式。从期权的观点，可将企业无形存量投资看作一种看涨期权，企业有形存量投资看作执行价格，企业未来现金流量的总现值为标的物的价值。因此，企业兼并、战略联盟和动态联盟等可看作是对这种看涨期权的操作。

期权的魅力在于它能由多种途径创造出不同的投资组合，其收益取决于标的物的价值。各种不同的期权组合形成多种期权交易策略。同样，根据期权的观点，在增量投资、存量投资优化中也可产生多种基于期权观点的投资策略。

（一）增量投资策略

在增量投资决策中，标的物为投资行为，投资机会被看作一个看涨期权。投资机会在实际中只可通过先期投资而获得，无法做空头，因此投资机会只能被看作多头看涨期权。多头投资行为，即投资者纷纷看好投资市场进行投资，等待其带来现金流量的折现值的增长，并在其带来的现金流量显著下降前撤资；空头投资行为，即投资者不看好投资市场，进行撤资，等待投资带来的现金流量显著增长时再进行投资。在期权交易策略中，主要有三种投资组合，即单个期权与标的物的组合、组合期权和差价期权。由于投资机会仅能做多头看涨期权，因此若将期权交易策略推广到增量投资决策中，只有单个期权与标的物的组合方式具有一定实际意义。

（二）多头投资行为+看涨期权的多头

期权交易策略主要有两个作用：规避风险、投机获利。多头投资行为+看涨期权的多头（如图 13－9），起不到规避风险的作用，从而在证券市场上这一投资组合最多不过是两种不相干的投资，意义不大。

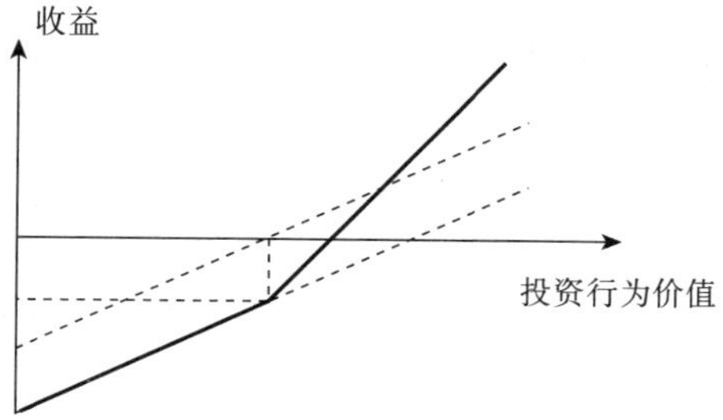

图 13－9　多头投资行为和多头看涨期权的组合

实际上在投资中，若目前市场看好某一类投资，投资者纷纷进入，即多头投资行为，但投资者增多，市场收益将逐渐降低，有眼光的投资者则能“居安思危”，在此相关产业上继续投资于研究开发项目，相当于获取一个看涨期权，保证了未来的投资收益继续看好。其中，“多头投资行为”为“多头看涨期权”的实现提供资金保证，“多头看涨期权”成为企业未来收益的基础。因此，很多企业均采用“多头投资行为+看涨期权的多头”这一投资组合，以“永葆青春”。

（三）空头投资行为+看涨期权的多头

在投资行为价值急剧上升的情况下，投资者在空头投资行为上的巨大损失由行使看涨期权的收益挽回损失。因此，这种投资组合策略既可起到规避风险作用，又可用来投资获利。此时，如图13-10，该投资组合策略的收益 E_p 为 $E_p=-(S_T-K)+[\max(S_T-K,0)-c]=\max(K-S_T-c,-c)$。可以看出，在投资行为价值低于执行价格 K（投资需要的资金投入）时，投资组合策略的收益为 S_T-K+c，投资行为价值低于 $K-c$，投资组合策略的收益为负，呈现亏损状态：投资行为价值处于 $K-c$ 与 K 之间时，投资组合策略的收益处于 $0\sim c$ 之间；投资行为价值高于 K，投资组合策略的收益为 c。

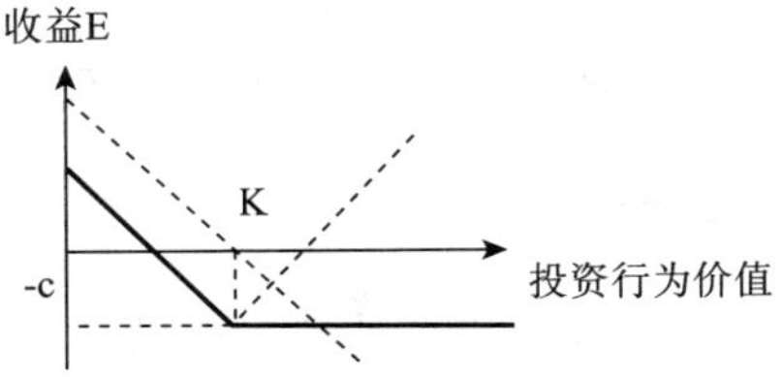

图13-10　空头投资行为和多头看涨期权的组合

预计未来投资行为价值会大幅下降时，此投资策略在预计正确的情况下会有赢利。即使未来投资行为价值意外大幅上升，投资行为上的亏损会被看涨期权的赢利抵消或亏损初始期权费。

在实际投资中，某一类投资目前市场不被看好，有撤资意向，即空头投资行为。这种投资策略使企业的收益得以保障，这种投资组合还有规避风险的作用，即在撤资不力的情况下，投资行为上的损失也可通过执行看涨期权得到补偿。

企业在遇到多个市场机会时，可将上面的两种适当组合，使风险规避与投资收益统一。

（四）存量投资优化策略

在存量投资中，企业有形存量投资为标的物，企业无形存量投资被看作一种看涨期权。多头有形存量投资，即企业纷纷看好投资市场，兼并或联盟以增加企业有形存量投资，等待其带来的现金流量增长，并在其带来的现金流量显著下降前转让有形存量投资而撤资；空头有形存量投资，即企业不看好投资市场，转让有形存量投资而撤资，等待投资带来的现金流量显著增长时再收购有形存量投资。多头看涨期权，即可由历史的积淀和先前投资获得；空头看涨期权，即售出看涨期权，相当于将企业的无形存量投资以一定协议价格让他人使用，如定牌生产。

由此，存量投资中的投资策略要比增量投资策略丰富得多。由于无形存量投资仅可为看涨期权，因此在存量投资优化期权策略主要指单个期权与标的物的组合、差价期权。在实际经济中，存量投资优化主要有企业兼并、战略联盟和动态联盟等方式，也是下面涉及的优化策略的具体实现途径。

1. 单个期权与标的物的组合。由于企业存量投资仅可被看作一个看涨期权，因此根据期权交易策略最多形成四种存量投资策略。其中，“多头 + 多头”“空头 + 空头”在证券期权组合上意义不大，但在实际经济中却有着独特的含义，另外两个组合既有规避风险的作用，也可投机获利（见表 13 – 3）。

表 13 – 3　　单个期权与标的物组合的存量投资策略

市场机会	无形资产	有形资产	企业存量投资优化行为	存量投资期权策略
看好	良好	欠缺	增加企业有形资产，同时将自己的无形资产有偿让他人使用	多头有形存量投资 + 看涨期权的空头
看好	良好	充足	增加企业有形资产是为更好满足市场需求，而同时增加无形资产投入的看涨期权多头是能够居安思危，为以后更好地发展	多头有形存量投资 + 看涨期权的多头
不看好	欠缺	充足	减少企业有形资产，同时增加无形资产投入，为以后发展打好基础	空头有形存量投资 + 看涨期权的多头
不看好	良好	充足	减少企业有形资产，同时将自己的无形资产有偿让他人使用	空头有形存量投资 + 看涨期权的空头

2. 差价看涨期权。差价看涨期权可分为垂直差价看涨期权、日历差价看涨期权、对角差价看涨期权。其中，垂直差价看涨期权的到期日相同、执行价格不同，可分为牛市、熊市、比率和蝶式等差价看涨期权等类型。

由于企业的优势差异，企业相对于不同市场机会的无形资产是有差异的。因此，在差价看涨期权中可设定：与企业优势对应的市场机会的看涨期权空头的执行价格比与企业弱势对应的市场机会的看涨期权空头的执行价格高，因为与企业优势对应的市场机会的企业无形存量投资更可靠，从而形成优势、弱势看涨期权的头寸。由于同一看涨期权的多头和空头的执行价格是相同的，进而可形成期权策略（如表13－4）。这种期权策略实质是对企业无形存量投资的优化组合。

表13－4　差价期权的存量投资优化策略

无形存量投资期权策略	企业无形存量投资优化	市场机会
牛市差价看涨期权	弱势看涨期权多头＋优势看涨期权空头：由具有较低执行价格的看涨期权多头和具有较高执行价格的看涨期权空头组合，既保证在预计价值上升正确的情况上获取一定收益，又避免在判断失误的情况下遭受巨大损失	看好
熊市差价看涨期权	优势看涨期权多头＋弱势看涨期权空头：由具有较高执行价格的看涨期权多头和具有较低执行价格的看涨期权空头组合，在限制预计价值下降正确的情况下的潜在收益，也避免预期失误时的损失	不看好
比率差价看涨期权	1个弱势看涨期权多头＋2个优势看涨期权空头：构造符合精确市场预期的收益图形，更多用来投机，而不是规避风险	精确预期
蝶式差价看涨期权	由三种不同执行价格的看涨期权头寸组成，如1个低于现价的执行价格的看涨期权多头、1个高于现价的执行价格的看涨期权多头和2个接近现价的执行价格的看涨期权空头组成	不可能有大的波动
日历差价看涨期权	一般由1个看涨期权空头和1个具有相同执行价格且到期日更长的看涨期权多头组成	不确定
对角差价看涨期权	执行价格、到期日均不同的组合	不确定

五、期权交易策略的运用和总结

在期权交易策略中，各构造模块的执行价格十分灵活多变，而执行价格的选择直接决定了损益平衡点的位置。作为交易者市场预期的临界点，损益平衡点与市场预期又存在着密切的对应关系。换而言之，任何一种市场预期，最终都要反映到每个具体的损益平衡点上。

在形成了特定的市场预期后，交易者需要选取合适的期权交易策略进行表达，损益平衡点则是连接市场预期和交易策略的桥梁。譬如，交易者预期在一定时期后价格将高于A而低于B，A与B即为损益平衡点。在两个价格点之间获利的交易策略可有数种选择，仅从上述各表所列举的策略中，至少有八个满足条件。显然，各种备选策略的收益风险特性相去甚远，交易者需要进一步细化自身的市场预期。进一步假设交易者十分确定价格不会超过B，并不愿承担价格一旦跌破A而带来的损失。在这种预期下，交易者应当选择卖出1:2看涨价差或卖出看涨期权阶梯，并根据损益平衡点分别倒推每个看涨期权的执行价格，然后再对比两种策略的损益状态，做出最终的决定。

市场预期终归只是交易者的主观看法，特别是对于某些期权策略，一旦预期出错，潜在的损失将不可估量。因此，在交易之初，交易者就务必对此做好准备，采取一定的防范措施。在初步选定某种期权策略后，交易者需要结合自身头寸状况和风险承受能力，考察并确定该策略可能带来的最坏情形是不是可以接受的。如果不是，应当换用其他满足风险控制要求的策略，即使这样会丧失更好的获利机会。毕竟，对任何交易策略而言风险控制是首要的。正如索罗斯所述："投机本身没有风险，失去控制的投机才有风险。"

熟练掌握不同市场预期和期权交易策略之间的联动关系，并认真对比分析各种策略的损益平衡点与损益状态，是正确运用期权策略的基础和关键；对可能出现的最坏情形做好准备，加强风险控制，则是创造交易利润的根本保障。

基于期权视野下的增量投资策略将为此提供一种思路。我国几十年的计划经济建设积累了大量的存量投资正需要优化，基于期权角度的存量投资策略具有一定的实际意义。如若一种投资组合可用某一期权投资策略组合进行诠释，便进一步可采用期权的方法对投资进行估值，进而进行投资决策，为企业的发展提供了更有力的保障。这也是企业提高竞争力的一个途径。学会利用期权的思想来发展企业无疑是管理层新的学习方向。

第二节　价差期权价格的公式与计算比较

上一节介绍的期权交易策略中，涉及很多的期权价差策略，因此将介绍价差期权的定价问题。具体地，假设资产价格服从了几何布朗运动，即对数正态分布。Bjerksund和Stensland（BS）以Kirk公式（1995）的隐含策略，当多头资产价格超过空头资产价格的某一给定的幂函数时执行期权，作为起点考虑了价差期权的问题。BS公式的推导是以该执行策略为条件的。BS公式由三项组成，其中两项是关于两资产，第三项是关于执行价的。与经典期权公式类似，公式的每一项都有一个标准正态分布累积概率，其中每个变量是远期价格、到期时间、波动率、相关系数的函数。

数值例子表明了BS公式是极其准确的，其精度比Kirk公式更高些。而且，该公式的精度与Carmona和Durrleman（CD）所建议程序的下界精度是可比的，但后者需要一个复杂的二维优化算法。

一、模型假设

考虑完备的市场，假设无风险利率是 r。假设两资产价格在未来时间 T 服从等价鞅测度下的过程：

$$S_1 = F_1 \exp\{-\frac{1}{2}\sigma_1^2 T + \sigma_1 \sqrt{T}\varepsilon_1\} \tag{1}$$

$$S_2 = F_2 \exp\{-\frac{1}{2}\sigma_2^2 T + \sigma_2 \sqrt{T}\varepsilon_2\} \tag{2}$$

其中，F_1、F_2 是当前时刻的远期价格；σ_1、σ_2 是价格的波动率；ε_1、ε_2 是两个标准的正态随机变量，且相关系数为 ρ。从上面的方程看出两资产的价格是对数正态的，且预期的价格均是当前时刻的远期价格。

二、价差买入期权

关于价差 $S_1 - S_2$ 的欧式买入期权，其到期时间长度为 T，执行价格为 K，在到期时期权的支付为：

$$C(T) = (S_1 - S_2 - K)^+ \tag{3}$$

其中 $a^+ = \max(a, 0)$。那么在初始时刻期权的价格可以表示为：

$$C = e^{-rT} E[(S_1 - S_2 - K)^+] \tag{4}$$

根据买权卖权的平价关系可知，关于价差 $S_1 - S_2$ 和执行价格为 K 的欧式价差卖出期权的价格 P，可以由 $P = C - e^{-rT}(F_1 - F_2 - K)$ 给出。

对于对数正态的 S_1、S_2，期权价格 C 一般没有已知公式。然而对于限制的情形，封闭解是可以得到的。例如，当 $F_2 = 0$ 时，欧式价差期权就成了标准期权，这是 Black - Scholes 的情形；当 $K=0$ 时，欧式价差期权就变成交换期权（用一个资产去交换另一个资产），该情形对应的价格公式是就 Margrabe 公式。

三、Kirk 公式

在一般情形中，我们不得不依赖于逼近公式或者扩展的数值方法计算价差期权的价值。近似的公式允许迅速计算且促进分析技巧，然而数值方法产生更准确的结果。从业人员更关注简单的计算和真实的解，封闭形式的逼近公式是典型的首选。

Kirk（1995）建议用下面的公式来逼近价差买入期权：

$$C_K = e^{-rT}\{F_1\Phi(d_{K,1}) - (F_2+K)\Phi(d_{K,2})\} \tag{5}$$

其中 $\Phi(\cdot)$ 表示标准正态分布函数；参数 $d_{K,1}$、$d_{K,2}$ 定义为：

$$d_{K,1} = \frac{\ln(F_1/(F_2+K)) + \frac{1}{2}\sigma_K^2 T}{\sigma_K\sqrt{T}} \tag{6}$$

$$d_{K,2} = d_{K,1} - \sigma_K\sqrt{T} \tag{7}$$

$$\sigma_K = \sqrt{\sigma_1^2 - 2\frac{F_2}{F_2+K}\rho\sigma_1\sigma_2 + \left(\frac{F_2}{F_2+K}\right)^2\sigma_2^2} \tag{8}$$

四、Carmona - Durrleman 的算法

Carmona 和 Durrleman 利用两个独立的状态变量来表示未来的现货价格，且用三角函数法建模相关性。具体上面的方程（1）和（2）变成以下的形式：

$$S_1 = F_1\exp\{-\frac{1}{2}\sigma_1^2 T + (z_1\sin\omega + z_2\cos\omega)\sigma_1\sqrt{T}\} \tag{9}$$

$$S_2 = F_2\exp\{-\frac{1}{2}\sigma_2^2 T + \sigma_2\sqrt{T}z_2\} \tag{10}$$

其中，z_1、z_2 是两个标准的相互独立的正态分布变量，且 $\cos\omega=\rho, \omega\in[0,\pi]$。公式考虑了：根据一个可行的但非最优的策略，执行价差期权的价值。具体策略是，当状态变量满足：

$$Y_{\theta^*} \equiv z_1\sin\theta^* - z_2\cos\theta^* \leqslant d^* \tag{11}$$

其中 $\theta^*\in[\pi,2\pi]$，且 d^* 是通过最大化期权价值而获得数值。

以此策略获得的价值，表示了价差期权价值的一个较低的界，该价值表示为：

$$C_{CD} = e^{-rT}E[(S_1 - S_2 - K)\cdot I(z_1\sin\theta^* - z_2\cos\theta^* \leqslant d^*)]$$
$$= e^{-rT}\{F_1\Phi(d^* + \sigma_1\sqrt{T}\cos(\theta^* + \phi)) - F_2\Phi(d^* + \sigma_2\sqrt{T}\cos\theta^*) - K\Phi(d^*)\} \quad (12)$$

Carmona 和 Durrleman 的数值结果表明了低界的优化程序产生了对期权价值的非常准确的估计。

五、价差期权价值封闭的 BS 公式

Kirk 公式实际上来自下面的数学期望：

$$C_K = e^{-rT}E[(S_1 - \frac{aS_2^b}{E[S_2^b]})\cdot I(S_1 \geqslant \frac{aS_2^b}{E[S_2^b]})] \quad (13)$$

其中，参数为 $a = F_2 + K, b = F_2/(F_2 + K)$，且：

$$E[S_2^b] = \exp\{\frac{1}{2}b(b-1)\sigma_2^2 T\}F_2^b$$

注意到当 $K \geqslant 0$ 时 $0 \leqslant b < 1$。方程（13）说明了 Kirk 公式所蕴含的策略是，当资产价格 S_1 超过 S_2 的一个比例的幂函数时，执行期权。

借用上面 Kirk 公式的想法，可获得价差期权价格的一个替代逼近公式，即 BS 公式。在 Kirk 执行策略下，价差期权的到期支付函数为：

$$c(T) = (S_1 - S_2 - K)\cdot I(S_1 \geqslant \frac{aS_2^b}{E[S_2^b]}) \quad (14)$$

方程（14）中执行策略是显然可行的。然而，最优的执行策略是当且仅当支付函数是正的。而方程（14）中的执行策略由示性函数所指明，并不是最优的。因此，该策略所决定的价值是真实期权价值的一个下界。

性质 1：逼近价差买入期权价值的公式为：

$$c(a,b) = e^{-rT}E[(S_1 - S_2 - K)\cdot I(S_1 \geqslant \frac{aS_2^b}{E[S_2^b]})]$$
$$= e^{-rT}\{F_1\Phi(d_1) - F_2\Phi(d_2) - K\Phi(d_3)\} \quad (15)$$

其中参数定义为：

$$d_1 = \frac{\ln(F_1/a) + (\frac{1}{2}\sigma_1^2 - b\rho\sigma_1\sigma_2 + \frac{1}{2}b^2\sigma_2^2)T}{\sigma\sqrt{T}} \quad (16)$$

$$d_2=\frac{\ln(F_1/a)+(-\frac{1}{2}\sigma_1^2+\rho\sigma_1\sigma_2+\frac{1}{2}b^2\sigma_2^2-b\sigma_2^2)T}{\sigma\sqrt{T}} \tag{17}$$

$$d_3=\frac{\ln(F_1/a)+(-\frac{1}{2}\sigma_1^2+\frac{1}{2}b^2\sigma_2^2)T}{\sigma\sqrt{T}} \tag{18}$$

$$\sigma=\sqrt{\sigma_1^2-2b\rho\sigma_1\sigma_2+b^2\sigma_2^2} \tag{19}$$

且常数 a，b 定义为：

$$a=F_2+K \tag{20}$$

$$b=\frac{F_2}{F_2+K} \tag{21}$$

根据买卖期权的平价关系，关于价差 S_1-S_2 的到期时长为 T 的卖出期权价值可以表示为：

$$p=c-e^{-rT}(S_1-S_2-K)$$

六、数值结果

比较 Kirk 逼近公式（5）～（8）和 BS 公式（15）～（21）的准确度，同时比较 a、b 最大化价值公式得到最优下界（最大化产生结果与 Carmona 和 Durrleman 的优化结果相同）。

为了逼近真实的价差期权的价值，运用 Monte Carlo 模拟方法产生前 10 万对二维 Halton 序列。为了减少模拟误差，使用价差买入期权的价值作为控制变量。采用 Carmona 和 Durrleman（2003）中的数值例子，其中无风险利率是 $r=0.05$ 和时间长度是 $T=1$。对应的远期价格为：

$$F_1=e^{(0.05-0.03)\cdot 1}\times 110=112.22$$

$$F_2=e^{(0.05-0.02)\cdot 1}\times 100=103.05$$

年化的波动率是 $\sigma_1=0.10$ 和 $\sigma_2=0.15$。考虑不同的执行价 K 和不同的相关系数 ρ 的组合。当 $K=0$ 时，价差期权就简化为 Margrabe 的交换期权；当 $K>0$ 时，对应于以价差 S_1-S_2 为标的的买入期权；当 $K<0$ 时，期权表示相反价差的卖出期权，即 S_2-S_1，卖出期权的价值可以通过平价关系得到。表 13－5 展示了价差期权的定价结果。对于每个不同 K，第一行给出了基于 Kirk 公式的价值。第二行给出了基于 10 万次取样的价差期权模拟的价值。以模拟的价值作为价差期权价值的基准。第三

行给出了模拟价值的标准差。第四行是关于 a、b 优化得到的价值，这类似于 Carmona 和 Durrleman（2003）的优化程序。第五行是 BS 公式产生的价值（即固定的 a、b 的情形）。令人感兴趣的是，从表 13－5 中可以看到，当 $K=5$ 时和不同相关系数，Kirk 公式违反了 BS 公式所定的下界。

表 13－5　价差期权的价值

K	ρ					
	－1.0	－0.5	0.0	0.3	0.8	1.0
－20	29.6752	29.0056	28.3848	28.0709	27.7704	27.7538
	29.6561	28.9948	28.3811	28.0701	27.7701	27.7538
	－2.36E－06	－1.07E－05	－1.72E－05	－1.11E－05	－6.14E－06	－8.24E－06
	29.6561	28.9948	28.3811	28.0701	27.7701	27.7538
	29.6561	28.9948	28.3811	28.0701	27.7701	27.7538
－10	21.8787	20.9114	19.8917	19.2710	18.3816	18.2444
	21.8686	20.9050	19.8889	19.2701	18.3811	18.2439
	－2.24E－06	－2.24E－06	－7.59E－06	－5.68E－06	－5.16E－06	－1.06E－05
	21.8686	20.9050	19.8889	19.2701	18.3811	18.2439
	21.8686	20.9049	19.8888	19.2701	18.3811	18.2438
0	15.1332	13.9180	12.5237	11.5618	9.6325	8.8212
	15.1332	13.9180	12.5237	11.5618	9.6325	8.8212
	0	(0)	0	0	0	0
	15.1332	13.9180	12.5237	11.5618	9.6325	8.8212
	15.1332	13.9180	12.5237	11.5618	9.6325	8.8212
5	12.2425	10.9543	9.4431	8.3649	5.9628	4.4420
	12.2441	10.9562	9.4453	8.3674	5.9670	4.4542
	－1.61E－05	－1.29E－05	－1.21E－05	－1.51E－05	－1.68E－05	－3.35E－06
	12.2441	10.9562	9.4453	8.3674	5.9670	4.4542
	12.2441	10.9562	9.4453	8.3674	5.9670	4.4542
15	7.5376	6.2559	4.7562	3.6907	1.3545	0.0724
	7.5218	6.2422	4.7445	3.6798	1.3425	0.0488
	－3.25E－05	－2.82E－05	－2.71E－05	－2.99E－05	－3.95E－05	－3.71E－05
	7.5218	6.2422	4.7444	3.6797	1.3422	0.0488
	7.5217	6.2421	4.7443	3.6796	1.3421	0.0479

续表

K	ρ					
	-1.0	-0.5	0.0	0.3	0.8	1.0
25	4.2475	3.1686	1.9923	1.2441	0.1124	0
	4.2014	3.1300	1.9621	1.2200	0.1041	0
	-2.06E-05	-2.89E-05	-4.72E-05	-6.05E-05	-7.79E-05	0
	4.2014	3.1300	1.9620	1.2198	0.1039	0
	4.2013	3.1298	1.9617	1.2194	0.1032	0

对于每个 K，第一行的值是 Kirk 公式的结果；第二行数值是真实值的模拟结果（10 万次取样）；第三行是模拟的标准差；第四行是关于 a、b 优化的结果；第五行是 BS 公式的结果。

与基准情形比较，表 13-6 展示了 Kirk 公式的定价误差（第一行）和 BS 公式的定价误差（第二行）。当执行价接近 0 时，Kirk 公式的定价过低；当执行价远离 0 时，Kirk 公式则定价过高。BS 公式代表了低的下界，因此定价误差是负的（假如有的话）。观察可得，对于所有相关的情形，BS 比 Kirk 表现得更好，更倾向于使用 BS 公式而不是 Kirk 公式来定价价差期权。

表 13-6　　定价误差

K	ρ					
	-1.0	-0.5	0	0.3	0.8	1.0
-20	0.0191	0.0108	0.0037	0.0008	0.0003	0.0001
	0.0000	0.0000	-0.0001	0.0000	0.0000	0.0000
-10	0.0101	0.0065	0.0029	0.0010	0.0005	0.0006
	0.0000	0.0000	0.0000	0.0000	0.0000	0.0000
0	0.0000	0.0000	0.0000	0.0000	0.0000	0.0000
	0.0000	0.0000	0.0000	0.0000	0.0000	0.0000
5	-0.0016	-0.0019	-0.0023	-0.0025	-0.0042	-0.0122
	0.0000	0.0000	0.0000	0.0000	0.0000	0.0000
15	0.0158	0.0137	0.0118	0.0109	0.0120	0.0236
	-0.0001	-0.0001	-0.0001	-0.0002	-0.0004	-0.0009
25	0.0461	0.0386	0.0301	0.0241	0.0083	0.0000
	-0.0001	-0.0002	-0.0004	-0.0006	-0.0009	0.0000

对于每个 K 值，第一行是用 Kirk 公式定价误差；第二行是 BS 公式的定价误差。

表 13－7 展示了减少的定价误差，通过比较关于 a、b 优化的定价结果和公式定价结果。优化程序对应于 Carmona 和 Durrleman 的程序。因而，我们解释表 13－7 中的结果作为收益来自于使用他们程序与我们程序做比较。对于实践目的，封闭的公式解的益处是显然的。在我们看来，数值结果表明 BS 公式的准确度是与使用优化程序的准确度可比较的。因此，从业者将选择我们的公式而不是 CD 优化程序去定价价差期权。

表 13－7　　关于优化减少的定价误差

K	ρ					
	−1.0	−0.5	0	0.3	0.8	1.0
−20	0.0000	0.0000	0.0000	0.0000	0.0000	0.0000
−10	0.0000	0.0000	0.0000	0.0000	0.0000	0.0000
0	0.0000	0.0000	0.0000	0.0000	0.0000	0.0000
5	0.0000	0.0000	0.0000	0.0000	0.0000	0.0000
15	0.0001	0.0001	0.0001	0.0001	0.0002	0.0009
25	0.0001	0.0001	0.0003	0.0004	0.0007	0.0000

七、封闭的避险参数

期权的希腊字母是对于风险管理和避险非常重要的。以下阐述 BS 公式（a、b 是固定的常数）对应的希腊字母、期权价格关于远期价格的敏感性参数。列出两个关于资产的 delta（避险参数）：

$$\frac{\partial C}{\partial F_1} = e^{-rT}\Phi(d_1) + e^{-rT}\{F_1\phi(d_1) - F_2\phi(d_2) - K\phi(d_3)\} \times \frac{1}{F_1\sigma\sqrt{T}} \tag{22}$$

$$\frac{\partial C}{\partial F_2} = -e^{-rT}\Phi(d_2) - e^{-rT}\{F_1\phi(d_1) - F_2\phi(d_2) - K\phi(d_3)\} \times \frac{b}{F_2\sigma\sqrt{T}} \tag{23}$$

其中 $\phi(\cdot)$ 是标准正态概率密度函数。接下来考虑避险参数的精确度，这里 a、b 由（20）和（21）定义。方程（4）所确定真实的避险参数必须由数值方法获得。基准的避险参数可通过下面的表达式获得：

$$\frac{\partial C}{\partial F_1} = e^{-rT}\Phi(d_1) + e^{-rT}E[\frac{S_1}{F_1}\{I(S_1 \geqslant S_2 + K) - I(S_1 \geqslant \frac{aS_2^b}{E[S_2^b]})\}] \tag{24}$$

$$\frac{\partial C}{\partial F_2}=-e^{-rT}\Phi(d_2)-e^{-rT}E[\frac{S_2}{F_2}\{I(S_1\geqslant S_2+K)-I(S_1\geqslant\frac{aS_2^b}{E[S_2^b]})\}]\tag{25}$$

其中 d_1、d_2 是（16）和（17）所定义。（24）与（25）等式右边第一项都是封闭形式的，因而第二项由 Monte Carlo 模拟来确定，使用前 100 000 对二维 Halton 序列来计算。在上列式子中，使用相同的输入参数，无风险利率为 0.05/y，时间长度为 1 年，远期价格为 $F_1=e^{(0.05-0.03)\cdot 1}\times 110=112.22$ 和 $F_2=e^{(0.05-0.02)\cdot 1}\times 100=103.05$，波动率是 $\sigma_1=0.10$ 和 $\sigma_2=0.15$。考虑执行价和相关系数不同的组合，以转化成非退化的价差买权，即，执行价 $K\geqslant 0$ 和相关系数 $|\rho|<1$，结果列在表 13－8 中。表中数据表明了避险参数是非常准确的。然而，真实避险参数与封闭形式的避险参数之间差别显得随着相关系数和执行价在增加。

表 13－8　　　　价差买权关于 F_1 的避险参数

K	ρ			
	－0.5	0	0.3	0.8
0	0.6579 (0.0000) 0.6579	0.6786 (0.0000) 0.6786	0.7008 (0.0000) 0.7008	0.7936 (0.0000) 0.7936
5	0.5831 (0.0001) 0.5830	0.5901 (0.0001) 0.5901	0.5996 (0.0001) 0.5994	0.6520 (0.0001) 0.6516
15	0.4297 (0.0001) 0.4199	0.3928 (0.0001) 0.3926	0.3669 (0.0001) 0.3668	0.2623 (0.0002) 0.2610
25	0.2643 (0.0001) 0.2640	0.2131 (0.0001) 0.2122	0.1673 (0.0001) 0.1659	0.0360 (0.0001) 0.0340

对于每个不同 K，第一行数据是真实避险参数来自方程（24）模拟的结果(100 年 000 次取样)；第二行是模拟的标准误差；第三行是 BS 公式所确定避险参数来自方程（22）。

对于每个不同 K，第一行数据是真实避险参数，来自方程（25）模拟的结果(100 000 次取样)；第二行是模拟的标准误差；第三行是 BS 公式所确定避险参数来自方程（23）。相关资料见表 13－9。

表 13-9　　价差买权关于 F_2 的避险参数

K	ρ			
	-0.5	0	0.3	0.8
0	-0.5814 (0.0000) -0.5814	-0.6175 (0.0000) -0.6175	-0.6510 (0.0000) -0.6510	-0.7708 (0.0000) -0.7708
5	-0.5018 (0.0001) -0.5018	-0.5233 (0.0001) -0.5234	-0.5433 (0.0001) -0.5432	-0.6201 (0.0001) -0.6198
15	-0.3401 (0.0001) -0.3401	-0.3280 (0.0001) -0.3277	-0.3130 (0.0001) -0.3127	-0.2345 (0.0002) -0.2330
25	-0.2000 (0.0001) -0.1994	-0.1660 (0.0001) -0.1649	-0.1330 (0.0001) -0.1314	-0.0297 (0.0001) -0.0278

八、总结

考虑到欧式价差期权的定价，资产价格服从对数正态分布。采用 BS 公式给出的价差期权价格由三项组成，其中一项是关于资产的、一项是关于执行价的。标准正态累计概率进入每一项，每个变量是远期价格、到期时间长度、波动率、相关系数的函数。公式与传统的期权公式、Margrabe 公式非常匹配。

调查数据表明 BS 公式是极其准确。精度比 Kirk 公式更好，后者已经是市场上常用的公式。而且，BS 公式的精度与 CD 程序下界可比较的，后者需要二维的优化算法。期权定价在实践中常常卷入市场价格不服从常数波动率假设。标准期权的市场价格经常被转化成一个所谓的依赖于执行价和到期时间的隐含波动率。隐含波动率的计算是通过适当的封闭形式的期权定价公式。假设市场有两个标的资产，关于每个资产的标准买权和卖权以及价差期权。BS 价差期权公式可以用来计算两资产价格之间的隐含相关。建模依赖执行价格和时间的相关是一个未来研究的挑战领域。

第三节　期权水平价差策略

期权的交易策略是多种多样的，是期权投资者必须掌握的一门专业性很强的技术。投资者在对市场作预测的基础上正确运用期权策略，才能获取预期的资本收益。因此，对期权交易策略从数学上进行量化分析，无论从理论上还是实务上无疑都是十分必要的。过去这些年来，学者讨论了买入期权的 Delta 套期保值，Lawrance 介绍了在波动的市场中如何利用期权策略获利，并分析了不同策略的风险；Maria 讨论了如何利用期权作为投资工具以及利用期权对证券投资组合进行套期保值。本报告讨论股票期权的两种交易策略，即水平差套期策略和单一期权策略，并对它们作比较。这两种策略都是建立在对市场作下列估计：当期权到期时，某公司（如 A 公司）的股票价格和现在的价格相同，或者更进一步认为，现在离期权到期日较近，例如还有 7 天，预计在这 7 天内，A 公司的股票既不会涨也不会跌。在这一估计下，单纯做股票交易的投资者既不会买进 A 公司的股票而在 7 天后抛出，也不会卖出 A 公司的股票而在 7 天后购回。然而，如果运用期权策略，只要投资者对 A 公司股票的估计无误，在 7 天后完全能够获得资本收益，这一策略就是水平价差策略或单一期权策略。

一、期权水平价差策略描述

水平价差策略的操作为：估计 A 公司股票价格在期权到期前一个短时期内不变，或者估计期权到期时 A 公司股价与现时股价相同，则投资者于期初同时买进和卖出以 A 公司股票为标的资产（Underlying Asset）的两个不同的买入期权（Call），两者的到期日不同，一近一远，买进到期日远的 Call ，卖出的是即将到期的 Call，这两份期权的执行价格（Strike Price）相同，并且等于 A 公司股票的现时价格（这种期权称为平价期权，At – the – money Option）。当到期日近的 Call 到期时，投资者作相反交易：卖出远期的 Call，买进到期的 Call，平仓。在这一交易中，当到期日近的 Call 到期时，如果 A 公司股票价格与期初交易时的价格相同，则通过这一水平价差策略便可获得资本收益。依据期权价格的 Black – Scholes 公式，建立水平价差策略的数学模型。Call 价格的 Black - Scholes 公式为：

$$c = SN(d_1) - Ke^{-rt}N(d_2)$$

其中，c 是 Call 的现时价格；$N(x) = \int_{-\infty}^{x} \frac{1}{\sqrt{2\pi}} e^{-u^2/2} du$，$d_1 = \frac{\ln(S/K) + (r + \sigma^2/2)t}{\sigma\sqrt{t}}$，$d_2 = d_1 - \sigma\sqrt{t}$；$S$ 是 A 公司股票现时价格；K 为 Call 的执行价格；t 是现在距离 Call 到期日的时间（以年为单位）；σ 是 A 公司股票价格的波动率；r 是无风险利率。利用 Call 的价格公式，定义一个函数：

$$f(t,h) = [c(h) - c(0)] + [c(t) - c(t+h)] \tag{26}$$

其中，$t > 0$，$h > 0$。式（26）的含义如下：期初时，卖出一个离到期日近的 Call，离到期日时间为 t，其价格为 $c(t)$，同时买进一个离到期日远的 Call，离到期日的时间为 $t+h$，其价格为 $c(t+h)$，因此，不计手续费时，$c(t) - c(t+h)$ 为投资者期初的收益或者现金流。待离到期日近的 Call 到期时，即 $t = 0$ 时，投资者买进到期的 Call，其价格为 $c(0)$，卖出到期日远的 Call，其价格为 $c(h)$，在不计手续费时，$c(h) - c(0)$ 为 $t = 0$ 时投资者的收益或者现金流。所以，式（26）表示，在不计手续费下，投资者通过水平价差的总收益（现金流）。

如果当 $t = 0$ 时（亦即到期日近的 Call 到期时），公司股票价格与起初投资时的价格相同，即 $S = K$，那么，很明显 $c(0) = 0$，这时，（26）式为：

$$f(t,h) = c(h) + [c(t) - c(t+h)] \tag{27}$$

在（26）或（27）式中，要注意的是 t 的值一定很小，例如 $t = 7d$，即 $t = 7/365$（年），h 的值一般为 3 个月或 6 个月，即 $h = 0.25$ 或 $h = 0.5$（年）。t 的值一定很小的原因在于投资者只可能在一个很短的时期内估计 A 公司股票价格是否稳定不变。

下面给出函数 f 的若干性质。

性质 1 Call 的价格 c 作为变量 t 的函数是单调增加的。

期权的 Theta 值等于$\frac{\partial c}{\partial t} = \frac{Sn(d_1)\sigma}{2\sqrt{t}} + rKe^{-rt}N(d_2)$，其中 n 是标准正态分布的密度函数，即 $n(x) = \frac{1}{\sqrt{2\pi}} e^{-x^2/2}$。$\frac{\partial c}{\partial t} > 0$，这表明 Call 的价格 c 是变量 t 的单调增加函数。

性质 1 指出，离开 Call 的到期日越远，Call 的价格就越高，随着到期日临近，Call 的价格将逐渐减少。

性质 2 讨论的是，函数 c 关于自变量 t 的凸性。一般而言，不能肯定 c 一定是上凸函数，但是在一定条件下，它必定是上凸的，这个条件与无风险利率 r 以及 A 公司股票价格波动率 σ 有关，条件为：

$$r \leqslant \sigma\sqrt{1.25\sigma^2+1}+\sigma^2 \tag{28}$$

例如，在下面任何一种情形下，(28) 式必成立：

$\sigma=40\%$ 时，$r \leqslant 59.8\%$；$\sigma=30\%$ 时，$r \leqslant 40.6\%$；$\sigma=20\%$ 时，$r \leqslant 24.5\%$；

$\sigma=10\%$ 时，$r \leqslant 11.1\%$；$\sigma=5\%$ 时，$r \leqslant 5.3\%$

由此可见，在作水平价差策略时，条件（28）往往是成立的。但也可能有例外，例如 A 公司股票价格的波动率 σ 非常小时可能会例外。

性质 2 当 Call 是平价的，初始时离 Call 到期日的时间 t 很小，在这段时间内 A 公司股票价格平稳不变，并且（28）式成立，则 Call 的价格 c 作为 t 的函数是上凸的。

求导数可以得到：

$$\frac{1}{S}\frac{\partial^2 c}{\partial t^2}=-r^2e^{-rt}N(d_2)+\frac{N'(d_1)}{4\sigma\sqrt{t}}\left(r^2-2\sigma^2 r-\frac{\sigma^4}{4}-\frac{\sigma^2}{t}\right) \tag{29}$$

如果（29）式右端的符号为负，那么就证明了 Call 的价格 c 作为变量 t 的函数是上凸的；而（29）式右端第二项括号内的表达式为：

$$r^2-2\sigma^2 r-\frac{\sigma^4}{4}-\frac{\sigma^2}{t}=(r-\sigma^2)^2-1.25\sigma^4-\frac{\sigma^2}{t} \tag{30}$$

如果（30）式的符号为负，那么（29）式右端的符号也为负。要使（30）式为负，亦即：

$$r \leqslant \sigma\sqrt{\left(1.25\sigma^2+\frac{1}{t}\right)}+\sigma^2 \tag{31}$$

在水平价差策略中，在初始时无论买进的到期日近的 Call，还是卖出的到期日远的 Call，其离到期日的时间都不会超过 1 年，亦即 $t \leqslant 1$，这样可知道，在（28）式的条件下，(31) 式必成立。到此证明了性质 2。

再来考察（26）式中的 $f(t, h)$，前已说明它表示水平价差策略的资本收益，它是否必为正值呢？这就是性质 3 所要说明的事。

性质 3 在性质 2 的条件下，对固定的 h，f 是变量 t 的增加函数；对固定的 t，f 是变量 h 的增加函数。

分别求 f 关于 t，h 的导数得到：

$$\frac{\partial f}{\partial h}(t,h)=\frac{\partial c}{\partial h}(h)-\frac{\partial c}{\partial h}(t+h),\frac{\partial f}{\partial t}(t,h)=\frac{\partial c}{\partial t}(t)-\frac{\partial c}{\partial t}(t+h) \tag{32}$$

性质 2 表明，c 关于时间是上凸的，c 关于时间的二阶导数是负的，从而 c 关于时间的一阶导数是递减函数，那么（32）中两等式右边的符号均为正。这说明了固定 t，h 中任意一个，f 均是另一个变量的增加函数。性质 3 是成立的。

性质 3 表明，如果投资者估计正确，当 $t=0$ 时 A 公司股票价格与期初价格相同，那么 $c(0)=0$，从而有 $f(0,h)=f(t,0)=0$，所以对任何 $t>0$ 和 $h>0$ 总有 $f(t,h)>0$，亦即水平价差策略的收益总大于 0（不计手续费，并且随着 t 的增加和 h 的增加，$f(t,h)$ 也增加。但在实际的操作中 t 总是很小的，而 h 也不可能很大，h 为 3 个月（即 $h=0.25$）或 h 为 6 个月（即 $h=0.5$）等等。

结论　投资者运用水平价差策略，如果预测正确，即 A 公司股票在一个短时间内稳定不变，那么这一策略的资本收益在不计手续费时为：

$$f(t,h)=c(h)+[c(t)-c(t+h)]$$

这就是（27）式，它一定是正值。

例 1：　设 $r=6\%$，$\sigma=30\%$，股票的现在价格 $S=40$，初始时投资者运用水平价差策略，$h=0.25$（即 3 个月），当近期的 Call 到期时若股票价格不变，仍为 40，则水平价差策略的净获利如表 13－10 和表 13－11。

表 13－10　　$h=0.25$ 时水平价差策略的净获利

净获利	距离近期 Call 到期的时间/d						
	3	4	5	6	7	8	10
$c(t)$	0.4438	0.5142	0.5766	0.6334	0.6858	0.7348	0.8250
$c(t+h)$	2.7315	2.7475	2.7634	2.7793	2.7950	2.8107	2.8419
$c(h)$	2.6832	2.6832	2.6832	2.6832	2.6832	2.6832	2.6832
f	0.3955	0.4499	0.4964	0.5373	0.5740	0.6073	0.6662

注：$c(t)$：初始时近期买权价格；$c(t+h)$：初始时远期买权价格；$c(h)$：近期买权到期时远期 Call 价格；f：净获利。

表 13－11　　$h=0.5$ 时水平价差策略的净获利

净获利	距离近期 Call 到期的时间/d						
	3	4	5	6	7	8	10
$c(t)$	0.4438	0.5142	0.5766	0.6334	0.6858	0.7348	0.8250
$c(t+h)$	3.9898	4.0020	4.0141	4.0262	4.0384	4.0504	4.0745

续表

净获利	距离近期 Call 到期的时间/d						
	3	4	5	6	7	8	10
$c(h)$	3.9531	3.9531	3.9531	3.9531	3.9531	3.9531	3.9531
f	0.4071	0.4653	0.5156	0.5602	0.6005	0.6374	0.7035

为了跟单一期权策略做比较，在接下来的内容中，有必要研究一下单一期权策略的具体表现。

二、单一期权策略

当投资者估计在未来一段相当短的时间内股票的价格是平稳不变的，也可采取单一期权策略：初始时卖出到期日即将到临的 Call，到到期时买进这一 Call，这一 Call 未必是平价期权，不计交易费，其资本收益为：

$g(t)=c(t)-c(0)$，

$c(0)=\max(0, S^*-K)$

$c(0)$是 Call 到期时股票的市场价格。现在研究如果股票的价格保持不变，投资者在采取单一期权策略时，先卖后买的 Call 应该是虚值期权，还是平价期权，或者是实值期权。

性质 4 如果股票价格保持不变，则在单一期权策略中，当 Call 是平价期权时，资本收益 g 最大。

此性质的证明是可以通过求导数的方法来证明。

例 2：与例 1 的条件相同，现考虑水平价差策略的净获利和单一期权策略的净获利。具体见表 13－12、表 13－13。

表 13－12 $h=0.25$ 时水平价差策略与单一期权策略的净获利比较

净获利	距离近期 Call 到期的时间/d						
	3	4	5	6	7	8	10
f	0.3955	0.4499	0.4964	0.5373	0.5740	0.6073	0.6662
g	0.4438	0.5142	0.5766	0.6334	0.6858	0.7348	0.8250

f——水平价差的净获利；g——单一期权策略的净获利。

表 13-13　　$h=0.5$ 时水平价差策略与单一期权策略的净获利比较

净获利	距离近期 Call 到期的时间/d						
	3	4	5	6	7	8	10
f	0.4071	0.4653	0.5156	0.5602	0.6005	0.6374	0.7035
g	0.4438	0.5142	0.5766	0.6334	0.6858	0.7348	0.8250

结果表明，当运用水平价差策略和单一期权策略时后者获利较多。这样显得运用水价策略是多余的。对此，我们需要做出一般的讨论。

三、比较

性质 5　当股票价格保持不变，Call 是平价期权，并且不计交易成本，则单一期权的净获利大于水平价差策略的净获利，两者之差为 $c(t+h)-c(h)$。

事实上，单一期权净获利 $g=c(t)$，水平价差策略的净获利 $f=c(h)+[c(t)-c(t+h)]$，所以它们两者之差为 $g-f=c(t+h)-c(h)$。由于 $c(t)$ 作为变量 t 的函数是单调增加的（性质 1），故 $g-f=c(t+h)-c(h)>0$，即单一期权净利大于水平价差的净利。

性质 4 和性质 5 都是在股票价格在一个短时期内保持不变的假设下获得的。如果在这个短时期内股票的价格有变动，它可能涨也可能跌，在这种情形下需要比较单一期权的净获利与水平价差的净获利，研究何者为优。

在初始时，投资者估计股票价格在一个短时间内保持不变，买进和卖出的买权都是平价期权，这时 $S=K$ 以及 h 和 t 都是已知的确定的值。定义一个常数：

$$\alpha=\left[\frac{\partial c}{\partial t}(h,s)/\frac{\partial c}{\partial s}(h,s)\right]t$$

性质 6　初始时投资者买卖的买权都是平价期权，股票价格为 S，距离近期买权到期日的时间为 t，当近期买权到期时，即 $t=0$ 时，股票价格变为 $S+\Delta S$。

（i）如果 $\Delta S<\alpha$，则单一期权的净利大于水平价差的净利；

（ii）如果 $\Delta S>\alpha$，则单一期权的净利小于水平价差的净利。

该性质的证明需要借助 Taylor 展开公式，对 $g-f=c(t+h,S)-c(h,S+\Delta S)$ 进行展开。当 t 和 ΔS 很小时，略去 t^2 的项和 $(\Delta S)^2$ 的高阶项，令展开式子为 0，就可以到这个常数。当 $\Delta S<\alpha$ 时，就有 $g>f$；当 $\Delta S>\alpha$ 时，就有 $g<f$。

注：　在 Black-Scholes 公式下，由于两个导数可以直接计算如下：

$$\frac{\partial c}{\partial t}(h,S)=\frac{SN'(d_1)\sigma}{2\sqrt{h}}+rKe^{-ht}N(d_2),\frac{\partial c}{\partial S}(h,S)=N(d_1)$$

在平价的条件下，有 $d_1=\frac{1}{\sigma}(r+\sigma^2/2)\sqrt{h},d_2=\frac{1}{\sigma}(r-\sigma^2/2)\sqrt{h}$，于是：

$$\alpha=\frac{\frac{KN'(d_1)\sigma}{2\sqrt{h}}+rKe^{-rh}N(d_2)}{N(d_1)}t$$

是一个可以事先计算的量。

例 3： 在例 1 的条件下，设 $r=6\%$、$\sigma=30\%$、$h=0.25$ 和 $h=0.5$。具体见表 13－14 和表 13－15。

表 13－14　$\Delta S=0.8\alpha$ 时水平价差策略与单一期权策略的净获利比较

$h=0.25$							
α	0.0854	0.1139	0.1424	0.1709	0.1994	0.2279	0.2848
f	0.3662	0.4110	0.4478	0.4791	0.5061	0.5299	0.5698
g	0.3755	0.4231	0.4627	0.4967	0.5263	0.5525	0.5971
$h=0.50$							
α	0.0616	0.0821	0.1027	0.1232	0.1438	0.1643	0.2054
f	0.3873	0.4390	0.4827	0.5208	0.5545	0.5850	0.6380
g	0.3945	0.4485	0.4945	0.5348	0.5708	0.6034	0.6607

表 13－15　$\Delta S=1.2\alpha$ 时水平价差策略与单一期权策略的净获利比较

$h=0.25$							
α	0.0854	0.1139	0.1424	0.1709	0.1994	0.2279	0.2848
f	0.3517	0.3917	0.4238	0.4504	0.4728	0.4920	0.5229
g	0.3413	0.3775	0.4057	0.4283	0.4465	0.4614	0.4832
$h=0.50$							
α	0.0616	0.0821	0.1027	0.1232	0.1438	0.1643	0.2054
f	0.3775	0.4259	0.4664	0.5012	0.5318	0.5590	0.6057
g	0.3699	0.4157	0.4534	0.4855	0.5133	0.5377	0.5785

表中股价波动的值 ΔS 等于 0.8α，小于 α，不论 h 是 3 个月还是 6 个月，水平价差策略的获利都小于单一期权策略的获利。计算结果同样表明了股价波动的值为 1.2α，大于临界值 α，不论 h 是 3 个月还是 6 个月，水平价差策略的获利都大于单

一期权策略的获利。这个具体的数值例子，证实了性质 6 的正确性。

这里讨论了期权的水平价差策略，以具体的数值结果量化分析了该策略，并与单一期权策略做了比较，得到了一个一般性的结果。以上分析是以期权价格性质为基础的，期权价格中时间价值部分随着期权到期日的到来而减少，特别是在到期日临近，以更快的速率衰减。这就是为什么到期日近的平价期权的价值在到期日时迅速减少直至变为 0 的原因，而远期的期权在近期的期权到期时，期权价值变化不大，从而是水平价差策略在此种情形下获利的原因。对于投资人来说，利用平价期权构造此类价差策略时，一定要注意分析股价波动做出理性的判断，才能获得利润。

第四节　期权中性价差策略

期权的价值由时间价值与内含价值两部分组成。对于虚值期权和平价期权来说，时间价值显得更为重要。期权的时间价值有一个重要的特征就是随着到期时间的来临，而逐渐衰减直至为零。用数学的语言来描述就是期权的 Theta 值是小于零的，即期权关于时间的导数是负数。充分利用期权时间价值的衰减特性来构造策略将是非常具有吸引力，但是相关联的风险是需要关注的，需要对冲掉。保守的策略，例如卖出虚值买权策略且持有标的（Covered - call）策略和合成的 Covered - call，这些都是具有太多限制的。当我们寻找一个方式去探索期权时间价值衰减且同时中性化标的价格变化对头寸价值的影响，Delta 中性的价差可以是一个最佳的中间选择。

一、组合构造与分析

1973 年，Black 和 Scholes 发表了关于期权的定价的文章，创立期权定价的理论基础，给出了期权价格的公式。用 $C(K)$ 表示执行价为 K 的买入期权的价值，在 BS 公式下，该价格可以表示为：

$$C(K) = xN(d_1) - Ke^{-r(T-t)}N(d_2)$$

参数 $d_1 = \dfrac{\ln(x/K) + (r + \sigma^2/2)(T-t)}{\sigma\sqrt{T-t}}$，$d_2 = d_1 - \sigma\sqrt{T-t}$，$x$ 表示当前时刻 t 标的价格，T 为到期日。

若投资者买入一份的买权，其执行价为 K_1；卖空一些数量 a 的买权，其执行价为 $K_2(K_2 > K_1)$，这样已经构造了一个组合，其价值可以表示为 $C(K_1) - aC(K_2)$。该组合的好处在于卖空期权具有成本少，甚至卖空期权时无成本；在无现货可利用时，该组合也可以起到对冲的作用。进行该组合的操作通常选择在执行价为 K_2 处于平价或轻微虚值时进行，因为这个该期权的价值不会损失太多，仍然具有较高的价值，卖空后所得的现金流也比较大；在期权到期时，该期权若认为处于平值或虚值，在平仓该期权的头寸时就减少支出。考虑期权价值随着到期日接近不断衰减这一特征，是构造该组合的出发点。

先研究一下买权时间价值的特点，考虑买权在实值、平价、虚价等三状态下的走势图以及衰减率。以执行价为 10，利率为 0.05，波动率为 0.4，到期时长为 1 年，标的价格分别为 12、10、9 为例，给出了买权价值关于到期时间的图。

图 13 - 11（左）显示，发现期权的价值随着到期日的临近，期权价值都在减少，其中 ITM 期权价值减少到内含价值，ATM 和 OTM 期权价值都减少到 0。

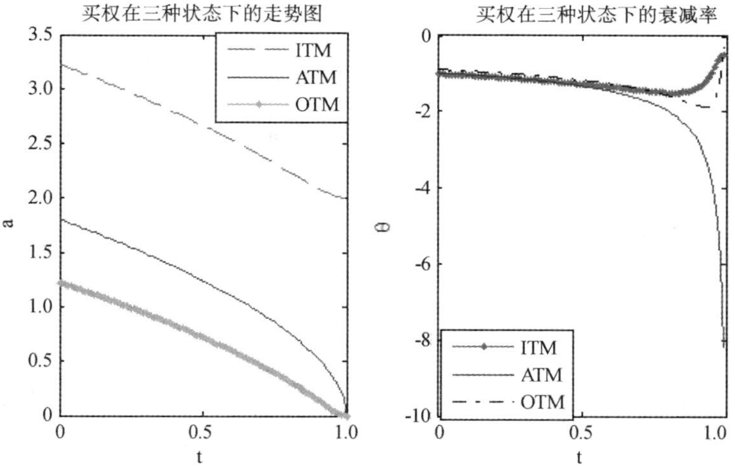

图 13 - 11　ITM——实价；ATM——平价；OTM——虚价

买权价值的衰减率从期初到期中的时间内，都相差无几，过了期中后，平价期权的价值衰减率逐渐加大，在靠近到期日，衰减率甚至到达负无限大；实价期权和虚价期权的衰减率在期中以后变化很小，但在接近到期日时，衰减率呈现一定分歧，但是分别从 -0.5 向上与 0 靠近，揭示了平价期权被经常作为构造组合所用的原因。

图 13 - 12 演示了买权在三种价值状态下的价值敏感性。实值期权的对冲参数从

期初到期中变化都很缓慢，幅度很小；从期中后，随着到期时间临近，delta系数快速增加，在到期日时，该系数无限接近1。事实上，实值买权的价值在到期日时变成内含价值，内含价值对标的价格敏感性参数就是1。平价买权的delta系数在变化很平缓，在到期日时该系数趋向于0.5。虚值买权的delta系数在期中前变化都很平缓，过了期中后，变化加剧，特别在到期日附近，趋于0的速度更快，最终在到期日变成0。

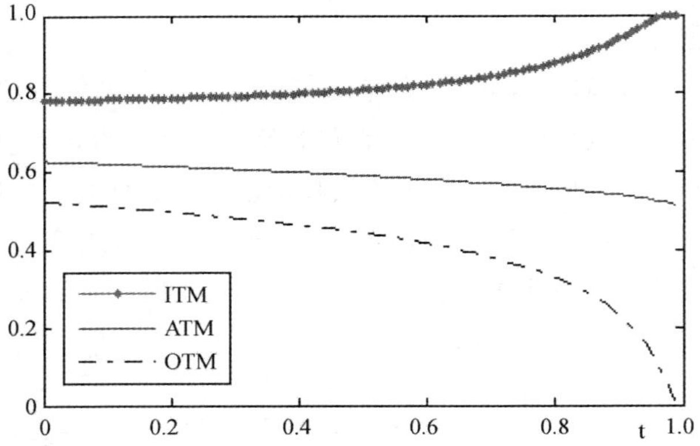

图13－12　买权在三种状态下的价值关于标的价格的敏感性时间走势图

二、组合系数取值的讨论

一般来说，a取值要大于1。实际上，由于执行价 $K_1>K_2$，期权价值 $C(K_1)>C(K_2)$，建立组合考虑到成本的问题，必然考虑卖出多于1份的 K_2 执行价的买权。在BS模型下，系数a选择为 $N(d_1(K_1))/N(d_1(K_2))(>1)$ 以组合的保持对标的价值变化的中性，同时也考虑建立组合的成本问题。举例来看组合的价值与系数a的走势图；$r=0.05$，$\sigma=0.4$，$K_1=10$，$K_2=12.5$，$T=1$；x表示标的价格，SV表示组合价值（见表13－16）。

表13－16

x	8	9	10	11	12	13	14	15	16	17	18	19	20
SV	0.137	0.229	0.345	0.481	0.631	0.788	0.947	1.104	1.253	1.394	1.523	1.641	1.746
a	1.901	1.693	1.538	1.421	1.330	1.260	1.206	1.162	1.128	1.104	1.080	1.064	1.050

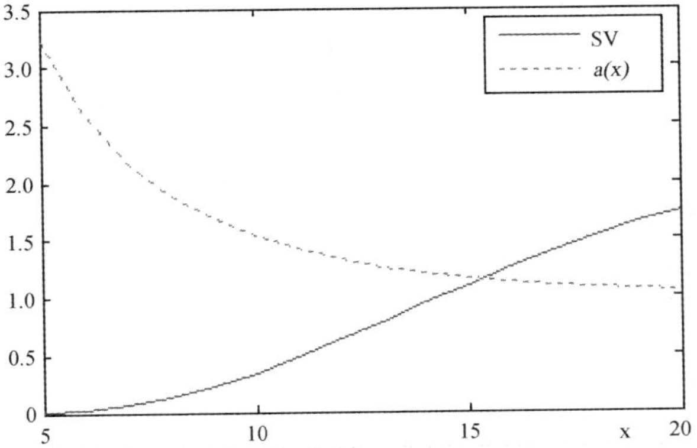

图 13-13　组合价值与卖空系数关于标的价格的走势图

图 13-13 显示，组合的价值随着标的价格的增加而增加，变化的速度比较小；卖出的系数 a 随着标的价格的增加而下降，在标的价格较大后（>20），该系数接近 1。实际上，当标的价格较大时候，$N(d_1(K_1))\to 1$、$N(d_1(K_2))\to 1$，从而 $a\to 1$。由于 $0\leqslant C(K_1)-aC(K_2)\leqslant aK_2-K_1$，当标的价格充分大时有：

$$C(K_1)-aC(K_2)\to e^{-rT}(K_2-K_1)$$

特别当 $T=0$ 即期权到期时，组合的价值接近上限 K_2-K_1。以标的价格 15、12.5、12 为基础来分析组合价值在三种状态下的走势。

从图 13-14 可以看出，该价差组合的价值关于当前时刻都是递增的函数。由此说明，构造这样的组合在时间价值上具有很大优势。对于实践业务来说，具有很好的指导意义。

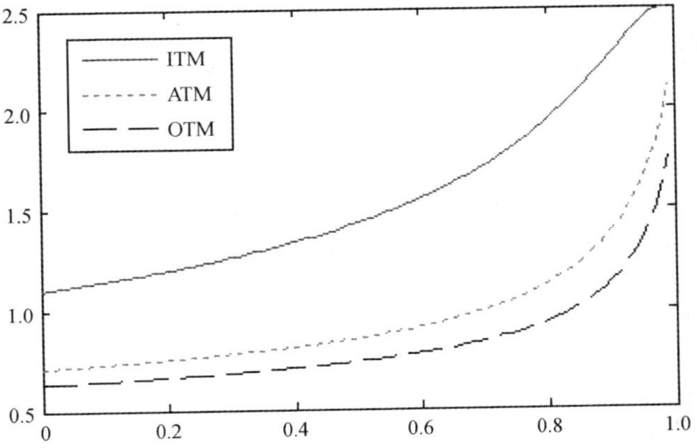

图 13-14　三种状态下组合价值关于时间 t 的走势图

图 13－15 显示，当执行价 K_2 对应的期权处于实价时，卖空该期权的数量在到期时逼近 1；当执行价 K_2 对应的期权处于平价时，卖空该期权的数量在到期时逼近 2；当执行价 K_2 对应的期权处于虚价时，卖空该期权的数量在到期时趋向无限大。

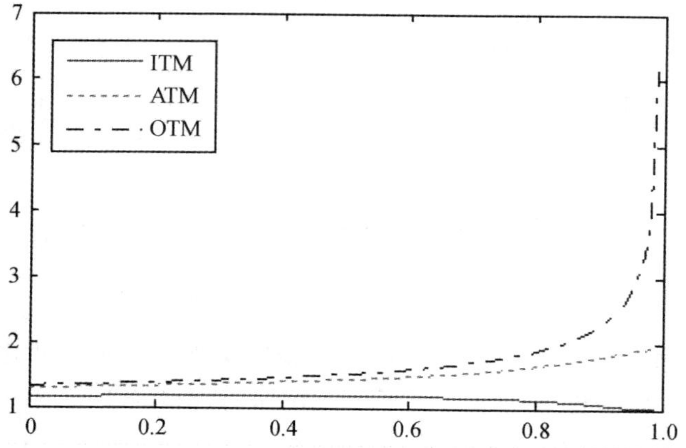

图 13－15　三种状态下卖空系数 a 关于时间 t 的走势图

三、中性期权价差的优缺点

中性交易策略是做市商与投资者风险管理的一个重要策略。该策略的意义不是在于赚钱，而是管理风险，实现组合保值。对冲风险即使在现货卖空缺席下，利用期权的卖空也可以实现对期权本身风险的对冲。由于卖空现货的收费比较高，卖空期权的成本比较低，从这个方面来看，中性期权价差是一种不错的对冲期权风险的方法。

中性期权价差作为期权风险对冲一种方法，是较强的技术，对冲的标准是不得不先要求确定的问题，这个问题在前面关于中性对冲报告研究中提到。对冲的成本是不得不考虑的问题，改变空头位置的数量，有时需要买入期权而付出的费用，这样的次数不得不控制。

四、模拟与实证

首先，产生一系列的随机数。以几何布朗运动为模型，设置参数为利率 $r=$

0.05，波动率 $\sigma=0.4$，期限为 T＝0.5 年，执行价为 10、12.5，初始股价为 13，分为 100 个时点（相当于 100 个交易时点），交易成本为 0.2%每个合约（目前券商对期权的最高收费）。对冲标准是以组合价值变化了 0.5%，就对冲一次，取 $\alpha=0.005$，即对冲时点可表示为：

$$\tau_1=0,\tau_{i+1}=\inf\left\{t>\tau_i:\left|\frac{sv_t-sv_i}{sv_i}\right|>\alpha\right\}$$

其中，$i=1,2,\cdots$；sv 表示组合价值。

组合的初始价值为 0.9744，到期时价值为 2.5，对冲次数为 57 次，总对冲交易费为 0.0207，对冲期间现金流为 -1.539，这样组合到期时的净价值为 0.9444，从而保值率为 96.92%（交易费费用是以最高的费用收取，事实上可以适当降低，保值率是可以继续提高的）。

看看标的价格在［5，20］这个区间上的模拟情况，为了比较模拟的情况，取这个区间上的 20 个等分点作为标的价格的初始值，然后产生随机数。采用顺向导数的估计方法估计卖空系数曲线。每个点样本容量为 10 000，拟合的结果均方根误差达到 0.0505。模拟图见图 13－16 和图 13－17。

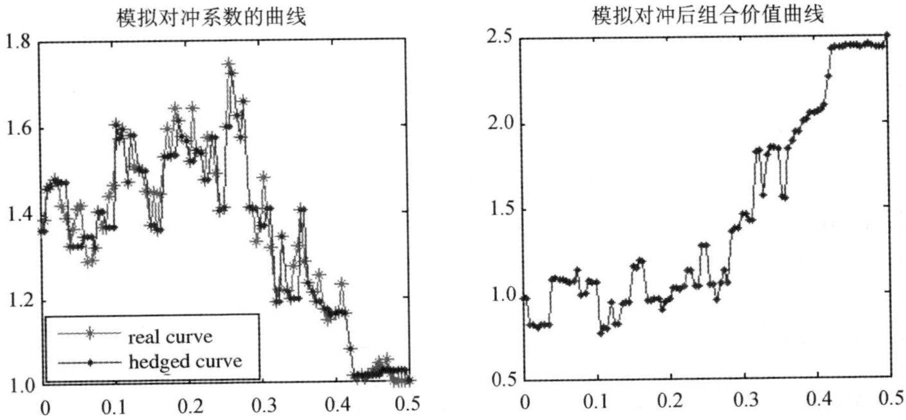

图 13－16 模拟对冲系数与组合价值的曲线图

从表 13－17 所示的估计结果来看，估计的效果非常好，估计的误差控制在很小的范围内。

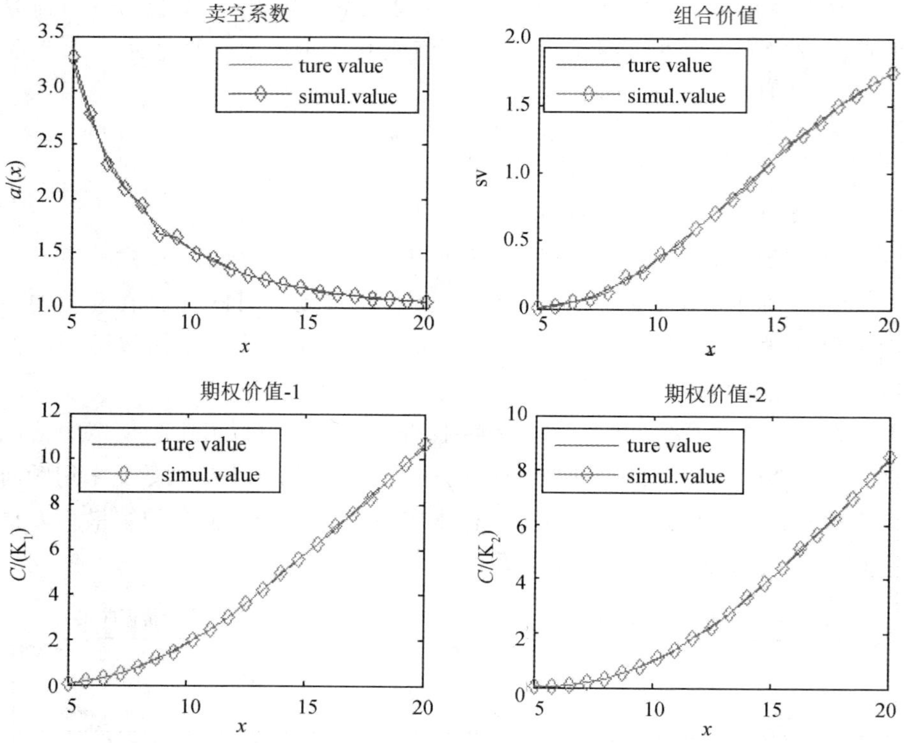

图 13－17　卖空系数、组合价值与期权价值

表 13－17　　**期权参数**

	Delta－1	Delta－2	$C\ (K_1)$	$C\ (K_2)$	a	sv
RMSE	0.0024	0.0022	0.0036	0.0036	0.0505	0.0042

观察一下，当空头位置的期权在三种状态下的到期的组合价值分布情况。以15、12.5、12为初始标的价格来分析到期的组合价值分布情况。

图 13－18 分别给出了在三种状态下组合到期的价值的分布直方图，可以看出初始标的价格对组合价值具有很大影响。对应于价值的 10 个等分区间的频率见表 13－18。

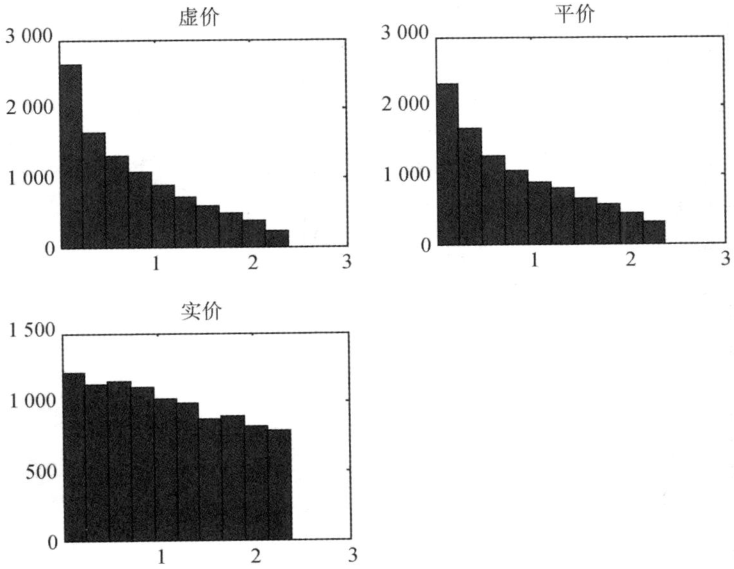

图 13－18　虚价、平价与实价的到期组合价值分布

表 13－18　到期组合价值

虚价	0.2644	0.1663	0.1324	0.1083	0.0892	0.0726	0.0589	0.0481	0.0375	0.0223
平价	0.2325	0.1675	0.1285	0.1071	0.0895	0.0800	0.0643	0.0558	0.0430	0.0318
实价	0.1213	0.1132	0.1155	0.1109	0.1022	0.0987	0.0869	0.0898	0.0825	0.0790

表中显示，初始标的价格越高，到期时组合达到高值的机会就越多；反之则反。以上证 50ETF 期权数据为例。上海证券交易所从 2 月 9 日开始陆陆续续挂出不同执行价格、不同到期时间的上证 50ETF 买卖期权产品。以买权为例，从 2 月 9 日开始，50ETF 买权不同月到期的执行价为 2.2、2.25、2.30、2.35、2.40。以 9 月到期的几个期权为例子来分析中性价差期权策略的效果。取 2 月 9 日开始到 9 月 22 日的期权价格数据为样本，容量为 238 的数据进行分析，可以得到若干个组合。其中，2.20 与 2.40 为执行价的 1 个组合价值图形和组合的对冲曲线图像（见图 13－19～图 13－21）。

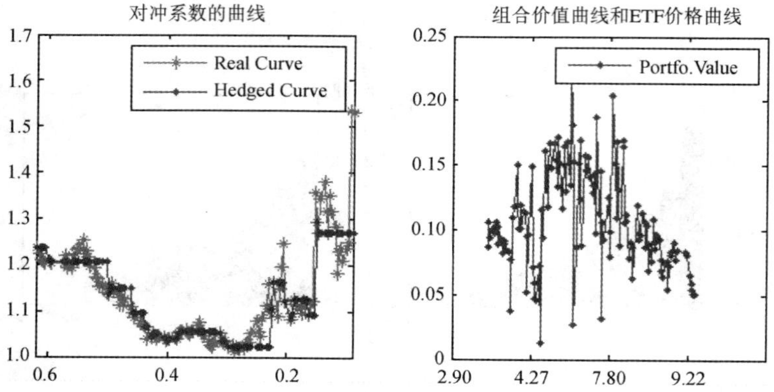

图 13－19　对冲系数、组合价值与 ETF 价格

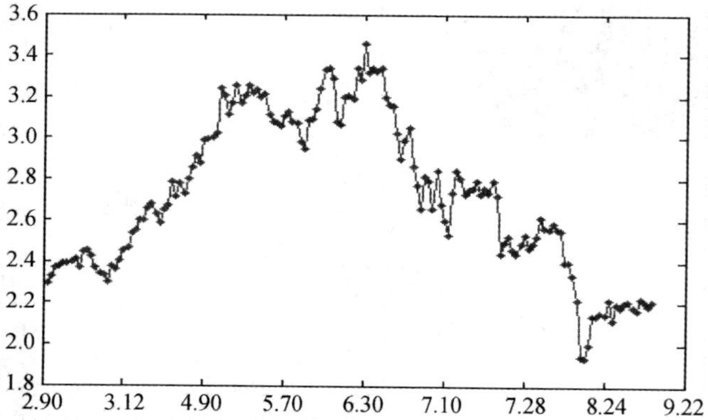

图 13－20　ETF 价格曲线

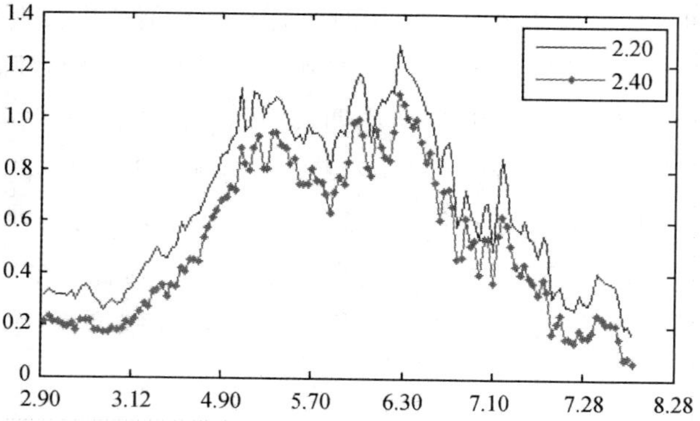

图 13－21　ETF 期权价格

对于 ETF50 期权，对冲避险效果不是太高，达到 80%，主要原因是价格的时间间断比较大（假期原因等），期权执行价格间距小，ETF50 价格先涨后跌，使得到期时期权处于虚价状态，对冲系数过大（卖空系数过大），对冲效果自然随着期权的价值消失而减弱，表明在期权进入虚价状态时，应该选择立即终止该价差组合。

期权时间价值具有衰减的性质，如何利用这个特性来构造中性价差组合进行期权交易是期权交易者应该重视的问题。在标的资产无法卖空的限制下，利用价差组合来构造组合，进行风险对冲是期权交易者必须考虑的问题。由于卖空期权合约，具有成本节约的优势，所以该策略是受到欢迎的。中性价差组合通常是利用两个不同执行价格的买权（或卖权）来构造，处于空头的期权通常选择是处于平价状态或者轻微虚价状态。通过卖空的系数的调整，中性价差组合可以起到避险作用。最后在到期日时候，卖空的期权状态决定到期的价值状况。

第五节　期权比率价差策略

比率价差是一种比较流行的期权交易策略，操作方法是买入一定数量的买（或卖）权，卖出不等数量不同执行价的买（或卖）权。比率价差主要分为四类：买权前向价差、买权后向价差、卖权前向价差、卖权后向价差。前向价差与后向价差到期的现金流具有不同的结构。前面价差具有有限的收益，可能的损失是无限的；后向价差具有有限的损失，可能的收益是无限的。比率价差一般被设计成预测波动率变化或者标的价格变化。前向价差一般设计适用于波动率的下降或者标的价格的下降，后向价差一般适用于波动率。比率价差一般具有相对低的净成本，很灵活，交易者可以根据自己的目标来设计价差。以下将比率价差交易策略运用到 50ETF 期权中去，具体分析 1:2 前向价差、1:2 后向价差、2:3 前向价差的表现，并给予解释。

一、期权比率价差的基本介绍

期权的价差交易策略是期权交易的一类主要方法，在交易中被广泛采用。比率价差是期权价差策略中的一种流行策略。在比率价差中，交易者买进一定量的低执行价的买权（卖权），卖出不等量的不同执行价的买权（卖权）。

比率价差有四个基本的类型：买权前向价差、买权后向价差、卖权前向价差、卖权后向价差。对于买权前向（后向）价差，交易者购买（卖出）一定量的（a）某一执行价 k_1 的买权且同时卖出（购买）更多量的（b）更高执行价 $k_2 > k_1$ 的买权（a < b < 0）。对于卖权前向（后向）价差，交易者购买（卖出）一定量的（a）某一执行价 k_2 的买权且同时卖出（购买）更多量的（b）更低执行价 $k_1 < k_2$ 的买权。

（1）买权前向价差到期的现金流函数为：

$$a(x-k_1)_+ - b(x-k_2)_+ = \begin{cases} 0 & x \leqslant k_1 \\ a(x-k_1) & k_1 < x \leqslant k_2 \\ (a-b)x + bk_2 - ak_1 & x > k_2 \end{cases}$$

（2）买权后向价差到期的现金流函数为：

$$b(x-k_2)_+ - a(x-k_1)_+ = \begin{cases} 0 & x \leqslant k_1 \\ -a(x-k_1) & k_1 < x \leqslant k_2 \\ (b-a)x + ak_1 - bk_2 & x > k_2 \end{cases}$$

（3）卖权前向价差到期的现金流函数为：

$$a(k_2-x)_+ - b(k_1-x)_+ = \begin{cases} (b-a)x + ak_2 - bk_1 & 0 < x \leqslant k_1 \\ -a(x-k_2) & k_1 < x \leqslant k_2 \\ 0 & x > k_2 \end{cases}$$

（4）卖权后向价差到期的现金流函数为：

$$b(k_1-x)_+ - a(k_2-x)_+ = \begin{cases} (a-b)x + bk_1 - ak_2 & 0 < x \leqslant k_1 \\ a(x-k_2) & k_1 < x \leqslant k_2 \\ 0 & x > k_2 \end{cases}$$

1:2 比率价差是最通常的比率。以利率期权为例演示比率价差的情况。标的利率期权的执行价价格是 6% 与 6.25%，波动率为 0.15，无风险利率是 6%。图 13 - 22 是到期时的现金流函数与一个月期的 1:2 比率价差的价值。

在前向价差中，由于卖出的期权数量超过买入的期权数量，可能的损失是无限的，而收益是有限的。在后向价差中，买入的期权数量比卖出的期权数量多。比率价差是更加灵活的期权交易策略之一，取决于选择前向价差还是后向价差，价差损失或利润可能是无限的；取决于选择买权还是卖权，不管是在牛市还是熊市中，价差损失或利润均可能是无限的。对于给定的类型，比如买权前向价差，敏感性参数（delta、gamma 等）和净价格可以是正的、零和负的，可以由执行价格的选择与期

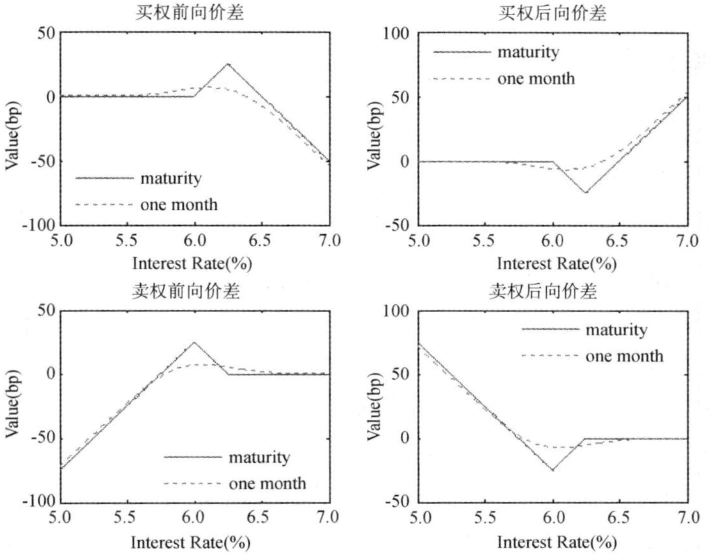

图 13－22　买权与卖权的前后向价差

权的买卖比率的调整来实现。比率价差在实践中的经常被使用，一个通常的目的就是投机关于波动率的变化。其他的目的还有：以比垂直价差低的成本，投机标的资产的未来价格变化方向，发掘错误定价的机会，形成后来支付的避险。

研究表明，多数比率价差被设计成具有低的且正的净价格。多数比率价差被设计成具有低的绝对价格变化敏感参数，可以由选择不同执行价格来实现。前向价差，可能的损失是无限的、潜在的收益是有限的，是比后向价差相当多地普遍，后者是损失是有限的、收益是无限的；比率价差是否被用作波动率价差是不太清晰的，以它们作为波动率价差运用，有资料显示它们的波动率敏感性参数值一般有符号。然而，以选定的执行价，波动率敏感性参数值一般是小于以别的执行价对应的波动率敏感性参数值。尽管有文献中例子和图示表明比率价差中的一部分总是价内的，另一部分是价外的（虚值的），在实践中，价差的两个部分都是价外的（虚值的）。这样，然而假如标的资产价格不变化，前向价差被设计成有最大的利润。事实上，多数在这个情形出现时是没有利润的。多数交易者在寻求一个平衡于具有大的波动率敏感性、低价格和低避险参数之间。比率价差交易者坚持保留几个标准的比率价差，超过九成的交易者运用 1:2 比率价差，即使它们可以实现确切的避险参数中性和零的净价。大多数比率价差交易者寻求一个平衡于几个目标之间，包括：近似避险参数中性、低的净成本、对于波动率变化具有相对高的敏感性。

二、比率价差的分析

（一）波动率与执行价选择

前向价差经常被用来押注波动率的下降，后向价差常被用来押注波动率的上升。所以在实际中，比率价差的设计要求是前向价差具有相对大的负波动率敏感参数，后向价差具有相对大的正波动率敏感参数。由于比率价差需要做多一些期权且卖空另一些别的期权，价差组合波动率敏感参数最大化需要选择执行价使得价差中数量多的期权具有高的波动敏感性，数量少的期权具有低的波动敏感性。由于波动率敏感性在接近平价期权时最大，这意味着数量多的期权执行价比另一个执行价更接近标的价格。根据比率价差的特点，波动率敏感性最大化表明价差中的数量少的期权是实价的。

对于前向价差，若到期时的资产价格等于空头期权的执行价，到期的价差利润达到最大化。若前向价差交易者赌定低的波动率，从小的价格变动来说，应该选择卖空平价期权，选择做多实价的期权。所以对前向价差而言，构建比率价差通过卖空较多接近的平价期权、买入较少的实价期权来实现。同样，对于后向价差而言，构建比率价差通过卖空较少的实价期权、买入较多的平价期权来实现。

执行价的选择对波动率敏感参数的影响，用利率期权的前向价差来演示（见图 13－23）。采用1:2 比率价差，两个执行价之间的差为25 个基点（bp），标的波动率为0. 15，标的利率为6. 5%，无风险利率为6%。

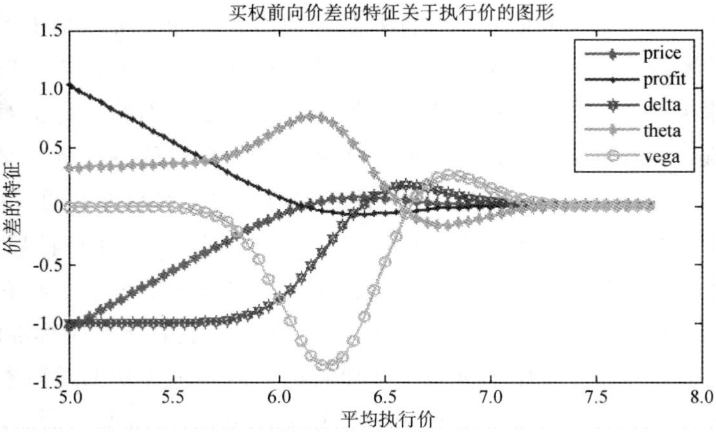

图 13－23　平均执行价

此图对应的期权到期时间为 1.5 个月。

图 13－24 对应的期权到期为 3 个月。买权前向价差的波动敏感性在高执行价期权轻微实价时出现，低执行价的期权是较深的实价期权。这里选择买入 1 份执行价为 0.615 的期权、卖空 2 份执行价为 0.64 的期权来构建比率价差。

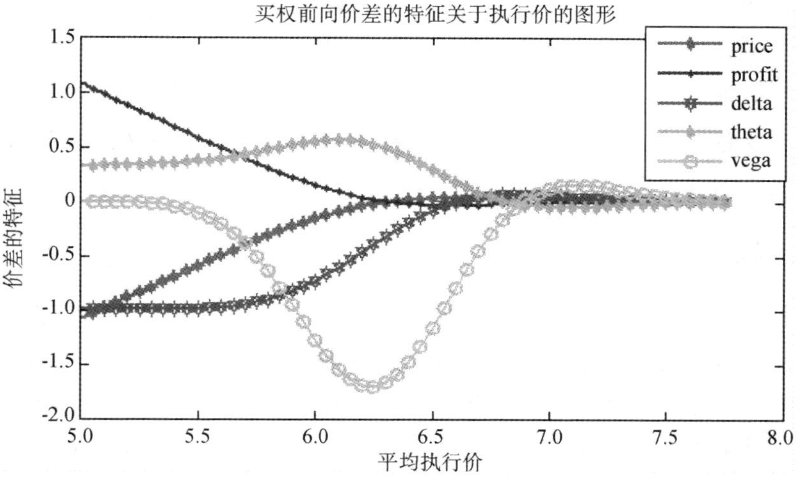

图 13－24 平均执行价

（二）价格变化敏感参数与执行价选择、净价格

如上所述，比率价差有时候被描述成一种价差用来赌未来资产价格运动的方向与规模，在另外的时候被描述成避险参数中性的。在比率价差中，量少的期权总是比量多的期权更具有价值，因此具有更高的绝对价格变化敏感参数。由此，价差可以构建称为价格变化敏感参数中性的，选择执行价和比率使得买入的期权价格变化敏感参数是 m 倍于卖出期权的敏感参数，m 是卖出期权数量与买入期权数量的比值。

以接近无成本构建组合是比率价差经常被提到的优势。在比率价差中，量少的期权总比量大的期权更具有价值，所以该部分期权具有更高的价格。若量小的期权价格是量大的期权价格 m 倍，m 是价差的比率。若价格最小化是一个构建组合的目标，它仅适用于贷出价差，该价差是具有正的价格那些价差。对于贷入价差而言，交易者收到一些预先的净付款，所以很少有原因去试图减少价差的价格。事实上比率价差被用作波动率价差，价格最小化的假设有更深的含义。跨式策略是目前市场上最流行的波动率交易策略，勒式策略也是非常流行的波动率交易策略。若交易者希望做多波动率，即构建一个头寸具有正的波动率敏感参数（vegas）或者构建一个组合得益于价格标的资产价格变化。构建勒式组合和跨式组合需要同时买入买权和卖权，花费是比较大的。作为替代，做多波动率的交易者希望最小化预付成本，以低的或者负的净价格构建后向价差。同样的讨论却不适用于卖空波动率的头寸，因为卖空勒式组合和跨式组合是贷入价差。这有两层含义，后向价差应该比前向价差更流行；后向价差的价差应该要么是负的，要么接近零。有文献介绍讨论了比率价差被用来交易感知的错误定价。假设定价模型是正确的，这意味着交易者以低的隐含波动率买入期权，以高的波动率卖出期权。

（三）价差比率

以执行价格的确定所含的意义，这里讨论了各种目标的含义。很显然，选择的比率同样影响价格与各种敏感参数。由于执行价的离散特点，对于标准的比率1:2、1:3、2:4等，比率价差不可能被构建得确切中性；同样，净价格也不可能被确切地构造为零，波动率参数不能被最大化或最小化。然而，任何目标的实现都可以通过非整数的比率来实现。非整数的比率的缺点是他们具有较差的流动性。以标准比率交易，交易费比较低，且反转交易更容易。

三、实证研究

上证50ETF期权是目前中国资本市场上唯一在交易所交易的标准化期权产品。产品的设计具有很多大的创新性，在期权执行价的选择上具有一定的灵活性。这里以9月22日到期的上证50ETF买权为例进行分析，期权执行价有2.2、2.25、2.30、2.35、2.40等几种选择。比如，用执行价为2.2的买权作为前向价差中的多头，分别用其他的4个执行价的期权作为价差的空头，可以构造的比率有1:2、1:3、1:4、2:3等。

首先，画出5只期权和50ETF从2月9日到9月22日的价格曲线（见图13-25）。

我们构建1:2的前向价差，执行价2.20的期权作为价差期权的多头位置，其他的期权作为空头位置。我们画出了4个1:2的前向价差价格曲线的图像（见图13-26）。

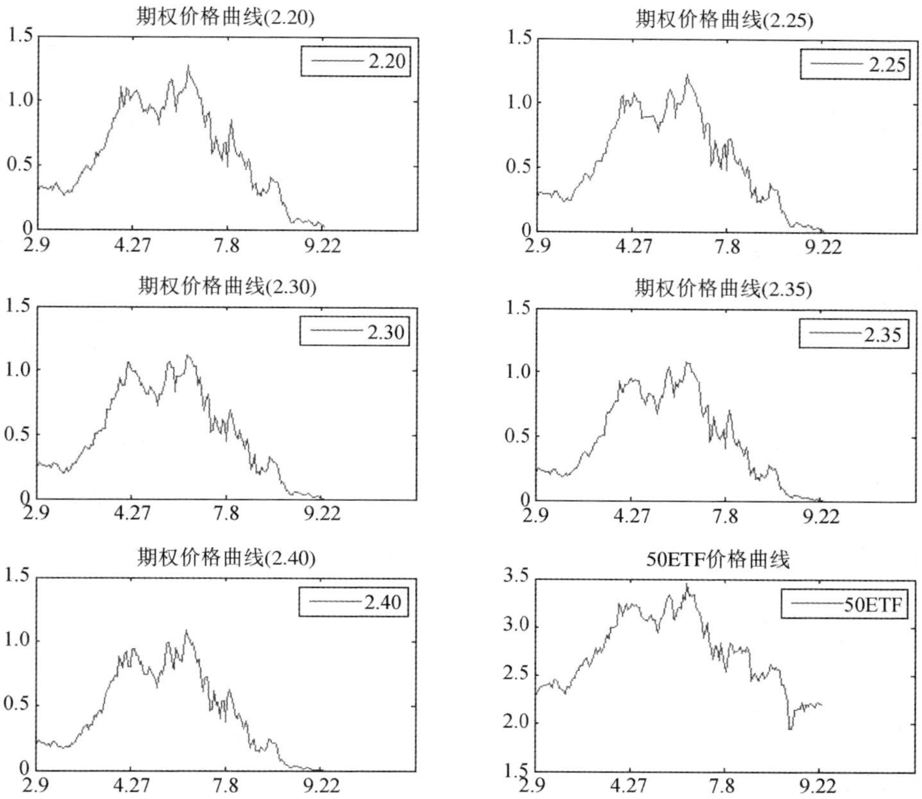

图 13 - 25 期权价格曲线

在开始时买入 1 份执行价为 2.2 的买权，卖出 2 份执行价为 2.25 的买权，开始时刻资金净流入 0.2450，到期时平仓后现金流为 0.02，总收益为 0.2645，10 000 个 1:2 价差的收益为 2 645，非常可观。但是要是选择在 4 月 20 日建仓的话，一个价差组合到期的收益更高达 1.202，使得 1:2 前向价差的利润达到最大化，1 张该价差仓位的获利就达到 12 020。

在开始时买入 1 份执行价为 2.2 的买权，卖出 2 份执行价为 2.30 的买权，开始时刻资金净流入 0.2030，到期时，平仓时现金流为 0.0360，总收益为 0.2390，10 000个 1:2 的收益为 2 390。但是要是选择在 4 月 24 日建仓的话，一个价差组合到期的收益更高达 1.155，使得 1:2 前向价差的利润达到最大化，1 张该价差仓位的获利就达到 11 550。

在开始时买入 1 份执行价为 2.2 的买权，卖出 2 份执行价为 2.35 的买权，开始

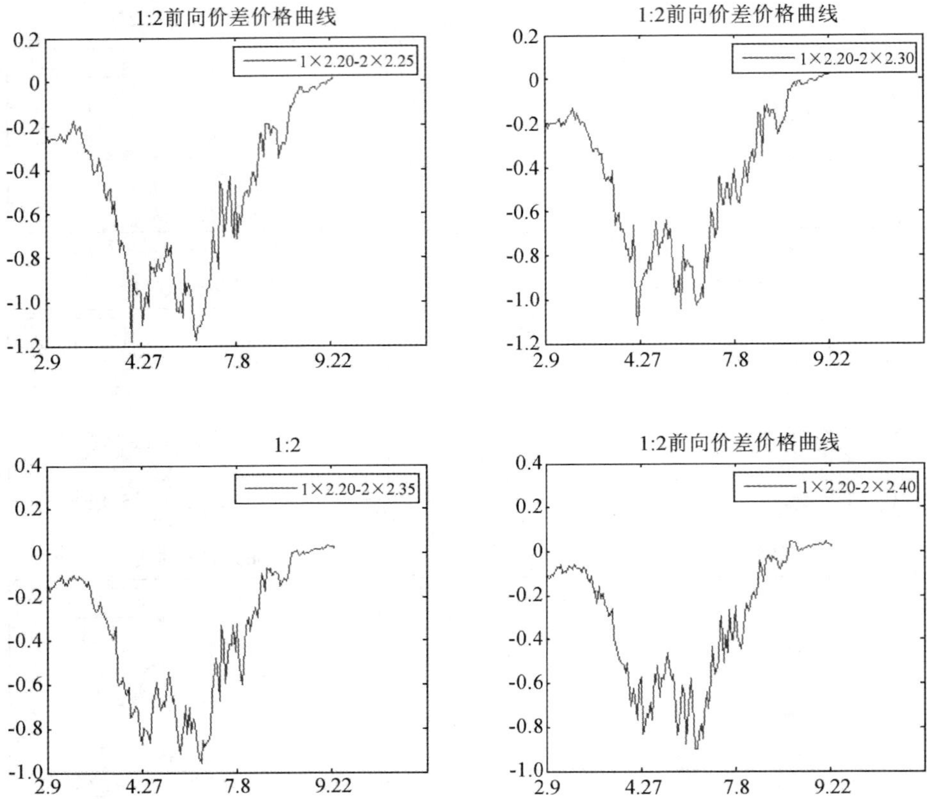

图 13－26　前向价差价格曲线

时刻资金净流入 0. 1530，到期时，平仓时现金流为 0. 0360，总收益为 0. 1890，10 000个 1∶2 的收益为 1 890，非常吸引人。但是要是选择在 6 月 10 日建仓的话，一个价差组合到期的收益更高达 0. 995，使得 1∶2 前向价差的利润达到最大化，1 张该价差仓位的获利就达到 9 950。

在 2 月 9 日时买入 1 份执行价为 2. 2 的买权，卖出 2 份执行价为 2. 40 的买权，开始时刻资金净流入 0. 1110，到期时，平仓时现金流为 0. 0360，总收益为 0. 1470，10 000 个 1∶2 的收益为 1 470，非常可观。但是要是选择在 6 月 8 日建仓的话，一个价差组合到期的收益更高达 0. 9360，使得 1∶2 前向价差的利润达到最大化，1 张该价差仓位的获利就达到 9 360。

对于 2∶3 前向价差，我们可以画出该比率价差的价格图像（见图 13－27）。

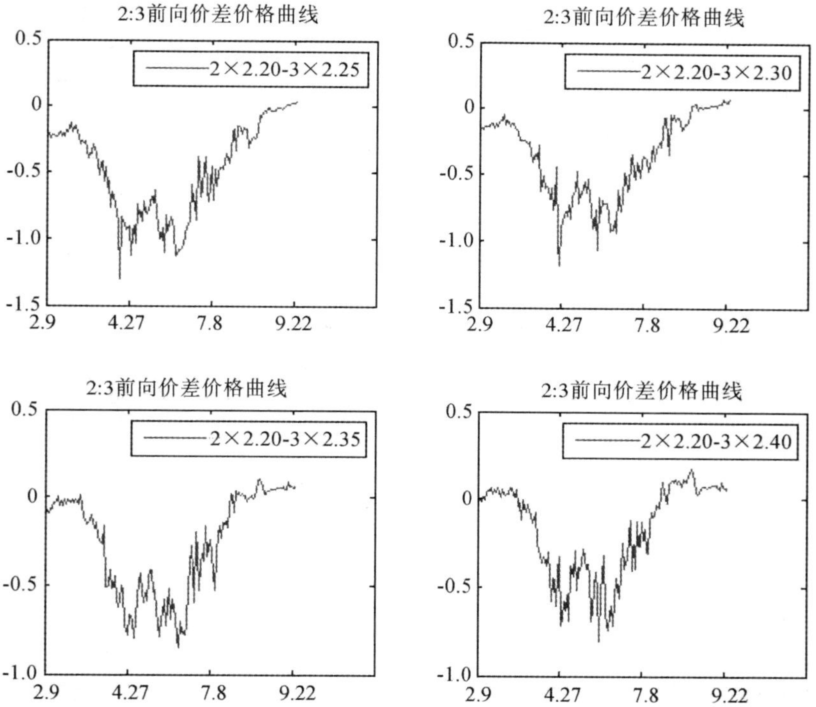

图 13－27 前向价差价格曲线

前向价差对这一时间段的上证 50ETF 期权具有非常好的效果，原因是这段时间的 50ETF 价格经历了一段时间上涨，然后从高点下降，直到期权到期时 ETF 价格都呈现下跌的趋势，为前向价差的收益提供了保证。至于在 50ETF 价格上升到一定高点（如 4.20、4.24、6.8、6.10）建立前向价差都会获得接近相应比率价差的最高收益。当然建立前向价差时，交易者不可能预测到未来 50ETF 价格下跌趋势，如果到期时价格上升很多的话，有可能把期初建立组合时的获利全部吃掉，但是经验丰富的交易者会选择在 ETF 价格相对高的时刻建立价差组合，一般的情况都会有不错的获利。

以 1:2 后向价差来分析 50ETF 期权，买入 2 份的执行价为 2.25、2.30、2.35、2.40 的期权，卖出 1 份的执行价为 2.20 的期权。我们画出从开始建立组合到期权成立的价格曲线（见图 13－28）。

我们可以看出，开始 4 个价差组合的价值为正的。具体计算表明，4 个组合付出的总成本为 0.2450，到期时组合价值为－0.02，也就是开始建仓持有到期就会损

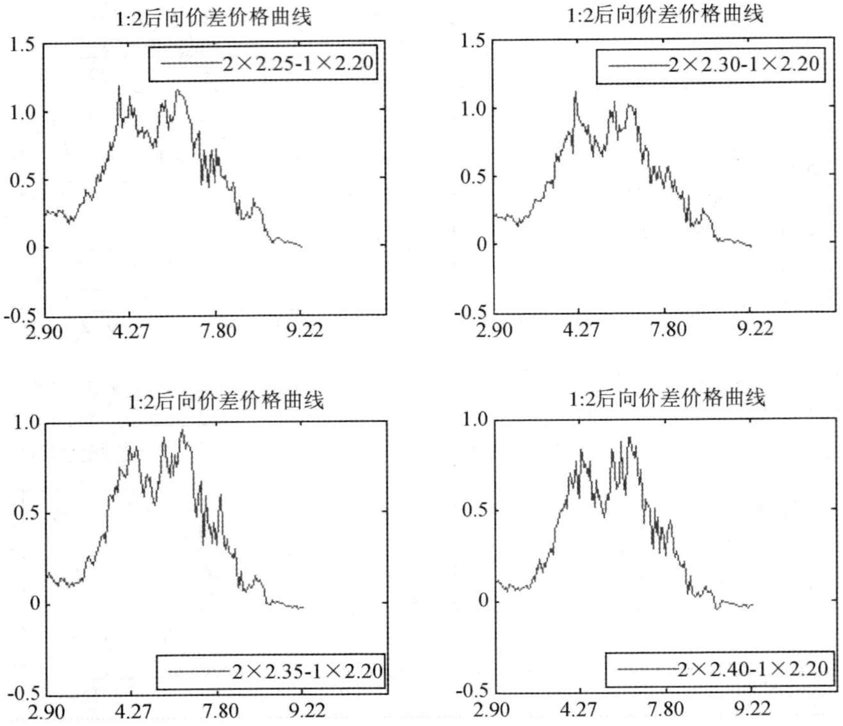

图 13－28 后向价差价格曲线

失 0.265，但是在 4 月 20 日组合价值高位平仓的话，反而会赚到 0.937，10 000 个这样的 1∶2 的后向价差的收益就是 9 370。后面 3 个 1∶2 后向价差要持有到期的话，损失分别为 0.239、0.189、0.147，但在价差价值高位平仓的话，反而会赚到 0.916、0.806、0.789。这表明了，后向价差也可以在这一时间内运用 50ETF 期权，但平仓时间把握很重要，最高利润也很可观。

比率价差是期权交易中流行的一类策略，具有一定灵活性，能够在波动率变化中获利或者价格变化中获利，具有节约成本的优势、较低的净价格。比率价差可以设计成近似地保持价格变化中性。前向价差和后向价差在交易中被用来做空波动率和做多波动率，前向价差的波动率敏感参数一般是负的，后向价差的波动率敏感参数一般是正的。比率价差获利一般来自于波动率的变化和期权错误的定价。比率价差的设计会受到市场条件的限制，如可利用的执行价。在多数场合下，交易者在设计比率价差时必须考虑各个目标的平衡。

第六节 期权垂直价差策略

一、垂直价差的基本介绍

期权交易的策略非富多彩，其中最主要方法就是价差交易。而垂直价差策略（Vertical Spread）是期权价差交易策略中最主要的一类。期权垂直价差策略分为牛市和熊市价差策略。牛市垂直价差有两种构造方式。买权牛市价差与卖权牛市价差。买权牛市价差构造是通过买入一个以 k_1 为执行价的买权，卖出一个相同到期日的以 k_2 为执行价（$k_1<k_2$）的买权。卖权牛市价差构造是通过买入一个以 k_1 为执行价的卖权，卖出一个相同到期日的以 k_2 为执行价（$k_1<k_2$）的卖权。熊市垂直价差也有两种构造方式：买权熊市价差与卖权熊市价差。买权熊市价差构造是通过买入一个执行价为 k_2 的买权，卖出一个执行价为 k_1 的买权。卖权熊市价差构造是通过买入一个以 k_2 为执行价的卖权，卖出一个相同到期日的以 k_1 为执行价（$k_1<k_2$）的卖权。

理解期权的交易策略，必须弄清楚期权的期权到期现金流结构。以 x 代表标的价格，可以给出垂直价差策略的到期现金流函数。

（1）买权牛市价差到期的现金流函数为：

$$(x-k_1)_+-(x-k_2)_+=\begin{cases}0 & x\leqslant k_1\\ x-k_1 & k_1<x\leqslant k_2\\ k_2-k_1 & x>k_2\end{cases}$$

（2）买权熊市价差到期的现金流函数为：

$$(x-k_2)_+-(x-k_1)_+=\begin{cases}0 & x\leqslant k_1\\ k_1-x & k_1<x\leqslant k_2\\ k_1-k_2 & x>k_2\end{cases}$$

（3）卖权熊市价差到期的现金流函数为：

$$(k_2-x)_+-(k_1-x)_+=\begin{cases}k_2-k_1 & 0<x\leqslant k_1\\ k_2-x & k_1<x\leqslant k_2\\ 0 & x>k_2\end{cases}$$

（4）卖权牛市价差到期的现金流函数为：

$$(k_1 - x)_+ - (k_2 - x)_+ = \begin{cases} k_1 - k_2 & 0 < x \leqslant k_1 \\ x - k_2 & k_1 < x \leqslant k_2 \\ 0 & x > k_2 \end{cases}$$

假设执行价为 9 与 13.5，标的波动率为 0.4，无风险利率为 0.05，到期时间为 3 个月，可以画出垂直价差到期现金流与当前价值函数的图像（见图 13－29）。

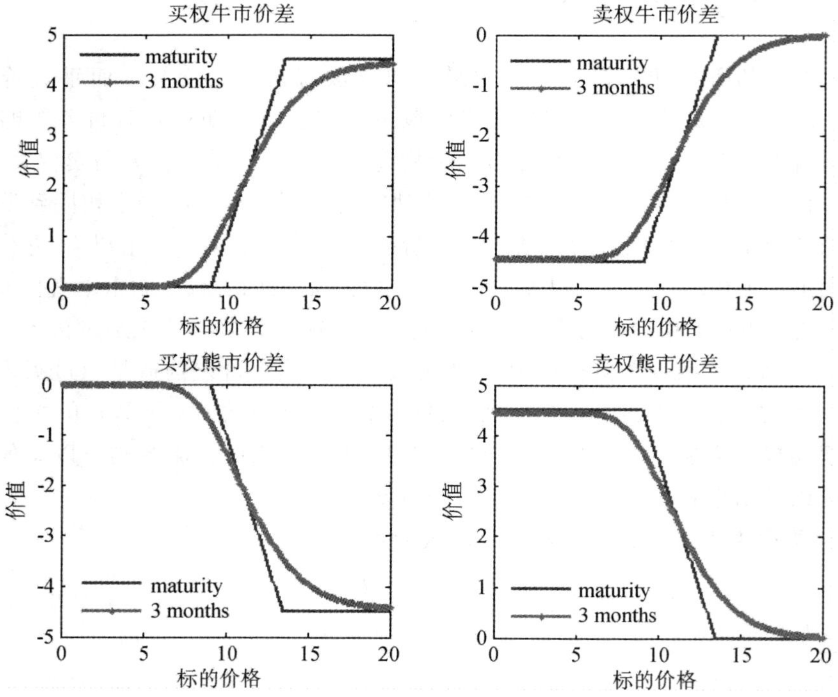

图 13－29　买权、卖权的牛、熊市价差

由于执行价低的买权价格 c_1 高于执行价低的买权价格 c_2，买权牛市价差是贷出价差，具有正的成本 $c_1 - c_2$，所以买权牛市价差的盈亏平衡点为 $k_1 + c_1 - c_2$（较低执行价与成本之和），即到期时标的价格为 $k_1 + c_1 - c_2$，才能实现收回成本。买权牛市价差最大潜在利润是 $k_2 - k_1 - c_1 + c_2$；最大损失就是初始的成本 $c_1 - c_2$，只要标的价格低于 k_1 就会有完全亏损。对于卖权牛市价差而言，建立价差的初期成本为 $p_1 - p_2$（<0），该卖权牛市价差是贷入价差，卖权牛市价差的盈亏平衡点为 $k_2 + p_1 - p_2$，这

是介于 k_1 与 k_2 的之间的点，含义就是到期时，标的价格为 $k_2+p_1-p_2$，盈亏为0，初期的现金流入会被平仓空头的期权消耗掉。到期时，标的价格高于或等于 k_2，卖权牛市价差会取得最大的利润为 p_2-p_1，最大的风险损失为 $k_2-k_1-p_2+p_1$。对于买权熊市价差而言，初始时刻建立价差的成本为 c_2-c_1（<0），所以对买权牛市价差的盈亏平衡点为 $k_1+c_1-c_2$，买权熊市价差的最大利润为初始的现金流入 c_1-c_2，最大损失为 $k_2-k_1+c_2-c_1$。对于卖权熊市价差而言，初始时刻建立价差的成本为 p_2-p_1（>0），所以对买权牛市价差的盈亏平衡点为 $k_2-(p_2-p_1)$，卖权熊市价差的最大利润为初始的现金流入 $k_2-k_1-(p_2-p_1)$，最大损失为 p_2-p_1。在有佣金情况下，最大利润要扣除佣金，最大损失要补上佣金，对于买权价差的平衡点要加上佣金，卖权价差的平衡点要减去佣金。

二、垂直价差的激进程度

（一）买权牛市价差的激进程度

价差可以是进取的或者保守的。多数运用的牛市价差是进取类型；在价差建立时，标的价格是低于较高执行价。若标的价格在到期前上升充分多，进取的牛市价差一般能产生实质性的回报。当标的价格在建立价差时相对地靠近较低的执行价，这类进取型的牛市价差更具有吸引力。

1. 极端激进的买权牛市价差。一个极端进取型牛市价差是价外价差。在该价差中，两个买权在构建组合时都是价外期权。这些价差是非常便宜（成本低）且当标的价格能上升到较高的执行价时，具有大的潜力获得利润。然而，标的资产仅有相对较小的机会促成这样的交易，即使标的价格适度上涨，价差交易者也可能完全损失他的投资。该价差类似于买一个深度价外的买权来进行完全的投机。一般来说，该价差策略在投资中不应该超过投机基金的一个小比率。

2. 最少激进的买权牛市价差。另一类牛市价差能被偶尔发掘，就是价内（实价）价差，即两个买权都是价内的。这个是很少激进的头寸，由于它提供了大概率去实现最大潜在利润，虽然它的潜在利润比更激进的牛市价差所提供的潜在利润要小较多。

当期权非常贵的时候，经验丰富的交易者经常转向牛市价差。较高执行价买权的卖出在一定程度上降低了买入较低执行价买权的成本。然而，交易者不应依赖使用牛市价差方法，是因为期权有较多时间价值，且放弃了利润向上的可能，只是为了有个避险的头寸。对于多数类型的价差，价差变成具有显著利润的必须需要一些时间，即使标的价格运动朝着有益于交易者的方向。由于这个原因，牛市价差不是支持交易者，除非期权是非常短期的。若一个投机者是牛市导向的为了短期标的价格向上运动，更好的是完全买入一个买权而不是牛市价差。由于价差价格随着时间变化，标的价格小的变化不会导致价太多差价格短期变化。然而，若标的价格在期权到期前适度地上涨，买权牛市价差比一个单纯的买权有明显优势。

当标的价格在价差建立后立刻上升，许多交易者都会对牛市价差的低利润失望。能在一定程度上弥补价差的方法是运用两个执行价距离较远的买权。当执行价的距离较大时，价差的空间拓宽，价差不会立刻达到最大利润。

对于牛市价差而言，相比于完全买入的买权，买权牛市价差是一个较少激进的策略。完全买入买权对于寻求标的价格迅速上升是更好的策略。价差不会产生太多利润对于短期价格变化或持续的大的向上涨幅。然而，当标的价格在到期前缓慢地适度地上涨，买权牛市价差将胜过单纯的买权。同时，牛市价差总是牵涉更少风险的资金，是因为价差仅需要更少的成本来建立。相关资料见表 13 - 19。

表 13 - 19　　买权牛市价差与单纯的买入买权比较

	当标的价格			
时间	下跌	保持相对不变	适度上涨	大幅度上涨
1 周内	牛市价差	牛市价差	单纯买入	单纯买入
1 月内	牛市价差	牛市价差	单纯买入	单纯买入
到期时	牛市价差	牛市价差	牛市价差	单纯买入

（二）买权牛市价差的后续操作

牛市价差具有有限的利润和风险，对于交易者来说，到期时没有必要采取后续的操作。若标的价格大幅度上涨，交易者应该紧密观察处于空头的买权的时间价值，看是否有操作的可能性。假如空头买权的时间价值消失，再次操作的可能性将大大增加。若标的价格下跌，交易者可以关掉价差组合以限制损失。

若标的价格已经上涨，变现的指令将是现金流入价差，伴随两个关闭的业务，最大的流入现金等于两个执行价的差值。通过到期执行来关闭价差也是可能的，但此方法对那些付较少或无佣金的交易者通常是可行的。若价差的空头位置是指定的，交易者可以通过执行价差的多头位置来满足操作。除了股票的佣金外，没有保证金要求。股票的佣金对普通交易者来说比较大，相比通过变现来关闭价差而言，普通交易者是被推荐去变现流动而不是到期执行。

由于变现价差的佣金更大，当期权价格高，最大净利润点是较高的执行价。若股价超过较高的执行价，总利润是一样的，但由于交易者要付佣金去变现价差，净利润是较小的。若标的价格下降，为了锁住空头位置的利润，一些交易者更喜欢买回空头的买权。他们将继续持有多头的买权期待标的价格上涨，使多头期权产生更多利润。价差组合流出一些现金，用来支付购回空头期权。若交易者以这样的方式跑出价差，就不应尝试以高价买回空头期权。然而，若空头期权还具有更多价值，交易者不应快速买回它，除非想立刻关闭整个组合。标的价格迅速上涨，交易者没有时间尝试调整价差组合以赚取多头的期权利润，却期望标的价格下跌来赚取空头利润。这样的操作具有很大风险。

牛市价差是最简单的价差，在广泛的多重情形里，是极有用的工具。假如，完全买入一个买权的交易者发现有潜在的损失，他可以改善逃出的机会，变成一个牛市价差组合。若有不可实现的利润，可以卖出一个更高执行价的买权，构造一个牛市价差，尝试锁定一些利润。以类似的方式，一个普通的股票持有者面临一个不可实现的损失，可以利用一个牛市价差降低盈亏的平衡点。利用期权，他经常有一个更好的机会实现盈亏平衡或者赚取利润。

牛市价差是一类最简单、最流行的价差。它在适度看涨的环境中会表现最好。牛市价差不会立刻达到最大利润，所以对于短期交易者单纯地买入一个买权是较好的选择。买权买者和股票买者可以使用牛市价差产生更低的平衡点。

（三）买权熊市价差的激进度

买权熊市价差的激进度取决于标的价格与两个执行价交易时的位置。熊市价差可以是非常激进的、具有较高的潜力利润，也可以是较少激进的、具有低的利润潜力。若初始时有大的现金流入，则有产生高利润的潜力。然而，对于有大现金流入的价差来说，标的价格必须在低的执行价之上，这意味着相对真实的向下价格运动是实现利润最大化的必要条件。一个大的贷入熊市价差通常是激进的头寸。价差交易者需要实质性的价格变化才能赚得更多利润。这个情形出现的概率一般不会太大。

较少激进的熊市价差是指标的股价在价差建立时在较低执行价之下，此时由价差产生的流入现金将是小量的，交易者可以实现最大利润，即使标的股价在到期时保持不变或者轻微上升。

对于流入现金流大的和流入现金流小的熊市价差，哪一个更好，没有定论。一个是有小的概率赚到大的利润，另一个是有更大的概率赚得更小的利润。一般来说，在熊市建立价差时，标的价格更靠近较低的执行价，此时的熊市价差是最佳的。事实上，当股价在较高执行价时建立熊市价差，交易者是在卖出一个具有内含价值和时间价值的买权，同时买入一个仅具有时间的买权。期权策略者通常不这样做。期权策略的基础理念是卖出时间价值和买入内含价值。由于这个原因，大现金流的熊市价差并不是最优策略。

即使标的价格下降，熊市价差也不会马上崩溃。随着到期时间临近，价差会接近最大利润潜力。这对理解该价差是重要的，因为交易者期望标的价格下移，他可能需要利用买权熊市，其中低执行价的买权是深度实价的，高执行价的买权是虚价的。在此情形中，实价的买权价值随着标的价格下降而下降，而虚价的买权提供了保护以防标的价格向上。这类熊市价差类似于卖出一个深度实价的买权为了获得标的向下利润和买入一个虚价买权仅作为灾难性保护。

（四）买权熊市价差的后续操作

一般地，熊市价差的后续操作并不困难。策略者必须意识到空头位置买权迫切的操作。若组合中空头位置买权是实价期权且没有时间价值剩余，组合应该被立刻平仓，不管到期时间还有多少。时间价值的消失可能由于股票价格显著大于买权的执行价格，或即将发生的红利支付。对于任何一种情形，价差组合都应关闭避免任何指定操作和避免股票交易的大量佣金成本。从早期的任务来说，大的信用熊市价差是危险的，买权时间价值将从很小开始。

买权熊市价差是看跌策略，在构建时无需现金安排，较为流行，但策略收益在熊市可能不及由卖权构造的熊市价差。价差是信用价差，要求一个在购买力上的削减，且建立组合无须事实的现金安排，是一个适度流行的策略。利用买权构造的熊市价差可能不是最优类型的熊市价差，由卖权构造的熊市价差可能是最优的。

（五）卖权熊市价差

卖权熊市价差比买权熊市价差有一个优势。利用卖权，交易者卖出一个价外的期权来构建价差组合。在价差变成有利润之前，交易者不是冒险去提前执行合约。对于卖出实价的卖权就会处于被执行的风险中，价差将必须是有利的，因为股价将在较低执行价之下。这与买权熊市价差不一样，在买权熊市价差中，交易者卖出一个实价的买权作为熊市价差的一部分，在价差组合变成有利润前，这样可能是处于提前执行的风险中。

除了提前执行可能性的差别外，卖权熊市价差还有另一个优势。在卖权熊市价差中，若标的价格快速下跌，两个卖权处于实价，价差将同样快速变宽。这是因为当它们变成实价时，卖权趋向迅速失去时间价值。买权熊市价差经常不会产生类似的结果。关于短期向下的运动，由于买权熊市价差卖出一个低执行价的买权，这个买权在标的价格下落至较低的执行价时实际上会拾起时间价值，因而较少的提前执行和对短期运动有更好的利润，卖权熊市价差优于买权熊市价差。由于买权熊市价差是信用价差，不需要现金投资，一些投资者仍然使用买权熊市价差。这是一个弱的原因去避开较好的卖权价差，不应该是颠覆的考虑。买权熊市价差需要保证金，将导致交易能力减少一个数量大约等于类似卖权熊市价差的价格。

（六）卖权牛市价差

卖权牛市价差的最大利润是有限的，最大利润等于两个执行价的差值，在标的价格上升到较高执行价之上。建立这样的价差组合，是以看涨为导向的，交易者希望标的价格上涨。该价差组合的风险是有限的。当标的价格在到期时低于较低的执行价时，损失最大，等于执行价之差减去初始的现金流入。

三、垂直价差的数字特征和结论

期权的执行价为 k_1、k_2($k_1 < k_2$)。对应执行价为 k_1、k_2，买权和卖权牛市价差的价格敏感参数为 $N(d_1) - N(d_2)$。其中，$d_i = [\ln(s/k_i) + (r+0.5)\sigma^2 t]/\sigma\sqrt{t}$，$s$ 是标的价格，σ 是波动率参数，t 是到期时间长度。对应执行价为 k_1、k_2，买权和卖权的熊市价差的价格敏感参数 delta 为 $N(d_2) - N(d_1)$。买权牛市价差的成本为 $c_1 - c_2$。若到期时 $s_T \leqslant k_1$，则价差中的两个买权都失去价值，则利润为 $-(c_1 - c_2)$。到期时若 $s_T \geqslant k_2$，利润的现值为 $(k_2 - k_1)e^{-rt} - (c_1 - c_2)$。到期时若 $k_1 \leqslant s_T \leqslant k_2$，则利润为 $(s - k_1)e^{-rt} - (c_1 - c_2)$。卖权牛市价差的成本为 $p_1 - p_2$，到期时若 $s_T \leqslant k_1$，则价差中的两个卖权都是有价值的，则利润为 $(p_2 - p_1) - (k_2 - k_1)e^{-rt}$。到期时若 $s_T \geqslant k_2$，利润的现值为 $p_2 - p_1$。到期时若 $k_1 \leqslant s_T \leqslant k_2$，则利润为 $(s - k_2)e^{-rt} - (p_1 - p_2)$。由于买权—卖权的平价关系，我们得出买权牛市价差与卖权牛市价差具有相同的利润结构。

买权熊市价差的成本为 c_2-c_1，到期时若 $s_T\leqslant k_1$，则价差中的两个买权都失去价值，则利润为 $-(c_2-c_1)$。到期时若 $s_T\geqslant k_2$，利润的现值为 $(c_1-c_2)-(k_2-k_1)e^{-rt}$。到期时若 $k_1\leqslant s_T\leqslant k_2$，则利润为 $(c_1-c_2)-(s-k_1)e^{-rt}$。卖权熊市价差的成本为 p_2-p_1，到期时若 $s_T\leqslant k_1$，则价差中的两个卖权都有价值，则利润为 $(k_2-k_1)e^{-rt}-(p_2-p_1)$。到期时若 $s_T\geqslant k_2$，利润的现值为 p_2-p_1。到期时若 $k_1\leqslant s_T\leqslant k_2$，则利润为 $(p_1-p_2)-(s-k_2)e^{-rt}$。由于买权—卖权的平价关系，我们得出买权熊市价差与卖权熊市价差也具有相同利润结构。运用垂直价差，交易者的文献资料一般有如下的主张与结论：

（1）垂直价差交易者使用价差组合是为了减少在空头上可能的损失，所导致的价差将是信用价差。若他们用垂直价差减少成本和增加多头上的利润可能，产生的价差将是贷出价差。

（2）避免保证金和空头期权的提前执行意味着首选贷出价差，且垂直价差交易者应该特别避免卖权信用价差。

（3）成本最小化意味着首选虚价期权的贷出价差。

（4）正的偏度的偏好（小的高概率的损失和大的低概率的收益）意味着垂直价差交易者应该选择虚价期权的贷出价差和实价期权的信用价差。

（5）追求 delta 最大化垂直价差的交易者应该选择平价期权的组合。

（6）寻求最大化单位元的 delta 的贷出价差交易者应该选择平价期权的组合。

（7）垂直价差交易者寻求最小化他们波动率风险的暴露，应该选择平价期权的组合，即两执行价跨立在标的价格两侧，其平均靠近标的价格。

（8）垂直价差交易者寻求正的 gammas，应该选择虚价期权组合构建贷出价差，选择实价期权组合构建信用价差。

（9）垂直价差交易者寻求负的 thetas（时间敏感参数），应该选择实价期权组合构建贷出价差，选择虚价期权组合构建信用价差。

（10）关注流行性或提前执行的垂直价差交易者应该避免实价期权组合。

（11）垂直价差交易者希望组合中多头期权比空头期权具有更低的隐含波动率，应该选择虚价期权来构建贷出价差，选择实价期权来构建信用价差。

我们以利率期权为例子，无风险利率为5%，标的利率为6%，到期时间为3个月，波动率为0.15，执行价差为25个基点。画出买权牛市价差的价格与几个敏感性参数的图像（见图13-30、图13-31和表13-20）。

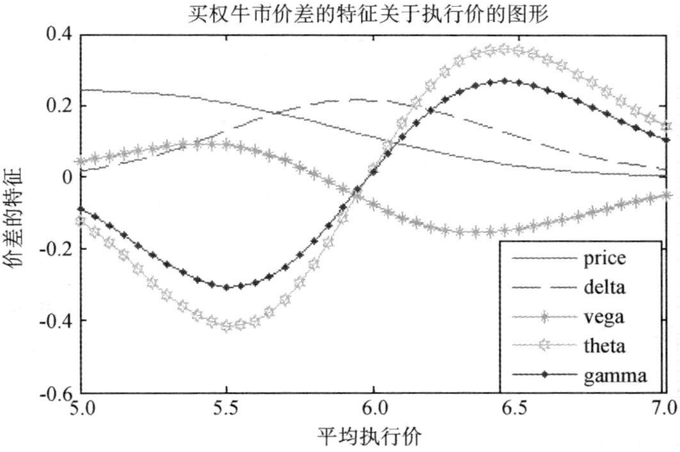

图 13－30 买权牛市价差的特征

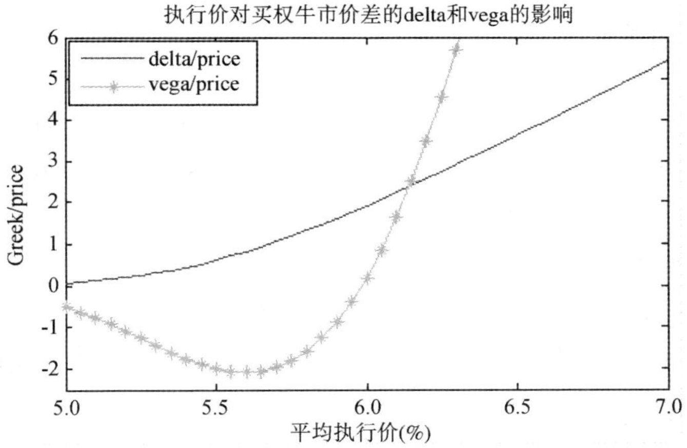

图 13－31 执行价对买权牛市价差参数的影响

表 13－20　　期权的选择对可能的交易目标含义

目标	主张	贷出价差		信用价差	
		买权	卖权	买权	卖权
		看涨	看跌	看跌	看涨
最小化净价格	(3)	OTM	OTM		
正的偏态	(4)	OTM	OTM	ITM	ITM
最大化绝对 delta	(5)	ATM	ATM	ATM	ATM
最大化绝对 delta/price	(6)	OTM	OTM		

续表

目标	主张	贷出价差		信用价差	
		买权	卖权	买权	卖权
		看涨	看跌	看跌	看涨
最小化绝对 vega	(7)	ATM	ATM	ATM	ATM
正 gamma	(8)	OTM	OTM	ITM	ITM
负 theta	(9)	ITM	ITM	OTM	OTM
最小化提前执行和最大化流动性	(10)	OTM ATM	OTM ATM	OTM ATM	OTM ATM
基于波动微笑的交易	(11)	OTM	OTM	ITM	ITM

(ITM——实价期权，OTM——虚价期权，ATM——平价期权)

四、实证研究

垂直价差作为一类有效的期权交易策略，在 ETF50 期权交易中有不错的运用。ETF50 期权是我国于 2 月 9 日第一款正式在交易所挂牌交易的期权产品。该期权产品的设计具有一定特色。根据市场需要，在不同月份，上海证券交易所会挂出新的代码的 ETF50 期权。我们利用垂直价差来分析 9 月到期的期权组合表现。9 月到期的买权有执行价为 2.2、2.25、2.30、2.35、2.40，9 月到期的卖权有执行价为 2.2、2.25、2.30、2.35、2.40、2.45。利用这些买权与卖权，我们可以构造垂直价差。

（一）期权价格与标的价格

我们首先给出 2 月 9 日到 9 月 22 日执行价为 2.2、2.25、2.30、2.35、2.40 的买入期权的价格走势图、ETF50 的价格走势图（见图 13 – 32）。

从中可以看出，买权价格跟标的 ETF50 价格走势具有很强的同步性。几个买权的价格都经历了先涨接着调整再上升到高点，然后随着标的的下跌而最终下跌的走势。

卖出期权在前面几个月基本处于虚价状态，其价格在经历长时间的低位运行，在 8 月中旬后 ETF 价格下跌到使卖出期权具有实价，在 9 月初，卖权价值上升到最高点。在期权到期前一段时间内，标的价格呈现小幅的上涨，加之时间的价值减少，导致卖权又出现下跌的走势（见图 13 – 33）。

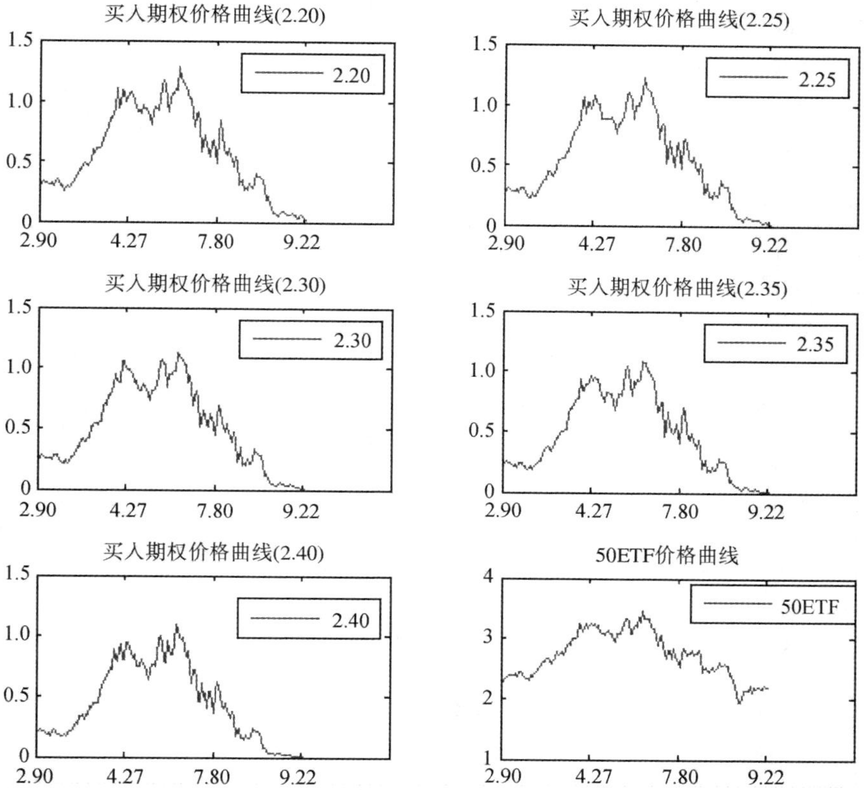

图 13 - 32　买入期权与 ETF50 的价格曲线

（二）垂直价差分析

对 ETF50 期权运用垂直价差来构造，我们以买权牛市价差和卖权熊市价差为例进行分析。买权牛市价差利用执行价的配对组成，买入低执行价的买权，卖出高执行价的买权，这样产生了 10 个买权价差组合。我们给出这个 10 个买权价差组合的价值走势图形（见图 13 - 34）。对于执行价为 2.20 与 2.25 的组合，我们发现在 8 个时刻点出现了组合价值为负的情况；对于执行价为 2.20 与 2.30 的组合，我们发现了两个时刻点出现了组合价值为负的情况。执行价为 2.25 和 2.30 的买权价格比执行价为 2.20 的买权价格高，这是由期权错误定价产生的。以上是几个极端的时刻点。

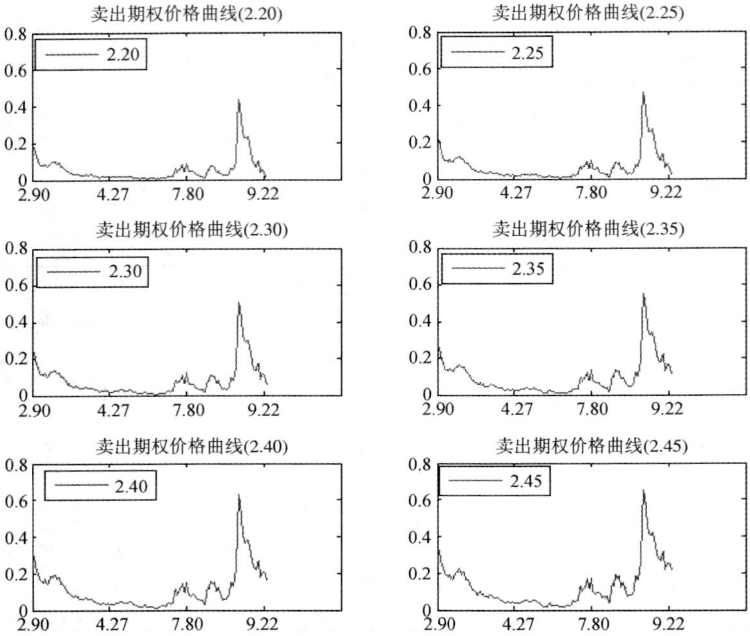

图 13－33　卖出期权价格曲线

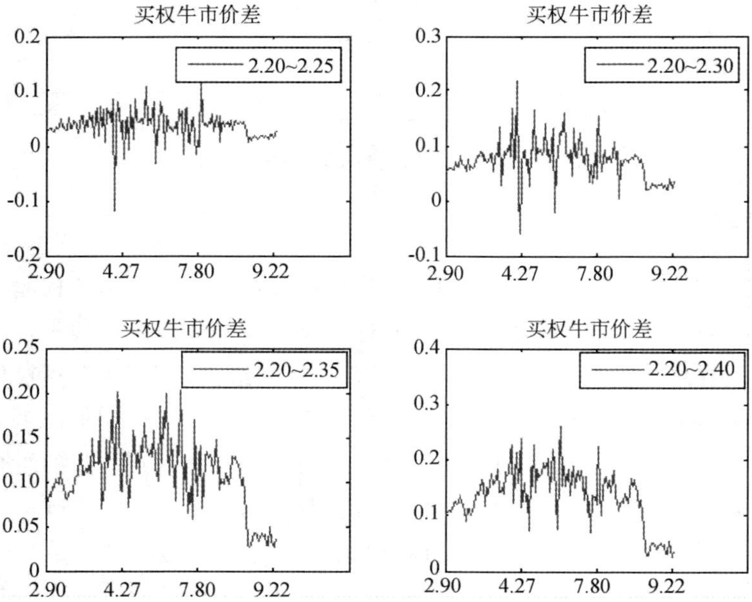

图 13－34　买权牛市价差

对于其他的几个组合，执行价为 2.25 与 2.30 的组合，组合价值出现了 6 个时刻的负值，执行价为 2.30 与 2.35 的组合价值出了 6 个时刻的负值，执行价为 2.30 与 2.40 和 2.35 与 2.40 的组合价值也都出现了几个负值。根本原因是执行价值差距小，区别度不高，易造成市场错误定价机会出现（见图 13－35）。

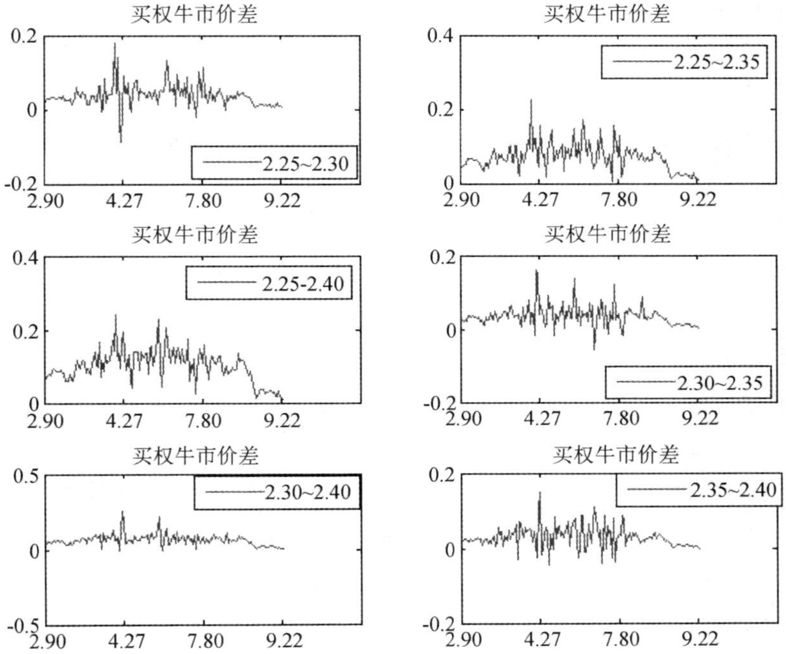

图 13－35 买权牛市价差

我们分析买权组合价值的情况。开始时刻，我们构建执行价为 2.20 与 2.25 的买权牛市价差成本是 0.034，该组合的最高价值为 0.1240，出现在 7 月 10 日。该组合到期时的价值为 0.029，组合持有到期的话就会损失为 0.005，一张 10 000 个单位组合合约损失为 50，加考虑到佣金费用，损失可能达到 100。若选择在高位平仓的话，收益为 900，扣除佣金的话，最高收益可以达到 850。

以执行价为 2.20 与 2.30 的买权构造牛市价差组合的话，初始成本为 0.055，该组合的最高价值为 0.219，出现在 4 月 22 日。该组合到期的价值为 0.037，意味着持有到期的话就有损失为 0.018，一张 10 000 个单位合约的损失为 180，加上佣金损失可达到 230。若在 4 月 22 日选择平仓的话，10 000 个单位组合收益为 1 640，扣除佣金，最高收益可达 1 590。

类似地，以执行价为2.20与2.40的买权构造牛市价差组合的话，初始成本为0.101，该组合的最高价值为0.261，出现在6月4日。该组合到期的价值为0.037，意味着持有到期的话就有损失为0.064，一张10 000个单位合约的损失为640，加上佣金损失可达到690。若在6月4日选择平仓的话，10 000个单位组合收益为1600，扣除佣金，最高收益可达1 550。

以执行价为2.25与2.30的买权构造牛市价差组合的话，初始成本为0.021，该组合的最高价值为0.1780，出现在4月20日。该组合到期的价值为0.008，意味着持有到期的话就有损失为0.013，一张10 000个单位合约的损失为130，加上佣金损失可达到180。若在4月20日选择平仓的话，10 000个单位组合收益为1 570，扣除佣金，最高收益可达1 520。

可以看出，买入期权牛市价差从开始构建持有到期日都是亏损的。标的价格是先涨后跌，保持到期权日，几个买入期权变成了虚值。但若在中间某个时间平仓的话就会有不错的收益。反操作可以构造买权熊市价差。买权熊市价差从开始持有到期有正的收益，但交易费用可能抵消收益。但是选择特殊的时点构造买权熊市，是信用价差，有现金流入，从而实现最大的收益，且存在多次套利的机会。

另外，我们分析ETF50卖权熊市价差策略。卖权熊市价差利用执行价的配对组成，买入高执行价的卖权，卖出低执行价的卖权，这样产生了15个卖权价差组合。我们给出这个15个卖权价差组合的价值走势图形（见图13－36）。对于执行价为2.25与2.20的组合，我们发现在3个时刻点出现了组合价值为负的情况；执行价为2.25的卖权价格比执行价为2.20的卖权价格低，这是由于期权市场错误定价产生的。以上只是几个极端的时刻点。

分析卖权组合价值的情况。开始时刻，构建执行价为2.25与2.20的卖权熊市价差成本是0.032，该组合的最高价值为0.040，出现在8月27日。该组合到期时的价值为0.014，组合持有到期的话就会损失为0.018，一张10 000个单位组合合约损失为180，加考虑到佣金费用，损失可能达到230。若选择在高位平仓，收益为80，扣除佣金收益可以达到30。该组合基本持平无收益。

以执行价为2.30与2.20的卖权构造熊市价差组合，初始成本为0.056，该组合的最高价值为0.078，出现在8月27日。该组合到期的价值为0.052，意味着持有到期就有损失0.004，一张10 000个单位合约的损失为40，加上佣金损失可达到90。若在8月27日选择平仓，10 000个单位组合收益为220，扣除佣金，收益可达170。

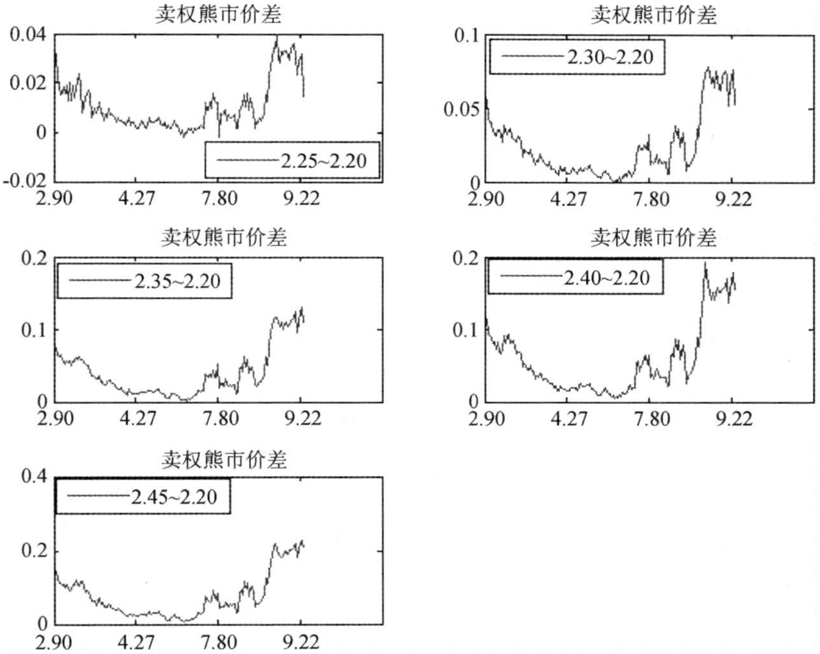

图 13－36　卖权熊市价差

类似地，以执行价为 2.45 与 2.20 的卖权构造熊市价差组合，初始成本为 0.1450，该组合的最高价值为 0.2280，出现在 9 月 21 日。该组合到期的价值为 0.2080，意味着持有到期就有收益 0.0630，一张 10 000 个单位合约的收益为 630，扣除佣金收益可达到 580。若在 9 月 21 日选择平仓的话，10 000 个单位组合收益为 830，扣除佣金最高收益可达 780。

以执行价为 2.40 与 2.25 的卖权构造熊市价差组合，初始成本为 0.0820，该组合的最高价值为 0.1590，出现在 8 月 25 日。该组合到期的价值为 0.1390，意味着持有到期就有收益为 0.0570，一张 10 000 个单位合约的收益为 570，扣除佣金收益可达到 520。若在 8 月 25 日选择平仓，10 000 个单位组合收益为 770，扣除佣金最高收益可达 720（见图 13－37）。

以执行价为 2.45 与 2.25 的卖权构造熊市价差组合，初始成本为 0.1130，该组合的最高价值为 0.1960，出现在 9 月 21 日。该组合到期的价值为 0.1940，意味着持有到期就有收益为 0.0810，一张 10 000 个单位合约的收益为 810，扣除佣金收益可达到 760。若在 9 月 21 日选择平仓，10 000 个单位组合收益为 830，扣除佣金最高收益可达 780（见图 13－38）。

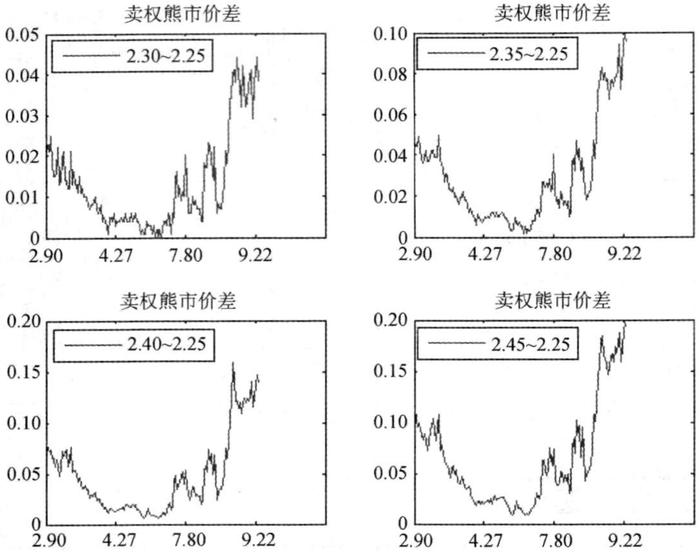

图 13－37　卖权熊市价差

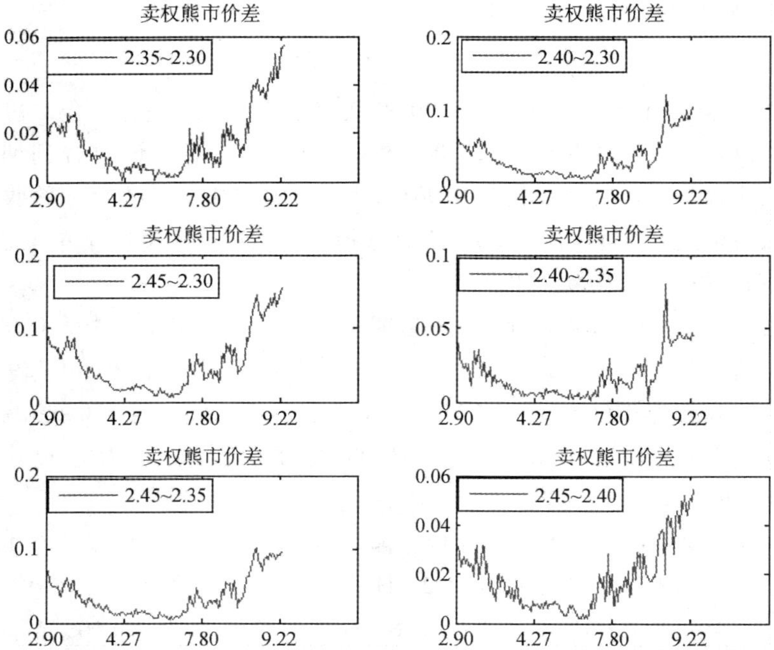

图 13－38　卖权熊市价差

可以看出，卖出期权熊市价差的价值开始随着标的的上涨而下跌，随着标的在高位处下跌而上升。ETF50卖权熊市价差基本上都有正利润，利润的大小随着执行价间距的大小而变化。但若在中间某个时间选择平仓，就会有较大收益。反向操作，可以构造卖权牛市价差。根据上述分析，卖权牛市价差从开始持有到期有损失。但是选择特殊的时点，构造卖权熊市可以实现最大的收益，且有多次进入的机会。

第五篇

国际证券投资与实践

资本的本质是获取最大收益，因此从其诞生之日起，就以流动形式寻取最佳回报。现代通信技术和金融市场的发展使得资本可以在全球范围内自由配置，资本越来越全球化，产生了国际资本流动。国际资本流动能够填补东道国外汇与储蓄缺口，从而促进经济增长。证券投资是国际资本流动的重要形式，随着信息技术的发展，对外投资特别是证券投资在全球范围内日益迅速增长。事实上，证券投资是分享东道国经济增长的重要方式，而且证券投资通常不涉及控股，可以规避直接投资所面临的政府管制。随着我国经济的不断发展和个人财富不断增长，个人参与境外投资意愿日趋强烈，个人进行境外投资已成为一种现实需求。《2015中国私人财富报告》显示，截至2014年底，拥有境外投资的高净值人群占比已达37%，且这个比例有不断提升、从高净值人群向普通中产蔓延的趋势。目前我国合法的个人境外证券投资主要有四种渠道，其中QDII的准入门槛最低，成为个人境外投资最普遍的路径。截至2015年1月30日，我国共批准QDII投资额度820.43亿美元，2015年中国A股市场经历了大起大落，数十次的千股跌停场面令不少投资者损失惨重，而国内QDII基金市场却在悄悄走热，其相对稳定的收益和广泛的投资标的得到了不少投资者的垂青。除了QDII基金以外，2014年沪港通的正式落地和深港通准备工作完毕，我国境内机构和个人投资者又多了一条向境外投资的渠道，尽管目前看来这两条路径的可投资范围还非常有限，但沪港通机制顺应了资本市场国际化的发展趋势，有利于巩固香港国际金融中心的地位，有利于健全内地资本市场的机制。

第十四章
国际证券投资

国际证券投资的主要优势是分散投资风险，即投资学中的“不要将鸡蛋放在一个篮子里面”。DeRoonFA、Nijman TE、Werker BJM.（2001）指出，在不考虑交易成本的情况下，发达国家投资者对新兴市场的投资能够显著分散风险，提高收益。Driessen & Laeven（2007）指出，跨国证券分散化投资能显著提高收益率，特别是对发展中国家而言，即使考虑到货币波动因素，依然能从对发达国家证券投资中获益。Lagoarde - Segot、Thomas 和 Brian M. Lucey（2007）使用美元和本币两种方式建立资产组合，对中东和北非部分国家股票市场进行了研究，发现加大对这些国家的证券投资能够使投资组合获得多样化的收益。不过跨境证券投资对国民经济也有不利影响。Bhagwati（1998）指出，驱动资本与驱动商品和服务跨越国界流动的动机不同，资本流动的驱动因素是恐慌和狂躁，当一国或地区利润率特别高时，资本大量涌入；而当金融危机爆发后，投资者在恐慌心理作用下开始大量抛售资产，引起资产市场暴跌。由于证券投资对象主要是可交易的金融资产，流动性高，特别容易受到短期因素波动的干扰，影响金融稳定。以泰国为例，在泰国金融危机爆发前，外部证券投资大规模流入，泰国经济增长迅速。但在发生金融危机后的 1998 ~ 1999 年，证券投资方式的资本流入则又大幅度下降，特别是银行贷款类资本大量流出泰国，1997 年流出 25.17 亿美元，1998 年流出 110.96 亿美元，1999 年流出 112.07 亿美元。银行贷款变现能力强，在国际金融市场形势发生不利变化时，外国银行纷纷召回发放给泰国银行和企业的贷款，泰国银行和企业为了偿还外债，被迫中止投资，国内总需求下降，进而影响产出。

总体上，学术理论证实了跨境对外投资分散投资风险提高投资收益的作用，但由于证券投资的特殊性，也需要关注对外证券投资的负面影响。

第一节　投资组合理论

一、现代投资组合理论

1952 年，Markowitz 提出了著名的现代投资组合理论，主要内容是应当将资产分散化投资，以分散投资风险，而不是将所有资产都投资于同一个地方。现代投资组合理论具有两方面的重要贡献。一方面，该理论区分了两种不同类型的风险，即系统性风险和非系统性风险。系统性风险是指无法通过分散投资来抵消的那部分风险，这部分风险取决于金融市场整体的风险情况。非系统风险是指可以通过投资组合来分散或抵消的那部分风险。非系统性风险是某一公司或某个行业所特有的风险。另一方面，现代投资组合理论指出组合资产的总风险取决于组成这个资产组合的各个证券之间的关联性，各个证券的关联性越小，整个资产组合的总风险就越小；相反，如果各证券的相关性越大，那么资产组合的总风险也越大。

现代投资组合理论综合考虑了投资收益与投资风险两者的关系，有效纠正了只重视收益而忽略资产风险的做法。在现代投资组合理论基础上，关于国际证券投资的风险分散及资产配置研究开始兴盛。

二、国际证券投资组合理论

国际证券投资组合理论认为，通过投资不同国家或地区的证券，建立国际范围的证券资产投资组合，在相同的组合风险条件下，可以比单独投资于国内的证券组合获得更高的收益。该理论假设国际证券市场完全一体化，购买力平价普遍存在，证券投资的价格风险不计。实际上，国际证券组合理论遵循的仍然是“分散投资、降低风险”的投资原理。由于各国及地区的经济发展情况、金融市场法律法规、社会文化环境等多种因素都存在一定的差异，各国证券市场指数间不可能是完全相关的，因此，国际证券组合投资能够更为有效地分散风险。国际证券投资组合理论正是在 Markowitz 现代投资组合理论基础上发展起来的，其投资视角基于国际范围。国际证券组合理论为一国进行国际证券投资提供了理论指导，有利于一国实行证券投资国际化策略，在有效分散投资风险的同时获得较高的收益。

上述理论为投资者们进行国际证券投资提供了理论上的重要指导，但在实际中，国际证券投资风险分散、业绩评价等方面的研究是投资者们更加关注的，因此，在国际证券投资理论的基础上，国内外许多学者对国际证券投资风险分散、业绩评价以及投资业绩影响因素等问题进行了广泛研究。

第二节　国际证券投资动机和风险

国际证券投资又称国际间接投资，是指投资者（法人、自然人或机构投资者）在国际资本市场上购买外国公司股票、企业债券、政府债券或衍生工具等金融资产，并按期获得红利、利息或价差等收益的一种投资活动。投资于多个国家的证券，比仅投资于一国的证券市场更能有效分散风险，并保持收益水平不变。

一、国际证券投资组合的动机

国际证券投资组合的动机主要有两个方面：

一是利用各国金融市场的收益水平不同，来获取更高的收益。在效率相对较低的市场上容易获得超额利润。理论上如果外国证券市场无效率，证券价格不能反映全部信息，则准确把握交易时机的投资者可获超额利。分隔的金融市场上可能持续存在收益差异。外国证券市场与本国市场分隔，则外国市场投资者承担的风险所获回报与本国不同。如一资本小国必须提供更高的收益以筹集资本，则国际投资者可通过国际组合投资获得增值。

二是利用相关性较小的不同国家的证券市场，来获取风险分散化收益。

国际证券组合投资既可以降低非系统性风险，还可以降低国内市场的系统性风险。系统性风险即市场风险，即指由整体政治、经济、社会等环境因素对证券价格造成的影响。系统性风险包括政策风险、经济周期性波动风险、利率风险、购买力风险、汇率风险等。这种风险影响所有金融变量，不能通过分散投资加以消除，因此又被称为不可分散风险。非系统性风险是由公司自身某种原因而引起证券价格的下跌的可能性。这种风险产生于某一证券或某一行业的独特事件，如破产、违约等，与整个证券市场不发生系统性的联系。

资产组合理论表明，资产组合的风险随着组合所包括的证券数量的增加而降低，资产间相关度极低的多元化资产组合可以有效降低非系统性风险。国内证券组合投资，一般只能分散本国市场上的非系统性风险。而国际证券组合投资，相对于国内证券之间的相关性，不同国家证券市场之间的相关性要小很多，因此不仅可以降低非系统性风险，还可以起到降低相对于一国而言的系统性风险的作用。

二、国际证券投资组合的风险

在各国证券投资收益相关度较低这一前提下，尽管可以通过构筑国际组合来实现投资者的收益增加而风险下降，但与投资本国证券相比，投资者投资外国证券还必须面临额外风险。

除国内证券投资风险外还包括两类特殊风险——国家风险和汇率风险。

国家风险是指在国际投资活动中，由于东道国政治、法律、经济政策的不同与变化，给投资者造成经济损失的可能性。国家风险一般具有以下三个特点：

1. 国家风险来源于国际经济交往，产生于或存在于跨越国界的投资活动中，即属于国际经济交往风险。因为投资者在本国国内从事证券投资活动不会受其他国家经济政策变化的直接影响或受到影响极小。

2. 国家风险与国家主权有着极为密切的关系。其具体表现为东道国不利于外国投资者或外国参与经营者的法律和法令，以及对外国投资者的歧视性待遇。任何国家政府都会根据国家自身利益的需要，制定对外国投资者的政策，并随时根据具体情况的变化进行调整或改变。

3. 国家风险是不可抗拒的。由于国家风险表现为东道国的有关法律和政策，它属于东道国的内部事务，即属于国家的主权范围，这就显示出国家风险与其他风险不同，它并非通过协议或其他手段所能改变或免除的。一个国家的法律和政策是通过政府指定的部门强制执行的，它涉及国家的主权，所以不容忍任何国家、企业、个人或国际组织的干涉。

汇率风险指国际投资活动中由于各种货币间汇率的变动给投资者带来的损失。国际证券投资的总报酬率包括两个方面：一是投资对象所在国的投资报酬率；二是投资对象所在国的货币升值或贬值率。因此，作为进行境外投资的境内投资者来说，除了需要承受投资国的股市风险外，也承受汇率变动的风险，包括汇率变动本身所产生的风险、不同国家汇率间相互变动造成的国际证券投资组合的风险增加、各国间汇率变动与各国证券报酬率的互变关系造成国际债券组合的风险增加。而且，汇率的变动往往是非预期的，这一特征会进一步加大汇率风险。对于国外债券投资，由于到期年限长，很难用外币远期契约、期货契约以及其他汇率风险规避方法来消除国外债券投资的汇率风险。对于以多元化的跨国组合，非美元资产的表现将受资产所持货币兑美元的汇率变动影响，而且多元化投资在所投资国家、地区中可能包含成熟市场以及新兴市场，其中新兴市场国家、地区，一般对外汇的管制较严格，可能使得汇兑风险加大。

第三节 我国境外证券投资主体和渠道

一、境外投资主体和产品分类

从全球范围内看，从事境外证券投资的主体包括个人投资者、商业银行和投资信托（包括共同基金、国家和地区基金、养老基金以及对冲基金）。境外投资的金融工具主要包括四类：

（1）权益证券：股份、股票、存托凭证和投资信托等；

（2）债权证券：债券、票据、货币市场证券；

（3）对其他国家企业进行10%以内的股权投资；

（4）金融衍生品和次级金融产品（如期权）。

我国现阶段受法律保护的进行境外证券投资的机构投资者有以下几类：QDII、主权财富基金、社保基金以及监管部门特别批准的具有境外衍生品交易资格的企业。

二、境外投资主要渠道比较

2015年6~8月的2次股灾让不少股民余悸未消，但个人境外投资的前景却一派欣欣向荣。目前，在国务院明确批复首批试点 QDII2 的 6 个城市之后，上海的金融改革方案也准备出台。

目前我国合法的个人境外投资主要有以下四种渠道：

一是 QDII 产品。

二是上海此前试点的 QDLP 措施，即合格境内有限合伙人。QDLP 是允许注册于海外，并且投资于海外市场的对冲基金，能向境内的投资者募集人民币资金，并将所募集的人民币资金投资于海外市场。

三是嘉实基金 10 亿美元外汇通业务试点。2014 年 4 月，嘉实基金推出“外汇通”业务，投资者借道嘉实基金定制账户，在经过资质审核后，可开展离岸不动产、股权、债权、证券和其他收益权项目的海外直投。

四是中国银行等在广东等地开展的“优汇通”业务，但因其被曝光出操作问题，目前相关业务基本被叫停。

四类境外通道中，QDII 的准入门槛最低，成为个人境外投资最普遍的路径。外管局数据显示，截至 2015 年 1 月 30 日，我国共批准 QDII 投资额度 820.43 亿美元。2015 年 11 月，中央银行还正式推出 RQDII（人民币合格境内投资者）制度。

但 QDII 往往属于间接投资模式，境内个人先将资金投资 QDII 基金产品，再由后者投资境外的基金、ETF、债券或股票等金融产品，很难满足高端投资者的特定资产配置需求。所以，上海市在 2013 年底实施的 QDLP 解决了高端投资者的资产配置难题。参与 QDLP 试点的境外对冲基金需在上海注册一个联络基金，由联络基金向境内高净值群体完成募资并结汇美元，再将资金委托交给境外对冲基金，投向境外股市。这样一来，境内高净值群体可以投资全球知名对冲基金的旗舰基金，获得较高的海外投资回报。但是，投资门槛也相对高，多为 500 万元起。QDII 与 QDLP 制度向个人投资者提供了个人境外投资通道，但这些产品主要投向境外证券，投资范围仍有不小局限性。这些产品主要投向境外证券投资品种，未必符合某些境内个人投资移民、境外置业等多元化需求。

2014 年中国银行广东分行“优汇通”业务陷入舆论风波前，不少境内个人都通过这条路径进行投资移民或境外置业。中行于 2011 年起试点的“优汇通”，是一项人民币跨境转账业务，先将客户人民币资金从境内汇出境外，再通过中行境外分行按约定汇率兑换成外币，仅限用于投资移民或境外购房。其优势是突破了每人每年 5 万美元兑换限制。但随着去年这项业务被指陷入洗钱风波，目前相关银行已经暂停此类业务。这令不少境内高净值人群转而借助嘉实基金的“外汇通”业务试点，投资境外。目前银行对客户的审核门槛非常高，只要客户递交的收入完税证明或资产资料存在一点瑕疵，就不予批复。嘉实基金推出业务试点已成为国内多家私人银行为高净值人群提供资产全球化配置的通道，“外汇通”不对境外投资范围设限，只要经嘉实基金尽职调查审核属于合规合法的境外项目，例如投资移民、海外置业、投资境外 PE 或股票等就有机会获得相应的结汇投资额度。2014 年嘉实基金在外管局与证监会的允许下，获 10 亿美元额度的“外汇通”业务试点，境内个人可通过这项业务设立专项账户，在突破个人 5 万美元换汇额度情况下，将境内资金结汇投资境外。

这项业务试点不对境外投资范围设限，无论是投资移民、境外置业，还是投资境外 PE 或股票等，只要经嘉实基金尽职调查审核属于合规合法的境外项目，就有机会获得相应的结汇投资额度。但项目存续期必须超过 1 年。目前其已成为国内多家私人银行为高净值人群提供资产全球化配置的通道。私人银行往往推荐这些客户自带境外投资项目，向嘉实基金申请外汇通业务投资境外。嘉实基金外汇通业务计划中最大的一笔投资，是于 2014 年旗下嘉实资本拟发行一款募资额超 5 亿美元，专门投向阿里巴巴 IPO 新股认购的理财产品。但由于未能认购成功无果而终。

表 14 -1 给出了 QDII、QDII2、QDLP 和 QDIE 之间包括定义、投资范围、投资主体、门槛和目前状态情况一览。

表 14 -1　　QD 家族成员各项比较

	QDII（合格境内机构投资者）	QDII2（合格境内个人投资者境外投资）	QDLP（合格境内有限合伙人）	QDIE（合格境内投资者境外投资）
定义	个人买国内机构的产品，机构投资海外资产	QDII 升级版	海外对冲基金向个人募集资金投资海外资产	符合条件 + 经过批准的机构向你募集资金投资海外资产
投资范围	境外金融产品	QDII 投资范围 + 境外实业投资境外不动产投资	上海：海外证券类资产 青岛：二级市场、谨慎投资一级市场、房地产	无限制
主体	中国境内的银行、保险、基金、券商等	居住在试点城市：上海、天津、重庆、武汉、深圳和温州	上海：仅境外金融机构	境内、境外投资机构

续表

	QDII（合格境内机构投资者）	QDII2（合格境内个人投资者境外投资）	QDLP（合格境内有限合伙人）	QDIE（合格境内投资者境外投资）
门槛	1 000 元起	个人金融资产近 3 个月日均余额不低于 100 万元；通过境外投资和风险能力测试；无不良记录	高净值群体和机构： 机构规模 1 亿元 个人现金 500 万元	机构投资者：净资产不低于 1 000 万元； 自然人：金融资产不低于 300 万元
目前状态	自 2007 年 QDII 基金数量已经有 128 只，其中投资区域仅限美国的有 23 只	渐行渐近，值得关注	自 2012 年 4 月在上海启动以来，已经进行第二批试点，青岛、重庆也加入 QDLP 阵营	试点于今年初在深圳前海落地，个别有资格的机构已经推出 QDIE 产品，目前产品比较有限
总结	渠道多、起点低、但业绩不佳	投资范围扩大	仅境外金融机构	投资范围暂时没有限制

与现有的 QDII 相比，QDIE 投资范围更广、投资额度更为灵活。

（1）在投资范围方面，传统的 QDII 主要投资于普通股、优先股、存托凭证等权益类证券，银行存款、可转让存单、回购协议、短期政府债券等货币市场工具，政府债券、公司债券、可转换债券等固定收益类证券，以及基金、金融衍生品和中国证监会许可的其他金融工具。QDIE 除上述投资外，还可将投资触角延伸到非上市交易的股权、债权、不动产等经联席会议办公室备案通过的其他新领域。相较于以往传统的投资模式，QDIE 更为广阔的投资范围可以满足大量机构与高端个人境外投资置业的需求，分散投资风险、欧美金融危机后带来的低估值公司的并购机会以及境外房地产出现的投资机会等都是 QDIE 满足投资者境外投资需求所具有的优势。

（2）在投资额度方面，QDIE 的管理机制更为灵活，监管机构对单个试点企业的投资总额度没有作限制，机构可根据产品特性和市场需求为产品申请外汇额度。相比于传统模式的境内投资，QDIE 增添本币转换外币的过程。

第十五章
我国 QDII 基金境外投资

我国 QDII 基金发展已经风风雨雨经历了快 9 个年头。从 2007 年第一代 QDII 基金诞生的第二年便遭遇了 2008 年的全球性金融危机，到 2010 年第二代 QDII 基金吸取教训再度扬帆起航，这其中的酸甜苦辣想必许多投身于 QDII 基金的基金经理人、投资者和管理者都了然于心。

第一代 QDII 诞生于 2007 年，基金公司响应当局政策，发布了 4 只 QDII 型基金，当年成立的 4 只 QDII 基金募集总规模达 1 193.76 亿元，这在当时也是相当有分量的规模，这一批主要投资于海外股票市场（含香港）。不幸的是，刚刚发布一年的四大基金公司系 QDII，就遭遇了 2008 美国开始的波及全球的金融危机的惨痛打击。相继跌破单位净值，深深打击了投资者对 QDII 基金的信心，使得投资者对 QDII 产品均保持着较高的谨慎之心。

2010 年以后，在经历了第一代基金惨痛教训的前提下，第二代 QDII 基金再次扬帆起航。在第二代 QDII 基金的设计过程中，充分吸取了第一代的经验教训，基金公司更多地把目光放在了投资方式和投资标的的改变上。在后来 2010 ~ 2012 年两年多的时间里，QDII 基金从之前的停步不前到创新不断，产品的差异性明显，个性化也越来越多。伴随着投资机构的海外投资经历增加，QDII 不同类型的产品越来越多。

如今 QDII 基金不再是股票型基金的天下了，既然不只投资股票市场，那么 QDII 第二代就开始逃离了股市决定命运的魔咒。越来越多的指数型和 FOF 型基金开始涌现，有效规避了海外投研经验不足。第二代 QDII 基金更是丰富了投资品种。目前 QDII 基金中除了股票、债券、基金外，还包含农产品、石油、黄金、REITs 等多种投资标的，为投资者进行大类资产配置提供了方便。这些都是国内其他基金无法做到的。由于第二代 QDII 基金投资区域广、投资标的差异性明显，可谓是一个巨大的“宝藏”，只要投资者具备一定的投资眼光，在任何时间内都可以挖掘到具有很好投资价值的 QDII 产品，因此投资者不可因为对第一代 QDII 基金失望而忽视了第二代的投资机会。

第一节 QDII 概述

合格境内机构投资者（Qualified Domestic Institutional Investors，QDII）是由我国香港特区政府于 2001 年提出的一种投资制度，其基本含义是指在我国资本项目未完全开放的情况下，允许经政府核准的境内合格投资机构到境外资本市场进行投资的制度。在 QDII 制度下，外汇资金盈余的个人或法人将资金提供给合格境内机构投资者，然后由合格境内机构投资者，按照规定的形式，在投资限额内，投资于境外的资本市场，以获得一定的投资收益。

一、我国 QDII 推出背景

（一）外汇储备持续增长，人民币升值压力不断增加

近年来，我国国际贸易保持着较大的顺差，外汇储备规模增长迅速。截至 2015 年 6 月底，我国已经累积了 3.7 万亿美元的巨额外汇储备，人民币升值压力巨大，如何有效利用外汇储备成为宏观经济面临的重要问题。QDII 制度是调整我国国际收支的重要手段之一，能够为国内投资者提供有效的境外投资机会，有利于部分外汇资金的合理流出，有助于有效控制我国外汇储备的快速增长，并缓解人民币的巨大升值压力。

（二）我国外汇体制改革的迫切需要

我国资本项目的开放一直以来都坚持稳步渐进的原则，按照一定的顺序逐步推进。新中国成立初期，我国曾经出现过外汇短缺，因此先鼓励资本流入，然后才是

有序的资本流出。如今，我国宏观经济形势的发展变化要求政府部门对资本的流动进行合理的管理。QDII 制度的实行不仅有利于引导国内资本合理流出，也有利于推动我国外汇体制的改革进程。

（三）国内“热钱”涌动，需要寻找新出路

巨额的外汇储备和国内商业银行大量的存贷差余额正逐渐转变为“热钱”，并对我国资本市场的稳定形成重大隐患。QDII 制度的出台不仅能够在一定程度上为国内“热钱”提供新的投资途径，还可以有效缓解人民币升值压力并起到“藏汇于民”的作用。

二、QDII 基金的作用

（一）为投资者全球资产配置提供方式

不同于只能投资于国内市场的公募基金，QDII 基金可以进行国际市场投资。通过 QDII 基金进行国际市场投资，不但为投资者提供了新的投资机会，而且由于国际证券市场常常与国内证券市场具有较低的相关性，也为投资者降低组合投资风险提供了新的途径。总体来看，投资者购买 QDII 产品，可以达到以下目的：一是由于境内、境外市场的相关性较小，投资境外市场可以消除单纯投资境内市场而存在的系统性风险；二是投资于境外收益率相对较高的投资产品，获得良好的投资收益；三是投资和运用境外市场相对较为丰富的金融工具，达到其风险管理等特定的投资目的。

（二）推动资本市场的发展与对外开放

全球投资能够促进国内资本市场的良性竞争，提高上市公司的公司治理水平。QDII 基金的出现意味着普通中小投资者也能够投资境外市场，分享全球经济增长带来的收益，因此，与国内的上市公司之间无形之中形成了竞争关系。我国国内的资本市场虽然发展迅速，但毕竟起步较晚，相较于发达国家，在制度建设、公司治理、信息透明度等方面还要差一些。因此，国外的上市公司，尤其是一些国际化的大公司对于我国投资者来说还是具有相当吸引力的。QDII 基金为普通投资者投资境外公司提供了可能，因而客观上为国内资本市场注入了国际化竞争，进而在一定意义上促进了上市公司规范公司治理，并努力提高信息披露的透明度与及时性。另外，

QDII 基金还能够帮助改变证券业的经营思路。QDII 基金体现为在多个市场进行资源的最优化配置，涉及全球各金融市场，如发达的资本市场、新兴的资本市场以及发展中的资本市场等。由于每个市场的特点不同，投资者能在更为广泛的范围内配置资源，分散风险。因此，面对投资者需求的变化和证券业自身发展的需要，QDII 基金将带动证券业的经营思路和视野的进一步开放。

（三）为外汇储备的有效管理提供方式

通过 QDII 提供的方式，可以有效管理我国外汇储备。同时，在基金管理公司水平全面提高的情况下，还可以实施“走出去”战略，在境外设立分支结构，开展境外资产管理业务。目前基金持股市值仅占 A 股流通股的 5% 左右，资产管理规模进一步扩大以后，基金资产配置更需要在全球范围内进行。QDII 基金投资丰富了外汇储备的投资渠道，外汇储备可借助 QDII 基金自身分散投资的特点在不同市场、不同证券之间分散投资。另外，不同的投资管理者运作多只 QDII 基金，在投资范围与策略上不尽相同，也使得风险再次分散。

三、我国 QDII 基金的基本情况

（一）QDII 基金投资现状

2006 年 4 月我国设立 QDII 制度即合格境内机构投资者制度，允许符合条件的境内机构投资者以自有或募集的资金投资境外证券市场，这是我国开放对外证券投资迈出的战略性一步。随后机构投资者纷纷在境外证券市场投资。出现这一趋势的原因是，各国的利率、汇率和证券收益率等在客观上存在差异，各国证券市场上的资本供求结构、证券投资工具偏好等因素亦有差别。投资于境外证券市场可以在更广阔的范围内配置资产，既可以增加获得投资收益的机会，又可以分散国内单一市场的风险。

随着我国国际贸易顺差的迅猛增长，积累了巨额的外汇储备。中国人民银行数据显示，截至 2014 年 6 月末，我国外汇储备余额达到最高点为 3.99 万亿美元，尽管2015 年外汇储备余额略微下降。与此同时，人民币升值压力也不断增加。图 15 - 1 显示了我国 1999 ~ 2012 年外汇储备变化情况。可以看出，我国外汇储备不断增加，尤其是自 2005 年汇率改革以来，外汇储备规模增长速度更快。同一时期的人民币对美元汇率不断下降，表明在这段时期内人民币处于不断升值的状况。如何对

外汇资金进行有效投资管理，防止出现人民币大幅升值，成为我国国民经济稳定发展需要考虑的重要问题。国际证券投资作为国际间接投资的重要方式，具有投资手段多样、方式灵活等优点。

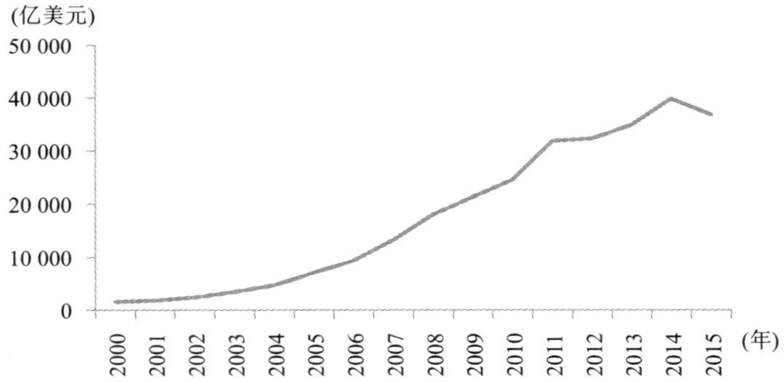

图 15-1　2000~2015 年我国外汇储备余额

资料来源：根据 Wind 资讯整理。

目前，我国国际证券投资开始利用国内盈余资本进行境外投资。一方面，通过中国投资有限公司等具有主权财富基金性质的机构直接投资境外资本市场，其中主要以持有美国国债为主；另一方面，允许境内合格机构投资者对外进行证券投资。国家外汇管理局的统计数据显示，截至 2015 年 6 月，我国对外证券投资总额达到 2 760亿美元，其中，股本证券投资 1 777 亿美元，债务证券投资 983 亿美元。图 15-2表明，我国对外股本证券投资增长明显，2012 年末开始首次超过债务证券投资额。其中，投资基金是股本证券投资的重要形式之一。

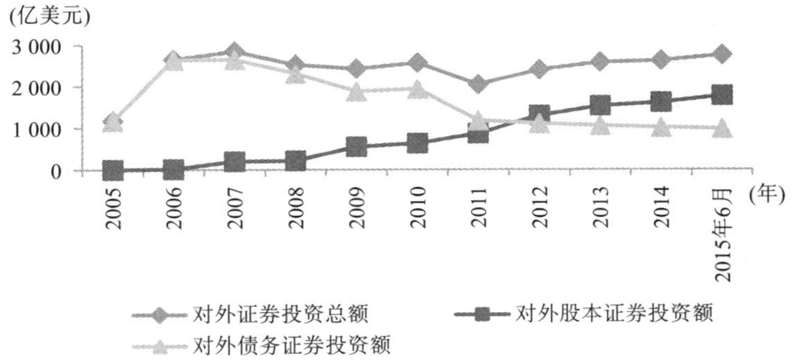

图 15-2　2005~2015 年 6 月末我国对外国际证券投资额

资料来源：根据 Wind 资讯整理。

自2006年中国人民银行通过第5号公告后，我国开始实行QDII制度，基金系、银行系、保险系和信托系等QDII投资机构共计获得811.82亿美元的投资额度，其中以基金系QDII投资额度最高，共计获得393亿美元，占所有QDII投资机构投资额度的48%。可以看出，QDII基金作为一种新兴的投资方式，对研究我国对外进行国际证券投资有重要意义。中国证券投资基金业协会网站显示，截至2013年6月底，我国市场上已成立发行的QDII基金共84只，发行份额共计890.15亿份，资产净值共计618.76亿元。其中，单只基金发行份额超过1亿份的基金数量共有49只，占总数的58.33%；单只基金资产净值超过1亿元的基金数量共有46只，占总数的54.76%。

我国QDII基金的快速发展，对国内资本市场、投资基金公司和个人投资者都有重要意义。首先，有利于减少目前过高的外汇储备数量，缓解人民币升值压力；有利于国内资本市场与国际资本市场接轨，为我国盈余资本进行国际化投资提供支持；有利于增强国内证券市场与国际证券市场的联动性和一致性，完善国内证券市场的发展。其次，对投资基金公司来说，由于QDII基金投资区域在境外市场，因此有利于加强其在资产配置、风险管理以及信息披露等方面的专业知识，使有实力的投资基金公司具有更大的发展空间和积累国际投资业务经验的机会。最后，对个人投资者来说，QDII基金能为其提供投资境外市场、分享跨国投资收益的平台，增加投资渠道，而不仅仅局限于国内的投资市场。

总而言之，作为一种重要的国际证券投资工具，我国QDII基金无论对宏观经济主体还是对微观经济主体都具有重要意义，对QDII基金进行深入具体的研究具有重要的实际意义。但是，目前对我国QDII基金风险分散效果、业绩评价及业绩影响因素的研究比较缺乏。

（二）QDII基金额度

由于我国目前对QDII实行投资额度审批制度，QDII必须在所获得的投资额度内进行投资，而不能进行过度投资。图15－3显示了2015年9月底我国各系QDII获得额度的占比情况。

截至2015年9月底，获得QDII投资额度的证券基金公司共计48家，获得投资额度共计为375.5亿美元，占获批总额度的42%，在各系QDII中比重是最大的。其中，华夏基金管理公司和嘉实基金管理公司所获批的投资额度最高，分别为35亿美元和34亿美元。保险系QDII方面，共有40家保险公司获得QDII投资额度，投资

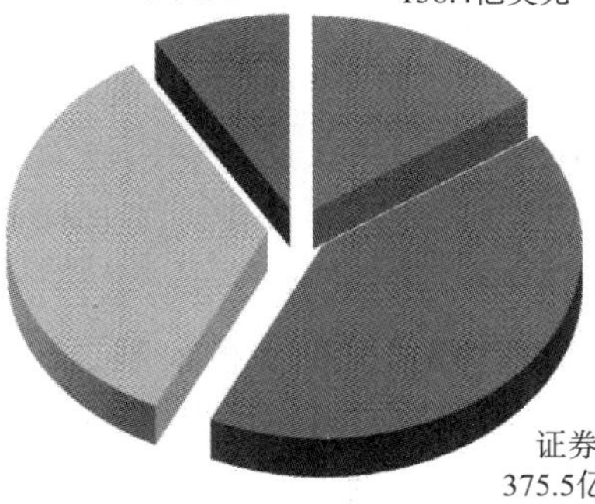

图 15－3　2015 年 9 月底我国 QDII 获批额度分布情况

资料来源：国家外汇管理局官网。

总额共计 308.5 亿美元，占获批总额的 34%，在各系 QDII 获批投资额度中居第二位。其中，平安保险股份有限公司一家独大，共获得 71.9 亿美元的投资额度。银行系 QDII 方面，有 30 家银行获得了 QDII 投资额度，获批投资额度总计为 138.4 亿美元，占获批总额的 15%，其中花旗银行（中国）有限公司和汇丰银行所获投资额度最大，均为 34 亿美元，其他获批 QDII 的银行其获批额度均较少。信托系 QDII 方面，仅有 14 家信托公司共计获批得 77.5 亿美元的投资额度，其比重最少仅有 9%。其中，华宝信托有限责任公司得到了 19 亿美元的投资额度，在信托公司中投资额度最高。

综上可知，QDII 基金的投资规模在各系 QDII 中比重相对较大，其发展也相对较快，对 QDII 基金进行深入研究有重要的实际意义。2006 年 11 月，我国第一只 QDII 基金华安国际配置基金成立（因 2008 年金融危机，现已停止发行），随后 QDII 基金数量逐渐增加，2007 年成立了 4 只 QDII 基金，2008 年成立了 5 只 QDII 基金。但是，受 2008 年美国金融危机以及国际资本市场风险加剧的影响，2009 年我国没有成立新的 QDII 基金，QDII 的发展处于停滞阶段。自 2010 年开始，随着金融危机影响的减轻、国际资本市场的回暖，我国 QDII 基金也进入了快速发展的阶段，2010 年全年共有 18 只新 QDII 基金成立，2011 年有 24 只基金成立，2012 年共有 23 只基金成立，2013 年上半年共有 10 只基金成立。目前还有许多 QDII 基金正处在准备发行阶段，正式上市发行只是时间问题。

总体来看，截至 2015 年 9 月底，我国市场上已成立发行的 QDII 基金共 128 只，发行份额共计 2 089.13 亿份。其中，单只基金发行份额超过 1 亿份的基金数量共有

54只，占总数的58.33%；单只基金资产净值超过1亿元的基金数量共有46只，占总数的54.76%。2007年成立的4只QDII基金不论在基金份额和资产净值上都占到绝对数量，数值总量基本超过百亿元，其中份额数占基金总份额的76.88%，资产净值数占基金总资产净值的69.24%。这与它们成立时间早，发展较为成熟，市场占有率高有一定的关系，也与国家给予的投资额度有联系。

基金类型方面，我国QDII基金成立发展初期，主要是股票型QDII基金，资产配置为国际证券市场的股票。随着基金业的发展，2010年开始出现指数型QDII基金，如国泰纳斯达克100指数基金，其以市场指数为资产配置对象，与传统的股票型基金有一定的差异。债券型和主题型QDII基金近些年也不断出现，数量呈不断增长的趋势，如富国全球债券、银华抗通胀主题等。可见，我国QDII基金市场投资类型开始呈现多样化的态势，投资方式更加多样化，这也为我国QDII基金的发展提供了重要的保障。

第二节　我国QDII基金业绩评价指标分析

一、基金业绩常用指标介绍

（一）特雷诺指数

1965年，Trenyor在证券市场线（SML）的基础上，提出了以单位系统风险下的超额收益率作为基金业绩评估的指标，也即特雷诺指数，其计算公式为：

$$T_p = \frac{(\bar{r}_p - \bar{r}_f)}{\beta_p}$$

其中，$\bar{r}_p$为投资组合P的平均收益率，其计算公式为：

$$\bar{r}_p = \frac{\sum_{t=1}^{n} R_t}{T}$$

其中，R_t为基金收益率，T为时间长度，$\bar{r}_f$为无风险收益率，β_p为投资组合P的贝塔系数，它是基于投资组合P的历史数据，根据资本资产定价模型（CAPM）

测算出来的，代表组合 P 承受的系统性风险。

特雷诺指数表示基金在承担单位系统性风险的情况下所获得的平均风险溢酬。当特雷诺指数为正值时，指数值越大，表明基金的业绩表现越好；相反，当该指数值为负值时，指数值越小，表明基金的业绩表现越好。

但特雷诺指数只考虑了系统性风险，未考虑到非系统性风险，不能有效考虑到非系统性风险对基金业绩的影响。

（二）夏普指数

夏普指数以资本资产定价模型为理论基础，其计算公式为：

$$S_p = \frac{(\bar{r}_p - \bar{r}_f)}{\sigma_p}$$

其中，$\overline{\sigma_p}$ 为投资组合 P 的收益率标准差，代表了投资组合 P 的总风险大小，既包括系统性风险又包括非系统性风险。与特雷诺指数类似，当夏普指数为正值时，其数值越大，表明基金的业绩越好；反之，当夏普指数为负值时，其数值越小，表明基金的业绩表现越好。

夏普指数和特雷诺指数的不同之处在于，夏普指数考虑了总风险，既包括系统性风险也含有非系统性风险。因此，夏普指数还能反映基金经理分散和降低非系统风险的能力。特雷诺指数和夏普指数均是比值，尽管它们可以用来对基金的业绩进行排序，但是无法比较基金的收益率与市场组合收益率的具体差距，而詹森指数很好地弥补了这方面的不足。

（三）詹森指数

1968 年，詹森提出了旨在度量基金业绩的阿尔法指数。这种方法是基于单因素模型基础之上的。其回归方程如下：

$$r_{pt} - r_{ft} = \alpha_p + \beta_p \left(r_{mt} - r_{ft} \right) + \epsilon_{pt}$$

其中，α_p 为詹森指数，r_{mt} 为 t 时刻市场组合收益率，β_p 为投资组合的贝塔系数，r_{ft} 为 t 时刻的无风险收益率。

詹森指数表示投资组合 P 的收益率中扣除无风险利率 r_{ft} 之后，在承担系统性风险 β_p 的情况下所获得的超额收益。如果 $\alpha_p > 0$，意味着基金业绩超过了相同系统风险水平下的市场组合收益率，基金业绩表现超越了市场组合表现；如果 $\alpha_p < 0$，意味基金业绩低于相同系统风险水平下的市场组合收益率，基金业绩表现不如市场组

合表现。詹森指数假设是投资组合中已经充分分散了非系统风险，但现实情况是投资组合未必能够完全分散非系统风险。

上述三大指数均为基于风险调整指标，可以较好地反映考虑了风险因素情况下的基金业绩的表现。因此，这三大指标也是评价基金业绩情况的经典指标。

二、我国 QDII 基金业绩评价指标结果分析

（一）QDII 基金样本选择

截至 2015 年 9 月 30 日，我国市场上已成立发行的 QDII 基金共 124 只，发行份额共计 718.99 亿份，资产净值共计 514.92 亿元。其中，单只基金发行份额超过 1 亿份的基金数量共有 64 只，占总数的 51.61%；单只基金资产净值超过 1 亿元的基金数量共有 53 只，占总数的 42.74%。2007 年成立的 4 只 QDII 基金不论在基金份额和资产净值上都占到绝对数量，数值总量基本超过 50 亿元，其中份额数占基金总份额的 42.93%，资产净值数占基金总资产净值的 39.02%。这与它们成立时间早、发展较为成熟、市场占有率高有一定关系，也与国家给予的投资额度有联系。

基金类型方面，我国 QDII 基金成立发展初期，主要是股票型 QDII 基金，资产配置为国际证券市场的股票。随着基金业的发展，2010 年开始出现指数型 QDII 基金，如国泰纳斯达克 100 指数基金，其以市场指数为资产配置对象，与传统的股票型基金有一定的差异。债券型和主题型 QDII 基金近些年也不断出现，数量呈不断增长的趋势，如富国全球债券、银华抗通胀主题等。可见，我国 QDII 基金市场投资类型开始呈现多样化的态势，投资方式更加多样化，也为我国 QDII 基金的发展提供了重要的保障。

中国股票市场从 2014 年末开启了大牛市行情，2015 年 6 月至 8 月经历了两次幅度较大的股灾，截至目前有企稳回升迹象。故选取研究时间跨度为 2014 年 11 月 20 日至 2015 年 12 月，其中分为三个阶段来分析。第一个阶段为牛市时期，从 2014 年 11 月 20 日至 2015 年 6 月 12 日（上证综指最高点）；第二个阶段为股灾时期从 2015 年 6 月 13 日至 2015 年 8 月 26 日（上证综指最低点）；第三个阶段为企稳回暖时期，从 2015 年 8 月 27 日至 2015 年 11 月 20 日，这样能较好地比较我国 QDII 基金在牛市和股灾时期的投资业绩情况，总体研究时间跨度为 1 年。样本基金收益率数据为日收益率。2007 年至 2014 年 12 月之间成立的所有股票型 QDII 基金，共 61 只，这里

根据基金资产净值、投资区域、成立时间选择了其中 30 只作为研究样本。

最早的南方全球精选和华夏全球精选基金是目前资产净值最大的基金，都在 50 亿元以上，投资规模相对其他 QDII 基金要大（见表 15－1）。总体来看，样本 QDII 基金投资额度较少，总规模还是相对较小，这对 QDII 基金的业绩表现会产生重要的影响。

表 15－1　样本股票型 QDII 基金基本情况（截止到 2015 年 12 月 21 日）

证券代码	证券简称	基金成立日	基金份额（亿份）	资产净值（亿元）	投资区域
202801. OF	南方全球精选	2007－09－19	65. 213	50. 955	全球
000041. OF	华夏全球精选	2007－10－09	68. 871	51. 669	全球
486001. OF	工银瑞信全球配置	2008－02－14	2. 897	3. 108	全球
118001. OF	易方达亚洲精选	2010－01－21	10. 347	6. 947	亚洲
217015. OF	招商全球资源	2010－03－25	0. 459	0. 361	全球
160213. OF	国泰纳斯达克 100	2010－04－29	2. 581	4. 708	美国
161210. OF	国投瑞银新兴市场	2010－06－10	0. 492	0. 378	全球
050015. OF	博时大中华人民币	2010－07－27	2. 760	2. 697	亚太
270023. OF	广发全球精选人民币	2010－08－18	7. 482	10. 760	全球
040018. OF	华安香港精选	2010－09－19	12. 052	12. 577	中国香港
160717. OF	嘉实恒生中国企业	2010－09－30	6. 002	3. 982	中国香港
160121. OF	南方金砖四国	2010－12－09	0. 813	0. 573	G4
161714. OF	招商标普金砖四国	2011－02－11	0. 889	0. 579	G4
096001. OF	大成标普 500 等权重	2011－03－23	0. 367	0. 498	美国
229001. OF	泰达宏利全球新格局	2011－07－20	0. 099	0. 085	全球
457001. OF	国富亚洲机会	2012－02－22	0. 093	0. 069	亚洲
118002. OF	易方达标普消费品人民币	2012－06－04	0. 137	0. 177	全球
510900. OF	易方达恒生 H 股 ETF	2012－08－09	39. 570	33. 149	中国香港
159920. OF	华夏恒生 ETF	2012－08－09	4. 976	4. 725	中国香港
270042. OF	广发纳斯达克 100 人民币	2012－08－15	1. 499	2. 189	美国
000049. OF	中银标普全球精选	2013－03－19	0. 206	0. 136	全球
000043. OF	嘉实美国成长人民币	2013－06－14	0. 245	0. 295	美国
040047. OF	华安纳斯达克 100 美元现钞	2013－08－02	0. 155	0. 031	美国
513500. OF	博时标普 500ETF	2013－12－05	1. 630	1. 982	美国

续表

证券代码	证券简称	基金成立日	基金份额（亿份）	资产净值（亿元）	投资区域
000370. OF	广发全球医疗保健美元	2013 - 12 - 10	1. 644	0. 310	全球
164705. OF	汇添富恒生指数	2014 - 03 - 06	1. 457	14. 109	中国香港
000593. OF	易方达标普消费品美元现汇	2014 - 03 - 28	0. 137	0. 028	全球
161831. OF	银华恒生 H 股	2014 - 04 - 09	2. 370	27. 248	中国香港
513030. OF	华安德国 30（DAX）ETF	2014 - 08 - 08	2. 240	2. 160	德国
000834. OF	大成纳斯达克 100	2014 - 11 - 13	0. 133	0. 139	美国

资料来源：根据 Wind 资讯整理。

在无风险收益率选择上，则采用国内金融机构一年期定期存款利率，而在计算詹森指数时用的市场基准指数选择了上证综指，来更好地比较我国 QDII 基金对投资 A 股市场是否有超额收益。从图 15 - 4 可以看出 QDII 基金的平均单位净值在整个研究时间区间里相对上证综指要平稳得多。

图 15 - 4　2014 年 11 月 ~2015 年 11 月上证综指和 QDII 基金平均单位净值走势

资料来源：根据 Wind 资讯整理。

（二）特雷诺指数分析结果

通过计算，样本 QDII 基金在牛市阶段、股灾阶段和回稳阶段的特雷诺指数结果如表 15 - 2 所示。

表 15－2　　样本股票型 QDII 基金 2014～2015 年特雷诺指数（年化）

基金简称	牛市阶段	排名	股灾阶段	排名	回稳阶段	排名	三阶段累计（2014/11/20～2015/11/20）	排名
南方全球精选	1.28	13	－2.73	18	0.64	27	0.21	10
华夏全球精选	0.96	16	－3.50	10	1.20	15	－0.24	23
工银瑞信全球配置	1.30	11	－2.25	22	1.31	12	0.57	7
易方达亚洲精选	1.30	12	－2.51	19	1.40	10	0.08	14
招商全球资源	6.13	4	－5.75	5	1.66	8	－0.64	19
国泰纳斯达克 100	3.95	5	0.03	2	2.87	1	1.62	1
国投瑞银新兴市场	0.60	23	－2.18	24	0.98	18	－0.07	29
博时大中华人民币	0.41	25	－3.22	14	1.02	16	－0.20	25
广发全球精选人民币	0.74	18	－2.22	23	1.34	11	0.20	11
华安香港精选	0.84	17	－2.36	20	1.21	14	0.04	15
嘉实恒生中国企业	0.68	20	－3.74	7	0.73	22	－0.04	30
南方金砖四国	0.73	19	－3.73	8	0.70	26	－0.19	26
招商标普金砖四国	0.30	26	－3.30	13	1.00	17	－0.20	24
大成标普 500 等权重	2.90	8	－1.46	26	1.28	13	0.40	8
泰达宏利全球新格局	0.68	21	－2.92	16	0.40	28	－0.59	20
国富亚洲机会	0.14	27	－2.97	15	1.43	9	－0.34	22
易方达标普消费品人民币	0.01	28	－1.27	27	0.79	20	0.02	16
易方达恒生 H 股 ETF	1.01	15	－3.97	6	0.70	25	0.17	13
华夏恒生 ETF	1.18	14	－3.30	12	0.75	21	0.18	12
广发纳斯达克 100 人民币	3.88	6	－0.32	30	2.21	4	1.41	3
中银标普全球精选	11.92	1	－8.05	4	0.29	29	－2.16	17
嘉实美国成长人民币	6.90	2	－0.70	29	1.67	7	0.94	4
华安纳斯达克 100 美元	6.62	3	－2.36	21	2.31	3	0.79	6
博时标普 500ETF	2.48	10	－0.93	28	2.02	6	0.80	5
广发全球医疗保健美元	2.99	7	－2.09	25	0.11	30	0.39	9
汇添富恒生指数	0.47	24	－3.38	11	0.72	23	－0.17	27
易方达标普消费品	－0.53	30	－2.80	17	0.91	19	－0.37	21
银华恒生 H 股	0.62	22	－3.68	9	0.70	24	－0.10	28
华安德国 30（DAX）ETF	－2.59	29	－15.38	3	2.59	2	－1.61	18
大成纳斯达克 100	2.68	9	0.08	1	2.20	5	1.44	2

资料来源：根据 Wind 资讯整理。

特雷诺指数表示基金在承担单位系统性风险的情况下所获得的平均风险溢酬。当特雷诺指数为正值时，指数值越大，表明基金的业绩表现越好；相反，当该指数值为负值时，指数值越小，表明基金的业绩表现越好。据此对样本30只QDII基金进行了排名，发现在牛市阶段30只基金中仅有2只基金的特雷诺指数为负。其中，中银标普全球精选、嘉实美国成长人民币和华安纳斯达克100美元的特雷诺指数排名分别占据了前三名。在股灾阶段，仅有2只基金的特雷诺指数为正，分别是大成纳斯达克100和国泰纳斯达克100，而广发纳斯达克100人民币的特雷诺指数是所有负值里面最大的，所以排名垫底。在回稳阶段，所有30只基金的特雷诺指数均为正值，其中国泰纳斯达克100名列第一。纵观三个阶段，国泰纳斯达克100的年化特雷诺指数排在第一，大成纳斯达克100次之，广发纳斯达克100第三。显然，QDII基金中投资于纳斯达克板块的基金的特雷诺指数均名列前茅，可见其风险溢酬也远高于平均水平。

（三）夏普指数分析结果

与特雷诺指数类似，当夏普指数为正值时，其数值越大，表明基金的业绩越好；反之，当夏普指数为负值时，其数值越小，表明基金的业绩表现越好。通过计算，样本QDII基金在牛市阶段、股灾阶段和回稳阶段的夏普指数结果如表15－3所示。

表15－3　样本股票型QDII基金2014～2015年夏普指数（年化）

基金简称	牛市阶段	排名	股灾阶段	排名	回稳阶段	排名	三阶段累计（2014/11/20～2015/11/20）	排名
南方全球精选	2.08	2	－3.08	15	1.11	22	0.31	9
华夏全球精选	0.91	11	－3.26	13	2.25	7	－0.30	22
工银瑞信全球配置	2.04	3	－2.41	19	2.07	9	0.79	4
易方达亚洲精选	1.38	7	－2.38	21	2.96	2	0.11	14
招商全球资源	－0.20	29	－3.72	7	1.93	12	－0.38	20
国泰纳斯达克100	0.63	18	0.02	2	2.41	5	0.93	1
国投瑞银新兴市场	0.81	13	－2.41	20	1.99	11	－0.11	29
博时大中华人民币	0.78	14	－3.54	9	2.01	10	－0.31	21
广发全球精选人民币	1.36	8	－2.48	18	2.92	3	0.32	8
华安香港精选	1.39	6	－2.53	17	2.51	4	0.06	15

续表

基金简称	牛市阶段	排名	股灾阶段	排名	回稳阶段	排名	三阶段累计（2014/11/20 ~ 2015/11/20）	排名
嘉实恒生中国企业	1.46	5	-4.72	5	1.30	19	-0.07	30
南方金砖四国	0.73	16	-3.70	8	1.04	24	-0.21	25
招商标普金砖四国	0.33	22	-3.43	10	1.49	15	-0.24	23
大成标普 500 等权重	0.29	25	-1.02	26	1.11	23	0.23	12
泰达宏利全球新格局	0.67	17	-3.02	16	0.52	28	-0.74	18
国富亚洲机会	0.18	26	-3.18	14	3.11	1	-0.50	19
易方达标普消费品人民币	-0.01	30	-0.86	27	0.79	26	0.01	16
易方达恒生 H 股 ETF	2.08	1	-4.97	4	1.24	21	0.28	10
华夏恒生 ETF	1.68	4	-3.36	11	1.35	17	0.24	11
广发纳斯达克 100 人民币	0.58	19	-0.21	30	2.34	6	0.87	3
中银标普全球精选	-0.99	28	-5.34	3	0.33	29	-1.22	17
嘉实美国成长人民币	0.45	21	-0.46	29	1.49	16	0.52	5
华安纳斯达克 100 美元现钞	0.53	20	-1.53	24	2.24	8	0.48	6
博时标普 500ETF	0.29	24	-0.63	28	1.68	14	0.46	7
广发全球医疗保健美元	1.01	10	-1.22	25	0.07	30	0.21	13
汇添富恒生指数	0.73	15	-3.34	12	1.31	18	-0.24	24
易方达标普消费品美元现汇	0.05	27	-1.79	22	0.87	25	-0.20	26
银华恒生 H 股	1.33	9	-4.64	6	1.28	20	-0.17	27
华安德国 30（DAX）ETF	0.32	23	-1.76	23	0.60	27	-0.16	28
大成纳斯达克 100	0.85	12	0.05	1	1.93	13	0.92	2

资料来源：根据 Wind 资讯整理。

分析结果显示，我国 QDII 基金的夏普指数与特雷诺指数的高低与排名非常相似。在牛市阶段，仅有 3 只基金的夏普指数为负，而排在第一的是易方达恒生 H 股 ETF。在股灾阶段，仅有 2 只基金的夏普指数为正，分别是大成纳斯达克 100 和国泰纳斯达克 100；而在回稳阶段，国富亚洲机会和易方达亚洲精选排在前两位。三个阶段累计后，夏普指数的结果和特雷诺一致，排在前三的分别是国泰纳斯达克 100、大成纳斯达克 100 和广发纳斯达克 100。

夏普指数和特雷诺指数的不同之处在于，夏普指数考虑了总风险，既包括系统性风险也含有非系统性风险。因此，夏普指数还能反映基金经理分散和降低非系统风险的能力。由于夏普指数和特雷诺指数分析得来的结果是一致的，说明在这研究区域内主导的是系统性风险。

（四）詹森指数分析结果

特雷诺指数和夏普指数均是比值，尽管它们可以用来对基金的业绩进行排序，但是无法比较基金的收益率与市场组合收益率的具体差距，而詹森指数很好地弥补了这方面的不足。詹森指数表示投资组合的收益率中扣除无风险利率之后，在承担系统性风险的情况下所获得的超额收益。如果詹森指数大于0，意味着基金业绩超过了相同系统风险水平下的市场组合收益率；如果小于0，意味基金业绩低于相同系统风险水平下的市场组合收益率，基金业绩表现不如市场组合表现（见表15－4）。

表15－4　　样本股票型QDII基金2014～2015年詹森指数（年化）

基金简称	牛市阶段	排名	股灾阶段	排名	回稳阶段	排名	三阶段累计（2014/11/20～2015/11/20）	排名
南方全球精选	－0.03	15	－0.05	16	－0.09	22	－0.07	12
华夏全球精选	－0.05	17	－0.30	24	0.07	14	－0.19	21
工银瑞信全球配置	－0.02	12	0.07	11	0.09	12	0.02	7
易方达亚洲精选	－0.02	14	0.04	13	0.30	2	－0.23	25
招商全球资源	－0.02	13	－0.38	25	0.16	8	－0.11	16
国泰纳斯达克100	0.06	3	0.39	1	0.32	1	0.12	1
国投瑞银新兴市场	－0.19	21	0.20	7	－0.02	18	－0.22	23
博时大中华人民币	－0.38	30	－0.28	23	0.00	16	－0.28	28
广发全球精选人民币	－0.24	26	0.14	8	0.13	9	－0.10	15
华安香港精选	－0.19	23	0.12	10	0.10	11	－0.21	22
嘉实恒生中国企业	－0.35	28	－0.45	27	－0.16	27	－0.23	24
南方金砖四国	－0.12	19	－0.27	22	－0.12	24	－0.15	18
招商标普金砖四国	－0.19	22	－0.18	18	0.00	17	－0.17	19
大成标普500等权重	0.02	9	0.13	9	0.05	15	－0.01	8
泰达宏利全球新格局	－0.10	18	－0.12	17	－0.08	21	－0.26	26
国富亚洲机会	－0.34	27	－0.26	21	0.27	4	－0.42	30

续表

基金简称	牛市阶段	排名	股灾阶段	排名	回稳阶段	排名	三阶段累计（2014/11/20～2015/11/20）	排名
易方达标普消费品人民币	0.02	10	0.20	6	-0.05	20	-0.04	10
易方达恒生 H 股 ETF	-0.20	24	-0.53	29	-0.18	29	-0.14	17
华夏恒生 ETF	-0.05	16	-0.20	19	-0.14	25	-0.08	14
广发纳斯达克 100 人民币	0.05	5	0.33	3	0.28	3	0.11	2
中银标普全球精选	-0.14	20	-0.70	30	-0.30	30	-0.34	29
嘉实美国成长人民币	0.05	7	0.23	4	0.11	10	0.04	4
华安纳斯达克 100 美元现钞	0.06	4	0.03	14	0.27	5	0.03	5
博时标普 500ETF	0.02	11	0.21	5	0.16	7	0.03	6
广发全球医疗保健美元	0.06	2	0.05	12	-0.10	23	-0.01	9
汇添富恒生指数	-0.20	25	-0.22	20	-0.15	26	-0.18	20
易方达标普消费品美元现汇	0.03	8	-0.03	15	-0.02	19	-0.08	13
银华恒生 H 股	-0.37	29	-0.45	28	-0.18	28	-0.26	27
华安德国 30（DAX）ETF	0.10	1	-0.43	26	0.08	13	-0.05	11
大成纳斯达克 100	0.05	6	0.38	2	0.21	6	0.10	3

资料来源：根据 Wind 资讯整理。

从表 15-4 中可以看出，中国的牛市阶段仅有 11 只（36.67%）QDII 基金的詹森指数大于 0，也就是相对上证综指有超额收益，而大部分基金都跑输了大盘，其中华安德国 30（DAX）ETF 的收益最高。而在股灾阶段，有接近一半的基金（14 只）的詹森指数大于 0，说明在国内股灾期间，国外的投资收益也不容乐观，其中国泰纳斯达克 100 排在第一。在企稳阶段，共有 17 只基金获得超额收益，说明国外的投资收益在股灾后恢复较快。

总体来看，根据詹森指数的分析结果，排在前三位的基金依然是国泰纳斯达克 100、广发纳斯达克 100 人民币和大成纳斯达克 100。这与前面特雷诺和夏普指数的分析结果一致，充分说明在过去经历了牛市、股灾和企稳三个阶段大约一年的时间里，我国 QDII 基金中投资于美国纳斯达克市场的基金所获得收益比其他 QDII 基金明显高出许多。

第三节 我国 QDII 基金业绩影响因素分析

一、影响我国 QDII 基金投资偏好分析

我国 QDII 基金在进行境外投资时，存在一定的投资区域和行业偏好。相关文献资料表明，这些因素对 QDII 基金业绩将产生重要影响。因此，有必要对我国 QDII 基金的投资偏好情况进行重点分析。

（一）我国 QDII 基金投资区域概况

QDII 基金主要投资区域为境外证券市场，我国 QDII 基金的投资区域有其独特之处。图 15－5 显示了我国 QDII 基金投资区域的情况，这里选取了我国 QDII 基金投资总市值居前 5 位的国家和地区进行分析，包括目前我国所有有 1 年报告期以上的 QDII 基金共计 103 只，主要为股票型基金，债券型和混合型次之。

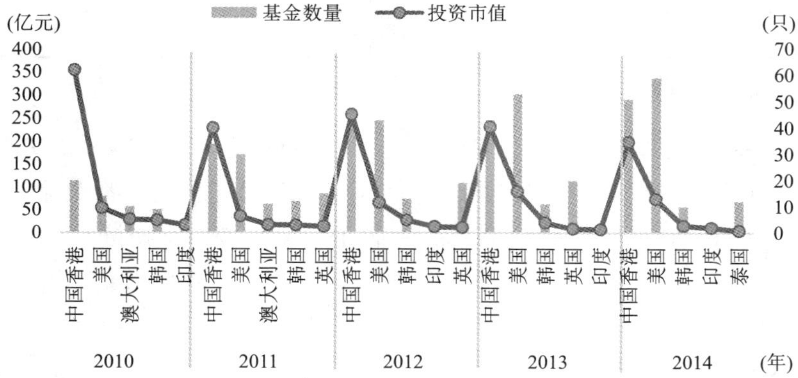

图 15－5 2010～2014 年我国 QDII 基金投资区域概况

资料来源：根据 Wind 资讯整理。

中国香港地区是我国 QDII 基金投资的主要地区，每年的投资额占投资总市值的比例高达 60% 以上，处于绝对的重要地位（见图 15－5）。美国是我国 QDII 基金投资的第二大主要区域，其投资额虽然没有中国香港地区那么大，但其占投资总市值

的比例也达到了 10% 左右。其他投资区域主要有澳大利亚、韩国、英国、印度等国家，它们的投资额占投资总市值总和仅有 10% ~20%，投资比例相对较低。但也应该看到，投资于韩国、印度和泰国等新兴市场的比例在逐步提高。

从基金数量方面来看，投资中国香港和美国的基金数量较多，尤其是从 2011 年开始，投资于中国香港和美国的基金总数超过 64 只，表明绝大多数 QDII 基金都有投资于这两个地区，明显高于其他地区。

综上可以看出，我国 QDII 基金在进行国际资本配置时，会更多地将资本投资于中国香港地区和美国市场。其实这一现象与两个地区的特点有关系。首先，中国香港地区是内地最为熟悉的境外市场，QDII 制度最初也是由香港政府提出的，香港市场与内地市场有一定的关联性，因此基金管理者偏好于香港市场。其次，美国市场是当今世界发展最为完善的市场之一，其市场规模、资本流动量、投资工具数量都是首屈一指的，投资美国市场有利于基金进行分散化投资策略，降低投资风险。

（二）我国 QDII 基金投资行业概况

按 GICS 一级行业分类法，对我国 QDII 基金所投资的行业进行了总体分析，选取其中投资市值居前 5 位的行业进行分析。结果如图 15 -6 所示。

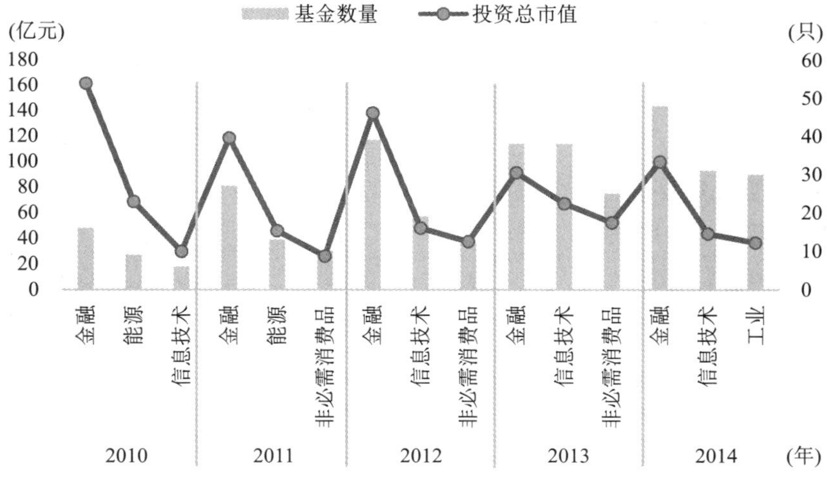

图 15 -6 2010 ~2014 年我国 QDII 基金投资行业概况

资料来源：根据 Wind 资讯整理。

在投资总市值方面，金融行业是 QDII 基金投资额最多的行业，从每年来看，投资金融行业的数额占到投资总市值的 50% 以上，呈现出遥遥领先的局面（见图

15－6）。2010～2011 年，投资能源行业的数额居于第二位，占投资总市值的 17%左右。但从 2012 年开始，其投资数额不断下降；到 2013 年，仅占投资总市值 6.27%。与此同时，信息技术行业的投资数额自 2012 至今都牢牢占据第二的位置，表明基金经理的投资方向已由过去的传统产业比如能源转向了新兴产业比如信息技术。在基金数量方面，每年我国 QDII 基金投资于各个行业的数量差异不大，这表明 QDII 基金能够较均衡地投资于各个行业，以利于增加收益和降低风险的需要。而基金数量总数在逐年增加，和国家不断完善 QDII 投资制度和门槛放开不无关系。

当前，金融行业仍然是我国 QDII 基金投资的主要行业，这与金融行业收益高、发展迅速有一定联系；同时，我国 QDII 基金涉足的行业较为广泛，这有利于进行多样化投资，有效分散风险，提高基金收益。

二、人民币汇率对我国 QDII 基金业绩的影响

我国 QDII 基金主要投资区域为境外资本市场，投资过程中必然涉及货币的兑换，而汇率作为国家间进行货币兑换的一个重要指标，其大小波动必然对 QDII 基金业绩产生一定影响。QDII 基金在进行国际证券投资时，首先需要将人民币兑换成投资区域所在国家的货币，投资到期后再兑换回人民币，然后计算投资收益情况。在投资期间，如果人民币升值，那么最终投资换回的人民币数量将减少，直接降低了投资收益；相反，如果人民币贬值，那么投资收益将增加。由此可知，人民币汇率与 QDII 基金业绩间存在正向关系，即人民币对外币的汇率越低，表明人民币升值，那么 QDII 基金投资收益将减少，业绩下降；人民币对外币的汇率越高，表明人民币贬值，QDII 基金投资收益增加，业绩上升。图 15－7 显示了 2010 年 9 月至 2015 年 9 月底期间，我国 QDII 基金平均收益率与人民币汇率变动情况。基金平均收益率与人民币汇率变化呈现一定的正向关系：当人民币汇率变化较大时，基金平均收益率出现一定程度的下降；相反，当人民币汇率变化幅度较小时，基金平均收益率有一定的增长，尤其在 2014 年以后这一关系尤为明显。

三、案例分析：第一款被迫清盘的 QDII 产品——民生银行“港基直通车”

第一代 QDII 诞生于 2007 年，基金公司响应当局政策，发布了 4 只 QDII 型基金，当年成立的 4 只 QDII 基金募集总规模达 1 193.76 亿元，这在当时也是相当有分

量的规模，这一批主要投资于海外股票市场（含中国香港）。不幸的是，刚刚发布一年的四大基金公司系 QDII，就遭遇了 2008 美国开始的波及全球的金融危机的惨痛打击。相继跌破单位净值，深深打击了投资者对 QDII 基金的信心，使得投资者对 QDII 产品均保持较高的谨慎之心。其中，民生银行“港基直通车”成为第一个被迫清盘的 QDII 产品。

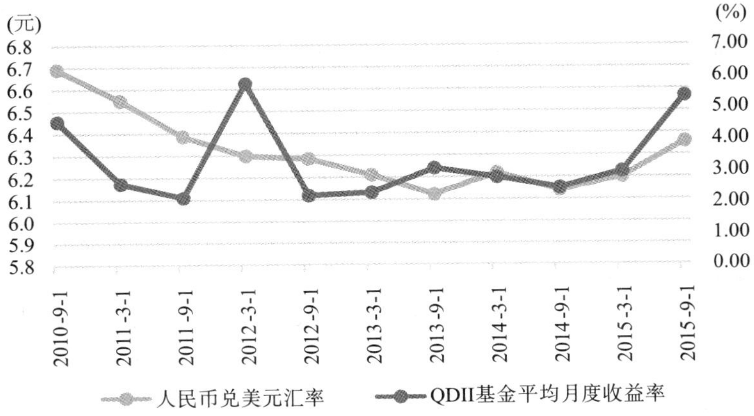

图 15－7　2010～2015 年 QDII 基金平均收益率与人民币汇率变动曲线

中国民生银行在广泛了解市场需求的基础上，于国内率先推出“港基直通车”概念的新型代客境外理财 QDII 产品。该理财产品为非保本浮动收益型，发售期为 2007 年 10 月 16 日至 10 月 29 日，个人客户投资起点为 10 万元，共募集 1 亿元。民生银行港基直通车产品含有可赎回条款，自 2007 年 11 月（含）起每个公历月的最后一个工作日为可赎回日，产品存续期内每个公历月的 20 日至 25 日的营业日为赎回申请期，有赎回要求的客户可以在赎回申请期内的任一交易日按照银行要求格式填写赎回申请，一经送达银行即为不可撤销，客户申请赎回的理财本金金额必须为全部实际理财本金。

赎回清算金额＝实际理财本金/购汇汇率×可赎回日产品净值×结汇汇率

其中，实际理财本金＝名义理财本金×（1－认购费率），认购费率为 1.5%。根据中国民生银行金融市场部发布的《投资价值分析报告》，该理财产品借由瑞士银行发行的票据，使投资者能直接参与表现优异的霸菱香港中国（欧元）基金未来获利契机。据介绍，霸菱资产管理公司 1762 年成立于英国，为各企业、政府机构、慈善团体、退休基金、信托基金及个人客户管理国际证券及债券投资组合，是具有国际声誉的专业投资机构。截至 2006 年底，霸菱资产管理公司所管理资产总值超逾 4 560 亿美元，旗下管理的霸菱香港中国基金回报率连续三年一直在香港基金中排名第一。霸菱香港中国（欧元）基金目标是投资于中国的内地、香港及台湾股票市场，借由三地经济、消费、金融、科技等全方位成长的耀眼表现，以达到资产价值长期的增长目标。该基金看好本土增长环节，例如银行、地产和零售公司。

2008 年 3 月 19 日，中国民生银行“港基直通车”QDII 产品因亏损达 50% 而被迫清盘，成为首只由于亏损而提前退市的 QDII 产品，4 个月内投资者 50% 的浮亏变为实际亏损，该产品挂钩的霸菱香港中国欧元基金也已于之前被迫清盘。按照起息日后第一个工作日确定的基金净值为 984. 38 元，2008 年 3 月 18 日“港基直通车”QDII 产品净值盘中跌至 491. 08 元的历史低位，净值降至最初的 49. 89%，触及自动终止下限。按照合同规定，在该日之后的第一个工作日自动终止。民生银行理财产品的突然清盘，给市场带来了极大的冲击，事实上发生大幅亏损的并非民生一家，“港基直通车”是银行系 QDII 这一时期表现的缩影。据数据显示，同期工行、中行、交行、招行的 QDII 产品均亏损，只是由于目前尚未达到清盘条件而没有造成更不利的影响。负责发行运作该产品的民生银行金融市场部总裁严骏伟表示，民生银行这款产品出现亏损的主要原因就是美国次贷危机导致的全球股市的调整。“港基直通车”投资标的是霸菱香港中国（欧元）基金，主要投资对象是中国香港和内地股票市场。3 月 18 日，香港恒生指数高开低走后，创下 7 个月来的新低 20572. 92 点，而霸菱香港中国（欧元）基金净值也创出历史低点，最终导致“港基直通车”被迫清盘。民生银行 QDII 的失败固然有市场低迷的客观原因，但也暴露出了其产品设计上的一些固有缺陷，为所有银行系 QDII 敲醒了警钟。比如在选择市场进入时机上，出现了严重的判断失误，在高位进入似乎在一开始就已经预示了惨淡的结局，而且在遭遇极端市场时，缺乏必要的止损保护机制，而任由亏损不断扩大，从而使投资者蒙受了巨大的损失。

另外，在风险揭示环节，民生银行尽管一一罗列了该产品可能的七种风险，但处于营销的考虑都分别在后面做了相关的注解，过分强调了霸菱香港中国欧元基金的资产管理能力，淡化了风险。如在市场风险一项中，分析报告强调“本期理财产品由具有丰富投资管理经验的著名国际资产管理公司霸菱资产管理公司管理，其完善的投资决策制度和风险控制能力能在最大程度上减少市场波动带来的风险”，这样的说明无疑大大弱化了投资者对风险的意识。同时，在客户购买前，并没有对客户风险偏好评估工作，或评估工作流于形式，没有准确了解客户的财务状况、投资目的、投资经验以及风险认知和承受能力，没有评估客户是否适合购买所推介的理财产品。以上种种都表明，民生银行在投资经验与技术的积累、人才储备、投资者偏好和能力调查等方面还准备不足，从而只能过分依赖境外投资机构。在民生银行

QDII 遭遇清盘之后，针对多家商业银行发售的理财产品连续爆出零收益和负收益的情况，中国银行业监督管理委员会对部分银行理财产品进行了抽样调查，查处了部分银行在开展理财业务的过程中存在的较为严重的违规行为。

第一代 QDII 基金出海时，为何受到如此重创，这其中的原因固然复杂。但是我们至少可以看到国内 QDII 基金公司和团队严重缺乏海外投资经验，没有经验就容易固守常规。造成了同质性太强的致命错误，其共有的特色是主投香港市场和中国概念股，但是这种投资方式无法体现 QDII 基金的配置价值，一旦国内股市受挫，这类 QDII 基金就很容易受到波及。

第四节　QDII 境外投资风险及其管理

我国实行的 QDII 制度主要是境外投资，由于境外投资环境复杂多变的特性，投资者必然会面临更大的风险。根据巴塞尔新资本协议的风险分类，境外投资所面临的风险主要有市场风险、信用风险、法律风险和监管风险等。

一、市场风险

市场风险是指金融市场价格和利率的变化将减少银行敞口的价值。对基金而言，其市场风险通常用基准指数或资产组合的相对变化来衡量，并被称为“跟踪误差的风险”。市场风险包括汇率风险、利率风险、权益资产价格风险和商品价格风险。

二、信用风险

信用风险是指 QDII 产品所投资的债券、票据、衍生品等发行体存在着到期日不能支付本金和利息的风险。由于债券等产品主体信用等级的变化或者市场对主体的违约可能有一定预期或感知时，债券价格也会随之变化，从而也会给境外投资带来信用风险。当 QDII 投资于美国国债时，其信用风险基本可视为零，当投资于美国的公司级债券，比如次级债券时，其信用风险就会高出很多。在 QDII 投资中需要及时观测投资对象的信用风险，并分析风险对投资的影响。就当前来说，信用风险的衡量与评估方法主要有 VaR 风险价值方法，信用评级也是评估信用风险的重要方法。

三、法律和监管风险

法律和监管风险是指境外投资由于受各个国家或地区不同的宏观经济状况、财政货币及税收政策、经济社会法律法规等因素影响，而使得境外投资基金收益面临的不确定性。境外投资的国家或地区的宏观经济良好发展是其证券市场发展的基础和依据，投资这一类区域能够分享其发展的成果，但是区域经济发展也存在一定的周期性和波动性，这种不确定性就给境外投资带来了风险。区域内的货币财政及税收政策对该区域的宏观经济导向有着很大的作用，在较大程度上影响国外资金的流向，从而给境外投资基金业绩带来不稳定因素。同样，各国的法律法规存在着一定程度的差别，对境外资金的进出使用等方面的管理措施也会给投资基金的收益造成一些影响。QDII 基金投资会涉及境外新兴市场的证券投资，由于新兴市场的市场行为和运行状况可能具有一些程度的不稳定以及市场监管体制的不稳定，包括市场准入、市场管制等情况，投资新兴市场国家和地区可能会给 QDII 基金业绩带来相应的不确定性。境外证券市场的运行规律和波动特征与国内证券市场也存在较大差异。有些市场已经具有较成熟的卖空操作机制，而有的市场仍然不能有效进行卖空操作。在交易规则上已经有较多的市场放开了证券的日涨跌幅度限制。这些因素综合起来可能加剧市场的波动，使得境外投资的风险控制比国内市场风险控制有更大的难度。

我国 QDII 基金表现不佳的主要原因可能在于我国 QDII 基金的发展期正好处于国际投资风险不断增加、世界经济增长放缓的大背景下，2008 年的金融危机和 2010 年的欧债危机对我国 QDII 基金的国际投资收益造成很大的影响；同时，我国国际证券对外投资处于探索阶段，投资经验及专业人才都十分缺乏，这也造成目前我国 QDII 基金投资业绩没有达到预期水平。基金业绩持续性结果表明，我国 QDII 基金在短期和中期内都不具有业绩的持续性，但长期内具有一定的业绩持续性，可以通过本年度的基金业绩表现预测下一年度基金业绩表现情况，为 QDII 基金进行有效投资提供参考，国际证券投资于应当考虑长期规划。基金影响因素实证结果表明，基金规模对基金业绩有正向作用；同时，规模效应对业绩的影响是边际递减的，区域集中度和行业集中度对基金业绩都有正向作用，QDII 基金进行分散化投资未必能够取得良好的收益，这也解释了虽然我国 QDII 基金风险分散效果良好而业绩表现却一般的现象。

2010 年以后，在经历了第一代基金惨痛教训的前提下，第二代 QDII 基金再次扬帆起航。第二代 QDII 基金的设计充分吸取了第一代的经验教训，基金公司更多地把目光放在了投资方式和投资标的的改变上。在后来 2010 ~ 2012 年的两年多的时间里，QDII 基金从之前的停步不前到创新不断，产品的差异性明显，个性化也越来越多。伴随着投资机构的海外投资经历增加，QDII 不同类型的产品越来越多。如今 QDII 基金不再是股票型基金的天下了，既然不只投资股票市场，那么 QDII 第二代就开始逃离了股市决定命运的魔咒。越来越多的指数型和 FOF 基金开始涌现，有效规避了海外投研经验不足。第二代 QDII 基金更是丰富了投资品种。目前 QDII 基金中除了股票、债券、基金外，还包含了农产品、石油、黄金、REITs 等多种投资标的，为投资者进行大类资产配置提供了方便。这些都是国内其他基金无法做到的。由于第二代 QDII 基金投资区域广、投资标的差异性明显，可谓是一个巨大的“宝藏”，只要投资者具备一定的投资眼光，在任何时间内都可以挖掘到具有很好投资价值的 QDII 产品。因此，投资者不可因为对第一代 QDII 基金失望而忽视了第二代的投资机会。

第五节 QDII2 的推出和潜在机会

一、QDII2 发展历程

所谓的 QDII2，即合格境内个人投资者制度，是 QDII（合格境内机构投资者制度）的延伸。与 QDII 必须通过银行、证券公司等中间机构进行投资购买境外资本市场的产品不同，QDII2 就是个人作为一个国民个体，无须经过中间的投资机构。在 QDII2 机制下，境内个人年度购汇总额不得超过等值 5 万美元的规定将失效，将境外投资门槛放开到了拥有 100 万元人民币净资产以上的个人投资者，将能够满足境内居民全球化资产配置的需求。与 2006 年推出的 QDII 相比，无论从受益人群和境外投资的领域来看，QDII2 都大大升级了。个人投资者对外投资的领域除了境外金融类投资，还包括了境外实业投资，含绿地投资、并购投资、联合投资等，以及境外不动产投资、含购房等领域。

2007 年中央曾提出试行“港股直通车”计划，后因市场条件不成熟而搁置。2013 年初中央银行首次提出 QDII2；同年 9 月，中国证监会明确对上海自贸试验区的扶持政策，其中提到“支持自贸区内符合一定条件的单位和个人按照规定双向投资于境内外证券期货市场”。

2014 年 2 月中央银行上海总部下发《关于支持中国（上海）自由贸易试验区扩大人民币跨境使用的通知》，成为监管机构对个人跨境人民币汇款业务首份公开颁布的正式文件。

2015 年 6 月中央银行网站发布《人民币国际化报告》指出，目前中国距实现人民币资本项目可兑换的目标并不遥远，将进一步推动人民币资本项目可兑换改革，包括考虑推出 QDII2 境外投资试点，同时完善“沪港通”和推出“深港通”，允许非居民在境内发行除衍生品外的金融产品。

2015 年 6 月上海市政府副秘书长金兴明在 2015 陆家嘴论坛上发表演讲时表示，国务院即将出台《关于推进上海国际金融中心和自贸区联动发展的决定》。上海自贸区管委会副主任简大年确认，即将发布的该决定将包含 QDII2 境外投资试点。

二、QDII2 和 QDII 的区别

QDII2 和 QDII 最大的区别是，个人投资者可直接获得 QDII 额度，再自行决定所投资股票，而 QDII 个人投资者只能购买银行和基金等相关理财产品，间接投资境外。市场预计 QDII2 出台后，会吸引更多境内投资者投资港股，促使港股市场更加活跃。

在人民币国际化、资本项目开放以及国际货币基金组织（IMF）五年一度 SDR（特别提款权）审核这些大事件交织在一起的时候，市场对于合格境内个人投资者 QDII2 呼声越发高涨。有人把 QDII2 看作是 QDII 的升级版。在人民币资本管控下，通过 QDII2 可以有控制地允许境内个人投资者投资境外资本市场。此前，QDII 只有机构投资者可以参与且门槛较高，主要参与投资港股基金、黄金等产品。一旦 QDII2 落地，个人的投资范围将得到大幅拓宽，有利于捕捉境外投资机会。

人民币的国际化不仅需要国内的剩余资本通过中介到境外资本市场上投资，更需要建设 QDII2 这样的渠道，使个人投资者可以更方便地到境外投资。QDII2 开通后，可以通过技术手段，例如在中国内地、香港两地实现基金产品的互认来引导投资者更有信心地走出去。这几年个人的对外投资领域相对开放比较有限，个人投资者仅仅是能够通过购买（QDII）或者是（QDII2）这种基金的方式实现对境外的证券投资。但是还有更多的比如在境外购置房产，包括一些实业投资的需求，这一块完全没有开放。这次如果开放 QDII2，这个投资领域扩大后，也标志着我们资本项

目开放向更高阶段迈进，加快人民币国际化的进程。

三、QDII2 下的潜在机会

对于金融机构和普通个人投资者而言，QDII2 将在哪些方面影响自身利益，落脚点或许体现在更细微的实践操作中。

在 QDII2 可能涉及的三个投资领域中，金融类产品将受到最直接的冲击。这既包括原先的 QDII 产品，也包括国内金融机构目前提供的境内财富管理产品与服务。

国内第一批 QDII 产品于 2006 年底面世，这是在货币没有实现完全可自由兑换、资本项目尚未开放的情况下，有限度地允许境内投资者投资境外证券市场的一项过渡性的制度安排，投资对象主要为港股基金及黄金。由于缺乏境外投资经验，这些出海的 QDII 基金多年来一直业绩不佳。如果境外成熟市场的股票、债券及其他金融衍生品能直接对投资者开放，在流动性更强、信息更透明的大背景下，投资者对于充当桥梁渠道的 QDII 产品的热情必然进一步下降。一旦客户接受了更丰富的产品类型、更新颖的服务理念，当下财富管理框架必将随之进行调整。

这其中，商业银行或许可以获得一定先机。目前看来，个人投资者金融净资产状况、风险测试以及信用记录核查等，将由获得试点资格的商业银行负责。此外，合格投资者需在银行设立境外直投专户，境外投资资金的汇出、汇入均需通过该账户进行。对于有实力的中资银行而言，一方面需加紧系统调试，启动试点筹备；另一方面，要重新审视自己境外布局与跨境资产配置能力的好机会，新一轮的境外机构铺设、资产收购或将因此展开。

对券商及财富管理机构而言，囿于实力、规模以及两地监管要求的差异，在境外大量铺陈分支机构并不现实，但加强与境外金融机构的合作，将好的经验引进来，联合推出针对境内客户的金融产品、服务，在服务范畴及流程上做出改进与完善，应该还是有机会。

境外机构更想从中分一杯羹，加拿大的五大银行（RBC、TD、Scotiabank、BMO、CIBC）中已有 4 家在中国设立了分行或办事处（TD 没有中国分支机构）。其中，规模最大的多元化金融服务集团（RBC）于 2016 年初宣布与中信银行全面合作，将协助新移民登陆后快速开设和办理各项理财事宜，例如首个银行账户、首张信用卡、首次购车及首次置业等。随着 QDII2 的放开，双方或将在业务线上建立更广泛、深入的合作。

第十六章

沪港通和深港通

随着 2014 年沪港通的正式落地和深港通准备工作完毕，我国境内机构和个人投资者又多了一条向境外投资的渠道。尽管目前看来这两条路径的可投资范围还非常有限，但沪港通机制顺应了资本市场国际化的发展趋势，既有利于巩固香港国际金融中心的地位，也有利于健全内地资本市场的机制。

第一节 沪 港 通

沪港通的前世其实就是 2007 年版港股直通车。中央早在 2007 年就曾提出“港股直通车”计划，但内地投资者在计划宣布的第二日大批涌入查询及开户，令中央银行担忧内地投资者的风险教育不足。而不久之后，美国次贷危机爆发导致全球金融海啸，致使“港股直通车”计划流产。之后，在 2012 年、2013 年市场上均有关于落实港股直通车的传言。终于在 2014 年 4 月以“沪港通”的形式确定了下来。

一、沪港通的概况

（一）沪港通的背景

在 2014 年 4 月 10 日的博鳌论坛上，国务院总理李克强指出，将着重推动新一轮高水平对外开放，其中扩大服务业包括资本市场对外开放是重要方面，并称今后将积极创造条件，为促进中国内地与香港资本市场共同发展，建立上海与香港股票市场交易互联互通机制。随后，中国证券监督管理委员会、香港证券及期货事务监察委员会决定原则批准上海证券交易所、香港联合交易所有限公司、中国证券登记结算有限责任公司、香港中央结算有限公司开展沪港股票市场交易互联互通机制试点。2014 年 11 月 17 日沪港通下的股票交易正式开启。

（二）沪港通成交情况

自 2014 年 11 月沪港通开通以来，截至 2015 年 10 月 30 日，在将近一年的交易时间里，港股通总额度余额还有 1 609 亿元，沪股通总额度余额为 1 628 亿元（见表 16 -1）。两市成交总额均不到总额度的一半，尤其是港股通使用额度只有 36% 左右，这其中经历 2015 年初至 5 月，内地市场的大牛市带来的成交金额暴涨，也经历了 6 月 ~8 月由于清理配资带来的两次股灾而导致成交额极速下滑（见图 16 -1）。总体来看，相比内地 A 股市场，港股市场并未得到内地投资者如预期中的青睐。

表 16 -1　　沪港通开通以来总额度余额（截至 2015 年 10 月 30 日）　　（单位：亿元）

	总额度	总额度余额	每日额度
港股通	2 500	1 609	105
沪股通	3 000	1 628	130

资料来源：上海证券交易所官网整理。

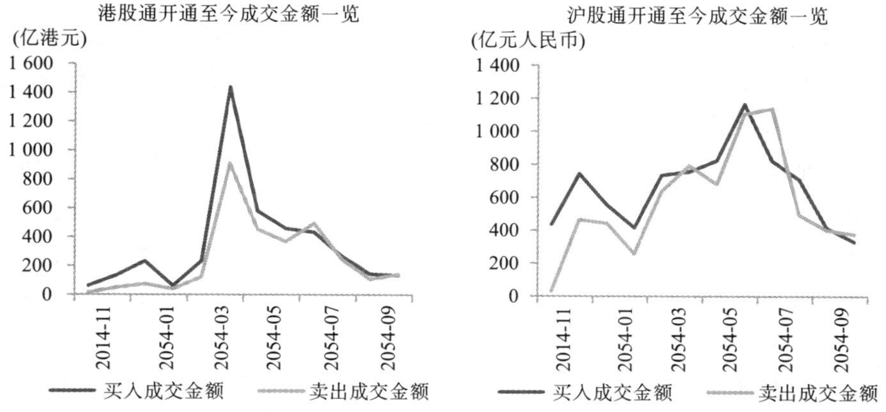

图 16 -1　2014 年 11 月 ~2015 年 10 月港股通和沪股通买入和卖出成交金额情况

资料来源：上海证券交易所官网整理。

（三）沪港通开通前后指数的涨跌幅

沪港通自提出以来，并非即刻反映在相关指数的涨跌幅中。观察沪港通推出前后3个月至1个月的时间，我们发现开通前3个月和开通前1个月沪股通指数相对市场有较好的表现。开通后1个月和后3个月，沪股通指数的表现更多是跟市场保持一致（见图16－2）。可见，沪港通主题在开通前是更好的投资主题。

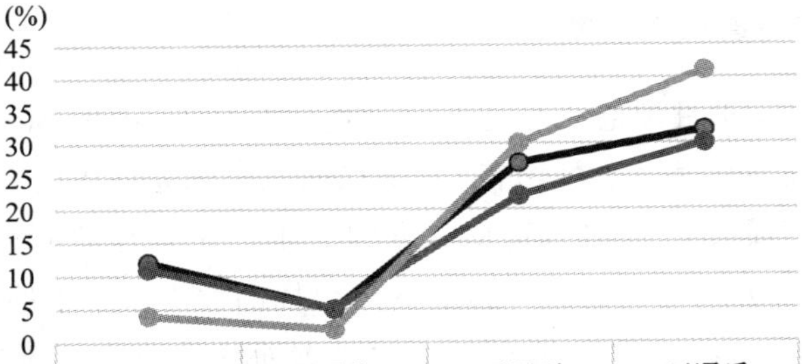

	开通前3个月	开通前1个月	开通后1个月	开通后3个月
沪股通	12	5	27	32
上证综指	11	5	22	30
深证成指	4	2	30	41

图16－2　沪港通开通前后市场指数涨跌幅

资料来源：根据Wind资讯整理。

从沪股通内部看，沪港通开通前3个月，上证380指数和AH股溢价指数表现明显更好，从开通前一个月和开通后1个月及3个月的情况看，上证180指数有明显超额收益。

从沪股通的表现情况看，如果将沪港通作为投资主题，正确的投资方式应该是：提前3个月关注小盘标的股和有明显AH股折价的沪股通标的，这主要是内地投资者主导期间；临近沪港通开通时和开通后，大盘股标的股有明显超额收益，这主要是海外投资者资金主导的期间（见图16－3）。考虑到沪港通开通前后，A股市场整体步入牛市，因此沪港通作为主题，其涨幅并未在整体市场受到过多关注，但沪股通指数的表现在开通前后半年内涨幅持续跑赢上证综指，因此从上海证券交易所内部看，沪港通主题确实有投资意义。

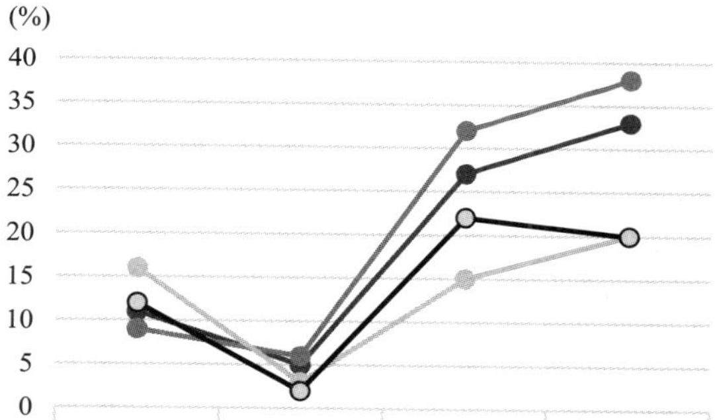

	开通前3个月	开通前1个月	开通后1个月	开通后3个月
沪股通	11	5	27	33
上证180	9	6	32	38
上证380	16	3	15	20
沪港通AH溢价指数	12	2	22	20

图 16 - 3　沪港通开通前后市场指数涨跌幅

资料来源：根据 Wind 资讯整理。

(四) 从沪股通看海外投资者选股情况

沪股通共有 571 只标的，但交易活跃度出现在每天前十名的个股累计仅有 79 只，说明沪股通的投资者投资范围比较集中。其中，非银金融和银行各有 11 只，国防军工和汽车行业各有 6 只，公共事业、计算机、交通运输行业各有 5 只，这 7 个行业的交易股票数量占比已经超过半数。从行业分布看，沪股通投资者明显偏好“价值投资”和“A 股独有”两大类（见图 16 - 4）。

由于香港的投资者以机构为主并且其中来自欧美的海外机构投资者占较大比例，因此从沪股通交易活跃前十只股票的集中度看，沪股通投资者明显偏好估值低（30 倍市盈率以下）、有分红、市值大（500 亿元以上）、有稳定成长的公司。这些偏好同 QFII 投资者的偏好是一致的。

从沪股通投资者交易活跃前十大个股规律可以看出，实际资金净流入的选股思路应该是低估值、大市值、稳定成长、有分红、A 股独有的标的（见图 16 - 5）。

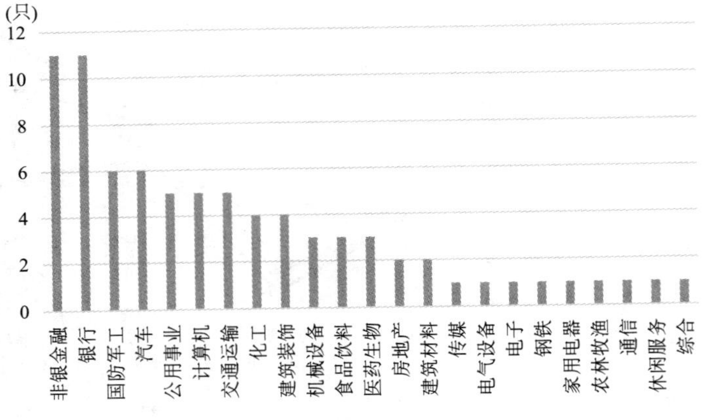

图 16－4　沪股通交易活跃股票的行业分布

资料来源：根据 Wind 资讯整理。

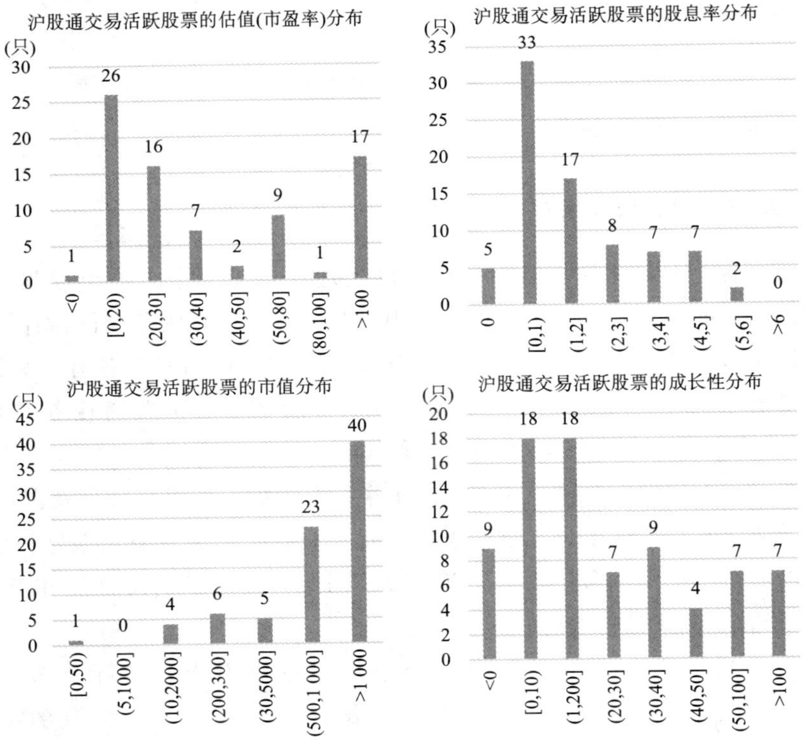

图 16－5　沪港通交易活跃股票的估值、股息率、市值和成长性分布

资料来源：根据 Wind 资讯整理。

（五）沪港通开通前3个月有较大涨幅标的的内地资金偏好

在沪港通开通前三个月中，涨幅超过沪股通指数的303只标的主要集中于交通运输、房地产、公共事业、医药生物和建筑装饰，这与沪股通海外投资者实际买入的标的在行业上有较大差别，说明内地投资者和海外投资者的选股思路有较大不同（见图16-6）。

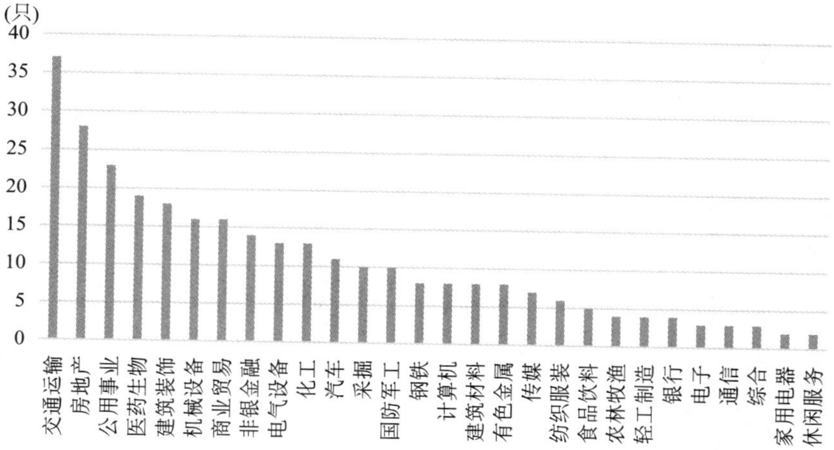

图16-6 沪港通开通前3个月内涨幅超过市场平均水平的沪股通标的行业分布

资料来源：根据Wind资讯整理。

从4个维度看，内地投资者在选择沪股通投资标的时，主要买入的是估值在20倍以下的股票和200亿元以下的小市值股票，这与2014年A股市场整体投资风格有一定关系。

从内地投资者投资沪股通主题的选股角度看，应该选择低估值、小市值的股票，在成长性和股息率上则没有太多关注（见图16-7）。

（六）从港股通看内地投资者的海外投资偏好

港股通共有286只投资标的，出现在港股通交易活跃的前十大个股的累计数量达到106只，其中99只股票的主营业务来自中国内地。可见，港股通投资者主要仍是投资于自己熟悉的股票。由于港股通标的范围限制，港股通交易活跃的股票也集中于低估值、大市值的股票，但是集中度较低，在成长性和股息率上尤其分散（见图16-8）。

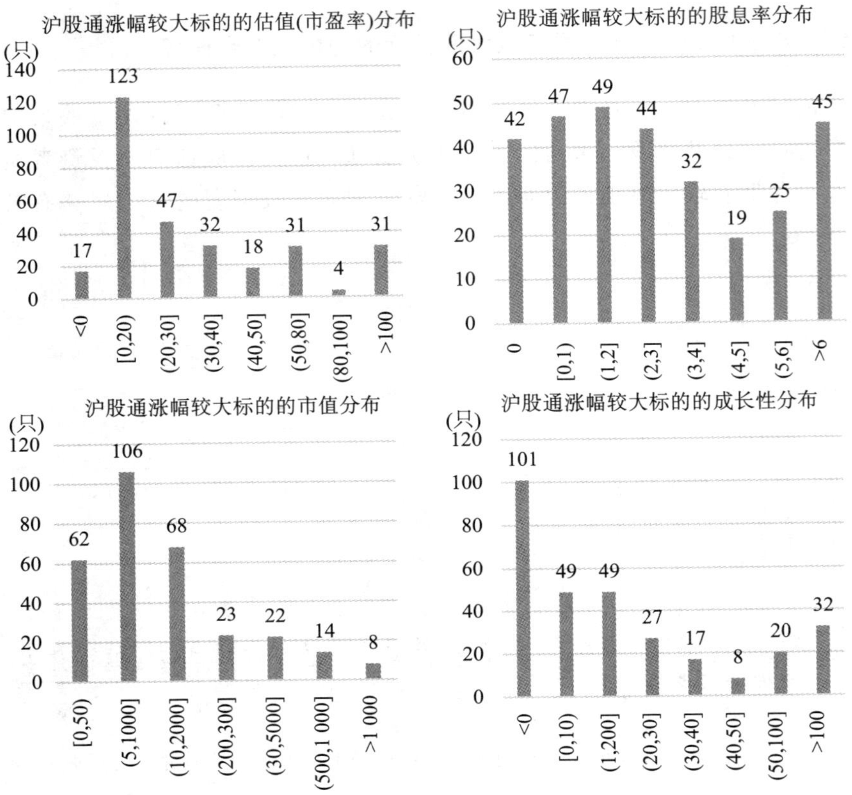

图 16－7　沪股通涨幅较大标的的估值、股息率、市值和成长性分布

资料来源：根据 Wind 资讯整理。

如果将港股通平均情况与港股通活跃个股比较（见表 16－2），则明显发现港股通活跃个股平均情况在所有标的当中处于相对劣势，我们推测港股通投资者的逻辑主要是在香港买入与内地相比有相对估值优势的同类个股。

二、沪港通与 QDII 和 QFII 的区别

沪港通与 QFII、QDII、RQFII 制度都是在我国资本账户尚未完全开放的背景下，为进一步丰富跨境投资方式、加强资本市场对外开放程度而作出特殊安排。但沪港通与既有业务存在五方面显著区别。

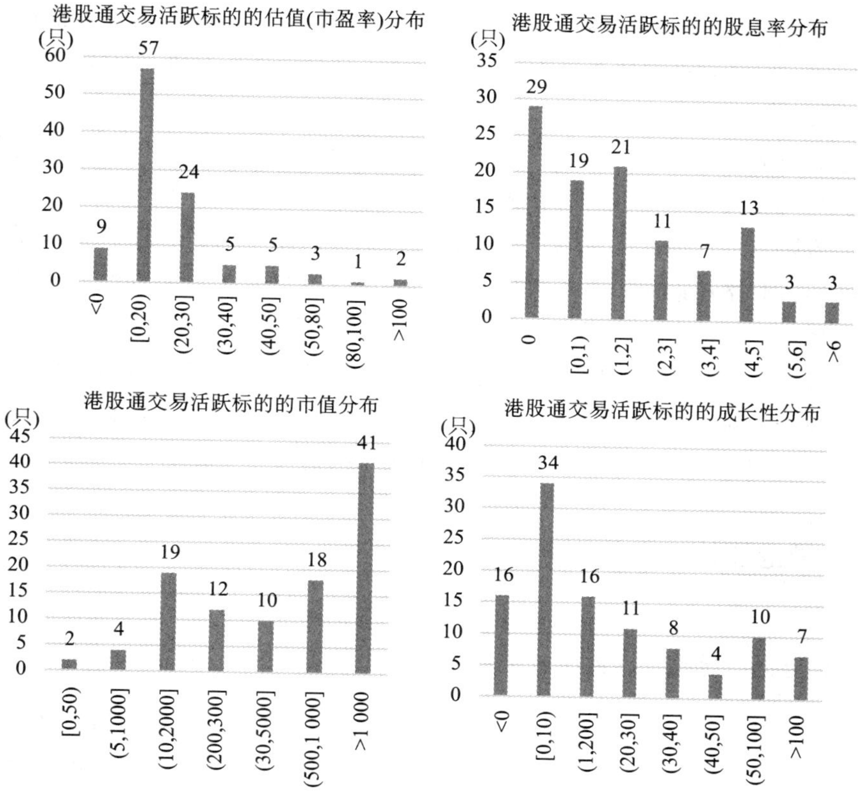

图 16－8 港股通交易活跃标的的估值、股息率、市值和成长性分布

资料来源：根据 Wind 资讯整理。

表 16－2 沪港通开通以来总额度余额

港股通交易活跃标的平均情况在所有标的当中处于相对劣势				
	PE（TTM）	股息率（%）	市值（亿元人民币）	2015 年净利润增长（%）（预测）
港股通标的平均情况	22.96	2.89	1 072.38	33.91
港股通交易活跃个股情况	23.77	2.53	2 255.4	31.55

资料来源：根据 Wind 资讯整理。

一是业务载体不同。沪港通是以两地交易所为载体，互相建立市场连接，对订单进行路由从而实现跨市场投资；QFII 等以资产管理公司为载体，通过向投资者发行金融产品吸收资金以进行投资。

二是投资方向不同。沪港通包含两个投资方向，分别是内地投资者投资香港市场的港股通，以及香港投资者投资上海证券交易所市场的沪股通；QFII 等都是单向的投资方式。

三是交易货币不同。沪港通仅以人民币作为交易货币，投资者须以人民币进行投资；QFII 的投资者以美元等外币进行投资。

四是跨境资金管理方式不同。沪港通对资金实施闭合路径管理，卖出证券获得的资金必须沿原路径返回，不能留存在当地市场；QFII 等买卖证券的资金可以留存在当地市场。

五是投资者的自主性不同。沪股通投资者可以通过这个渠道自由选择试点股票直接进行投资；对于 QFII 等，额度申请、投资决策、信息披露的主体均为资产管理公司，投资者间接向对方市场进行投资，无法自由选择投资标的。

三、沪港通给内地投资者带来的机会

（一）金融、地产等蓝筹股或将受益

目前，沪港通投资标的范围中，投资者可投资的沪市股票有相当一部分为估值被长期低估的金融、地产等蓝筹股，此类股票有许多已跌破净资产。沪港通的推出可以推动低估值的金融、地产股的估值修复，对境外的资金具有相当大的吸引力。另外，由于未来证券行业在销售交易、托管、结算、支付等基础功能建设上或将获得更多政策鼓励，券商股也将受益匪浅。

（二）AH 股折价的投资机会

目前，共有 25 家公司同时在 A 股市场与 H 股市场上市，这部分股票或多或少存在一定价差。沪港通的出台导致同一公司两个市场上的股价趋于相同，使 A + H 股之间的差价将缩小，为内地投资者创造出获利的空间。

（三）拥有独特稀缺资源的股票将出现投资机会

沪港两地市场中，存在一部分的上市公司，它们具有其他公司不具备的稀缺资源，甚至在两地市场中都是“独一号”的存在。这部分公司的股票，以往只能由当地市场中的投资者进行投资，另一市场的投资者无法参与其中。沪港通为这类股票

提供了增量资金，扩大了上行的空间。

（四）香港市场的配售机会

香港股市是世界最活跃的证券市场之一，在香港市场上市的公司进行股票配售较内地市场更为平凡，而香港市场的普通投资者都有机会参与这些配售。同时，为吸引投资者，配售股票通常都有折价，这为内地投资者提供了一个低风险收益的渠道。

虽然目前“沪港通”整体交易流量不大，但总体运作正常及安全，当中仍存在很大改善空间，相信会随“深港通”开通时进一步优化。

四、沪港通存在的风险

首先是汇率风险。沪港通试点期间，对投资者双向采用人民币交收，即内地投资者买卖以港币报价的港股通股票，以人民币交收；香港投资者买卖沪股通股票，以人民币报价和交收。毕竟人民币还在升值过程中，香港实行港币与美元挂钩的联席汇率制度，因此港币也跟随美元贬值。对内地投资者来说，如果在持股期间经历人民币大幅升值，即使对应港股的股价没有变化，则实际上账面已经亏损了。

第二是市场风险。由于香港市场是个高度开放的市场，资金流入、流出几乎没有任何限制，国际投资者及国际资金是市场的主要参与者，加之不设立涨跌幅，因此其走势会出现大幅波动。对于习惯了有涨跌限制的内地投资者，这一点一定要有心理准备。

第三是交易风险。香港有不少“老千股”，一般都是很小市值的股票，股价极为低廉，也就是所谓的“仙股”。内地投资者如果贪图便宜买了后，待到股价推上去时，公司就出公告说要配股，投资者参与配股，然后股价就会大幅跳水；待股价出现大幅下跌后，再通过溢价购买大股东资产，将摊薄的股权重新集中到大股东麾下，而中间的数次配股融得的资金全部流入大股东腰包。

五、沪港通低于预期的原因

相比深圳证券交易所上市公司，（海外）机构投资者的投资风格更趋近于上海证券交易所上市公司，但我们看到“沪港通”的推出也并未在短期内吸引大量海外资金进入。相反，“沪港通”自2014年11月17日开通后，两地股市总体表现较为平淡。截至今年10月，沪港通北向交易累计使用额度1 372亿元，占总额度的46%；南向交易累计使用额度891亿元，占总额度的36%，两地交易活跃度均与市场此前预期有较大落差。另外，尽管表面来看，上证综指在“沪港通”开通后大幅上涨，但事实上牛市的开启是由改革预期、流动性宽松、政策面支持等多方面因素产生共振促成的，而“沪港通”开通更多是起到了锦上添花而非决定性的作用。“沪港通”低于预期的整体表现主要源于以下原因：

1. 北向交易方面。目前，沪股通在执行过程中要求券商支付20%的交易保证金，比例过高且占用资金的时间最长可超过1个月，影响了市场参与者的投资意愿。另外，包括交易额度和股种方面的限制尚未放开、交易日在不同假期上出现的断层、A股不允许即日买卖等问题都令海外投资者远离“沪港通”。

2. 南向交易方面。虽然同行业、同规模的一些公司，港股有很大的价值估值差，但是内地的投资者仍会选择在自己熟悉的市场进行投资。此外，包括汇兑损失、印花税及佣金等交易成本较高也是阻碍投资者投资港股的原因。目前，港股通每一笔交易都要在中国银行进行汇兑，一个买卖来回的汇兑手续费可达到1%左右。另外，在香港买卖股票要收取来回2%的印花税，而内地的印花税来回仅收取3‰。

第二节 深 港 通

2014年4月，中国证监会曾在新闻发布会上回答记者为何未将深圳证券交易所纳入股票交易互联互通机制试点。一是这种互联互通是新事，需要先试点。初期由沪、港交易所先行先试，在实践中不断完善相关制度安排，有利于平稳推进我国资本市场对外开放。二是上海与香港两地市场估值水平较为接近，沪港通对两市场估值水平影响相对较小，有利于防范风险，确保试点平稳起步。三是沪港通模式是沪、港交易所通过自主商业谈判选择的合作方式，体现了两所基于自身定位和发展需求的合作意愿。先沪后深的资本市场开放路子与改革开放一样，是渐进式改革，先试点、总结经验、再逐步推广。

目前来看，中国证监会解释的三点原因中的第一点、第三点已经不是问题。随着沪港通的顺利推进，两地积累了互联互通的相关经验；深港通也得到相关政府支持，广东省发布《关于深化金融改革完善金融市场体系的意见》明确提出，探索建立“深港交易通”系统，通过联网交易等方式加速两地证券市场融合。

2015 年 11 月 2 日上午，香港金融管理局总裁陈德霖于财经事务委员会会议后表示，预计深港通会在内地市况稳定时开通。此前深港通的技术准备工作已于 2015 年 7 月底完成，但自 A 股夏季出现巨幅波动以来，深港通推出仍未有时间表。

一、沪深港三地交易所差异比较

1990 年成立的深圳证券交易所分为主板、中小板和创业板。相较于上海证券交易所，深圳证券交易所有以下几个显著的特点：（1）上市公司平均市值较小；（2）新兴产业市值占比较高；（3）估值水平明显较高；（4）换手率较高。

（一）上市公司平均市值较小

深圳证券交易所主板上市公司平均市值 172 亿元，明显小于上海证券交易所的 321 亿元和香港交易所的 245 亿元（见图 16－9）。深圳证券交易所创业板上市企业平均市值 114 亿元，远大于香港交易所创业板的 12 亿元。从公司数量上来看，深圳证券交易所三个板块一共 1 710 家上市公司，其中创业板 492 家，中小板 770 家。而上海证券交易所目前有 1 072 家。

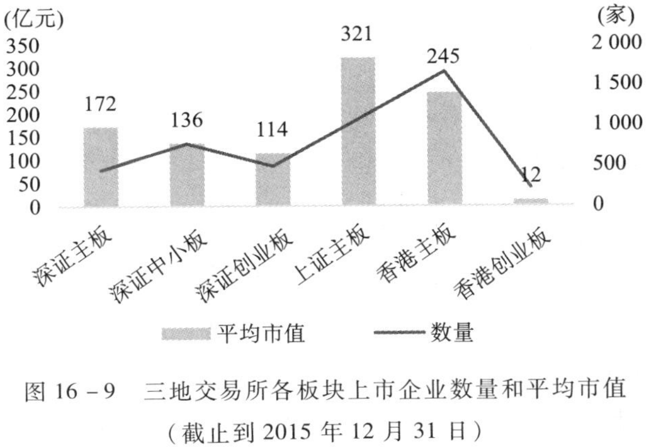

图 16－9　三地交易所各板块上市企业数量和平均市值（截止到 2015 年 12 月 31 日）

资料来源：根据 Wind 资讯整理。

（二）新兴产业市值占比较高

相比于上海证券交易所上市公司集中在金融、工业、能源、材料、公用事业等传统行业（近年来市值占比通常在80%左右），尤其是金融行业市值占据了整个上海证券交易所近40%的市值份额，而深圳证券交易所上市公司行业分布较为分散，且可选消费、信息技术、医疗保健、日常消费、电信服务等新兴行业市值占比呈上升趋势，目前已超过50%。相关资料见图16－10。

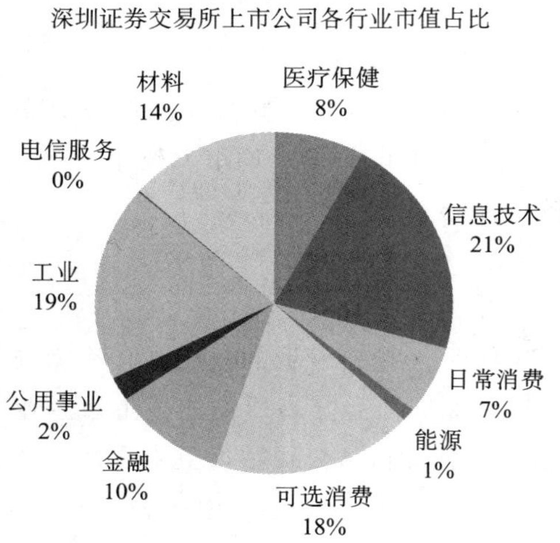

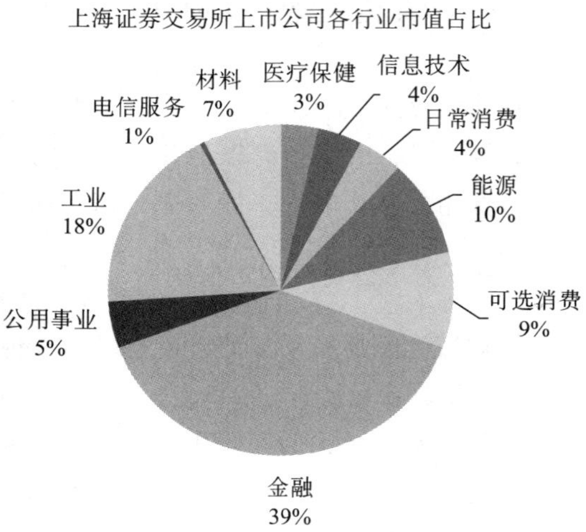

图16－10　深圳证券交易所和上海证券交易所上市公司各行业市值占比分布图
（截止到2015年12月31日）

资料来源：根据Wind资讯整理。

（三）估值水平明显较高

截至2015年12月31日，深、沪、港三地综合指数动态市盈率分别为52.45倍、16.88倍、9.39倍，深圳市场的整体估值显著高于沪港两地市场。分板块看，深证主板、上证主板、香港主板的平均市盈率分别为34.02倍、18.80倍、10.69倍；创业板的平均市盈率分别为130.16倍，远高于香港创业板的34.04倍。分行业看，除了在可选消费、日常消费和公用事业整体估值相近外，其他行业的深圳上市公司估值均高于上海。各行业香港上市公司的估值都要大幅低于深圳和上海。具体资料见图16－11和图16－12。

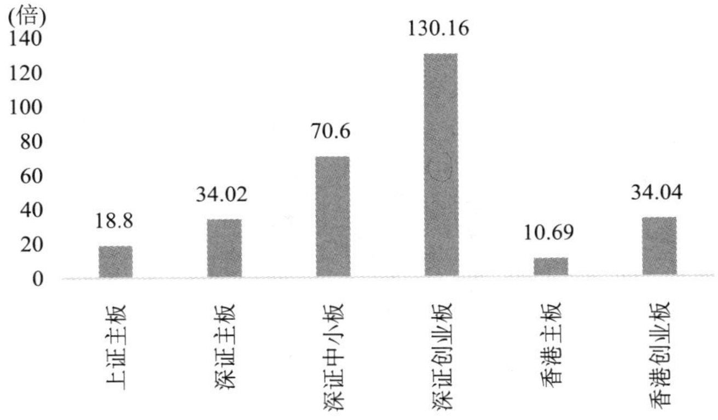

图 16－11　三地交易所各板块平均市盈率（2015 年 12 月 31 日）

资料来源：根据 Wind 资讯整理。

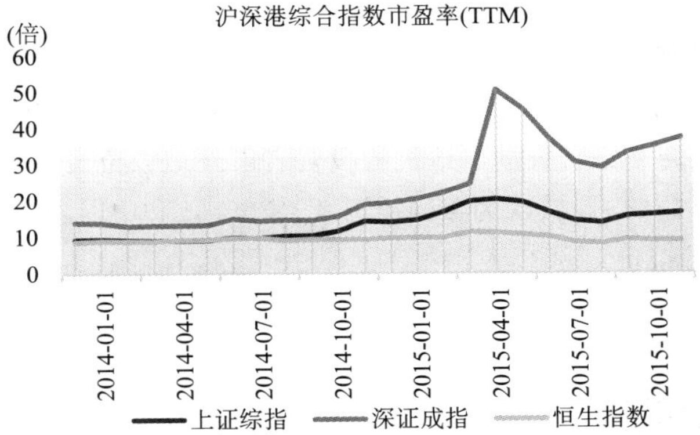

图 16－12　2014～2015 年上证综指、深证成指和沪深指数市盈率比较

资料来源：根据 Wind 资讯整理。

（四）换手率较高

深圳上市公司市值较小，在市场散户居多的情况下较易受到炒作，因此其日均换手率较高，主板、中小板和创业板日均换手率分别达到 4.2%、5.0% 和 6.9%，远高于香港主板和创业板的 0.5% 和 0.8%（见图 16－13）。

（五）海外机构投资者偏好差别较大

不同于 A 股市场以散户为主的特征，香港市场以机构投资者为主，其中海外机

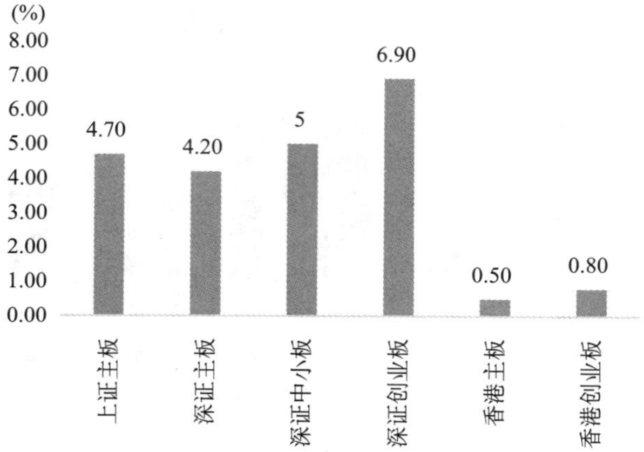

图 16－13　三地交易所各板块日均换手率（2015 年 12 月 31 日）

资料来源：根据 Wind 资讯整理。

构投资者占比尤其高（见图 16－14）。据香港交易所统计，在 2013 年 10 月到 2014 年 9 月这 12 个月间，机构投资者的交易占市场总成交金额的 59%，其中 35% 来自海外机构投资者，24% 来自香港本地机构投资者。外地投资者总交易金额中，英国投资者占比最大（28%），其次为美国投资者（26%）和中国内地投资者（13%）。

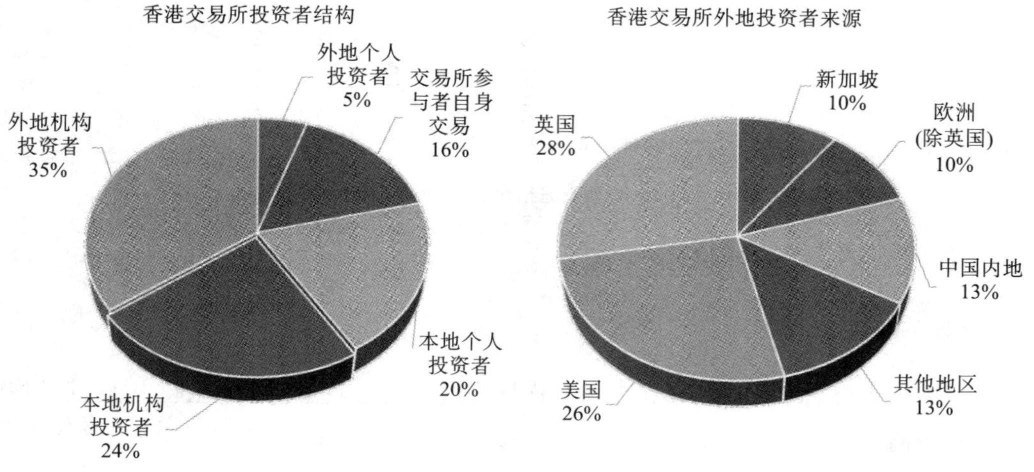

图 16－14　香港交易所投资者结构和外地投资者来源成分

资料来源：根据 Wind 资讯整理。

二、深港通设计方案的原则和潜在标的股

（一）设计方案

深港市场互联互通意义重大，深圳证券交易所将在总结“沪港通”试点经验的基础上，与香港交易所密切合作，积极探索丰富合作方式、深化合作内容，共同推进“深港通”建设和A股市场的国际化。两所同意“深港通”方案设计遵循三方面的基本原则：

一是“深港通”方案与“沪港通”基本框架和模式保持不变，不改变市场主体业务和技术系统架构。

二是体现双方市场对等原则，标的证券突出深港市场多层次、多品种特色，考虑在目前“沪港通”基础上拓展标的范围，落实更高层次和更大范围的总体要求。

三是根据市场需求进行方案设计，优化市场服务，稳妥有序实施。目前两所已完成方案设计并启动技术系统开发，待两地监管机构批准后，将组织市场业务和技术准备，积极推动实施。双所同意在“更深、更广、更创新”的层面上加强全面务实合作。

（二）深港通标的股猜想

深股通的具体标的有待监管层决定。深圳证券交易所表示：“深港通将采取稳妥起步的总体原则，初期选择部分市值大、业绩优、成交活跃、新兴行业为主的创业板股票作为标的，体现深圳证券交易所服务中小企业和创业创新的发展战略。”据此，我们认为可能有两种选择。

选择一：沪深300指数+深证100指数+深证300指数成分股。采用与沪港通相似的方法。沪股通标的选取了上证180、上证380和AH两地上市的股票，我们预计深港通的具体标的可能选取深证100、深证300、沪深300深圳部分以及AH两地上市股票。在这种情况下，将有301只深市股票被包括在深港通中，按上市公司数量算占比为18%；按市值算占比为47%（见图16－15）。

选择二：新扩容的深证综指。第二个选择可能是新的深证综指。中国证监会在2015年5月将深证综指成分股数量扩大至500只。考虑到之前仅有40只成分股，这是个非常大的变化。与之前的版本相比，新成分股能更好地代表深市，而且在各行

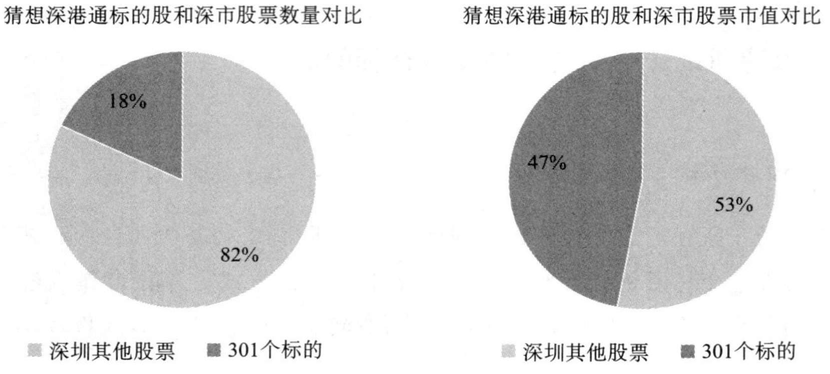

图 16－15　猜想中的深港通标的股和深市其他股票数量和市值对比

资料来源：根据 Wind 资讯整理。

业的分布也更平衡，比如增加更多在科技、材料和医疗保健板块的股票。因此，我们认为深港通标的可能选取扩容后的深证综指成分股（见图 16－16）。

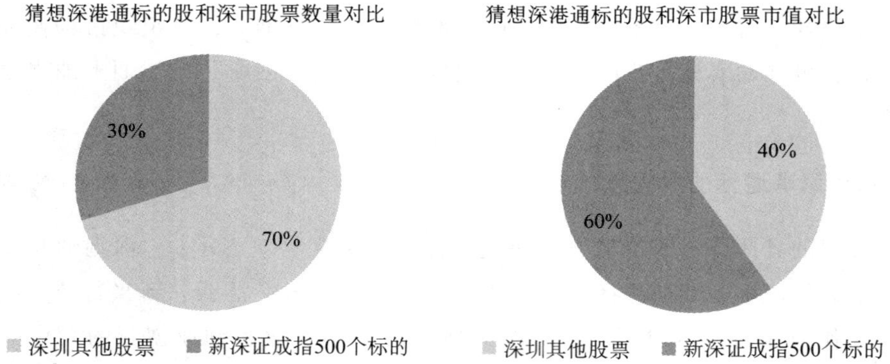

图 16－16　猜想中的深港通标的股和深市其他股票数量和市值对比

资料来源：根据 Wind 资讯整理。

三、深港通开通的意义及对市场影响

（一）深港通开通的意义

深市作为毗邻香港的经济特区，理论上深港通应先行。2007 年，“港股直通车”

受到市场关注，其实是源于内地资金投资港股存在极大的需求，最终或因抵触中国现行外汇管理政策而被终止。2009 年香港交易所行政总裁李小加走马上任后，通过频繁出差游说国内监管机构、两大交易所和国务院高层，中央高层才对深港通表态“可以研究”。

和沪港通一样，深港通的推进将有助于吸引外资流入 A 股市场，改善 A 股与海外市场之间差异显著的估值体系，进而再度提升 A 股市场活力。港股市场可以说是较为成熟的海外市场之一。深港通配合沪港通打通 A 股和 H 股通道后，更有利于引入海外机构投资者，逐渐改变以散户为主导的市场机构、培养长期投资的理念。此外深港通更重要的意义在于为 A 股纳入 MSCI 指数铺平了道路。2015 年 A 股没有成功纳入 MSCI 指数的原因有两点：一是目前国内只有沪港通，海外投资者不可以交易深圳证券交易所的股票；二是海外投资者对“额度限制”仍存疑虑，比如沪港通总额度为 3 000 亿元人民币，每日额度为 130 亿元人民币，真正做起交易来非常蹩脚。随着深港通的开通，额度很有可能会进一步的增加，未来会逐步放开。

证券市场只是一方面，深港通还需要成为人民币国际化的重要催化剂，让人民币通过香港交易所成为国际资本市场中的投资货币。人民币作为投资货币的规模不断扩大，有利于其成为他国的储备货币，推动人民币国际化的实现。

总体而言，“沪港通 + 深港通”都是 A 股加大引入海外投资者的积极尝试，将大幅提高 A 股市场国际化进程，最终为融入全球资本市场做准备。

（二）深港通对市场的影响

1. 短期影响。短期来看，深港通对 A 股市场的资金面影响有限。首先，深股的特点和海外机构投资者的偏好相差较大。深圳证券交易所上市公司平均市值较小、估值水平较高、换手率较高、股息率较低。而近期合格的境外机构投资者（QFII）重仓持股的数据显示，海外机构投资者偏向持有 A 股市场中大市值、低估值、高股息率的标的，且其对 A 股高成长性公司持谨慎态度。

相比深圳证券交易所上市公司，海外机构投资者的投资风格更趋近于投资上海证券交易所上市公司，但即使是沪港通的推出也并未在短期内吸引大量海外资金进入。截至 2015 年 10 月，沪港通北向和南向交易累计使用额度分别仅占总额度的 46% 和 36%。深港通的推出预计会延续“沪港通”模式，虽然额度可能会有所放大，但由于深市估值水平远高于沪港，吸引资金大幅流入的可能性不大且北上资金的配置价值远高于投资价值。

2. 中长期影响。深港通助力A股市场接轨国际。尽管深港通预计对市场短期资金面影响不大，但其设计本就不是为博取短期效应而考虑更长远的影响。中长期看，深港通的推出有利于进一步推动A股交易制度逐渐转变；MSCI等全球指数纳入A股并逐步增大A股比重；A股估值体系和投资风格国际化。但这些长期的影响需要较长的时间来演变。当前A股高估值、高换手、追逐热点等和国际市场不相称的局面会长时间延续。

四、深港通带来的投资机会

根据前面的分析，因与沪市的公司成分差别较大，所以在做投资的时候自然有不同的布局，主要有媒体、软件和网络游戏行业以及环保行业和新能源行业，AH溢价高的蓝筹股和港股市场上的稀缺行业和稀有标的。当然，香港的相关上市公司在互联网元素等业务属性上更加纯粹，所谓的“壳资源”和“概念股”成分较少，所以香港的一些企业更有投资价值。

（一）成长板块

在成长板块（媒体、软件和网络游戏行业、电信、电子及硬件科技行业、环保行业和新能源行业）中应布局基本面情况良好、未来增长潜力大的标的；从细分行业来看，港股和A股的直接对标主要集中在：手游、媒体、软件和互联网。

1. TMT。对比来看媒体和软件行业的香港上市公司，无论质量还是数量都不及A股，但仍然有不少优质的软件和传媒公司较A股估值有明显折让。手游行业在香港的上市公司更加优质，属于在行业内规模较大的龙头公司，且估值较A股有大幅折让。从互联网的角度看，相信A股基本没有纯正的互联网公司，大部分中国优质的互联网公司均在海外上市，所以站在A股的角度，港股的互联网行业具有绝对稀缺性。无论从公司历史发展、业务基本面还是财务基本面来看港股的互联网公司的质量都远高于A股，且估值在几日大涨之后较A股仍然具有大幅折让。尽管近期行业普涨，但是中长期来看资金还是会向稀缺性及基本面良好的公司集中。

2. 新能源。深港通对新能源行业整体利好。新能源是A股投资者一直喜欢的板块之一，比较喜欢炒概念，业绩一般比较差，有业绩的估值也非常贵。目前热门的是新能源电动车产业链相关（港股对应标的特别少），光伏、风电以前都炒过。香港新能源板块以风电为主，有A股没有的风电下游运营商。

3. 环保行业。深港通对环保行业具有利好的整体影响。环保上市公司的平均市值较小，而在香港上市的环保企业基本面较好，其业绩弹性大，有较大的想象空间，较受内地投资者喜爱。随着深港通的启动，有望带来整体板块的估值提升。

（1）港股的环保上市企业以运行类为主，港股运营类的环保上市公司普遍在资质上好于国内同类标的。

（2）港股的环保上市公司具有明显的估值折价，相比国内的公司估值折价 40%。

（3）港股的环保上市公司借助香港国际金融市场优势，可以低成本发债，未来扩张性强。

（二）消费板块

在传统消费板块（汽车及其零部件行业、食品饮料行业、纺织服装行业和零售百货行业）中可布局预计转型成功的行业龙头或白马股。

1. 汽车及零部件。

总体判断，深港通对香港汽车及零部件行业有正面影响，A 股汽车及零部件平均估值约为 15 倍 2015 财年市盈率，而港股汽车及零部件行业平均估值只有 10.5 倍 2015 财年市盈率。深港通的开通有利于提升港股公司的市场关注度和估值水平。我国内地和香港市场均具有完整的汽车产业链，但在细分板块方面各有千秋。香港上市的汽车制造公司多于内地市场，并具有完整的汽车经销商子板块。香港市场囊括了内地主要的汽车制造商集团，例如东风集团和广汽集团等，但港股零部件公司数量相对少，内地上市的汽车公司中更多地集中于汽车零部件行业。

2. 食品饮料行业。从产业链来看，香港上市的食品饮料企业多集中于产业链偏下游的快速消费品板块，深圳上市的食品饮料企业有部分集中于上游农业板块，市盈率可高达 30 倍以上，香港农业上市类型的公司数量少，估值低。从估值上来看，香港市场估值水平分化大，香港市场偏好大型和中型市值的股票，50 亿港元市值企业股值平均为 17.6 倍，而小市值股的平均市盈率仅为 11.0 倍。深圳的食品饮料上市公司市值相对较小，加权平均市值为 425 亿港元，比香港低 23.8%；深圳食品饮料上市公司大中市值公司估值与香港同类型的上市公司接近市盈率约 20 倍。

3. 零售行业。香港的零售市场属于完全成熟阶段，市场竞争激烈，面对全球消费者，国际化和市场化属性明显。相较之下，内地的零售市场仍处于发展阶段，缺乏具有丰富经验的零售管理、市场营销和品牌管理人才。香港的零售企业拥有零售运营和管理优势，主要体现在产品设计、品牌运营和市场推广方面。此外，在香港上市有助于企业提升其自有品牌的市场知名度，为其国际化业务进程打下基础。因此，在香港上市的品牌消费公司均为子行业领军者，例如：领先的运动品牌安踏等。

（三）国有企业改革、一带一路和 AH 溢价高的蓝筹股

布局拥有“国有企业改革”和“一带一路”投资主题的、AH 溢价高的蓝筹股，这里主要涉及房地产行业和金融行业。从估值水平上来看，内地上市的银行股估值在 1.36~1.63 倍 2015 年市净率（2014 年市净率 1.28 倍），而港股中资银行板块平均估值水平仅为 0.97 倍的 2015 年市净率（2014 年市净率 1.11 倍）。内地上市的券商股目前估值水平在 4.2~8.7 倍的 2015 年市净率，而港股的券商板块平均估值水平仅为 2.53 倍的 2015 年市净率。

从市场定位和公司类型上来看，香港上市的中资银行企业和内地上市的中资银行企业没有太大的差异化，且大部分为 A-H 股；除了中资银行企业外，在香港上市的还有外资银行和香港本土银行，市值约占整个银行板块的 36%，加权平均 2014 年市净率为 1.0x，估值水平略低于中资银行。在深圳证券交易所上市的银行公司仅有两家，一家平安银行为全国性股份制银行，另一家宁波银行为地区性银行。香港上市的券商主要为全国性大型券商以及旗下香港子公司，而深圳上市的券商主要为全国性大中型券商。

参考文献

[1]（美）雷·库兹韦尔（Ray Kurzweil）著，李庆诚、董振华、田源译．[M]《奇点临近》（第一版）．北京：机械工业出版社．2014．19—23.

[2] 白静．债券投资策略分析 [J]．中国货币市场，2002，09：58 - 59.

[3] 本杰明·格雷厄姆，戴维·多德．证券分析 [M]．北京：中国人民大学出版社．2013．5.

[4] 比尔·布里格斯（Bill Briggs），克雷格·霍杰茨（Craig Hodgetts）．2015 技术趋势 [R]，德勤咨询研究报告，2015.

[5] 陈若然．市值 60 亿公司为何凑不齐 2.4 亿债款？[N]．南方日报，2015 - 04 - 09A15.

[6] 陈宪宇．工业 4.0 热潮下的冷思考——如何认识和落地“中国制造 2025”[J]．企业管理，2015，(7)：34 - 38.

[7] 诚讯金融培训公司，实用投融资分析师认证考试教材编写组．估值建模 [M]．北京：中国金融出版社．2011．12 - 69．

[8] 崔启斌，岳品瑜．山东山水 20 亿债券出现违约 [N]．北京商报，2015 - 11 - 12007.

[9] 戴方．中国制造 2025 产业生命周期 [R]，浙江证券，2015.

[10] 戴方．中国制造 2025 产业生命周期 [R]，浙商证券，2015.

[11] 邓飞．11 家中小板公司十年市值增长超 10 倍 [N]．证券时报，2014 - 05 - 26（A7）．

[12] 龚映清．我国创业板上市公司成长性评级及其投资机会研究——基于美国的启示 [R]．国信证券，2015 - 05 - 06.

[13] 何诚颖，刘英，林珊珊．蓝筹股为何成为中国股市价值洼地？——基于中美上市公司结构比较的视角 [R]，国信证券，2014.

［14］何诚颖．“深港通”应是“沪港通”的升级版［N］．证券日报，2015－1－17（03）．

［15］何诚颖．推开中国资本市场风险管理之门［M］．北京：中国财政经济出版社．2014．73－88．

［16］何诚颖．寻找中国资本市场好股票［M］．北京：中国财政经济出版社．2014．81－138.

［17］何建东．开放式股票基金综合绩效评价的指标选取［J］．财经界，2014（12）：39－39.

［18］何玫．独角兽启示录：Uber，重构交通［R］，中金公司研究报告，2015.

［19］何玫．独角兽启示录：企业软件的两极：Palantir 和 Slack［R］，中金公司研究报告，2015.

［20］何玫．泡沫启示录：科技投资的胜者为王［R］，中金公司研究报告，2015.

［21］何玫．独角兽，本轮科技泡沫的重要特征及可能收场［R］，中金公司研究报告，2015.

［22］侯长海．清科《2015 新三板投资报告》发布，新三板如何站上风口？［R］．速途研究院，2015－08－24.

［23］胡雅丽．乘新三板之风，九鼎金控雏形渐显［R］，中信证券，2015－06－09.

［24］胡雅丽．九鼎投资变更为做市转让拉高板块估值［R］，中信证券，2015－06－12.

［25］胡雅丽．九鼎投资联手 6 家上市公司筹建人寿保险公司［R］，中信证券，2015－07－13.

［26］黄建宏，齐君．利率决定理论发展综述［J］．社会科学家，2005，06：157－160.

［27］黄侃梅．中美经济转型期新兴产业成长股投资研究［J］．特区经济，2014，305（6）：146－149.

［28］黄涛．宏泰矿业涉嫌内幕交易，九鼎投资拟设立九州香港公司［R］，方正证券，2015－05－19.

［29］黄涛．九鼎投资 41 亿收购中江集团，威门药业牵手中钰资本设立新三板首只医药并购基金［R］，方正证券，2015－05－18.

［30］黄涛．九鼎投资斥资 41.5 亿元收购中江集团，成新三板公司控股 A 股公司首例［R］，方正证券，2015－05－18.

［31］黄晓薇，胡懿琳，贾君怡．开放经济条件下中国利率决定机制研究［J］．当代经济研究，2014，08：43－49.

［32］纪云涛．新三板 VS 创业板 VS 纳斯达克：规模、交易、估值三维对比研究［R］，兴业证券，2015－09－20.

［33］贾楠．利率决定理论与我国利率管理体制改革［J］．现代商业，2008，02：27－28.

［34］金昌静．南方航空投资价值分析［R］，云南大学，2015.

［35］九鼎投资．九鼎投资 2014 年年度报告［R］，九鼎投资，2015－03－12.

［36］九鼎投资．九鼎投资 2015 年半年度报告［R］，九鼎投资，2015－08－26.

［37］匡荣彪，何可，朱仲华．债券违约常态化或将成为一种趋势［N］．上海证券报，2014－08－29A04.

［38］李冬霞．资本市场投资者非理性行为研究［J］．人民论坛，2011，24，129.

［39］李筱璇．新三板领头羊九鼎打造一个综合性的全资产管理平台［R］，申万宏源，2015－05－26.

［40］林丽梅，王胜．申银万国新三板估值系统介绍［R］，申银万国，2014－04－08.

［41］林森，王世雄，常江．基于四因素模型的我国混合型开放式基金的投资绩效研究［J］．金融经济：理论版，2010（6）：85－87.

［42］刘浪，王京芳，吴栋．中小板市盈率投资组合与股票收益研究［J］．上海管理科学，2014，36（04）：14－19.

［43］刘翔等．工业物联网空间巨大，平台化公司前景可期［R］，国信证券，2015.

［44］鲁雅萍，欧阳芳．基于利率决定及影响因素理论的我国利率分析［J］．江苏经贸职业技术学院学报，2011，02：14－17.

［45］罗文波，曾岩．全周涨幅战胜“神创”，关注“小而多金“公司［R］，中泰证券，2015－05－25.

［46］彭震威，苏畅，祁益峰．信用违约或加剧债券市场分化与扭曲［N］．上

海证券报，2014－08－15A04.

［47］前瞻投资顾问．2014－2015年A股IPO市场总结与展望［R］，深圳市前瞻投资顾问有限公司，2015－01－04.

［48］史婧祎．美国股票市场发展历程及政策效果分析［R］，上海证券交易所，2015.

［49］谭淞．经济周期下的行业投资逻辑［R］，东兴证券，2011－11－4.

［50］唐川．成长股是怎样炼成的——从NASDAQ经验看成长股的共同基因［J］．证券导刊，2011（33）：28－35.

［51］王晶．交易所债券投资策略谈［J］．中国外汇，2012，02：63－64.

［52］王杨．基于VaR和CVaR的我国开放式基金绩效评价［D］．浙江工商大学，2013.

［53］吴可．证券投资理论与市场操作［M］．北京：清华大学出版社．2012．21－29．

［54］吴玉函．国有企业债券首现违约［N］．深圳商报，2015－04－22A16.

［55］肖青．2014年新三板市场现状与前景分析［R］，深圳市前瞻投资顾问有限公司，2014－12－01.

［56］谢江．数量化选股系列研究——精选50只成长股［R］，联合证券，2007.

［57］徐飞．向世界一流PE公司迈进［R］，国金证券，2015－12－16.

［58］徐高．中国宏观经济数据分析入门［R］，光大证券，2015－05－07.

［59］杨帆．行业特征与估值方法［R］，西南财经大学，2012.

［60］杨高宇，王占海．中国股市峰值考察——基于美国股市的发展经验［R］，国信证券，2011.

［61］易阳方．境内机构一下西洋：基金公司的QDII契机［J］．新财经，2006（6）：100－101.

［62］余璐．债券违约“新常态”［J］．中国投资，2014，10：100－103＋8.

［63］袁豪．注入昆吾，更名九鼎，华丽转型PE第一股［R］，中银国际，2015－12－03.

［64］詹诗华．战略新兴产业2016年投资策略：业绩为本、估值为锚，事件驱动［R］，浙商证券，2015.

［65］张帆．建立新三板估值体系——新三板研究框架探讨（二）［R］，齐鲁

证券，2015-06-18.

［66］张帆．战略转型中的无人机先锋企业［R］，齐鲁证券，2015-09-16.

［67］张欣秋．我国开放式基金绩效衡量研究［D］．天津商学院，2006，4.

［68］张宗新，吴娜，沈正阳．从繁荣到成熟：从美国发展历程看中国股票市场发展［R］，东北证券，2008.

［69］中国证券业协会．证券投资分析［M］．北京：中国财政经济出版社．2010．65-233．

［70］周济．智能制造——"中国制造2025"的主攻方向［J］．中国机械工程，2015（17）：2273-2284.

［71］周战强、李德峰，个人投资者的行为金融学分析［J］．中央财经大学学报，2006，2，15.

［72］朱世武，陈健恒．积极债券投资策略实证研究［J］．统计研究，2006，03：56-60.

［73］朱晓晨．如何保护债券投资者？——基于12湘鄂债违约案例的启示［J］．商，2015，43：198.

［74］祝威，魏先华，吴国富．基于收益曲线变化的债券投资策略实证研究［J］．管理评论，2007，06：3-8.

［75］A. Martin，J. Ventura，Economic Growth With Bubbles［J］，American Economic Review，2012，102（6）：3033-3058.

［76］Black F.，The Pricing of Commodity Contracts［J］，Journal of Financial Economics，1976，3（1）：167-179.

［77］Bollerslev T.，Modelling the Coherence in Short-Run Nominal Exchange Rates：A Multivariate Generalized ARCH Model［J］，the Review of Economics and Statistics，1990：498-505.

［78］E D S，Joseph N L.，Testing for Financial Crashes Using the Log Periodic Power Law Model［J］，International Review of Financial Analysis，2013，30：287-297.

［79］Broadie M，Glasserman P，Estimating Security Price Derivatives Using Simulation［J］，Management Science，1996，42（2）：269-285.

［80］Carmona R，Durrleman V.，Pricing and Hedging Spread Options［J］，Siam Review，2003，45（4）：627-685.

［81］Da-Hsiang D L.，The Effect of Thecointegration Relationship on Futures

Hedging: A Note [J]. the Journal of Futures Markets (1986 - 1998), 1996, 16 (7): 773.

[82] Driessen J., Luc Laeven, International Portfolio Diversification Benefits: Cross - Country Evidence From A Local Perspective [J], Journal of Banking & Finance, 2007 (31): 1693 - 1712.

[83] Engle R F, Granger C W J., Co - Integration and Error Correction: Representation, Estimation, and Testing [J], Econometrica: Journal of the Econometric Society, 1987: 251 - 276.

[84] Engle R F, Kroner K F., Multivariate Simultaneous Generalized ARCH [J], Econometric Theory, 1995, 11 (01): 122 - 150.

[85] Fay Chang, Jeffrey Dean, Sanjay Ghemawat, Wilson C. Hsieh, Deborah A. Wallach Mike Burrows, Tushar Chandra, Andrew Fikes, Robert E. Gruber, Bigtable: A Distributed Storage System for Structured Data [J], 2006, Google Working Paper.

[86] Filimonov V., Sornette D., A Stable and Robust Calibration Scheme of the Log - Periodic Power Law Model [J]. Physica A: Statistical Mechanics and its Applications, 2013, 392 (17): 3698 - 3707.

[87] Fletcher J., Marshall A., An Empirical Examination of the Benefits of International Diversification [J], International Financial Markets Institutions & Money, 2005 (15): 455 - 468.

[88] J. Tirole, On the Possibility of Speculation Under Rational Expectations [J], Journal of the Econometric Society, 1982, 50 (5): 1163 - 1181.

[89] Jeffrey Dean Andsanjay Ghemawat, Mapreduce, Simplified Data Processing on Large Clusters [J], 2004, Google Working Paper.

[90] Jen - Jsung Huang, Estimating Value At Risk of Portfolio By Conditional Copula - GARCH Method [J], Insurance. 2009, 45 (3): 315 - 324P.

[91] Johnson L L., The Theory of Hedging and Speculation in Commodity Futures [J], the Review of Economic Studies, 1960, 27 (3): 139 - 151.

[92] Kirk E., Aron J., Correlation in the Energy Markets [J], Managing Energy Price Risk, 1995: 71 - 78.

[93] Lagoarde - Segot T, Lucey B M., International Portfolio Diversification: Is There A Role for the Middle East and North Africa? [J], Journal of Multinational Finan-

cial Management, 2007, 17 (5): 401 -416.

[94] Margrabe W., The Value of An Option to Exchange One Asset for Another [J], the Journal of Finance, 1978, 33 (1): 177 -186.

[95] Martellini L., Priaulet P., Competing Methods for Option Hedging in the Presence of Transaction Costs [J], the Journal of Derivatives, 2002, 9 (3): 26 -38.

[96] Mohamed B. Simulations of Transaction Costs and Optimalrehedging [J]. Applied Mathematical Finance, 1994, 1 (1): 49 -62.

[97] Roon F. A. D., Nijman T., Werker B. J. M., Currency Hedging for International Stock Portfolios: the Usefulness of Mean - Variance Analysis [J], Journal of Banking and Finance, 2001: 327 -349.

[98] Sanjay Ghemawat, Howard Gobioff, and Shun - Tak Leung, The Google File System [J], 2003, Google Working Paper.

[99] Sornette D., Woodard R., Yan W., et al., Clarifications to Questions and Criticisms on the Johansen - Ledoit - Sornette Financial Bubble Model [J], Physica A: Statistical Mechanics and its Applications, 2013, 392 (19): 4417 -4428.

[100] Tsu M. E., Tutorial on Using Options in Active Strategies [J], Derivatives Quarterly, 1999, 6: 39 -48.

[101] Yan W., Woodard R., Sornette D., Diagnosis and Prediction of Rebounds in Financial Markets [J], Physica A: Statistical Mechanics and its Applications, 2012, 391 (4): 1361 -1380.

后　记

十多年前我就开始为财经媒体撰写关于证券分析的文章，并不时出版一些关于投资的著作。2011年从沃顿回来之后，我开始构思如何写出一本中国版的“证券分析圣经”。由于工作繁忙的原因，直到今日才杀青付梓。从事证券分析近20年，我深知这是一份看似光鲜实则艰辛的工作。年轻人对这个行业趋之若鹜，他们看到的只是分析师的高薪，但要成为一个优秀的分析师，除了专业性，你还需要具备独立性、客观性以及一份责任感。中国的股市充斥着大量的股评家和财经“网红”，他们经常在媒体上分析行情走势，发布一些影响投资者决策的观点，很多没有耐心阅读研究报告的投资者完全是跟着他们的建议买进卖出。80多年前出版的《证券分析》告诉我们，投资者不要将注意力放在行情机上，而要放在股票背后的企业身上，因为市场是一种理性和感性的搀杂物，它的表现时常是错误的，而投资的秘诀就在于当价格远远低于内在价值时投资，等待市场对其错误的纠正。市场纠正错误之时，便是投资者获利之时。

我们大多数投资者只会跟风买入股票，不会或者懒得自己分析股票，更不知道什么时候应该卖出股票。总是在下跌的时候期待反转，上涨的时候又贪婪无度。如果按照弗洛伊德的精神分析理论，投资是一场“自我”与“本我”的战争，你需要通过你的意识来战胜你的本能。但偷懒、从众的本能让投资者失去了思考的能力，如果有人能告诉他在什么时候应该买进或者卖出一只股票那是再好不过的了。

投资者说公司价值难以估量，证券分析太过于专业。的确，专业的分析绝非普通人能够胜任。但即使作为一个普通投资者，你也应该知道如何按照一套完整的逻辑去挑选那些有价值的股票，否则你就应该远离这个市场。你不必样样精通，也不必跟分析师一样花大量的时间去分析，但你应该学会像分析师那样理性思考，这绝非不可能——这也正是我写这本书的目的。如果你不能理性地分析股票价值，完全跟随别人的建议或者自己的直觉买进卖出，那么显然，你的投资生涯会很快划上一个“圆满”的句号。

自2015年股灾以来，中国的股市生态发生了深刻变化：市场成交量由高点时的两万多亿元减少到现在的4 000亿元左右，融资余额从最高点的2.27万亿元下降至目前的8 000亿元左右。宏观经济增速自2010年以来就开始波动下行，持续时间已有6年多。尽管市场仍然面临诸多不确定性，但有利的因素也越来越多。当前，中央正大力推动供给侧结构性改革，通过减少无效和低端供给，扩大有效和中高端供给，促进要素流动和优化配置，实现更高水平的供需平衡。外汇储备在经历了2015年5 127亿美元的净流出之后，终于在2016年3月和4月实现了净流入，并增至近3.22万亿美元，人民币贬值预期也不断减弱。虽然经济形势复杂，但资本市场仍面临新的机会。

希望本书能够帮助分析师和投资者建立自己的投资分析框架。即使你不是一个二级市场投资者，我相信本书的分析方法，对你理解资本市场也会大有裨益。由于本书既立足于理论，更着眼于实务，因此本书也非常适合那些希望进入证券行业的商学院学生。如果本书能够帮助每一位证券市场的参与者少走一些弯路，也算实现了我们的一点期许。